ARBEITEN ZUR KIRCHLICHEN ZEITGESCHICHTE
REIHE B: DARSTELLUNGEN · BAND 16

V&R

ARBEITEN ZUR KIRCHLICHEN ZEITGESCHICHTE

Herausgegeben im Auftrag der Evangelischen Arbeitsgemeinschaft
für kirchliche Zeitgeschichte von
Joachim Mehlhausen und Leonore Siegele-Wenschkewitz

REIHE B: DARSTELLUNGEN

Band 16

Siegfried Hermle

Evangelische Kirche und Judentum –
Stationen nach 1945

GÖTTINGEN · VANDENHOECK & RUPRECHT · 1990

Evangelische Kirche und Judentum – Stationen nach 1945

von

Siegfried Hermle

GÖTTINGEN · VANDENHOECK & RUPRECHT · 1990

Redaktionelle Betreuung dieses Bandes:
Hannelore Braun

CIP-Titelaufnahme der Deutschen Bibliothek

Hermle, Siegfried:
Evangelische Kirche und Judentum – Stationen nach 1945 /
von Siegfried Hermle. – Göttingen: Vandenhoeck u. Ruprecht, 1990
(Arbeiten zur kirchlichen Zeitgeschichte:
Reihe B, Darstellungen; Bd. 16)
Zugl.: Heidelberg, Univ., Diss., 1988

ISBN 3-525-55716-7
NE: Arbeiten zur kirchlichen Zeitgeschichte/B

Satz und Druck: Gulde-Druck GmbH, Tübingen
Einband: Hubert & Co., Göttingen

Meinen Eltern und meiner Frau

INHALTSVERZEICHNIS

Kapitel 4

Kapitel 5

EINLEITUNG

In den Jahren 1979 bis 1983 zeichnete ich für einen Jugendaustausch zwischen evangelischen Jugendgruppen und dem Kibbuz Afikim in Israel verantwortlich. Viele Gespräche, die ich in diesen Jahren mit Israelis führen konnte, drehten sich um das Verhalten der Kirchen im Nationalsozialismus und vor allem um ihre Stellung zu den Juden und dem planmäßigen Völkermord. Während für die Zeit von 1933 bis 1945 eine ganze Reihe von Ausarbeitungen zur Information herangezogen werden können[1], fiel die Beantwortung der Frage, wie die Kirche nach dem Ende des „Dritten Reiches" mit ihrer Rolle während der Naziherrschaft umging, schon schwerer. Arbeiten über die Schuld der Kirche und speziell auch über die Stuttgarter Schulderklärung[2] thematisieren höchstens am Rande, wie die evangelische Kirche auf ihr Versagen gegenüber den Juden im „Dritten Reich" reagierte.

Ausgehend vom Rheinischen Synodalbeschluß von 1980[3] und der Studie „Juden und Christen"[4] beschäftigte ich mich zunächst mit den Aktivitäten der „Arbeitsgemeinschaft Juden und Christen beim Deutschen Evangelischen Kirchentag"[5]. Doch auch diese Gruppe, die heute in der Öffentlichkeit zumeist als einzige Organisation bekannt ist, die sich dem christlich-jüdischen Gespräch widmet, nahm ihre Arbeit erst im Jahre 1961 auf. Sollte es davor keine Auseinandersetzung mit der uns heute so bedrängenden Frage nach dem Verhältnis von Kirche und Judentum gegeben haben?

Ein Absatz im Vortrag von Dietrich Goldschmidt über „Zwanzig Jahre Arbeitsgemeinschaft ‚Juden und Christen'" regte mich zu ersten Nachforschungen an[6]. Goldschmidt führte im Umfeld des Kirchentages zwei Versuche an, das „christliche Verhalten gegenüber den Juden" zu thematisieren: Im Jahre 1949 sei der Versuch, eine Resolution zu dieser Frage zur Diskussion zu stellen, mißlungen, und in den folgenden Jahren hätten „dann Sondertreffen im Sinne missionarischen ‚Dienstes an Israel' stattgefunden". Diese Sonder-

[1] Vgl.: E. Busch, Juden; W. Gerlach, Zeugen; K. Meier, Kirche; J.-C. Kaiser/M. Greschat, Holocaust.

[2] Vgl. zur Schulddiskussion und zum Stuttgarter Schuldbekenntnis: M. Greschat, Schuld; Ders., Zeichen; G. Besier/G. Sauter, Christen. Vgl. jetzt die Dokumentensammlung Kirchen und R. Rendtorff, Gott sowie die sehr schematische Studie von W. Wirth, Solidarität.

[3] Zur Erneuerung; B. Klappert/H. Starck, Umkehr, S. 593–596.

[4] R. Rendtorff, Arbeitsbuch; Kirchen, S. 558–578.

[5] Deutscher Evangelischer Kirchentag München; D. Goldschmidt/H.-J. Kraus, Bund; H. Gollwitzer/E. Sterling, Gottesvolk.

[6] D. Goldschmidt, Zwanzig Jahre, S. 608–617.

treffen, soviel wurde rasch deutlich, standen im Zusammenhang mit dem „Deutschen evangelischen Ausschuß für Dienst an Israel". Dieser „Ausschuß" hatte bereits im Jahre 1948 mit einer Tagungsarbeit begonnen, die ausschließlich christlich-jüdischen Themen gewidmet war. Weshalb, so fragte ich mich, sind diese ersten Ansätze einer theologischen Aufarbeitung der „Judenfrage"[7] heute weitgehend unbekannt?

Weiterhin war zu untersuchen, ob es Stellungnahmen von seiten der evangelischen Kirchen gab, in denen auf das Verhalten gegenüber den Juden im „Dritten Reich" Bezug genommen wurde. Renate Maria Heydenreich nennt in ihrem Beitrag „Erklärungen aus der Evangelischen Kirche und der Ökumene zur Judenfrage 1932–1961" für die Jahre unmittelbar nach Kriegsende nur zwei Erklärungen: das Wort des Bruderrates der EKD von 1948 und das Wort der Synode der Evangelischen Kirche in Deutschland von 1950[8]. Wilfried Schweikhart führt zwar einige weitere Erklärungen an, darunter ein Wort der Oldenburgischen Kirchenleitung, doch wird auf diese nur äußerst knapp eingegangen, historische Zusammenhänge bleiben ganz unberücksichtigt[9]. So stellte sich die Frage danach, ob von Kirchenleitungen oder kirchlichen Gruppen nach dem Ende der Naziherrschaft weitere Worte erarbeitet wurden, in denen das Verhältnis von Kirche und Judentum aufgenommen wurde.

Ein dritter Themenbereich, der bislang in der Literatur völlig unbeachtet blieb, trat nach Gesprächen mit Pfarrer Fritz Majer-Leonhard, Gerlingen, hervor: Während des „Dritten Reiches" hatten alle Personen unter Verfolgungen zu leiden, die aufgrund der „Nürnberger Gesetze" als „Nichtarier" galten; dabei spielte die Konfessionszugehörigkeit keine Rolle. Glieder der Israelitischen Kultusvereinigungen waren also ebenso wie die sogenannten Judenchristen oder Personen, die sich keiner religiösen Gruppe zugehörig fühlten (Dissidenten), den staatlichen Repressionen ausgesetzt. Doch nicht nur der Staat stellte diesen Menschen nach; die deutschchristlichen Kirchenleitungen hatten den Judenchristen zunächst das Pfarramt und später auch noch die Kirchenmitgliedschaft verweigert. Die Frage war nun, ob sich die evangelische Kirche diesen wegen ihrer Rassezugehörigkeit verfolgten Gliedern nach 1945 im besonderen Maß annahm, und wie sie sich zum Ausschluß dieser Christen aus der Kirchengemeinschaft stellte.

„Evangelische Kirche und Judentum – Stationen nach 1945" – zu dieser Themenformulierung sollen zwei Dinge bemerkt werden: Mit dem Begriff

---

[7] Vgl. zu diesem Begriff: D. BONHOEFFER, Gesammelte Schriften Bd. 2, S. 44 ff. – Der Begriff „Judenfrage" wird in Anführungszeichen gesetzt, um seine Fragwürdigkeit hervortreten zu lassen. Mit ihm wird der Gesamtkomplex des Verhältnisses von Kirche und Judentum bezeichnet.

[8] R.M. HEYDENREICH, Erklärungen, S. 183–283.

[9] W. SCHWEIKHART, Dialog, besonders S. 20–33.

„Judentum" ist bewußt eine gewisse Unschärfe in Kauf genommen. Zum einen sind damit natürlich all diejenigen gemeint, die sich selbst als Juden verstehen und Glieder einer Israelitischen Kultusgemeinschaft sind. Zugleich aber verbirgt sich dahinter in den Verlautbarungen nach 1945 ein größerer Personenkreis: Gemeint sind alle, die während der Zeit des Nationalsozialismus als „Nichtarier" bezeichnet wurden, also auch die Judenchristen und Dissidenten. So schlägt unvermeidbar immer wieder die in den „Nürnberger Gesetzen" vorgenommene Klassifizierung durch. Dies kann schon deshalb nicht vermieden werden, da in den zu zitierenden Dokumenten noch ganz undifferenziert von „Judenfrage", „Mischling 1. Grades", „Mischling 2. Grades", „Arier" oder „Nichtarier" gesprochen wird. Diese zeitgenössischen Ausdrücke wurden in Anführungszeichen gesetzt. Der Begriff Judenchrist hingegen ist eine bis heute übliche Selbstbezeichnung von Christen, die zur jüdischen Religionsgemeinschaft gehörten und später die Taufe empfangen haben, beziehungsweise von Nachkommen solcher Personen. Er wurde deshalb nicht gekennzeichnet. Wird der Begriff „Israel" in dieser Arbeit verwendet, so ist damit – von einigen wenigen Ausnahmen abgesehen – nicht der Staat Israel gemeint, sondern er wird als theologischer Begriff verwendet und bezeichnet diejenigen aus dem „Samen Abrahams", die Jesus von Nazareth nicht als Messias anerkennen.

Zum andern sei mit dem Stichwort „Stationen" angedeutet, daß Entwicklungen immer nur solange verfolgt wurden, bis eine gewisse Konsolidierung der Arbeit erreicht war. So wird die Geschichte der „Hilfsstellen für Rasseverfolgte" bis ungefähr 1950 dargelegt, die Arbeit des „Deutschen evangelischen Ausschusses für Dienst an Israel" bis 1952, die Aktivitäten auf den Kirchentagen aber werden bis 1958 in den Blick genommen. Hinsichtlich der Worte und Erklärungen wird der Zeitraum bis zur Erklärung der Synode der Evangelischen Kirche in Deutschland im Jahre 1950 untersucht. Mit diesem Wort sprach nicht nur die offizielle Vertretung der evangelischen Kirche, sondern es war auch für eine ganze Reihe von Jahren das letzte derartige Wort[10].

Zum Begriff „Rasseverfolgte" wäre festzuhalten, daß unter ihn natürlich nicht allein die Juden fallen, sondern ebenso die „Zigeuner". Letztere Personengruppe wird im Rahmen dieser Arbeit kaum Berücksichtigung finden. Lediglich zwei Südwürttemberg betreffende Listen der „Hilfsstelle für Rasseverfolgte" in Stuttgart lassen den Schluß zu, daß teilweise auch „Zigeuner"

---

[10] Vgl. beispielsweise die Erklärung gegen den Antisemitismus der Synode der Evangelischen Kirche in Berlin-Brandenburg vom Januar 1960, in welcher auch dezidiert auf die Erklärung von 1950 Bezug genommen wurde. Ausschlaggebend für die Verabschiedung waren die unten (S. 360, Anm. 292) erwähnten Ausschreitungen zur Jahreswende 1959/60. Text der Erklärung jetzt in: KIRCHEN, S. 551 f.

betreut wurden. Sie waren wohl aber zunächst nicht im Blickfeld der für die Hilfsstellen Verantwortlichen[11].

Die bearbeiteten drei Felder – diakonische Hilfe, Ansätze einer theologischen Aufarbeitung und Worte und Erklärungen – stehen weitgehend beziehungslos nebeneinander. Nur an einigen Stellen werden Überschneidungen sichtbar. Vor allem durch die Aktivitäten einzelner Persönlichkeiten, allen voran Adolf Freudenberg, kommen Verknüpfungen zustande. Interessant ist es allerdings zu beobachten, wie schwer Anfragen, Anregungen oder Forderungen in allen drei Bereichen etwas zu bewirken vermochten.

Danken möchte ich allen Gesprächspartnern, die mir in großer Geduld Rede und Antwort standen. Herausheben möchte ich Pfarrer Fritz Majer-Leonhard, Gerlingen, und Prof. Dr. Karl Heinrich Rengstorf, Münster, ohne deren Hilfe große Teile dieser Arbeit nicht hätten geschrieben werden können. Prof. Dr. Helmut Gollwitzer, Berlin, machte mir wichtige Dokumente aus dem Nachlaß von Adolf Freudenberg zugänglich, Pastor Arnulf Baumann, Wolfsburg, Aufzeichnungen und Akten aus dem Besitz von Karl Burmester. Mein besonderer Dank gilt auch den Landeskirchlichen Archiven in Bremen, Darmstadt, Karlsruhe, Kassel, Kiel, Nürnberg, Oldenburg und Stuttgart, dem Evangelischen Zentralarchiv in Berlin, dem Archiv des Diakonischen Werks in Berlin und der Bibliothek des Ökumenischen Rates der Kirchen in Genf, wo mir mit viel Geduld und Verständnis bei der Suche nach Dokumenten geholfen wurde; Herr Hermann Ott vom Landeskirchlichen Archiv in Stuttgart soll in diesem Zusammenhang besonders genannt sein.

Erwähnt sei auch die Unterstützung, die mir Prof. Dr. Gottfried Seebaß zuteil werden ließ. Er übernahm nach dem plötzlichen Tod von Prof. Dr. Klaus Scholder die Betreuung der Arbeit und gab mir immer wieder wichtige Impulse zu einer prägnanteren Formulierung einzelner Sachverhalte. Der Evangelisch-theologischen Fakultät der Universität Heidelberg danke ich, daß sie diese Arbeit 1988 aufgrund der Gutachten von Prof. Dr. Gottfried Seebaß und Prof. Dr. Adolf Martin Ritter als Dissertation angenommen hat; die Druckfassung ist überarbeitet und leicht erweitert.

Für die Aufnahme dieser Studie in die „Arbeiten zur kirchlichen Zeitgeschichte“ danke ich den Herausgebern Herrn Prof. Dr. Joachim Mehlhausen und Frau Dr. Leonore Siegele-Wenschkewitz sehr herzlich, ebenfalls Herrn Dr. Carsten Nicolaisen und Frau Hannelore Braun M.A. von der Geschäfts-

[11] Die braunschweigische Landeskirche richtete im Januar 1957 ein Pfarramt „für Juden- und Zigeunermission“ ein, dessen Namen nicht einmal einen Monat später in „Pfarramt für den Dienst an Israel und den Zigeunern“ geändert wurde (LANDESKIRCHLICHES AMTSBLATT DER BRAUNSCHWEIGISCHEN EVANGELISCH-LUTHERISCHEN LANDESKIRCHE, LXX. Jgg., Ausgabe vom 15. Februar 1957, S. 3). – Die geringe Zahl von „Zigeunern“, die von den Hilfsstellen für Rasseverfolgte betreut wurde, mag auch damit zusammenhängen, daß die „Zigeuner“ zumeist katholischer Konfession sind.

stelle der Arbeitsgemeinschaft für kirchliche Zeitgeschichte für die gründliche und einfühlsame Durchsicht des Manuskripts.

Mein Dank gilt auch allen, die mir beim Korrekturlesen geholfen haben: Markus Granzow-Emden, Rainer Lächele, Johannes Menge, Eberhard Mitzlaff, Ulrike Rothermundt und Matthias Weindel.

Nehren, im Oktober 1989 Siegfried Hermle

KAPITEL 1

DIE LAGE DER RASSEVERFOLGTEN IM „DRITTEN REICH“

1. Maßnahmen des nationalsozialistischen Staates

Unmittelbar nachdem Adolf Hitler als Reichskanzler eingesetzt worden war, begannen „spontane“ Proteste gegen jüdische Beamte. In Berlin und anderswo wurden Gerichtsverhandlungen gestört und die Beseitigung jüdischer Juristen gefordert[1]. Über Einzelproteste hinausgehend wurde am 1. April 1933 ein Boykottag gegen jüdische Geschäfte organisiert. Mit dem am 7. April erlassenen „Gesetz zur Wiederherstellung des Berufsbeamtentums“[2] konnten alle jüdischen Beamten entlassen werden. Ausgenommen wurden durch eine Intervention des Reichspräsidenten Paul von Hindenburg lediglich diejenigen Beamten, die schon vor dem 1. August 1914 im Staatsdienst waren, im Weltkrieg für das Deutsche Reich und seine Verbündeten im Feld standen oder deren Väter oder Söhne im Weltkrieg gefallen waren. In den folgenden Jahren wurden den jüdischen Bürgern immer mehr Rechte genommen: Für jüdische Schüler und Studenten standen nur eine begrenzte Anzahl von Plätzen an Schulen und Universitäten zur Verfügung; jüdische Steuerberater verloren ihre Zulassung; Juden mußten aus allen Ehrenämtern entfernt werden[3].

Eine weitere drastische Verschlechterung der Lebensverhältnisse jüdischer Bürger brachte das Jahr 1935[4]: Juden wurden zu Prüfungen als Ärzte, Zahnärzte und Apotheker nicht mehr zugelassen und vom Wehrdienst ausgeschlossen. Auch Berufsverbote trafen sie zunehmend: Angestellte in Apotheken, Haushaltslehrerinnen, Gewerbelehrer, Kirchenmusiker, Organisten, Kunst- und Antiquitätenhändler, Betreiber von Filmtheatern, Schwimmeister – und auch deren Ehegatten – erhielten keine Zulassungen mehr oder wurden aus den Berufsverbänden ausgeschlossen. Im Juli kam es zu wilden Ausschreitungen und Aktionen gegen jüdische Geschäfte in Berlin, so daß die Unsicherheit und Ungewißheit über die eigene Zukunft unter den jüdischen Bürgern immer bedrückender wurde.

---

[1] Ich beziehe mich im folgenden vor allem auf das Buch von U. D. ADAM, Judenpolitik.

[2] RGBl I, 1933, S. 175; vgl. U. D. ADAM, Judenpolitik, S. 51 ff. Eine Zusammenstellung aller einschlägigen Gesetze findet sich bei J. WALK, Sonderrecht.

[3] Vgl. U. D. ADAM, Judenpolitik, S. 70–73, Anm. 7: Schöffen, Geschworene, Handelsrichter.

[4] Vgl. zum folgenden EBD., S. 114–145.

Durch die „Nürnberger Gesetze“ vom 15. September 1935 wurde die begonnene Aufteilung in „Bürger 1. Klasse“ und „Bürger 2. Klasse“ abgeschlossen. Zwei Gesetze, die erst unmittelbar vor und während des „Reichsparteitags der Freiheit“ entstanden, grenzten die Rechte der Juden in Deutschland entscheidend ein: Im „Reichsbürgergesetz“ wurde ihnen zwar die deutsche Staatsangehörigkeit belassen, doch wurde diese durch die Einführung des Status eines „Reichsbürgers“, der allein „Ariern“ vorbehalten war, zu einer zweitrangigen Größe. Im „Blutschutzgesetz“ wurde die Eheschließung und der außereheliche Verkehr zwischen Juden und „Ariern“ verboten. Offen blieb jedoch die Frage, wer denn nun eigentlich als Jude zu gelten habe. Dies wurde in der „Erste(n) Verordnung zum Reichsbürgergesetz“ nachgeholt[5]: „Jüdische Mischlinge“, also Personen mit einem oder zwei der Rasse nach „volljüdischen“ Großelternteilen, wurden vorläufig als „Reichsbürger“ angesehen. Wer von mindestens drei der Rasse nach „volljüdischen“ Großelternteilen abstammte, war Jude. „Volljüdisch“ waren alle Personen, die der jüdischen Glaubensgemeinschaft angehörten. Als Jude galten nun aber auch „Mischlinge“, die beim Erlaß des Gesetzes der jüdischen Religionsgemeinschaft angehörten oder nachher in sie eintraten, die mit einem Juden verheiratet waren oder nach dem Erlaß der „Nürnberger Gesetze“ aus der Ehe mit einem Juden hervorgingen. Wer Jude war oder als Jude galt, hatte kein politisches Stimmrecht und konnte kein öffentliches Amt ausüben, da beides die vollen Rechte eines „Reichsbürgers“ voraussetzte. Man beachte, daß der angeblich biologische Begriff „Rasse“ juristisch nicht anders zu fassen war als durch den Rückgriff auf die Zugehörigkeit zur jüdischen Religionsgemeinschaft. Obgleich vom Nationalsozialismus rassische Gesichtspunkte, also biologische Merkmale, für die Ausschaltung der Juden geltend gemacht wurden, argumentierte man juristisch niemals mit der biologischen Abstammung, sondern allein mit der Religionszugehörigkeit.

Das Jahr 1936 war wohl nicht zuletzt wegen der Olympischen Spiele, die in Berlin stattfanden, hinsichtlich weiterer Schikanen der jüdischen Mitbürger ein Jahr der Ruhe, und auch das folgende brachte keine neuen einschneidenden Maßnahmen.

Mit dem „Gesetz über die Änderung von Familiennamen und Vornamen“ vom 5. Januar 1938 wurde eine neue Runde von diskriminierenden Maßnahmen gegen die jüdischen Bürger eröffnet[6]. Namensänderungen, durch die ein jüdischer Name in einen anderen geändert worden war, mußten zurückgenommen werden; auch durften von Juden nur noch bestimmte Vornamen verwendet werden oder es mußten typisch jüdische Vornamen zusätzlich geführt werden.

---

[5] RGBl I, 1935, S. 1333.
[6] RGBl I, 1938, S. 9.

In den folgenden Monaten wurden systematisch Schritte eingeleitet, um die Juden aus der Wirtschaft zu verdrängen. Jüdische Betriebe erhielten geringere Zuteilungen an Rohstoffen und Devisen[7]. In jüdischen Betrieben und Haushalten durften keine „deutschblütigen" Frauen mehr arbeiten. Als Elektro- und Gasinstallateure konnten Juden nach ihrem Ausschluß aus der „Wirtschaftsgruppe Elektrizitätsversorgung" nicht mehr arbeiten. Öffentliche Aufträge durften ab 1. März 1938 nicht mehr an jüdische Interessenten vergeben werden, und am 26. April wurde eine Verordnung erlassen, derzufolge die Juden ihr Vermögen beim Staat anzumelden hatten. Weitere Einschränkungen schlossen sich an: Zum 30. September erloschen die Approbationen jüdischer Ärzte, zum 30. November die jüdischer Anwälte, im Januar 1939 die der Zahn- und Tierärzte sowie der Apotheker. Die Tätigkeit an Börsen und Großmärkten wurde verboten. Jüdische Schüler konnten nicht mehr mit ihren „arischen" Altersgenossen das Abitur machen.

Die Fürsorge an Juden hatte ab dem Sommer 1938 allein die jüdische freie Wohlfahrtspflege zu übernehmen. Jüdische Stiftungen wurden in ihrem Zweck dahingehend verändert, daß sie vornehmlich der Beschleunigung der Auswanderung zu dienen hatten. Da mit der Einführung der „Nürnberger Gesetze" im inzwischen dem Deutschen Reich einverleibten Österreich eine große Zahl vor allem mittelloser Juden in die Schweiz floh, wurde von dort die Kennzeichnung jüdischer Ausweise verlangt. So kam es zu einer „Verordnung über die Reisepässe von Juden", in der festgelegt wurde, daß die Pässe aller jüdischen Staatsbürger ohne den Eindruck eines „J" ungültig seien[8].

Ende Oktober 1938 wurden 15000 Juden über die Grenze nach Polen abgeschoben. Von dieser Aktion waren auch die Eltern des Attentäters von Paris betroffen: Am 7. November schoß Herschel Grynszpan einen deutschen Botschaftsbeamten nieder, der wenig später verstarb. In der Nacht vom 9. zum 10. November kam es daraufhin zu einem Pogrom schlimmsten Ausmaßes, der von Joseph Goebbels in die Wege geleitet worden war. Hunderte von Geschäften wurden zerstört, Synagogen angezündet, Häuser und Wohnungen verwüstet, viele Juden wurden geschlagen, gedemütigt oder in Lagern eingesperrt. Nach offiziellen Angaben wurden 35 Juden ermordet – „das war aber nur ein geringer Teil der tatsächlichen Todesopfer des Pogroms"[9]. So rasch, wie die Entfesselung der „Volksseele" vor sich ging, so rasch wurde sie auch wieder im Zaum gehalten. Die weiteren Lektionen, so Goebbels in Zeitungsartikeln, sollten „dem Judentum auf dem Wege der Gesetzgebung erteilt werden"[10].

---

[7] Vgl. zum folgenden: U. D. ADAM, Judenpolitik, S. 172–203.
[8] RGBl I, 1938, S. 1342.
[9] JUDENPOGROM, S. 29f., vgl. auch W. HOFER, Nationalsozialismus, S. 293.
[10] Nach U. D. ADAM, Judenpolitik, S. 209.

Was damit gemeint war, sollten die Betroffenen bald zu spüren bekommen. Systematisch wurde nun nämlich die „Arisierung“ der Wirtschaft in Angriff genommen. Neben Verordnungen, die die Juden verpflichteten, den in der Pogromnacht entstandenen Schaden selbst zu bezahlen und eine Kontribution von 1 Milliarde Reichsmark zu entrichten, wurde eine „Verordnung zur Ausschaltung der Juden aus dem deutschen Wirtschaftsleben“ erlassen[11]. Untersagt wurde den Juden nunmehr der Betrieb von Einzelhandelsverkaufsstellen, Versandgeschäften und Bestellkontoren sowie die Führung von Handwerksbetrieben. Verboten wurde ihnen ferner, auf Messen, Märkten oder Ausstellungen tätig zu sein oder als Betriebsführer und leitende Angestellte zu arbeiten.

Durch weitere, eher kleinere Maßnahmen wurde das Klima weiter verschärft: Parkbänke wurden mit „Nur für Deutsche“ beschildert, Straßen und Plätze, die nach Juden benannt waren, mußten umbenannt werden. Juden durften keine Uniformen mehr tragen und wurden generell der höchsten Steuerklasse zugewiesen[12]. Am „Tag der nationalen Solidarität“, dem 30. November, an dem prominente Nazigrößen für das Winterhilfswerk zu sammeln pflegten, durften Juden von 12 bis 20 Uhr nicht auf die Straße. Anfang 1939 gingen diese Maßnahmen weiter. Schlaf- und Speisewagen durften nicht mehr benutzt werden und Mietbeihilfen wurden gestrichen. Überhaupt wurden im Bereich der Wohn- und Mietverhältnisse gravierende Einschränkungen angeordnet. Man zielte darauf, Juden in bestimmten Wohnbezirken zusammenzufassen; so durften zum Beispiel in Berlin und München nichtjüdische Vermieter freiwerdende Wohnungen nicht an Juden vermieten. Ausgenommen von diesen Regelungen waren die „privilegierten Mischehen“, in denen der Mann Deutscher war. Dabei spielte es keine Rolle, ob Kinder da waren oder nicht. Ab März 1939 wurden die Juden nicht mehr der Ersatzreserve zugewiesen, sondern von der Ableistung des Wehr- und Arbeitsdienstes ganz ausgeschlossen.

Um die Auswanderung noch effektiver betreiben zu können, wurden durch die „Zehnte Verordnung zum Reichsbürgergesetz“ vom 4. Juli 1939 alle Juden in der „Reichsvereinigung der Juden in Deutschland“ zwangsweise zusammengeschlossen. Als Zweck dieser Vereinigung, in die alle jüdischen Vereine, Organisationen und Stiftungen integriert wurden, wurde die Förderung der Auswanderung, des jüdischen Schulwesens und der jüdischen freien Wohlfahrtspflege angegeben[13].

Zu Beginn des Krieges waren die Juden aus den Bereichen des Staates, der Kultur und der Wirtschaft vertrieben. Offen blieb noch die „Reinigung“ der Öffentlichkeit. Wie dies zu bewerkstelligen sei, deutete die SS-Zeitung

---

[11] RGBl I, 1938, S. 1580.

[12] Vgl. zum folgenden: U.D. ADAM, Judenpolitik, S. 204–247.

[13] RGBl I, 1939, S. 1097.

„Schwarzes Korps“ schon im November 1938 an: „Bei Kriegsausbruch müßte das Schicksal der in Deutschland verbliebenen Juden ‚restlose Vernichtung‘ sein.“[14] Im besetzten Polen begannen Einsatzgruppen ab September 1939 mit der planmäßigen Ausrottung der Juden. In einer Besprechung am 20. September 1939 zwischen Hitler, Heinrich Himmler, Reinhard Heydrich und Albert Forster wurde abgestimmt, was mit den Juden geschehen solle: Binnen eines Jahres müßten sie aus dem Reich nach Polen gebracht werden. Die polnischen Juden sollten in Ghettos konzentriert werden. Diese Schritte wurden als Nahziele festgehalten. Als Endziel war wohl zunächst die „Bildung eines unter deutscher Überwachung stehenden Judenreservats an der russischen Grenze“ geplant[15]. Im Frühjahr 1940 wurde dann damit begonnen, alle Juden aus den inzwischen dem Deutschen Reich zugeschlagenen polnischen Gebieten in die Gegend südlich von Warschau – Lublin „umzusiedeln“. Organisatorische Schwierigkeiten machten diesen Plan jedoch zunichte, so daß im April die Umsiedlungen beendet wurden. Nach dem Scheitern dieses Unternehmens wurde ein neuer, abenteuerlicher Plan diskutiert. Man wollte die Juden zuerst ins Generalgouvernement abschieben und sie dann von dort nach Madagaskar schaffen. Allerdings zeigte es sich bald, daß dies während des Krieges nicht durchzuführen war.

Möglich hingegen war es, die Juden aus Deutschland zu vertreiben. So wurden am 22. und 23. Oktober 1940 6500 Personen aus Baden, der Pfalz und dem Saarland in das unbesetzte Frankreich abgeschoben[16]. Darüber hinaus handelten einige Städte in eigener Regie: Es wurden Ausgangsbeschränkungen für Juden erlassen, das Betreten bestimmter Gebiete völlig verboten und teilweise auch Radioapparate eingezogen. Nur mühsam konnte die Geheime Staatspolizei diese „Auswüchse“ unterbinden, allerdings nur aus dem Interesse, daß im Reich einheitlich verfahren werde. Eine Flut von offiziellen Maßnahmen schränkten den Lebensbereich der Juden dann mehr und mehr ein: Alle Rundfunkgeräte wurden eingezogen, der Verkauf von Schokolade- und Kakaoerzeugnissen an Juden verboten, sie erhielten keine Kleiderkarten, Spinnstoffe, Schuhe und Leder mehr. Ihre Lebensmittelkarten wurden mit einem „J“ gekennzeichnet, und eine Anweisung verbot es ihnen, vor 15.30 Uhr einzukaufen[17].

Im Dezember 1941, als organisierte Vergasungen von Juden in Kulmhof anfingen, und vor allem durch die Wannseekonferenz vom 20. Januar 1942 begann die letzte Phase der nationalsozialistischen Judenpolitik. Nicht mehr die Auswanderung oder die Ansiedlung in einem Judengebiet im Osten

---

[14] Nach U. D. Adam, Judenpolitik, S. 236.
[15] Vgl. zum folgenden Ebd., S. 247–257, Zitat S. 249.
[16] Vgl. P. Sauer, Schicksale.
[17] U. D. Adam, Judenpolitik, S. 260 f.

waren fortan das Ziel, sondern die Vernichtung der Juden durch Arbeitseinsätze oder Vergasungen[18].

In einer am 9. September 1941 verkündeten Polizeiverordnung wurde den Juden befohlen, künftig einen gelben Stern gut sichtbar zu tragen. Die Benutzung von öffentlichen Verkehrsmitteln war ihnen nur noch in Ausnahmefällen erlaubt. Auch die Wohnungen selbst mußten ab März 1942 mit einem Stern gekennzeichnet sein. Alle Woll- und Pelzsachen waren schon im Januar desselben Jahres beschlagnahmt worden[19]. Ab dem 19. Oktober 1942, dem Beginn der 42. Zuteilungsperiode, erhielten die Juden wichtige Nahrungsmittel nicht mehr. Dazu gehörten Fleischwaren, Weizenerzeugnisse und Milch. Kinder erhielten keinen Kunsthonig und kein Kakaopulver mehr, Kranke keine Sonderzuteilungen. Außerdem wurden Lebensmittelsendungen aus dem Ausland auf ihre Rationen angerechnet. Im Februar 1943 waren alle Beschäftigungsverhältnisse zwischen Juden und „Mischlingen 1. Grades“ einerseits und Deutschen andererseits zu lösen. Die Presse durfte ab dem Frühjahr 1942 nichts mehr über Maßnahmen gegen die Juden berichten.

Nachdem im April 1943 – „normativ wie faktisch vollkommen überflüssig und im Zeichen der laufenden Vernichtungen ein Beispiel zynischer Perfektion“ – Juden, „Mischlingen 1. Grades“ und „Zigeunern“ in einer Verordnung die deutsche Staatsbürgerschaft aberkannt wurde, fehlte zur völligen Ausschaltung der Juden nur noch ein letzter Schritt. In der „Dreizehnte(n) Verordnung zum Reichsbürgergesetz“ wurde den wenigen sich noch im Reich befindlichen Juden die bisher noch eingeräumte Möglichkeit genommen, sich bei Rechtsstreitigkeiten des ordentlichen Gerichtsweges zu bedienen. Auch wurden hinfort strafbare Handlungen, die von Juden begangen worden waren, direkt von der Polizei geahndet. Die Vermögen von verstorbenen Juden fielen, sofern keine nichtjüdischen Angehörigen Ansprüche geltend machen konnten, an das Reich.

Mit diesen zuletzt aufgeführten Maßnahmen waren die Juden nun auch in gesellschaftlicher und politischer Hinsicht als „Unmenschen“ abgestempelt worden. Die wenigen Zurückgebliebenen erhielten die wichtigsten Nahrungsmittel nicht mehr, ihnen standen praktisch keinerlei Rechte mehr zu, sie waren zum Freiwild geworden. Schließlich wurden sie in den Osten zur Liquidation abtransportiert. Deutsche Länder und Städte rühmten sich derweil, nun endlich „judenrein“ zu sein.

Relativ unbehelligt blieben die Juden, die in „Mischehen“ lebten, und auch sogenannte „Mischlinge 1. Grades“[20]. Sie waren wie Juden ausländischer

[18] Ebd., S. 314f; W. Hofer, Nationalsozialismus, S. 303f.

[19] Vgl. zum folgenden: U. D. Adam, Judenpolitik, S. 333–354, Zitat S. 352.

[20] Vgl. zum folgenden Ebd., S. 316–333, Zitate S. 338, 332, 333. Vgl. zu den „Mischlingen“ J. Noakes, „Judenmischlinge“; J. A. S. Grenville, „Endlösung“; zu den „Mischehen“ B. Blau, Mischehe.

Staatsangehörigkeit und Personen über 65 Jahre zunächst nicht deportiert worden. Letztere wurden ab 1942 dann aber wie die anderen deutschen Juden in den Osten abgeschoben. Den „Mischlingen" suchte man durch Einbeziehung in das Netz der Rassegesetzgebung beizukommen. Verschiedene Lösungen wurden diskutiert, so die, „Mischlinge" vor die Wahl zu stellen, entweder abgeschoben oder sterilisiert zu werden, oder die, Ehen zwischen Deutschen und Juden oder „Mischlingen" automatisch aufzulösen. Die „Mischlinge" und Juden in „Mischehen" wurden zwar der Ausrottungsmaschinerie entzogen, aber sie wurden durch eine Sondergesetzgebung in ihren Rechten und Lebensmöglichkeiten immer weiter eingeschränkt. Ehegenehmigungsgesuchen von Beamten mit „Mischlingen" wurde nicht mehr stattgegeben, höhere Schulen durften von „Mischlingen" nicht mehr besucht werden, die Entlassung von „Mischlingen" aus der Wehrmacht wurde am 15. September 1942 verfügt. Festzuhalten ist, daß „seit Herbst 1943 eine unmittelbare Gefährdung für ‚Mischlinge' und ‚privilegierte' Juden – zumindest rückblickend – nicht mehr bestand". Im Rahmen der nach dem Attentat auf Hitler am 20. Juli 1944 getroffenen Maßnahmen wurden auch alle Beamten entlassen, die mit „Mischlingen" oder Juden verheiratet waren, „auch wenn früher ihre oder ihrer Ehegatten Gleichstellung mit Deutschblütigen ausgesprochen wurde". Im Januar 1945 erging eine Verordnung, daß nunmehr auch alle „Mischlinge" „zum geschlossenen Arbeitseinsatz zu bringen sind".

Zusammenfassend sei die Lage eines jüdischen Menschen und damit auch eines Christen jüdischer Abstammung während des „Dritten Reiches" durch einen Abschnitt aus der Festschrift zum 60. Geburtstag von Propst Heinrich Grüber dargestellt:

„Bei jedem Schritt aus der Wohnung mußte der weithin sichtbare gelbe Stern angelegt werden. Innerhalb der von außen in gleicher Weise gekennzeichneten Wohnung war man aufs äußerste zusammengepfercht. Jede Verbindung mit der übrigen Welt durch Telephon, Radio oder persönlichen Verkehr war unterbunden. Lebensmittel konnten nur zu besonders vorgeschriebener Stunde auf besonders gekennzeichnete Lebensmittelkarten eingekauft werden. Gewisse wichtige Nahrungsmittel, wie Fisch, Fleisch und andere Eiweißträger wurden gänzlich entzogen. Alle Berufsmöglichkeiten waren verschlossen. Zugleich bestand schärfster Arbeitszwang. Das bedeutete schwerste körperliche Arbeit bei ungenügender Ernährung in besonderen Abteilungen der Rüstungsfabriken bis zum Zusammenbrechen. Während der immer häufiger werdenden Luftangriffe mußte ohne Rücksicht auf die Gefahr durchgearbeitet werden oder – wenn sich dies technisch nicht durchführen ließ – mußten die versäumten Stunden nachgeholt werden. Die Benutzung der Verkehrsmittel war allgemein verboten. Nur wenn der Arbeitsweg mehr als sieben Kilometer betrug, wurde eine Erlaubnis dafür erteilt. Nicht nur waren alle Einrichtungen des öffentlichen Lebens, wie Theater, Kinos, Bibliotheken, öffentliche Parks, Museen usw. versperrt, selbst Ruhebänke auf öffentlichen Plätzen und Anlagen trugen die Aufschrift ‚Für Juden verboten'. Badeanstalten, Friseurgeschäfte konnten nicht besucht werden. Waschanstalten durften die jüdische Wäsche nicht waschen. Schuhe konnten nicht besohlt werden. Ja, es war sogar das Betreten ganzer Straßen und Viertel verboten. Nach acht Uhr abends durften die Straßen nicht mehr begangen werden, außer mit besonderem Ausweis für den Heimweg von der Nachtschicht. Auch die Kinder mußten den Stern tragen. Ein Verkehr mit anderen Kindern war also unmöglich. Schließlich wurden die jüdischen Schulen geschlossen, so daß die Kinder ohne jeden Unterricht blieben.“[21]

2. *Die Haltung der evangelischen Kirche zur Rassepolitik des nationalsozialistischen Staates*

Die Reaktionen der evangelischen Kirche auf den Boykott der jüdischen Geschäfte am 1. April 1933

Wie wenig die Kirche im Hinblick auf den Antisemitismus sensibilisiert war[22], zeigen die Reaktionen auf vereinzelte antijüdische Ausschreitungen vom März 1933 sowie auf die von der SA geplanten und durchgeführten Aktionen am 1. April 1933. Kirchenführer stellten sich hinter den neuen Staat und beruhigten das aufgeschreckte Ausland. Sie bezeichneten die Berichte ausländischer Zeitungen als Pressekampagne gegen den nationalsozialistischen Staat. So führte Generalsuperintendent Otto Dibelius in einer Sonntagskolumne im Berliner „Tag“ aus, daß er nicht verstehen könne, weshalb sich ein amerikanischer Bischof als Beschützer der deutschen Juden aufspiele und woher man denn im Ausland über die Ereignisse so gut Bescheid wisse. An anderer Stelle erklärte er:

> „Schließlich hat sich die Reichsregierung genötigt gesehen, den Boykott jüdischer Geschäfte zu organisieren – in der richtigen Erkenntnis, daß durch die internationalen Verbindungen des Judentums die Auslandshetze dann am ehesten aufhören wird, wenn sie dem deutschen Judentum wirtschaftlich gefährlich wird. Das Ergebnis dieser ganzen Vorgänge wird ohne Zweifel eine Zurückdämmung des jüdischen Einflusses im öffentlichen Leben Deutschlands sein. Dagegen wird niemand im Ernst etwas einwenden können.“[23]

Auch der Präsident des Deutschen Evangelischen Kirchenausschusses, Hermann Kapler, erklärte im Namen des Kirchenbundes gegenüber amerikanischen Pfarrern, daß die Regierung die Ordnung gewährleisten werde. Als der württembergische Landesbischof Theophil Wurm[24] und der langjäh-

[21] An der Stechbahn, S. 55 f.; vgl. jetzt auch U. Büttner, Not.

[22] Vgl. die einschlägigen Darstellungen: K. Meier, Kirche; E. Busch, Juden; W. Gerlach, Zeugen; K. Nowak, Stigma; H.-U. Thamer, Protestantismus.

[23] Zitiert nach K. Meier, Kirche, S. 25 f.

[24] H. Metzger, Kristallnacht, S. 4. – T. Wurm konnte 1938 noch schreiben: „Ich habe von

rige Präsident des Deutschen Evangelischen Kirchentages, Wilhelm Freiherr von Pechmann, zu einem Protest aufriefen, antwortete die Berliner Kirchenbehörde, daß so das erste Zusammentreffen zwischen Reichsregierung und Kirchenleitung nicht aussehen dürfe.

Die Mehrzahl der damaligen Kirchenführer dürfte in jener Zeit mehr oder weniger unverhohlen antisemitisch eingestellt gewesen sein[25] und dem Staat das Recht zugestanden haben, auch „mit harten Maßregeln Ordnung zu schaffen"[26]. Daher blieb „die Kirche als ganze... stumm. Kein Bischof, keine Kirchenleitung, keine Synode wandte sich in den entscheidenden Tagen um den 1. April öffentlich gegen die Verfolgung der Juden in Deutschland"[27]. Mit Klaus Scholder lassen sich neben der antisemitischen Grundstimmung, die auch in der Kirche breiten Raum gefunden hatte, wohl zwei Gründe für dieses Schweigen nennen: Zum einen führte, so wird am Beispiel Dibelius deutlich, die politische Beurteilung der Situation dazu, daß die „Machtergreifung" als ein legales Geschehen angesehen wurde und der Boykott „den Schein eines Aktes von berechtigter Notwehr" erhielt[28]. Im übrigen wurden diese Vorgänge häufig als Auswüchse bagatellisiert, die nach der Konsolidierung der neuen Regierung bald beendet sein würden. Andererseits dürfte für das Schweigen mitentscheidend gewesen sein, daß die obersten Kirchenbehörden bestrebt waren, den Handlungsspielraum der Kirche nicht zu gefährden. Nicht nur staatliche Maßnahmen und Äußerungen, sondern auch der Angriff der nationalsozialistischen Kirchenpartei der Deutschen Christen führte zum Gefühl einer unmittelbaren Bedrohung der Selbständigkeit der Kirche. Da man einen „Zusammenstoß mit dem Staat auf kirchlichem Gebiet vorauszusehen schien"[29], erschien jetzt eine Stellungnahme wegen des Boykotts undenkbar.

Der „Arierparagraph" in der Kirche als status confessionis

Direkt betroffen war die Kirche, als die inzwischen innerhalb der evangelischen Kirche an die Macht gelangten Deutschen Christen die Einführung des von der Reichsregierung am 7. April 1933 erlassenen „Arierparagraphen" auch für den Bereich der Kirche verlangten und entsprechende Regelungen

Jugend auf das Urteil von Männern wie Heinrich von Treitschke und Adolf Stöcker über die zersetzende Wirkung des Judentums auf religiösem, sittlichem, literarischem, wirtschaftlichem und politischem Gebiet für zutreffend gehalten" (EBD.). Vgl. auch unten S. 31 f., 35.

[25] Vgl. L. SIEGELE-WENSCHKEWITZ, Nationalsozialismus, S. 44–46, besonders S. 46.

[26] So O. Dibelius nach K. SCHOLDER, Kirchen Bd. 1, S. 341; vgl. auch H.-U. THAMER, Protestantismus.

[27] K. SCHOLDER, Kirchen Bd. 1, S. 340.

[28] EBD., S. 341.

[29] EBD., S. 342.

mit der Zeit in fast allen Landeskirchen durchsetzten[30]. Unüberhörbar war in diesem Fall nun aber der Widerspruch kirchlicher Gruppen und Persönlichkeiten: Die Jungreformatorische Bewegung stellte in ihren Anfang Mai 1933 veröffentlichten „Grundsätzen zur neuen Gestaltung der Kirche“ in Punkt 7 heraus: „Wir bekennen uns zu dem Glauben an den Heiligen Geist und lehnen deshalb grundsätzlich die Ausschließung von *Nichtariern* aus der Kirche ab; denn sie beruht auf einer Verwechslung von Staat und Kirche. Der Staat hat zu richten, die Kirche hat zu retten.“[31] Dietrich Bonhoeffer unterschied in seinem Vortrag „Die Kirche vor der Judenfrage“ zwischen dem Handeln der Kirche gegenüber dem Staat und dem Tun in ihrem eigenen Bereich. Im ersten Fall habe die reformatorische Kirche den Staat zuerst nach der Legitimität seines Handelns zu befragen, dann habe sie den Opfern des staatlichen Tuns beizustehen, und als letztes sei auch denkbar, daß sie „dem Rad selbst in die Speichen“ falle, wobei diese Entscheidung einem „evangelischen Konzil“ vorbehalten sei. Das innerkirchliche Verhalten sei davon bestimmt, daß der getaufte Jude Glied der Kirche sei. „Aufgabe christlicher Verkündigung (ist es) zu sagen: hier, wo Jude und Deutscher zusammen unter dem Wort Gottes stehen, ist Kirche, hier bewährt es sich, ob Kirche noch Kirche ist oder nicht.“[32] In einem Flugblatt vom August 1933, das wohl von Bonhoeffer stammte, hieß es: „Darum ist der Arierparagraph eine Irrlehre von der Kirche und zerstört ihre Substanz.“[33] Zum gleichen Urteil kam auch die Marburger evangelisch-theologische Fakultät in einem vom kurhessischen Kirchentag erbetenen Gutachten, während die Erlanger Fakultät in ihrem Gutachten keine eindeutige Aussage gemacht hatte[34]. Als sich die oppositionellen Pfarrer unter dem Eindruck der „Machtergreifung“ der Deutschen Christen innerhalb der evangelischen Kirche im September 1933 zum Pfarrernotbund zusammenschlossen, lautete der vierte Punkt ihrer Selbstverpflichtung: „In solcher Verpflichtung bezeuge ich, daß eine Verletzung des Bekenntnisstandes mit der Anwendung des Arierparagraphen im Rahmen der Kirche geschaffen ist.“[35]

Obgleich durch die kirchliche Übernahme des staatlichen „Arierparagraphen“ nur wenige Pfarrer[36] in ganz Deutschland betroffen gewesen wären,

---

[30] In der Evangelischen Kirche der Altpreußischen Union wurde der „Arierparagraph“ beispielsweise am 6. September 1933 eingeführt (vgl. K. MEIER, Kirche, S. 16).

[31] J. GAUGER, Chronik, S. 77.

[32] D. BONHOEFFER, Gesammelte Schriften Bd. 2, S. 44 ff., Zitate S. 48, 53.

[33] EBD., S. 65.

[34] J. GAUGER, Chronik, S. 102. – Auch 21 Neutestamentler aus dem ganzen Reichsgebiet unterstützten das Marburger Gutachten. Punkt 1 hieß: „Nach dem Neuen Testament ist die christliche Kirche eine Kirche aus Juden und Heiden, die sich sichtbar in einer Gemeinde zusammenfinden“ (EBD.).

[35] EBD., S. 103.

[36] Die in der Literatur üblicherweise genannte Zahl von 30 Pfarrern (K. MEIER, Kirchenkampf Bd. 1, S. 117) ist viel zu niedrig angesetzt! Vgl. jetzt WIDER DAS VERGESSEN, S. 22–25, wo

stellte sich eine engagierte, kämpferische Gruppe von Theologen gegen diesen Versuch und schreckte nicht davor zurück, den „status confessionis" für den Fall auszurufen, daß die deutschchristlichen Kirchenleitungen wirklich Amtsträger wegen ihrer jüdischen Herkunft aus dem Dienst entlassen sollten. Hier war die Kirche, war ihre Theologie in Frage gestellt; dies erklärt die eindeutige und prompte Reaktion. Auffallend aber ist – und das trübt den erfreulichen Eindruck doch beträchtlich –, daß keines dieser Gutachten auch nur ein Wort zur Legitimität des staatlichen Vorgehens sagte; ja, es fiel auch kein Wort der Anteilnahme gegenüber den Gliedern der eigenen Kirche, die als Beamte ihre Anstellung verloren. Damit aber noch nicht genug: Der Staat wäre aus eigenen Kräften nicht in der Lage gewesen, den „Arierparagraphen" durchzuführen, da er keine Unterlagen hatte, aus denen alle nötigen Angaben zu entnehmen gewesen wären. Nur durch die Bereitschaft der Kirchen, bei den geforderten Ahnennachweisen mitzuwirken, war es überhaupt möglich festzustellen, wessen Vorfahren der jüdischen Religion angehört hatten und welche nicht. Allein dieses Kriterium aber war entscheidend dafür, wer als Jude angesehen wurde.

Die Auseinandersetzung mit der nationalsozialistischen Weltanschauung

In der 1934 von der Bekennenden Kirche verabschiedeten Barmer Theologischen Erklärung fehlte ein Wort zur „Judenfrage"[37], und auch in den folgenden Jahren gab es keine eindeutigen Stellungnahmen der kirchlichen Opposition zu diesem Problem. Lediglich in Erklärungen, die sich mit der nationalsozialistischen Weltanschauung befassen, wird gegen deren rassisch-völkische Implikationen Stellung bezogen. Die Bekenntnissynode der Evangelischen Kirche der Altpreußischen Union wandte sich im März 1935 mit einem Wort an die Gemeinden, in dem es hieß: „Wir sehen unser Volk von einer tödlichen Gefahr bedroht. Die Gefahr besteht in einer neuen Religion... In ihr wird die rassisch-völkische Weltanschauung zum Mythos. In ihr werden Blut und Rasse, Volkstum, Ehre und Freiheit zum Abgott."[38] Die 3. altpreußische Bekenntnissynode stellte im September 1935 heraus, daß die

über 110 Geistliche genannt sind. Aber auch diese Zahl umfaßt bei weitem noch nicht alle Betroffenen: Die Theologiestudierenden, die aufgrund ihrer Abstammung keinen Platz in der Kirche erhielten, sind noch nicht in den Blick genommen (vgl. S. HERMLE/R. LÄCHELE, Landeskirche, S. 199ff.).

[37] Ob dies allein dadurch erklärt werden kann, daß der „Arierparagraph" zur Zeit der Barmer Synode von Reichsbischof Ludwig Müller gerade einmal wieder außer Kraft gesetzt war? (Vgl. J. GAUGER, Chronik 2. Teil, S. 286). Vgl. aber den Antrag Gerhard Jacobis, in welchem den Bruderräten der Provinzialsynoden, die „mit der Betreuung des Pfarrernachwuchses" beauftragt sind, angewiesen werden sollten, „sich mit besonderem Ernst der nichtarischen Theologen anzunehmen" (G. NIEMÖLLER, Barmen II, S. 187). Dieser Antrag wurde an den Bruderrat überwiesen.

[38] KJ 1933–1944, S. 90f.

Ansicht einiger Gemeindekirchenräte, die die Judenmission verboten hatten, Sünde sei. Wir sind, so betonte die Synode, „durch den Willen Gottes und den Befehl unseres Herrn Christus gebunden, allen Völkern, auch den Juden, das Heil in Christus anzubieten"[39].

Ein Dokument aus der Mitte des Jahres 1935, das allerdings während des „Dritten Reiches" nicht veröffentlicht wurde, beleuchtet einen anderen Aspekt kirchlichen Handelns. Marga Meusel, eine Mitarbeiterin der Bekennenden Kirche, erstellte im Auftrag von Superintendent Martin Albertz eine Denkschrift „Zur Lage der deutschen Nichtarier"[40]. Sie wies am Anfang ihrer Ausarbeitung auf die um sich greifende wirtschaftliche Not der „nichtarischen Familien" hin, die im Verlust der Arbeitsplätze der Familienväter ihren Grund habe. Hätten die jüdischen Familien oft noch Beziehungen, die einen Neuanfang erleichterten, so wären die christlichen „Nichtarier" ganz auf sich allein gestellt. Es gelte daher, entsprechend dem Gutachten der theologischen Fakultät Marburg, diese Menschen zu unterstützen, da die Kirche keine Beschränkungen rassischer Art in ihren Reihen dulden dürfe. Man müsse zum einen für die Not dieser Menschen Verständnis aufbringen, zum anderen dürfe bei Anstellungen im Raum der Kirche die Frage „Arier oder Nichtarier" keine Rolle spielen. Analog sei bei kirchlichen Ausbildungseinrichtungen zu verfahren: Die Kinder „nichtarischer" Eltern sollten Aufnahme finden, und falls staatliche Abschlüsse nicht mehr möglich seien, müßten Hausexamina angeboten werden. Des weiteren wurde die Einrichtung einer Stelle angeregt, die alle örtlichen Einrichtungen beraten solle und die „Gewissen der evangelischen Christen immer wieder darauf hinweist, daß wir eine Verantwortung denen gegenüber tragen, die doch unsere Brüder und Schwestern sind". Ausdrücklich verwies Meusel darauf, daß „jeder Anschein vermieden werden (muß), als sei Arbeit der Inneren Mission ‚Reaktion'. Im Gegenteil; immer wieder muß darauf hingewiesen werden, daß wir dem Staat gegenüber auch dann zum Gehorsam verpflichtet sind, wenn wir durch seine Anordnungen persönlichen Schaden erleiden". Zunächst sollte diese klare und eindrückliche Denkschrift, in der wenigstens eine gezielte Unterstützung der Judenchristen als unabdingbare Aufgabe der Bekennenden Kirche gefordert worden war, ohne Folgen bleiben. Erst 1938 kam es zur Einrichtung einer Hilfsstelle für die wegen ihrer Rassezugehörigkeit verfolgten Christen.

Deutliche Worte fand die von der Bekennenden Kirche eingesetzte 2. Vorläufige Leitung in ihrer Denkschrift an Hitler vom Frühjahr 1936, die zu-

---

[39] Ebd., S. 103.

[40] W. Huber/I. Tödt, Ethik, S. 134, Anm. 205; E. Bethge, Bonhoeffer, S. 557f. Text der Denkschrift in: G. v. Norden, Lehre, S. 182–186, Zitat S. 185f. – Diese Denkschrift hätte auf der Steglitzer Synode der Bekennenden Kirche besprochen werden sollen. Doch dazu kam es nicht (vgl. W. Niemöller, Synode).

nächst nicht an die Öffentlichkeit dringen sollte und dann doch im Ausland veröffentlicht und auf diese Weise auch in Deutschland bekannt wurde[41]. Im Abschnitt fünf wurde zur nationalsozialistischen Weltanschauung ausgeführt: „Wenn hier Blut, Rasse, Volkstum und Ehre den Rang von Ewigkeitswerten erhalten, so wird der evangelische Christ durch das erste Gebot gezwungen, diese Bewertung abzulehnen... Wenn den Christen im Rahmen der nationalsozialistischen Weltanschauung ein Antisemitismus aufgedrängt wird, der zum Judenhaß verpflichtet, so steht für ihn dagegen das christliche Gebot der Nächstenliebe"[42]. Es bedeute einen „besonders schweren Gewissenskonflikt", wenn die Eltern „das Eindringen dieser antichristlichen Gedankenwelt bei ihren Kindern... bekämpfen müssen". Allerdings finden sich dann solche Gedanken in der im August 1936 von der Vorläufigen Leitung hinausgegebenen Kanzelabkündigung nicht mehr.

Die Bekennende Kirche fand in den Monaten und Jahren, in denen den jüdischen Bürgern mehr und mehr Rechte entzogen wurden, kein öffentlich wirksames Wort. Zu den „Nürnberger Gesetzen" wurde nicht Stellung genommen; dazu, daß diesen Menschen ihre Lebensgrundlage entzogen, die Ausübung des Berufes verboten wurde, schwieg man. Immerhin äußerte sich die Bekennende Kirche in ihrer Denkschrift an den Führer in einer klaren und unmißverständlichen Weise: Der Obrigkeit seien Grenzen gesetzt, wo sie versuche, die Verkündigung des Evangeliums zu verhindern und damit die Arbeit der Kirche, ja die Kirche selbst, zu zerstören[43]. Der vom Staat geförderte Antisemitismus und Judenhaß stehe gegen das Gebot der Nächstenliebe!

Die „Reichspogromnacht" und die kirchlichen Hilfsstellen für evangelische „Nichtarier"

Auch unter Hinweis auf die bedrängte Situation der Bekennenden Kirche Ende 1938 bleibt das weitgehende Schweigen zu den schrecklichen Ereignissen des 9./10. November 1938 beschämend[44]. Lediglich in Predigten einiger mutiger Pfarrer[45] wurde Stellung bezogen und einzig der Kirchentag der Bekennenden Kirche gab eine öffentliche Erklärung zu diesen Vorgängen ab.

Im „Wort des deutschen Kirchentages der Bekennenden Kirche" wurde zudem nicht primär der verfolgten Juden gedacht, sondern der „Diener der Kirche", die in ihren Predigten auf diese Vorgänge eingegangen waren und nun Bedrängungen ausgesetzt waren: „Andere haben auch angesichts des

---

[41] Vgl. zur Geschichte dieser Denkschrift: M. GRESCHAT, Widerspruch, S. 24ff.

[42] KJ 1933–1944, S. 135.

[43] Vgl. These V der Barmer Theologischen Erklärung (EBD., S. 72).

[44] Z.B. Eidesfrage und Gebetsliturgie, vgl. K. MEIER, Kirchenkampf Bd. 3, S. 43ff.; W. GERLACH, Zeugen, S. 236f.

[45] EBD., S. 237–250.

Vorgehens gegen die Juden die Zehn Gebote Gottes mit Ernst gepredigt und sind dafür verfolgt worden.“[46] Im „Wort an die Gemeinden“ wurde in Anlehnung an Gal 3,26–28 formuliert: „Durch den einen Herrn, den einen Glauben und die eine Taufe sind wir als Brüder verbunden mit allen Christusgläubigen aus den Juden. Wir wollen uns nicht von ihnen trennen und bitten sie, sich auch nicht von uns zu trennen.“[47] Es gelte, „sich der leiblichen und seelischen Not... (der) christlichen Brüder und Schwestern aus den Juden anzunehmen“. In dieser der „Kristallnacht“ unmittelbar folgenden Erklärung aus den Reihen der BK war der Blick vor allem auf die Judenchristen gerichtet und die Verurteilung des Pogroms schwingt nur leise mit, wenn auf die Gebote Gottes verwiesen oder wenn betont wird: „Gott will, daß *allen* Menschen geholfen werde.“

Ungleich deutlicher führte der württembergische Pfarrer Julius von Jan in seiner Bußtagspredigt am 16. November 1938 zu Jer 22,29 aus:

„Ein Verbrechen ist geschehen in Paris... Aber wer hätte gedacht, daß dieses eine Verbrechen in Paris bei uns in Deutschland so viele Verbrechen zur Folge haben könnte?... Die Leidenschaften sind entfesselt, die Gebote Gottes mißachtet, Gotteshäuser, die andern heilig waren, sind ungestraft niedergebrannt worden, das Eigentum der Fremden geraubt oder zerstört. Männer, die unserm deutschen Volk treu gedient haben und ihre Pflicht gewissenhaft erfüllt haben, wurden ins KZ geworfen, bloß weil sie einer andern Rasse angehörten!“[48]

Die württembergische Kirchenleitung stellte sich nur halbherzig hinter den wegen dieser Äußerungen inhaftierten Pfarrer, und Bischof Wurm erklärte nach 1945, „er werde wohl bis an sein Lebensende nicht damit fertig werden, daß er damals geschwiegen habe“[49]. Wurm war es allerdings auch, der später in einem Brief an den Reichsjustizminister Protest anmeldete: Er bestreite zwar dem Staat mit keinem Wort das Recht, das Judentum als ein gefährliches Element zu bekämpfen, doch „daß unter den Augen der Behörden Handlungen wie Brandstiftung und körperliche Mißhandlung, teilweise auch Diebstahl geschehen durften“, bedrücke „die Bevölkerung ohne Unterschied des Standes oder der Konfession“ schwer[50]. Entgegen den Tatsachen werde auch behauptet, „diese Handlungen seien als Antwort auf die verabscheuenswerte Mordtat in Paris spontan vom Volke selbst veranlaßt und begangen worden“. Es stehe aber fest, daß in „Wirklichkeit... Mitglieder politischer Gliederungen dazu befohlen worden sind“. Er habe die Pfarrer der württembergischen Landeskirche dazu aufgefordert, „alles zu vermeiden, was in einer so erregten Atmosphäre als aufreizend empfunden werden“

[46] KJ 1933–1944, S. 266.
[47] EBD., S. 268.
[48] H. METZGER, Kristallnacht, S. 45.
[49] Zitiert nach EBD., S. 49.
[50] EBD., S. 50.

könne[51]. Er schloß seinen Brief an den Justizminister mit der dringenden Bitte: „Tun Sie alles, was der Wiederherstellung der Autorität des Gesetzes und des Rechtsempfindens dient!"[52]

Mitte des Jahres 1938 war der Kaulsdorfer Pfarrer Heinrich Grüber von der BK mit der Betreuung der evangelischen „Nichtarier" beauftragt worden. Ab Dezember stand dieser bald „Büro Pfarrer Grüber" genannten Einrichtung ein Haus zur Verfügung, so daß die Arbeit intensiviert und ausgeweitet werden konnte. Die Hauptaufgabe bestand darin, Judenchristen bei der Auswanderung und in Rechts- und Schulangelegenheiten zu unterstützen[53]. Bald war „ein Netz von 22 Hilfsstellen in 20 größeren Städten" geknüpft[54]. Erwähnenswert ist die nicht zuletzt durch die staatlichen Maßnahmen bedingte enge Zusammenarbeit mit ähnlichen Einrichtungen der katholischen Kirche, der Quäker und der Reichsvereinigung der Juden[55].

Als Grüber 1940 ins Konzentrationslager kam, führte zunächst sein Mitarbeiter Werner Sylten, ein Judenchrist, die Arbeit weiter. Er wurde 1941 inhaftiert und am 26. Februar 1942 im KZ Hartheim bei Linz ermordet. Die zunächst selbst von staatlichen Stellen geduldete Arbeit des „Büro Pfarrer Grüber" war nun nicht mehr möglich.

Am 29. November 1938, drei Wochen nach der sogenannten „Reichskristallnacht", hatte Grüber ein Treffen von Personen veranlaßt, die sich um „nichtarische" Christen kümmerten. Als Vertreter Württembergs nahm an dieser Besprechung auf Veranlassung von Bischof Wurm Dr. Erwin Goldmann teil[56]. Goldmann war Vorsitzender des Paulusbundes, einer 1936 durch die Fusion verschiedener judenchristlicher Organisationen entstandenen Selbsthilfeeinrichtung[57]. Als Ergebnis dieser Zusammenkunft wurde im Januar 1939 beim Landesverband der Inneren Mission Stuttgart eine Hilfsstelle eingerichtet, die die Beratung und Betreuung der verfolgten Gemeindeglieder übernehmen sollte. Auswandererberatung, Unterstützung in Schul- und Rechtsfragen sowie Seelsorge an den Verfolgten waren die Hauptaufgaben dieser Hilfsstelle. In einem Arbeitsbericht aus dem Jahre 1942 heißt es unter anderem:

„Im Vordergrund der Arbeit steht jetzt die persönliche und briefliche Betreuung der Mischehen. Dabei kommt weniger wirtschaftliche als seelische Not in Frage.

---

[51] Ebd., S. 51.

[52] Ebd., S. 52.

[53] H. Ludwig, „Büro Pfarrer Grüber", S. 12 ff.; vgl. auch: K. Meier, Kirche, S. 110 ff.; W. Gerlach, Zeugen, S. 256 ff.; An der Stechbahn.

[54] H. Ludwig, „Büro Pfarrer Grüber", S. 9.

[55] Ebd., S. 14 ff. – Vgl. für die katholische Kirche: L.-E. Reutter, Hilfstätigkeit; Ders., Katholische Kirche, bes. S. 73 ff.

[56] Vorbemerkung zum Erlaß vom 21. 12. 1938 an sämtliche Dekanatämter, A 11 897 (LKA Stuttgart, Altregistratur 153/I.).

[57] Zum Paulusbund vgl. W. Gerlach, Zeugen, S. 200 ff.; J. A. S. Grenville, „Endlösung".

Daneben war vor dem letzten Abtransport wieder ein gesteigertes Bemühen um eine Reihe betroffener Persönlichkeiten... In Baden wurden beinahe alle, in Württemberg zunächst zwei der jüdischen Teile durch Tod oder Scheidung nicht mehr bestehender, bisher privilegierter Mischehen ohne Rücksicht auf die Kinder abgeschoben. Diese völlig unerwartet eingetretene Verschlechterung der Lage der Mischehen brachte wiederum viele Leute in neue Sorge. Dazu kommt bei den Mischlingen 1. Grades eine Reihe anderer Fragen, wie Berufstätigkeit, Heirat, Wehrmacht, HJ usw. Die Maßnahmen auf all diesen Gebieten sind schwankend... Die Zahl der Besucher der Hilfsstelle ist täglich durchschnittlich 3–4. Sobald wieder eine Verschärfung der Lage befürchtet wird, ist sofort ein Ansteigen der Besucherzahl festzustellen. Es ist leider zu befürchten, daß die Verhältnisse für die Mischehen (in Württemberg z. Z. noch etwa 210 privilegierte und 60 nichtprivilegierte) und die Mischlinge 1. Grades sich weiter verschlechtern werden... Da vieles still auf dem Verordnungsweg durchgeführt wird, geht die ständig weitergehende Isolierung dieser anfangs ziemlich unbehelligt gebliebenen Gruppen unbemerkt von der Öffentlichkeit vor sich, zermürbt aber die betroffenen Menschen mehr und mehr."[58]

Die Arbeit dieser Hilfsstelle wurde 1944 eingestellt, da der württembergischen Kirchenleitung bekannt geworden war, daß Goldmann Mitarbeiter des Sicherheitsdienstes der SS war[59]. Selbst wenn Goldmann keine Angaben über die christlichen Rasseverfolgten weitergegeben haben sollte, war doch in den Augen des Oberkirchenrates eine vertrauensvolle Zusammenarbeit in diesem sensiblen Bereich nicht mehr denkbar. Mitte 1944 wurden „Mischlinge 1. Grades" und Personen, die in „Privilegierten Mischehen" gelebt hatten, aus ihren bisherigen Arbeitsverhältnissen entfernt und zum Arbeitsdienst bei der „Organisation Todt" eingezogen[60]. Mit 70 aus Stuttgart stammenden Personen wurde auch Goldmann in ein Arbeitslager nach Wolfenbüttel gebracht[61].

---

[58] G. SCHÄFER, Wurm, S. 149 f. – Am 21. 8. 1941 lebten in Württemberg noch 2926 Juden. Erstmals wurden am 1. 12. 1941 ungefähr 1000 Personen abtransportiert. Diese Transporte wiederholten sich in unregelmäßigen Abständen. 1945 lebten in Stuttgart noch etwa 150 Juden (EBD., S. 148 f.).

[59] E. GOLDMANN, Zwischen zwei Völkern, S. 79, 57. – Goldmann will 1943 aus dem SD ausgeschieden sein, da er den Abschnittsführer über die Morde an Juden befragt hatte (EBD., S. 162). Auch betont er in seiner Autobiographie, daß ihm viele Hilfsmöglichkeiten nur durch dieses Engagement bekannt gewesen seien. So wollte er z. B. durch seine Verbindung zu Hermann Göring und dem SD gewußt haben, daß bis ins Jahr 1942 die Auswanderung allgemein möglich war (EBD., S. 237). Vgl. zur Einstellung Goldmanns auch seine Briefe an G. Kittel (ARCHIV DES EVANGELISCHEN STIFTS in TÜBINGEN, Nachlaß Kittel).

[60] B. BLAU, Mischehe, S. 54.

[61] E. GOLDMANN, Zwischen zwei Völkern, S. 162; Brief von Majer-Leonhard an das Justizministerium in Stuttgart, Abteilung Wiedergutmachung, vom 20. 8. 1949 (LKA STUTTGART, Akten Hilfsstelle, 29).

Die „Judenreinheit" der Kirche

Stärkeren Widerspruch gab es nochmals, als Anfang 1939 die von Deutschen Christen beherrschten Landeskirchen begannen, nach der Entfernung der „nichtarischen" Amtsträger nun auch die Rechte ihrer judenchristlichen Mitglieder einzuschränken und diese letztlich aus der Kirche auszuschließen. Die Mecklenburgische Kirche erließ ein Gesetz, demzufolge Juden nicht Mitglieder der Kirche werden konnten und Geistliche zu Amtshandlungen an Judenchristen nicht verpflichtet waren. Auch durften kirchliche Räume für solche Handlungen nicht benutzt werden. Ähnliche Ordnungen erließen die Landeskirchen Anhalt, Sachsen und Lübeck. Der unbedingte Wille der deutschchristlichen Kirchenleitungen, jeglichen jüdischen Einfluß in der Kirche „auszumerzen", wurde auch in der Gründung eines „Instituts zur Erforschung des jüdischen Einflusses auf das deutsche kirchliche Leben" deutlich, das im Mai 1939 in Eisenach eingerichtet wurde.

Gegen diese Maßnahmen regte sich Widerspruch: 27 Pfarrer, Mitglieder der Bekennenden Kirche in Anhalt, protestierten gegen das „Kirchengesetz über die kirchliche Stellung evangelischer Juden vom 2. Februar 1939" und erklärten, dieses stehe „im Widerspruch zu dem Ordinationsgelübde", da es „die Einheit der christlichen Kirche" aufhebe[62]. 131 mecklenburgische Pfarrer brachten in der „Güstrower Entschließung" zum Ausdruck, daß es ihnen nicht möglich sein werde, dem Gesetz ihrer Kirchenleitung zu folgen.

Auch der Vorläufige Ausschuß des ÖRK sah sich zu einer Kundgebung genötigt, in welcher unter anderem festgehalten wurde, daß der „christliche Glaube... die Bestätigung des Gehorsams gegen Jesus Christus (ist), der der Messias von Israel ist. ‚Das Heil kommt von den Juden' (Joh. 4,22). Das Evangelium von Jesus Christus ist die Erfüllung der jüdischen Hoffnung. Die christliche Kirche ist es daher dem jüdischen Volke schuldig, ihm die Erfüllung der Verheißungen zu verkündigen, die ihm gegeben worden sind, und sie freut sich der Aufrechterhaltung der Gemeinschaft mit denen aus der jüdischen Rasse, die das Evangelium angenommen haben"[63]. Das Protesttelegramm des Kirchlichen Außenamtes, in dem die sofortige Rücknahme dieser Erklärung gefordert wurde, zeigt überdeutlich, wie die letzte übriggebliebene Instanz der Reichskirche von 1933 in der „Judenfrage" dachte.

Die 1939 begonnene Entwicklung wurde am 17. Dezember 1941 mit einer Bekanntmachung der deutschchristlichen Kirchenführer abgeschlossen, die mit unzweideutiger Klarheit deren Stellung zu den Juden und Judenchristen vor Augen führt. Es wurde betont, „daß dieser Krieg in seinen weltweiten Ausmaßen von den Juden angezettelt worden" sei[64]. Die unterzeichnenden Landeskirchen stünden „in der Front dieses historischen Abwehrkampfes",

---

[62] KJ 1933–1944, S. 289f.
[63] Ebd., S. 320.
[64] Ebd., S. 460.

der die Kennzeichnung der Juden notwendig gemacht habe. „Rassejüdische Christen" hätten in einer deutschen Kirche, die „das religiöse Leben deutscher Volksgenossen zu pflegen und zu fördern" habe, nichts verloren. Daher habe man „jegliche Gemeinschaft mit Judenchristen aufgehoben". Unterzeichnet war diese Erklärung von Bischöfen und Präsidenten der Kirchen in Sachsen, Nassau-Hessen, Mecklenburg, Schleswig-Holstein, Anhalt, Thüringen und Lübeck. Die Kirchenkanzlei unterstrich in einem Schreiben an die obersten Behörden der evangelischen Landeskirchen, daß „geeignete Vorkehrungen zu treffen (seien), daß die getauften Nichtarier dem kirchlichen Leben der deutschen Gemeinde fernbleiben"[65]. Diese müßten selbst Einrichtungen schaffen, „die ihrer gesonderten gottesdienstlichen und seelsorgerlichen Betreuung dienen können."

Nicht nur die 2. Vorläufige Leitung, sondern auch Landesbischof Wurm und die Bekenntnissynode der Kirchenprovinz Brandenburg protestierten gegen dieses Gesetz und das Anschreiben der Kirchenkanzlei. Das Ansuchen der Kanzlei, so erklärte die Vorläufige Leitung, sei „mit dem Bekenntnis der Kirche unvereinbar"[66]. Staatliche Maßnahmen gegen die Juden gäben der Kirche kein Recht, solche Schritte zu ergreifen. Der Taufbefehl kenne „keine Schranken der Rasse", und im übrigen müßten alle Apostel und Jesus selbst aus der Kirche ausgeschlossen werden, wollte man den Forderungen der Kanzlei nachkommen. Wurm erinnerte an Gal 3,28: „In Christus ist nicht Grieche noch Jude", und führte aus, daß vom „Evangelium her... der Ausschluß der getauften Nichtarier nicht zu rechtfertigen" sei[67]. Die politischen Maßnahmen gegen die Juden in Deutschland hätten im Ausland verhängnisvolle Gegenwirkungen ausgelöst, man solle doch jetzt „nicht dazu beitragen, daß unsere Volks- und Glaubensgenossen draußen auch noch kirchlichen Repressalien ausgesetzt werden!" Mit diesem Hinweis hatte Wurm sicherlich die Erklärung des ÖRK aus dem Jahre 1939 vor Augen, in welcher ja die Kirchenmitgliedschaft der Judenchristen nachdrücklich begrüßt und bestätigt worden war.

Es ist für diese Phase festzuhalten, daß die deutschchristlichen Kirchenleitungen zielstrebig eine „judenreine" deutsche Kirche verwirklichen wollten und alles taten, um auch vermeintlich jüdische Einflüsse in der kirchlichen Praxis und Theologie zu beseitigen. Gerade diese Maßnahmen aber riefen nochmals eindringlichen Widerspruch der Oppositionskreise hervor, der nur mit dem Protest gegen die Einführung des „Arierparagraphen" 1933 vergleichbar ist. Wieder war die Bekenntnisgrundlage der Kirche, war die Theologie in Frage gestellt, so daß ein Handeln um der Kirche und um der Wahrheit willen geboten war.

---

65 Ebd., S. 461.

66 Ebd., S. 464.

67 Ebd., S. 462f.

Die sogenannte Endlösung der „Judenfrage"

Als mit den Beschlüssen der Wannseekonferenz am 20. Januar 1942 nicht länger die Auswanderung der Juden, sondern ihre Ausrottung das Ziel der nationalsozialistischen Rassepolitik wurde und Nachrichten über die Einrichtung von Vernichtungslagern im Osten langsam im Reich durchsickerten, meldeten sich auch einige kirchliche Persönlichkeiten und Institutionen zu Wort, um dagegen ihren Protest geltend zu machen. Der württembergische Landesbischof Wurm wandte sich nicht an die Öffentlichkeit, doch warnte er wiederholt in Briefen vor dem eingeschlagenen Weg[68]. So schrieb er am 12. März 1943 an Kirchenminister Hanns Kerrl, daß die „gegen die Juden ergriffenen Maßnahmen, besonders soweit sie außerhalb der geltenden Gesetze vor sich gehen, ... schon längst viele Kreise in unserm Volk, besonders die christlichen (bedrücken). Bei dem gegenwärtigen schweren Erleben erhebt sich unwillkürlich in vielen Gemütern die Frage, ob unser Volk nicht eine Schuld auf sich geladen hat dadurch, daß Menschen ohne den Spruch eines zivilen oder militärischen Gerichts ihrer Heimat, ihres Berufs, ihres Lebens beraubt worden sind"[69]. Im Juli desselben Jahres schrieb er an Hitler persönlich und bat ihn, der „Verfolgung und Vernichtung" zu wehren. Es sei zu befürchten, daß nach der Beseitigung der „Nichtarier" nun auch die bislang verschont gebliebenen „privilegierten Nichtarier ... in Gefahr sind, in gleicher Weise behandelt zu werden ... Diese Absichten stehen, ebenso wie die gegen die anderen Nichtarier ergriffenen Vernichtungsmaßnahmen, im schärfsten Widerspruch zu dem Gebot Gottes"[70]. Noch deutlicher wurde Wurm am 20. Dezember in einem Brief an den Chef der Reichskanzlei, Hans Heinrich Lammers, in welchem er schrieb:

> „Nicht aus irgendwelchen philosemitischen Neigungen, sondern lediglich aus religiösem und ethischem Empfinden heraus muß ich in Übereinstimmung mit dem Urteil aller positiv christlichen Volkskreise in Deutschland erklären, daß wir Christen diese Vernichtungspolitik gegen das Judentum als ein schweres und für das deutsche Volk verhängnisvolles Unrecht empfinden. Das Töten ohne Kriegsnotwendigkeit und ohne Urteilsspruch widerspricht auch dann dem Gebot Gottes, wenn es von der Obrigkeit angeordnet wird"[71].

In diesen Briefen Wurms wird in aller Eindringlichkeit nicht nur für die Judenchristen, sondern auch für die Juden eingetreten; es wird nicht allein zu den Vorgängen innerhalb der Kirche, sondern auch zu staatlichen Maßnahmen in eindrucksvoller Weise Stellung bezogen. Allerdings sind im Hinblick

---

[68] Vgl. G. SCHÄFER, Wurm, S. 158–171, wo weitere Interventionen Wurms bei nationalsozialistischen Politikern und Stellungnahmen von ihm aus den Jahren 1941–1945 abgedruckt sind.

[69] KJ 1933–1944, S. 415.

[70] G. SCHÄFER, Wurm, S. 164f.

[71] H. METZGER, Kristallnacht, S. 55.

auf Wurm zwei Aspekte herauszustellen: Einerseits bestritt er aufgrund seiner „nationalistisch-antisemitischen Grundeinstellung“[72] dem Staat das Recht nicht, „das Judentum als ein gefährliches Element zu bekämpfen“[73], andererseits aber hatte er die Rechtlosigkeit des staatlichen Vorgehens erkannt und prangerte es in vielen Schreiben an nationalsozialistische Politiker unmißverständlich an. Aber: „Die Eingaben und Bemühungen Wurms blieben im ganzen erfolglos.“[74]

Nicht allein Wurm, sondern auch die altpreußische Bekenntnissynode, die am 16. und 17. Oktober 1943 in Breslau tagte, erhob ihre Stimme gegen das Morden, indem sie eine ausführliche Auslegung des 5. Gebotes erarbeitete. Im Gegensatz zu Wurm scheute sie nicht davor zurück, in aller Öffentlichkeit die Dinge beim Namen zu nennen: Nachdem die Geltung des 5. Gebotes auch im Krieg betont und darauf hingewiesen worden war, daß zum Töten „auch die indirekte Art des Tötens, die dem Nächsten den Raum zum Leben nimmt“ und „die Hinterziehung von Lebensmitteln und Kleidung“ gehöre, wurde festgestellt, daß die göttliche Ordnung „Begriffe wie ‚Ausmerzen‘, ‚Liquidieren‘ und ‚unwertes Leben‘“ nicht kenne. „Vernichtung von Menschen, lediglich weil sie Angehörige eines Verbrechers, alt oder geisteskrank sind oder einer anderen Rasse angehören, ist keine Führung des Schwertes, das der Obrigkeit von Gott gegeben ist.“[75] In einem Wort dieser Synode an die Gemeinden zum Buß- und Bettag 1943 hieß es: „Wehe uns und unserem Volk,... wenn es für berechtigt gilt, Menschen zu töten, weil sie für lebensunwert gelten oder einer anderen Rasse angehören, wenn Haß und Unbarmherzigkeit sich breit machen.“[76]

Diese beiden Worte waren wohl die einzigen einer zumindest beschränkten Öffentlichkeit bekanntgemachten Stellungnahmen kirchlicher Kreise zum Völkermord der Nationalsozialisten am jüdischen Volk. Auffallend ist, daß in ihnen die Juden nicht explizit genannt werden, aber es kann erwartet werden, daß diejenigen Menschen, die Ohren hatten zu hören, auch hörten. Wieviel Mut dazu gehörte, im Jahre 1943 ein solches Wort zu verfassen oder gar von der Kanzel zu verlesen, kann im nachhinein nur erahnt werden. Um so beeindruckender ist die Entschlossenheit dieser Synode, zu diesem allen Geboten Gottes widersprechenden Tun nicht zu schweigen, sondern Mord als solchen zu benennen und dem Staat die Grenzen seines Tuns vor Augen zu halten.

---

[72] H.-U. THAMER, Protestantismus, S. 237.

[73] H. METZGER, Kristallnacht, S. 49.

[74] G. SCHÄFER, Wurm, S. 171. – Neben dem dort angeführten Beispiel für eine Abhilfe im Einzelfall, sei auf die seit 1942 völlig veränderte Einstellungspraxis von „nichtarischen“ Pfarramtsbewerbern der Württembergischen Landeskirche verwiesen (S. HERMLE/R. LÄCHELE, Landeskirche, S. 207 ff.).

[75] KJ 1933–1944, S. 383 ff., Zitate S. 384 f.

[76] EBD., S. 387.

Zusammenfassend ist auf die doppelte Ambivalenz im Verhalten der evangelischen Kirche zur Judenpolitik des nationalsozialistischen Staates hinzuweisen. Hatte die Kirchenleitung zum Boykott im April 1933 noch im Interesse der Selbsterhaltung und auch deshalb geschwiegen, weil das erste Zusammentreffen des „neuen“ Staates mit der Kirche nicht ein Protest sein solle, so war nach den Kirchenwahlen vom Juli 1933 von den neuen offiziellen Kirchenleitungen kaum mehr eine kritische Stellungnahme zu Maßnahmen des nationalsozialistischen Regimes zu erwarten. In den Leitungen fast aller Landeskirchen hatten seit jener Wahl Personen das Sagen, die den Deutschen Christen zugehörten. Bei deren Einstellung verband sich nicht nur „ein naiver nationalreligiöser Idealismus mit einer ebenso naiven völligen Ergebenheit gegenüber dem ‚Führer‘ Adolf Hitler“[77], sondern sie waren auch von starken antisemitischen Einstellungen geprägt. Sie trachteten danach, die Juden und die vermeintlich jüdischen Einflüsse und Elemente aus der Kirche und ihrer Lehre zu entfernen. Kritische Äußerungen waren so lediglich von Einzelpersonen oder der sich zumeist in der Bekennenden Kirche sammelnden kirchlichen Opposition zu erwarten. Diese aber standen, wie die „intakten“ Landeskirchen Bayern und Württemberg, unter zunehmend starkem Druck des Staates. Zudem war auch die Mehrzahl der Kirchenführer und Theologen der Opposition mehr oder weniger antisemitisch eingestellt. An der Notwendigkeit eines starken Staates wurde nicht gezweifelt und man gestand diesem auch zu, Gesetze zu erlassen, die den angeblich übermäßigen Einfluß der Juden auf Gesellschaft und Staat begrenzen sollten. Rechtliche Degradierungen wurden als zur Not annehmbar angesehen, hoffte man doch, daß diese – ebenso wie die Ausschreitungen – vorübergehender Natur sein würden. Vom Handeln des Staates wurde sorgfältig das Tun der Kirche unterschieden. Innerhalb der Kirche, so herrschte eine breite Übereinstimmung, könne es keinen „Arierparagraphen“ geben und die Judenchristen dürften um der Substanz der Kirche willen nicht ausgeschlossen werden. Von dieser theologischen Position her ist es verständlich, daß sich die Opposition mit aller Schärfe gegen jede Anordnung der deutschchristlichen Kirchenleitungen wandte, die auf das Ausscheiden der judenchristlichen Amtsträger, den Ausschluß der Judenchristen aus der Kirchengemeinschaft oder die Beseitigung des Alten Testaments zielte. Daß dieses Problem 1933 mit zur Auslösung des Kirchenkampfes beitrug, zeigt, wie zentral diese Frage war. Im Hinblick auf die Maßnahmen des Staates zur Zurückdrängung des jüdischen Einflusses wurde von kirchlicher Seite zunächst kaum etwas unternommen, wenn man von einzelnen Stimmen, wie der Dietrich Bonhoeffers, absieht. Seit 1935, und verstärkt dann seit 1938, als mit der „Reichskristallnacht“ deutlich wurde, daß der nationalsozialistische Staat ungesetzliche Maßnahmen selbst anregte, erhoben sich Proteststim-

77 A. Lindt, Zeitalter, S. 151.

men, die unüberhörbare Kritik vorbrachten. Mit dem Bekanntwerden des planmäßigen Völkermordes wandte sich vor allem Bischof Wurm in sehr nachdrücklicher Weise an staatliche Stellen, um seinen Widerspruch geltend zu machen. *Die* Kirche jedoch war zu jener Zeit längst nicht mehr in der Lage, ihre Stimme zu erheben. Erklärungen einzelner Bekenntnissynoden blieben Ausnahmen. Es „ist das Dilemma des deutschen Protestantismus", daß nur bei einigen „mutigen Kirchenmännern die moralische Kraft, die aus ihrer christlichen Überzeugung erwuchs, am Ende stärker war als der Zeitgeist und ihnen als Ansatz für ihren Protest und ihre Verweigerung dienen konnte, nachdem zunächst traditionelle kirchliche Lehrmeinungen eine entschiedene Stellungnahme gegen die nationalsozialistische Politik... verhindert hatten"[78].

Es ist zu fragen, wie in der evangelischen Kirche, ihren Organisationen und bei zu ihr gehörenden Persönlichkeiten nach dem Ende des „Dritten Reiches" eine theologische Neubesinnung begann, ob und wie ein Neuanfang zwischen Kirche und Israel versucht wurde. Nicht zuletzt muß herausgestellt werden, wie man sich um die wegen ihrer Rassezugehörigkeit verfolgten Christen kümmerte. War man in der evangelischen Kirche für die Probleme der „nichtarischen" Mitchristen sensibilisiert, wurde ihre besondere Not gesehen?

Zunächst aber ist in einem Exkurs noch die Arbeit des Flüchtlingssekretariates des ÖRK darzustellen. Von dieser Organisation gingen schon während des Krieges wichtige Hilfsmaßnahmen für die Verfolgten aus. Auch nach dem Zusammenbruch wurden die Impulse und Hilfestellungen dieser Einrichtung entscheidend für die diakonische Hilfe der Evangelischen Kirche an den im „Dritten Reich" wegen ihrer Rassezugehörigkeit Verfolgten.

Exkurs: Die Arbeit der Flüchtlingsabteilung des ÖRK während des Krieges

Der in Gründung begriffene Ökumenische Rat der Kirchen bestand 1939 nur aus einem kleinen Stab um Dr. Willem A. Visser't Hooft in Genf. Im Februar 1939 wurde beschlossen, einen zusätzlichen Sekretär mit Flüchtlingsangelegenheiten zu betrauen. Seine Aufgabe sollte darin bestehen, die Arbeit der verschiedenen nationalen kirchlichen Hilfswerke für Flüchtlinge zu koordinieren und das Interesse der Kirchen an den Flüchtlingen durch Informationen und Aufrufe zu wecken[79].

Die mit der Wahrnehmung dieser Aufgabe betraute Person war dazu geradezu prädestiniert: Dr. Adolf Freudenberg gehörte bis 1935 der Perso-

[78] H.-U. THAMER, Protestantismus, S. 237f.

[79] Vgl. A. BOYENS, Kirchenkampf 1933–1939; A. FREUDENBERG, Befreie, S. 10f.; H. PUFFERT, Bedeutung.

nalabteilung des Auswärtigen Dienstes des Deutschen Reiches an[80]. Schon früh erkannte er, daß er wohl nicht mehr allzulange im Staatsdienst bleiben werde, da seine Frau eine „nichtarische" Christin war. Er schrieb später über jene Zeit: „Aber in diesen Jahren wuchs doch in mir und meiner Frau die Einsicht in das Grundsätzliche dieses Geschehens. Wir erkannten zunehmend die Sinnlosigkeit unserer Lage, die wachsende Schwierigkeit von Kompromißlösungen. Der Boden unserer gesellschaftlichen Existenz, den wir für selbstverständlich und fest gegründet gehalten hatten, begann wie in furchtbaren Erdstößen zu schwanken."[81] Nach seinem Abschied aus dem Staatsdienst begann Freudenberg in Bethel 41jährig mit dem Studium der Theologie, aber an eine Arbeit als Pfarrer war nach dem Examen nicht mehr zu denken: Durch die jüdische Herkunft seiner Frau war er ein Belasteter. Als der Druck des Staates immer größer wurde und auch die Bekennende Kirche keinen Schutz mehr geben konnte, emigrierte Freudenberg mit seiner Familie nach England, wo sich der Bischof von Chichester, George Bell, besonders solcher Personen annahm, die in Deutschland aus rassischen Gründen nicht länger bleiben konnten.

Das Sekretariat für Flüchtlinge befand sich zunächst in London und wurde mit dem Ausbruch des Krieges nach Genf verlegt. Die Möglichkeiten zu aktiver Hilfe waren zunächst unbedeutend und dies wurde um so bedrückender, je verzweifelter die Hilferufe aus Deutschland wurden. Vor allem das „Büro Pfarrer Grüber" drängte, daß unter allen Umständen „nichtarische" Christen aus Deutschland auswandern müßten. So war es dann auch die Hauptsorge des Flüchtlingssekretariats in den Jahren 1939 und 1940, so viele Leben „nichtarischer" Christen zu retten, wie irgend möglich. Aber: Die Hilfsmöglichkeiten blieben verschwindend gering! Bis „zum Sommer 1941 (konnten) nur 71 ‚Rasseverfolgte' aus Deutschland" herausgebracht werden. „Wenig genug im Vergleich zu den hunderttausenden Todeskandidaten; und dennoch: alles für 71 Menschenbrüder"[82]. Daß diese Hilfsmaßnahmen von so bescheidenem Erfolg waren, hatte wohl zwei Gründe: Zum einen war die Beschaffung von Finanzmitteln sehr schwierig und zum andern, ausschlaggebend, waren die ausländischen Staaten nicht bereit, ihre Grenzen für diese Flüchtlinge in größerem Maß zu öffnen[83].

Als im Oktober 1940 die Juden aus Baden, dem Saarland und der Pfalz in das zu „Vichy-Frankreich" gehörende Lager Gurs deportiert wurden, begann das ökumenische Flüchtlingssekretariat mit einer gezielten Unterstützung der Arbeit der CIMADE. Dieses „Comité Inter-Mouvements Auprès

[80] A. FREUDENBERG, Befreie, S. 16.

[81] Notizen zu einem Vortrag vor dem evangelischen Pastoralkolleg in Rengsdorf/Neuwied am 2. 5. 1952 (PRIVATAKTEN FREUDENBERG, Ordner: Eigene Vorträge, Aufsätze usw. Darin: „Immer wieder die Juden!").

[82] A. FREUDENBERG, Befreie, S. 21.

[83] Vgl. hierzu die unveröffentlichte Arbeit von U. BERGER, Der Ökumenische Rat.

Des Evacués" war bei Kriegsbeginn durch französische protestantische Jugendgruppen zur Unterstützung von evakuierten Elsaß-Lothringern gegründet worden und arbeitete seit Herbst 1940 auch in den Lagern, in denen Tausende vor allem „nichtarische" Ausländer untergebracht waren[84]. Es galt, Geld zu beschaffen, und durch die tatkräftige Hilfe des Schweizer Kirchenvolkes, später auch durch amerikanische und schwedische Kirchen und Organisationen, gelang dies im nötigen Umfang. Dieses Geld mußte dann nach Frankreich gebracht werden. Da die Grenze gesperrt war, konnte das nur durch Schmuggel geschehen[85]. Neben dieser finanziellen Unterstützung wurden Lebensmittelpakete illegal nach Frankreich geschafft, und als Pierre Laval, der Ministerpräsident der sogenannten „Vichy-Regierung", im Sommer 1942 Zehntausende hilfloser Juden aus Frankreich nach Deutschland auszuliefern begann, mußte den Flüchtlingen mit Hilfe falscher Pässe zur Flucht in die Schweiz verholfen werden[86]. Nachdem die Schweiz ihre Grenzen ab 1942 noch weiter geschlossen hatte, konnte in Verhandlungen mit der Regierung erreicht werden, daß auch die Ökumenische Flüchtlingsorganisation Personen für die Liste vorschlagen konnte, auf der alle verzeichnet waren, die auf jeden Fall in die Schweiz einreisen durften[87].

Neben dieser Arbeit in Frankreich wurde ab 1941 ein Hilfsdienst für christliche „Nichtarier" in Italien von den mit Kriegsausbruch des Landes verwiesenen Quäkern übernommen. In der Schweiz galt es, die Flüchtlinge mit Kleidung und medizinischer Versorgung zu unterstützen. Ein Flüchtlingsheim wurde von den Flüchtlingen selbst erbaut und diente nun der Erholung sowohl spiritueller als auch körperlicher Art[88]. 1942 kam die Flüchtlingsabteilung des ÖRK mit einer Flüchtlingsgemeinde von 500 Personen meist jüdischer Herkunft in Verbindung, die in Schanghai gestrandet waren und große Not litten. Auch hier konnte durch regelmäßige Beihilfen ein kleiner Beitrag zur Behebung der größten Schwierigkeiten geleistet werden[89].

---

84 A. FREUDENBERG, Befreie, S. 10, Anm. 1, S. 62ff.

85 „Es beginnt die seltsame Zeit, in der Schmuggel mit Menschen, Gütern und Geld über die ‚gesetzliche' praktisch gesperrte französische Grenze hinweg die eigentliche ‚legale' Verkehrsweise wurde" (EBD., S. 36). Vgl. zur CIMADE: W. HOCHSTÄDTER, 50 Jahre CIMADE.

86 Zu den Maßnahmen der Vichy-Regierung vgl. die Dokumentensammlung in: A. FREUDENBERG, Befreie, S. 173ff. Zu den Aktionen der Flüchtlingabteilung: Meeting of the Ecumenical Refugee Commission London, 5.–7. February 1946. Report on Ecumenical Refugee Work since 1939. By the Secretary Dr. A. Freudenberg. Vervielfältigtes Exemplar (AÖR GENF, Interchurch Aid B 2. Darin: Ecumenical Refugee Commission 1946).

87 A. FREUDENBERG, Befreie, S. 55.

88 Meeting of the Ecumenical Refugee Commission London, 5.–7. February 1946. Report on Ecumenical Refugee Work since 1939. By the Secretary Dr. A. Freudenberg. Vervielfältigtes Exemplar (AÖR GENF, Interchurch Aid B 2. Darin: Ecumenical Refugee. Commission 1946).

89 A. FREUDENBERG, Befreie, S. 179.

Neben den von Armin Boyens herausgestellten Besonderheiten der Arbeit der Flüchtlingskommission[90] – enge Zusammenarbeit mit katholischen Organisationen und der Bekennenden Kirche – wäre noch die Information der Weltöffentlichkeit über den in Deutschland stattfindenden Völkermord zu nennen. Informationen aus Deutschland flossen, wenn auch spärlich, während des ganzen Krieges über Personen, die immer wieder nach Deutschland reisen konnten. Eine andere wichtige Informationsquelle war das deutsche Generalkonsulat in Genf, wo nur Personen beschäftigt waren, die gegen den nationalsozialistischen Staat und seine Ideologie eingestellt waren. So versandte der ökumenische Flüchtlingssekretär am 14. Januar 1943 eine Nachricht an wichtige Persönlichkeiten, in der er darlegte: „Im Oktober 1942 waren im Warschauer Ghetto angeblich nur noch 50000 Menschen zurückgeblieben… Gewährsleute, die von dort kamen, sind der Auffassung, daß alle anderen Insassen des Ghettos, also rund 450000, ums Leben gekommen sind“[91]. Im März desselben Jahres kam es zu einem gemeinsamen Memorandum der Sekretariate des Ökumenischen Rates der Kirchen (in Bildung begriffen) und des Jüdischen Weltkongresses, das dem Hochkommissar für Flüchtlinge beim Völkerbund zugeleitet wurde. Auch in diesem Papier wurde zum Ausdruck gebracht, daß zuverlässige Berichte zeigen, „daß die von den Nazi-Behörden organisierte Kampagne einer genau vorbedachten Ausrottung der Juden in fast allen europäischen Ländern unter ihrer Kontrolle jetzt ihren Höhepunkt erreicht“[92]. „Maßnahmen zur unmittelbaren Lebensrettung“ müßten daher „Vorrang vor dem Studium der Regelungen nach dem Krieg“ haben. Ein letztes Beispiel für die Arbeit des ökumenischen Flüchtlingsdienstes sei noch angefügt: 1944, als die ungarischen Juden in Auschwitz ermordet wurden, versuchte das Flüchtlingskomitee mit einem feierlichen Protest Aufmerksamkeit für dieses schreckliche Geschehen in der Weltöffentlichkeit zu erlangen. In dieser Erklärung, die im ökumenischen Presse- und Nachrichtendienst im Juni 1944 veröffentlicht worden war, hieß es: „Es können jedoch Situationen eintreten, in denen die einzige Hilfe, die uns noch zu Gebote steht, ein feierlicher und öffentlicher Protest ist. Dies ist heute der Fall. Nach zuverlässigen Nachrichten sind über 400000 ungarische Juden unter unmenschlichen Bedingungen deportiert und, soweit sie nicht schon unterwegs umkamen, ins Lager Auschwitz, Oberschlesien, gebracht worden, in dem seit über zwei Jahren viele Hunderttausende von Juden planmäßig ermordet worden sind“[93].

Mit der Waffenruhe 1945 begann dann ein neuer Abschnitt im Wirken der ökumenischen Flüchtlingshilfe, der jedoch schon während des Krieges gut vorbereitet worden war.

---

[90] A. Boyens, Kirchenkampf 1939–1945, S. 46f.
[91] A. Freudenberg, Befreie, S. 184.
[92] Ebd., S. 186f.
[93] Ebd., S. 189.

Kapitel 2

DIE POLITISCHE ENTWICKLUNG, DIE ERNÄHRUNGSLAGE UND DIE HILFE DER ISRAELITISCHEN KULTUSGEMEINDEN FÜR IHRE GLIEDER NACH 1945

1. *Die politische Entwicklung Deutschlands 1945–1948*

Nach der Verhaftung der Regierung des von Hitler als Reichspräsident eingesetzten Karl Dönitz am 23. Mai 1945 übernahmen die Oberbefehlshaber der vier Siegermächte die oberste Gewalt in Deutschland. Jeder war für seine Besatzungszone zuständig, alle Deutschland als Ganzes betreffenden Angelegenheiten sollten im Kontrollrat zur Entscheidung kommen. Die amerikanische Besatzungsmacht zum Beispiel wollte zunächst keine Initiative ergreifen, die die wirtschaftliche Wiederaufrichtung Deutschlands oder Aufrechterhaltung und Stärkung der deutschen Wirtschaft zum Ziel hatte[1].

In der Potsdamer Konferenz, die vom 17. Juli bis 2. August 1945 ohne Beteiligung Frankreichs stattfand, wurden wichtige, die Zukunft Deutschlands betreffende Entscheidungen getroffen. Die Gebiete östlich der Oder und der Görlitzer Neiße sowie der Südteil von Ostpreußen sollten unter polnische Verwaltung kommen, der Nordteil von Ostpreußen wurde unter die Verwaltung der UdSSR gestellt. Vor allem aber wurde die schon längst begonnene Ausweisung von Deutschen aus Ungarn, der Tschechoslowakei und Polen für rechtens erklärt. Die vereinbarte Einführung zentraler deutscher Verwaltungen für die Bereiche Finanzen, Transport, Verkehr, Industrie und Außenhandel konnte wegen des Widerstandes von Frankreich nicht durchgeführt werden.

Die beschlossene Entnazifizierung scheiterte, da nur das formale Kriterium der Zugehörigkeit zu einer nationalsozialistischen Organisation entscheidend sein sollte und nicht vor allem nach aktiver Beteiligung und Schuld gefragt wurde. Zum anderen wurden nur untere Ränge belangt, Verfahren gegen die Spitze der Parteihierarchie jedoch zurückgestellt und später dann zumeist ausgesetzt.

Durch die in Potsdam legalisierte Vertreibung von Deutschen aus dem Osten kamen bis 1950 ca. 7,8 Millionen Menschen in die Länder der heutigen

---

[1] Vgl. T. Eschenburg, Jahre, S. 56; zur Politik der Alliierten gegenüber den Kirchen vgl. A. Boyens, Kirchenpolitik.

Bundesrepublik[2]. Insgesamt mußten 12 Millionen Menschen ihre Heimat verlassen. Die Verteilung auf die vier Zonen war zunächst sehr ungleich. Am 29. Oktober 1946 waren in der sowjetischen Zone 20,8%, in den drei westlichen Zonen 13,4% der Wohnbevölkerung Heimatvertriebene. In der französischen Zone jedoch waren es nur 1,5%, innerhalb der britischen hingegen 13,9% und in der amerikanischen Zone gar 16,3%. In den beiden zuletzt genannten Zonen war eine Konzentration der Flüchtlinge in den eher landwirtschaftlich strukturierten Gebieten festzustellen[3]. In diesem Zusammenhang muß noch an eine weitere Veränderung der Bevölkerungsstruktur erinnert werden: Bis 1961, dem Jahr des Mauerbaus, verließen ungefähr 3 Millionen Menschen die sowjetische Besatzungszone.

Die Lage der Industrie war nach den schweren Bombenangriffen besser, als zu erwarten gewesen wäre. Der Zerstörungsgrad betrug 15–20%, nur im Ruhrgebiet lag er bei 30%. Daß die industrielle Produktion des Jahres 1946 dennoch nur ca. 25% der von 1936 erreichte, lag vor allem am Rohstoffmangel und an den schlechten Verkehrsverbindungen[4]. Neben der mangelhaften Ernährung haben sich natürlich auch die Reparationsleistungen lähmend auf die Wirtschaftsentwicklung ausgewirkt.

Die Wiedereinbeziehung der Deutschen in die politische Verantwortung verlief in mehreren Phasen. In den Westzonen wurden zuerst Bürgermeister und Landräte durch die Siegermächte eingesetzt. Oft in Rücksprache mit den Kirchen wurden Personen mit der Wahrnehmung dieser Aufgaben betraut, deren ablehnende Haltung gegenüber dem Nationalsozialismus bekannt war. Diese Bürgermeister und Landräte – sie waren zumeist schon in der Weimarer Republik in der Administration tätig gewesen – waren der verlängerte Arm der Militärregierungen und nur ihnen allein verantwortlich[5].

In der Ostzone verlief die Entwicklung vergleichbar. Die „Sowjetische Militär Administration" legte Wert darauf, daß die Mitglieder der Kommunalverwaltungen Antifaschisten waren. Eine Sowjetisierung wurde gemäß der Absprache mit den Alliierten nicht betrieben. Im Juli 1945 wurde die Ostzone in fünf Verwaltungseinheiten gegliedert, und am 27. desselben

---

[2] K. D. ERDMANN, Ende, S. 124ff., 367.

[3] Schleswig-Holstein 33,3%, Niedersachsen 23,4%, Bayern 18,9% (EBD., S. 124f.).

[4] Als Anzeiger für die Entwicklung mögen die Indexzahlen der Bi-Zone, des 1947 vollzogenen wirtschaftlichen Zusammenschlusses der amerikanischen und britischen Zone, dienen. Mit diesen Zahlen wird eine Relation zur Gesamtproduktion des Jahres 1936, die als 100 angenommen wurde, hergestellt. Im Jahre 1946 betrug die Indexzahl 34, 1947 40 und 1948 schon 60. Allerdings brachte der Frostwinter 1946/47 Einbußen. In der britischen Zone konnte die Wirtschaftsleistung, die im November 1946 die Indexzahl 30 erreicht hatte, erst im Juli 1947 wieder erlangt werden, nachdem im Februar große Einbrüche zu verzeichnen gewesen waren (Indexzahl 26) (nach T. ESCHENBURG, Jahre, S. 265ff.).

[5] „Aus ihrer Kolonialtradition kannten Engländer und Franzosen das Prinzip der ‚indirect rule', der indirekten Herrschaft mit Hilfe eingeborener Eliten. Das übertrugen sie nun auch auf Deutschland, die Amerikaner schlossen sich ihnen darin an" (EBD., S. 73).

Monats wurden mit Deutschen besetzte Zentralverwaltungen für Verkehr, Nachrichtenwesen, Handel und Versorgung, Industrie, Finanzen, Arbeit und andere Bereiche eingerichtet. Im September 1945 wurde eine Bodenreform durchgesetzt, bei der an 270000 Personen Ackerland verteilt wurde – allerdings waren dies zumeist in der Landwirtschaft unerfahrene Kommunisten.

Mit dem Protokoll Nr. 2 der amerikanischen Militärregierung wurde die zweite Phase der politischen Entwicklung eingeläutet: Länder wurden eingerichtet. In diesem Dokument vom 19. September 1945 wurden die Länder Bayern, Württemberg-Baden, Groß-Hessen und Bremen gebildet. In Bayern war schon am 28. Mai Fritz Schäffer zum Ministerpräsident ernannt worden, ihm folgte am 28. September der Sozialdemokrat Wilhelm Hoegner. Im Juli wurde in Bremen ein Senat bestellt, der im folgenden Monat Wilhelm Kaisen zum Bürgermeister wählte. General Lucius D. Clay verfügte im August die Zusammenlegung von Nordbaden und Nordwürttemberg. Reinhold Maier wurde der erste Ministerpräsident dieses Landes. Nach dem verfügten Zusammenschluß von Groß-Hessen wurde der parteilose Karl Geiler am 16. Oktober zum Ministerpräsidenten gewählt. Im Oktober 1945 schloß die Einrichtung eines Länderrates diese Entwicklung ab. Einmal monatlich trafen sich die Länderchefs und hatten in persönlicher Verantwortung und einstimmig Gesetze zu verabschieden. Dieses Gremium hatte keinerlei parlamentarische Kontrolle. Kam keine Einigung zustande, so erließ die Militärverwaltung die Gesetze.

Im Sommer 1945 wurde die Gründung von Parteien auf Kreisebene, ab Dezember 1945 auf Landesebene gestattet. Im Januar 1946 fanden erstmals seit 1933 wieder freie Wahlen zu den Kommunalparlamenten statt. Bei einer Wahlbeteiligung von 85% votierten 37% für die C-Parteien und 24% für die SPD. Im April folgten Kreistagswahlen und im Juni Wahlen zu den verfassungsgebenden Landesversammlungen. Im November und Dezember 1946 wurde diese Entwicklung durch die Wahl der Landesparlamente, die mit Abstimmungen über die Verfassungen verbunden waren, abgeschlossen.

In der britischen Zone, die aus vier kleineren Ländern, vier ehemaligen preußischen Provinzen und dem Stadtstaat Hamburg bestand, wurden im April und Mai 1945 Landes- und Provinzialverwaltungen eingerichtet, die sich nach den Grenzen dieser Territorien richteten. Die Engländer drängten auf eine Vereinfachung: Es sollten maximal fünf Länder gebildet werden. Hamburg blieb in seinem Bestand erhalten, und schon im Mai 1945 wurde ein Senat ernannt, der Rudolf Petersen zum Bürgermeister wählte. Im August 1946 erhielt die ehemalige preußische Provinz Schleswig-Holstein den Status eines Landes, und der bisherige Oberpräsident Theodor Steltzer wurde Chef einer Allparteienregierung. Aus der Provinz Hannover und den Ländern Oldenburg, Braunschweig, Lippe-Detmold und Schaumburg-Lippe wurde am 1. November 1946 das Land Niedersachsen gebildet. An seine

Spitze wurde Hinrich Kopf gestellt. Im August 1946 erfolgte der Zusammenschluß von drei Bezirken der preußischen Rheinprovinz, Köln, Aachen und Düsseldorf, mit der ehemaligen Provinz Westfalen. Der bisherige westfälische Oberpräsident Rudolf Amelunxen, ein Gegner des Zusammenschlusses, wurde Ministerpräsident. Nachdem zunächst den Ministerpräsidenten jeder Kontakt miteinander verboten war, entstand analog zum Länderrat in der amerikanischen Zone in der britischen ein „Zonenbeirat" genanntes Gremium. Dieser am 15. Dezember 1946 eingerichtete Beirat hatte lediglich beratende Funktion. Zu seinen Mitgliedern gehörten neben den Länderchefs auch noch Vertreter von Parteien, Gewerkschaften und Flüchtlingsverbänden.

In der britischen Zone verlief die Gründungsphase der Parteien parallel zu der in der amerikanischen Zone. Am 13. Oktober 1946 wurden die Gemeindevertretungen gewählt, am 20. April 1947 die Landesparlamente.

Die Entwicklung in der französischen Zone verlief sehr viel langsamer. Das Ziel der französischen Besatzungspolitik war es, aus den besetzten Gebieten ein von den Interessen Frankreichs abhängiges Vorfeld zu den eigenen Grenzen zu schaffen. Das Saarland wurde am 7. Juli 1946 von der französischen Zone abgetrennt, und im Dezember 1946 wurden die französischen Zollgrenzen an die Grenzen des Saarlandes verlegt. Im Juli 1947 berief man eine Verfassungskommission, deren Aufgabe es war, eine Verfassung zu entwerfen, in der die enge Bindung des Saarlandes an Frankreich zum Ausdruck kam. Am 5. Oktober erfolgte die Wahl eines Landtages. Spannend war die Entwicklung in Südwürttemberg, da zunächst die von den Amerikanern eingesetzte Regierung des nördlichen Landesteils auch im Süden zu arbeiten versuchte. Die Franzosen unterbanden dies und richteten eine eigene Landesregierung unter Carlo Schmid ein. Dieser legte jedoch auf die Zusammengehörigkeit der beiden württembergischen Landesteile großen Wert. So wurde er zum nordwürttembergischen Staatsrat ernannt und war gleichzeitig im Südteil des Landes Chef des „Staatssekretariates", wie dort die Regierung genannt wurde. In Südbaden wurde ein Kollegium von Ministerialdirektoren eingerichtet, das die Verwaltung des Landes übernehmen sollte. Ende 1946 wurde der „Rat der Ministerialdirektoren" in „Staatssekretariat" umbenannt. Regierungschef war Leo Wohleb. Im August 1946 hob die französische Militärverwaltung das Land Rheinland-Pfalz aus der Taufe. Es war ein Zusammenschluß der bayerischen Pfalz, der linksrheinischen Gebiete von Hessen-Darmstadt und Ländern der ehemaligen preußischen Provinzen Hessen-Nassau und Rheinland. Ministerpräsident wurde Wilhelm Boden.

Erst Ende des Jahres 1946 erfolgte in der französischen Besatzungszone die Zulassung der Parteien. Nach Kommunalwahlen im Oktober 1946 fanden Wahlen zu den Landesparlamenten am 18. Mai 1947 statt.

Sämtliche Regierungschefs der drei Westzonen waren zunächst nur der zuständigen Militärverwaltung verantwortlich. Bis zum Zeitpunkt der Schaffung demokratischer Einrichtungen genügte die Unterschrift der Ministerpräsidenten, um ein Gesetz in Kraft zu setzen. Nachdem Landtage eingerichtet worden waren, bedurften die Gesetze der Zustimmung der Volksvertretungen, aber auch noch der der Militärregierung der jeweiligen Zone.

Nachdem die in Potsdam in Aussicht genommenen Gesamtdeutschen Verwaltungsstellen von Frankreich nicht akzeptiert worden waren, sich aber eine engere Zusammenarbeit zwischen den Zonen als notwendig erwies, wurde zwischen amerikanischer und britischer Militärverwaltung die wirtschaftliche Zusammenlegung ihrer Zonen vereinbart. Diese „Bi-Zone“ erhielt Kompetenzen für die Bereiche Wirtschaft, Landwirtschaft, Arbeit, Verkehr, Finanzen und Post. Einem Gesetzgebungsorgan, dem Wirtschaftsrat, in dem von den Landtagen gewählte Abgeordnete saßen, oblag die politische Verantwortung für die eingeleiteten Maßnahmen. Dieses Gremium stand unter der Aufsicht einer amerikanisch-britischen Kommission. Allerdings waren die Ausgangsbedingungen dieses Zusammenschlusses denkbar ungünstig, war doch die Not im Jahr 1947 bei weitem am größten.

In der sowjetischen Besatzungszone waren bereits im Juni 1945 Parteigründungen zugelassen worden. Diese mußten sich am 14. Juli in einem antifaschistischen Block zusammenschließen. Die Militärverwaltung befahl am 27. Juli für ihre Zone die Einrichtung von Zentralverwaltungen. Zunächst gab es solche Einrichtungen für die Bereiche Wirtschaft und Handel sowie Volksbildung und Justiz. Bis Mitte 1947 wurden insgesamt 15 zentrale Verwaltungsstellen geschaffen. Im September 1946 wurden in den fünf Ländern der sowjetischen Zone die Gemeinderäte gewählt. Die Sozialistische Einheitspartei Deutschlands (SED), die am 21. April 1946 gegründet worden war, kam hierbei durchweg auf über 50% der Stimmen, die Liberaldemokratische Partei (LDP) erhielt zwischen 10% und 25% und die Christlich-Demokratische Union (CDU) um die 20%. Landtagswahlen folgten am 20. Oktober 1946. Die SED erwies sich als stärkste Partei und erreichte trotz Verlusten wieder ca. 50% der Stimmen, die CDU konnte sich etwas verbessern. Vier Länder hatten Ministerpräsidenten, die der SED angehörten; in Sachsen-Anhalt löste nach der Wahl ein Mitglied der LDP den SED-Ministerpräsidenten ab. Im Laufe des Jahres 1947 wurde die Stellung der SED immer stärker; CDU und LDP hatten sich ihrer Führung unterzuordnen, und auch die Presse gelangte mehr und mehr unter die Kontrolle der SED.

Am 14. Juni 1947 wurde eine „Deutsche Wirtschaftskommission“ eingerichtet, in der verschiedene zentrale Verwaltungen zusammengefaßt wurden und die mit der Zeit Kompetenzen einer Zentralregierung erhielt, die jedoch fest unter der Kontrolle der Besatzungsmacht blieb. Ihre Aufgabe bestand in der zentralen Lenkung und Planung der Wirtschaft. Hierzu gehörte auch die Lieferung von Reparationen, die durch die UdSSR immer noch in großem Maß eingezogen wurden.

Am 5. Juni 1947 scheiterte in München eine Konferenz aller deutschen

Ministerpräsidenten. Das Ergebnis machte deutlich, daß eine Zusammenarbeit aller vier Besatzungszonen nicht mehr möglich war.

Als sich im Dezember desselben Jahres die Londoner Konferenz der Siegermächte nicht auf einen gemeinsamen Weg für Deutschland einigen konnte, betrieben die Amerikaner den politischen Zusammenschluß der drei Westzonen. Die Entwicklungen des Jahres 1948 geben hierzu wichtige Impulse: Die UdSSR schied am 20. März aus dem Kontrollrat aus, die wirtschaftliche Lage begann sich zu bessern, und die Blockade Berlins führte die Westmächte noch enger zusammen. Am 20. Juni wurde durch die Währungsreform eine Maßnahme getroffen, die Deutschland erstmals sichtbar in zwei Teile zerschnitt, denn als die sowjetische Militärverwaltung in ihrem Bereich am 24. Juni nachzog, gab es in Deutschland keine einheitliche Währung mehr. Innerhalb eines Jahres vollzog sich nun die Konstituierung zweier selbständiger Staaten auf dem Boden des ehemaligen Deutschen Reiches.

Am 1. August 1948 erhielten die Ministerpräsidenten der Westzonen den Auftrag zur Einberufung einer verfassungsgebenden Versammlung. Bevollmächtigte der Länder trafen sich am 10. August und arbeiteten auf der Herreninsel im Chiemsee einen Entwurf für das Grundgesetz aus. Dieser wurde dann durch den Parlamentarischen Rat vom 1. September an beraten, und am 8. September wurde mit 52 : 12 Stimmen das Grundgesetz angenommen. Am 12. Mai 1949 genehmigten die Militärgouverneure das Gesetz, die Landtage – außer Bayern – stimmten ihm Mitte Mai zu, und am 14. August erfolgte die Wahl zum ersten Bundestag. Mit seiner Konstituierung am 7. September und dem Inkrafttreten des Besatzungsstatuts am 21. September war die erste Phase der Besetzung abgeschlossen. Die Hohen Kommissare hatten sich nun an festgelegte Vereinbarungen zu halten, und die bürgerliche Regierung unter Konrad Adenauer übernahm weitgehend die Gesetzgebungsgewalt. Am 5. Mai 1955 erhielt dann die Bundesrepublik die volle Macht eines souveränen Staates.

Die Entwicklung in der Ostzone verlief ähnlich zielstrebig: Ein Volkskongreß, der unter der Vorherrschaft der SED stand und aus den Westzonen kaum Zulauf hatte, sprach sich für die Einrichtung eines gesamtdeutschen Staates nach kommunistischen Vorstellungen aus. Im März 1948 setzte der Volkskongreß als ständigen Ausschuß einen „Deutschen Volksrat" ein. Ein Unterausschuß dieses Volksrates entwarf eine Verfassung, die am 13. September vom Volksrat angenommen wurde. Ein am 29. Februar 1949 gewählter Volkskongreß bestätigte die Verfassung und wählte den zweiten Volksrat. Dieser konstituierte sich am 7. Oktober 1949 als „Provisorische Volkskammer der Deutschen Demokratischen Republik".

So mündete die politische Entwicklung Nachkriegsdeutschlands unter dem Einfluß der zunehmenden Zerstrittenheit der ehemaligen Alliierten in eine Teilung Deutschlands.

2. *Die Ernährungslage in Deutschland zwischen 1945 und 1948*

Aufgrund von Dokumenten aus dem Archiv des Ökumenischen Rates der Kirchen soll hier ein Eindruck der ersten drei Nachkriegsjahre gegeben werden.

Einige grundsätzliche Bemerkungen vorab: Vor dem Krieg war die deutsche Landwirtschaft in der Lage, ungefähr 80% des Bedarfs an Nahrungsmitteln im Deutschen Reich zu decken, 1946/47 erreichte sie jedoch nur noch 35%. Im Jahre 1936 lag der durchschnittliche Kalorienverbrauch in Deutschland bei 3100 Kalorien, während des Krieges bei 2000, und in der Besatzungszeit schwankte er zwischen 1500 in der amerikanischen und 1200, ja 750 Kalorien in der französischen Zone. Der Politologe Theodor Eschenburg resümiert: „Angesichts der weltweiten Knappheit an Lebensmitteln beschränkten sich die Besatzungsmächte auf die Hilfe, die zur Aufrechterhaltung von Ruhe und Ordnung und zur Abwehr von Hungerkatastrophen im Interesse ihrer Streitkräfte notwendig war. Deutschland als ‚besiegter Feindstaat' mußte sich eben am Ende der Schlange aufstellen."[6]

Mit dem Ende des Krieges am 8. Mai 1945 waren die Leiden und die Not der Bevölkerung also keineswegs beendet. Die Ungewißheit über den Verbleib von Angehörigen, die Zerstörung von Wohnraum vor allem in den Städten, das Fehlen einer ausreichenden Versorgung mit Bekleidung und nicht zuletzt die unzureichende Ernährungslage bestimmten das Leben der Menschen noch jahrelang. Hinzu kam die große Not der aus ihrer Heimat vertriebenen Menschen, die zu Hunderttausenden in das ausgeblutete Land drängten.

Der Generalsekretär des ökumenischen Flüchtlingsausschusses, Adolf Freudenberg, unternahm vom 15. Juni bis 12. Juli 1945 eine Reise durch das zerstörte Deutschland. In seinem Bericht betonte er, daß die für die Wiederbelebung von Handel und Industrie nötige Infrastruktur durch sinnlose Sprengungen in den letzten Tagen des Krieges weitgehend zerstört worden sei. Die Rhein-, Main- und Neckarbrücken seien unbrauchbar, das Eisenbahnnetz stark beschädigt und 80% der Rheinkähne vernichtet. Daher, so hieß es weiter, könne zum Beispiel die in der Industrie dringend benötigte Kohle kaum transportiert werden. Das System der Lebensmittelkarten sei bestehengeblieben und ein schwarzer Markt beschränke sich auf Tauschgeschäfte. Zu rechnen sei dennoch mit einer Hungersnot. Vor allem die städtische Bevölkerung sei unterernährt und der Zustand der Kinder verschlechtere sich rasch. Wöchentlich 1000 bis 1500 g Brot, 40 bis 75 g Fett, für Kinder bis zu 3 Jahren ein halber Liter Milch täglich, 5 Pfund Kartoffeln, wenn die Zufuhr nicht stockte, ganz selten Zusätze an Zucker und Nährmitteln, dazu etwas Obst und Gemüse – mit dieser Ration müsse in Deutschland heute eine

[6] EBD., S. 63; vgl. zu diesem Komplex auch H.-J. WOLLASCH, Auslandshilfe.

Person auskommen. Diese Rationen ergäben etwa 800 bis 1100 Kalorien täglich.

Die persönliche Not, so Freudenberg, nehme bei den meisten Menschen soviel Kräfte in Anspruch, daß eine wirkliche Neubesinnung nicht stattfinde. Vom Nationalsozialismus würde sehr wenig gesprochen, aber eine gewisse Leere sei doch feststellbar. So komme „heute und in der Zukunft der christlichen Botschaft in Wort und Tat eine schlechthin grundlegende Bedeutung" zu[7].

Eine „Judenfrage" in Deutschland, so die Einschätzung Freudenbergs, werde es wohl auf längere Zeit hinaus nicht mehr geben, da einerseits nur noch wenige Juden in Deutschland lebten – nach Frankfurt seien von 8000 nur noch 362 zurückgekehrt – und andererseits nach seiner Bewertung der Antisemitismus nur recht oberflächlich gewesen sei.

Hilfe sei nötig, so das Resümee. Durch Zeichen der Solidarität könnten besondere Engpässe materieller Not überwunden werden. Vor allem Kindern, Frauen und Alten müsse konkret geholfen werden.

Freudenberg hatte verschiedene Personen gebeten, ihm Berichte über die Lage in ihren Heimatstädten zukommen zu lassen. Ein Berliner Akademiker beschrieb die Situation in der ehemaligen Reichshauptstadt sehr düster[8]: Da die „Russen" alles Vieh und landwirtschaftliches Gerät weggeschafft hätten, sei die Verpflegung zunächst aus noch vorhandenen Vorräten erfolgt; inzwischen unterstützten die Besatzungsmächte die hungernde Bevölkerung. Die Lebensmittelzuteilung erfolge in fünf Gruppen. Der letzten Gruppe seien die nicht im Beruf Stehenden, die Alten und Gebrechlichen sowie die Hausfrauen zugewiesen. Kinder hätten eine höhere Einstufung. Der ersten Gruppe seien die Schwerarbeiter zugeteilt, Arbeiter in gesundheitsschädlichen Betrieben, alle leitenden Angestellten, aber auch verdiente Wissenschaftler, Ärzte und Theologen, Schauspieler und Sänger. Mittlere Rationen stünden Angestellten und Kaufleuten zu. Deren Ration beispielsweise umfasse Ende August täglich 400 g Brot, 40 g Fleisch, 10 g Fett, ca. 40 g Nährmittel, 200 g Kartoffeln und 20 g Zucker. Milchprodukte und Eier fehlten, nur Kinder sollten täglich einen Viertelliter Milch erhalten.

Die Säuglingssterblichkeit, so hieß es in jenem Bericht weiter, sei aufgrund dieser Ernährungslage sehr hoch. Schwere Arbeit wie Schuttaufräumen, drohende Arbeitslosigkeit und finanzielle Sorgen zehrten an jedem einzelnen. Die Anfälligkeit für Krankheiten sei sehr groß. Auch das nervenaufreibende Gefühl der Unsicherheit im russischen Gebiet sei für die Gesamtlage

---

[7] Bericht über eine Deutschland-Reise vom 15. Juni bis 12. Juli 1945 von A. Freudenberg (AÖR Genf, WCC 1945/46 Reconstruction generelle E 2. Allgemeiner Wiederaufbau, Allgemeine Notlage); jetzt abgedruckt in: C. Vollnhals, Kirche, S. 9–14, Zitat S. 11.

[8] AÖR Genf, WCC 1945/46 Reconstruction generelle E 2. Allgemeiner Wiederaufbau. Allgemeine Notlage.

mit zu veranschlagen. Die Vorräte an Arzneimitteln seien sehr klein, da die Produktion stillstehe und viele der Vorräte beschlagnahmt worden seien. Die Krankenhäuser seien durch den Krieg stark in Mitleidenschaft gezogen. Einer drohenden Ruhr versuche man durch Impfungen beizukommen, doch bleibe kaum jemand von leichteren Anfällen verschont.

Ein Bericht des Oberbürgermeisters der Stadt Karlsruhe vom 22. November 1945 vermittelt einen Eindruck von der schwierigen Gesamtlage in jenen Tagen[9]. Der folgenden Tabelle können die Zuteilungsmengen in Kalorien für die verschiedenen Gruppen entnommen werden:

	Kleinstkinder 0–3 Jahre	Kinder 3–6 Jahre	Jugend 1 6–10 Jahre	Jugend 2 10–18 Jahre	Erwachsene ab 18 Jahre	Schwerarbeiter	Stillende Mütter
1945							
30.4. –24.5.	1067	1067	1057	1057	1057	1057	1057
22.5. –21.6.	958	946	1054	1052	1107	1107	1264
22.6. –23.7.	600	640	740	860	775	1180	1000
24.7. –19.8.	904	880	970	1111	970	1010	1352
20.8. –16.9.	917	894	942	1074	907	1412	1317
17.9. –14.10.	1269	1302	1367	1462	1342	1804	1833
15.10.–11.11.	1380	1459	1304	1308	1304	1842	1741
12.11.– 9.12.	1262	1270	1272	1272	1272	1737	1843

Nach ärztlicher Anschauung, so das Stadtoberhaupt, liege jedoch der Bedarf zur Aufrechterhaltung der Gesundheit und Leistungsfähigkeit bei einer sitzenden Tätigkeit bei 2200–2400 Kalorien pro Tag, bei mäßiger Muskelarbeit bei 3000 und für einen Schwerarbeiter bei 4000 und mehr Kalorien pro Tag. Daraus folge, daß bei Normalverbrauchern bis zu 50% der Nahrungsmittel fehlten. Und dabei sei noch gar nicht die erforderliche Zusammensetzung der Nahrung im Hinblick auf Eiweiß, Fett und Kohlehydrate beachtet.

Angespannt war die Lage auch hinsichtlich der Bekleidung. Bei einer Untersuchung an 731 Kindergartenkindern wurde festgestellt, daß 59% keine winterfesten Schuhe besäßen, 28% seien ohne warmen Mantel, 30% besäßen keine warmen Strümpfe, 26% hätten überhaupt nur ein Paar Strümpfe. Nicht vergessen werden sollten aber auch die Menschen, die überhaupt nur noch das besäßen, was sie auf dem Leib trügen. Durch Zwangsmittel würden nun alle entbehrlichen Stücke bei denen eingezogen,

[9] Ebd. Datierungsfehler sic!

die noch etwas mehr hätten, um den Ärmsten der Armen wenigstens etwas helfen zu können[10].

Zur Wohnungslage bemerkt der Karlsruher Oberbürgermeister, daß die Lage durch die vielen Flüchtlinge, die untergebracht werden müßten, sehr angespannt sei. Von den 17000 Wohngebäuden, die es vor dem Krieg in Karlsruhe gab, wurden 5100 leicht (Zerstörungsgrad bis zu 30%) und 2500 mittel (30–50%) beschädigt, 6000 wurden total zerstört (über 50%). Unbeschädigt blieben nur 3400 Wohngebäude. Insgesamt seien 22850 Wohnungen mit 62900 Zimmern noch bewohnbar. Bei einer Gesamteinwohnerzahl von 140000 Menschen hieße das, daß durchschnittlich in jedem Zimmer 2,2 Personen beziehungsweise in jeder Wohnung 6,1 Menschen lebten. Der Wiederaufbau sei durch den großen Mangel an Baumaterialien sehr erschwert. Im Hinblick auf den hereinbrechenden Winter sei diese Situation mehr als bedenklich, besonders auch deshalb, weil kaum Heizmaterial ausgegeben werden könne[11].

1946 besserte sich die Lage nicht. An zwei Beispielen wird dies deutlich: In einem Brief an den Ökumenischen Rat der Kirchen wies der Leiter der Stuttgarter Betreuungsstelle für „nichtarische" Christen auf die schlechte Versorgungslage der zu ihm kommenden Personen hin. Würden als Existenzminimum 2500 Kalorien angesehen, so bekomme der deutsche Normalverbraucher im Juli 1200 Kalorien. Die ehemaligen Rasseverfolgten hätten bisher die Teilschwerarbeiterzulage (460 Kalorien) bekommen, aber es fehlten dann immer noch 840 Kalorien. Dieses Defizit sei natürlich für Menschen, die sich seit 12 Jahren schon nicht mehr ausreichend ernähren konnten, besonders hart. Nun solle, von der nächsten Zuteilung an, diese Zulage auch noch wegfallen, so daß das Defizit gar 1300 Kalorien betrage[12].

Die Sekretäre der Wiederaufbauabteilung des Ökumenischen Rates der Kirchen erstellten ständig Berichte über die Lebensbedingungen in den Ländern Europas. In einem Bericht vom November 1946 – so das zweite Beispiel – hieß es:

„Aus Deutschland gingen kürzlich Notrufe evangelischer Pastoren aus dem Ruhrgebiet ein, welche von einer ‚Hungerkatastrophe' sprechen. Und ein Vertreter des Hilfswerks der evangelischen Kirche in Berlin schreibt: ‚Hier sterben Kinder grad so wie in den Industriebezirken des Reiches. Keines kann seinen Hunger mit den offiziellen Rationen stillen. Und selbst diese bestehen z.T. nur auf dem Papier, da Gewichts- und Abfallverluste nicht in die Calorienmengen eingerechnet sind (bei Fleisch und Kartoffeln bis zu 25%); oft wird wertloser Ersatz für die erwarteten

---

[10] Vgl.: H.J. WOLLASCH, Auslandshilfe, S. 24, S. 155, Dok. 54.

[11] EBD., S. 192, Dok. 72.

[12] Brief Majer-Leonhards an den „Ökumenischen Ausschuß für Flüchtlingshilfe" vom 13. 7. 1949 (AÖR Genf, 25 A Chrétiens d'origine juive I, 1er janv. 1946–31 mai 1947. Darin: Hilfsstelle für Rasseverfolgte [Pf. Majer-Leonhard] Stuttgart).

Lebensmittel geboten. Viele Kinder haben auf diese Weise noch niemals in ihrem Leben eine ausreichende Nahrung gekannt... Ein neuer Winter steht ihnen jetzt bevor mit unzureichender Heizung, ohne Fußbekleidung und bei anormalen Wohnverhältnissen ... Ein Drittel der Berliner Kinder befindet sich bereits in Tuberkulosegefahr'."[13]

Daß die Situation auch 1947 noch sehr angespannt war, zeigen ausführliche Berichte über die Lage in den Monaten Juli und August, um welche der Leiter der Stuttgarter Hilfsstelle für Rasseverfolgte, Vikar Fritz Majer-Leonhard, einige von ihm betreute Personen gebeten hatte. Eine dieser Ausarbeitungen gibt einen sehr lebendigen Eindruck von der Versorgungslage zwei Jahre nach dem Kriege.

Man lebe, so der Berichterstatter[14], nun in der 104. Kartenperiode seit Hitler den Krieg vom Zaun gebrochen habe. Um aber zu diesen jeweils vier Wochen geltenden Lebensmittelkarten zu gelangen, müsse man nachweisen, daß man eine Arbeit habe. Dann gelte es anzustehen: anzustehen für die Karten selbst, aber auch nahezu vor jedem Lebensmittelgeschäft. – Was stand den Menschen in Stuttgart nun in der Woche um den 20. Juli 1947 zu? 1500 g Brot, das seien pro Tag ganze 4 Scheiben, aber auf diese Rate sei auch noch der Bedarf an Mehl anzurechnen, so daß es entsprechend weniger Brot gebe; 100 g Fleisch oder Wurst; 35 g Fett – 5 g pro Tag müßten zum Kochen, Braten, Backen und als Brotaufstrich reichen –; 250 g Nährmittel, also Teigwaren oder Haferflocken; an zwei, selten auch an drei Tagen in der Woche gebe es pro Person einen Viertelliter Milch, für die Erwachsenen Magermilch, für die Kinder teilweise auch Vollmilch; 125 g Zucker und 2100 g Kartoffeln. Auf den Lebensmittelkarten seien noch Abschnitte für 31½ g Käse und 31½ g Kaffee-Ersatz. Salz gebe es genügend, aber keinerlei andere Gewürze. Die Versorgung mit Eiern sei sehr schlecht. Die Zuweisung für das ganze Jahr 1947 wurde in den Monaten März bis Mai ausgegeben: Man erhielt 10 Eier! Der Berichterstatter wies darauf hin, daß das hier Gesagte für Großstadtbewohner gelte. Die Rationen seien zwar auf dem Land gleich, aber die Versorgung sei dort mit Gemüse, Kartoffeln, Eiern und Milch besser, wohingegen auf dem Land dann eher einmal Zucker fehle. Durch die Transportschwierigkeiten werfe die Verteilung der Lebensmittel große Probleme auf.

Zur Reinhaltung, so hieß es weiter, erhalte jede Person pro Monat ein Stück schlechte Seife und 125 g Waschmittel, allerdings greife dieses die Wäsche eher an, als daß sie gereinigt würde. Nicht mehr zu erhalten gewesen seien in den vergangenen Monaten Marmelade, Säfte, Honig, Kakao, Reis,

---

13 „Ökumenischer Rat der Kirchen Abteilung für Wiederaufbau und kirchliche Hilfsaktionen. Lebensbedingungen im heutigen Europa" vom November 1946 (AÖR GENF, DICASR Directorate, Church World Service Correspondence 1944/46). – Vgl. „Wort der westfälischen Provinzialsynode über die Not unseres Volkes" vom Oktober 1946 in: KJ 1945–1948, S. 163 ff.

14 Mitteilungen L.S. vom 20. 7. 1947 (LKA STUTTGART, Akten Hilfsstelle, 26).

Südfrüchte und Nüsse: Dinge, die als Vitaminträger gute Dienste hätten leisten können.

Bei den Textilien sei die Not fast noch größer, da hier der Mangel schon seit 1936 bestehe. Kleidung, Leib-, Bett- und Tischwäsche gebe es seit dieser Zeit nicht mehr in genügender Menge und vor allem nicht in guter Qualität. Mit Beginn des Krieges seien Textilien bezugsscheinpflichtig gewesen, und so sei es bis heute geblieben. Darüber hinaus gebe es keine Kopfbedeckungen, Strümpfe und Schuhe, ja nicht einmal Leder und Nägel zur Schuhreparatur, Faden, Wolle und dergleichen zum Flicken.

Anzufügen seien noch, so schloß dieser Bericht, die Wohnungsknappheit, der Mangel an Brennstoffen und Strom und alles, was sonst aus dieser Lage folge: „... durch die mangelhafte Ernährung sind die Nerven angespannter, der Körper weniger widerstandsfähig gegen Krankheiten, aus den gleichen Gründen fehlt die so notwendige gegenseitige Rücksichtnahme und christliche Nächstenliebe...".

Zusammenfassend bleibt festzuhalten, daß innerhalb der verschiedenen Länder der Westzone die Versorgungslage sehr unterschiedlich war. „Am stärksten wurde die hochindustrialisierte, dicht bevölkerte britische Besatzungszone, die auch die meisten Vertriebenen und Flüchtlinge aufgenommen hatte, von der Hungersnot betroffen."[15] Gemeinsam ist den Zonen jedoch, daß Geld seine Kaufkraft verloren hatte und nur noch im Zusammenhang mit einer Lebensmittelkarte einen Wert besaß. Die Ernährungsnot war keine innerdeutsche Angelegenheit. „Der Mangel an Futter- und Düngemitteln, die Anhäufung der Bevölkerung durch Flüchtlinge und Zwangsvertriebene in den westlichen Zonen und der Ausfall des Importes an Nahrungsmitteln, den auch das frühere Deutschland in großem Umfange gehabt hat, auch die Anforderungen einzelner Besatzungskörper haben einen sehr bedeutenden Abmangel an Nahrungsmitteln zur Folge, der nur durch Zuwendungen aus dem Auslande gemildert werden kann."[16]

3. *Die Hilfsmaßnahmen jüdischer Organisationen*

Von 510000 Juden, die 1933 in Deutschland lebten, wanderten bis 1939 295000 aus[17]. 30000 Personen starben in den folgenden Jahren eines natürlichen Todes, 15000 gelang noch nach 1939 die Flucht aus Deutschland. 160000 deutsche Juden wurden jedoch in den Konzentrationslagern ermor-

[15] T. Schieder, Handbuch, S. 572.

[16] Bericht „Zur Ernährungslage in Deutschland" von F. K. (LKA Stuttgart, Akten Hilfsstelle, 13).

[17] Sämtliche Zahlen beziehen sich auf Personen, die Glieder der Israelitischen Kultusgemeinden waren.

det. Nur einer verschwindend kleinen Minderheit von ungefähr 10000 Personen gelang es, in der Illegalität oder in „Mischehen" in Deutschland zu überleben. Zu diesen Personen kamen noch 90000 Menschen, die aus ihrer Heimat ins Deutsche Reich verschleppt worden waren, um in Arbeitslagern die Kriegswirtschaft in Gang zu halten. Als sich die dem Massenmord entgangenen osteuropäischen Juden, die in ihre Heimatstädte und -dörfer zurückgekehrt waren, einer zunehmenden Unterdrückung, ja Pogromen ausgesetzt sahen, flohen in den Jahren 1946 und 1947 290000 Juden nach Deutschland, wo sie in Lagern untergebracht wurden[18]. Die Mehrzahl der nach dem Zusammenbruch der nationalsozialistischen Diktatur in Deutschland lebenden Juden stammte demnach aus Osteuropa; es waren entwurzelte, heimatlose, verfolgte Menschen. Sie waren in bis zu 60 Lagern untergebracht, deren letztes, Föhrenwald bei München, erst 1954 aufgelöst wurde[19].

Den Verantwortlichen der jüdischen Organisationen in aller Welt war schon vor dem Ende der Nazidiktatur das große Elend der europäischen Juden bekanntgeworden. Es waren nicht nur unzählige jüdische Flüchtlinge ganz auf die Hilfe ihrer Brüder im Ausland angewiesen, sondern es war offensichtlich, daß auch die Menschen, die dem Holocaust entrinnen würden, nur dann eine reelle Überlebenschance haben würden, wenn ihnen schnell und wirksam geholfen werden könnte. Vor allem amerikanische Organisationen begannen, Mittel und Güter bereitzustellen, um sofort nach Kriegsende in Europa gezielte Hilfe leisten zu können. Erklärte Absicht war es, „that the helpless wracks in the concentration camps could become self-supporting men"[20]. Aber auch die über die rein technischen Probleme hinausgehenden Schwierigkeiten, die damit verbunden waren, wurden gesehen: „it took human sympathy to arouse the desire to rebuild among those who had seen all the work of their lives reduced to rubble".

Die jüdischen Hilfsorganisationen wirkten vor allem unter den als „Displaced Persons" („DP's") bezeichneten, aus ihren Heimatländern Verschleppten oder Geflohenen, die in Lagern untergebracht waren[21]. Daneben kümmerten sie sich aber auch um die Juden, welche in der Illegalität oder in „Mischehen" überlebt hatten. Vor allem letztere gründeten mit der Zeit wieder jüdische Gemeinden, welche dann Hilfsstellen einrichteten, die einer-

[18] LEXIKON des JUDENTUMS, Sp. 164f.; H. GANTHER, Juden, S. 244ff.; O. HANDLIN, A continuing task, S. 94ff.; zum Gesamtkomplex vgl. M. BRUMLIK u.a., Leben.

[19] ALLGEMEINE WOCHENZEITUNG DER JUDEN IN DEUTSCHLAND vom 16.5.1986.

[20] O. HANDLIN, A continuing task, S. 93.

[21] Vgl. zu den „DP's" allgemein W. JACOBSMEYER, Zwangsarbeiter; zu den jüdischen „DP's" speziell DERS., Überlebende; jetzt auch den Aufsatz von J. WETZEL, „Mir szeinen doh", in dem beispielhaft für München nicht nur dem Leben in den Lagern und der Arbeit des „Joint", sondern auch der Entstehung der Jüdischen Gemeinde nachgegangen wird.

seits die Verteilung von Hilfsgütern übernahmen und andererseits Ansprechpartner für Ausreisewillige waren[22].

Eine ganze Reihe von Organisationen nahmen sich der Menschen an, die Deutschland verlassen wollten, teils, weil es wie im Falle der „Displaced Persons" nicht ihr Heimatland war, teils, weil sie nicht länger in Deutschland leben wollten und konnten. Bis 1948 war es allerdings sehr schwierig, Länder zu finden, die bereit waren, Ausreisewillige aufzunehmen. Auch die USA erließen erst 1948 ein besonderes Gesetz, durch welches weitere 365 000 „DP's" über das normale Kontingent hinaus Aufnahme finden konnten, nachdem die 1945 eingeräumten 39 000 Plätze für „DP's" sehr schnell vergeben waren[23]. Eine Einwanderung nach Palästina war bis zur Unabhängigkeitserklärung Israels 1948 nur einer kleinen Zahl pro Jahr erlaubt. Viele, die illegal versuchten, in das Land zu kommen, wurden von den englischen Behörden in Lagern auf Zypern interniert. Eine Organisation der Vereinten Nationen, die „United Nations Relief and Rehabilitation Administration" (UNRRA), – seit Juni 1947 die an ihre Stelle getretene „International Refugee Organization" (IRO) – war speziell zur Betreuung der „DP's" gegründet worden und arbeitete eng mit jüdischen Organisationen zusammen. Die „Jewish Agency" kümmerte sich um den Abtransport der Ausreisewilligen, die „Organization for Rehabilitation through Training" (ORT) kümmerte sich um die Berufsausbildung oder Umschulung der Emigranten. Letztere richtete dazu allein in Deutschland 68 Schulen ein, in welchen 6500 Schüler unterrichtet wurden. Die „Hebrew Immigration and Sheltering Aid Society" (HIAS) half bei der Vorbereitung der für eine Auswanderung nötigen Papiere.

Bis 1952 wanderten ungefähr 100 000 Menschen zumeist in die USA, aber auch nach Kanada, Südamerika und Australien aus. 20 000 Juden waren zu diesem Zeitpunkt noch in Lagern in Deutschland und der große Rest hatte in Israel eine neue Heimat gefunden.

Eine weitere Einrichtung, die „World wide Organization for Child Care, Health and Hygiene among Jews", befaßte sich mit den Problemen der Gesundheit der Juden in Deutschland. Sie stellte fest, daß nach einer Zeit mit „katastrophalen Sterblichkeitsziffern während der Befreiungsperiode" sich der Gesundheitszustand gebessert habe. Anläßlich einer Untersuchung von 80 000 Juden, Insassen von Lagern und Gliedern jüdischer Gemeinden, konnte festgestellt werden, daß neben wenigen älteren Leuten und Kindern „62,7% der jüdischen Bevölkerung in Deutschland zwischen 18 und 45 Jahren" sei. 1948 wurden 443 993 Personen in Polikliniken behandelt. Die

---

22 Alle Angaben der folgenden Abschnitte, soweit nichts anderes angegeben, aus H. GANTHER, Juden, S. 91–103; vgl. zur britischen Zone, U. BÜTTNER, Not.

23 Vgl. unten S. 134.

schrecklichste Krankheit nach 1945 war die Tuberkulose, die erst 1948 eingedämmt werden konnte.

Die Organisation jedoch, die als erste in Deutschland erschien und bei weitem die umfangreichste und intensivste Arbeit leistete, war der „Joint", das „American Joint Distribution Committee". Diese 1914 in New York gegründete zentrale Hilfsorganisation hatte es sich zur Aufgabe gemacht, bedürftige Juden außerhalb der USA zu unterstützen. Lagen die Ausgaben des „Joint" für seine weltweiten Aktivitäten 1936 noch bei 1,9 Millionen Dollar, so stiegen sie bis 1940 auf 6,1 Millionen, betrugen 1944 15,2 Millionen und erreichten 1947 ihren höchsten Stand mit 69 Millionen Dollar[24]! Von 1945 bis 1952 wurden insgesamt 342 Millionen Dollar aufgewendet, um unter anderem knapp 103 000 Tonnen Hilfsgüter vor allem nach Europa zu schicken[25]. Nach Deutschland gelangten innerhalb der ersten fünf Jahre nach Kriegsende über 50 000 Tonnen Lebensmittel und Kleidung. Der Gesamtwert der Hilfsleistungen des „Joint" dürfte für diesen Zeitraum mit 50 bis 60 Millionen Dollar anzusetzen sein.

Die Arbeit des „Joint" ließ sich in neun Hauptgebiete gliedern: Im Bereich Wohlfahrtswesen wurden zur Verteilung an notleidende jüdische Menschen Hilfsgüter aus Übersee eingeführt und ausgegeben: 50 000 Tonnen hochwertiger Nahrungsmittel, 4000 Tonnen Bekleidung und 5000 Tonnen Artikel des täglichen Bedarfs. Für die ärztliche und medizinische Hilfe wurden Gesundheitsstationen aufgebaut, die durch 25 Ärzte betreut wurden. Für Kinder richtete der „Joint" Sommerlager ein, an denen 16 000 Kinder teilnehmen konnten. 5000 Kinder waren in Erholungsheimen, an 35 000 Kinder wurde zusätzliche hochwertige Nahrung ausgegeben und 16 000 Säuglingsausstattungen verteilte man an werdende Mütter. Im Bereich Erziehung und Unterricht wurden Schulen eingerichtet, um Kindern, die niemals Schulunterricht erhalten hatten, eine Ausbildung zukommen zu lassen. Hierzu wurden 50 Lehrer aus Israel geholt und 890 „DP's" zu Lehrern ausgebildet. Diese Schulen wurden von 120 000 Schülern besucht. Die kulturelle Arbeit erstreckte sich auf Filmvorführungen, die Herausgabe von 18 Zeitungen sowie Veranstaltungen von drei jüdischen „DP"-Theatern und zwei Orchestern. Auch die Berufsausbildung und Beschäftigung wurden vorangetrieben: 91 Werkstätten wurden eingerichtet, in denen 5000 Menschen Arbeit fanden, weitere 25 000 Personen waren in den Lagerverwaltungen angestellt. 1500 Jugendliche erhielten eine Landwirtschaftausbildung, um in Israel bessere Startchancen zu haben. Im religiösen Bereich entstanden im Laufe der Zeit 90 Schulen, die von 5500 Schülern besucht wurden. Die Einrichtung von 200 Gebetsstätten und den Druck von 500 000 Andachtsbüchern übernahm der „Joint" ebenso wie die Bereitstellung von speziellen Lebensmitteln für

[24] Lexikon des Judentums, Sp. 333.

[25] O. Handlin, A continuing task, S. 90, 93.

Pascha. In der Rechtsabteilung behandelten Rechtsanwälte 10000 juristische Fälle, in vier Genesungsheimen konnten Kranke und Invalide neue Kraft schöpfen. Die Auswanderungsabteilung ermöglichte 160000 jüdischen Menschen die Ausreise.

Deutlich wird durch diese kurze Zusammenstellung, daß der „Joint“ Aufgaben übernommen hatte, die auch von anderen Organisationen wahrgenommen wurden. Teilweise kam es zu Überschneidungen, doch angesichts der großen Not fiel das nicht weiter ins Gewicht. Abkommen mit anderen Einrichtungen regelten mit der Zeit die jeweiligen Zuständigkeitsbereiche.

Zweifellos hatten es die jüdischen Hilfseinrichtungen verstanden, sich auf die Zeit nach dem Zusammenbruch der Naziherrschaft gut vorzubereiten, um dann, als es Ende 1945 möglich wurde, Hilfsgüter nach Deutschland zu senden, gezielt und wirksam Unterstützung leisten zu können. Ja, schon als ein Postverkehr mit Deutschland eigentlich noch nicht möglich war, hatten es Rabbiner der amerikanischen und britischen Streitkräfte übernommen, erste Hilfsmaßnahmen einzuleiten[26]. Die Spendenbereitschaft der Juden in aller Welt war beeindruckend, die Solidarität mit den Verfolgten und Gequälten überwältigend.

4. Die gesellschaftliche und politische Diskussion der „Judenfrage“ im Nachkriegsdeutschland[27]

Eine Meinungsumfrage im August 1949 zeigt, daß 75% aller Befragten, „einmal nähere Bekanntschaft mit Menschen jüdischer Abstammung gemacht“ haben[28]. Interessanterweise machten lediglich 8% diese Bekanntschaft nach 1945 und auch die Antworten auf die Frage, „Wie ist überhaupt Ihre Einstellung gegenüber den Juden?“, ist höchst bemerkenswert: Demonstrativ freundliche Äußerungen kamen von 8%, tolerante gaben 41%, zurückhaltende 15%, antisemitische aber immerhin noch 23% der Befragten. Dieses Ergebnis der ersten deutschen Untersuchung bestätigt frühere Studien, die in der amerikanischen Besatzungszone 1946 und 1948 durchgeführt worden waren: 1946 bezeichneten sich 21% der Befragten als Antisemiten und 18% als „harte“ Antisemiten, wohingegen 1948 ein geringer Rückgang

[26] Vgl. zum Engagement des Armeerabbiners Herbert S. Eskin, Stuttgart, oben S. 110 und C. PUGH, Rabbi.

[27] Bislang vorgelegte Studien beschäftigen sich zumeist mit der Situation der Jüdischen Gemeinden und der schwierigen Lage der „DP's“ nach dem Ende des Krieges oder dem Weiterwirken des Antisemitismus. Beispielhaft seien genannt: H. G. van DAM, Juden; M. BRUMLIK u. a., Leben; ANTISEMITISMUS; J. WETZEL, „Mir szeinen doh“; W. JACOBSMAYER, Überlebende; U. BÜTTNER, Not.

[28] JAHRBUCH DER ÖFFENTLICHEN MEINUNG, S. 128.

auf 19 bzw. 14% zu verzeichnen war[29]. Man hat also für die ersten Nachkriegsjahre „mit 20–25% klaren Antisemiten, einer Gruppe von ca. 30% leicht-antisemitischen bis indifferenten Personen und knappen 50% nicht-antisemitischen Personen zu rechnen“[30]. Vergleicht man nun damit die Äußerungen des Jahres 1952, so ist festzustellen, daß die toleranten Äußerungen auf 23% fielen, die antisemitischen aber auf 34% anstiegen. Dies zeigt, daß es eine „kontinuierliche Abnahme antisemitischer Einstellungen von 1945 an ... nicht gegeben“ hat und daß darüber hinaus „diese Einstellungen ... (möglicherweise) keine ganz stabile Größe (sind), sondern ... ereignisbezogen stark variieren“ können[31].

Der sich in den Umfrageergebnissen niederschlagende Antisemitismus äußerte sich immer wieder in einzelnen, aufsehenerregenden Ausschreitungen, von denen einige genannt seien: Zu erinnern wäre an die zahlreichen Grabschändungen, die in diesen Jahren zu verzeichnen waren. Insgesamt überstiegen die zwischen 1945 und 1952 registrierten Einzelfälle die Zahl 60[32]. Das Verhältnis zwischen Deutschen und jüdischen „Displaced Persons“ gestaltete sich oft recht spannungsreich, da diese ihren Lebensstil beibehielten und kaum Kontakt zur deutschen Bevölkerung fanden, sondern teilweise auch auf dem Schwarzmarkt aktiv waren. Die amerikanische Militärverwaltung registrierte „in München ein seit 1946 wachsendes Maß an antisemitischen Vorurteilen“[33]. 1949 häuften sich diese Vorkommnisse. Im März und April stand der Regisseur des während der Nazizeit gedrehten Films „Jud Süß“, Veit Harlan, in Hamburg vor Gericht. Bei diesem Verfahren kam es „zu gemeinen antisemitischen Kundgebungen und Ausschreitun-

---

[29] Nach: W. BERGMANN, Sind die Deutschen, S. 113, folgendes Zitat EBD. Vgl. dort auch die Hintergründe dieser Untersuchungen und die damit verbundenen Auswertungsprobleme. Eine detaillierte Auswertung aller Umfragen nach 1945 legte F. WEIL, The Imperfectly Mastered Past, vor.

[30] Ergänzt sei noch, daß 54% der Befragten eine Pflicht zur Wiedergutmachung gegenüber den Juden bejahten und nur 31% diese ablehnten, daß es aber auch 37% der Befragten als besser angesehen hätten, wenn in Deutschland keine Juden mehr lebten und 70% sich gar negativ auf die Frage äußerten, ob sie eine Frau, bzw. einen Mann jüdischer Abstammung heiraten würden.

[31] W. BERGMANN, Sind die Deutschen, S. 114. – Zwei Beispiele seien angefügt: Das vielerorts spannungsreiche Verhältnis zwischen Deutschen und jüdischen „DP's“ scheint für die überwiegende Mehrzahl der Befragten (73%) kein besonderes Gewicht für ihre Einstellung zu den Juden gehabt zu haben. Die Situation in München jedoch entwickelte sich so, daß ein Berater General Clays im Mai 1947 meinte: „Wenn die amerikanische Armee sich morgen zurückzieht, gibt es am nächsten Tag Pogrome“ (J. WETZEL, „Wir szeinen doh“, S. 356f.). Die Ergebnisse des Jahres 1952 mögen mit der Diskussion um die Wiedergutmachung zusammenhängen.

[32] Vgl. A. DIAMANT, Friedhöfe. – Besonders im Jahr 1950 waren eine ganze Reihe von Grabschändungen zu verzeichnen, in Ansbach (vgl. FAZ vom 4. 4. 1950), Frankfurt (vgl. FAZ vom 17. 4. 1950), Dransfeld bei Göttingen (vgl. FAZ vom 18. 4. 1950). Vgl. hierzu auch die engagierte Berichterstattung in der BERLINER ALLGEMEINEN WOCHENZEITUNG DER JUDEN IN DEUTSCHLAND, Nr. 2 vom 21. 5. 1950 oder Nr. 5 vom 12. 5. 1950.

[33] J. WETZEL, „Mir szeinen doh“, S. 356, zur Situation in München S. 349ff.

gen des anwesenden Publikums"[34]. In einem Artikel der „Süddeutschen Zeitung" vom 2. August 1949 war der „Antisemitismus in Deutschland nüchtern-sachlich, aber natürlich ablehnend" behandelt worden[35]. Ein Leserbriefschreiber erging sich daraufhin in antisemitischen Haßtiraden. Im September hatte der Magistrat der Stadt Offenbach einen neuen Leiter der Frauenklinik zu wählen und hatte einem Arzt das Vertrauen geschenkt, der wegen seiner jüdischen Abstammung im Konzentrationslager gewesen war. Auf die Intervention des zweiten Bürgermeisters, der sich übler antisemitischer Vorurteile bedient hatte, stieß der Stadtrat seine Entscheidung um und wählte einen „deutschen" Bewerber[36]. Ein Symptom des weiter vorhandenen Nazismus und des damit verbundenen Antisemitismus war auch das rasche Anwachsen der „Sozialistischen Reichspartei". 1951 gelang es dieser neonazistischen Gruppierung in verschiedene Landtage einzuziehen; in Niedersachsen wurden 16 Abgeordnetensitze errungen und in Bremen konnten acht Vertreter in die Bürgerschaft entsandt werden[37].

Das Ende der Naziherrschaft brachte zwar „das Ende des Antisemitismus als herrschender Staatsideologie", daß diese Haltung aber nicht mehr in dem exzessiven Maß wie zuvor in der Öffentlichkeit präsent war, war *„nicht primär* als Reaktion auf die individuellen und kollektiven Erfahrungen während der vergangenen zwölf Friedens- und Kriegsjahre" zurückzuführen, sie waren „vielmehr primär Bestandteil der neuen sozialökonomischen, politischen und geistig-kulturellen Rahmenbedingungen"[38]. Unmittelbar nach Kriegsende erfolgte „die öffentliche Abrechnung mit den Verbrechen Deutscher von Seiten der Sieger". Die Weimarer Bürger mußten beispielsweise das befreite Konzentrationslager Buchenwald besuchen, in Frankfurt hatte die Bevölkerung Dokumentarfilme über Dachau und Buchenwald anzusehen, ehe Lebensmittelkarten ausgegeben wurden. Die Reaktionen waren gleich: man wandte sich ab, beteuerte, nichts gewußt zu haben. Der Antisemitismus

---

[34] FRu Nr. 7 vom April 1950, S. 12. Vgl. DIE ZEIT vom 3. 3., 10. 3., 17. 3 und 28. 4. 1949. Auch 1951 und 1952 kam es zu Auseinandersetzungen und antisemitischen Äußerungen, als neue Filme Veit Harlans im Kino anliefen („Unsterbliche Geliebte" und „Hanna Amon"). Vgl. FRu Nr. 10/11 vom Januar 1951, S. 28; FRu Nr. 12/15 vom Dezember 1951, S. 44 und FRu Nr. 16 vom April 1952, S. 20f. Bundeskanzler Adenauer nahm zu diesen Ausschreitungen im April 1950 Stellung (vgl. FAZ vom 17. 4. 1950). Auch in der jüdischen Presse fanden diese Vorgänge naturgemäß große Beachtung: ALLGEMEINE WOCHENZEITUNG DER JUDEN IN DEUTSCHLAND, Hauptausgabe, Nr. 50 vom 24. 3. 1950; Nr. 52 vom 7. 4. 1950 oder: BERLINER ALLGEMEINE WOCHENZEITUNG DER JUDEN IN DEUTSCHLAND, Nr. 1 vom 14. 4. 1950, Nr. 2 vom 21. 4. 1950, u. ö.

[35] FRu Nr. 5/6 vom Dezember 1949, S. 15.

[36] Vgl. EBD., 16f.

[37] H. P. SCHWARZ, Ära Adenauer, S. 130ff., 475ff. – 1952 wurde diese Partei vom Bundesverfassungsgericht verboten.

[38] F. STERN, Entstehung, S. 181.

wurde „mit einem flächendeckenden Tabu belegt, unter schärfste Strafe gestellt". Schweigen machte sich breit.

Eine Erklärung des neugegründeten Zentralrats der Juden in Deutschland vom August 1950 bestätigt, daß bis dahin in der Öffentlichkeit kaum eine grundsätzliche Auseinandersetzung mit dem Antisemitismus stattgefunden hatte: „Immer fester und undurchdringlicher wird der Schleier des Vergessens über die Untaten gebreitet."[39] In der Tat fällt auf, daß – abgesehen natürlich von der Presse der jüdischen Gemeinde – Berichte in deutschen Zeitungen zumeist ereignisgebunden sind. Sie nehmen bestimmte Vorfälle auf, um dann in diesem Zusammenhang auf die Verwerflichkeit des Antisemitismus hinzuweisen. Wenn festgestellt wird, daß „in der öffentlichen Meinung der Zeit... von den Juden allenfalls im Zusammenhang mit dem Schwarzhandel oder den Kriegsverbrecherprozessen Notiz genommen"[40] wird, so mag dies zwar etwas überzogen sein, doch lassen sich in der Tat wenige grundsätzliche Auseinandersetzungen mit dieser Frage in der überregionalen Presse der ersten Nachkriegsjahre finden[41].

Ernsthaft bemüht um die Aufarbeitung der Vergangenheit waren die sich zunächst in der amerikanischen Besatzungszone bildenden Gesellschaften für christlich-jüdische Zusammenarbeit[42]. 1952 ging von diesen Kreisen der Anstoß zu einer „Woche der Brüderlichkeit" aus und Bundespräsident Theodor Heuss führte in seiner Eröffnungsrede aus, es sei sinnvoll, „daß die Mahnung zur Selbstprüfung und Selbstbesinnung von den Menschen ausgeht, die die Verzerrung des christlich-jüdischen Verhältnisses in der furchtbaren und widergöttlichen Vernichtungspraxis... als ärgste Last der Seele empfinden"[43]. Wenn es gelänge, „das Leid des anderen, auch die Freude des

---

[39] Nach Y. M. Bodemann, Staat, S. 58.

[40] Ebd., S. 57.

[41] Vgl. beispielsweise den Beitrag „Der Arier" in der ersten Ausgabe der Wochenzeitung Die Zeit vom 21. 2. 1946, S. 4; ansonsten finden sich in den ersten Jahrgängen fast ausschließlich ereignisbezogene Berichte; vgl. die Ausgaben vom 4. 9. 1947, S. 1 („Maß und Würde"), vom 25. 3. 1948, S. 3 („Aus der Praxis des Rassenwahnes"), vom 29. 4. 1948, S. 3 („Problematische Wiedergutmachung"). – In der Zeitung Der Ruf finden sich einige Beiträge, die über Tagesereignisse hinausgehen: Ein Briefwechsel zwischen Hans Lamm und Erich Kuby über die Situation der „Juden in Deutschland" (15. 5. 1947, S. 2f.) oder ein Beitrag von Winfried Martini unter der Überschrift: „Der deutsche Antisemitismus" (15. 4. 1948, S. 5f.).

[42] FRu Nr. 1 vom August 1948, S. 14. – Ein amerikanischer Reverend arbeitete im Auftrag des Internationalen Rates von Christen und Juden in Deutschland. Er hatte den Auftrag, „die christlich-jüdische Verständigung zu fördern und interkonfessionelle Zusammenkünfte... durchzuführen" (Ebd.). Die erste Gesellschaft wurde in München gegründet, den Vorsitz übernahmen ein Jude, ein Katholik und ein Protestant (vgl. FRu Nr. 2/3 vom März 1949, S. 41). 1949 wurde der erste deutsche Kongreß des Internationalen Rates von Christen und Juden durchgeführt (FRu Nr. 4 vom Juli 1949, S. 8f.). 1950 schlossen sich die Gesellschaften von München, Stuttgart, Frankfurt, Wiesbaden, Berlin, Offenbach und Freiburg zusammen (FRu Nr. 7 vom April 1950, S. 21). Gründungen in der britischen Zone wurden angestrebt (vgl. M. Stöhr, Gespräche, S. 215–219 und H. Ganther, Juden, S. 199ff.).

[43] T. Heuss, Juden, S. 130.

anderen, als eigenes Leid, als eigene Freude zu empfinden", dann würden die Dinge ganz einfach[44]. Allein, diese Wochen blieben häufig genug „philosemitische Rituale", die Gesellschaften führten „relativ schnell ein Dasein am Rande der politischen Kultur"[45].

Eine zentrale, viel diskutierte und heftig umstrittene Frage war in den Nachkriegsjahren, wie und ob den Verfolgten und Entrechteten Wiedergutmachung geleistet werden könne. Eine generelle Regelung war zunächst nicht möglich, da es keine deutsche Zentralregierung gab und wirtschaftliche wie finanzielle Probleme für lange Zeit unüberwindbar schienen. Erste Schritte in diesem Zusammenhang stellten dann die Beratungen der Landesregierungen der amerikanischen Zone über ein Rückerstattungsgesetz dar. Bereits im Herbst 1945 war ein erster Entwurf eines Gesetzes zur Rückerstattung „von Vermögenswerten, die mit Gewalt weggenommen oder unfreiwillig weggegeben worden waren" von Beamten des Bayrischen Justizministeriums erarbeitet worden[46]. Doch erst zwei Jahre später sollte die US-Militärregierung ein entsprechendes Gesetz erlassen, da sich die deutschen Regierungsstellen nur mühsam auf einen gemeinsamen Entwurf einigen konnten. Die französischen Behörden erließen ebenfalls im November 1947 ein Gesetz, das in enger Anlehnung an die innerfranzösische Regelung abgefaßt worden war; die britische Militärverwaltung zog erst im Mai 1949 nach. In der sowjetischen Zone gab es lediglich im Lande Thüringen ein entsprechendes Gesetz[47]. Im übrigen hat die DDR bis heute keine darüber hinausgehenden Gesetze verabschiedet.

Waren bis zur Gründung der Bundesrepublik deutsche Stellen in Fragen der Wiedergutmachung nur beratend beteiligt, so lag seit September 1949 die Verantwortung für einen angemessenen Umgang damit in den Händen der Bundesregierung. Dem neuen Staat war in eindrücklicher Weise die Bedeutung gerade jener Sache vorgehalten worden: Als „Grundvoraussetzung jeder geistigen Erneuerung Deutschlands" werde „die Überwindung des Antisemitismus" angesehen, so konnte man im September 1947 in der Wochenzeitung „Der Ruf" lesen[48]. Und im Juli 1949 – kurz vor den Wahlen zum ersten Bundestag – erklärte der amerikanische Hochkommissar für Deutschland, John McCloy, vor Vertretern jüdischer Gemeinden: „Die Welt wird die neue deutsche Regierung beobachten. Ein Maßstab in der Beurteilung ihrer

---

[44] Ebd., S. 134.

[45] F. Stern, Entstehung, S. 186. Vgl. auch die Einschätzung bei M. Stöhr (Gespräche, S. 218f.) und bei Y. M. Bodemann (Staat, S. 63f.).

[46] W. Schwarz, Rückerstattung, S. 9.

[47] Vgl. Ebd. zur US-Zone, S. 23–58; zur britischen Zone, S. 58–66 (Das dort geltende Gesetz wurde in enger Anlehnung an die amerikanischen Bestimmungen abgefaßt.); zur französischen Zone, S. 287–324; zu Thüringen, S. 325–327.

[48] H. Weniger in seinem Beitrag „Das jüdische Weltproblem" in: Der Ruf, Nr. 17 vom 1. 9. 1947, S. 5.

Handlungen wird sein, in welchem Umfang ihre Führer eine Atmosphäre schaffen, in der Juden und alle Minoritäten sich in der Ausübung ihrer Rechte sicher fühlen können... Das Leben und das Wohlergehen der Juden in Deutschland wird ein Prüfstein der demokratischen Entwicklung in Deutschland sein."[49]

Während in der Regierungserklärung Adenauers das jüdische Schicksal und zu ziehende Konsequenzen nicht erwähnt wurden, erklärte der Bundeskanzler in einem Interview mit der „Allgemeinen Wochenzeitung der Juden in Deutschland", daß der Antisemitismus nicht nur bekämpft und „Verbrechen, die unter dem nationalsozialistischen Regime und im Krieg begangen worden seien" bestraft würden, sondern auch, daß man die jüdischen Gemeinden in Deutschland wolle und „dem Staat Israel Waren zum Wiederaufbau im Werte von zehn Millionen Mark zur Verfügung" stelle[50]. „Dies solle", so Adenauer, „das erste unmittelbare Zeichen dafür sein, daß das den Juden durch Deutsche zugefügte Unrecht wieder gutgemacht werden müsse." Mit der Regierungserklärung vom 27. September 1951 wurden Wege zu direkten Verhandlungen mit Israel geebnet, die, nach schwierigem Verlauf, dann 1952 zur Unterzeichnung des Haag-Luxemburger Vertrages führten[51]. Um den Verhandlungen Nachdruck zu verleihen, hatte der Präsident des Hamburger Presseamtes, Erich Lüth, 1951 die Aktion „Friede mit Israel" ins Leben gerufen. In seinem Aufruf hieß es: „Wir müssen ein Beispiel geben, das gleichzeitig ein Zeichen sein soll, ein Zeichen dafür, daß wir bereit sind, den Kampf gegen die Reste des Antisemitismus... zu führen" und die Bitte um Frieden „verknüpfen mit der Trauer um 6 Millionen schuldlose Opfer"[52].

Im gesellschaftlichen und politischen Bereich wurde nach dem Ende der Naziherrschaft der Antisemitismus weitgehend tabuisiert. Eine öffentliche Auseinandersetzung mit ihm fand nur in Ansätzen statt und die Integration der gegen Juden verübten Verbrechen in eine deutsche Identität gelang nicht[53]. Von daher ist es nicht verwunderlich, daß der latente Antisemitismus in mehr oder weniger vulgären und marginalen Formen immer wieder an die Öffentlichkeit kam und dann – aber auch nur dann – von Presse und Politikern aufgenommen und bekenntnisartig die Verwerflichkeit der jeweiligen

---

[49] Zitiert nach: E. STERLING, Judenfreunde.

[50] Zitiert nach: FRU Nr. 7 vom April 1950, S. 19; vgl. N. SAGI, Wiedergutmachung, S. 68ff.

[51] Vgl. EBD.; K. ADENAUER, Erinnerungen 1953–1955, S. 132ff. Erklärung Adenauers und der Parteien vom 27. 9. 1951 in: FRU Nr. 12/15 vom Dezember 1951, S. 9–11. – Ratifizierung des Vertrages am 18. 3. 1953; zum Abstimmungsverhalten der Parlamentarier vgl. M. WOLFFSOHN, Beziehungen, S. 89.

[52] FRU Nr. 12/15 vom Dezember 1951, S. 8, vgl. H. GANTHER, Juden, S. 204ff. – 1952 rief Lüth zusammen mit namhaften Persönlichkeiten des kirchlichen und öffentlichen Lebens zu einer Ölbaum-Spende für Israel auf, vgl. FRU Nr. 16 vom April 1952, S. 21 und EBD. Nr. 17/18 vom August 1952, S. 28f.; vgl. auch unten S. 247f.

[53] Vgl. H. A. STRAUSS, Holocaust.

Handlungen oder Ausführungen betont wurde[54]. Versuche zu einem Nachdenken über die deutsch-jüdischen Beziehungen anzuregen, gingen von den Gesellschaften für christlich-jüdische Zusammenarbeit aus, ohne daß tiefergreifende Wandlungen bewirkt werden konnten. Ob der vor allem in den Medien vorherrschende, oft oberflächliche Philosemitismus wirklich einen Beitrag zu einer Aufarbeitung der deutschen Vergangenheit zu leisten vermochte, bleibt mehr als fraglich[55]. Als ein lediglich „äußeres Zeichen unseres Bestrebens nach Wiedergutmachung" bezeichnete Adenauer in seinen Memoiren die von der Bundesregierung in die Wege geleiteten Abkommen mit dem Staat Israel[56]. Und doch waren diese Verträge mehr – sie legten die Grundlage für eine Verständigung zwischen Deutschen und Juden, für eine Verständigung, die im Angesicht des Geschehenen neue Wege eröffnete.

---

[54] Vgl. die Äußerungen Adenauers zu den antisemitischen Ausschreitungen 1950 (FAZ vom 17. 4. 1950).

[55] Vgl. E. STERLING, Judenfreunde; J. BELLERS, Moralkommunikation, bes. S. 284 ff.

[56] K. ADENAUER, Erinnerungen 1953–1955, S. 132.

Kapitel 3

DIE DIAKONISCHE HILFE FÜR EHEMALS RASSEVERFOLGTE CHRISTEN

1. Die kirchlichen Bemühungen um Hilfe für die verfolgten Judenchristen

a. Erste Maßnahmen 1945

Eine planvolle und gezielte Unterstützung der ehemaligen rasseverfolgten Christen lief nach dem Krieg nur sehr zögernd an. Hierfür sind wohl drei Faktoren in Rechnung zu stellen: Primär waren die verschiedenen Landeskirchen wie auch die Evangelische Kirche Deutschlands mit ihrer Reorganisation beschäftigt. Es galt zunächst die Verwaltungen der „zerstörten" Landeskirchen wieder mit bekenntnistreuen Personen zu besetzen. Zum anderen fiel, durch die große allgemeine Not bedingt, die doch recht kleine Zahl von Judenchristen nicht unmittelbar ins Auge, zumal dieser Personenkreis schon während des „Dritten Reiches" innerhalb der evangelischen Kirche kaum im Blickfeld gewesen war. Entscheidend aber war bei alledem, daß es offensichtlich kaum Personen in der Kirche gab, denen die Notlage dieser Menschen bekannt war und die bereit waren, sich für sie einzusetzen.

So ist es nicht überraschend, daß unmittelbar nach dem Zusammenbruch des Naziregimes nur drei Personen innerhalb der Deutschen Kirchen ihre Stimme für die ehemaligen Rasseverfolgten erhoben. Da war zuerst der Stuttgarter Vikar Fritz Majer-Leonhard, der, selbst „Mischling 1. Grades", die letzten Monate des „Dritten Reiches" im Lager Wolfenbüttel zugebracht hatte[1]. Der zweite Anwalt war Kreisdekan Hermann Maas in Heidelberg[2]. Er war schon während des „Dritten Reiches" für Juden und Judenchristen eingetreten, hatte bei der Bekennenden Kirche die Gründung einer Hilfsstelle für Rasseverfolgte angeregt und selbst die Betreuung dieser Personen in seiner badischen Landeskirche übernommen. Allerdings hatte er zum 1. Juli 1943 aus dem aktiven Pfarrdienst ausscheiden müssen, nachdem Briefe gefunden worden waren, in denen er die nationalsozialistische Judenpolitik kritisiert hatte. 1944 war er als 67jähriger noch zu Schanzarbeiten an der Westfront verurteilt worden. Der Dritte war der Berliner Pfarrer Heinrich

---

[1] Vgl. auch S. Hermle/R. Lächele, Landeskirche, S. 204f.

[2] Vgl. auch E. Marggraf, Maas, S. 71–82.

Grüber, der sich wie Maas schon während der Nazidiktatur für Rasseverfolgte eingesetzt hatte[3]. Im Dezember 1940 war Pfarrer Grüber ins Konzentrationslager gekommen[4], doch die Arbeit des „Büro Pfarrer Grüber" konnte, wenn auch unter Schwierigkeiten, noch einige Zeit weitergehen.

Interessant ist es nun zu beobachten, wie verschieden diese drei Männer die für sie unabdingbare Aufgabe in Angriff nahmen, ihren Schützlingen Unterstützung und Fürsorge zukommen zu lassen.

Majer-Leonhard versuchte zunächst, staatliche Stellen anzusprechen, um sie auf ihre Verantwortung für die ehemaligen Rasseverfolgten hinzuweisen. Seiner Einschätzung nach mußte es zunächst einmal darum gehen, ihnen Wohnungen und Möbel zu beschaffen. Sodann müßten Ausbildungsmöglichkeiten eingerichtet und Briefkontakte mit dem Ausland ermöglicht werden[5]. Im Dezember 1945 wurde in einem Brief an das Landesernährungsamt die Frage einer speziellen Zulage für ehemalige Rasseverfolgte angesprochen[6]. Die Kirche, so die Ansicht Majer-Leonhards, sollte sich nicht in einem Bereich engagieren, der sie nur indirekt beträfe. Sie habe sich der Seelsorge an diesen Menschen zu widmen. Als dann der Evangelische Oberkirchenrat der württembergischen Landeskirche auf Anfrage der Jüdischen Kultusgemeinde die Einrichtung einer Hilfsstelle für Rasseverfolgte beschloß, sprach sich Majer-Leonhard vehement dagegen aus und versuchte, als er selbst mit der Leitung dieser Stelle betraut wurde, möglichst viele Bereiche in staatlicher Verantwortung zu belassen[7].

Maas wurde nach dem Zusammenbruch Kreisdekan von Nordbaden und begann, sich sofort wieder um die ehemaligen Rasseverfolgten zu kümmern. Seine Arbeit spielte sich ruhig und bescheiden im Hintergrund ab. Einblick gibt ein Brief, den er am 8. November 1945 an die Militärregierung schrieb. Viele der Schwierigkeiten, die vor zwölf Jahren mit dem Nationalsozialismus für die Christen jüdischer Abstammung eingesetzt hätten, seien beendet; sie würden aus den Arbeitslagern entlassen, könnten wieder heiraten oder fänden Stellungen, von denen sie bisher ausgeschlossen waren, aber „die gesundheitlichen Schäden und die Leiden der Seelen und Herzen sind noch nicht geheilt, und das Vertrauen fehlt noch immer"[8]. Zwei Dinge, so Maas, kämen

---

[3] Vgl. auch H. GRÜBER, Erinnerungen.

[4] Vgl. oben S. 31; AN DER STECHBAHN; W. GERLACH, Zeugen, S. 256ff.

[5] Brief Majer-Leonhards an das „Amt zur Untersuchung der durch den Nationalsozialismus rechtswidrig herbeigeführten Schäden (Schadensuntersuchungsamt)" in Stuttgart vom 2. 7. 1945 (LKA STUTTGART, Akten Hilfsstelle, 29).

[6] Brief vom 25. 12. 1945 (EBD., Akten Hilfsstelle, 14).

[7] Vgl. im einzelnen unten S. 115ff.

[8] Brief Maas' an „G-43, Co E, 2d Military Government Regt., Heidelberg" vom 8. 11. 1945, Übersetzung von Abschrift. Der Ordner „Kreisdekan Maas", dem dieses Dokument entnommen ist, befindet sich noch im Büro der Hilfsstelle für Rasseverfolgte, Stuttgart, Büchsenstr. 24/36. – Englische Fassung: AÖR GENF, 1946 Box E 3. Darin: Berichte „Grüber" Juden-Christen.

hinzu: Von vielen Deutschen werde ihnen die Schuld an den Folgen des verlorenen Krieges und an der unangenehmen Entnazifizierung zugeschoben, ebenso werde ihnen vorgehalten, sie seien keine richtigen Deutschen. Andererseits würden sie von Nichtdeutschen bei ihrem „Deutschsein" behaftet und so an den Ereignissen der vergangenen Jahre für mitschuldig erklärt. So wählten die einen den alten Weg, die Juden als Urheber allen Übels anzusehen, während die anderen vergäßen, was diese Menschen in Nazideutschland erlebt hatten: Beschimpfungen, Verachtung, Mißhandlungen, Quälereien, Drohungen, Verfolgungen. Vergessen werde auch, daß sie nicht arbeiten durften, daß vielen der Besuch von Schulen verboten war, daß sie von der Universität verwiesen wurden, daß Theater-, Konzert- und Kinobesuche unmöglich waren. Ihr Besitz wurde zerstört, beschlagnahmt oder gestohlen, sie wurden „in ein Ghetto, ja, ins Grab gestoßen". Maas bat die Militärregierung, die namentliche Erfassung dieser Menschen zu erlauben und Zusammenkünfte zu gestatten, die „unter einem geistigen und religiösen Gesichtspunkt" durchgeführt werden sollten. Es gehe darum, Minderwertigkeitskomplexe abzubauen und den Jungen neuen Lebensmut zu geben. Sodann wurde um Hilfe in wirtschaftlichen Dingen nachgesucht. Vorgeschlagen wurde die Einrichtung eines Kontos innerhalb des „Ausschusses für die Opfer des Naziterrors", um daraus die wichtigsten Ausgaben für diese zumeist mittellosen Menschen bestreiten zu können. Dies sei, so wurde bemerkt, um so dringlicher, als der anbrechende Winter gerade sie vor große Schwierigkeiten stelle. Gebeten wurde ferner darum, Kurse für Jugendliche zu ermöglichen, um die fehlende Schulausbildung nachzuholen, sowie darum, diesen Menschen möglichst rasch ein Heim zu verschaffen.

Die von Majer-Leonhard und Maas angestrebten Hilfsmaßnahmen glichen sich darin, daß sie sich zunächst einmal an die zuständigen staatlichen Stellen wandten, um hier Aufmerksamkeit für die christlichen Rasseverfolgten zu erlangen. Auch die konkreten Ansatzpunkte sind durchaus ähnlich, wenn auch in ihrer Dringlichkeit anders eingeordnet: Wohnungsbeschaffung, Ausbildungsmöglichkeiten und Unterstützung in wirtschaftlicher Hinsicht. Maas handelte selbstverständlich als Mann der Kirche und sah, daß neben der materiellen Fürsorge vor allem auch eine geistliche Begleitung nötig sein würde; Majer-Leonhard hingegen betonte vor allem die Notwendigkeit der Fürsorge im Hinblick auf die materiellen Nöte dieser Menschen, ohne jedoch die geistlichen Bedürfnisse geringzuachten.

Weit intensiver konnte sich der im Juli 1945 zum Propst ernannte Grüber für die ehemaligen rasseverfolgten Christen einsetzen. Aufgrund seiner Initiative wurde das „Büro Pfarrer Grüber" wiedereröffnet, das 1942 auf staatlichen Druck hin geschlossen worden war. Mit großem Engagement nahmen sich Grüber und seine Mitarbeiter der im „Dritten Reich" wegen ihrer Rassezugehörigkeit verfolgten Christen an. Vom 10. September 1945 liegt ein längerer Bericht über „Die Lage der Juden in Groß-Berlin" vor, in dem nicht nur die Lage der Judenchristen, sondern auch die der Glieder der Jüdischen Gemeinden dargestellt wurde. Eingangs wurde die „tiefe Enttäuschung und Niedergeschlagenheit“[9] dieser Menschen zum Ausdruck gebracht. Die Gequälten und Verfemten hätten den Tag der Befreiung herbeigesehnt und nun müsse der kleine Rest sehen, „daß von Seiten der Behörden so gut wie nichts für sie getan wird“. Folgende Beispiele wurden dafür angeführt: Die vom Magistrat ins Leben gerufene Organisation „Opfer des Faschismus“ betreute zunächst nur aktive Kämpfer; die Herausgabe von enteignetem Grundbesitz werde verweigert; Personen, die ihre Arbeitsstelle verloren hatten, erhielten diese nicht zurück, wohingegen ehemalige Nazi-Anhänger selbst in kommunalen Einrichtungen noch beschäftigt seien; die sogenannten „arischen“ Eheteile, vornehmlich Frauen, die dem Druck, sich von ihrem jüdischen Ehepartner scheiden zu lassen, nicht nachgegeben und Schweres erlitten hatten, da von ihrer kargen Ration zwei Menschen leben mußten, erhielten als Hausfrauen zunächst nur Lebensmittelkarten der untersten Klasse. Erst aufgrund der Bemühungen von Grüber scheint es gelungen zu sein, solche Frauen eine Klasse höher einzustufen. Durch bürokratische Hemmnisse war eine schnelle Hilfe unmöglich.

Die vom „Büro Pfarrer Grüber“ speziell betreuten Rasseverfolgten evangelischen Glaubens „sind mit ihren katholischen und konfessionslosen Leidenskameraden die Wanderer zwischen den Welten“. Die Jüdische Gemeinde betreue die Judenchristen nicht. Da nun aber das Ausland nicht genug von ihrer Existenz wisse, würden Gaben ausländischer Organisationen fast ausnahmslos an die Jüdischen Gemeinden weitergeleitet. Festzuhalten sei aber, daß nur ein kleiner Teil der ehemaligen Rasseverfolgten zur Synagogengemeinde gehöre, die weitaus größere Zahl werde von der evangelischen Hilfsstelle, dem katholischen Hilfswerk und den Quäkern betreut, die sich der konfessionslosen Rasseverfolgten angenommen hatten. Die Zahlenverhältnisse machten dies deutlich: 2500 „Nichtariern“ „mosaischen Bekenntnisses“ stünden dieselbe Zahl Protestanten und je 1500 Katholiken und Dissidenten gegenüber. Allerdings sei zu vermuten, daß die Zahl der jüdischen „Mischlinge“ allein in Berlin bei 16–18000 liege.

In Berlin, so hieß es weiter, fehle es vor allem an zusätzlichen Lebensmitteln, Medikamenten, Aufbaustoffen und Kleidung. Auch die Möglichkeit einer Korrespondenz mit Angehörigen im Ausland müsse baldmöglichst eingerichtet werden. Weitere Ziele seien die Wiederbeschaffung eines Arbeitsplatzes, die Einrichtung von Ausbildungs- und Umschulungsmöglichkeiten, die Beschaffung von zusätzlicher Nahrung und Kleidung für die Kranken und Schwachen, die Förderung der Auswanderung und die „Wiedergutmachung für alle Schäden aus der Ausnahme-Gesetzgebung“. Vor

[9] Bericht vom 10. 9. 1945 (AÖR Genf, Ebd.).

allem bei den zuletztgenannten Punkten sei ohne die Unterstützung des Auslandes keine Verbesserung der Lage zu erwarten.

Erste Erfolge der Arbeit der Hilfsstelle seien in der inzwischen verfügten Einbeziehung der Rasseverfolgten in den Betreutenkreis der Institution „Opfer des Faschismus" zu sehen und in der Einräumung einer höheren Stufe bei den Lebensmittelkarten für ehemalige Sternträger und „arische" Ehefrauen für drei Monate.

Dieser Bericht wurde an berühmte Persönlichkeiten des Auslandes gerichtet, so an Pfarrer Paul Vogt, der sich in der Schweiz um rasseverfolgte Christen gekümmert hatte, an den Präsidenten des Jüdischen Weltkongresses, an die Pastoren Henri Louis Henriod und Birger Forell, die im entstehenden Ökumenischen Rat der Kirchen wichtige Funktionen bekleideten, sowie an Dr. George Bell, den Bischof von Chichester. Briefe ähnlichen Inhaltes gingen wenig später an verschiedene Organisationen in England, Schweden und den USA. In diesen Schreiben wurde jeweils in einem geschichtlichen Rückblick die Lage der Judenchristen im „Dritten Reich" geschildert, dann machte man auf das Leben in bitterer Not auch noch nach dem Kriegsende aufmerksam und betonte, daß die Jüdische Gemeinde nur ihren Mitgliedern helfe und diesen Menschen keine Unterstützung zukäme. Abschließend wurden die Empfänger gebeten, so bald als möglich Hilfe zu senden, „ehe Not und Tod eine zu reiche Ernte unter den Opfern des Rassenhasses halten"[10].

Aus diesen Ausführungen wird deutlich, daß sich die Arbeit der Berliner Hilfsstelle von der in Stuttgart und Heidelberg deutlich unterschied. Man hat den Eindruck, daß hier systematisch, gezielt und professionell vorgegangen wurde. Es gab zum einen einen Mitarbeiter, der sich nur um diese Arbeit kümmerte. Weiter ist festzuhalten, daß die Berliner Stelle an eine umfangreiche Erfahrung anknüpfen konnte, die während der Naziherrschaft erworben worden war. Durch die Beziehungen, die Grüber im Konzentrationslager geknüpft hatte, ließen sich sehr leicht Kontakte zu maßgeblichen Persönlichkeiten der deutschen Verwaltungsorgane herstellen, was natürlich manchen Vorstoß entscheidend erleichterte. Nicht nur die Beziehungen zu Kirchen des Auslandes während der Hilfsaktionen des „Büro Pfarrer Grüber" im „Dritten Reich", sondern auch das Stuttgarter Schuldbekenntnis hatten dazu beigetragen, daß Grüber in aller Offenheit die ausländischen Kirchen um Hilfe bitten konnte. Dies ist bemerkenswert, wenn man an die Situation nach dem 1. Weltkrieg denkt, als es den deutschen Kirchen sehr schwer fiel, mit den Kirchen der „Siegermächte", die Deutschland durch den Versailler Vertrag so „gedemütigt" hatten, in Kontakt zu kommen[11]. Nichts davon ist in den hier besprochenen Briefen zu spüren. Die Beziehungen, die zwischen der

[10] Brief der „Evangelische(n) Hilfsstelle Büro Pfarrer Grüber" vom 28. 10. 1945 (Ebd.).

[11] Vgl. G. Seebass, Schulderklärung, S. 7.

Bekennenden Kirche und Vertretern der Ökumene auch während des Krieges nie abgerissen waren, hatten für ein solches Vertrauensklima gesorgt, daß man jetzt ohne Vorbehalte miteinander ins Gespräch kommen und eben auch um Hilfe und Unterstützung frei und offen bitten konnte. Offensichtlich war es in Berlin deutlicher als anderswo, daß eine wirksame Unterstützung der notleidenden Menschen nur von außen kommen konnte. Deshalb wandte man sich in Berlin umgehend an die Freunde im Ausland, ohne nun aber die eigenen Möglichkeiten in Deutschland zu mißachten. Im Gegenteil, innerhalb einer evangelischen Hilfsstelle tauchte erstmals in dem oben erwähnten Brief vom 10. September 1945 die Forderung nach „Wiedergutmachung" für die Rasseverfolgten auf. Weitere sehr notwendige Maßnahmen wurden in einem Brief vom 31. Oktober 1945 genannt[12]. Neben oben schon zur Sprache gebrachten Maßnahmen habe, so hieß es in diesem Schreiben, auch eine Intervention bei der Alliierten Kommandantur Erfolg gezeigt. Diese habe nämlich beschlossen, daß ein Verzeichnis zu erstellen sei, in welchem alles Eigentum aufzuführen sei, das in der Zeit des Nationalsozialismus jüdischen Bürgern geraubt worden war. Damit wurde ein erster Schritt zur Rückerstattung des Eigentums getan. Evangelische und katholische Hilfsstellen, Quäker und die Jüdische Gemeinde hatten damals beim Berliner Magistrat ein vier Punkte umfassendes Sofort-Programm eingereicht: 1. Da Juden unter dem Nazi-Regime steuerlich stark benachteiligt waren, sollten ihnen jetzt alle Steuern gestundet werden. 2. Vom Deutschen Reich eingezogene Bankguthaben sollten, wenigstens als Kredite, wieder zugänglich werden. 3. Ehemalige jüdische Beamte sollten durch Abtretung eines Teilbetrags der Pensionsansprüche Kredite zur Lebenshaltung bekommen können. 4. Grundbesitz und Geschäfte müßten zurückgegeben werden.

Diese gemeinsame Aktion offenbart eine weitere Besonderheit der Berliner Stelle: Man arbeitete sofort mit anderen Organisationen zusammen, die ähnliche Interessen hatten, da so die Chancen auf Durchsetzung der Ansprüche weit größer waren. Auch eine Zusammenarbeit mit der Jüdischen Gemeinde war möglich, bei allen Spannungen wegen deren Weigerung, auch christlichen Rasseverfolgten unter die Arme zu greifen.

Schon wenige Monate nach dem Zusammenbruch der Nazidiktatur wurde also in Berlin nach innen und außen keine Möglichkeit ausgelassen, auf die Lage der ehemals Rasseverfolgten hinzuweisen, Ansprüche geltend zu machen und um Unterstützung und Hilfe zu bitten. Konkrete Programme wurden aufgestellt und mit anderen Organisationen zusammengearbeitet. Derweil kämpfte die Stelle in Stuttgart noch mit Anlaufschwierigkeiten, und die Arbeit in Heidelberg konnte als Sache einer Einzelperson natürlich nicht die Intensität erlangen wie die Arbeit des „Büro Pfarrer Grüber" in Berlin.

---

[12] Dokument vom 31. 10. 1945 mit dem Briefkopf „Evangelische Hilfsstelle Büro Pfarrer Grüber" (vgl. oben S. 67, Anm. 9).

Beachtenswert ist, daß alle Personen, die sich unmittelbar nach Kriegsende innerhalb der Evangelischen Kirche um rasseverfolgte Christen kümmerten, entweder selbst zu diesem Personenkreis gehörten, wie Majer-Leonhard, oder aber schon während des „Dritten Reiches" durch ihren Einsatz für diese Menschen hervorgetreten waren. Alle drei aber, Majer-Leonhard, Grüber und Maas, hatten in Lagern gesessen und am eigenen Leib die Unmenschlichkeit des Nationalsozialismus erfahren!

b. Der organisatorische Rahmen der Hilfe

Mit einem Brief von Grüber an Konsistorialrat Eugen Gerstenmaier[13], den Leiter des Hilfswerks der EKD, begann am 6. April 1946 ein Streit um den organisatorischen Rahmen der Hilfe für die ehemaligen Rasseverfolgten, der erst zweieinhalb Jahre später zu einem gewissen Abschluß kommen sollte. Kernpunkt der Auseinandersetzung war, ob die im „Dritten Reich" verfolgten Judenchristen vom Hilfswerk als eine speziell zu betreuende Sondergruppe anerkannt und dann auch gezielt unterstützt werden sollten oder ob, auch im Fall der Rasseverfolgten, allein die Bedürftigkeit Grundlage für eine Unterstützung sein sollte[14].

Die erste Phase der Auseinandersetzung: zwischen April 1946 und Februar 1947

In dem schon erwähnten Brief an Gerstenmaier bat Grüber, mit Landesbischof Wurm zu klären, „ob die Gesamtarbeit für die nichtarischen Christen nicht dem Hilfswerk der Evangelischen Kirche angegliedert werden kann"[15]. Die Notlage, in der sich diese Menschen durch den Krieg und das Naziregime befänden, so Grüber, fordere die Kirche als Ganze: „Diese große Frage kann nicht der Initiative einziger Männer überlassen bleiben." Heute sei, im Gegensatz zum „Dritten Reich", für diese Arbeit kein besonderer Mut mehr erforderlich. Da sich nun oft Überschneidungen mit der Arbeit des Hilfswerkes ergäben, wäre es gut, wenn dort eine spezielle Abteilung eingerichtet würde, die mit einer kompetenten Person – vielleicht Maas – besetzt würde. Erst nach einem eindringlichen Telegramm Grübers – „Bitte Fürsorge für Nichtarische Christen eingliedern ins Hilfswerk"[16] – antwortete der Leiter des Hilfswerks: Leider könne dieser Wunsch nicht erfüllt werden. „Oberster Grundsatz des Hilfswerks ist es, Unterstützungen an Hilfsbedürftige auszu-

---

13 ADW, ZB 842; vgl. auch: E. GERSTENMAIER, Streit.

14 J. WISCHNATH, Kirche, geht in seiner Arbeit auf diesen Bereich überhaupt nicht ein!

15 Brief Grübers an Gerstenmaier vom 6. 4. 1946 (ADW, ZB 842).

16 Telegramm vom 10. 4. 1946 (EBD.).

teilen ohne Rücksicht auf die religiöse, politische oder rassische Einstellung oder Zugehörigkeit des Hilfsbedürftigen."[17] Wenn die „nichtarischen" Christen einer besonderen Kategorie zugeordnet würden, so würde das Hilfswerk diesem Grundsatz zuwiderhandeln. Eine besondere Betreuung dieser Menschen sei zwar im Hinblick auf das Ausland von Wert, dennoch, so fuhr Gerstenmaier fort, glaube er, „daß auch nur die geringste Verletzung des obengenannten Grundsatzes für die Arbeit des Hilfswerks von Schaden sein könnte und auch einer Reihe anderer in großer Not befindlicher Kategorien von Personen den Anreiz bieten könnte, derartige Wünsche an das Hilfswerk heranzutragen. Ich möchte Sie daher bitten, von Ihrem Wunsche Abstand zu nehmen, was natürlich in keiner Weise ausschließt, daß die nichtarischen Christen im Rahmen unserer allgemeinen Nothilfe betreut werden."

Mit dieser Antwort Gerstenmaiers schien die Forderung, die Arbeit der Hilfsstellen für Rasseverfolgte in das Hilfswerk zu integrieren, weitgehend vom Tisch gewesen zu sein. Allerdings war nach wie vor umstritten, ob denn innerhalb der evangelischen Kirche überhaupt spezielle Organisationen eingerichtet werden sollten, die sich um diese Menschen kümmerten. So entspann sich nun im folgenden eine Auseinandersetzung, in der man versuchte, sich über diese Frage zu verständigen. Dabei kam es den Vertretern der Hilfsstellen nicht nur darauf an, daß ihre Organisationen vom Hilfswerk anerkannt wurden, sondern ihnen ging es auch darum, Verständnis für die Verantwortung der Kirche gegenüber den Judenchristen zu wecken und die Notwendigkeit einer besonderen Betreuung herauszustellen. In ihrem Engagement für spezielle Organisationen für ehemalige Rasseverfolgte wurden die Hilfsstellen übrigens durch Vertreter der Ökumene unterstützt.

So sprach nicht nur Grüber das Hilfswerk auf seine besondere Verantwortung gegenüber den Judenchristen an, sondern auch ökumenische Stellen brachten zum Ausdruck, daß diese Menschen nicht vergessen werden dürften. Der Direktor des „Department of Reconstruction and Inter-Church Aid", J. Hutchinson Cockburn, schrieb an Gerstenmaier: „In this office we are very anxious that the Christian Jews should be cared for and should not be allowed to suffer. They are not cared for by the Jewish organization or people. I hope they will be cared for by the Church. When you are distributing food which comes to you, will you please see that the Christian Jews get their *due share*?"[18] Am Schluß des Briefes wurde eine Lebensmittelsendung aus Schweden angekündigt und nochmals eindringlich betont: „... will you be kind enough to remember these Christian Jews?"

Nicht nur Vertreter des Zentralbüros des Hilfswerks wurden durch Mitarbeiter der Hilfsstellen für Rasseverfolgte auf die anhaltende besondere Lage der ehemaligen Rasseverfolgten hingewiesen, sondern man wollte auch die

---

17 Brief Gerstenmaiers an Grüber vom 29. 4. 1946 (Ebd.); vgl. E. Gerstenmaier, Hilfe, S. 18.
18 Brief vom 4. 4. 1946 (vgl. oben Anm. 15).

einzelnen Hilfswerke der Landeskirchen aufmerksam machen. So versuchte beispielsweise Majer-Leonhard am 13. Juni 1946 mit einer Vorlage für die Bezirksvertreterversammlung des Hilfswerks der Evangelischen Landeskirche Württemberg, in diesem Kreis auf seine Schutzbefohlenen hinzuweisen und zuallererst Informationen über deren Leiden im „Dritten Reich" und ihre Lage nach dem Zusammenbruch zu geben. Er verwies darauf, daß die Jüdischen Gemeinden ihre Mitglieder in vorbildlicher Weise unterstützten; die getauften Juden aber gingen leer aus, obgleich sie während der vergangenen zwölf Jahre in der Lebensmittelversorgung wie die Juden behandelt worden seien. Deshalb seien viele ungenügend ernährt, schwächlich, krank, hätten seelische und nervöse Leiden. Oft könnten nun die Dienststellen vor Ort die Verfassung und die Lage dieser Menschen nicht richtig einschätzen und säßen Schwindlern auf. Es wäre deshalb wünschenswert, daß ihnen bedürftige Personen genannt würden, die sie dann entweder selbst versorgen oder deretwegen sie die Hilfsstelle für Rasseverfolgte um Unterstützung bitten könnten[19]. Zu beachten ist hierbei, daß Majer-Leonhard Beauftragter des württembergischen Hilfswerks für die „Nichtarierbetreuung" war und so schon gezielte Unterstützungen vornehmen konnte, obgleich noch keine Pakete aus dem Ausland gekommen waren, die ausgesprochen für Rasseverfolgte bestimmt gewesen wären. Jedoch – so Majer-Leonhard in einem Schreiben an einen Sachbearbeiter im Ökumenischen Rat – sei es wichtig, jede Sendung, die speziell für Judenchristen bestimmt sein solle, deutlich mit einem Vermerk zu versehen, daß diese Pakete den ehemaligen Rasseverfolgten zukommen sollten[20]. Daß Majer-Leonhard regelrecht zum Beauftragten des Hilfswerks Württemberg für Rasseverfolgte ernannt worden war, zeigt, daß es innerhalb des Hilfswerks keine einheitliche Linie in dieser Frage gab. Vor allem das Zentralbüro des Hilfswerks sperrte sich gegen jede Sonderbetreuung, wohingegen verschiedene Hilfswerke der Landeskirchen sehr wohl innerhalb ihrer Organisation eine Stelle errichteten, der die besondere Fürsorge an den Rasseverfolgten aufgetragen war[21].

Mehr und mehr wurde in diese Auseinandersetzung auch der Ökumenische Rat der Kirchen verwickelt. Das Hilfswerk betonte in einem Brief vom 5. August 1946 an den ÖRK, daß es unbedingt an seine Grundsätze gebunden sei. Im übrigen dürfe man „auf keinen Fall in das Übel des Nationalsozialismus verfallen, besondere Gruppen von Bevorrechtigten zu schaffen. Für uns ist die einzige Bevorrechtigung die Bedürftigkeit"[22]. Grüber, so hieß es weiter, habe sich dieser Auffassung restlos angeschlossen. Man sei natürlich

[19] „Betr. ausländische Liebesgaben für politisch Verfolgte." Notiz für die Bezirksvertretersitzung des Hilfswerks der Württembergischen Evangelischen Landeskirche vom 11. 6. 1946 (LKA Stuttgart, Akten Hilfsstelle, Hilfswerk V–Z).

[20] AÖR Genf, WCC 1945/46 Reconstruction generelle E 2. Allgemeiner Wiederaufbau. Allgemeine Notlage.

[21] Vgl. hierzu unten S. 155 ff.

gerne bereit, Liebesgaben für Rasseverfolgte in Empfang zu nehmen und entsprechend dem Spenderwillen weiterzuleiten. Durch diesen Brief sah sich Freudenberg veranlaßt, in einer Aktennotiz die Zusammenhänge darzulegen. Es gelte festzuhalten, so Freudenberg in seinem ersten Punkt, daß die Judenchristen im „Dritten Reich" wie die Juden zu leiden hatten und daß die Kirche „gegenüber diesen Opfern des Unrechts versagt hat"[23]. Daher seien die der Ökumene angeschlossenen Kirchen diesen Menschen einen besonderen Liebesbeweis schuldig, zumal sich viele von ihnen in großer materieller Not befänden und gesundheitlich angeschlagen seien. Besondere Anstrengungen seien deshalb notwendig, so wurde in Punkt zwei herausgestellt, um den „nichtarischen" Christen Hilfe zukommen zu lassen. Diese solle keinen „irgend bemessenen Anteil am gesamten Hilfswerk bilden und mit diesem gemeinsam verwaltet werden", da es viele ausländische Organisationen gebe, die ihre Spenden in eigener Verantwortung der Zweckbestimmung zuführen wollten. Im dritten Punkt wurde daher betont, daß das Hilfswerk gar keine Sonderbetreuung aufzubauen, sondern lediglich die Pakete „entsprechend dem Willen des Spenders oder des Vermittlers... weiterzuleiten" habe. Überall in Deutschland, so hieß es im vierten Punkt, entständen zur Zeit Hilfs- und Selbsthilfekomitees für die Rasseverfolgten, denen teilweise direkt aus dem Ausland Spenden zugingen. Deshalb, so schloß der Autor, stimme man mit dem Hilfswerk überein, daß dessen Aufgabe vor allem in der Weitergabe der Spenden zu sehen sei und von ihm keine Sonderorganisation für die Rasseverfolgten gefordert werde. Allerdings sei es zu „begrüßen, wenn in allen Kreisen des Hilfswerks die besondere Verpflichtung der Kirche und Gemeinde gegenüber diesen ihren Gliedern, an denen wir so sehr schuldig geworden sind, erkannt würde".

In einem Brief an den „Church World Service" faßte Freudenberg seine Haltung zusammen: a. Die neutralen, überkonfessionellen Hilfsstellen für Rasseverfolgte lassen sich nicht in den Rahmen des Hilfswerks eingliedern. b. Judenchristen haben spezielle Ansprüche auf Entschädigung, denen Rechnung getragen werden muß. c. „The general evangelical Hilfswerk is bound to a rigid system of priorities of needs, which cannot be entirely employed to the special needs of the Hebrew Christians"[24]. d. Kirchen und Christen in Deutschland wie in der Ökumene „owe to the Hebrew Christians a special wittness (sic!) of sympathy and solidarity".

---

[22] Brief des Hilfswerks der EKD (Federer) an Northam vom 5. 8. 1946 (AÖR Genf, Department of Refugees 1947–1951 Box E 9. Darin: Propst Grüber).

[23] Aktennotiz zu dem Brief von Dr. Federer an Mr. Northam über Spenden für nichtarische Christen vom 16. 8. 1946 (Ebd.).

[24] Brief von Freudenberg an Rev. Dr. Robbins W. Barstow, New York, vom 19. 12. 1946 (vgl. oben S. 70, Anm. 15).

Auf dieser von Freudenberg beschrittenen Linie lag auch ein Brief von Majer-Leonhard an Pfarrer Christian Berg[25] vom Hilfswerk der EKD. Er betonte, daß die Wiedergutmachung primär Sache des Staates sei; deshalb gelte es, an diesen wegen der Einrichtung von Betreuungsstellen heranzutreten. Da, wo der Staat nicht wiedergutmachen könne, beginne die Arbeit der Kirche. Sie sei und bleibe Heimat für die, die während der vergangenen zwölf Jahre aus allen Organisationen ausgestoßen und von Freunden und Verwandten verlassen worden seien. Jede Landeskirche sollte deshalb „eine kirchliche Stelle beauftragen", dafür zu sorgen, daß diese Menschen nicht übersehen würden[26]. Es sollte keine spezielle kirchliche Organisation für Judenchristen entstehen, wohl aber habe man sich um die getauften Juden zu kümmern. Majer-Leonhard betonte, daß diese Hilfe jedoch nicht mit der der Jüdischen Gemeinde verglichen werden könne und dürfe. Wie bei Freudenberg wird auch in diesem Brief betont, daß es nicht genüge, die ehemaligen rasseverfolgten Christen einfach an das Hilfswerk zu verweisen; vielmehr sei eine spezielle Hinwendung zu diesen Menschen nötig und wichtig, um ihrem besonderen Anliegen gerecht zu werden.

Offensichtlich setzte sich auch innerhalb des Hilfswerks diese Linie durch. So schrieb Berg an Majer-Leonhard, daß er ein Gespräch mit Grüber über diese Sache geführt habe; er resümierte: Man könne sich „aufs Ganze gesehen nur freuen, daß die Arbeit an den Rasseverfolgten diese Entwicklung genommen hat und sowohl selbständig als auch in personeller Verbundenheit mit dem Hilfswerk geschieht"[27].

Anfang 1947 übermittelte Grüber seine Gedanken zu diesem Sachverhalt an den ökumenischen Flüchtlingsausschuß. Er versuchte den ganzen Zusammenhang anhand des Unterschiedes zwischen Liebesgaben und Almosen darzulegen: „Liebesgaben sind Beweise freundlicher Anteilnahme in Form von Geschenken, die ich verteile wegen eines in der Vergangenheit gelegenen Leides"[28]. Damit solle zum Ausdruck gebracht werden, „daß ich das, was geschehen ist, nicht billige, daß ich es aufs Tiefste bedauere". Liebesgaben bedürften „nicht erst der jedesmaligen Bitte des Empfängers um eine Gabe,... nicht erst jedesmal der hochnotpeinlichen Prüfung, ob die Angaben des Empfängers auch stimmen, ob es ihm schlecht genug gehe". Almosen hingen würden aufgrund einer bestimmten Notlage gegeben, wobei jeweils zunächst geprüft werden müsse, ob diese tatsächlich vorliege. Glaubensjuden erhielten durch die Jüdischen Gemeinden Liebesgaben; sie bekämen „automatisch, ohne Rücksicht auf ihre augenblickliche Lage, regelmäßig monatlich ein Liebesgaben-Paket verabfolgt". Ganz anders verhalte sich die

[25] Vgl. unten S. 90ff.
[26] Brief vom 1. 9. 1946 (vgl. oben S. 72, Anm. 19).
[27] Brief Bergs an Majer-Leonhard vom 20. 12. 1946 (vgl. oben S. 70, Anm. 15).
[28] Brief Grübers an Freudenberg vom 1. 2. 1947 (vgl. oben S. 73, Anm. 22).

Evangelische Kirche Deutschlands. Gerstenmaier habe erklärt, daß „der Grundsatz der Gleichheit aller Notleidenden herrschen soll, so daß (wörtlich!) *weder ehemalige Nationalsozialisten benachteiligt, noch ehemalige politisch Verfolgte bevorzugt werden dürfen*"[29]. Hier würde deutlich, so Grüber, daß das Hilfswerk nicht daran denke, die ehemaligen Rasseverfolgten „aus dem Odium des Wohlfahrtsempfängers herauszuführen und in die Sphäre der Wiedergutmachung hinüberzuleiten". Es würde den Verfolgten zugemutet, sich mit den Verfolgern in eine Reihe zu stellen. Und das, nachdem viele Judenchristen während des „Dritten Reiches" keine Kirchen betreten durften! Gerechter wäre es, so Grüber, wenn die Gaben des Auslandes ohne Prüfung des gegenwärtigen Notstandes bevorzugt an ehemalige Sternträger ausgegeben und andererseits die Gaben, die das Hilfswerk zur Verfügung stelle, nach den Prinzipien der sozialen Fürsorge verteilt würden.

Einen vorläufigen Abschluß fand die Auseinandersetzung um die Einrichtung spezieller Hilfsstellen für Rasseverfolgte mit einem Brief Gerstenmaiers an Freudenberg vom 20. Februar 1947. Gerstenmaier betonte, daß die Zusammenarbeit zwischen den Hilfsstellen und dem Hilfswerk gut sei: „Ich habe mich von der Notwendigkeit besonderer Hilfsstellen für Christen jüdischer Herkunft überzeugen lassen und für den Bereich des Hilfswerks die Anweisung gegeben, daß sämtliche für die Hilfsstellen der Christen jüdischer Herkunft aus dem Ausland eingehende Liebesgaben nach Weisung von Propst Grüber, Berlin, ungeschmälert an die Empfänger ausgehändigt werden."[30] Allerdings seien Sonderzuwendungen an bestimmte Gruppen ohne Prüfung der Bedürftigkeit nicht möglich. Gerstenmaier unterstrich ferner, daß er um die Not der Christen jüdischer Herkunft wisse und brachte zum Ausdruck, daß er sich dafür einsetzen wolle, „daß eine Unterstützung von Seiten des Hilfswerks so großzügig wie nur irgendwie möglich gehandhabt wird". Man könne den Hilfswerken in den Landeskirchen keine allgemeinen Richtlinien geben, da die Verhältnisse zu verschieden seien, aber es werde auf eine enge und vertrauensvolle Zusammenarbeit zwischen ihnen und den Hilfsstellen gedrängt.

Die Folgen einer Besprechung und der „Schweizer Hilferuf"

Nach der im obengenannten Brief zum Ausdruck kommenden Meinungsänderung Gerstenmaiers sollten nun in einer auf den 23. Juni 1947 in Stuttgart anberaumten Besprechung zwischen dem Präsidenten und dem Generalsekretär der Flüchtlingskommission des ÖRK, Vertretern des Hilfswerks und Majer-Leonhard Möglichkeiten einer Zusammenarbeit erörtert werden. Neben der allgemeinen Lage der Flüchtlinge und „Displaced Persons" im

---

[29] Vgl. hierzu auch E. GERSTENMAIER, Streit, S. 262.

[30] ADW, ZB 842.

Nachkriegsdeutschland kam man auch auf das Problem der im „Dritten Reich" rasseverfolgten Christen zu sprechen. Freudenberg gestand zu, daß die Größe der augenblicklichen Not es fraglich mache, „ob es noch berechtigt ist, Sondereinrichtungen für die nichtarischen Christen aufrecht zu erhalten, obwohl eine gewisse Benachteiligung dieser Gruppen gegenüber ihren Glaubensbrüdern vorliege"[31]. Gerstenmaier betonte nochmals, „daß das Hilfswerk nur nach den Gesichtspunkten der vordringlichsten Not seine Hilfsmittel einsetzen könne". Das Problem der „nichtarischen" Christen wurde von ihm und Berg in vier Punkten zusammengefaßt:

1. „Der Begriff der Judenchristen muß als typische 3. Reichserscheinung (sic!) völlig verschwinden."
2. Die Sühne, die die Judenchristen für das Erlittene erwarten könnten, sei vom deutschen Volk, nicht nur von der Kirche, zu tragen.
3. Der Anspruch auf eine besondere Behandlung einer Reihe von „nichtarischen" Christen stehe im Gegensatz zu den Prinzipien des Hilfswerks.
4. Wegen der Sonderwünsche ausländischer Spender würden die Judenchristen „bereits wieder hier und da mit einer gewissen Reserve behandelt".

Während der Aussprache wurde deutlich, daß das Hilfswerk zu einer Verteilung der ausländischen Liebesgaben bereit sein würde, „solange nicht an Begriffen wie nichtarische Christen festgehalten und solange ihre völlige Assimilierung angestrebt wird". Als Majer-Leonhard im Blick auf die Hilfe der Jüdischen Gemeinde für ihre Glieder einwandte, die Judenchristen stünden immer abseits, und forderte, die Kirche müsse sich um sie kümmern, entgegnete Gerstenmaier, daß er nicht einzusehen vermöge, „warum die Kirche die besonderen Ansprüche der nichtarischen Christen unterstützen solle, nur weil sie aus der vom Nationalsozialismus erzwungenen Solidarität mit den Juden der Synagoge nun herausgefallen seien und nicht in demselben Maße wie diese vom Ausland unterstützt würden".

Damit war klar, daß das Hilfswerk bereit sein würde, Gaben ausländischer Spender, die für ehemals Rasseverfolgte bestimmt waren, an die entsprechenden Stellen weiterzuleiten. Deutlich war aber auch, daß das Hilfswerk nicht bereit war, diesen Menschen einen irgendwie gearteten Bonus einzuräumen. Es wurde nicht akzeptiert, daß eine besondere Verantwortung für die Judenchristen bestehe und die materielle Hilfe in diesem Fall eben mehr als eine Versorgung mit zusätzlichen Nahrungsmitteln darstelle. Man glaubte beim Hilfswerk, durch die Gleichbehandlung aller gerecht zu handeln. Zu fragen bleibt jedoch, ob diese Art von Gleichheit der Lage angemessen war. Sollten nicht jetzt Menschen, die zehn Jahre am Schluß standen, nun am Anfang

---

[31] Protokoll über die am 23. 6. 1947 im Zentralbüro des Hilfswerks der Evangelischen Kirche in Deutschland stattgefundene Sitzung mit dem Präsidenten und dem Geschäftsführer der ERC, Rev. H. Carter und Pastor Dr. A. Freudenberg (vgl. oben S. 72, Anm. 19).

stehen, wie es Grüber einmal ausdrückte?[32] Konnte nicht dadurch, daß man diesen wegen ihrer Rassezugehörigkeit verfolgten Christen eine besondere Fürsorge zuteil werden ließ, ein Zeichen dafür aufgerichtet werden, daß die deutsche evangelische Christenheit bereit sei, ihre spezielle Aufmerksamkeit der „Judenfrage" zukommen zu lassen, um so auf ein neues Verhältnis zwischen Christen und Juden zuzugehen? „Christen aus Israel müßten sich ihr Christentum etwas kosten lassen", so soll Gerstenmaier seine Ansicht zusammengefaßt haben[33], und dieser Satz sollte in der Auseinandersetzung der folgenden Wochen und Monate immer wieder eine besondere Rolle spielen.

Die Enttäuschung über diese Einstellung des Zentralbüros des Hilfswerks war in den Reihen der Mitarbeiter der Hilfsstellen für Rasseverfolgte groß. Das Gefühl, daß das Hauptanliegen, die Erneuerung des Verhältnisses zwischen Christen und Juden, nicht im Blickfeld des Hilfswerks war und offensichtlich das Besondere der Situation der „nichtarischen" Christen nicht verstanden wurde, machte betroffen.

Majer-Leonhard fragte den Präsidenten des Schweizer Hilfswerks für die Bekennende Kirche in Deutschland, Pfarrer Paul Vogt[34], was er denn von diesem Ausspruch Gerstenmaiers halte. Vogt reichte diese Frage an andere Schweizer Persönlichkeiten weiter. Die Antworten geben ein aufschlußreiches Bild davon, wie im Ausland über diese Sache gedacht wurde. Vogt selbst schrieb, daß die Kirche natürlich „an Menschen, die von den meisten deutschen Landeskirchen im 3. Reiche ausgeschlossen waren, eine besondere Aufgabe zu erfüllen" habe[35]. Die Christen heidnischer Abstammung hätten sich jetzt ihr Christsein etwas kosten zu lassen!

„Natürlich ist es heilige Pflicht, in Sack und Asche Buße zu tun für das schauderhafte Unrecht der Lieblosigkeit und der Unbrüderlichkeit, das die Juden ausgeschlossen hat aus dem ‚Menschentum' in die Ungeziefervernichtungsanstalten und die Christen jüdischer Herkunft von der Abendmahlsgemeinschaft ausgeschlossen hat (sic!). Natürlich ist jetzt ein sehr deutliches und sehr sichtbares Zeichen der Kirche aufzurichten als Zeichen der Buße für das ganze Judentum... Man fasle jetzt doch nicht schon von einem ‚positiven Arierparagraphen' nach allem, was der negative verschuldet hat!"

Vogt sah in der „Judenfrage... die Bewährungsfrage und die Gerichtsfrage für das Christentum". Die Not des deutschen Volkes dürfe nicht ohne die Not des jüdischen Volkes und der Christen jüdischer Herkunft gesehen werden. „Man jämmerle (sic!) doch heute nicht schon, wenn auch einmal ein

---

32 Brief Grübers vom 4. 8. 1947 (vgl. oben S. 70, Anm. 15).

33 Brief Majer-Leonhards an Berg vom 31. 7. 1947 (vgl. oben S. 72, Anm. 19). Vgl. hierzu auch die Notiz bei U. BÜTTNER, Not, S. 395, die in dieser Kürze etwas plakativ wirkt.

34 Vgl. unten S. 256.

35 Brief vom 30. 8. 1947 (LKA STUTTGART, Akten Hilfsstelle, 28).

Christ jüdischer Herkunft sogar zwei Päklein (sic!) bekommen sollte! Tausend Päklein mehr könnten ja das Unrecht nicht sühnen." Die „Judenfrage" sei im Licht von Röm 9–11 immer von der Gemeinde her zu sehen, und daher müsse es vor allem darum gehen, die Christen jüdischer Herkunft ganz in die Gemeinden einzuwurzeln.

Eine andere Stimme meinte:

„Da es scheint, daß die deutschen Kirchen sich zum Teil durch die nationalsozialistische Rassenlehre von der evangelischen Erkenntnis abbringen ließen und den Unterschied zwischen den beiden Arten von Christen gelten ließen, sind sie an der Not der Judenchristen mitschuldig geworden. Sie haben darum besondern Anlaß, sich um sie anzunehmen und sie vor weitern Verfolgungen zu schützen, selbst wenn eine solche Haltung von vielen ihrer Glieder nicht verstanden wird."[36]

In einem weiteren Brief wurde herausgestellt, daß Christsein immer etwas koste, so daß dies auch die nicht-jüdischen Christen in Deutschland betreffe, „indem *sie* es sich kosten lassen sollen, das Wenige, was sie haben, mit den christlichen Brüdern aus Israel zu teilen"[37]. Ein Unterschied innerhalb der christlichen Gemeinde wurde abgelehnt und es wurde betont, daß es wohl kaum angehe, „von einem ‚positiven Arierparagraph' zu reden".

In diesen Schweizer Stimmen von Persönlichkeiten, die sich zugegebenermaßen schon lange für Christen aus Israel eingesetzt hatten, kommt ein völliges Unverständnis für die Haltung der deutschen Kirchen zum Ausdruck: Gerade den Menschen, die durch das Versagen der Kirche am meisten zu leiden hatten, kommt die Kirche nun nicht zu Hilfe, so daß sie nun ein zweites Mal in der Gefahr steht, die ihr ureigenste Aufgabe nicht zu sehen. Aus der Sicht dieser Männer wären ein deutliches Zeichen der Buße, eine gezielte Hinwendung zu den Judenchristen und eine liebevolle Begegnung nötig gewesen. Stattdessen wurde die eigene Schuld, diese Bewährungs- und Gerichtsfrage, nicht erkannt; ja, man suchte wieder Ausflüchte, indem von der Gefahr eines „positiven Arierparagraphen" geredet wurde.

Daß die Anteilnahme Schweizer Organisationen und Persönlichkeiten am Schicksal der deutschen Judenchristen sich nicht auf kritische Briefe beschränkte, zeigt ein machtvoller öffentlicher „Hilferuf an die evangelischen Kirchen und Gemeinden in der Schweiz", der vom Missionsrat und Komitee des „Vereins der Freunde Israels" initiiert wurde und unter anderen von den Professoren Karl Barth, Walter Eichrodt, Karl Ludwig Schmidt, Ernst Stähelin, Eduard Thurneysen und neben anderen Pfarrern auch von Vogt unterzeichnet wurde. Man wollte auf die Not der Judenchristen in Deutschland aufmerksam machen, denen „durch die bestehenden kirchlichen Hilfswerke aus verschiedenen Gründen die Hilfe nicht zukommen kann, deren sie

---

[36] R. Pestalozzi an Vogt, 29. 8. 1947 (Ebd.).

[37] Brief „Verein der Freunde Israels" (R. Brunner und L. Schäppi) an Vogt vom 20. 8. 1947 (Ebd.).

besonders bedürfen, so daß sie auch heute noch weit schlimmer dran sind als die bedürftigen Christen nichtjüdischer Herkunft"[38]. Diese im „Dritten Reich" ausgestoßenen Christen hätten „oft die innere Freiheit nicht, ihre Notlage bei den kirchlichen Stellen anzumelden. Zudem muß leider schon wieder mit einem neuen Antisemitismus auch innerhalb der Kirche gerechnet werden, durch den die Judenchristen betroffen sind". Die Not im heutigen Deutschland drohe die Menschen abzustumpfen, so daß nur noch die eigene schlimme Lage gesehen werde; auch fürchteten einige, „die Christen jüdischer Herkunft könnten bevorzugt werden. So ist bereits das Schlagwort vom ‚positiven Arierparagraphen' geprägt worden, der zu neuem Antisemitismus führe". Angesichts des erlittenen Unrechts, so hieß es in dieser Erklärung weiter, sei dieses „neue Schlagwort völlig irreführend". Zwar würden in Deutschland Stellen gegründet, die sich nur um diese „nichtarischen" Christen kümmerten, aber diese könnten nur dann wirkungsvoll arbeiten, wenn sie Gaben aus dem Ausland bekämen, die sie an ihre Schutzbefohlenen weitergeben könnten. Mindestens 60000 Menschen seien zu betreuen. Da nun das Hilfswerk erklärt habe, es könne sich mit den Judenchristen nicht besonders befassen, versuche der „Verein der Freunde Israels" Hilfe zu bringen: Ein Paketdienst sei eingerichtet, Ferienplätze für erholungsbedürftige judenchristliche Kinder würden vermittelt, Seelsorge durch Missionsmitarbeiter in Deutschland und durch einen Briefdienst würde angeboten und eine Zeitschrift zur Judenfrage herausgegeben. Der „Hilferuf" schloß: „Es ist unsere tiefe Überzeugung, daß die christliche Kirche ihren Gliedern aus Israel beizustehen die Pflicht hat. Wir möchten Sie daher nicht nur um der Notleidenden selber, sondern auch um der Kirche willen bitten, in einer Ihnen als geeignet erscheinenden Weise mitzuhelfen, diese leidenden Glieder der Kirche zu stützen. Wir bitten um Ihre Hilfe 1. durch Zuweisung einer Gemeindekollekte; 2. durch Vermittlung von Ferienplätzen...; 3. durch Sammlung von getragener Kleidung und Wäsche." Nach einem Angebot von Vortrags- und Predigtdienst durch schweizerische Missionsmitarbeiter und 31 Unterschriften folgten Auszüge aus Bittbriefen, die von Judenchristen aus Deutschland selbst oder von Hilfsstellen für Rasseverfolgte an den „Verein der Freunde Israels" gerichtet worden waren.

Obgleich dieser „Hilferuf" bereits im September 1947 veröffentlicht wurde, scheint er in Deutschland erst viel später durch zwei Pressenotizen bekanntgeworden zu sein. Im Dezember 1947 wies Pfarrer Robert Brunner[39] in den „Mitteilungen des Vereins der Freunde Israels" in einem Artikel nochmals eindringlich darauf hin, daß es erschütternd sei, „daß die Haltung führender kirchlicher Persönlichkeiten dem jüdischen Volk gegenüber auch

[38] „Hilferuf an die evangelischen Kirchen der Schweiz" (AÖR Genf, Department des Réfugiés 1948–1950. Darin: Mappe Juden-Christen).

[39] Vgl. unten S. 151 ff.

heute so sehr der wünschbaren Klarheit entbehrt, daß sie bereits wieder in den Ruf des geheimen Antisemitismus geraten konnte. Es ist erschütternd, daß immer mehr Klagen über die Grenze kommen, weil Christen jüdischer Herkunft innerhalb der christlichen Kirche bei der christlichen Handreichung offensichtlich übergangen werden"[40]. In einer speziellen kurzen Abhandlung wurde dann in demselben Heft auch nochmals auf den „Hilferuf" hingewiesen und eindringlich um Spenden gebeten[41].

Vor allem durch zwei Stellungnahmen im „Kirchenblatt für die reformierte Schweiz" vom 4. Dezember 1947 wurde das Zentralbüro des Hilfswerkes auf den „Hilferuf" aufmerksam. In einem Artikel wurde die Frage gestellt, ob die deutschen Kirchen wirklich nicht darangegangen seien, „an ihren ausgestoßenen getauften Brüdern das begangene, von ihnen begangene Unrecht gut zu machen"[42]. Das Hilfswerk der Evangelischen Kirchen der Schweiz (HEKS) dürfe diese Haltung nicht dadurch sanktionieren, daß es „noch ein besonderes Hilfswerk für Judenchristen" einrichte. Es müsse verlangen, daß seine „Hilfe allen evangelischen Christen ohne Unterschied der Abstammung zugute komme" und daß „die Judenchristen in keiner Weise" vernachlässigt werden. Den deutschen Verteilstellen müsse man unerbittlich erklären, „daß die schweizerischen Kirchen nie und nimmer, und heute erst recht nicht, auch nicht eine Spur des Rassendünkels anerkennen". Am Ende dieses Artikels wurde die Initiative der Freunde Israels zwar gelobt, aber auch kritisiert, „daß dadurch die deutschen Kirchen sich bei ihrer unevangelischen Haltung beruhigen und ihre Brüder in Christo mit scheinbar gutem Gewissen weiterhin als minderwertig behandeln". Dagegen gelte es zu protestieren, nicht aus Schulmeisterei, sondern aufgrund eines recht verstandenen evangelischen Wächteramtes.

Brunner widersprach in derselben Ausgabe des „Kirchenblattes" für den „Verein der Freunde Israels" dieser Ansicht. Seiner Meinung nach bewirke die Ausübung von Druck keinen Wandel. Vielmehr sei festzustellen, daß die Kirche „bis heute kein Wort der Reue gefunden (hat) zu dem, was sie an Brutalität und gemeiner Verfolgung der Juden und der Christen jüdischer Herkunft hat geschehen lassen. Noch weniger ist eine Welle der Reue durch die Gemeinden und Pfarrhäuser gegangen um dieser Dinge willen: die Einstellung zum Juden und zu den Christen jüdischer Herkunft ist tatsächlich aufs Große und Ganze gesehen auch in der Kirche – nicht nur in der deutschen, wir können unsere Schweizer Kirche nicht ausnehmen – dieselbe geblieben". Es gebe in der Kirche keinen Unterschied „zwischen Juden und Griechen", aber da noch nicht alles gut stehe in dieser Sache, sei es nötig, daß „die Christen jüdischer Herkunft praktisch erfahren, daß sie auch Freunde

---

[40] DER FREUND ISRAELS 74. Jgg., Heft 6 vom Dezember 1947, S. 82.
[41] EBD., S. 93.
[42] KIRCHENBLATT FÜR DIE REFORMIERTE SCHWEIZ 103. Jgg., Nr. 24 vom 4. 12. 1947, S. 375 f.

unter den anderen Christen haben". Um so eine Hilfe aufbauen zu können, so hieß es weiter, sei der „Hilferuf" erlassen worden. „Dabei ist es dennoch nicht überflüssig, wenn auch unser HEKS... bei den Kirchen in Deutschland neuerdings vorstellig wird."

Durch diese nun in eine breite Öffentlichkeit getragene Diskussion um die Haltung der Evangelischen Kirche Deutschlands zu den Juden und ihren „nichtarischen" Gliedern aufgeschreckt, schrieb das Zentralbüro des Hilfswerks am 9. Januar 1948 an verschiedene, für Hilfsstellen zuständige Persönlichkeiten, daß „derartige Verlautbarungen den Kredit des Hilfswerks in weiten Kreisen der ausländischen Christen aufs schwerste gefährden"[43]. Man müsse den notwendigen Widerspruch mit Beispielen von Hilfsleistungen verschiedener Hilfswerke für ehemalige Rasseverfolgte verbinden.

Majer-Leonhard für die Hilfsstelle für Rasseverfolgte Stuttgart und das Hilfswerk der badischen Landeskirche nahmen zu dieser Anfrage Stellung. Für Stuttgart wurde das gute Verhältnis zwischen der Hilfsstelle und dem Hilfswerk betont, allerdings sei dies, so die Einschätzung von Majer-Leonhard, eine Ausnahme. „Die ablehnende Haltung des Zentralbüros hat es bewirkt, daß die meisten Hauptbüros in den Leitern der Hilfsstellen nur unerwünschte Paketjäger sehen. So ist es nun tatsächlich dahin gekommen, daß nur noch wenige der Hilfsstellen mit dem kirchlichen Hilfswerk zusammenarbeiten."[44] Weiter wurde betont, dem württembergischen Hilfswerk gebühre Dank für seine vielfältige Hilfe vor allem beim Paketversand in alle Teile Württembergs und für die großzügige finanzielle Hilfe; bisher hätten ca. 170 Kleider- und Lebensmittelpakete verteilt werden können, und 60 Verfolgten sei die Ausreise in die USA ermöglicht worden.

Der Vertreter des Hauptbüros des Hilfswerks Baden begann seine Ausführungen damit, daß er seinen Unmut äußerte, zu diesem Sachverhalt überhaupt Stellung nehmen zu müssen, denn er „habe noch nie den Riß gebilligt, der zwischen Judenchristen und Heidenchristen innerhalb unserer Kirche aufgerissen worden ist"[45]. Da „die judenchristlichen Brüder und Schwestern in der vergangenen nationalsozialistischen Zeit besondere Nöte zu tragen hatten", habe er, so dieser Sachbearbeiter, „die Pfarrämter angewiesen, ihre besondere Aufmerksamkeit diesen Familien zukommen zu lassen". Da diese Familien erhöhte Lebensmittelrationen erhielten, sei eine Unterstützung mit Lebensmitteln selten nötig. Dieser Personenkreis werde auch von den staatlichen Stellen bevorzugt, so daß es nicht nötig sei, Familien ehemaliger Rasseverfolgter aus den geringen kirchlichen Beständen etwas zu geben, es sei

[43] Brief vom 9. 1. 1948 an Grüber, Berlin, Fricke, Frankfurt und Pressel, Stuttgart (vgl. oben S. 70, Anm. 15).

[44] Brief Majer-Leonhards an das Hilfswerk der Evang. Landeskirche in Württemberg vom 22. 1. 1948 (vgl. oben S. 72, Anm. 19).

[45] Brief des Hilfswerks der Evang. Kirche in Baden, Hauptbüro, an das Zentralbüro Stuttgart vom 18. 2. 1948 (vgl. oben S. 70, Anm. 15).

denn, es liege eine wirkliche Not vor. Ursprünglich sei in Baden die Betreuung der „nichtarischen" Christen durch das „Hilfskomitee für Judenchristen" in Mannheim übernommen worden[46]. Diese Organisation habe bei jeder Ausgabe von Spenden einen Anteil wie eine kleine Gemeinde erhalten, „obwohl diese ‚kleineren Gemeinden' 3 bis 7 Mal soviel Glieder zählen als das Hilfskomitee"[47]. Um die Einheit der Gemeinde zu betonen, wurde „die Betreuung aller in die Hand des Pfarrers gelegt". Die Gemeindepfarrer garantierten, so der Referent des badischen Hilfswerks, am ehesten, daß Gaben nur in die Hände wirklich Bedürftiger gelangen, „ob sie nun arischer oder jüdischer Herkunft sind". Die im „Kirchenblatt für die reformierte Schweiz" zum Ausdruck kommende Klage judenchristlicher Kreise bliebe unverständlich und sei wohl nur durch viel Bitterkeit zu erklären. Es könne vom Hilfswerk nicht gefordert werden, daß es die erlittenen Schäden wiedergutmache. Diese grundsätzlichen Ausführungen verlören nicht dadurch an Gültigkeit, daß einzelne nicht ihnen gemäß handelten. Unerfreuliche Einzelerscheinungen gebe es auf beiden Seiten. Die Ausführungen schließen: „Gerade das, was die schweizerische reformierte Kirchenzeitung also beanstanden zu müssen glaubt, ist der Grund dafür, daß wir keine genaueren Belege vorführen können: Die Einheit der Gemeinde des Herrn."

Eine Anfrage von Berg bei Gerstenmaier, ob aufgrund dieser Ausarbeitung eine Stellungnahme geschrieben und an das „Kirchenblatt" geschickt werden solle, wurde von diesem abgelehnt. Allerdings beleuchtet ein handschriftlicher Vermerk Gerstenmaiers überdeutlich, wie er diese Auseinandersetzung einschätzte. Er schrieb: „Wenn der Krieg weitergeht, kann darauf zurückgegriffen werden."[48] Diese spontan verfaßte Äußerung zeigt doch, wie sehr sich Gerstenmaier angegriffen, ja angeklagt fühlte und läßt zugleich etwas von einer Unsicherheit ahnen, der er nur mit aggressiven Mitteln meinte begegnen zu können.

Die einzige Reaktion auf diesen „Hilferuf" kam aufgrund eines Briefes von Pastor Heinz Kloppenburg zustande[49], der im Herbst 1947 von Freudenberg die Leitung des Flüchtlingssekretariats des ÖRK übernommen hatte. Er schrieb am 26. Januar an Gerstenmaier, in und außerhalb Deutschlands werde in steigendem Maße gesagt, daß die bekannte Politik des Hilfswerks nicht ausreiche. Auch bei der Flüchtlingskommission sei man der Meinung, daß diese Politik überprüft werden müßte. Trotz entsprechender Anfragen wolle man an Sonderaktionen nicht teilnehmen, ehe nicht mit dem Hilfswerk gesprochen wurde[50]. In seinem Antwortschreiben legte Gerstenmaier noch-

---

46 Vgl. unten S. 156.

47 Vgl. S. 81, Anm. 45.

48 Handschriftliche Notizen auf dem Briefrand, vgl. oben S. 81, Anm. 45.

49 Vgl. unten S. 178; vgl. auch G. CASALIS, Freund, S. 132ff.

50 Brief Kloppenburgs an das Zentralbüro des Hilfswerks der Evangelischen Kirche in

mals den bekannten Standpunkt des Hilfswerks dar und unterstrich, daß den Vertretern der „nichtarischen“ Christen nahegelegt worden sei, eine eigene Organisation zu gründen. Dies sei inzwischen ja auch geschehen. Das Hilfswerk selbst habe bei der steigenden Not an seinen Grundsätzen absolut festzuhalten. Die ausländischen Stellungnahmen täten „durch die geforderte Privilegierung den nichtarischen Christen in Deutschland in der Gegenwart und Zukunft einen mehr als zweifelhaften Dienst..., indem sie sie erneut aus der selbstverständlichen Solidarität mit der Gemeinde herausnehmen und erneut in die Gefahr der Isolierung bringen“[51]. Grüber habe in dieser oft überprüften Beurteilung der Situation eine ähnliche Einschätzung.

Weitere Kreise zog die Frage nach dem organisatorischen Rahmen der Arbeit der Hilfsstellen für Rasseverfolgte dadurch, daß Kloppenburg in dieser Sache auch eine Anfrage an die Kirchenkanzlei der EKD richtete. Dort war man nun auf diese Dinge wenig vorbereitet, so daß der zuständige Sachbearbeiter zuerst bei Majer-Leonhard Informationen über die Struktur der Hilfsstellen einholen mußte. Majer-Leonhard erklärte, daß er es für richtig gehalten hätte, „wenn das Hilfswerk der Evang. Kirche sich weithin in diese Arbeit eingeschaltet hätte... Bisher sind unsere Bemühungen daran gescheitert, daß der Leiter des Hilfswerks der Meinung ist, die getauften Juden müßten sich heute ihr Christsein etwas kosten lassen. So lehnt er jede Sonderhilfe für die Rasseverfolgten ab“[52]. Einzelne Hilfswerke der Landeskirchen unterstützten immerhin die Arbeit der Hilfsstellen in guter Weise. Als Fazit hielt Majer-Leonhard fest: „Es wäre für die Evang. Kirche in Deutschland wohl kein Schaden, wenn das Hilfswerk die Sonderbetreuung der Rasseverfolgten anerkennen wollte, nachdem es ja schon lange Hilfskomitees für die Flüchtlingskirchen des Ostens gebildet hat.“

In einem Brief an Kloppenburg forderte der Leiter der Stuttgarter Hilfsstelle für Rasseverfolgte diesen auf, doch noch einmal den Versuch zu unternehmen, „das Problem der Hilfe für die Rasseverfolgten beim Hilfswerk vorzubringen“[53]. Auch erschien es nach seiner Einschätzung dringend geboten, sich über die Organisation der Hilfsstellen selbst klar zu werden. Berlin, das bisher eine gewisse Koordination übernommen hätte[54], werde dieser Aufgabe nicht mehr gerecht.

Deutschland vom 26. 1. 1948 (AÖR Genf, Hilfswerk EKiD Stuttgart, 1. 11. 1947–31. 10. 1948, II).

[51] Brief des Leiters des Hilfswerks der EKD an den Ökumenischen Rat der Kirchen. Ökumenische Flüchtlingskommission vom 4. 2. 1948 (Ebd.).

[52] Brief Majer-Leonhards an die Kirchenkanzlei der EKD vom 24. 2. 1948 (AÖR Genf, II Chrétiens d'origine juive. 1er juin 1947–31. août 1948. Darin: Hilfsstelle Stuttgart).

[53] Brief Majer-Leonhards an die „Ökumenische Flüchtlingskommission“ vom 17. 3. 1948 (AÖR Genf, 1949/50, Département des Réfugiés, Akten von Pastor Kloppenburg. Box E 8. Darin: Hebrew Christians).

[54] Vgl. unten S. 188ff.

Bei einer Reise nach Deutschland sprach Kloppenburg die Probleme um die Betreuung der Judenchristen bei einer Unterredung in der Kirchenkanzlei der EKD an. Er machte deutlich, daß man in der Flüchtlingsabteilung des ÖRK „wegen der schlechtfunktionierenden Betreuung der Judenchristen in Deutschland durch das Hilfswerk große Sorgen" habe, und bat, eine Besprechung zwischen Hilfswerk, Vertretern der Hilfsstellen und ihm zu organisieren[55].

Ehe es nun aber zu dieser Unterredung kommen sollte, verursachte ein umfangreicher Bericht über die Lage der „nichtarischen" Christen in Deutschland, der von einem Vertreter des ÖRK erstellt worden war, nicht geringe Aufregung.

Der Ellison-Bericht und die Besprechung von Darmstadt

Bereits im August 1947 liefen Planungen im Flüchtlingssekretariat des Ökumenischen Rates der Kirchen an, einen Mitarbeiter nach Deutschland zu schicken, der eine genaue Bestandsaufnahme der Lage der im „Dritten Reich" rasseverfolgten Christen erarbeiten und möglichst die genaue Zahl dieser Leute ausfindig machen sollte. Da man selber keine Person zur Verfügung hatte, wurde die „International Hebrew Christian Alliance" gebeten, einen Mitarbeiter zur Verfügung zu stellen. Mit Reverend Henry L. Ellison, einem Mitarbeiter der „Mildmay Mission to the Jews", wurde für diese Aufgabe ein sehr gut geeigneter Mann gefunden[56]. Die Reise war noch für dasselbe Jahr geplant; aber technische Schwierigkeiten machten sie unmöglich, so daß Ellison erst vom 5. Mai bis 25. Juni 1948 nach Deutschland reisen konnte.

Am Anfang seines umfangreichen Berichtes stellte Ellison das Ziel des ganzen Unternehmens heraus: Die Flüchtlingsabteilung des ÖRK habe erkannt, daß der Kirche durch die rasseverfolgten Christen in Deutschland und Österreich eine Verantwortung aufgetragen sei, die man vor dem Kriege kaum erkannt habe. Gezielter Hilfe ständen widersprüchliche Informationen entgegen, die kein klares Bild ergäben „either of the number of those involved or of their physical and spiritual needs"[57]. Im übrigen gelte es

---

[55] Brief Kirchenkanzlei der EKD (O. von Harling) an Rengstorf vom 24. 4. 1948 (PRIVATAKTEN RENGSTORF. Ordner: Deutscher evangelischer Ausschuß für Dienst an Israel. Sitzungen und Protokolle 9. 1. 1948–März 1956).

[56] Minutes of the fifth meeting of the Joint Executive Committee, Geneva, August 7th–8th, 1947. TOP 9: Survey of needs of Hebrew Christians (AÖR GENF, B 8, Inter-Church Aid. Refugee Division. Ecumenical Refugee Commission 1946–1947. Darin: International Refugee Commission 1946–1947).

[57] „The racially persecuted Christians in Germany" by H. L. Ellison (künftig zitiert: „Ellison-Bericht") Report on a Journey – May 5 to June 25, 1948 (ADW KASSEL, Rassisch verfolgte Christen, 6/1946–6/1949). – Ausschnitte des Berichts in FRu Nr. 2/3 vom März 1949, S. 54–57.

Fragen in Verbindung mit der Auswanderung zu klären. In einem weiteren Abschnitt wurden die Schwierigkeiten der Reise genannt, die sich nicht in den Transportproblemen erschöpften, sondern vor allem darin bestanden, daß die Reise ohne Begleitung unternommen werden mußte, so daß viele Eindrücke „in the last analysis must remain highly subjective".

Nach diesen einleitenden Ausführungen legte Ellison die Lage der Verfolgten dar. Alle, die eine Verfolgung nachweisen könnten, ob aus politischen, religiösen oder rassischen Gründen, erhielten jetzt höherwertige Bezugsscheine und eine Bevorzugung bei der Zuteilung von Arbeit, Wohnung und rationierten Gütern. Der Rasseverfolgte hätte vielleicht körperlich weniger zu leiden als die wegen ihrer politischen oder religiösen Überzeugung Verfolgten, aber psychisch umso mehr. Verschiedene Gründe werden genannt: Bei politischer oder religiöser Verfolgung konnte man vielleicht noch „Frieden" mit den Nazis schließen, die Rasseverfolgten hatten keine Wahl. Die ersteren trugen wenigstens in ihren eigenen Gruppen einen Märtyrerkranz, die anderen waren dem Schandmal ausgesetzt, ein „niedriges Wesen" zu sein. Bei den Rasseverfolgten war im Gegensatz zu den politisch Verfolgten auch die Familie mitbetroffen; sie waren sozialer und wirtschaftlicher Diskriminierung ausgesetzt, von der die anderen Verfolgten nichts wußten. Dazu eine letzte Erniedrigung: Selbst in den Konzentrationslagern waren die rassisch Verfolgten gegenüber den „Politischen" benachteiligt gewesen.

Nachdem der Bericht die verschiedenen Kategorien dargelegt hatte, in welche die Nationalsozialisten die Juden eingeteilt hatten – „Sternträger", „Privilegierte Ehen", „Mischlinge 1. Grades", „Mischlinge 2. Grades" und „Arische Ehepartner" – wurde die Lage im heutigen Deutschland dargestellt. Es wurde klargelegt, daß die Bedingungen nicht nur von Zone zu Zone, sondern auch von Land zu Land und sogar von Stadt zu Stadt verschieden seien. In der Lebensmittelversorgung mangele es vor allem an Fetten und Proteinen. Der durchschnittliche Deutsche „is growing increasingly restive over the remains of the R. P.s' (Racially Persecuted = Rasseverfolgte, S. H.), for they speak to him of a guilt that he cannot remove or parallel by the actions of others. Unfortunately he is constantly being helped by the propaganda for *Wiedergutmachung* and the actions of the D. P.s („Displaced Persons", S. H.)"[58].

Im Blick auf die Haltung der Evangelischen Kirche in Deutschland hielt Ellison folgendes fest: a. „Compared with the Roman Catholics the Free Churches did nothing for the R. P. Christians and the *Landeskirchen* did very little. This accusation is bitterly resented by many in the *Bekennende Kirche*". b. Der offiziellen Kirche werde vorgeworfen, daß sie kein spirituelles

– Auf diesen Bericht geht, wenn auch sehr knapp, U. Büttner ein (vgl. DIES., Not, S. 395, 406, Anm. 79, 81).

[58] Vgl. oben S. 54 ff.

oder materielles Interesse an den Judenchristen habe, und, so der Verfasser, mit Ausnahme einer kleinen Gruppe stimme dies auch. Daß man bei entsprechenden Fragen auf die große Not der Ostflüchtlinge verwiesen werde „is only another proof of the Church's lack of a sense of guilt". c. Nur die schlimmsten „Deutschen Christen" verließen die Kirche, die anderen, die sich oft geweigert hätten, Kinder von Rasseverfolgten zu taufen oder zu konfirmieren, seien noch im Dienst. „There is far more antisemitism and ill-will towards the R.P. Christians among the German clergy that (sic!) most are prepared to acknowledge." d. Die Gemeinden zu bezichtigen, sie hätten kein Verständnis für oder Interesse an den Judenchristen, wäre übertrieben, aber es sei „equally true that a sense of guilt is even rarer among the laity than the clergy." e. Zusammenfassend bemerkte Ellison: „There is never any clear statement from the pulpit that antisemitism is sin."

Im nächsten Abschnitt wurde auf die Schuld der Kirche eingegangen. Zwar könne man immer wieder hören, es sei so viel getan worden wie irgend möglich; so habe man Rasseverfolgten geholfen und sie versteckt. Dennoch sei festzuhalten, die Bekennende Kirche habe nicht alles getan, was sie tun konnte. „And the Church was concerned mainly with the Church; with the R.P. Jew or with the position of the R.P. Christian in the state there was all too little interest." Zu wenige bemerkten, daß Antisemitismus Rebellion gegen Gott sei. Grund hierfür sei der Nationalismus gewesen, der, obgleich unvereinbar mit den Geboten Gottes, immer noch weiterlebe. Der Abschnitt schloß: „The R.P. has a deep-rooted feeling that the Church failed him not by accident, but through an inherent weakness in the Church; that is why he criticizes it so freely, and why he expects that the Church will show its repentance by special care for him."

Im Abschnitt „The R.P. Christian and Relief" wurde die Haltung des Präsidenten des Evangelischen Hilfswerks, „the only organization in a position to do anything for them", Gerstenmaier, so beschrieben: „He enunciated that the past must be forgotten and relief given on the basis of present need." Ellison urteilte, daß dieser Standpunkt vielleicht rechtens gewesen wäre, wenn die Zahl der Rasseverfolgten nicht so klein und die Leiden nicht so groß gewesen wären und die Schuld der Kirche und des Volkes nicht so offenkundig. Allerdings sei er, wenn auch widerwillig, sogar zu der Ansicht gekommen, daß die Einstellung Grübers, der sich für eine Sonderbetreuung aller Rasseverfolgten ausgesprochen hatte, eher noch gefährlicher sei als die Haltung Gerstenmaiers.

In den folgenden Abschnitten stellte Ellison die verschiedenen, vorher schon genannten Kategorien der Verfolgten, ihre spezielle Lage und Bedürfnisse einzeln dar. Am meisten hätten die 1300 „Sternenträger" im „Dritten Reich" gelitten. Sie lebten von weit kleineren Rationen als die anderen Deutschen, waren durch den Zwang, den Judenstern zu tragen, von allen Beziehungen abgeschnitten. Zum Teil konnten sie nicht einmal an Gottesdiensten teilnehmen. Nach allgemeiner Übereinstimmung sollten diese Menschen eine spezielle Unterstützung haben – wobei an auswärtige Paten zu denken wäre, die vier- bis sechsmal im Jahr ein Care-Paket schicken –, oder auch einen Ferienaufenthalt im Ausland gewährt bekommen. Die Gruppen der „Privilegierten Ehen" und der „Arischen Ehepartner" wurden wegen ihrer ähnlichen Schicksale zusammen behandelt, obgleich die Lage von Stadt zu Stadt verschieden war. Der jüdische Teil in einer „privilegierten" Ehe mußte zwar keinen Stern tragen, aber das änderte nichts an der bestehenden Gefahr für Leib und Leben. Die schlimmsten Leiden dieser Gruppe waren mehr psychischer als körperlicher Natur, versuchten die Nazis den Deutschen doch einzuprägen, daß die „Fremdrassigen" nicht zu ihnen gehörten. Trotzdem wollten die wenigsten aus diesen Gruppen Deutschland verlassen; daher gelte es, ihnen ein menschenwürdiges Leben in Deutschland zu ermöglichen. Eine großzügige Geste von Gerstenmaier und seinen Ratgebern diesen Menschen gegenüber, so die Einschätzung Ellisons, hätte viel zur Heilung der Wunden beitragen können. Da ausländische Hilfe nicht denselben Effekt haben könne wie Hilfe von deutscher Seite und in diesem Personenkreis mehr und mehr ein grundsätzliches Recht auf Hilfe konstatiert, ja fremde Hilfe ohne rechte Dankbarkeit angenommen werde, riet Ellison dazu, von einer breit angelegten Hilfe für sie abzusehen. Lägen besondere Notfälle vor, so könne das Evangelische Hilfswerk wie bisher unter die Arme greifen. Bei chronisch Kranken und Witwen wäre zu überlegen, ob diese angemessen in Heimen untergebracht werden könnten. Bei der Gruppe der „Mischlinge 1. Grades" wurde jede Generalisierung als gefährlich bezeichnet. Die Menschen dieser Gruppe stellten fast die Hälfte der bei den Unterstützungszentren registrierten Personen, ca. 28000. Nur ein kleiner Prozentsatz der „Mischlinge 1. Grades" wurde verfolgt, und es sei anzunehmen, daß der größte Teil überhaupt nicht in das Blickfeld der Hilfsstellen komme, da diejenigen, die während des „Dritten Reiches" nicht verfolgt wurden, jetzt keinen Grund sähen, sich als Rasseverfolgte auszugeben. Drei Gruppen seien dabei zu unterscheiden: Die 1933 im Beruf Stehenden und Verheirateten wurden oft gar nicht belangt; die 18- bis 30jährigen konnten ihr Studium nicht beenden, wurden aus der Armee ausgestoßen und hatten mit dem Gefühl fertig zu werden, nicht erwünscht zu sein. Jugendliche und Kinder jedoch hatten keine Chance, irgendwo Fuß zu fassen, und daher hätten sie in der Tiefe ihres Seins am meisten gelitten. Viele Angehörige dieser dritten Teilgruppe sollten deshalb zunächst einmal materielle Hilfe erhalten; sie benötigten Lebensmittel, Bücher, Schreibutensilien und menschlichen Umgang, etwa auch durch Briefpartner. Vielleicht, so vermutete Ellison, stamme die Mehrheit der Auswanderungswilligen aus diesem Kreis. „Mischlinge 2. Grades" hingegen waren kaum Verfolgungen ausgesetzt, und den wenigen unter ihnen, denen jetzt geholfen werden müsse, könnten diese Unterstützung sicher erhalten.

Im Hinblick auf die vorgeschlagenen Maßnahmen ist hier zunächst darauf hinzuweisen, daß Ellison der Ansicht war, „that foreign relief gifts should be sent only to the recognized centres... Special care must be taken not to tie any tapes to the relief given, especially it must not be used to bring any religious pressure either on the recipients or the relief centres". Das Problem, um das es hier gehe, sei zuerst ein spirituelles, zumal anzunehmen sei, daß die materiellen Hilfen innerhalb von drei Jahren auslaufen würden. „Dr. Gerstenmaier's fundamental error has born its fruit, and too many of the R. P.'s feel themselves seperate from the German people. It is still not too late to show a change of heart, but it will soon be." Vor allem älteren Rasseverfolgten, die bisher von Ersparnissen und dem Verkauf von Eigentum lebten, sollte wegen der Währungsreform in den nächsten Monaten speziell geholfen werden.

In elf Schlußfolgerungen wurde das Ergebnis der Untersuchungen festgehalten. Folgende seien hier hervorgehoben:

1. „The R. P. Christians of Germany are the most tangible evidence of the guilt of both people and Church, and therefore their importance cannot be estimated by their number."
2. Das Problem dieser Menschen sei vor allem psychischer und geistlicher Art; es enthalte aber auch materielle Elemente.
3. „The refusal of any priority in material aid and the claim to unqualified priority are both equally wrong..."
5. Spezielle Hilfe sollten die „Sternträger", die Alten und Kranken sowie die Kinder und Jugendlichen in Absprache mit dem Hilfswerk erhalten.
6. Gaben sollten spezielle Bedürfnisse decken; in erster Linie bestehe Bedarf an Proteinen, Fetten, Schuhen und Kleidung.
7. Nur an Mitgliedsorganisationen der „Arbeitsgemeinschaft der Hilfsstellen für Rasseverfolgte" sollten Spenden in Absprache mit dem Ökumenischen Rat gesandt werden.
9. Trotz des momentan überwiegenden Gewichts der materiellen Hilfe sollte im Auge behalten werden, daß psychische und geistliche Hilfe das Wichtigere sei.
10. Der Ökumenische Rat der Kirchen sollte baldmöglichst eine Konferenz zu dieser Sache einberufen.

Diese Denkschrift wurde in ca. 190 Exemplaren an Persönlichkeiten der Ökumene, an die „International Hebrew Christian Alliance", die Theologischen Fakultäten in Deutschland, die Hilfsstellen für Rasseverfolgte, das Hilfswerk, das Außenamt und die Kirchenkanzlei der EKD und an alle Kirchenleitungen versandt.

Die Reaktionen waren sehr unterschiedlich. Bei einer Besprechung am 17. Juni 1948 in Stuttgart äußerten sich die Leiter verschiedener Hilfsstellen, darunter Maas, Majer-Leonhard und Dr. Curt Radlauer[59], Berlin, zustim-

[59] Vgl. unten S. 169.

mend dahingehend, daß es Ellison gelungen sei, „sich einen zuverlässigen und umfassenden Überblick über die Gesamtlage zu verschaffen"[60]. Bei dieser Besprechung waren auch Kloppenburg vom Flüchtlingssekretariat des ÖRK und Otto von Harling[61] von der Kirchenkanzlei der EKD anwesend. Die Einschätzung von Ellison, daß vor allem ehemaligen „Sternträgern", Kranken und Alten sowie Jugendlichen und Kindern speziell geholfen werden müsse, wurde bejaht; ebenso wurde seine Analyse gutgeheißen, daß Spenden aus dem Ausland nicht direkt an die Empfänger gehen sollten, sondern immer durch die Vermittlung einer Hilfsstelle. Als Ergebnis der Besprechung wurde festgehalten, daß es wichtig sei, in jeder Landeskirche einen Vertrauensmann für die Hilfe an den Rasseverfolgten zu bestimmen und die materielle Unterstützung des Auslandes durch Zonenbeauftragte in Zusammenarbeit mit dem Ökumenischen Rat koordinieren zu lassen.

Ganz anders war die Reaktion von Gerstenmaier. Er schrieb am 20. August einen Brief an Dr. Hutchison Cockburn, den Direktor der Abteilung für Wiederaufbau und zwischenkirchliche Hilfe beim ÖRK, in dem er sich über diesen Reisebericht beschwerte. Er nehme an, „daß der Bericht selber eine persönliche Meinungsäußerung von Mr. Ellison ist, und daß der Weltrat bzw. das Reconstruction Department dafür keinerlei Verantwortung besitzt"[62]. Einem beigelegten Statement sei zu entnehmen, daß „die Darlegungen des Berichts in wichtigen Punkten weder der Wahrheit noch der Wirklichkeit" entsprächen. Es sei nicht recht, daß der Weltrat einen so einseitigen Bericht verschicke. Gerstenmaier erhob die Forderung, daß sein Statement unverzüglich an alle Empfänger des Berichts zu versenden sei und betonte abschließend: „Mein tiefstes Bedauern gilt bei der Sache den Nichtariern selbst, denen mit solchen Methoden nur ein schlechter Dienst erwiesen wird."

In diesem von Gerstenmaier erstellten Statement wurde eingangs unterstrichen, daß das Hilfswerk seine Unterstützung ausschließlich ohne Unterschied der Rasse, der Konfession oder der politischen Meinung gebe. Dies sei von allen Mitgliedskirchen akzeptiert worden. Es müsse darauf geachtet werden, daß keine Wiedereinführung irgendeiner Art von Diskriminierung der „nichtarischen" Christen stattfinde. Sie seien volle Mitglieder der Kirche, und jedes Privileg könne eben auf eine Diskriminierung hinauslaufen. „The non-aryan Christian does not want to keep this Hitler stamp on him... If he is in need he wants to be treated just the same as any other needy member of

---

60 Niederschrift über eine Besprechung über die Lage der ehemals rasseverfolgten Christen in Deutschland am 17. Juni 1948, Torhospiz, Stuttgart (AÖR Genf, Department of Refugees 1947–1951 Box E 9. Darin: Hilfsstelle für Rasseverfolgte).

61 Vgl. unten S. 197.

62 Brief Gerstenmaiers an den Direktor der Abteilung für Wiederbaubau (Rev. Cockburn) vom 20. 8. 1948 (vgl. oben S. 82, Anm. 50).

the community."[63] Ein Vergleich mit den „Synagogen-Juden" könne nicht angestellt werden, und es wäre weit gegen die Absicht des Hilfswerks, diesen Menschen in gleicher Weise Hilfe zukommen zu lassen, wie es das amerikanische Joint Committee der kleinen Zahl von Synagogenmitgliedern gegenüber tue. Im übrigen sei auch nur in diesem Sinne der Ausspruch Gerstenmaiers zu verstehen, die Judenchristen müßten ein wenig für ihren Glauben leiden. „The attitude of Hilfswerk towards the non-aryan Christians is neither hard nor unjust, but dictated by love." Das Hilfswerk könne zwar keine Priorität einräumen, es habe aber geholfen, wo es nötig war. Die Gefährlichkeit einer Sonderbetreuung zeige sich, wo durch Bedingungen für das Empfangen einer Gabe eine Tendenz zur Separation deutlich werde. Dieser Gefahr gelte es zu begegnen. Der Bericht schloß: „From our rank and file, from the frontworkers of Hilfswerk in the local parishes we know that these views are not shared by the great majority of non-aryan Christians, who are full and equal members of our church communties (sic!) and feel sheltered under the roof of Hilfswerk without asking for or expecting more help than can be given to any of their brethren in a comparable state of need."

Deutlich war, daß dieser Streit nur durch eine intensive Aussprache beigelegt werden konnte, an der sowohl Vertreter des Flüchtlingssekretariats des ÖRK wie auch Mitarbeiter der Hilfsstellen für Rasseverfolgte und Verantwortliche des Hilfswerkes anwesend sein würden. Die Kirchenkanzlei der EKD ergriff die Initiative, indem sie zu einer gründlichen Aussprache darüber einlud, „wie die Kirche ihrer besonderen Verantwortung gegenüber dem Judentum unter den gegenwärtigen Verhältnissen gerecht zu werden vermag"[64]. Diese Besprechung sollte im Rahmen einer vom „Deutschen evangelischen Ausschuß für Dienst an Israel"[65] veranstalteten Tagung über „Kirche und Judentum" stattfinden, zu der vom 11. bis 16. Oktober nach Darmstadt eingeladen worden war.

Am Nachmittag des 13. Oktober trafen sich unter anderen Berg als Vertreter des Hilfswerks, Maas, Majer-Leonhard und Radlauer als Vertreter der Hilfsstellen sowie Prof. Karl Heinrich Rengstorf[66], der Leiter des „Deutschen evangelischen Ausschusses für Dienst an Israel". Der Eindruck, das Hilfswerk strebe eine Gleichstellung der Not der ehemals Verfolgten mit der heutigen Not belasteter Nationalsozialisten an, wurde vom Vertreter des

[63] Das Hilfswerk der EKD, Zentralbüro. Statement by Dr. Eugen Gerstenmaier vom 20. 8. 1948 (vgl. oben S. 83, Anm. 53).

[64] Brief der Kirchenkanzlei der EKD (O. von Harling) an das Zentralbüro des Hilfswerks vom 26. 8. 1948 (vgl. oben S. 70, Anm. 15). – Mit dem Ausdruck „Judentum" sind in diesem Fall eindeutig die Judenchristen gemeint. Vielleicht zeigt die Verwendung dieses Begriffs, wie unklar diese ganzen Zusammenhänge für die Verantwortlichen in der Kirchenkanzlei waren. Vgl. hierzu unten S. 195 ff.

[65] Vgl. unten S. 222.

[66] Vgl. unten S. 205.

Hilfswerks dahingehend korrigiert, daß man sehr wohl den Vorrang der Not der ehemals Verfolgten anerkenne. Es sei jedoch zu beachten, daß die Kirche nicht Wiedergutmachung leisten könne; auch dürfe „nicht ‚das frühere Ghetto der Beraubten und des Unrechts zu einem Ghetto der Bevorzugung werden'"[67]. Die Gesprächspartner stimmten überein, „daß für die ehemals Verfolgten von vornherein ein allseitig durchgeführter Übergang in eine Normalisierung ihres äußeren und inneren Lebens erkannt und durch hilfreiche Taten hätte verwirklicht werden müssen". Die Tatsache, so betonten die Vertreter der Hilfsstellen, daß vom Hilfswerk auch in anderen Bereichen Sonderhilfsaktionen durchgeführt würden – zum Beispiel Kinder- und Studentenspeisungen – zeige, daß auch für die ehemals Rasseverfolgten eine Sonderaktion innerhalb des Hilfswerks möglich gewesen wäre. Weiter wurde geäußert, „daß bei der materiellen Hilfsarbeit der Kirche die ‚Judenfrage' vergessen worden sei". Auf den Vorschlag von Berg, das Ausland möge doch direkt Sendungen an die Hilfsstellen schicken, da das Hilfswerk nicht einmal in der Lage sei, alle Flüchtlingskirchen angemessen zu versorgen, wurde entgegnet, daß das Ausland etwas desorientiert sei: Es gelte *eine* Stelle einzurichten, die als Anlaufadresse für das Ausland dienen solle. Man ging dann in der Hoffnung auseinander, „daß der ‚Eisblock' nunmehr schmelzen müsse und daß... endlich ein Weg gefunden werden könne, der den vorhandenen Tatsachen und Umständen gerecht wird".

Auf zwei verschiedenen Ebenen hatte diese Besprechung positive Auswirkungen, die den schwelenden Konflikt beenden halfen.

In Vertretung Gerstenmaiers schrieb Berg an alle Hauptbüros des Hilfswerks der Evangelischen Kirchen in Deutschland. Er habe, so Berg, bei einer Besprechung mit Vertretern der Hilfsstellen für „nichtarische" Christen „aufs neue einen Eindruck von der zunehmenden inneren Isolierung und der zum Teil großen materiellen Not dieses Kreises der Glieder unserer Kirche"[68] erhalten. Wenn auch die bisherige Haltung des Hilfswerks starker Kritik ausgesetzt war, so könne doch auch in der Zukunft nur nach der Dringlichkeit des persönlichen Notstandes geholfen werden „und en-bloc Zuteilungen" von Spenden an die Hilfsstellen würden daher auch weiterhin nicht möglich sein. Die Weiterleitung designierter Hilfssendungen aus dem Ausland an die Hilfsstellen werde selbstverständlich wie bisher erfolgen. Es wurde der Sorge Ausdruck verliehen, „daß offenbar nicht alle Hilfswerkstellen in den Gemeinden, die es angeht, diesen besonders der Hilfe und des Beistandes bedürftigen Gliedern der Kirche das notwendige Maß an nachge-

---

[67] Protokoll über eine Sonderbesprechung über das Thema „Evangelisches Hilfswerk und die Hilfsstellen für die ehemals Rasseverfolgten" im Rahmen der Darmstädter Tagung „Kirche und Judentum" am 13. 10. 1948 (LKA Stuttgart, Akten Hilfsstelle, 4.).

[68] Brief des Leiters des Hilfswerks der EKD an die Hauptbüros des Hilfswerks der EKD vom 11. 11. 1948 (vgl. oben S. 70, Anm. 15). – Dieser Brief ist abgedruckt in: Judaica 5, 1949, S. 158 f.

hender Liebe zuteil werden lassen". Diese ca. 50000 Menschen hätten „allermeist 3 plus *12* schwere, zum Teil furchtbare Jahre der materiellen und seelischen Not hinter sich". Nicht grundlos seien sie der christlichen Gemeinde entfremdet und im starken Maß der Isolierung ausgesetzt. Der Brief schloß mit der Bitte an die Hauptgeschäftsführer, sie mögen doch bei Arbeitsbesprechungen „den Mitarbeitern des Hilfswerks die diakonische Verpflichtung unserer Kirche an diesem Teil ihrer Glieder eindringlich ins Gewissen... schieben und sie (aufrufen), die Notwendigkeiten und Möglichkeiten dieses Dienstes in seiner Schwere und Verheißung mit besonderer Hingabe wahrzunehmen".

Mit diesem Brief war nun erstmals mit allem Nachdruck vom Zentralbüro des Hilfswerks aus die Wichtigkeit einer diakonischen Hilfe an den ehemals rasseverfolgten Christen zum Ausdruck gebracht. Eine regelrechte Sonderbetreuung dieser Menschen war nach wie vor nicht möglich; doch wurde zum einen die wichtige Aufgabe der Hilfsstellen für Rasseverfolgte herausgestellt und zum anderen gleichzeitig betont, daß nicht nur diese Einrichtungen für die Betreuung der „nichtarischen" Christen zuständig seien. Es gehe bei diesem Personenkreis eben nicht nur um die materielle Unterstützung in einer schweren Notlage, sondern hier gelte es auch Fehler und Versäumnisse der Kirche an ihren Gliedern gutzumachen. Vor allem, so Berg eindringlich, stelle sich die Aufgabe, „einen folgenschweren Riß in der Kirche Christi zu schließen und die Brücken hingebender, persönlicher Fürsorge und Liebe zu schlagen". Offensichtlich scheint durch diesen Appell doch soviel bewegt worden zu sein, daß in den folgenden Monaten und Jahren der Konflikt zwischen Hilfsstellen und Hilfswerk wenn nicht beseitigt, so doch wenigstens so weit geklärt wurde, daß er kein Hemmnis der Arbeit mehr dargestellt hat[69]. Daß die Entwicklung diese Richtung nahm, lag sicher auch an der anderen Maßnahme, die der Darmstädter Besprechung folgte und durch die die Hilfsstellen für Rasseverfolgte einen weitgehend eigenständigen Status neben dem Hilfswerk – und doch in enger Verbindung mit ihm – erhielten.

Der „Deutsche evangelische Ausschuß für Dienst an Israel" richtete durch seinen Vorsitzenden Rengstorf einen Antrag an den „Wiederaufbauausschuß der Evangelischen Kirche in Deutschland", in dem gefordert wurde, „den Dienst an den ehemals Rasseverfolgten, unter denen in diesem Zusammenhang die sog. nichtarischen Christen besonders genannt werden müssen, als kirchliches Anliegen anzuerkennen und zu unterstützen"[70]. Dadurch, daß das Hilfswerk die Hilfsstellen für ehemals Rasseverfolgte nicht nennenswert unterstütze, bestehe „nunmehr die Gefahr der Bildung abgesonderter juden-

[69] Zumindest finden sich in den Akten des Archivs des Diakonischen Werkes in Berlin keine Hinweise darauf.

[70] Brief von Rengstorf an den Wiederaufbauausschuß vom 22.10. 1948, abgedruckt in: JUDAICA 5, 1949, S. 79f.

christlicher Kreise", die durch ausländische Stellen planmäßig gefördert würden[71]. Es gehe nun darum, daß einerseits die Beziehungen der ehemaligen Rasseverfolgten zur Gemeinde gestärkt würden und „andererseits eine zentrale kirchliche Stelle geschaffen" werde, „die die Verantwortung für die Verwaltung und Verteilung der Liebesgaben der ausländischen Christen und Kirchen übernimmt, die speziell für die Christen jüdischer Abstammung in Deutschland bestimmt sind"[72]. Es wurde angeregt, ob nicht das Flüchtlingssekretariat des ÖRK in der Betreuung von Rasseverfolgten erfahrene Personen benennen sollte, welche einen Beirat beim Hilfswerk der EKD bilden sollten. Dieser hätte dann zusammen mit dem Hilfswerk die fehlende Leitstelle zu bilden.

Auf der Tagung des Wiederaufbauausschusses am 9./10. Dezember 1948 wurde diesem Antrag stattgegeben und Rengstorf aufgefordert, drei Vertreter für diesen Beirat zu benennen[73]. Rengstorf schlug für die amerikanische und französische Zone Majer-Leonhard, für die sowjetische Grüber und für die englische sich selbst vor. Nach der Absage von Grüber wurde Radlauer Mitglied dieser Kommission[74].

Mit dieser Übereinkunft war nun das Hilfswerk bereit, „nicht nur eine moralische, sondern offenbar auch eine organisatorische Verantwortung für eine gerechte Verteilung der Auslandshilfe"[75] zu übernehmen. Damit war die im Antrag von Rengstorf noch aufgrund der Anregungen des Ellison-Berichtes vorausgesetzte Koordination des Flüchtlingssekretariates überflüssig, und die deutschen Stellen hatten allein die volle Verantwortung zu tragen. Kloppenburg erklärte sich damit einverstanden und begrüßte es in einem Brief an Rengstorf ausdrücklich, daß die Aufgabe der Genfer Stellen hinfort „nicht mehr eine organisatorische, sondern die der moralischen Unterstützung ihres Dienstes" sei.

Überblickt man die zweieinhalb Jahre währende Auseinandersetzung zwischen den Hilfsstellen für Rasseverfolgte und dem Zentralbüro des Hilfswerks der Evangelischen Kirche in Deutschland, so drängt sich der Eindruck auf, daß die Kirche wirklich „eine Schlacht verloren" hat[76], wie es Maas einmal ausdrückte.

---

[71] Vgl. unten S. 148ff.

[72] Vgl. oben Anm. 70.

[73] Protokoll über die 8. Tagung des Wiederaufbau-Ausschusses der Evangelischen Kirche in Deutschland in Darmstadt am 9./10. 12. 1948 (LKA STUTTGART, Altregistratur, 532). – Zur Funktion und Arbeit des Wiederaufbauausschusses vgl. J. WISCHNATH, Kirche, besonders S. 78ff.

[74] Brief Rengstorfs an den Wiederaufbauausschuß vom 27. 12. 1948 und Brief Grübers an Rengstorf vom 24. 1. 1949 (vgl. oben S. 70, Anm. 15).

[75] Brief Kloppenburgs an Rengstorf vom 28. 2. 1949 (vgl. oben S. 89, Anm. 60).

[76] Brief von Maas an Gerstenmaier vom 18. 10. 1948 (vgl. oben S. 70, Anm. 15).

Die Begründung des Hilfswerks hält einer kritischen Prüfung wohl nicht stand: Als ein Argument wurde angeführt, daß Sühne vom ganzen deutschen Volk zu leisten sei und nicht nur durch die Kirche[77]. Dazu wäre zu bemerken, daß die Kirche in ihrem Bereich während des „Dritten Reiches" ebenso Schuld auf sich geladen hat wie der Staat in seinem. Hatten nicht einige Landeskirchen den „Nichtariern" die Kirchenmitgliedschaft entzogen? Wurden diese Menschen nicht, nachdem sie zu „Bürgern 2. Klasse" gestempelt worden waren, auch zu „Christen 2. Klasse" gemacht? Wo hat die Kirche sich für ihre Glieder verwandt, als diese in die Vernichtungslager abtransportiert wurden? Es hätte der Kirche gut angestanden, wenn sie beispielhaft Sühne geleistet hätte, nicht nur durch Worte, sondern auch durch helfende Unterstützung der Verfolgten und Geknechteten.

Durch eine besondere Hilfe für die „nichtarischen" Christen sei zu befürchten, so ein zweites gewichtiges Argument des Hilfswerks, daß man wieder in das Übel des Nationalsozialismus zurückfalle und irgendwelche Sondergruppierungen schaffe[78]. Diese Befürchtung scheint am schlagkräftigsten zu sein, doch wäre zu fragen, ob eine Absonderung nicht eine ganz andere Qualität hat, wenn sie nicht zwangsweise geschieht, sondern aufgrund einer besonderen Notwendigkeit. Im „Dritten Reich" war es den Rasseverfolgten nicht möglich, sich einer Separation zu entziehen, da der Staat damit die Absicht verfolgte, diese Menschen als etwas „Besonderes" zu brandmarken; jetzt jedoch wäre niemand gezwungen gewesen, eine Sonderbetreuung anzunehnen. Im übrigen hätte eine entsprechende Aufklärungsarbeit über die Leiden dieser Personen in der Nazizeit Wege für ein Verständnis der außerordentlichen Lage der ehemaligen Rasseverfolgten geebnet.

Eine weitere Gefahr, die das Hilfswerk geltend machte, war die einer neuen Diskriminierung durch die Einräumung von Privilegien. Man sprach vom „Ghetto der Bevorzugung"[79], von der nötigen „Solidarität des Elends"[80], von der Tendenz zur Separation, die eine Sonderbetreuung mit sich bringen würde[81]. Aber sind solche Argumente aufrechtzuerhalten? Man kann fragen, wo denn die Gefahr einer Diskriminierung angeprangert wurde, als diese Menschen als Minderwertige abgestempelt wurden; wo denn die „Solidarität des Elends" während der Verfolgungszeit war; wo denn der Separation dieser Menschen im „Dritten Reich" widerstanden wurde. Vor allem ist festzuhalten, daß solche Gefühle nur dann überhaupt zum Tragen kommen, wenn die anderen Menschen, die jetzt keine spezielle Hilfe erhalten, nicht verstehen, weshalb hier bevorzugt geholfen werden muß. Das

[77] Vgl. oben S. 76, Anm. 31.
[78] Vgl. oben S. 73, Anm. 22.
[79] Vgl. oben S. 91, Anm. 67.
[80] Vgl. oben S. 83, Anm. 51.
[81] Vgl. oben S. 90, Anm. 63.

Hilfswerk rechnete offensichtlich nicht damit, daß eine solche Unterstützung der „nichtarischen" Christen in der Gemeinde verstanden würde und war andererseits auch nicht bereit, aus welchen Gründen auch immer, eine entsprechende Aufklärungsarbeit in Angriff zu nehmen. Nicht zu verstehen ist in diesem Zusammenhang auch, weshalb man sich im Hilfswerk vor einer Tendenz zur Separation fürchtete; das Gegenteil war naheliegender: Eine gezielte Unterstützung der Judenchristen wäre der beste Weg gewesen, sie wieder an die Kirche zu binden, wieder neues Vertrauen zu schaffen, nachdem dieses in der Nazizeit zerstört worden war.

Das am nachdrücklichsten herausgestellte Argument des Hilfswerks war aber sein Grundsatz, Unterstützung an Hilfsbedürftige ohne Ansehen der religiösen, politischen und rassischen Einstellung zu gewähren[82]. Jedes andere Vorgehen brächte Probleme dahingehend mit sich, daß auch andere Gruppen eine spezielle Betreuung verlangen würden. Nun gab es aber sehr wohl innerhalb des Hilfswerks Stellen, die eine gezielte Unterstützung bestimmter Gruppen vornahmen. Zwei dieser Sonderbetreuungen wurden von Mitarbeitern der Hilfsstellen angeführt: Es gab Hilfskomitees für die Flüchtlingskirchen des Ostens, und es gab Kinder- und Studentenspeisungen[83]. Gegen diese Einstellung des Hilfswerks wäre aber vor allem geltend zu machen, daß sie rein formal und unflexibel war. Am Beispiel der Judenchristen wird dies besonders eklatant. Da werden gleiche Maßstäbe an Menschen angelegt, die völlig verschiedene Lebenswege hinter sich hatten. Die Judenchristen hatten zumeist schon während des „Dritten Reiches" große Not zu erleiden gehabt; schon von daher war die Lage der ehemaligen Rasseverfolgten unvergleichbar, so daß es ohne Schwierigkeiten hätte möglich gemacht werden können, ihnen auch eine besondere Unterstützung zukommen zu lassen.

Einige weitere Überlegungen kommen hinzu: Hätte es der Kirche nicht gut angestanden, einen beispielhaften ersten Schritt zu tun? Konnte man erwarten, daß Menschen, die im „Dritten Reich" bei jedem Gang auf ein Amt das Schlimmste befürchten mußten, freiwillig zu irgendeiner Institution gingen, um Hilfe zu erbitten? Eine spezielle Unterstützung, auch das hätte bedacht werden können, wäre für diese Menschen weit mehr gewesen als zusätzliche Nahrung, sie hätte ein Zeichen sein können dafür, daß die Evangelische Kirche sie nicht vergessen hatte und sich ihnen zuwenden wollte. Oder, um einen Ausspruch Grübers aufzunehmen, sollten nicht Menschen, die zehn Jahre am Schluß standen, nun am Anfang stehen[84]?

Alle diese Argumente und Überlegungen, die zumeist in Briefen von Vertretern der Hilfsstellen für Rasseverfolgte vorgebracht wurden, konnten die Leitung des Zentralbüros des Hilfswerks nicht dazu bewegen, dieser

---

[82] Brief Gerstenmaiers an Grüber vom 29. 4. 1946 (vgl. oben S. 70, Anm. 15).
[83] Vgl. J. Wischnath, Kirche, S. 88.
[84] Brief Grübers vom 4. 8. 1947 (vgl. oben S. 70, Anm. 15).

kleinen Gruppe von besonders Benachteiligten eine spezielle Hilfe zukommen zu lassen. Man hielt an Prinzipien fest und vergab so eine Möglichkeit, in aller Öffentlichkeit ein Zeichen für eine Neubesinnung innerhalb der Kirche aufzurichten. Die besondere Zuwendung zu Judenchristen und anderen ehemaligen Rasseverfolgten durch eine offizielle Einrichtung der Deutschen Evangelischen Kirche hätte ein Signal gesetzt, das die „Einzelkämpfer" wie Grüber, Maas oder Majer-Leonhard zu setzen nicht in der Lage waren. Ihr persönliches Engagement und ihre Zuwendung zu den Judenchristen war fast selbstverständlich; das Engagement der offiziellen Kirche als Gesamtheit wäre ein unübersehbarer Hinweis gewesen, hätte zerstörtes Vertrauen geholfen wieder herzustellen und neue Hoffnung gegeben. Aber das ist eben nicht geschehen.

2. Das Flüchtlingssekretariat des Ökumenischen Rates der Kirchen

Wie im vorhergehenden Abschnitt schon deutlich wurde, kann die Entwicklung des Verhältnisses zwischen der Evangelischen Kirche in Deutschland und ihren judenchristlichen Gliedern ohne Einbeziehung des Flüchtlingssekretariates des ÖRK nicht richtig eingeschätzt werden. Im folgenden Abschnitt sollen vor allem jene Aktivitäten des Flüchtlingssekretariates in den Blick genommen werden, die sich mit den Problemen der „nichtarischen" Christen in Deutschland befassen.

Die anstehenden großen Aufgaben ließen es nötig erscheinen, daß innerhalb der ökumenischen Organisation eine spezielle Kommission für Flüchtlinge gebildet wurde[85]. Diese Kommission arbeitete nach den Direktiven des ebenso neu gebildeten Komitees für Aufbau und zwischenkirchliche Hilfe beim Ökumenischen Rat. Die Flüchtlingskommission sollte beratend die Arbeit dieses übergeordneten Komitees begleiten. Sekretär der Flüchtlingskommission blieb Freudenberg, zum Vorsitzenden wurde der englische Methodistenprediger Henry Carter[86] gewählt, der den Vorsitz im britischen Rat der Juden und Christen innehatte. Deutlich war, daß die Hauptsorge des ökumenischen Flüchtlingskomitees nun den Hunderttausenden von Verschleppten, den sogenannten „Displaced Persons", zu gelten hatte, die überall in Europa anzutreffen waren. Allerdings, die Judenchristen wurden nicht vergessen! Die bisherige Unterstützung der CIMADE, der Gruppen in Italien und Schanghai wurde beibehalten und darüberhinaus wurde intensiv am Schicksal der „nichtarischen" Christen in Deutschland Anteil genom-

[85] Vgl. den Bericht von A. FREUDENBERG, Flüchtlingsdienst, S. 70–79; H. PUFFERT, Bedeutung.

[86] Vgl. A. FREUDENBERG, Henry Carter, S. 394–396.

men. Dies zeigen die Protokolle der Kommissionstreffen ebenso wie die Berichte von Reisen nach Deutschland, die Freudenberg unternahm[87].

Eine erste Reise, die Freudenberg vom 14. Juni bis 12. Juli 1945 nach Deutschland führte, brachte vielfältige Ergebnisse. Berichte über die wirtschaftliche Lage im Nachkriegsdeutschland und die Situation der Kirchen, die teilweise von Freudenberg selbst verfaßt waren, halfen mit, daß so schnell wieder Beziehungen der Weltchristenheit zu Deutschland möglich wurden[88].

Die erste Vollversammlung der Ökumenischen Flüchtlingskommission wurde vom 5. bis 7. Februar 1946 in London abgehalten. Zu den Mitgliedern der Kommission gehörte als Vertreter der deutschen Kirchen Propst Grüber aus Berlin. Die Bedeutung dieser Versammlung kam dadurch zum Ausdruck, daß von anderen Flüchtlingsorganisationen Vertreter eingeladen waren, darunter auch die der „United Nations Relief and Rehabilitation Administration" (UNRRA). Neben einem Bericht des Sekretärs über die Arbeit seit 1939[89] und allgemeinen Überlegungen zur Flüchtlingsproblematik kam auch die schwierige Lage der Judenchristen zur Sprache. Grüber beschrieb die tragische Situation dieser im „Dritten Reich" wie die Juden verfolgten Personengruppe und beklagte, daß die jüdischen Organisationen durch ein Abkommen mit der UNRRA Lebensmittel und andere Hilfsgüter nach Deutschland senden könnten, diese aber allein Mitgliedern der Jüdischen Gemeinde zugute kämen und nicht den ebenso geschädigten „nichtarischen" Christen. Allein in Berlin seien zur Zeit 9000 dieser Menschen gemeldet. Der Vertreter der UNRRA entgegnete, daß dieses Problem von seiner Organisation schon untersucht worden sei, allerdings habe man in Berlin nur ein Büro, so daß es zweifelhaft sei, ob Hilfe nach Berlin gebracht werden könne. Die Sache werde weiter erwogen und mit den Leitern der UNRRA besprochen[90].

Während der Londoner Tagung wurde eine Resolution über Christen jüdischer Herkunft erarbeitet und über das „Department for Reconstruction and Church Interaid" an den vorläufigen Weltrat der Kirchen zur Beschlußfassung weitergeleitet. Der Vorläufige Ausschuß übernahm diese Vorlage wörtlich. In ihr wurde betont, daß die Kirche Christi allen Christen jüdischer

---

[87] A. Freudenberg, Befreie, S. 180; Ders., Flüchtlingsdienst, S. 70–79.

[88] Der Bericht von Freudenberg über die wirtschaftlichen Verhältnisse kam oben S. 48 f. zur Darstellung. In einem anderen Papier, „Bemerkungen zur Kirchlichen Lage in Deutschland" vom Juli 1945, betonte Freudenberg beispielsweise, daß die meisten Kirchenleitungen wieder von bekenntnistreuen Personen besetzt seien und eine gewisse Konsolidierung der Verhältnisse im Gang sei (AÖR Genf, 1946 WCC Provisional Committee, Box E 4; jetzt abgedruckt in: C. Vollnhals, Kirche, S. 14–19).

[89] Vgl. oben S. 38 ff.

[90] Minutes of the first Meeting of the Ecumenical Refugee Commission held at 21 Bloomsbury Street, London 5.–7. 2. 1946, Tagesordnungspunkt 5 (AÖR Genf, Interchurch Aid B 2. Darin: Ecumenical Refugee Commission 1946). – Vgl. zu diesem Treffen auch den Bericht von A. Freudenberg, Tagung.

Herkunft „ebenso wahre Heimat ist wie für alle anderen Christen und daß sie deshalb ohne Einschränkung an Rechten und Pflichten teilhaben, die zu der Gliedschaft und dem Dienst der Kirche gehören"[91]. Weiter wurde betont, daß die Kirche den Christen jüdischer Herkunft in Zeiten der Verfolgung Zufluchtsstätte sein wolle, ob in der ursprünglichen Heimat, im Ausland oder auf dem Weg in eine neue Heimat. Dies gelte, so wurde abschließend festgestellt, weil die Kirche sich ihrem Wesen nach über die ganze Menschheit erstrecke und in ihrem Herrn eins sei.

Im ersten Teil dieser Resolution wandte man sich mit aller Entschiedenheit gegen den von einigen deutschen Landeskirchen während des „Dritten Reiches" verfügten Ausschluß der „nichtarischen" Christen aus der Kirchengemeinschaft und ebenfalls gegen die Ansicht, daß die Judenchristen spezielle Kirchen bilden müßten, die neben den „normalen" Kirchengemeinschaften stehen[92]. Zu beachten ist auch, daß durch die Wendung „ohne Einschränkung an Rechten und Pflichten teilhaben, die zu der Gliedschaft und dem Dienst der Kirche gehören" ausdrücklich jede Zurücksetzung abgelehnt wird: Es gibt keine Christen erster und zweiter Klasse! Damit war aber auch gesagt, daß, wie im „Dritten Reich" ebenfalls geschehen, ein Verwehren des Pfarramtes für Judenchristen unter keinen Umständen in Frage kommen könne. Weiter wurde unterstrichen, daß gerade in Notzeiten die Kirche durch alle ihre Dienste Heimat geben und sein müsse. Es könne also nicht nur darum gehen, diesen Menschen geistliche Zurüstung zu geben, sondern es gelte, ihnen gerade auch ihre materielle Not mit allen Mitteln beseitigen zu helfen. Abschließend wurde hervorgehoben, daß die Kirche in ihrem Herrn eins und eine sich über alle Menschen erstreckende Gemeinschaft sei. Damit wurde zum Abschluß der Resolution die schon eingangs herausgestellte Einheit nochmals nachdrücklich als Grundlage jeglichen Kirchenverständnisses festgehalten. Eine Aufteilung oder Aufspaltung kann es nicht geben! Beachtenswert ist, daß in dieser Resolution nur ekklesiologische Aussagen gemacht wurden und nichts zur Schuld der Kirche gegenüber den Judenchristen ausgeführt wurde. Ebenso fällt auf, daß kein spezieller Adressat genannt wurde und konkrete Forderungen fehlen.

Auf eine ebenfalls in London verabschiedete „Resolution über Antisemitismus und die Judenfrage" soll weiter unten eingegangen werden[93].

Die zweite Vollversammlung des ökumenischen Flüchtlingskomitees fand im Juni 1946 in Genf statt. In einem ausführlichen Bericht unternahm es der Sekretär der Flüchtlingskommission, aufgrund einer detaillierten Analyse

[91] Ökumenischer Presse- und Nachrichtendienst, 13. Jgg., Nr. 9 vom Februar 1946, deutsche Ausgabe, S. 6, jetzt abgedruckt in: Kirchen, S. 324.

[92] Diese Forderung hatte beispielsweise der Tübinger Neutestamentler Gerhard Kittel erhoben (Judenfrage, S. 76–80, bes. S. 80). Vgl. hierzu: E. Siegele-Wenschkewitz, Gerhard Kittel, S. 53–80; Dies., Wissenschaft.

[93] Vgl. unten S. 296 ff.

der momentanen Lage die künftigen Aufgaben der Kommission zu umreißen. Er stellte fest, daß sich die Arbeit mit dem Ende des Krieges ausgeweitet habe, gelte es doch, sich nun neben der Sorge um die Christen jüdischer Abstammung auch um die vielen Verschleppten und Heimatlosen zu kümmern. Allerdings, so wurde gleich eingangs bemerkt, dürfe nicht aus den Augen verloren werden, „that we Christian social workers often risk being submerged by the appeals to mitigate the material distress of our friends and that we too easily forget to remember the order of Jesus Christ: ‚Go ye therefore, and teach all nations, baptizing them...'"[94]. In einem zweiten Abschnitt ging Freudenberg auf die Bereiche „Antisemitismus" und „Christen jüdischer Herkunft" ein. Er stellte fest, daß sich der Antisemitismus, „this worst inheritance of Hitlerism has spread all over the world like a wild fire and is even beginning to invade nations who have so far been largely immune to this insane passion". Es gelte sich mit allen Mitteln dagegenzustellen und darauf hinzuweisen, daß der Antisemitismus eine Verleugnung der Gesetze Gottes sei. Um einer beobachtbaren Versteifung des Verhältnisses zwischen Juden und Christen entgegenzuwirken, wurde die Einsetzung einer Kommission vorgeschlagen, die diese Angelegenheit aufarbeiten sollte. Im Hinblick auf die Judenchristen führte der Referent aus, daß das Engagement der Kirchen für diese notleidenden Menschen keinem Vergleich mit dem der „Synagoge" standhalten könne. Das Argument, die jüdischen Organisationen müßten sich – da sie von christlichen Kreisen Spenden erhielten – auch um die Judenchristen kümmern, lasse sich leicht entkräften, da diese Beiträge im Vergleich zu den Gaben jüdischer Stellen völlig unbedeutend seien. Freudenberg fuhr fort: „It is for this reason that the complaints of our Christian brethren should be directed exclusively to the Churches, and the Churches should accept them as a challenge to be answered by giving efficient help in both their spiritual and their physical needs." Er gab bekannt, daß nunmehr speziell für die Judenchristen eine Hilfsaktion anlaufe. Wichtig aber bleibe, neben der materiellen Hilfe diesen Menschen den Eindruck zu vermitteln, „that the church of Christ is as truly a home for them as for all other Christians". Auf die Einräumung von 1000 Auswanderungsmöglichkeiten durch das „American Christian Committee for Refugees" (ACCR) wurde dankbar hingewiesen und der Hoffnung Ausdruck verliehen, daß auch Judenchristen zu diesem Kontingent gehörten. Kurz wurde in diesem Bericht noch die Situation in Frankreich angesprochen, wo die Hilfe der CIMADE weitergehe. Bedauerlich sei die Lage der Hilfsstellen in der Schweiz, da die bisher von der Flüchtlingskommission bereitgestellten Mittel aufgrund der vielen anderen Aufgaben gekürzt werden mußten. Ein gewisser Ausgleich könne nur von einem Appell an die christlichen Gewissen erwartet

---

[94] Second Meeting of the Ecumenical Refugee Commission, Geneva, 12–14 June 1946. Report of the Secretary (vgl. oben S. 97, Anm. 90).

werden, durch den auf diese Notlage aufmerksam gemacht werden solle. Die Gemeinde in Schanghai brauche keine Hilfe mehr, da sich die UNRRA und der „Jewish Joint“ um diese Menschen, die jetzt auch mehr und mehr abwanderten, kümmerten. In einem dritten Abschnitt wurde auf die große Not der Vertriebenen und Verschleppten in Europa hingewiesen und erste Schritte benannt, die zu einer Verbesserung der Lage unternommen worden waren.

Verglichen mit Stellungnahmen von kirchlichen Organisationen und Persönlichkeiten in Deutschland fällt bei diesem Bericht die Klarheit auf, mit der die Verantwortung der Kirchen benannt wurde. Jeder Versuch, andere Organisationen in irgendeiner Weise verantwortlich zu machen, wurde von Freudenberg abgewiesen. Die Kirche muß sich ihrer ureigensten Aufgabe stellen: Sie hat sich geistlich und materiell um die Judenchristen zu kümmern, und sie hat den Antisemitismus als den Geboten Gottes entgegenstehend zu brandmarken. In diesem Bericht wurde etwas von dem fast leidenschaftlichen Engagement von Freudenberg spürbar: Die „Judenfrage“ ist eine Frage an die Kirche! Es geht um die Neubestimmung ihres Verhältnisses zu Israel; sie muß alles unternehmen, um den in ihrem Umkreis wuchernden Antisemitismus zu beseitigen. Diese beiden Punkte durchziehen wie ein roter Faden die Arbeit Freudenbergs in der Ökumenischen Flüchtlingskommission.

Die Vollversammlung beschäftigte sich auch mit den Schwierigkeiten bei der Lebensmittelverteilung an Judenchristen in Deutschland, Österreich, Ungarn und in der Tschechoslowakei. Es wurde gefordert, daß den Christen jüdischer Herkunft ein angemessener Anteil der materiellen Hilfe zukommen müsse, was bislang nicht geschehen sei. Die Verteilung sollte durch anerkannte Verteilungsstellen vorgenommen werden[95].

Da es in der Regel nicht möglich war, die Vollversammlung öfter als einmal jährlich zusammenzurufen, fanden zwischenzeitlich Treffen der Mitarbeiter der Genfer und Londoner Büros statt, an denen neben dem Sekretär Freudenberg auch der Vorsitzende der Flüchtlingskommission, Reverend Henry Carter, teilnahm. So konnten die Vollversammlungen vorbereitet werden, und obendrein war ein kontinuierlicher Austausch gewährleistet, so daß auf die jeweiligen Entwicklungen schneller reagiert werden konnte.

Im Rahmen dieser Zwischenkonsultationen trafen sich im Oktober 1946 die Genfer und Londoner Vollzugsausschüsse zu ihrer zweiten Besprechung. Dabei gab ein Vorschlag, den Judenchristen geistliche und materielle Hilfe zukommen zu lassen, Anlaß zu einer Debatte über die Verantwortung der Flüchtlingskommission für diese Christen jüdischer Herkunft in Deutsch-

[95] Vgl. oben S. 79, Anm. 38. – Die Probleme bei der Verteilung, so wurde festgestellt, seien durch Kommunikationsmangel mit dem „American Joint Distribution Committee“ entstanden. Es wurde beschlossen, daß dieser Fragenkreis einer Internationalen Konferenz, die im August in Oxford stattfinden sollte, zur Beratung vorgelegt wird.

land, die nicht als Flüchtlinge anzusehen waren. Bis zu diesem Zeitpunkt waren noch keine Hilfsgüter speziell an Judenchristen gesandt worden, sondern es war den Kirchen überlassen, sich im Rahmen der allgemeinen Hilfe um diese Menschen zu kümmern. Allerdings wurde eingewandt, daß dieses System nicht so recht greife, „... the Hebrew Christians were left out altogether, for they might not be fully accepted by the churches“[96]. Es wurde beschlossen, daß sich das „Reconstruction Department“ wegen dieser Sache an das Hilfswerk wenden solle, um auf die Verantwortung für die Judenchristen hinzuweisen. In der Projektliste für die folgenden zwölf Monate, die ebenfalls auf dieser Oktobersitzung besprochen wurde, waren insgesamt fast 8000 Franken, zehn Prozent der vorgesehenen Mittel, speziell für Judenchristen ausgewiesen. Dieser Betrag war trotz der anlaufenden Unterstützung dieses Personenkreises durch amerikanische Organisationen nötig, damit das Flüchtlingskomitee Engpässe überbrücken und eine gerechte Verteilung der Gaben gewährleisten konnte[97].

Ein weiteres wichtiges Thema der Vollzugsausschußsitzung im Oktober war der Austausch über ein Schreiben des Generalsekretärs des Jüdischen Weltkongresses an den Weltrat der Kirchen, in dem auf ein sehr diffiziles Problem hingewiesen wurde: Während des Krieges hatten christliche Familien jüdische Kinder aufgenommen und erzogen. In der Schweiz wurden beispielsweise mehr als 500 Kinder in christlichen Häusern untergebracht, auch in Frankreich, Ungarn, Deutschland, Holland, Schweden, Österreich und Großbritannien gab es solche Hilfen. Für die älteren Kinder, so der Vertreter des Jüdischen Weltkongresses, sei die Rückkehr in die jüdische Gemeinschaft nicht schwierig, da sie sich noch an ihre jüdischen Wurzeln erinnerten. Schwieriger stelle sich die Lage bei den kleineren Kindern dar, die im christlichen Milieu aufgewachsen und ohne Wissen um ihre jüdische Abstammung geblieben seien. Man sei sich bewußt, daß man den Gasteltern großen Dank schulde und daß es schwierig sei, diese Kinder ihren Pflegefamilien wegzunehmen. Nach der Ermordung der europäischen Juden seien diese Kinder aber von vitaler Bedeutung für die jüdische Gemeinschaft und ihren Neuaufbau. Deshalb sei es eine Pflicht der jüdischen Organisationen,

---

[96] Protokoll der Sitzung der „Ecumenical Refugee Commission“ (ERC) vom 21.10.1946 in Genf (vgl. oben S. 79, Anm. 38).

[97] Eine weitere Initiative dieses Kreises ist in diesem Zusammenhang anzuführen: Für Anfang 1947 wurde eine „Round Table Conference“ geplant, „to discuss the existing divergences of opinion concerning the right Christian Approach to the problem of Israel and to the Jews.“ (Minutes of the second Joint Meeting of the Geneva and London Executives of the Ecumenical Refugee Commission, Genf 21.10.1946 [AÖR GENF, 12 – 1946–1950 Service to Refugees, Committees]) Diese Konferenz fand dann vom 2. bis 4.2.1947 in Presinge bei Genf statt. Eine von dieser Tagung ausgehende, in einem Brief von Freudenberg an Vogt erwähnte, Botschaft war nicht aufzufinden (EBD., A Pfarrer P. Vogt, Schweizerisches Hilfswerk für die Bekennende Kirche. 1er janv. 1947–31. oct. 1948. Darin: Judenfrage und Antisemitismus); vgl. den Kurzbericht über dieses Treffen in: JUDAICA 3, 1947, S. 86.

jüdische Pflegefamilien zu finden, um diese Kinder für die jüdische Gemeinschaft zurückzugewinnen. Der Vatikan sei schon gebeten worden, seine Bischöfe auf diese Frage aufmerksam zu machen. Der Weltrat der Kirchen wurde in diesem Schreiben aufgefordert, seinen Mitgliedskirchen diesen Sachverhalt nahezubringen „and to ask them to meet the Jewish viewpoint with sympathetic understanding by helping with the placing of children in Jewish Institutions“[98]. Die versammelten Mitglieder der Flüchtlingskommission beschlossen, jemanden aus ihrem Kreis mit einer Ausarbeitung zu diesem Problem zu beauftragen, welche dann an die Mitgliedskirchen versandt werden sollte. In dieser Stellungnahme wurde betont, daß jeder Einzelfall im Geiste christlicher Liebe betrachtet werden müsse. Es könne unter keinen Umständen angehen, daß ein Kind, das Jesus als seinen Herrn gefunden habe, von ihm abgebracht werde. Jedenfalls hätten die Kinder in Freiheit selbst zu entscheiden. Wo dies wegen des Alters nicht erwartet werden könne, solle ein Vormund diese Entscheidung treffen. Allerdings gelte es auch dem jüdischen Anliegen Rechnung zu tragen, da die Aufnahme dieser Kinder in Anbetracht der damaligen Bedingungen eine Notmaßnahme gewesen sei. Es hieß weiter: „Such a state of emergency should not be misused for ‚missionary‘ ends, and it should be remembered that the terrible losses incurred by the Jews were brought about not least through the appalling indifference often manifested in Christian circles, far and wide.“ Abschließend wurde hervorgehoben, daß es nicht gerecht wäre, einem Kind seinen jüdischen Ursprung zu verbergen. „Rather, these children can claim the right to be brought up to respect their ancestors, and, at a given time, to be allowed to decide what faith should be theirs.“ Sicher sei, so schloß dieses Rundschreiben, daß von dieser Frage entscheidend das künftige Verhältnis zwischen Christen und Juden mitbestimmt werde und deshalb gelte es, entsprechend zu verfahren.

Auf der im Januar 1947 stattfindenden dritten Sitzung der Genfer und Londoner Büros des Flüchtlingssekretariates beschäftigte man sich mit dem Thema „Hilfe für Christen jüdischer Abstammung“. Die Mitglieder dieses sogenannten „Joint Executive Committees“ waren sich klar darüber, daß die Verfolgung der Juden im „Dritten Reich“ wie ein Hindernis zwischen Christen jüdischer Abstammung und anderen Christen stehe. Gründliche Studien über die Frage „Israel“, so war man der Überzeugung, seien nötig und materielle Hilfe und eine Zusammenarbeit mit dem Hilfswerk zumindest noch für eine beschränkte Zeit geboten. Differenzen zwischen amerikani-

[98] Brief des General Secretary of the World Jewish Congress mit dem Entwurf der Stellungnahme der ERC vom Juni 1946. Überschrieben „Memorandum“ (vgl. oben S. 97, Anm. 90). – In den Akten findet sich nur der Entwurf (draft) der Stellungnahme. Da dieser jedoch ohne jede Bemerkungen vorliegt, kann angenommen werden, daß er unverändert angenommen wurde.

schen Hilfsorganisationen hinsichtlich der Auswanderungsmodalitäten könnten, so hoffte der Flüchtlingssekretär, wohl bald ausgeräumt werden[99].

Die dritte Vollversammlung der ökumenischen Flüchtlingskommission fand im März 1947 in Kopenhagen statt. Dieser Ort war gewählt worden, um ein internationales Zeichen für die noch fast vergessenen deutschen Heimatvertriebenen zu setzen, deren Leiden vom Vorsitzenden des Flüchtlingskomitees schon frühzeitig erkannt wurden „und um der dänischen Regierung bei der Unterbringung der 200000 ostpreußischen Flüchtlinge, die der Krieg nach Dänemark verschlagen hatte, in Westdeutschland zu helfen…"[100]. Grüber gab einen ausführlichen Überblick über die Lage in Deutschland. Einleitend sprach er das große Problem der heimatvertriebenen Schlesier an, die wochenlang in unbeheizten Eisenbahnwagen eingeschlossen waren. Er forderte, daß sich der ökumenische Flüchtlingsausschuß dafür einsetzen solle, daß die Deportationen auf eine geordnete und menschliche Art vonstatten gehen müßten. 160000 Juden seien aus dem Osten nach Westdeutschland gebracht worden und es sei nur zu hoffen, daß diese Menschen möglichst bald weiter nach Palästina oder anderen Ländern reisen könnten, da durch sie die noch vorhandenen antisemitischen Gefühle wieder Oberhand gewönnen. Nachdem er die äußerst prekäre Ernährungslage dargestellt hatte, ging Grüber auch auf die Lage der Judenchristen ein. 46000 Protestanten, Katholiken und Dissidenten seien bislang in den Hilfsstellen registriert: 42% davon in Berlin, 6000 in Hamburg und 3300 in Frankfurt[101]. Um die Notlage dieser Menschen besser im Blick zu behalten, beschloß die Versammlung, eine neun Personen umfassende Konsultativgruppe einzusetzen, die sich speziell um die Lage der Christen jüdischer Abstammung kümmern sollte[102]. In ihrem noch während der Kopenhager Vollversammlung vorgelegten Bericht brachte diese Gruppe zum Ausdruck, daß die Gefahr bestehe, daß die verschiedenen Organisationen, die den Judenchristen helfen wollten, eine teilweise ineffektive Hilfe leisteten, da die Bedürfnisse von Land zu Land beträchtlich variierten. Es müsse eine übergeordnete Instanz geschaffen werden, welche die Koordination der materiellen Unterstützungsmaßnahmen für Judenchristen übernehmen sollte. Die Konsultativgruppe regte daher an, ein spezielles Sekretariat einzurichten, dessen Aufgabe es sein solle, das ganze Problem der materiellen Nöte der Judenchristen in Europa im Blick zu behalten und die einschlägigen Hilfsorganisationen mit diesen Informationen zu versorgen. Darüberhinaus solle diese Stelle auch die vorhandenen Hilfsgüter erfragen, um so dann Hinweise für eine gerechte und vernünftige

---

[99] Minutes of the third meeting of the Joint Executive Committee, Genf, 30./31. 1. 1947 (vgl. oben S. 84, Anm. 56).

[100] A. FREUDENBERG, Befreie, S. 181.

[101] Minutes of the third meeting of the Ecumenical Refugee Commission, 26.–29. 3. 1947 in Kopenhagen, Appendix F: Report on Germany, March 1947 (vgl. oben S. 84, Anm. 56).

[102] EBD.

Verteilung geben zu können[103]. Zum Abschluß der Vollversammlung teilte der Vorsitzende noch mit, daß inzwischen 25 Millionen Dollar für den Wiederaufbau und die Wiederansiedlung von Verfolgten des Naziregimes durch eine Konferenz der vier Siegermächte bewilligt worden seien. 90% dieser Mittel stünden für die Verfolgten jüdischer Abstammung zur Verfügung und 10% den nichtjüdischen Opfern der Naziverfolgung. Unklar und noch zu besprechen sei die Einordnung der „nichtarischen" Christen[104].

In der praktischen Arbeit des Flüchtlingssekretariates ergaben sich immer wieder Schwierigkeiten, da ein konkreter und detaillierter Einblick in die Lage der Judenchristen in Deutschland nur schwer zu gewinnen war. Es wurde daher sehr begrüßt, daß die „International Hebrew Christian Alliance" einen Mitarbeiter, Reverend Ellison, dem Flüchtlingskomitee zur Verfügung stellte, um die Situation der Christen jüdischer Abstammung in Deutschland zu beobachten[105]. Ellison sollte „mehrere Wochen in Deutschland und Österreich verbringen..., um die jetzige Zahl und den Zustand dieser Leute ausfindig zu machen"[106]. Die ausführliche Analyse, die Ellison über diese Reise erarbeitete, gab einen sehr guten Einblick in die Lage der Judenchristen und die Arbeit der Hilfsstellen für Rasseverfolgte[107].

Auf der Novembersitzung des „Joint Executive Committee" wurde unterstrichen, „that the problem of the Hebrew Christians is first of all a problem for the Christian Church"[108]. Deshalb, so war die Meinung dieses Komitees, müsse auch jede Hilfe für Judenchristen weiterhin über das Hilfswerk abgewickelt werden. Im übrigen sei es nötig, allen Kirchen Europas eine Resolution zukommen zu lassen, in welcher diese Zusammenhänge dargelegt werden sollten.

Einen guten Einblick in die Lage der Judenchristen in Deutschland und die mit ihrer Unterstützung gegebenen Probleme gibt ein gegen Ende des Jahres 1947 erstellter Bericht der Flüchtlingskommission. Dieser Bericht wurde von Oberkirchenrat Heinz Kloppenburg verfaßt, der im Herbst 1947 an die Stelle von Freudenberg getreten war, der eine Stelle als Flüchtlingspfarrer in der neu entstehenden Siedlung Heilsberg bei Bad Vilbel in Hessen angenommen hatte[109]. In seinem Bericht machte Kloppenburg darauf aufmerksam, daß die

---

103 Protokoll des Kopenhagener Treffens, Appendix M: The Consulative Group on Material Help for Hebrew Christians (March 1947) (vgl. oben S. 79, Anm. 38).

104 Vgl. N. Sagi, Wiedergutmachung, S. 40f.

105 Minutes of the fifth meeting of the Joint Executive Committee Genf, 7./8. 8. 1947 (vgl. oben S. 84, Anm. 56).

106 Brief von A. Braley, Assistant Secretary Ökumenische Flüchtlingskommission, an Vogt, Zürich (vgl. oben S. 77, Anm. 35). Dieser sandte eine Abschrift des Briefes an Majer-Leonhard, Stuttgart.

107 Vgl. dazu oben S. 84ff.

108 Minutes of the sixth meeting of the Joint Executive Committee, Genf, 6./7. 11. 1947 (vgl. oben S. 84, Anm. 56).

109 Vgl. zum Heilsberg H. Krimm, Beistand, S. 84.

christlichen Gemeinden in Deutschland ihre Pflicht gegenüber den Judenchristen nicht erkannt hätten. Dies aber sei eine notwendige Voraussetzung dafür, daß eine angemessene Hilfe geleistet werden könne, lehne doch das Zentralbüro des Hilfswerks eine spezielle Unterstützung ab. Zu beobachten sei, daß vor allem solche Judenchristen nach Paketen fragten, die keinen Kontakt zu Gemeinden hätten und die eine ähnliche Hilfe erwarteten, wie sie die Jüdische Gemeinden ihren Mitgliedern gewähren könne. Auch dürfe nicht übersehen werden, daß der Staat zusätzliche Rationen auch an ehemalige Rasseverfolgte ausgebe, wenn sie eine Arbeit aufnähmen. Abgelehnt wurde von Kloppenburg generell die Gründung von speziellen judenchristlichen Gemeinden. Einen Antisemitismus gebe es in Deutschland nicht mehr, so der Berichterstatter, lediglich gegen bestimmte Zweige der Militärregierung, die mit Angelegenheiten jüdischer Emigranten betraut seien, zeigten sich antisemitische Gefühle. Die Frage der Mission unter Juden in Deutschland sei schwierig, „as the Protestant Church feels strongly conscience-stricken towards the Jews owing to the failure of the Church to protest against the Jewish persecution“[110]. Im letzten Punkt des Berichtes wurde noch eine Konferenz zur Judenfrage angekündigt, die Anfang 1948 in Deutschland stattfinden sollte[111].

In dieser Situationsbeschreibung wurden, wie im folgenden noch zu zeigen sein wird, die entscheidenden Problempunkte angesprochen. Da war zum ersten die geringe Sensibilität der Gemeinden in Deutschland für die ehemaligen Rasseverfolgten und ihre Lage genannt, zweitens die Weigerung des Hilfswerks, eine gezielte Hilfe für diese Menschen aufzunehmen und drittens der Vergleich mit den Unterstützungen, die die Jüdischen Gemeinden ihren Gliedern geben konnte, angeführt. Die Einschätzung, daß der Antisemitismus in Deutschland beseitigt sei, erwies sich wenig später als falsch, als es wieder Ausschreitungen gegen jüdische Friedhöfe, Synagogen und Geschäfte gab[112]. Auch die Frage der Mission unter Israel in Deutschland und durch Deutsche war durchaus nicht so einmütig zu beantworten, wie beispielsweise Aktivitäten von Missionar Theophil Burgstahler im Raum Ulm oder die Arbeit der Judenmission in München belegen[113].

Mit dem Wechsel im Amt des Generalsekretärs der Flüchtlingskommission war ein erster Abschnitt in den Bemühungen des Ökumenischen Rates um die während des „Dritten Reiches“ um ihrer Rassezugehörigkeit willen

---

[110] Bericht von HK(loppenburg) vom 4. 12. 1947 (AÖR Genf, II Chrétiens d'origine juive. 1er juin–31 août 1948. Darin: Articles, Rapports... „Christians of Jewish Origin“).

[111] Vgl. hierzu unten S. 205, S. 209ff.

[112] Vgl. H.P. Schwarz, Ära Adenauer, S. 475ff. und zu der mit der Schändung der Kölner Synagoge am 24./25. 12. 1959 beginnenden Reihe weiterer Synagogenschändungen. (Vgl. Schwäbische Donau-Zeitung, Ulm, vom 2. und 11. 1. 1960). Auf die Fortdauer der antisemitischen Ausschreitungen wurde oben S. 58f. hingewiesen.

[113] Vgl. unten S. 151ff., S. 159ff.

verfolgten Christen beendet. Man hatte auf das Elend dieser Menschen weltweit aufmerksam gemacht und dafür gesorgt, daß sie eine besondere Unterstützung erhielten. Aber nicht nur in diesem materiellen Bereich waren erste Schritte in die Wege geleitet worden, sondern auch die theologische Diskussion hatte durch die Erklärungen des Vorläufigen Rates einen ersten Impuls erhalten. In den folgenden Jahren ging es weniger um das „daß" der Hilfe, sondern eher um das „wie". Man war damit beschäftigt, die sich schon Mitte 1947 abzeichnende Notwendigkeit zur Kooperation abzurunden und verstärkt danach zu sehen, wie in Deutschland die Hilfe verteilt wurde.

Auf der vierten Vollversammlung der ökumenischen Flüchtlingskommission vom 26.–29. Februar 1948 in Paris standen die Probleme der Judenchristen zweimal im Blickpunkt der Versammelten. Zum einen berichtete Grüber über die Lage der Judenchristen in Deutschland, und zum anderen lag ein Bericht der Unterkommission „Judenchristen" vor. Grüber stellte heraus, daß durch die beträchtlichen Hilfssendungen ausländischer Organisationen in den jüdischen Gemeinden keine erheblichen Nöte mehr bestünden. Anders sei die Lage bei den Judenchristen, unter denen die Not noch sehr groß sei. Die Hilfsstellen für ehemalige Rasseverfolgte hätten sich inzwischen zu einer Arbeitsgemeinschaft zusammengeschlossen, um eine Überkreuzung der Arbeit der verschiedenen Stellen zu vermeiden. Besonders gelte es auf die Gefahr hinzuweisen, daß die Mittel des Wiedergutmachungsfonds „in the main goes back into the hands of the Jewish community – if not even to the fund of Palestine – and we have to work closely together on behalf of ‚reparations'"[114]. Der fünf Punkte umfassende Bericht der Unterkommission versuchte, prinzipielle und praktische Fragen im Zusammenhang der Hilfe für „nichtarische" Christen anzusprechen. Im ersten Punkt wurde betont, daß die Judenchristen Mitglieder der christlichen Gemeinde seien und deshalb Anrecht auf einen angemessenen Teil der zur Verteilung kommenden Güter hätten. Darüber hinaus aber müßten sie eine bestimmte Zeit eine bevorzugte Behandlung erfahren. Zwei Gründe wurden hierfür genannt: Sie hätten wie die Juden die schwersten Verfolgungen des Naziregimes getragen und von der Kirche nicht die ihnen zustehende Gemeinschaft erhalten. Es sei nicht versucht worden, dem wachsenden Mißtrauen in der Kirche entgegenzutreten, die sie ja durch ihre Missionsarbeit eingeladen hatte, an den Wohltaten des Evangeliums Anteil zu haben. Im folgenden Punkt wurden Diskriminierungen angeführt, denen die Judenchristen in Deutschland durch die Besatzungsbehörden ausgesetzt seien. Einem Judenchristen sei beispielsweise ein Haus zurückgegeben worden, das dann umgehend wieder als Nazibesitz beschlagnahmt wurde. Ein neues Flüchtlingsproblem, in das die Judenchristen in Palästina verwickelt werden könnten,

---

[114] PRIVATAKTEN FREUDENBERG, Mappe Ökumene A–Z. Appendix III: Country Reports. Germany (Propst Grüber), Februar 1948.

wurde im dritten Punkt angesprochen, und im folgenden Abschnitt sprach die Unterkommission vier Empfehlungen aus, wie dem Problem der Judenchristen in Deutschland beizukommen sei: Alle Organisationen, die geistliche und materielle Hilfe an Judenchristen in Deutschland leisteten, sollten kooperieren. Weiter müßten die ausländischen Organisationen entweder die Kommission oder die Flüchtlingsabteilung oder die zentrale deutsche Organisation konsultieren, um eine gerechtere Verteilung der Zuweisungen zu gewährleisten. Drittens sollte der Generalsekretär des Weltrates der Kirchen gebeten werden, einen Brief an alle Kirchen zu senden, um so Aufmerksamkeit für die Judenchristen zu erwecken und die Notwendigkeit einer speziellen Hilfe darzulegen. In der letzten Empfehlung wurde der Generalsekretariat des ÖRK aufgefordert, die Religionsfreiheit in Palästina in der Kommission für internationale Angelegenheiten anzusprechen. Im fünften und letzten Punkt des Berichtes wurde mitgeteilt, daß der schwedische Pastor Göte Hedenquist, ein ehemaliger Judenmissionar in Österreich[115], als Beauftragter der Wiederaufbauabteilung Kontakt halten solle zu allen Missionsgesellschaften, die unter Juden arbeiteten, zu den Gesellschaften, die sich um Judenchristen kümmerten, und zu der Flüchtlingsabteilung[116]. Diese Empfehlungen wurden durch die Kommission angenommen und um die Forderung erweitert, auf der Versammlung von Amsterdam müsse auch über die Judenchristen gesprochen werden[117].

Deutlich wurde durch diese Sitzung, daß die Unterstützung der Judenchristen bei weitem nicht so effektiv war, wie man es sich hätte wünschen können. Vor allem scheint sich die Zusammenarbeit zwischen den verschiedenen Organisationen doch recht mühevoll und schwierig gestaltet zu haben. Alle Versuche, die schon Freudenberg unternommen hatte, um die Hilfsgüter einigermaßen gerecht auf die verschiedenen Hilfsstellen zu verteilen, waren nicht auf Dauer von Erfolg gekrönt. Zu beachten ist auch, daß von seiten der ökumenischen Flüchtlingskommission ausdrücklich eine bevorzugte Unterstützung der Judenchristen verlangt und mit dem Versagen der Kirchen ihnen gegenüber während des „Dritten Reiches" begründet wurde.

Aus den Unterlagen im Archiv des Ökumenischen Rates geht hervor, daß in den folgenden Sitzungen der Flüchtlingskommission das Thema „Christen aus Israel" nicht mehr auf der Tagesordnung stand, obgleich der oben besprochene Bericht von Ellison über seine Deutschlandreise im Sommer 1948 dazu Anlaß gegeben hätte. Es legt sich die Vermutung nahe, daß

[115] Vgl. zu dieser Missionsarbeit G. ANDRÉN, Brief.

[116] World Council of Churches Refugee Commission, Minutes of the Annual Meeting, Appendix VI: Report of the Group appointed to consider the Problem of Help to Hebrew Christians. 26.–29. 2. 1948 in Paris (vgl. oben S. 84, Anm. 56). – Die interne Aufteilung der Aufgaben wurde so abgesprochen, daß Hedenquist für die unterstützenden Organisationen außerhalb Deutschlands, Kloppenburg für die innerhalb Deutschlands federführend sein solle.

[117] Minutes of the Annual Meeting (vgl. oben S. 84, Anm. 56).

entweder diese Frage nach dem Eindruck der Genfer Stellen an Brisanz verloren hatte, oder aber, daß Kloppenburg im Gegensatz zu seinem Vorgänger keinen Schwerpunkt seiner Arbeit in diesem Bereich gesetzt hatte. Diese Sicht wird dadurch bestätigt, daß, wie im folgenden gezeigt wird, Freudenberg auch noch nach seinem Weggang von Genf wesentliche Impulse zu einer theologischen Aufarbeitung des christlich-jüdischen Verhältnisses gab, von Kloppenburg aber kaum Initiativen in dieser Richtung ausgingen. Auffallend ist auch, daß mit dem Ausscheiden Freudenbergs nur noch der von ihm angeregte Bericht der Unterkommission breiteren Raum bei einer Besprechung der Kommission einnahm. Natürlich finden sich Unterlagen über eine Korrespondenz mit deutschen Hilfsstellen für ehemalige Rasseverfolgte auch für die folgenden Jahre, aber es ging dabei vor allem um die Frage des Verhältnisses zwischen dem Hilfswerk der EKD und den Hilfsstellen.

Hinzuweisen wäre noch darauf, daß von Genf auch Anregungen zur theologischen Aufarbeitung der „Judenfrage" ausgingen. Vor allem Freudenberg insistierte gegenüber deutschen Stellen eindringlich auf einem speziellen Schuldbekenntnis der deutschen Kirche gegenüber den Juden und auch darauf, daß eine systematische Aufarbeitung dieses ganzen Komplexes nötig und geboten sei[118].

Daß Freudenberg diese theologische Neubesinnung nicht nur einforderte, sondern auch selbst damit begann, erste Schritte zu gehen, zeigen verschiedene Vorträge, die er in dieser Zeit hielt. In einem dieser Vorträge, „Die ‚Judenchristen' in der christlichen Gemeinde", stellte er heraus, daß die Existenz von Christen jüdischer Abstammung überhaupt erst durch die von den Deutschen Christen erzwungene Einführung des „Arierparagraphen" deutlich geworden sei. Die Bekennende Kirche habe darin einen „Angriff auf die Substanz des christlichen Glaubens" gesehen[119]. „Die in den ersten Jahren des Kirchenkampfes gewonnenen Erkenntnisse sind leider nicht zu einem wirklichen theologischen Verständnis der Judenfrage weiter geführt worden und haben auch nicht zu dem notwendigen Frontal Angriff (sic!) gegen die Judenverfolgung im Raum des Staates geführt." Durch das Versagen in diesem Zusammenhang und das Schweigen zu der Vernichtung der Juden habe die Kirche große Schuld auf sich geladen, die „nur im Glauben an die Vergebung durch tätige Buße wieder gut (zu) machen" sei. Es gelte, „den Brüdern und Schwestern aus Israel in ‚unfärbter' (sic!) Bruderliebe zu begegnen", in ihnen „Zeichen der unbeirrbaren Bundestreue Gottes zu erkennen" und den Antisemitismus zu bekämpfen. Unbiblisch seien die Gründungen spezieller Gemeinschaften nur für Judenchristen, da durch sie „die Einheit des Leibes Christi" beeinträchtigt würde. Nach einem Hinweis auf die

118 Vgl. u.a. unten S. 195ff., S. 234f., S. 315f.

119 Abschrift eines Vortragsmanuskripts Freudenbergs vom 11.10.1946 (LKA Stuttgart, Altregistratur, 153/I.).

Notwendigkeit einer gerechten Verteilung von Liebesgaben schloß diese Ausarbeitung Freudenbergs mit der beachtenswerten Äußerung, daß man sich in der Kirche hüten müsse, „die Frage der Judenchristen oder christliche Rasseverfolgte (sic!) zu sehr zu betonen. Wenn wir rechte Christen sind, wird die Frage hoffentlich künftig wegfallen. Wir müssen uns stets den Blick für die ganze Gottesfrage Israel frei halten". Denn der „Schlüssel für das ganze Problem liegt darin, daß die Christen, einerlei welcher Herkunft, daß die Gemeinde und die Kirche wirklich glaubende, gehorsame, hoffende und durch Christus mit Gott versöhnte Christen, Gemeinden und Kirchen werden".

Wie unten gezeigt werden wird, ist es wohl vor allem dem beharrlichen Drängen Freudenbergs zu verdanken, daß die EKD 1950 überhaupt zu einer Erklärung bezüglich der „Judenfrage" fand, in welcher einerseits dem Versagen der Kirche gegenüber den Juden und Judenchristen Ausdruck verliehen und andererseits ein erster Impuls zu einer Neubestimmung des christlich-jüdischen Verhältnisses angedeutet wurde.

Anzufügen wäre noch, daß Freudenberg nicht nur gegenüber den deutschen Kirchen auf eine theologische Aufarbeitung dieser Fragen drängte, sondern auch in Briefen an Kirchenvertreter aus Amerika und England einen Handlungsbedarf herausstellte. So schrieb der Flüchtlingssekretär am 19. Dezember 1946 an verschiedene Personen in der Ökumene: „It has become clear to me that the real problem is the right christian approach to the central question and meaning of ‚Israel'. After all the sad happenings in Germany, there exists an urgent need to study thoroughly the whole problem in the christian communities and to work on a clear message of the christian Church. Antisemitism cannot be fought without a clear understanding of the whole issue."[120] Mit auf den Einfluß von Freudenberg dürfte zurückzuführen sein, daß der Ökumenische Rat der Kirchen bei seiner Gründungsversammlung in Amsterdam 1948 eine Erklärung zu Israel abgegeben hat[121].

---

120 Brief Freudenbergs an „Rev. Dr. Robbins W. Barstow, Church World Service", New York, vom 19. 12. 1946. Kopien gingen an Carter, Grüber, Gerstenmaier und Asmussen (vgl. oben S. 70, Anm. 15). Vgl. unten S. 196: Am gleichen Tag ging ein Brief in dieser Sache an die EKD.

121 Vgl. AMSTERDAMER ÖKUMENISCHES GESPRÄCH 1948, Bd. 5; jetzt abgedruckt in: KIRCHEN, S. 325–329.

3. *Die kirchlichen Hilfsstellen für Rasseverfolgte in Deutschland*

a. Die Hilfsstelle für Rasseverfolgte Stuttgart

Die Gründung der Hilfsstelle

Am 11. Juni 1945 richtete Majer-Leonhard an den Stuttgarter Prälaten Karl Hartenstein[122] einen Brief, in welchem er daran erinnerte, daß während des „Dritten Reiches" nicht nur die „Glaubensjuden", sondern auch die „Menschen geschädigt und benachteiligt (teilweise sogar verfolgt)" wurden, die zwar jüdischer Abstammung waren, aber die Taufe empfangen hatten[123]. Ebenso hätten Personen mit einem jüdischen Ehepartner viel zu leiden gehabt. Da nun das Eskinhaus in Stuttgart – eine Einrichtung der Israelitischen Kultusvereinigung, die von Armeerabbiner Herbert S. Eskin ins Leben gerufen worden war – nur die der jüdischen Gemeinde angehörenden ehemaligen Verfolgten betreue, würde sich bislang niemand um die andersgläubigen „Nichtarier" kümmern. Entweder müsse das Eskinhaus auch deren Betreuung mitübernehmen oder aber sollte durch die Stadt Stuttgart eine Stelle eingerichtet werden, die alle Fragen der „Wiedergutmachung" regele. „Mit der Frage der Betreuung ihrer in den letzten Jahren benachteiligten Glieder sollte sich die Kirche jetzt m. E. nicht zu viel beschäftigen", die großen, vor ihr liegenden Aufgaben seien wichtiger, allerdings habe sie „auf Grund ihrer besseren Kenntnis der Lage den Staat in den ersten Wochen auf gewisse Schwierigkeiten" hinzuweisen. Problematisch sei es für die Kirche, von einer Wiedergutmachung zu reden, da diese ja Vergeltung voraussetze, und überhaupt sei das Geschehene nicht wiedergutzumachen. Dennoch gelte, „daß uns jede Not reicher entläßt". Auf diesen Brief scheint keine Antwort erfolgt zu sein, so daß Majer-Leonhard am 19. Juni in einem Gespräch mit Eskin und einigen Mitgliedern des Vorstandes der Stuttgarter Israelitischen Kultusvereinigung die Betreuung der ehemaligen Rasseverfolgten besprach. Von seiten der jüdischen Gemeinde wurde nochmals deutlich gemacht, daß sie „nur die Nichtarier jüdischen Glaubens betreuen" könne[124].

Wenige Tage später, am 2. Juli, wandte sich Majer-Leonhard an das von der Stadt Stuttgart eingerichtete „Amt zur Untersuchung der durch den Nationalsozialismus rechtswidrig herbeigeführten Schäden". Er erinnerte an die Lebensbedingungen der im nationalsozialistischen Staat aus rassischen

---

[122] Vgl. unten S. 285, Anm. 70, S. 353 ff.; H. Thomä, Karl Hartenstein.

[123] Brief Majer-Leonhards an Hartenstein, „Betr. Betreuung der nichtarischen Nichtjuden". (Gemeint sind wohl Personen, die „nichtarischer" Abstammung sind, aber nicht der jüdischen Glaubensgemeinschaft angehören, S.H.), vom 11. 6. 1945 (LKA Stuttgart, Akten Hilfsstelle, 9).

[124] Brief Majer-Leonhards an Hartenstein vom 21. 6. 1945 (Ebd.).

Gründen Verfolgten und verwies darauf, daß der größte Teil der Stuttgarter „Nichtarier" umgebracht worden war. Die Israelitische Religionsgemeinschaft sorge für ihre Mitglieder, stelle Schutzbriefe der Militärregierung zur Verfügung und habe im Eskinhaus eine Betreuungsstelle eingerichtet. Da nun aber durch den Nationalsozialismus auch nicht der Jüdischen Religionsgemeinschaft angehörende „Nichtarier" verfolgt worden seien, sei es „erforderlich, daß von irgend einer Stelle eine Parallelorganisation zum Eskinhaus eröffnet würde, damit auch die nicht jüdischen Nichtarier irgendwo beraten und geschützt werden könnten"[125]. Man müsse Wohnungen und Möbel zur Verfügung stellen, vielleicht Rundfunkapparate zurückgeben und irgendwelche Ausbildungsmöglichkeiten schaffen. Außerdem gelte es, eine Verbindung zu im Ausland lebenden Verwandten zu ermöglichen.

Bemerkenswert ist, daß Majer-Leonhard nicht die Landeskirche um die Einrichtung einer Hilfsstelle bat, was als Gegenüber der von der Jüdischen Kultusgemeinde getragenen Arbeit des Eskinhauses das Nächstliegende gewesen wäre, sondern sich an eine staatliche Stelle wandte. Auch in einem Brief vom 6. Juli an Hartenstein, in welchem Majer-Leonhard ankündigte, daß sich einige Schicksalsgenossen über die unzureichende Betreuung durch das Eskinhaus bei Landesbischof Wurm beschweren wollten, wird deutlich, daß der Absender an eine überkonfessionelle Einrichtung dachte, die die Hilfe für nicht der jüdischen Glaubensgemeinschaft angehörende ehemalige Rasseverfolgte übernehmen solle. Es wurde in diesem Brief auch darauf hingewiesen, daß eine Doppelung der Arbeit vermieden werden müsse. Kirche und Staat sollten nicht dieselben Aufgaben in Angriff nehmen[126].

Wie sich der Oberkirchenrat zu dieser Sache stellte, läßt sich aus den Akten nicht entnehmen. Erst als ein Brief der Jüdischen Gemeinde bei der württembergischen Kirchenleitung eintraf, kam Bewegung in die Angelegenheit[127]. Unter dem Datum des 6. August 1945 schrieb die „Israelitische Kultusvereinigung Stuttgart" an den Stuttgarter Prälaten: Viele Menschen, die im „Dritten Reich" als Juden bezeichnet wurden, aber evangelischer Konfession seien, kämen zur Isrealitischen Kultusgemeinde. Diese Menschen hätten zwar das volle Mitleid der Kultusgemeinde, aber man könne „sie unmöglich als Mitglieder unserer (der jüdischen, S.H.) Gemeinde umfassen"[128]. Bei Rückkehrern müßten die Beweggründe auf das genaueste geprüft werden. „Daraus ergeben sich für die – wir wollen den Ausdruck nochmals gebrauchen – Rassejuden christlicher Konfession neue Probleme. Wir gehen davon aus, daß Ihre Kirche sich dieser Menschen, die heute viel Hilfe benötigen,

---

[125] Brief vom 2. 7. 1945 (vgl. oben S. 65, Anm. 5).

[126] Brief Majer-Leonhards an Hartenstein vom 6. 7. 1945 (LKA Stuttgart, D 23, Bd. 77).

[127] Vgl. hierzu den unten auf S. 282ff. vorgestellten Brief Wurms an die Israelitische Religionsgemeinschaft vom 11. 6. 1945 (LKA Stuttgart, Altregistratur, 523 a).

[128] Ebd. Altregistratur, 153/I.

besonders annehmen wird." Eine Einführung der kirchlichen Sachbearbeiter in die Probleme dieser Menschen wurde angeboten und auch eine Hilfe in juristischen Fragen. Es wurde gebeten, möglichst bald mitzuteilen, wohin sich diese Leute wenden könnten, damit in den Räumen der Kultusgemeinde ein entsprechender Anschlag angebracht werden könne.

Bereits in der Sitzung des Oberkirchenrats am 8. August kam diese Frage auf die Tagesordnung und das Kollegium beschloß, die Evangelische Gesellschaft Stuttgart unter ihrem Leiter Pfarrer Daniel Schubert[129] mit der Fürsorge an den „nichtarischen" Christen zu betrauen[130]. Diesen Beschluß teilte Hartenstein am folgenden Tag der Israelitischen Kultusvereinigung mit. Ein Mitarbeiter der Evangelischen Gesellschaft werde sich mit der Kultusgemeinde in Verbindung setzen und sei für jede Beratung dankbar[131].

Wenige Tage später meldete sich Majer-Leonhard wieder zu Wort. Hartenstein hatte ihn über die Entscheidung des Oberkirchenrats informiert, und Majer-Leonhard machte nun sieben Einwände geltend. Die wichtigsten waren:

1. Die Kirche habe sich an die Mühseligen und Beladenen zu wenden. „Nun aber sind wir (die Judenchristen, S.H.) nicht mehr die Notleidenden – viel größere Not ist an anderen Ecken!"[132]
2. Die Judenchristen wollten Wiedergutmachung von erlittenem Unrecht, keine Almosen. Echte christliche Liebestätigkeit müsse aber „caritas" sein[133].
3. Die Betreuung der ehemaligen Rasseverfolgten solle nicht nach konfessionellen Gesichtspunkten erfolgen, da es für die Wiedergutmachung keine Rolle spiele, ob der Geschädigte evangelisch oder katholisch sei.
4. Die Kirche solle keine Arbeit übernehmen, die ihr nicht anstehe; sie solle sich nicht zuviel aufbürden.
5. Den Judenchristen sei die Kirche das Evangelium schuldig. Diese „Menschen (sollten) merken, ‚Was die Kirche sei'". Sie sollten sich nicht als besonders notleidende und bedauernswerte Geschöpfe vorkommen, das seien wohl einzelne, aber nicht die Mehrzahl.

Majer-Leonhard bat deshalb, nochmals zu prüfen, ob nicht „eine irgendwie geartete interkonfessionelle Stelle" eingerichtet werden könne. Der Staat habe das Unrecht hervorgerufen, er sei daher in die Verantwortung zu zwingen. Die Kirche müsse auch Kontakt mit dem allgemeinen Wohlfahrtsverband aufnehmen, damit nicht einzelne von verschiedenen Stellen betreut würden, während andere leer ausgingen. Da er inzwischen auch schon als

---

[129] Vgl. unten S. 154, Anm. 278.

[130] Vgl. oben S. 111, Anm. 128. – Die „Evangelische Gesellschaft" entspricht der „Stadtmission" in anderen Landeskirchen.

[131] Brief vom 9. 8. 1945 (vgl. oben S. 111, Anm. 128).

[132] Brief vom 13. 8. 1945 an Hartenstein (vgl. oben S. 110, Anm. 123).

[133] Vgl. hierzu die Argumentation Grübers oben S. 74f.

Anlaufstation angesehen worden sei, wolle er künftig die an ihn herankommenden Fälle an die Evangelische Gesellschaft weiterleiten. Durch diese Äußerungen Majer-Leonhards wird deutlich, daß er das vom Oberkirchenrat eingeleitete Verfahren als eine „Fehlentwicklung" einschätzte.

In seinem Antwortbrief vom 14. August machte Hartenstein deutlich, daß es nach all dem Geschehenen seiner Ansicht nach „falsch wäre, wenn wir von der Evang(elischen) Kirche diesen Dienst ablehnen, um den wir jetzt in aller Form von der israelitischen Kultusvereinigung gebeten wurden"[134]. Wie während des Krieges, so wisse sich die Kirche auch jetzt zu diesem Dienst der Caritas berufen. Besatzungsbehörden und Staat hätten versagt, die „Synagoge" sei nicht der Ort, und so bleibe wirklich nur der Raum der Kirche.

Auffallend schnell reagierte die Stuttgarter Kirchenleitung, als die Israelitische Kultusvereinigung ihr die Bitte auf Einrichtung einer Hilfsstelle für die evangelischen „Nichtarier" vorlegte. Die Bedenken von Majer-Leonhard gegen eine konfessionelle Hilfsstelle scheinen bei der Entscheidung der Kirchenleitung keine Rolle gespielt zu haben; jedenfalls wurde er, als jemand, der selbst betroffen war und außerdem gute Kontakte zu diesem Personenkreis hatte, vor der Entscheidung nicht gehört. Auch die Auflistung der Gravamina konnte keine Änderung mehr herbeiführen, sie wurden vom Kollegium des Oberkirchenrats nicht besprochen. So ging also die Einrichtung einer Betreuungsstelle für evangelische Judenchristen direkt auf eine Intervention der Israelitischen Kultusgemeinde zurück, und es kann darüber spekuliert werden, ob die Evangelische Landeskirche von sich aus Schritte unternommen hätte, um der Hilfe für Judenchristen einen organisatorisch klaren Rahmen zu geben. Überlegungen in dieser Richtung liesen sich nicht finden. Interessant ist jedoch, daß die ersten Briefe von Majer-Leonhard in dieser Sache nicht beantwortet wurden.

Am 13. September 1945 teilte der Oberkirchenrat allen Dekanatämtern die Einrichtung einer Betreuungsstelle für „nichtarische" Christen bei der Evangelischen Gesellschaft mit[135].

---

134 Vgl. oben S. 110, Anm. 123.

135 „Die fürsorgerische Betreuung und die Beratung nichtarischer evang(elischer) Christen einschließlich der sogenannten Mischlinge erfolgt neuerdings durch die Evang(elische) Gesellschaft in Stuttgart... Hilfesuchende, die an ihrem Wohnort nicht ausreichende Hilfe oder Beratung finden, können hienach auf die Evang(elische) Gesellschaft aufmerksam gemacht werden. Dies ist sämtlichen Pfarrämern zur Kenntnis zu bringen." Erlaß Nr. A 4472 (LKA Stuttgart, Erlaß-Sammlung, Sa.-Stelle). – Ein Jahr später, am 9. 10. 1946, schrieb die württembergische Kirchenleitung wiederum an die Dekanatämter und wies nochmals eindringlich darauf hin, daß die „Judenschaft der Welt... sich sofort nach der Besetzung Deutschlands mit großem Eifer ihrer deutschen Glaubensbrüder angenommen (hat), ausgeschlossen von dieser Hilfe blieben aber Rassejuden, die einer Kirche angehörten, obgleich sie in einzelnen Fällen unter der Rassegesetzgebung des 3. Reiches mehr zu leiden hatten als manche Glieder der Synagoge. Es wäre darum verständlich gewesen, wenn die Rücktritte zur Synagoge größeren Umfang angenommen hätten, zumal die ungeheure Not der Flüchtlinge und heimatlosen

Welchen Anlaß die Evangelische Gesellschaft hatte, ihre eben erst eingerichtete Betreuungsstelle bereits Mitte September umzustrukturieren, ist den Akten nicht zu entnehmen. Jedenfalls geht aus Gesprächsprotokollen hervor, daß die Betreuungsarbeit ab dem 1. Oktober lediglich als Auskunftsstelle von einer anderen Person weitergeführt werden sollte. Alle Bittsteller sollten zum Leiter des Wiedergutmachungsamtes der Stadt Stuttgart weitergeschickt werden. Der bislang zuständige Mitarbeiter der Evangelischen Gesellschaft brachte in einem Bericht zum Ausdruck, daß seiner Erfahrung nach eine Betreuung nur durch eine „staatl(iche) Stelle oder Vereinigung der Betroffenen" möglich sei. Die Kirche könne zumeist gar nichts tun. Deutlich wird durch diese Protokolle auch, daß die verschiedenen Organisationen, die sich der Hilfe für rasseverfolgte Menschen verschrieben hatten, voneinander recht wenig wußten. So meinte die Wiedergutmachungsstelle, Majer-Leonhard sei zur Mitarbeit in ihrem Ausschuß nicht bereit, die Israelitische Kultusgemeinde dachte, ein Pfarrer in Stuttgart-Degerloch habe die Fürsorge der Judenchristen übernommen, und von der katholischen Seite wußte man überhaupt nichts[136].

Da sich nun bald herausstellte, daß es mit einer reinen Auskunftsstelle nicht getan sein würde, beauftragte die Evangelische Gesellschaft Majer-Leonhard, die Betreuung der Judenchristen zu übernehmen. Dieser setzte sich umgehend mit der Jüdischen Kultusgemeinde in Verbindung, um sich über die Möglichkeiten der Hilfe zu informieren[137]. Deutlich wurde in diesem Gespräch, daß an eine gezielte und wirksame Hilfe erst dann zu denken sei, wenn entsprechende Gesetze verabschiedet wären. Bislang jedoch hätten die Besatzungsmächte „noch keinerlei Weisung gegeben, die Juden anders zu behandeln, als andere". Die Kultusgemeinde bedauerte, von einem Vorschuß des Staates von 250000 RM nichts an die Betreuungsstelle abgeben zu können, doch wurde Majer-Leonhard zugesichert, daß man ihm sogleich helfen werde, wenn die eigene Situation etwas besser sei[138]. Auch Hilfen bei Übersetzungen polnischer und russischer Papiere wurde der evangelischen Einrichtung seitens der Kultusvereinigung angeboten.

Einen ersten Einblick in die anfallenden Aufgaben dieser Betreuungsstelle geben zwei Briefe vom 30. November und 25. Dezember 1945. Im ersten bat Majer-Leonhard das Hilfswerk um finanzielle Unterstützung. Die bei ihm erschienenen Personen seien teilweise Ostflüchtlinge, die aus Geldmangel

Soldaten eine nennenswerte kirchliche Hilfe für die evangelischen Glaubensbrüder aus Israel – von Einzelfällen abgesehen – nicht erlaubt hat." (vgl. oben S. 108, Anm. 119).

136 Ordner: Evangelische Gesellschaft. Diese Akte befindet sich noch im Büro der Hilfsstelle für Rasseverfolgte, Stuttgart, Büchsenstr. 24/36.

137 Vgl. oben S. 110, Anm. 123 – In einem „Merkblatt für die Behandlung der nichtarischen Christen" hielt Majer-Leonhard die wichtigsten Fakten fest.

138 Brief von Dr. Ostertag, dem Vorsitzenden der Kultusvereinigung, an Majer-Leonhard vom 24. 10. 1945 (vgl. oben S. 110, Anm. 123).

ihre Bezugsscheine nicht einlösen könnten, teilweise seien es alte und kranke „Nichtarier", die laufend Unterstützung bräuchten. Leider arbeite das staatliche Wiedergutmachungsamt zu langsam, um die aktuelle Not lindern zu können[139]. Der zweite Brief war an das Landesernährungsamt gerichtet. In ihm wurde zum Ausdruck gebracht, daß es für die Opfer des Nationalsozialismus wichtig wäre, bald eine Krankenzulage zu erhalten[140]. Am 26. Januar 1946 antwortet das Landesernährungsamt: Vom Hauptquartier der US-Streitkräfte sei diese Sache seit dem 15. Oktober 1945 so geregelt, daß jeder Anspruch auf eine Zulage habe, der von den Nationalsozialisten wegen Widerstandes gegen das Naziregime zu KZ-Haft verurteilt worden sei oder aus rassischen, religiösen oder politischen Gründen verfolgt worden war. Wer in einem Lager eingesessen habe, erhalte 2500 Kalorien; diejenigen, denen das erspart geblieben sei, sollten eine Lebensmittelkarte erhalten, die jeweils eine Stufe über der ihnen eigentlich zustehenden liege[141]. Anträge hierfür seien bei den für den Wohnort zuständigen Kreisernährungsämtern einzureichen und vom Militärkommandanten zu genehmigen.

Speziell an diesem letzten Vorgang wird deutlich, wie schwierig es in jener Zeit war, auch nur über das diesem Personenkreis Zustehende Bescheid zu wissen. Schon allein die Tatsache, daß nicht einmal ein sonst gut unterrichteter Mann wie Majer-Leonhard um die Möglichkeit einer Zulage wußte, zeigt, wie dringend eine Betreuungsstelle für die Verfolgten des Naziregimes war. Dort konnten solche Informationen eingeholt, gesammelt und an die betreffenden Personen weitergegeben werden. Diese Funktion als Auskunfts- und Informationszentrale war die entscheidende und wichtigste in der ersten Phase der Arbeit der Betreuungsstelle. Schon bald sollten weitere wichtige Bereiche hinzukommen.

Die Betreuung der Verfolgten durch kommunale Organisationen und die Umstrukturierung der kirchlichen „Betreuungsstelle"

Da der Leiter der „Betreuungsstelle für nichtarische Christen" bei der Evangelischen Gesellschaft Stuttgart, Majer-Leonhard, seine Aufgabe vor allem darin sah, den Ratsuchenden durch Hinweise auf zuständige staatliche oder andere Stellen beizustehen, war eine enge Beziehung der Betreuungsstelle zu solchen Organisationen nötig, um die entsprechenden Informationen zu erhalten. Die wichtigste Organisation für alle Fragen, die ehemals Verfolgte betrafen, war die „Vereinigung der Verfolgten des Naziregimes"

---

[139] Brief vom 30. 11. 1945 (vgl. oben S. 72, Anm. 19).

[140] Brief vom 25. 12. 1945 (vgl. oben S. 65, Anm. 6).

[141] Normalverbraucher erhielten also die Teilschwerarbeiterzulage, Teilschwerarbeiter die Schwerarbeiterzulage, Schwerarbeiter die Schwerstarbeiterzulage, nur die Schwerstarbeiter bekamen keine weitere Aufstockung (Ebd.).

(VVN). Auf ihrer ersten Landeskonferenz am 17. März 1946 wurden die Ziele dieser Vereinigung in einem Vortrag vom Leiter der Stuttgarter Rückführungsstelle für ehemalige politische Häftlinge, in vier Punkten dargelegt. Es ginge erstens, so der Referent, um die Betreuung der ehemals Gefangenen, und in diesem Zusammenhang sei die Einstufung ein besonderes Problem. War die Person nun Überzeugungstäter, Gelegenheitstäter, religiös Verfolgter, „Mischling", Emigrant oder Hinterbliebener? Die zweite wichtige Aufgabe sei die Aufklärung der Bevölkerung. Viele Menschen kannten die Greuel in den Konzentrationslagern noch gar nicht, manche sähen in den ehemaligen KZ-Insassen schlicht Kriminelle, andere glaubten, daß es der Bevölkerung heute so schlecht gehe, weil die ehemaligen Häftlinge alles erhielten. Drittens müsse an die Beseitigung des Nazismus in allen seinen Formen mitgearbeitet werden. Es sei darauf zu dringen, daß die Nationalsozialisten, die heute noch in Ämtern beschäftigt seien, durch ehemalige Verfolgte ersetzt würden. Viertens und letztens wurde die Rolle der politischen Gefangenen beim Wiederaufbau Deutschlands hervorgehoben.

In demselben Vortrag kam auch die Betreuungsarbeit der Stadt Stuttgart zur Darstellung, also die Arbeit jener Stelle, an die Majer-Leonhard die Ratsuchenden vor allem verwies. An Geldmitteln, so legte der Referent dar, erhielten die Rückkehrer zunächst 30 RM und dann eine laufende Wohlfahrtsunterstützung. Für die laufende Unterstützung würde der 1½fache Satz der Wohlfahrtsunterstützung ausbezahlt. Ein Speisehaus sei zur besseren Nahrungsversorgung eingerichtet. Die Nahrungsmittelzulagen für Verfolgte seien leider gekürzt worden; es gebe nur noch die Teilschwerarbeiterzulage. „Bei der letzten Ausgabe waren es 974 Juden und Mischlinge und 1055 andere politisch Verfolgte, die die Zulage erhielten".[142] An Kleidung und Wäsche herrsche ein großer Mangel. Auch die Wohnungsvermittlung bereite Schwierigkeiten, ebenso die Beschaffung von Möbeln und Hausgeräten. Arbeitsvermittlung, ärztliche Betreuung und Erholung, Vermißtenforschung und Unterstützung von Hinterbliebenen, alles dies seien Aufgaben, die von der Rückführungsstelle wahrgenommen würden.

In der Kartei, so der Referent weiter, seien 3215 Personen erfaßt, darunter 2219 Stuttgarter. „Nach Mitteilungen der jüdischen Kultusgemeinde leben in Württemberg noch 288 Glaubensjuden und 30 ausländische Juden. In Württemberg sind insgesamt noch 9 jüdische Kinder unter 14 Jahren, davon 5 in Stuttgart. Im Jahre 1933 waren ungefähr 11 000 Juden in Württemberg wohnhaft, darunter zirka 4000 in Stuttgart. 3000 württembergische Juden sind ungefähr ausgewandert und von den zurückgebliebenen 8000 ist der größte Teil in den Konzentrationslagern umgekommen".[143] Eine weitere Aufgabe

---

[142] Landeskonferenz Württemberg-Baden der politisch Verfolgten des Naziregimes am 17. 3. 1946 in Stuttgart, Protokoll (LKA STUTTGART, Akten Hilfsstelle, 28 [Mappe VVN]).

[143] Vgl. zu diesen Zahlen P. SAUER, Schicksale, S. 16; auf S. 329 wird die Zahl von 8529

der Rückführungsstelle, so hieß es weiter, sei die Ausstellung von Ausweisen. Nach gründlicher Prüfung seien bisher 1418 Ausweise ausgegeben worden[144]. Selbstverständlich sei, daß diese Leistungen nicht nur den in Stuttgart Wohnenden zugute kämen, sondern allen politisch Verfolgten Württembergs.

Ein weiterer Gesprächspunkt bei dieser ersten Landeskonferenz der Verfolgten des Naziregimes war ein Antrag an das Innenministerium Württemberg-Badens, durch den darauf hingewiesen wurde, daß „noch keine klare Anweisungen ergangen sind, um eine ausreichende materielle Sicherung der Hinterbliebenen und der Arbeitsunfähigen aus den Reihen der politischen Opfer des Dritten Reiches zu garantieren". Es müsse eine Anordnung der Regierung ergehen, die festlegen sollte, welche finanziellen Zuwendungen Hinterbliebenen und Kranken zustünden; – gefordert wurde die doppelte Höhe der üblichen Fürsorge- und Hinterbliebenensätze. Die Aufwendungen sollten vom Land getragen werden, da die städtischen Ämter durch ihre schmale Finanzdecke nicht helfen könnten.

Eine Aussprache über die Wiedergutmachung schloß sich an: „Wenn wir in Betracht ziehen", so hieß es in einem Beitrag, „was unsere Kameraden in den 12 Jahren Naziherrschaft nicht nur finanziell, sondern auch im Hinblick auf ihre Gesundheit an Schaden gelitten haben, so sind wir der Auffassung, daß es eine Ehrensache jeder antifaschistischen Regierung sein müßte, dem Rechtsempfinden der politischen Häftlinge in der Form Rechnung zu tragen, daß ein gerechter Ausgleich in dieser Frage geschaffen wird und zwar auf dem Wege eines Gesetzes für Wiedergutmachung". Eine hundertprozentige Wiedergutmachung sei nicht möglich, da Schäden an Leben und Gesundheit nicht gutzumachen seien. Natürlich könne auch die Notlage des deutschen Volkes nicht außer acht gelassen werden. Die vom Land Württemberg zur Verfügung gestellte Summe von 250 000 RM sei viel zu gering. Ein schon beratenes Gesetz, das Verfolgten eine Steuererleichterung zugestanden hätte, sei bisher nicht verabschiedet worden – es gebe Stellen, die dagegenarbeiteten! Mit dem vorliegenden Entwurf zu einem Wiedergutmachungsgesetz könne man nicht einverstanden sein, zum einen werde nämlich der Rechtszustand von 1933 als Ausgangspunkt der Bemessung genommen – wer also damals arbeitslos war, habe auch heute keinen Anspruch auf Arbeit –, zum andern sei der Begriff „Opfer des Faschismus" ungeklärt. Die Verfolgten, so wurde betont, verstünden darunter solche Personen, „die sich im Kampf gegen den Faschismus eingesetzt haben". Auch das Problem der Säuberung

---

ermordeten Juden für ganz Baden-Württemberg genannt. Dabei ist zu bedenken, daß in Baden ungefähr doppelt so viele Juden lebten wie in Württemberg.

[144] Teilweise konnten auch Sonderzuteilungen ausgegeben werden. Zu Weihnachten gab es beispielsweise für 2000 Personen je ein Kilo Butter, und langjährige Gefangene erhielten noch eine Flasche Wein. 260 Personen aus dieser Gruppe hatten je einen Bezugsschein für 2 Zentner Kohle erhalten.

in der Verwaltung, öffentlichen Ämtern und in der Justiz gehöre zur Wiedergutmachung. „Wir fordern“, so ein Redner, „gerechte Wiedergutmachung der uns zugefügten Schäden im Rahmen dessen, was angesichts der allgemeinen Notlage tragbar ist. Darüber hinaus wollen wir aber stets daran denken, daß wir durch unseren Einsatz verhindern müssen, daß sich die reaktionären Kräfte wieder formieren“.

Der Vertreter des Amtes für Wiedergutmachung brachte zum Ausdruck, daß es noch keine Zentralregierung gebe und daß man allein von Württemberg aus nicht allzuviel machen könne. Zur Zeit könne das Amt nur Anträge einfordern und prüfen, damit dann, wenn ein entsprechendes Gesetz erlassen würde, die Vorarbeiten vollends schnell abgeschlossen seien. Für Soforthilfemaßnahmen stehe lediglich ein Betrag von 250000 RM zur Verfügung, nachdem das Land die geforderte 1 Million Reichsmark nicht bereitgestellt hatte. Auf einen weiteren Schwachpunkt der Vorlage zu einem Wiedergutmachungsgesetz wurde hingewiesen: Ansprüche könnten nur Personen stellen, die schon seit 1930 in Württemberg lebten. Auch auf das Problem der „arisierten“ Betriebe von Juden und Vermögensenteignungen von Genossenschaften, Gewerkschaften oder Zeitungen ging der Referent ein und verwies darauf, daß der Abschluß der Erhebungen wohl noch einige Zeit auf sich warten ließe. Die Rückforderung von Schreibmaschinen, Radioapparaten und ähnlichen Dingen könne nur im Rahmen der Wiedergutmachung erfolgen, doch müsse die Möglichkeit geschaffen werden, diese Gegenstände bei den Nazis zu beschlagnahmen.

Zuletzt überlegten die Versammelten, ob die Verfolgten eine eigene Zeitung herausgeben sollten.

Um eine einheitliche Organisationsstruktur zu schaffen, wurde die Bildung von Ausschüssen und Betreuungsstellen in ganz Württemberg-Baden angeregt. Hierzu sollte in jedem Kreis eine „Kreisstelle für die politisch Verfolgten des Naziregimes“ eingerichtet werden, mit der Aufgabe, die Betroffenen zu erfassen und zu betreuen und das Anerkennungsverfahren durchzuführen. Die Landesstelle hätte dann alle Angelegenheiten der Verfolgten auf Landesebene zu vertreten, hätte die Anträge zu überprüfen, Ausweise auszustellen, Betroffene und Hinterbliebene zu betreuen, Tote zu registrieren, nach Vermißten zu suchen, sich für die Beseitigung des Nazismus, Aufklärung des deutschen Volkes und die Beteiligung der Verfolgten am Wiederaufbau einzusetzen. Darüberhinaus fiele ihr die kulturelle Betreuung zu sowie die Einflußnahme auf ein Gesetz zur Regelung der Wiedergutmachung.

Am 6. April 1946 bat Majer-Leonhard den Leiter der Evangelischen Gesellschaft, die Betreuung der Judenchristen der „Rückführungsstelle für politische Häftlinge“ – die dem Stuttgarter Wohlfahrtsamt unterstand – übertragen zu dürfen. Der dortige Sachbearbeiter sei selbst Insasse des Lagers Wolfenbüttel gewesen. Auch Hartenstein erklärte gegenüber Schubert, er sei „mit dem Vorschlag einig, daß die finanzielle und wirtschaftliche Betreuung auf die neu errichtete Stelle des Stuttgarter Wohlfahrtsamtes übergeht und die seelsorgerliche Betreuung von der Evangelischen Gesellschaft beibehalten und nach wie vor durch Herrn Stadtvikar Fritz Majer-Leonhard besorgt wird"[145].

Mit dieser Entwicklung schien sich nun Majer-Leonhards von Anfang an verfolgter Weg durchgesetzt zu haben: Die Kirche selbst solle vor allem seelsorgerliche Aufgaben übernehmen und im übrigen auf die zuständigen Stellen der Stadt beziehungsweise des Staates verweisen. Es ist in der Tat wohl kaum vorstellbar, wie eine kleine kirchliche Stelle, die zudem nur von einer Person im Nebenamt versehen wurde, die umfangreichen und vielfältigen Aufgaben zu erfüllen in der Lage sein sollte. Den Verfolgten sollte ja nicht nur durch caritative Hilfsleistungen beigestanden werden, ebenso wichtig und nötig war die Wiedergutmachung, das Engagement für eine Reintegration in die Gesellschaft sowie die Interessenvertretung überhaupt. Je mehr Betroffene sich in einer Organisation zusammenfinden, desto gewichtiger wird die Stimme, mit der man Forderungen vertreten kann. Eine kleine Hilfsstelle für die ehemals rasseverfolgten Christen wäre wohl nur schwer in der Lage gewesen, mit dem nötigen Nachdruck die spezifischen Probleme ihrer Klientel zu Gehör zu bringen. Auch die oben beschriebene Organisationsstruktur der Vereinigung der politisch Verfolgten und der beabsichtigte Umfang der Arbeit hätten wohl von keiner kirchlichen Stelle, die so schmal ausgestattet war wie die Stuttgarter Hilfsstelle, ausgeführt werden können.

Einen Überblick und eine Zusammenfassung dieser ersten Phase der Stuttgarter Hilfsstelle gibt der Jahresbericht 1946 der Evangelischen Gesellschaft. Dort heißt es:

> „Nach dem Umsturz setzte bald eine Fürsorge für die ‚Opfer der Nürnberger Gesetze' ein, soweit sie der mosaischen Religion angehörten. Die Evang(elische) Gesellschaft wurde beauftragt, den von denselben Gesetzen betroffenen Christen zu helfen und hat dies bis zum 1. April 1946 in bescheidenem Umfang tun können. Jetzt ist die ganze Fürsorge von der halbstaatlichen ‚Betreuungsstelle für die politisch Verfolgten' übernommen und wir arbeiten mit dieser Stelle zusammen. Während die sogenannte ‚Wiedergutmachung' Sache des Staates und seiner Behörden ist, vermitteln wir die Hilfe der Kirchen des Auslandes – etwa zur Auswanderung – für die christlichen Opfer der Rasseverfolgungen und versuchen in Zusammenarbeit mit dem Hilfswerk der Evang(elischen) Landeskirche bei besonderen Notständen zu helfen"[146].

[145] Brief Majer-Leonhards an Schubert, Evangelische Gesellschaft, vom 6. 4. 1946 und Brief Hartensteins an Schubert vom 8. 4. 1946, Abschrift (vgl. oben S. 114, Anm. 136).

[146] Zitiert nach: Brief Majer-Leonhards an Oberkirchenrat Dr. Gerhard Schauffler vom 30. 10. 1946 (LKA Stuttgart, D 23, Bd. 29,1).

Daß Majer-Leonhard durch diese Umstrukturierung einen entscheidenden Abschnitt in der Betreuung der evangelischen Rasseverfolgten gegeben sah, zeigt ein von ihm angeregtes Dankesschreiben an die „Israelitische Kultusvereinigung"[147].

Organisatorische Probleme und Entwicklungen zwischen 1946 und 1950

Mit der Einsetzung eines Sachbearbeiters für Rasseverfolgte durch die städtische „Betreuungsstelle für politisch Verfolgte" im April 1946 verband Majer-Leonhard die Hoffnung, daß „unserer Beratungsstelle für nichtarische Christen die Leibsorge nun völlig abgenommen sei"[148]. Zu dieser Hoffnung bestand um so mehr Anlaß, als auch die Verteilung der kirchlichen Gaben nicht durch die Hilfsstelle selbst, sondern durch das Hilfswerk der württembergischen Landeskirche geschehen sollte. Bald zeigte sich jedoch, daß nicht alles so reibungslos ablief, wie es wünschenswert gewesen wäre. Folgendes Beispiel zeigt die Problempunkte: Mit der Bitte um Lebensmittelgaben waren dem Hilfswerk im September 1946 13 Adressen von bedürftigen ehemaligen Rasseverfolgten zugeleitet worden. Vier Zusagen des Hilfswerks standen fünf Ablehnungen gegenüber, in den anderen Fällen erfolgte überhaupt keine Antwort. Die Ablehnungen wurden damit begründet, daß die Personen „nach Aussagen der Hausbewohner" Pakete bekämen, oder, daß „keine besondere Notlage" vorliege, daß die Betreffenden eine „unkirchliche Haltung" hätten, oder auch, daß sie die Teilschwerarbeiterzulage bekämen[149]. Besonders Stellungnahmen zweier Gemeinden zeigten, wie wenig Verständnis für die besonderen Belange der Judenchristen vorausgesetzt werden konnte. Es hieß dort: „... hat sich das Stadtpfarramt von der Familie distanziert. Grund: unkirchliche Haltung, sowie unerfreulich" oder: „die Familie ist unkirchlich und können wir bei der großen Not unserer kirchlichen Familien uns nicht um sie annehmen". Wie wichtig eine Stelle zwischen dem Hilfswerk und den ehemaligen Rasseverfolgten sein konnte, wird in diesem Fall deutlich. Majer-Leonhard schrieb an den Beauftragten des Hilfswerks in der Stadt Stuttgart und fragte nach, ob denn diese Äußerungen „mit

---

147 Brief Schuberts vom 7.5. 1946: „Nachdem nunmehr die finanzielle und wirtschaftliche Betreuung der nichtarischen Christen durch die ‚Betreuungsstelle für die polit(isch) Verfolgten' erfolgt", so wolle er es „nicht versäumen, Ihnen (Dr. Ostertag, Mitarbeiter der Kultusvereinigung, S.H.) für die freundliche Hilfe zu danken." Für die „Beratungsstelle für nichtarische Christen" sei es „von großem Wert (gewesen), Ihre großen Erfahrungen auf diesem Gebiet verwerten zu können (vgl. oben S. 110, Anm. 123). – Auf das Verhältnis von „Kultusvereinigung„ und „Hilfsstelle" wird weiter unten, S. 146ff., noch näher einzugehen sein.

148 Hilfsstelle für Rasseverfolgte bei der Evangelischen Gesellschaft, Rückblick auf das Jahr 1946 vom 19. 1. 1947 (vgl. oben S. 119, Anm. 146).

149 Brief Majer-Leonhards an den Beauftragten für das Hilfswerk der Evangelischen Kirche für die Stadt Stuttgart, Pfarrer Schubert, vom 16. 9. 1946 (LKA STUTTGART, Akten Hilfsstelle, Hilfswerk A-U).

den Richtlinien des Hilfswerkes der EKiD übereinstimmen... Es ist nicht möglich, die bisherige Praxis weiterzuführen, wenn die Gemeinden die Richtlinien des Hilfswerkes eigenmächtig umändern". An diesen Fällen wird deutlich, daß die Hilfsstelle die Funktion eines „Transmissionsriemens" zu übernehmen hatte, wie es ihr Leiter später einmal ausdrückte. Sie mußte die Gemeinden immer wieder auf die schwierige Lage der Judenchristen hinweisen und ihnen ihre besondere Verantwortung vor Augen stellen. Andererseits war es gegenüber den Betreuten notwendig, sie wiederum an die Gemeinden zu weisen, um so Vorurteile, Ängste und Ressentiments abbauen zu helfen. Die Hilfsstelle wollte für diese Menschen Stimme sein und ihre Anliegen hinaustragen, um die Wand des Schweigens, der Unwissenheit und Unsicherheit zu durchbrechen. Ohne eine solche Stelle hätten die ehemaligen Rasseverfolgten in der Kirche wieder am Rande gestanden, stumm und vergessen.

Aber nicht nur den einzelnen Gemeinden gegenüber war eine Information über die Lage der Judenchristen dringend geboten, sondern auch gegenüber den Kirchenleitungen und der Kirchenkanzlei der EKD. So wurde eine Anfrage der Kirchenkanzlei über Erfahrungen der württembergischen Landeskirche mit der Hilfe für ehemalige „Häftlinge des Nationalsozialismus, darunter besonders die nicht deutschstämmigen (Juden)"[150], an Majer-Leonhard zur Beantwortung weitergeleitet. Dieser machte die Kirchenkanzlei auf die besondere Lage der ehemaligen Rasseverfolgten aufmerksam und verwies auf die bereits laufenden Unterstützungsmaßnahmen durch die „Hilfsstellen für Rasseverfolgte"[151]. Der Vorfall zeigt, daß die Hilfsstellen auch in dieser Beziehung eine wichtige, nicht wegzudenkende Mittlerfunktion hatten. Ohne die konkreten und engagierten Interventionen und gezielten Informationen wären die Kirchenleitungen auf die Judenchristen nur schwer aufmerksam geworden. Die Kirche hätte ihre Glieder aus Israel vergessen, hätte sich der Auseinandersetzung um diese Menschen im „Dritten Reich" nicht erinnert und wäre ein zweites Mal über sie hinweggegangen.

So kann festgehalten werden, daß die Hilfsstellen nicht nur um der „nichtarischen" Christen, sondern auch um der Kirche willen dringend nötig waren. Sie hatten eine Vermittlungsfunktion zu übernehmen; der Kirche war ihre Verantwortung für ihre Glieder vor Augen zu stellen, die im „Dritten Reich" wegen ihrer Rasse verfolgt worden waren, den Betroffenen gegenüber hatten sie den Versuch zu unternehmen, Vertrauen zu wecken und die Kirche als Heimat für alle Menschen, besonders aber für die „Mühseligen und Beladenen"[152] herauszustellen.

---

150 Brief Asmussens an Wurm vom 22.10.1946 (vgl. oben S. 108, Anm. 119).

151 Näheres vergleiche unten S. 195f.

152 Majer-Leonhard an Hilfswerk der EKD, Pfarrer Berg, 1.9. 1946 (vgl. oben S. 72, Anm. 19).

Für das Jahr 1946 sind noch zwei organisatorische Neuregelungen festzuhalten. Zum einen wurde der Name der Stuttgarter „Beratungsstelle für nichtarische Christen" einer Anregung der im Oktober in Frankfurt gegründeten „Arbeitsgemeinschaft christlicher Hilfsstellen für Rasseverfolgte nichtjüdischen Glaubens in Deutschland"[153] folgend in „Hilfsstelle für Raseverfolgte" geändert[154], zum andern unternahm Majer-Leonhard den Versuch, mit der katholischen Kirche ins Gespräch zu kommen. Nachdem bisher durch die „Hilfsstelle für Rasseverfolgte" bei der Evangelischen Gesellschaft auch die Katholiken mitbetreut worden waren, fragte Majer-Leonhard im Dezember 1946 bei der Caritas an, ob die Einrichtung einer „Hilfsstelle der Ev(angelischen) Ges(ellschaft) und des Caritasverbandes" möglich sei[155]. Die Caritas zog es jedoch vor, eine eigene Stelle einzurichten, die allerdings mit der evangelischen Hilfsstelle in engem Kontakt blieb.

Im übrigen kamen im Jahre 1946 auf die Hilfsstelle neue Aufgaben zu: vor allem die Auswandererbetreuung und die Verteilung ausländischer Liebesgaben[156].

Bei Auseinandersetzungen zwischen Judenmissionar Theodor Burgstahler[157], der für die Basler Judenmissionsgesellschaft „Verein der Freunde Israels" arbeitete, und Majer-Leonhard[158] stellte sich Ende 1947 heraus, daß der in der Stuttgarter Kirchenleitung für die Judenmission Zuständige sich in dieser Sache nicht kompetent genug fühlte. Es wurde deshalb vom Kollegium des Oberkirchenrats beschlossen, den Bereich „Judenmission" aus dem bisherigen Referat auszugliedern und in die Verantwortung des Stuttgarter Prälaten Hartenstein zu geben, der sich in Sachen „Israel" und „Judenmission" schon bisher stark engagiert hatte[159].

Durch die Evangelische Kirche in Hessen und Nassau angeregt, schlug Majer-Leonhard im Januar 1948 seiner Kirchenleitung die Einrichtung einer Pfarrstelle für den Dienst an Israel vor. Mögliche Aufgaben dieser Stelle könnten die Verbindung zur Basler Judenmission und die Zusammenarbeit mit den Ulmer Judenmissionaren sein. Literarische Tätigkeiten und Vorträge sowie die Leitung der Hilfsstelle für Rasseverfolgte könnten weitere mögliche Arbeitsbereiche darstellen[160]. Mit dem letzten Stichwort war auf die

---

153 Vgl. unten S. 188ff.

154 Vgl. oben S. 120, Anm. 148.

155 Brief Majer-Leonhards an Schubert vom 6. 12. 1946 (vgl. oben S. 114, Anm. 136).

156 Vgl. oben S. 120, Anm. 148. – Im Detail werden diese Arbeitsbereiche unten S. 129ff. und S. 134ff. dargestellt.

157 Vgl. unten S. 151ff.

158 Vgl. hierzu unten S. 152, Anm. 272.

159 Niederschrift über eine Besprechung wegen Judenmission am 22. 11. 1947 und Beschluß des Kollegiums des Oberkirchenrates vom 25. 11. 1947: Der Bereich „Judenmission" wird danach von Referat 11 (Oberkirchenrat Metzger) ins Referat 14 (Prälat Hartenstein) umgegliedert (vgl. oben S. 108, Anm. 119). Vgl. zum Engagement Hartensteins S. 110ff.

160 Brief Majer-Leonhards an die Kirchenleitung vom 7. 1. 1948 (vgl. oben S. 108, Anm. 119).

zunehmende Überlastung des inzwischen zum Pfarrer ernannten Leiters der Hilfsstelle Bezug genommen. Der Oberkirchenrat konnte sich jedoch nicht auf die Einrichtung eines Pfarramtes verständigen, da die Unterstützung des „Verein(s) der Freunde Israels“ keinen finanziellen Spielraum ließ[161].

Die Währungsreform im Juni desselben Jahres stellte die Hilfsstelle vor große Probleme. Teilweise waren nicht einmal die Mittel für Briefmarken vorhanden, so daß nur durch „Bettelbriefe“ die nötigen Mittel beschafft werden konnten. Dieses Beispiel zeigt die schwierige Stellung der Hilfsstelle, die organisatorisch von der Evangelischen Gesellschaft abhängig und ohne eigene Haushaltsmittel war. Andererseits zeigte sich in dieser Situation aber auch der große Zusammenhalt, der unter den ehemaligen Rasseverfolgten herrschte. Sobald die größten Probleme in der neuen Heimat überwunden waren, waren viele der Emigranten bereit, von ihrem bescheidenen „Reichtum“ etwas abzugeben, damit die Unterstützung derjenigen weitergehen konnte, die doch auf Zuwendungen angewiesen waren. In einem Brief, den Majer-Leonhard an diese „Freunde in der weiten Welt“ schrieb, wird dies deutlich: „Die Stuttgarter Hilfsstelle hat um kleine Gaben gebeten, und es kamen nicht wenige Briefe, die eine so rührende Dankbarkeit verrieten, daß man oft beschämt war; natürlich können viele noch keine großen Spenden geben – aber es sind doch gar nicht mehr so wenig Leute, die für die Gaben unserer Freunde im Ausland von Herzen dankbar sind. Den Dank dieser Judenchristen möchte ich Ihnen nun weitergeben“[162].

Mit dem Jahr 1949 kündigte sich eine letzte Auseinandersetzung um den Bestand der Hilfsstelle an. Nicht theologische Probleme gaben dazu Anlaß, sondern finanzielle und organisatorische. Im März schrieb der Leiter der Evangelischen Gesellschaft an den Oberkirchenrat, daß seiner Ansicht nach die Sekretärin der Hilfsstelle direkt von der Landeskirche zu bezahlen sei[163]. Die Kirchenleitung sah sich dazu jedoch nicht in der Lage und bewilligte nur eine einmalige Zuwendung von 500 DM. Ferner gab sie der Hoffnung Ausdruck, „daß die Tätigkeit der Hilfsstelle allmählich eingeschränkt und abgebaut werden kann“[164]. Auch könne man daran denken, die Kirchenkanzlei der EKD um einen Zuschluß anzugehen, da sich die Arbeit der Stuttgarter Hilfsstelle für Rasseverfolgte über Württemberg hinaus ausdehne. Bis Oktober blieb die Sache in der Schwebe, dann drohte die Evangelische Gesellschaft Majer-Leonhard an, daß sie ihm die Sekretärin entziehen müsse und auch eine andere Hilfskraft nicht bezahlen könne[165]. Im Dezember teilte

---

161 Stellungnahme des Oberkirchenrates vom 10. 11. 1948 (LKA Stuttgart Altregistratur, 153/II).

162 Rundschreiben Majer-Leonhards vom 10. 9. 1948 (vgl. oben S. 83, Anm. 53).

163 Brief vom 2. 3. 1949 (vgl. oben Anm. 161).

164 Brief vom 22. 3. 1949 (Ebd.).

165 Mitteilung Majer-Leonhards an den Oberkirchenrat vom 7. 10. 1949 (Ebd.).

dann der Leiter der Evangelischen Gesellschaft der Hilfsstelle mit, daß nunmehr die Sekretärin abgezogen werden müsse[166].

Parallel zu diesen Problemen lief eine weitere Diskussion, bei der es um die Überlastung von Majer-Leonhard ging. Ebenfalls im März war dem zuständigen Prälaten mitgeteilt worden, daß Majer-Leonhard durch die Leitung der Hilfsstelle zusammen mit der Versehung seines Pfarramtes völlig überlastet sei[167]. Tatsache war, daß Majer-Leonhard entgegen der Zusicherung bei seiner Ernennung zum Pfarrer im Januar 1947 doch Unterricht an Schulen zu übernehmen hatte. Trotz der kleiner gewordenen Arbeit, so Majer-Leonhard in einer Eingabe an die Kirchenleitung, lasse sich die Hilfsstelle durch ihn nicht weiter versehen, wenn nicht mindestens eine Schreibkraft gestellt werden könne. Der Oberkirchenrat müsse entscheiden, „ob er auf die Fortführung der eingeschränkten Arbeit der Hilfsstelle Wert legt und falls das der Fall sein sollte, in welcher Weise eine Entlastung für mich möglich wäre"[168]. Handschriftlich vermerkte ein Mitglied des Kollegiums auf der Eingabe: „Es scheint mir unbedingt geboten, daß die *Arbeit* selbst weitergehen wird ... Mit der Art der Arbeit u(nd) ihrer besonderen Schwierigkeit hängt es aber zusammen, daß sie von der *Person* des erfahrenen Pfr. Majer-Leonhard kaum gelöst werden kann. Jeder andere würde blutiges Lehrgeld zu bezahlen haben". Es wurde daher vorgeschlagen, „Majer-Leonhard soweit zu entlasten, daß er a) von besonderen zusätzlichen Aufgaben freigehalten wird... b) eine Schreibhilfe mindestens 3mal in der Woche bekommt"[169]. Ganz im Sinne dieser Notiz wurde der Evangelischen Gesellschaft dann am 30. Dezember 1949 mitgeteilt, daß die Hilfsstelle bestehen bleiben müsse, da die Kirche während des „Dritten Reiches" Hilfe für die Judenchristen unterlassen habe und daher jetzt hierzu verpflichtet sei. Um dies zu ermöglichen, sei die Finanzierung einer Schreibhilfe nötig. Man schlage vor, daß sich der Oberkirchenrat, der Landesverband der Inneren Mission und die Evangelische Gesellschaft die Kosten aufteilten, so daß jeder Teil 400 DM zu übernehmen hätte[170]. Mit der Zustimmung jener Verbände zu diesem Vorschlag[171] und der Freistellung von Majer-Leonhard vom Religionsunterricht waren die Voraussetzungen geschaffen, daß die Hilfsstelle für Rasseverfolgte weiterarbeiten konnte. Die Existenz dieser Stelle wurde vom Oberkirchenrat 1950 nochmals ausdrücklich bestätigt[172], und sie besteht in dieser Form bis heute weiter. Majer-Leonhard blieb auch nach seiner Pensionierung mit der

---

[166] Brief Schuberts an Majer-Leonhard vom 14. 12. 1949 (EBD.).

[167] Brief Schuberts an Hartenstein vom 18. 3. 1949 (EBD.).

[168] Brief vom 7. 10. 1949 (EBD.).

[169] Notiz von Oberkirchenrat Metzger vom 4. 11. 1949 (EBD.).

[170] Schreiben des Oberkirchenrates an die Innere Mission und die Evangelische Gesellschaft vom 30. 12. 1949 (EBD.).

[171] Antwortbriefe jeweils vom 11. 1. 1950 (EBD.).

[172] Brief des Oberkirchenrates an die Evangelische Gesellschaft vom 20. 7. 1950 (EBD.).

Hilfsstelle verbunden und konnte 1985 auf eine 40jährige Tätigkeit in dieser Einrichtung zurückblicken[173].

Die von der Stuttgarter Hilfsstelle für Rasseverfolgte Betreuten

Mitte 1946 wurde der Leiter der Hilfsstelle durch eine Anfrage des Ökumenischen Flüchtlingsausschusses veranlaßt, einen genauen Überblick über die Zahl der betreuten Personen zu erstellen. Die „Betreuungsstelle für die politisch Verfolgten", eine Einrichtung der Stadt Stuttgart, teilte mit, daß bei ihr 479 sogenannte „Rassejuden" und 589 „Mischlinge 1. Grades" gemeldet seien. Von diesen 1068 Stuttgarter „Nichtariern" würden ungefähr 350 von der Israelitischen Kultusgemeinde betreut, so daß also 718 Personen für die Hilfe der Kirchen verblieben. Im Bericht an den Flüchtlingsausschuß wurde angemerkt, daß darunter wohl 20% Katholiken seien, die man allerdings solange mitversorge, bis die katholische Kirche eine eigene Hilfsstelle eingerichtet habe[174]. Wenig später wurden diese Angaben dahingehend ergänzt, daß im Bereich Ulm zehn „Volljuden" sowie 60 „Mischlinge" betreut würden, in Heilbronn zusammen 75 Personen, in der französischen Zone 60, und weitere 50 Menschen meldeten sich inzwischen in der amerikanischen Zone[175]. Insgesamt also seien durch die Hilfsstelle 973 Personen zu betreuen. In Rechnung zu stellen sei jedoch, daß es in Württemberg schätzungsweise 2200 „Nichtarier" und „Mischlinge" geben dürfte, von denen allerdings nur ungefähr 1200 irgendwelche Verfolgungen zu erleiden hatten. Die zuletzt genannte Zahl, so sei anzunehmen, stelle ungefähr die zu erwartende Zahl der Hilfe und Rat Suchenden dar; unter diesen befänden sich ungefähr 200 „Rassejuden". Hinzu kämen weitere 100 Personen aus der französischen Zone[176].

Aufgrund einer im Februar 1947 durchgeführten Umfrage der Arbeitsgemeinschaft der Hilfsstellen erfuhren diese Zahlen eine gewisse Korrektur und Konkretion. Durch die Stuttgarter Stelle, so wurde nach Berlin gemeldet, würden 30 Personen betreut, die im „Dritten Reich" gezwungen waren, einen Stern zu tragen, weitere 150 „Volljuden" bzw. „Volljüdinnen" hatten in einer „privilegierten Mischehe" gelebt. „Mischlinge 1. Grades" seien unge-

---

[173] Vgl. SCHATTEN UND LICHT, S. 19f.

[174] Brief Majer-Leonhards an den Ökumenischen Ausschuß für Flüchtlingshilfe vom 13. 7. 1946 (AÖR GENF, 25A Chrétiens d'origine juive I, 1er janvier–31 mai 1947. Darin: Hilfsstelle für Rasseverfolgte [Pf. Majer-Leonhard] Stuttgart).

[175] LKA STUTTGART, Akten Hilfsstelle, 30. – Vgl. zu Ulm Postkarten und Briefe von Majer-Leonhard an den ÖRK vom 19. und 30. 7. 1946. Die Angaben für Ulm sind noch nach der Konfessionszugehörigkeit der Betreuten aufgeschlüsselt. „Volljuden": 3 römisch-katholisch, 4 evangelisch und 3 ohne Angaben; „Mischlinge": 22 römisch-katholisch, 31 evangelisch, 7 ohne Angaben. Zu Heilbronn vgl. Postkarte vom 20. 7. und zur französischen Zone vgl. Postkarte vom 27. 7. 1946 (vgl. oben Anm. 174).

[176] Brief Majer-Leonhards an das Hilfswerk der EKiD vom 1. 9. 1946. „Betr.: Gedanken zur kirchlichen Betreuung der Rasseverfolgten" (vgl. oben S. 119, Anm. 146).

fähr 1000 gemeldet. 20 Personen hätten im „Dritten Reich“ ihren Ernährer verloren, und 25 seien „arische“ Ehepartner. Die Zahl der Kinder unter 14 Jahren wurde mit 150 angegeben, die der Personen über 60 Jahren mit 100. Insgesamt seien 60 Menschen krank. Durch diese Angaben wurden die Mitte 1946 angestellten Vermutungen bestätigt: Es waren 1200 Personen durch die Hilfsstelle für Rasseverfolgte in Stuttgart zu betreuen.

Ungefähr 73% der Betreuten gehörten der evangelischen und 20% der katholischen Kirche an. Die restlichen 7% waren Sektenmitglieder, Dissidenten oder auch Mitglieder der Synagoge. Diese Zahlen ergeben sich aus einer 355 Personen umfassenden Liste, die an das Hilfswerk geschickt worden war[177]. In dieser Liste waren 177 Personen aus Nordwürttemberg (ohne Ulm) aufgeführt. Von den 100 Frauen und 77 Männern waren 138 evangelisch und 25 katholisch, 2 gehörten der Jüdischen Gemeinden und 5 einer Sekte an, weitere 7 waren Dissidenten. Die Zahlen für Ulm: Von 19 Frauen und 26 Männern waren 17 katholisch und 24 evangelisch, 4 waren Dissidenten. Für Südwürttemberg waren 133 Personen genannt, 71 Frauen und 62 Männer; 98 waren Mitglied der evangelischen, 29 der römisch-katholischen Kirche, eine Person war Mitglieder der altkatholischen Kirche, zwei gehörten einer Sekte an, und drei bezeichneten sich als Dissidenten.

Die berufliche Zusammensetzung ergab, im Blick auf den gesamten aufgeführten Betreutenkreis, folgendes Bild: Da fast alle Personen ohne Berufsangabe Frauen waren, kann angenommen werden, daß mindestens 126 Hausfrauen zu den Betreuten zählten (36%). 100 Personen waren Angestellte oder Kaufleute (28%), 35 selbständige Handwerker (10%), 32 Akademiker (9%), 29 Schülerinnen, Schüler und Auszubildende (8%), von weiteren 30 Personen fehlten spezifische Angaben.

Auch im Hinblick auf die im „Dritten Reich“ erlittenen Verfolgungen lassen sich nähere Angaben machen. Für den Bereich von Südwürttemberg liegt eine etwas später zu datierende Liste vor, in der wohl die größte Zahl der in diesem Landesteil Betreuten erfaßt sein dürfte[178]. 51 Personen hatten „nur“ die oben beschriebenen Demütigungen und Diskrimierungen zu erdulden gehabt, 39 wegen ihrer Rassezugehörigkeit Verfolgte aber waren in

---

[177] Vgl. oben S. 72, Anm. 19. – Vermutlich waren in dieser Liste Personen verzeichnet, die Anfang 1948 durch die Hilfsstelle mit Gaben bedacht worden waren. Vgl. auch unten S. 129 ff.

[178] Diese zweite Südwürttemberg betreffende Liste stellt deutlich eine Überarbeitung der ersten dar. Während 33 Namen wegfielen, kamen 68 hinzu. Erstmals genannt sind hier die „Zigeuner“. Von den aufgeführten 165 Personen waren 98 evangelisch und 45 katholisch, sieben wurden als „Juden“ bezeichnet und zwölf gehörten einer Sekte an, drei weitere waren Dissidenten. 30 Personen hatten in der Nazizeit als „Volljuden“ gegolten, 79 als „Mischlinge 1. Grades“, 16 als „Mischlinge 2. Grades“, 13 als „Zigeuner“ und 19 als „arischer Ehegatte“ eines „Juden“. Zwei Personen waren Hinterbliebene einer „Mischehe“, und bei vier Personen fehlten nähere Angaben.

ein Konzentrationslager gekommen, 10 in ein Arbeitslager, 21 hatten illegal gelebt – teilweise nach vorübergehender KZ-Haft –, 2 hatten im Gefängnis gesessen, und 9 Personen hatten auswandern müssen, nachdem sie zuvor im KZ oder im Gefängnis inhaftiert gewesen waren. Bei 44 Personen fehlten nähere Angaben. So ergibt sich, daß immerhin 30,5% der Betreuten im Gefängnis oder in Lagern gesessen und weitere 18% in der Illegalität gelebt hatten oder auswandern mußten.

Einblick in die persönlichen Verhältnisse geben Anfang 1949 Berichte über Besuche von Gemeindeschwestern und Diakonen bei Familien von ehemaligen Rasseverfolgten. Insgesamt wurden in den Dekanaten der württembergischen Landeskirche 349 Familien und Einzelpersonen besucht. Die sehr unterschiedlichen Besuchsberichte lassen nur wenige Schlüsse zu. Allerdings bestätigten die sehr genauen Angaben für Stuttgart die summarischen Auflistungen für das übrige Land. Von 122 in Stuttgart besuchten Familien, so Majer-Leonhard in seinem zusammenfassenden Bericht, lebten sechs in sehr guten und 75 in geordneten Verhältnissen. 29 Personen würden nach Einschätzung der kirchlichen Mitarbeiter weiterhin gelegentlich Hilfe benötigen, und in 12 Fällen sei andauernde Unterstützung geboten[179]. Die Angaben für das ganze Land bestätigen diese Zahlen: Wohl 30% der Betreuten hätten teilweise oder dauerhaft Hilfe nötig, wobei zur letzten Kategorie wohl ungefähr 5% der Betreuten zu rechnen seien.

Abschließend mögen Zitate aus einigen „Fälle(n) aus der Sprechstunde" Eindrücke von persönlichen Schicksalen von im „Dritten Reich" Verfolgten geben. Unter dieser Überschrift hatte Majer-Leonhard seinen Arbeitsberichten jeweils Darstellungen von Einzelfällen angefügt, um den Lesern einen Einblick in seine Arbeit und in das Los seiner Betreuten zu geben. Im September 1946 beschrieb er unter anderen folgende Fälle:

– „Eine über 70jährige Greisin, die es 18 Monate in Theresienstadt aushielt, braucht nun die Hilfe der Gemeinde, wenn (sic!) die ganze Familie ausgerottet wurde (Altersheim o.ä.)."[180]

– „Eine getaufte Jüdin ... leidet an großer Herzmuskelschwäche, Herzasthma, Herzerweiterung und an einer Vitaminmangelerscheinung, die sich erst in Skorbut und dann in Paradentose geäußert hat – das sind typische Hungererscheinungen."

---

179 Majer-Leonhards Bericht an Hartenstein über die Umfrage zur Lage der Judenchristen in Stuttgart vom 29. 4. 1949 (vgl. oben S. 119, Anm. 146). – Die Berichte von den Besuchen aus dem übrigen Württemberg finden sich in einem in braunes Packpapier eingeschlagenen Paket, das bei den Ordnern der Hilfsstelle im Landeskirchlichen Archiv Stuttgart liegt (im folgenden „Packpapierpaket").

180 Bericht Majer-Leonhards an das Hilfswerk der EKiD vom 1. 9. 1946 (vgl. oben S. 119, Anm. 146). – Zusammenfassend hielt Majer-Leonhard fest: „Bei einer ärztlichen Untersuchung in Kassel hat es sich gezeigt, daß der Gesundheitszustand der jüdischen Bürger und Mischlinge nur halb so gut ist wie der der übrigen Bevölkerung" (Ebd.).

Einer Zusammenstellung des Jahres 1947[181] sind die nächsten Berichte entnommen:
– „Frau H. die ... mit einem Juden verheiratet war, trägt als Folge der Aufregungen im 3. Reich ein schweres Herzleiden davon. Sie flieht von Königsberg/Pr(eußen) nach Dänemark, bleibt dort 20 Monate im Internierungslager. Folge: zur Herzneurose kommen noch Magenleiden. Sie braucht dringend Fett!"
– „Herr G., Mischling 1. Gr(ades), hat die Mutter in Theresienstadt verloren. Er selbst kam aus dem Zwangsarbeitslager mit Lungen- und Drüsen-Tb zurück. Zunächst ist eine Besserung festzustellen – wie lange wird sie bei unserer Ernährung anhalten?"
– „Der Vater von Frl. K. wurde am 8. 10. (19)41 im KZ Groß-Rosen als tot erklärt. Die Mutter ist ständig krank (Krebs, Tb, Myome, Cysten u. a. m.). Frl. M. selbst hatte seit Jahren keine Ferien, allmählich macht sich ein Versagen der Nerven bemerkbar."
– „Frl. V. durfte infolge der Rassegesetzgebung den Bräutigam (Mischling 1. Gr[ades]) nicht heiraten, obwohl der illegalen Ehe fünf Kinder entstammen. Nun ist der Vater im KZ umgekommen. Frl. V. liegt in einer Lungenheilanstalt."

Einem Bericht von 1949 ist das nachstehende Beispiel zu entnehmen[182].
– „Eine getaufte Jüdin aus Berlin leidet infolge der Verfolgung sehr schwer an Asthma; ihre Rente reicht zur Zahlung der Kurkosten nicht aus. Die Hilfsstelle hat je und dann schon kleine Gaben übermitteln können."

Daß auch 1950 und 1951, ja sogar 1953 die Arbeit der Hilfsstelle noch nicht beendet war, zeigen die folgenden Fälle:
– „Die Hilfsstelle beschafft ein juristisches Gutachten und setzt sich beim Tübinger Arbeitsministerium für Frau B. ein. Das Gutachten wird anerkannt und Frau B. soll nun eine Rente erhalten."[183]
– „Herr C. aus Ulm schrieb seine Not. Die Wiedergutmachung will seine Haftzeit nicht anerkennen – außerdem ist er arbeitslos. Aus der Erfahrung anderer Verfolgter kann ihm ein Weg gezeigt werden, wie seine Haftzeit anerkannt wird. Ein Freund wird auf den Fall hingewiesen. Nun versucht er, ihm eine Stelle zu verschaffen – zu Weihnachten bekommt er von der Hilfsstelle eine Spende von DM 30,00."
– „Die Jüd(ische) Kultusgemeinde verweist an uns eine Frau F. in Tübingen, die vor wenigen Wochen aus der belgischen Emigration zurückkam. Sie mußte dort illegal leben, da ihr Gatte Jude war. Jetzt sucht sie Arbeit und eine

---

[181] Fälle aus der Sprechstunde vom 22. 2. 1947 (vgl. oben S. 114, Anm. 136).

[182] Aus der Arbeit der „Hilfsstelle für Rasseverfolgte" vom 7. 10. 1949 (vgl. oben S. 123, Anm. 161).

[183] Fälle aus der Sprechstunde, Anlage zu einem Brief Majer-Leonhards an den Evangelischen Oberkirchenrat vom 20. 12. 1950 (Ebd.).

vorläufige Unterstützung. Das Tübinger Hilfswerk wird auf den Fall hingewiesen. Nach einer Besprechung wird wohl ein Antrag an die Wiedergutmachungsbehörde in Tübingen erforderlich sein."
– „Fam. C. wanderte nach Mittel-Amerika aus – aber der Arzt konnte dort nicht Fuß fassen und möchte nun wieder zurück in seine Heimat. Wir versuchen, bei der Rückwanderung zu helfen."[184]
– „Fam. E. kam mit der fast gelähmten Tochter aus Jerusalem zurück, weil sie das israelische Klima nicht vertrug. Nach schweren Jahren im KZ hatten sie dort vier Jahre noch zu arbeiten versucht. Wer wundert sich, daß sie am Ende ihrer Kraft angekommen sind?"

Aus der praktischen Arbeit der Stuttgarter Hilfsstelle für Rasseverfolgte

Die Pakethilfe[185]

Die Hilfsstelle für Rasseverfolgte Stuttgart versuchte, für ihre Schützlinge Unterstützungen aus dem Ausland zu erhalten. Das Paketeingangs- und ausgangsbuch vermittelt einen lebendigen Eindruck über diesen wichtigen Zweig der Arbeit.

Die erste Aktennotiz über Hilfspakete, die in Stuttgart ankamen, stammt vom 29. März 1946. Das Hilfswerk der EKD teilte mit, daß es eine Spende des dänischen CVJM von 100 Paketen folgendermaßen verteilt habe: 60 gingen nach Berlin, 11 nach Frankfurt, je 10 nach München und Stuttgart, die restlichen 9 verblieben beim Hilfswerk, sollten aber möglichst auch an „Nichtarier" abgegeben werden. Jedes dieser Pakete wog 4,5 kg[186]. Wenig später wurde eine Hilfssendung mit 5 Tonnen Nahrungsmittel so verteilt, daß Berlin 3 Tonnen und die Stellen in Heidelberg, Stuttgart, Frankfurt und München je eine halbe Tonne erhielten[187].

In einem Rundbrief an die zu diesem Zeitpunkt in Genf bekannten Hilfsstellen betont der Sekretär des ökumenischen Flüchtlingsausschusses, daß „Bemühungen um das Zustandekommen einer Hilfsaktion, insbesondere Liebesgabenpakete mit Unterstützung der amerikanischen Kirchen", einige Zeit zurückreichten. „Endlich gelang es, die ersten erheblichen Hilfssendungen zu veranlassen, die u. W. hauptsächlich nach Berlin gingen. Weitere Mittel für die Paketaktion aus U. S. A. sind in Aussicht gestellt und wenn auch noch viele Schwierigkeiten zu überwinden bleiben, ist mit einer baldigen Beschleunigung eines zuverlässigeren Paketversandes zu rechnen."[188]

---

[184] Vervielfältigtes Rundschreiben der Hilfsstelle vom Februar 1953 (Ebd.).
[185] Sämtliche Daten, die den Paketein- und ausgang betreffen, entstammen soweit nicht anders vermerkt, dem „Packpapierpaket" (vgl. oben S. 127, Anm. 179).
[186] Brief vom 29. 3. 1946 (vgl. oben S. 73, Anm. 22).
[187] Brief vom 6. 4. 1946 (Ebd.).
[188] Rundschreiben der ökumenischen Flüchtlingskommission vom 12. 8. 1946, „Betrifft:

Die Bemühungen des ökumenischen Flüchtlingsausschusses zeigten bald Erfolg: Am 1. November 1946 kamen in Stuttgart 350 Pakete aus einer 1500 Pakete umfassenden Spende des „Church World Service" (CWS), einer amerikanischen protestantischen Hilfsorganisation, an. Gemäß einer Absprache mit Genf wurden 100 Pakete umgehend an die Innere Mission München weitergeleitet[189]. Am 11. Dezember kamen weitere 18 Pakete aus einer Spende des CVJM der Schweiz nach Stuttgart. So konnten bis zum Jahreswechsel in Stuttgart 153, in Ulm 10, in Heilbronn 13 und in Tübingen 40 Pakete ausgegeben werden[190]. 50 Pakete gelangten in Südbaden zur Verteilung.

Im ersten Quartal 1947 kamen 53, im zweiten 216, im dritten 176 und im vierten Quartal 78 Pakete nach Stuttgart. Deutlich ist, daß nun viele ausländische Organisationen Pakete sandten, die ausschließlich an die durch die Hilfsstelle für Rasseverfolgte Betreuten ausgegeben werden sollten. Der „Church World Service" spendete nochmals 140 Pakete[191]. Durch die Vermittlung des ökumenischen Flüchtlingsausschusses kamen 1947 72 Pakete, darunter nochmals 49 des Schweizer CVJM. Erstmals sandte die „Svenska Israelsmissionen", Stockholm, 5 Pakete, die „First Hebrew Christian Synagogue", Los Angeles, 112, der „Verein der Freunde Israels", Basel, 10, Conrad Hoffman[192], der Direktor des „International Committee on the Christian Approach to the Jews" im Internationalen Missionsrat, New York, 105 und „Hebrew Christian Testimony to Israel", England, 37 Pakete. Auch einige Einzelpersonen bedachten die Hilfsstelle Stuttgart, so daß insgesamt 523 Pakete für das Jahr 1947 zur Verfügung standen. Die große Mehrzahl von ihnen, 464 enthielten Lebensmittel, 52 Kleidung und Schuhe, drei Vitamine und Medizin, einige hatten andere Inhalte. 14 Lebensmittelpakete gingen nach München und 6 nach Nürnberg. In den Bereich von Südwürttemberg kamen mindestens 30 Pakete. So wurde 1947 die große Mehrzahl der in Stuttgart zur Verfügung stehenden Hilfspakete an württembergische Verfolgte ausgegeben, wobei zu beachten ist, daß die Pakete nicht nur als Ganze verteilt wurden, sondern teilweise halbe oder auch nur fünftel Pakete an eine Person ausgegeben wurden. So war der Personenkreis, der mit einer Gabe bedacht werden konnte, sicher größer, als die Zahl von 410 Paketen vermuten

---

Kirchliche Hilfe für Christen jüdischer Herkunft" (AÖR Genf, 25 A Chrétiens d'origine juive I, 1er janv. 1946–31 mai 1947. Darin: Articles, Rapports...).

[189] Vgl. oben S. 70, Anm. 15; Brief Majer-Leonhards an die „Arbeitsgemeinschaft der christlichen Hilfsstellen für Rasseverfolgte nichtjüdischen Glaubens in Deutschland" vom 9. 11. 1946 (LKA Stuttgart, Akten Hilfsstelle, 1); Brief Freudenbergs an Barstow vom 19. 12. 1946 (vgl. oben S. 70, Anm. 15).

[190] Brief Majer-Leonhards an das Hilfswerk vom 4. 11. 1946 (vgl. oben S. 72, Anm. 19).

[191] Brief vom 21. 4. 1947 (AÖR Genf, 25 A Chrétiens d'origine juive I 1er janv. 1946–31 mai 1947. Darin: Correspondence avec CWS). – Die Spende umfaßte insgesamt 1000 Pakete, die folgendermaßen verteilt wurden: Berlin 250, Stuttgart 140, Heidelberg 125, Mannheim 15, Frankfurt 120, Kassel 190 und Hamburg 160.

[192] Vgl. unten S. 206.

läßt. Auch darf nicht übersehen werden, daß größere Pakete, die an Familien verteilt wurden, mehreren Personen zugute kamen. Über die Ausgabe von Kleidung und Schuhen sowie der anderen Dinge fanden sich in den Unterlagen keine Aufzeichnungen, jedoch scheinen sie mit den Lebensmitteln zusammen verteilt worden zu sein.

Auffallend ist der starke Rückgang von Paketsendungen im Jahre 1948. Nur noch 154 Pakete erreichen Stuttgart. Einige Organisationen leisteten fortan keine Hilfe mehr, so der „Church World Service", die ökumenische Flüchtlingskommission und „Hebrew Christian Testimony to Israel". Erstmalige Hilfssendungen kamen von „Christian Relief", London, und von einigen Einzelpersonen, die dann allerdings teilweise über einen längeren Zeitraum Zuwendungen schickten[193]. Die „First Hebrew Christian Synagogue" leitete im folgenden ihre Hilfssendungen an eine eigene Vertrauensperson in Stuttgart, da Majer-Leonhard nicht bereit war, am Aufbau einer judenchristlichen Gemeinde mitzuarbeiten[194]. Majer-Leonhard hatte die Prämisse dieser Organisation – „kein Arier darf irgendwelche Liebesgaben von uns bekommen" – nicht so streng wie gewünscht beachtet[195]. Dies hatte ihm den rüden Vorwurf eingetragen, er habe sich nicht an die Vorschriften des Gebers gehalten, wozu er absolut verpflichtet gewesen sei. Von den Paketen des Jahres 1948 enthielten 83 Lebensmittel und 53 Kleidung und Schuhe sowie 6 Vitamine und 9 Lektüren. Bei dreien war der Inhalt nicht angegeben. Durch Aufteilung der verschiedenen Gaben konnten insgesamt 113 Pakete zusammengestellt werden, davon gelangten 10 in Tübingen und 4 in Ulm zur Verteilung, der Rest in Stuttgart.

Um einen Eindruck vom Inhalt dieser Pakete zu vermitteln, sei die Zusammensetzung von vier verschiedenen Paketarten angeführt, die auch immer wieder zur Stuttgarter Hilfsstelle gelangten. Oberstes Gebot war natürlich, daß der Inhalt nicht verderblich sein durfte, benötigte doch schon ein Paket von Schweden nach Deutschland bis zu vier Wochen, eins aus den USA noch einiges länger[196]. Die fünf Pakete der „Svenska Israelsmissionen" hatten ein Gewicht von 10 kg. Sie enthielten je 500 g Butter, Margarine, Öl, vakuumverpackten Kaffee, ungerösteten Kaffee und Milchpulver, je 1 kg Zucker, Makkaroni, Corn Flakes und Kakao. Weiter befanden sich in ihnen 400 g Seife, 200 g Toilettenseife, 250 g Tee und Schokolade sowie 40 amerikanische Zigaretten. „Dänemarkpakete" enthielten 1 kg geräucherten Speck, 1 kg Kamm mit Speck oder geräucherten Speck, 1 Dose mit 800 g Rindfleisch, 500 g Käse

---

193 Beispielsweise Reverend Jacob Peltz, Chicago.

194 Vgl. unten S. 148ff.

195 Brief Michelsons, des Leiters der „First Hebrew Christian Synagogue", an Majer-Leonhard vom 2. 10. 1947 (LKA Stuttgart, Akten Hilfsstelle, 6).

196 Die Israelsmissionen Malmö kündigten am 24. 11. 1948 (Datum des Begleitbriefes) eine Paketsendung an (LKA Stuttgart, Akten Hilfsstelle, 11), deren Eingang am 21. 12. verzeichnet wurde („Packpapierpaket", vgl. oben S. 127, Anm. 179).

und 900 g Butter. Deckten die Pakete der „Israelsmissionen" eher den täglichen Bedarf an Grundnahrungsmitteln, so ergänzte der andere Typ vor allem die Fett- und Eiweißration. Die „Schweizer Standardpakete" des Arbeiterhilfswerks wogen 6,3 kg und enthielten je 1 kg Zucker und Orangenmarmelade, sowie je 500 g Röstkaffee, Rindfleisch, Tomatenpüree und Grapefruitsaft. Ein Paket Birchermüsli und Zigaretten rundeten den Inhalt ab. Noch angeführt sei der Inhalt spezieller Kinderpakete. Sie enthielten ungefähr 900 g ungezuckerte Kondensmilch, 400 g Sahne, 500 g Orangenmarmelade, je 1 kg Makkaroni, Haferflocken und Zucker sowie 200 g Schokolade.

Von zwei Ausgabeterminen des Jahres 1948 liegen genaue Aufstellungen der bedachten Personen und der abgegebenen Waren vor. Am 16. April gelangten fünf Kisten mit Lebensmitteln zur Verteilung. 50 Personen erhielten jeweils 1,5 kg Speck und je 500 g Margarine, Käse, Zucker, Haferflocken und Schokolade. Aus dem südwürttembergischen Bereich erhielten vier Personen denselben Anteil, außer Haferflocken und Schokolade. Weitere fünf konnten noch einen Teil der Dinge mitnehmen. Am 22. Dezember kamen zehn Lebensmittelpakete der „Evangeliska Israelsmissionen", Malmö, mit neun Dosen Kondensmilch, ein ganzes und zwei angebrochenen Care-Pakete, Seifen aus verschiedenen Kleidersendungen sowie Schuhsohlen und -absätze zur Verteilung. 23 Personen wurden bedacht, die alle ein Pfund Fett und eine Seife erhielten. Da die Mengen der anderen Dinge zu klein waren, gab es unterschiedliche weitere Zuteilungen: Zucker oder Mehl, Milchpulver oder Kondensmilch, Kakao, Kaffee, Tee oder Schokolade, Corned Beef, Leberpastete, Eipulver oder Käse, teilweise auch Vitamintabletten oder Lebertran.

1949 nahm der Paketeingang wieder etwas zu: 241 Pakete waren für Stuttgart bestimmt. Allerdings kamen 87% dieses Kontingents im ersten Halbjahr. 25% der Pakete enthielten Kleidung und Schuhwaren, der Rest Lebensmittel. Zum größten Teil wurden die Zuwendungen in Stuttgart ausgegeben, je fünf aber nach München, Nürnberg, Frankfurt und Karlsruhe weitergegeben, je zehn nach Tübingen und in die Pfalz. Neben Conrad Hoffmann, New York, der 53 Pakete nach Stuttgart auf den Weg brachte, spendete die „Svenska Israelsmissionen" die meisten dieser Pakete (151). Letztere war es auch, die im Februar 1949 einen regelmäßigen Paketdienst für bedürftige, unterernährte und Tb-gefährdete Kinder begann. Bereits am 1. März erhielten 15 Kinder eine Lieferung mit 4,5 kg Fett und am 16. März je 30 Eier[197].

Im folgenden Jahr kamen nur noch 30 Lebensmittelpakete nach Stuttgart, wovon die „Svenska Israelsmissionen" den größten Teil schickte. Nach einer Aufteilung in kleinere Portionen kamen alle in Stuttgart zur Ausgabe.

Letztmals kamen 1951 13 Pakete in Stuttgart an. Danach hörte der Paketeingang weitgehend auf.

---

[197] Briefe vom 15. 2., 28. 2., 1. 3., 16. 3. 1949 u. ö. (LKA STUTTGART, Akten Hilfsstelle, 25).

Insgesamt kamen also zwischen 1946 und 1951 1329 Pakete in Stuttgart an. Sie wurden vor allem durch den „Church World Service" (490)[198], Conrad Hoffmann (208) und die „Svenska Israelsmissionen" (189) gespendet. 87% dieser Pakete enthielten Lebensmittel, 10,3% Kleidung und Schuhe, die restlichen Vitamine, Medizin, Lektüren und anderes. Von den 1180 Lebensmittelpaketen wurde der überwiegende Teil in Stuttgart an ehemalige Rasseverfolgte aus Nordwürttemberg abgegeben; 130 kamen nach München und Nürnberg, 60 nach Tübingen, 50 nach Südbaden und kleinere Mengen nach Frankfurt, Karlsruhe und in die Pfalz. Stellt man die Zahl der Pakete in eine Relation zur Zahl der durch die Stuttgarter Hilfsstelle Betreuten, so kann man ermessen, wie gering sich die Pakethilfe ausnahm: 920 Lebensmittelpakete von im Schnitt 8 kg standen für ungefähr 1550 Betreute zur Verfügung. Unter diesen befanden sich 200 Kinder, 100 Personen, die älter als 60 Jahre waren, und 60 Kranke[199]. Sicher ist in Rechnung zu stellen, daß ein Teil dieser Menschen nicht auf Hilfe angewiesen war, andere mögen durch Bekannte und Verwandte aus dem Ausland Zuwendungen erhalten haben, dennoch kann man wohl nicht von einer tiefgreifenden Hilfsaktion sprechen, wenngleich die Gaben sicherlich zu einer zeitweiligen Erleichterung in den Familien und bei den Einzelpersonen geführt haben mögen. In Dankesbriefen wurde zum Ausdruck gebracht, daß der Empfänger oft kaum fassen konnte, so ein üppig gefülltes Paket zu erhalten. Sich endlich wieder einmal satt essen zu können, endlich wieder eine schmackhafte und qualitativ gute Nahrung zu sich zu nehmen, endlich ordentliches Schuhwerk, warme Kleidung zu erhalten, dies waren Punkte, die immer wieder herausgestellt wurden.

Deutlich ist, daß erst der massive Einsatz der ökumenischen Flüchtlingskommission dazu geführt hat, daß ausländische Organisationen Hilfssendungen speziell für die Christen jüdischer Herkunft einleiteten. Dies war zum einen deshalb nötig, da vor allem amerikanische kirchliche Stellen zunächst nur jüdischen Organisationen Spenden zukommen ließen, wenn sie ehemalige Rasseverfolgte bedenken wollten. Da diese Unterstützungen aber nur Mitgliedern der Jüdischen Gemeinden zugute kamen, bedurfte es eines gezielten Hinweises auf die bedrängte Lage der ehemals rasseverfolgten Christen. Zum andern aber kann festgestellt werden, daß das Hilfswerk der EKD den Hilfsstellen nahezu keine Mittel zukommen ließ, die nicht ausdrücklich für diese bestimmt waren[200]. Die Erwartung der Betreuten waren

---

198 „Material Relief to Christians of Jewish Origin. Report presented at the Meeting of Basle June 1947 by Dr. Adolf Freudenberg, Geneva" (PRIVATAKTEN FREUDENBERG, Mappe: Dr. Freudenberg, Artikel, Konferenzen und Berichte). – Insgesamt sandte der Church World Service 1946 und 1947 2500 Pakete nach Deutschland.

199 Mitteilung Majer-Leonhards an die Arbeitsgemeinschaft der christlichen Hilfsstellen vom 21. 1. 1947 (vgl. oben S. 130, Anm. 189).

200 Vgl. hierzu oben S. 70ff. – Das Hilfswerk selbst hatte zum Beispiel bis März 1947 durch die ökumenische Flüchtlingsorganisation 12399 kg Lebensmittel, 2445 kg Kleidung und 133 kg

jedenfalls weit größer als die tatsächlichen Hilfssendungen aus dem Ausland. So blieben Nachfragen, Beschwerden, ja Verdächtigungen nicht aus, und der neidvolle Blick auf die Unterstützung, die die Jüdischen Gemeinden ihren Mitgliedern zukommen lassen konnte, trug zur Unzufriedenheit bei.

Dennoch haben diese Pakete einen guten Dienst geleistet. Vor allem 1947, als sich die Ernährungslage dramatisch zugespitzt hatte, waren diese Hilfen des Auslands für viele ehemalige Rasseverfolgte von unschätzbarem Wert.

Die Auswandererberatung

Eine Auswanderung aus Deutschland war nach dem Krieg zunächst nicht möglich[201]. Diese Regelung betraf sowohl Deutsche wie auch die zahlreich im Deutschen Reich anwesenden Verschleppten, die zu Arbeitseinsätzen in Deutschland gezwungen worden waren. Für diese zweite Gruppe eröffnete sich am 22. Dezember 1945 eine Einwanderungsmöglichkeit in die USA. Präsident Harry S. Truman hatte die Erlaubnis zur Einwanderung von 39000 „Displaced Persons" aus der amerikanischen Zone gegeben. Diese Personen konnten im Gegensatz zum sonst nötigen Einzelbürgen aufgrund von „corporate affidavits" einwandern[202].

Das „American Christian Committee for Refugees" (ACCR) gründete daraufhin einen Fonds und übernahm die Unterstützung von 300 Bewerbern. Die in Frage kommenden Personen sollten durch Vertreter des ACCR in Deutschland ausgewählt werden. In einem Memorandum betonte der ökumenische Flüchtlingssekretär Freudenberg, daß neben den schon ausgewählten protestantischen und orthodoxen Balten so viele „nichtarische" Christen wie möglich auf diese Weise eine Gelegenheit zur Auswanderung erhalten sollten.

Am 6. Mai, also fast genau ein Jahr nach der Kapitulation des Deutschen Reiches, fand in Stuttgart eine Besprechung zwischen dem Hilfswerk der EKD und der inzwischen nach Deutschland gesandten Vertreterin des ACCR, Imperia Briganti, statt. Durch dieses Gespräch wurden nun erstmals nach dem Krieg Auswanderungsmöglichkeiten in die USA eröffnet. Frau Briganti betonte, daß ihre Organisation bereit sei, „eine Anzahl von im Dritten Reich verfolgten Deutschen in einem beschleunigten Verfahren nach USA zur Einwanderung zu bringen. In erster Linie, jedoch nicht ausschließ-

---

Medizin erhalten (AÖR Genf, DICASR – Directorate. Quarry Articles 1947/48. Bericht Germany, Summer 1947).

201 Vgl. H. Krimm, Beistand, S. 74–82.

202 Memorandum Freudenbergs vom 15. 5. 1946 (vgl. oben S. 70, Anm. 15). – Vgl. zur Lage der jüdischen „DP's": Mitteilungsblatt der Notgemeinschaft der durch die Nürnberger Gesetze Betroffenen, Hamburg, vom April 1949 (vgl. unten S. 182ff.); vgl. oben S. 55.

lich, sollen Nichtarier in Betracht kommen"[203]. 150 Plätze seien noch für Personen aus der amerikanischen Zone reserviert. Das Besondere an dieser Auswanderungsmöglichkeit war, daß die in Frage kommenden Personen nach Einreichung eines Fragebogens, des Geburtsscheines, eines polizeilichen Führungszeugnisses und von vier Paßbildern nach einer Prüfung durch das Konsulat die Stellung einer „Displaced Person" erhielten. Damit aber übernahm die „United Nations Relief and Rehabilitation Administration" die Betreuung. Diese Organisation war für die Rückführung aller Verschleppten zuständig und hatte Möglichkeiten zur Rückführung in die jeweiligen Heimatländer bzw. zur Auswanderung in entsprechende Zielländer, als an eine Auswanderung von Deutschen noch nicht zu denken war. Da nun aber die UNRRA nur „Displaced Persons" betreute, war ein spezieller Akt nötig, um die deutschen Juden „DPs" gleichzustellen[204].

Zu beachten ist in diesem Zusammenhang noch ein zweiter Umstand: Den wegen ihrer Rassezugehörigkeit im „Dritten Reich" verfolgten Menschen war so gut wie nichts geblieben. Eine Auswanderung mußte daher allein schon wegen der anfallenden Kosten eine nahezu unüberwindliche Hürde darstellen. Wer keine Verwandten in den USA hatte, die die Kosten für die Schiffspassage und die erste Zeit in den USA übernahmen, hatte keine Aussicht, auswandern zu können. Durch die Bereitschaft des ACCR, sämtliche Kosten, auch die für die Versorgung in den ersten Wochen in der neuen Heimat, zu übernehmen, wurde die Möglichkeit zur Auswanderung für viele ehemalige Verfolgte überhaupt erst geschaffen.

In der Besprechung wurden zwei Bedingungen für Auswanderungswillige genannt: Sie mußten zum einen im „Dritten Reich" politisch verfolgt und zum anderen im Deutschland innerhalb der Grenzen vom 4. September 1939 geboren worden sein. Der zweite Punkte wurde deshalb herausgestellt, da alle außerhalb des Deutschen Reiches Geborenen auf jeden Fall von der UNRRA betreut worden wären und durch diese Organisation Möglichkeiten zur Auswanderung hatten. Bevorzugt, so die Vertreterin des ACCR, sollten junge Menschen werden, aber auch ältere Personen, die Angehörige in den Vereinigten Staaten hätten. Die ausgewählten Personen würden mit Militärtransporten nach Bremen und von dort aus dann mit dem Schiff in die USA gebracht werden. An Gepäck seien nicht mehr als 65 Pfund zugelassen.

Das Zentralbüro des Hilfswerks erklärte sich bereit, die Auswahl der Bewerber für die amerikanische Zone zu übernehmen. Da nun vor allem ehemaligen Rasseverfolgten diese Möglichkeit offenstehen sollte, wurde Majer-Leonhard der Auftrag gegeben, aus den von ihm betreuten Personen 50 an einer Auswanderung Interessierte vorzuschlagen. Die Hilfsstellen in Frankfurt und Berlin übernahmen die Auswahl für die restlichen 100 freien

---

203 „Aufzeichnung" eines Gesprächs vom 6. 5. 1946 (vgl. oben S. 72, Anm. 19).

204 Vgl. H. GANTHER, Juden, S. 93.

Plätze aus dem Kontingent des ACCR. Am 25. Mai 1946 schrieb Majer-Leonhard an den für das württembergische Hilfswerk zuständigen Oberkirchenrat Wilhelm Pressel[205], daß es keine Schwierigkeit sei, 50 Personen zu finden, die das Angebot wahrnehmen wollten, wohl aber bringe die Beschaffung der Unterlagen einige Probleme. Auch die Koordination zwischen Konsulat, ACCR und UNRRA sei noch nicht eingespielt. Ferner sei zu beachten, daß das Konsulat die in Frage kommende Personengruppe auf die selbst im Konzentrationslager eingesessenen „Mischlinge 1. Grades" und auf Personen, deren Angehörige im Konzentrationslager gewesen waren, eingeschränkt habe. Es müßte angeregt werden, daß auch „solche rassisch Verfolgten nach drüben dürfen, die sich der Verhaftung entziehen konnten"[206].

Erste Zahlen über Interessierte sind einem Dokument vom Mai 1946 zu entnehmen: Aus Stuttgart waren es 59 Personen, aus Heidelberg 27 und aus Mannheim eine Person. Von diesen Antragstellern wurden zunächst einmal 30 angenommen, davon 23 aus Stuttgart und 7 aus Heidelberg[207]. Am 5. August fuhren die ersten 6 Auswanderer von Stuttgart nach Bremen. Es waren 5 Männer zwischen 20 und 25 Jahren, die als „Mischlinge 1. Grades" im Lager Wolfenbüttel eingesessen hatten. Einer wurde von seiner Schwester begleitet[208].

Majer-Leonhard legte dar, daß die von Briganti genannten Bedingungen noch um mindestens drei Punkte zu erweitern seien: Die Interessenten mußten am 29. Dezember 1945 in der amerikanischen Zone wohnhaft gewesen sein, sie durften nie in der deutschen Wehrmacht gedient haben und sie hatten eine genaue Überprüfung ihrer Gesundheit und politischen Zuverlässigkeit zu bestehen. Da diese Punkte nicht von Anfang an klar waren, mußte jeder einzelne Bewerber nochmals daraufhin befragt werden. Von den zu diesem Zeitpunkt 66 interessierten Personen waren 12 wegen „ungenügender Verfolgung" ausgeschieden worden. Sechs Personen wohnten am Stichtag nicht in der amerikanischen Zone, und sieben waren wegen früherer Zugehörigkeit zur Wehrmacht zurückgestellt. So wurden nur 35 Anträge weiterbearbeitet. Majer-Leonhard stellte fest, daß von der Auswanderungsmöglichkeit „fast ausschließlich die rassisch Verfolgten Gebrauch" machten. „Die politisch und religiös Verfolgten wissen sich gerade jetzt nach dem Wegfall der Verfolgung für den neuen Staat verantwortlich und möchten deshalb nicht fort." Die „Nichtarier" hingegen fühlten nach der zwölf Jahre währenden Verfolgung keine Bindung mehr an Deutschland. Nach dem Dank für das schon Erreichte sprach Majer-Leonhard die Bitte aus, daß die Auswande-

---

205 Vgl. unten S. 283f.

206 Brief Majer-Leonhards an Oberkirchenrat Pressel, „Betr. Auswanderung nichtarischer Christen nach USA", vom 25. 5. 1946 (vgl. oben S. 72, Anm. 19).

207 Vgl. oben S. 116, Anm. 142.

208 Brief Majer-Leonhards an das Hilfswerk der Evang. Kirche in Württemberg vom 5. 8. 1946 (vgl. oben S. 72, Anm. 19).

rungsmöglichkeiten auch für ehemalige Wehrmachtsangehörige eingeräumt werden sollten, da diese Männer ja nicht freiwillig, sondern aufgrund des Wehrgesetzes Soldat geworden seien. Zum anderen gelte es, den Begriff der politischen Verfolgung zu überdenken. Er sollte weitergefaßt werden, da nicht nur diejenigen, die in Lagern einsaßen, Schweres zu erleiden hatten, sondern auch die, die zum Beispiel deshalb in Rüstungsbetrieben eingesetzt waren, weil ein Elternteil „nichtarisch" war. Auf einen weiteren Punkt wies der Leiter der Stuttgarter Hilfsstelle in seinem Resümee hin: Von seiten der katholischen Kirche gebe es bis jetzt keine Organisation, die wie das ACCR Bürgschaften für eine Emigration übernähme. Eine katholische Frau, die zwölf Jahre bei ihrem jüdischen Ehemann ausgehalten habe, wurde von Briganti abgelehnt; sie dürfe nicht mit „protestantischem" Geld in die Vereinigten Staaten fahren. Es gelte in diesem Bereich möglichst schnell Abhilfe zu schaffen.

So wies diese erste Bilanz in Sachen Auswanderung neben der begrüßenswerten Tatsache, daß überhaupt so eine Möglichkeit eingeräumt werden konnte, doch auch auf einige kritische Punkte hin. Diese zeigen, wie wenig man im Ausland die deutschen Verhältnisse verstand, sonst hätte die Wehrmachtszugehörigkeit eigentlich kein Hinderungsgrund sein dürfen, da gemäß dem Wehrmachtsgesetz zunächst auch „Mischlinge 1. Grades" eingezogen wurden. Auch die Anrechnung lediglich eines Lageraufenthaltes verkennt die Lage in Deutschland während der Naziherrschaft[209].

Auf einen weiteren wichtigen Punkt wies der Flüchtlingssekretär des Ökumenischen Rates der Kirchen hin: Die Auswanderung müsse einem Kreis „individuell sorgfältig geprüfte(r) Einzelfälle" vorbehalten bleiben[210]. Es dürfe nicht zu viel Hoffnung geweckt werden, die dann doch enttäuscht werden müßte. Vorgeschlagen wurde, die Koordination der Auswanderungsfragen in die Hand von Majer-Leonhard zu legen, da er schon jetzt einen engen Kontakt zur Vertreterin des ACCR habe.

In einer von Majer-Leonhard am 12. September 1946 erstellten Statistik sind 92 an einer Auswanderung Interessierte aufgeführt, von denen 17 Personen wegen mangelnder Verfolgung, eine wegen Zugehörigkeit zur Wehrmacht und sechs, weil sie aus anderen Zonen kamen, zurückgestellt worden waren. Fünf Personen stünden vor der Abfahrt, 18 seien schon unterwegs. 45 Anträge befänden sich in Bearbeitung[211]. Insgesamt wurden durch das

---

[209] Das genannte Beispiel eines erzwungenen Arbeitseinsatzes in einem Rüstungsbetrieb könnte noch dahingehend ergänzt werden, daß es den Zwangsarbeitern verboten war, bei einem Luftangriff in die Schutzräume zu gehen, oder aber, daß ihnen die Benutzung der öffentlichen Verkehrsmittel versagt blieb (vgl. oben S. 23f.).

[210] Vgl. oben S. 129, Anm. 188.

[211] Brief Majer-Leonhards an das Zentralbüro des Hilfswerks der EKD vom 12. 9. 1946 (vgl. oben S. 72, Anm. 19).

ACCR bis zum 16. Februar 1947 von 629 Affidavits 178 an Deutsche, fast ausschließlich Rasseverfolgte, ausgegeben[212].

Noch aber war an eine Auswanderung aus der französischen und britischen Zone nicht zu denken. Ebenso gab es noch keine Einreisemöglichkeiten nach England, wohin viele Rasseverfolgte geflohen waren, die ihre Verwandten nun nachreisen lassen wollten, oder in irgendein anderes Land. An diesem Zustand änderte sich auch bis Mitte 1947 im wesentlichen nichts: Eine allgemeine Auswanderungsmöglichkeit für Deutsche gab es nicht, nur durch das Truman-Programm konnten ehemalige KZ-Gefangene in die USA auswandern. In andere Länder gelangte man nur, wenn Angehörige dort lebten, die alle notwendigen Schritte in die Wege leiteten und bereit waren, die Kosten zu übernehmen[213].

Am 10. Mai 1947, also ein Jahr nachdem Majer-Leonhard von Pressel gebeten worden war, aus dem von ihm betreuten Personenkreis an einer Auswanderung Interessierte vorzuschlagen, waren 48 Personen in die USA abgereist[214].

Der Bericht einer Ausgewanderten mag die Eindrücke und Gefühle bei einer Auswanderung wiedergeben: Die Frau, die im April 1946 von Bremerhaven nach New York fuhr, beschrieb die Situation an Bord des ungefähr 1000 Personen transportierenden Schiffes. „Die Verpflegung auf dem Schiff war reichlich und gut, sie war eigentlich zu gut für die von der Seekrankheit mitgenommenen Mägen." Auch für die „Bequemlichkeit (war) hinreichend gesorgt worden: es gab weiße Bettwäsche, ein Handtuch, eine Seife, und Wasch- ja sogar Brausegelegenheit"[215]. Nach der Ankunft begann das große

---

[212] Mitteilung Majer-Leonhards an den „Ökumenischen Flüchtlingsausschuß" und an andere mit dieser Sache befaßten Institutionen vom 16. 2. 1947 (Ebd.). – Unter anderen erhielten 58 Personen aus Berlin, 45 aus Frankfurt, 37 aus Stuttgart und 13 aus München durch das ACCR eine Reisemöglichkeit.

[213] Brief Majer-Leonhards an den „Landesausschuß der politisch Verfolgten" vom 26. 5. 1947 (vgl. oben S. 116, Anm. 142). Vgl. auch Hilfsstelle für Rasseverfolgte: „Rückblick auf das Jahr 1946" vom 19. 1. 1947 (vgl. oben S. 119, Anm. 146).

[214] Brief Majer-Leonhards an das Hilfswerk der Evangelischen Landeskirche in Württemberg (vgl. oben S. 72, Anm. 19). – Ende November 1947 eröffnete das Evangelische Hilfswerk in Württemberg eine eigene Auswanderungsberatungsstelle. Ein detaillierter Arbeitsbericht dieser Stelle liegt für die Zeit von Januar bis März 1948 vor, aus dem zu entnehmen ist, daß eine rege Nachfrage festzustellen sei, obgleich für Deutsche, die nicht im Konzentrationslager eingesessen waren, noch fast keine Möglichkeit zur Ausreise bestand. Immerhin 357 Anfragen wurden in diesem Zeitraum beantwortet, wobei nur zehn Ausreisen zu verzeichnen waren. Vor allem bestand Interesse an einer Emigration nach Südamerika, den USA, Frankreich und Kanada („2. Vierteljahresbericht der Auswanderungsberatungsstelle des Hilfswerks der Ev. Landeskirche in Württemberg, Jan.–März 1948" [Ebd.]).

[215] Brief von H.R. an Majer-Leonhard, o.D. (LKA Stuttgart, Akten Hilfsstelle, 21). – Erstaunt stellte die Frau fest, daß ihre Schuld beim American Christian Committe for Refugees um 70 Dollar höher war als die eines Mannes: 221,50 Dollar; für die Schiffspassage 208 $, für das Visum 10 $ und 3,50 $ Bordgeld.

Staunen. Fünf Tage New York brachten unbegreifliche Eindrücke. „Was ich alles zu sehen bekam an Lebensmitteln, Früchten, Süßigkeiten, Kleidern, Schuhen, Autos, Wolkenkratzern, Menschen, – es ist nicht zu beschreiben." Als wenig später eine Arbeitsstelle gefunden war, konnte das neue Leben beginnen[216].

Einem Brief vom 12. Januar 1948 ist zu entnehmen, daß nun auch eine katholische Organisation, die „National Catholic Welfare Conference", Adressen Ausreisewilliger sammele. Majer-Leonhard teilte der Leiterin der Freiburger Caritashilfsstelle, Dr. Gertrud Luckner[217], mit, daß aus Stuttgart bisher mehr als 60 Personen in die USA gefahren seien, wobei nur 15 in der Lage waren, selbst die Kosten für die Passage durch amerikanische Verwandte bezahlen zu lassen; „für die anderen hat Church World Service die Bürgschaft gestellt und die Passage bezahlt"[218]. Künftig wolle er die Katholiken an die Caritas weiterverweisen.

Als am 1. Juli 1948 neue Einwanderungsbestimmungen in den USA erlassen wurden, änderten sich die Vorausssetzungen grundlegend, da der zugelassene Personenkreis nicht auf Verfolgte oder durch das Naziregime Verschleppte beschränkt blieb. Jede Person konnte sich nun um eine Einreisegenehmigung bemühen[219]. Nach dieser Änderung hatten die Auswanderungsberatungsstellen nun nicht weiter nur warnende Funktion, sondern eine positive Auswanderungsfürsorge zu übernehmen. Majer-Leonhard bat in einem Brief vom 7. Juli 1948 die Beratungsstelle des Hilfswerks, nun doch auch die Betreuung der im „Dritten Reich" rassisch und politisch Verfolgten

---

[216] Majer-Leonhard betonte in einem Brief an den ökumenischen Flüchtlingsausschuß vom 14. 10. 1946, daß die Betreuung durch das ACCR vorbildlich sei. Nicht nur die Schiffsreise würde in Briefen von Ausgewanderten sehr gelobt, sondern auch die Fürsorge nach der Ankunft. Die Unterbringung in einem Hotel und die Ausgabe von Taschengeld, das so bemessen sei, daß es den Besuch von Gaststätten erlaube, würden besonders hervorgehoben. Eine Beihilfe von 50 $ ermögliche den zumeist dringend notwendigen Kauf von neuen Kleidern. Auch die Vermittlung von einer Beschäftigung und englischem Sprachunterricht sei eine große Hilfe für den Start in die neue Umgebung (vgl. oben S. 125, Anm. 174).

[217] Vgl. unten S. 157; T. Schnabel, Gertrud Luckner.

[218] Brief Majer-Leonhards an Luckner vom 12. 1. 1948 (vgl. oben S. 108, Anm. 119).

[219] Informationsblatt „USA Nr. 4" vom 1. 9. 1948 der „Auswanderer-Beratung" des Hilfswerks der EKD, Zentralbüro (Ost) (LKA Stuttgart, Akten Hilfsstelle, Hilfswerk A-U). – 25 957 Auswanderungen aus Deutschland wurden genehmigt. Für zwei Jahre blieben 50% der Jahresquote für Personen deutscher Abstammung aus Polen, der Tschechoslowakei, Ungarn, Rumänien und Jugoslawien vorbehalten. Da auf die Restzahl noch Personen verrechnet wurden, die im Rahmen der Familienzusammenführung in die USA gelangen sollten, waren die Möglichkeiten in Anbetracht der zu erwartenden starken Nachfrage nicht sehr groß. Eine weitere Schwierigkeit bestand darin, daß es künftig keine Sammelaffidavits mehr geben sollte. Damit aber war es für Organisationen wie den ACCR weit schwieriger, gezielt Personen zu unterstützen. Ein Jahr später wurde berichtet, daß sich ca. 250 000 Menschen um eine Ausreiseerlaubnis bemüht hätten, wobei die Quoten 13 000 „Reichs"deutsche und die gleiche Zahl an „Volks"-deutschen vorsehen (vgl. Der Tagesspiegel Nr. 1156 vom 25. 7. 1949).

mitzuübernehmen[220], da nun für diesen Personenkreis nur noch in sehr geringem Umfang eine Sonderregelung möglich sein dürfte[221]. Die einzige Möglichkeit für Rasseverfolgte, bevorzugt und damit schneller in die USA gelangen zu können, bestand nunmehr darin, daß sie von der „International Refugee Organization" (IRO), einer freien überkonfessionellen Einrichtung[222], als verschleppte Personen anerkannt wurden. Dies sei jedoch, so Majer-Leonhard, recht schwierig, da ein Teil der „leitenden Herren der IRO in Berlin... Amerikaner (sind), aber Juden orthodoxer Richtung aus Polen und sehen deshalb in jedem aus dem Judentum Ausgetretenen einen Abtrünnigen von Gott"[223].

Abschließend bleibt festzuhalten, daß bis zum März 1949 aus dem Betreutenkreis der Hilfsstelle für Rasseverfolgte Stuttgart 80 Personen in die USA auswandern konnten. Eine Familie reiste in diesem Zeitraum nach Chile und eine Frau nach Australien[224]. Geht man von einer Zahl von 1550 Betreuten aus, so wanderten immerhin 5,5% aus. Dieser doch ansehnliche Prozentsatz ist wohl darauf zurückzuführen, daß die ehemaligen Rasseverfolgten, die durch die Hilfsstelle betreut wurden, zumeist Menschen waren, die miterlebt hatten, wie während des „Dritten Reiches" alle ihre Sozialbeziehungen zusammenbrachen. Gute Freunde wollten plötzlich nichts mehr mit diesen „Geächteten" zu tun haben, Geschäftspartner suchten einen letzten Profit herauszuschlagen. Der Besitz dieser Menschen war zumeist zerstört oder konfisziert worden, und oft genug konnte nur wenig zurückgegeben werden. Der menschenverachtende Umgang der Deutschen mit diesen Verfolgten in den Lagern hat sicher auch unauslöschliche Spuren hinterlassen. So bewirkte die Angst, daß so eine Zeit in Deutschland irgendwann einmal wiederkommen könnte, ein Gefühl der Unruhe und Unsicherheit, dem viele durch eine Auswanderung begegneten. Wie es diesen Menschen in ihrer neuen Heimat erging, läßt sich aus den Akten nur ansatzweise erheben. Nach ersten begeisterten Berichten brach der Kontakt nur zu rasch ab. Hilfssendungen dieser Menschen an ihre zurückgebliebenen Freunde zeigen aber doch in Einzelfällen, daß eine Verwurzelung recht rasch stattfand[225].

---

220 Schreiben Majer-Leonhards an das Hilfswerk vom 7. 7. 1948 (vgl. oben S. 72, Anm. 19).

221 Majer-Leonhard an die VVN vom 8. 10. 1948 (vgl. oben S. 116, Anm. 142). – Gleichzeitig löste Majer-Leonhard die von ihm mitversehene Auswanderungsberatungsstelle der VVN auf.

222 Vgl. oben S. 55. – Die IRO übernahm von der UNRRA die Betreuung der „DP's".

223 Brief des Hilfswerks der EKD, Zentralbüro Ost, Auswanderer-Beratung, an Majer-Leonhard vom 15. 10. 1948 (vgl. oben S. 139, Anm. 219). Vgl. auch Rundbrief der Hilfsstelle für Rasseverfolgte Stuttgart, „Betr.: Auswanderung von Verfolgten" vom 18. 11. 1948 (LKA STUTTGART, Akten Hilfsstelle, 30).

224 „Vom Dienst der Hilfsstelle für Rasseverfolgte", Bericht vom März 1949 (EBD., Akten Hilfsstelle, 10).

225 Vgl. Brief Majer-Leonhards an die „Liebe(n) Freunde in der weiten Welt!" vom 10. 9. 1948 (vgl. oben S. 83, Anm. 53).

Weitere Maßnahmen der Hilfsstelle

Daß sich in der Pakethilfe und Auswandererberatung die Aktivitäten der Hilfsstelle für Rasseverfolgte nicht erschöpfte, zeigen die für jedes Jahr vorgelegten Arbeitsberichte. Erstmals 1946 wurde ein Angebot für die ehemaligen Rasseverfolgten erwähnt, das dem Leiter der Hilfsstelle besonders wichtig war. Er bot Vortrags- und Ausspracheabende an, die zwar schlecht besucht waren[226], in denen er aber den Versuch unternahm, sich mit den Besuchern „den Plan Gottes mit dem jüdischen Volk klar zu machen"[227]. Auch sollten diese Gemeinschaftsstunden seelsorgerlichen Zuspruch geben und den Judenchristen „einen Weg in die Gemeinde" ebnen[228]. Die Menschen, die Bedürfnis nach Gemeinschaft mit Schicksalsgenossen verspürten, konnten, so Majer-Leonhard, unter dem Wort Gottes zusammenkommen, da die seelische Not bei diesen Gemeindegliedern oft größer sei als die materielle.

Besonders die Kinder hatten durch die schlechte Ernährung während des Krieges und auch in der Zeit danach viel zu leiden. Für einige von ihnen bot eine im Februar 1947 vom „Verein der Freunde Israels" angeregte Kinderverschickung in die Schweiz eine sehr gute Erholungsmöglichkeit. Schon im Sommer konnten 25 Kinder für einige Wochen in die Schweiz fahren, um neue Kräfte zu sammeln und Krankheiten auszuheilen[229]. Diese Kinderverschickung wurde später zur Entlastung von Majer-Leonhard von der Ulmer Missionsstation des „Vereins der Freunde Israels" weitergeführt. Die Stuttgarter Hilfsstelle war dann nochmals im Herbst 1948 an einer Kinderverschickung in die Niederlande beteiligt. Vom „Niederländischen Verein für Juden-Christen" waren 250 Kinder aus judenchristlichen Familien zu einem Erholungsaufenthalt eingeladen worden[230], die ausschließlich nach medizinischen und sozialen Gesichtspunkten ausgewählt werden sollten.

In den Anfangsjahren der Hilfsstelle war der Bereich Rechtsberatung nicht sehr umfangreich, da die städtischen Stellen hier sehr gut arbeiteten. Später jedoch machte es sich die Hilfsstelle zum einen zur Aufgabe, ihre Glieder über sie betreffende Gesetze zu informieren, zum Beispiel über das Entschädigungs- und das Wiedergutmachungsgesetz, und zum anderen, ihnen bei der Durchsetzung ihrer Rechte zu helfen. Neben der Information stand also

---

226 Vgl. oben S. 120, Anm. 148; vgl. auch Brief Majer-Leonhards an die „Liebe[n] Herren und Brüder" vom 10. 1. 1948 (vgl. oben S. 111, Anm. 126).

227 Mitteilung Majer-Leonhards an den Oberkirchenrat vom 7. 10. 1949 (vgl. oben S. 123, Anm. 161).

228 Vgl. oben Anm. 225.

229 Vgl. zum „Verein der Freunde Israels" unten S. 151 ff.; zur Kinderverschickung Brief Burgstahlers an Majer-Leonhard vom 12. 3. und Antwort Majer-Leonhards vom 25. 4. 1947 (LKA STUTTGART, Akten Hilfsstelle, 3).

230 Brief des „Inter Kerkelijk Bureau Pleegkinderen", 's-Gravenhage, an Majer-Leonhard vom 28. 9. 1948 (EBD., Akten Hilfsstelle, 20).

die Aufklärung und, soweit möglich, auch die Hilfe bei schwierigen Rechtsverhältnissen[231].

Als die Bundesregierung und in ihrem Gefolge auch die Landesregierung von Württemberg-Baden nach dem Verbot der KPD 1950 daranging, auch Mitglieder der „Vereinigung der Verfolgten des Naziregimes" (VVN) aus dem öffentlichen Dienst zu entfernen[232], wandte sich Majer-Leonhard an den Stuttgarter Innenminister und wies ihn darauf hin, „daß besonders in Württemberg nicht wenige Opfer der Nürnberger Gesetze im Jahre 1945 der VVN beitraten und bis in die letzten Tage angehörten, die keine Kommunisten sind. Die VVN in Stuttgart hat es jahrelang versucht, eine überparteiliche Sammlung der Opfer des 3. Reiches durchzuführen... Da auch die Landesregierung daran denkt, das Entlassungsprogramm des Bundes durchzuführen, möchte ich Sie bitten, bei der Ausarbeitung der Durchführungsbestimmungen dies beachten zu lassen"[233]. Aber nicht nur bei der Landesregierung sprach Majer-Leonhard in dieser Sache vor, sondern auch in Bonn wurde er in Absprache mit Grüber vorstellig. Der Leiter der Stuttgarter Hilfsstelle brachte zum Ausdruck, daß die Bestimmungen der Bundesregierung antisemitische Bestrebungen begünstigten, da durch sie „ehemals rassisch Verfolgte als politisch Verdächtige von ihren Arbeitsplätzen auch in solchen Fällen" entfernt werden könnten, „in denen sie tatsächlich nur aus Gründen der gemeinsamen Wahrung der Interessen dem VVN angehören oder angehört haben"[234]. In dieser Sache versuchte Majer-Leonhard also, Bund und Land auf die große Gefahr aufmerksam zu machen, der gerade seine Schutzbefohlenen durch diese Bestimmung ausgesetzt waren. Sie waren der VVN beigetreten, um ein starkes Vertretungsinstrument ihrer Interessen zu haben, und nun konnte diese Mitgliedschaft plötzlich fatale Folgen nach sich ziehen: Sie konnten wieder, wie im „Dritten Reich", aufgrund einer Verfügung des Staates ihren Arbeitsplatz verlieren. Das Problem lag vor allem darin, daß die bloße Mitgliedschaft für eine Entlassung ausreichend sein sollte und keine Prüfung der Motive geplant war. Hier wird deutlich, daß sich Majer-Leonhard im ganz umfassenden Sinn für die von ihm Betreuten verantwortlich wußte. Er wollte nicht nur seelsorgerlichen Beistand anbieten und ihnen materielle Hilfe zukommen lassen, sondern auch in politischen

---

[231] Brief Majer-Leonhards an die „Liebe[n] Herren und Brüder" vom 10. 1. 1948 (vgl. oben S. 111, Anm. 126); vgl. auch oben S. 127ff., wo einzelne Fälle dargestellt sind.

[232] „Anordnung der Landesregierung über die politische Betätigung von Angehörigen des öffentlichen Dienstes gegen die demokratische Grundordnung. Vom 11. Oktober 1950" (Abschrift!) (vgl. oben S. 65, Anm. 6).

[233] Brief Majer-Leonhards an „Herrn Innenminister Ulrich", „Betr. Ausschaltung der VVN-Mitglieder aus dem Staatsdienst", vom 23. 9. 1950 (LKA STUTTGART, Akten Hilfsstelle, 27).

[234] Vermerk über ein Gespräch zwischen Grüber, Majer-Leonhard und anderen vom 23. 10. 1950 (vgl. oben S. 70, Anm. 15).

Fragen mit aller Deutlichkeit auf die besondere Lage seiner Schutzbefohlenen hinweisen.

Impulse für Theologie und Gemeinde

Waren die bisher genannten Aktivitäten fast ausschließlich auf eine Verbesserung der Lage der ehemaligen Rasseverfolgten gerichtet, so sollen im folgenden einige Maßnahmen aufgeführt werden, durch die der Leiter der Stuttgarter Hilfsstelle versuchte, in der Kirche und den Gemeinden die Lage der Judenchristen bekanntzumachen und darüber hinaus eine Diskussion der theologischen Frage „Israel" anzuregen.

Als das Kollegium des Oberkirchenrates im September 1947 beschloß, daß künftig in der württembergischen Landeskirche am 10. Sonntag nach Trinitatis des Schicksals des Volkes Israel gedacht werden sollte, wurde diese Anordnung von Majer-Leonhard sehr begrüßt[235]. Da man den Pfarrern für diesen Sonntag jeweils eine Materialsammlung zur Verfügung stellen wollte, legte Majer-Leonhard seinem Brief Zeitungsartikel und eine Abschrift aus Karl Barths „Dogmatik im Grundriß" bei. Allerdings wurde diese versprochene Hilfe gleich 1948 vergessen, so daß erstmals 1949 den Pfarrern Materialien für den 10. Sonntag nach Trinitatis in die Hand gegeben wurden[236]. In diesem Zusammenhang gab Majer-Leonhard die Anregung, daß sich doch die Diözesanvereine bei ihren Fortbildungsveranstaltungen mit den Kapiteln 9–11 des Römerbriefes beschäftigen sollten, was teilweise auch aufgenommen wurde.

Auch durch die Zeitschrift „Für Arbeit und Besinnung", einer kirchlich-theologischen Halbmonatszeitschrift, die jeder Theologe Württembergs erhält, versuchte Pfarrer Majer-Leonhard auf seine Schützlinge hinzuweisen. So legte er 1949 ausführlich seine Arbeit dar. Auch regte er an, daß immer wieder Artikel über „Israel" erscheinen sollten[237].

Auch an Tagungen war der Leiter der Stuttgarter Hilfsstelle beteiligt. So wirkte er 1949 bei einem Treffen der württembergischen Pfarrer mit, die sich über die „Judenfrage" in Erziehung und Unterricht unterhielten[238]. 1952 kam es zu einer großen Tagung in Bad Boll, bei der man sich zusammen mit

---

[235] Beschluß des Oberkirchenrates vom 2. 9. 1947 und Brief Majer-Leonhards an den Evangelischen Oberkirchenrat vom 22. 10. 1947 (vgl. oben S. 108, Anm. 119). – In einem Schreiben vom 17. 11. 1947 an die Kirchenleitung regte Majer-Leonhard an, die Kirchenleitung möge doch an die Evangelisch-theologische Fakultät Tübingen und auch an das Evangelische Stift herantreten und eine intensive Bearbeitung der „Judenfrage" anregen (Ebd.).

[236] Aktennotiz des Oberkirchenrates vom 4. 8. 1948 (Ebd.).

[237] Vgl. die Hefte Für Arbeit und Besinnung, 1949 ff.: Serien über „Die innere Lage der überlebenden Juden" oder „Kirche und Synagoge" versuchten, nötige Aufklärungsarbeit zu leisten.

[238] Brief Majer-Leonhards an Vogt vom 11. 5. 1949 (vgl. oben S. 77, Anm. 35).

Gemeinschaftsleitern dem Thema „Israel im Heilsplan Gottes“ stellte. Diese Tagung war notwendig geworden, da Umtriebe eines Judenchristen, der eine eigene judenchristliche Kirche schaffen wollte, Unsicherheiten bei den pietistischen Gemeinschaften hinterlassen hatte. Wegen ihres Widerspruchs wurde nicht nur die Kirchenleitung von dem Betreffenden kritisiert, sondern vor allem der Leiter der Stuttgarter Hilfsstelle sah sich wütenden Angriffen ausgesetzt, die in der Parole gipfelten: „Wer sich mit Majer-Leonhardt (sic!) einläßt, der ist verloren“[239].

Als letztes ist in diesem Zusammenhang eine von Majer-Leonhard mit angeregte Veranstaltung auf dem Kirchentag in Stuttgart im Jahre 1952 zu nennen[240]. Aufgrund dieser Veranstaltung ergaben sich zwei konkrete Maßnahmen, die durch die Stuttgarter Hilfsstelle aufgenommen und weitergeführt wurden. Die „Kirchlich-Theologische Sozietät in Württemberg“[241] beschäftigte sich auf einer ihrer dem Kirchentag folgenden Sitzungen mit dem Komplex „Israel“ und fragte bei Majer-Leonhard an, wie eine praktische Hilfe aussehen könne. Dieser schlug vor, das israelische Kinderdorf „Kirjath Yearim“, in dem 72 Kinder untergebracht waren und das ausgebaut werden sollte, zu unterstützen. Durch Paul Vogt, den Schweizer Verbindungsmann nach Israel, wurde dieser Plan angenommen und vorgeschlagen, man solle doch die Baukosten für ein Haus über 20000 Franken übernehmen[242]. Seit jener Zeit sammelt die Hilfsstelle für Rasseverfolgte Geld für das Kinderdorf und konnte schon manche wichtige Unterstützung nach Israel senden.

Die zweite Anregung, welche von dieser Kirchentagsveranstaltung ausging, betraf die Revision der Stuttgarter Jubiläumsbibel. Majer-Leonhard wies zum einen die Bibelanstalt auf antisemitische Wendungen in der Jubiläumsbibel hin[243] und regte zum anderen verschiedene Persönlichkeiten an, sich an eine Durchsicht der Jubiläumsbibel zu machen, um anstößige Stellen der Bibelgesellschaft mitteilen zu können. Diese Durchsicht erbrachte einen umfangreichen Katalog von zu beanstandenden Formulierungen, die vor allem in den Erklärungen zu finden waren[244]. Mitte 1953 teilte der Leiter der

---

239 Bericht: „Poljak in Plieningen am 13. 1. 1952“. Abschrift (EBD., Akten Hilfsstelle, 20. Sammelmappe Poljak).

240 Vgl. zu dieser Veranstaltung unten S. 253 ff.

241 Vgl. W. NIEMÖLLER, Evangelische Kirche, S. 211 ff.

242 Briefe zwischen Majer-Leonhard und Vogt vom 7. 11., 22. 11. und 31. 12. 1952 sowie vom 2. 2. 1953 (vgl. oben S. 77, Anm. 35); vgl. zu Kirjath-Yearim: FüI 2/1960, S. 13–15.

243 Brief Majer-Leonhards an die Württembergische Bibelanstalt vom 2. 9. 1952 (LKA STUTTGART, Akten Hilfsstelle, 2).

244 Brief Majer-Leonhards an „Herrn Insp(ektor) Dilger“ vom 1. 12. 1952 mit einer Liste von antisemitischen Stellen (EBD.). – So wurde beispielsweise zu Gen 25,33 bemerkt: „Jakob handelt wie ein geriebener Geschäftsmann, der den schwachen Augenblick des andern ausnützt, um einen Vorteil herauszuschlagen, – der echte Schacherjude“. Vorgeschlagen wird, wenigstens „der echte Schacherjude“ zu streichen. Im NT wurde unter anderem die Wendung in Mt 5,19 beanstandet, wo es hieß: „Die pharisäischen Schälke“ – besser sei: „Die Schriftgelehrten“ – oder

Bibelanstalt mit, daß man zwar im Alten Testament Änderungen vorgenommen habe, daß dies aus technischen Gründen im Neuen Testament aber nicht möglich gewesen sei[245]. Als Majer-Leonhard bald darauf feststellte, daß die Taschenausgabe nicht geändert worden war, ließ er die ihm zugeschickten Ausgaben an das Bibelwerk mit der Bemerkung zurückgehen, daß man diese Fassung nicht nach Israel schicken könne[246].

Deutlich wird an diesen Beispielen, wie man von der Stuttgarter Hilfsstelle daran ging, in allen Bereichen von Kirche und Theologie Anstöße zu geben, antijudaistische und antisemitische Äußerungen und Einstellungen zu überwinden, um so neue Beziehungen zwischen Juden und Christen und auch eine neue Würdigung der Judenchristen zu ermöglichen.

Spendenaufruf für das „Büro Pfarrer Grüber" in Berlin

Eine weitere Aktivität für ehemalige Rasseverfolgte, die von der Stuttgarter Hilfsstelle mit ausging, aber weit über sie hinaus wirkte, muß angeführt werden: Die Lage der „nichtarischen" Christen in Berlin war auch noch 1950 außerordentlich schlecht. Die dortige Hilfsstelle konnte aus finanziellen Gründen kaum eine sinnvolle Unterstützung leisten, die wegen der prekären sozialen Lage dringend geboten gewesen wäre. Viele ältere Personen wurden durch die Berliner Stelle betreut, und da viele erst nach 1945 zurückgekehrt waren, lag die Arbeitslosenquote sehr hoch: Insgesamt waren in Berlin 40% der Bevölkerung arbeitslos, unter den ehemaligen Verfolgten aber 75%. Da die Spenden der Berliner Rasseverfolgten nicht mehr ausreichten, die Arbeit der Hilfsstelle uneingeschränkt weiterzuführen, wurde in einem Gespräch am 23. Oktober 1950 zwischen Grüber, Majer-Leonhard und einem Vertreter des Hilfswerks der EKD ein bundesweiter Spendenaufruf für das „Büro Grüber" beschlossen, den namhafte Persönlichkeiten unterzeichnen sollten[247]. In diesem Aufruf – „Liebe evangelische Glaubensgenossen!" – wurde zunächst auf die Geschichte des „Büro Grüber" im „Dritten Reich" zurückgeblickt und betont, daß die Mitarbeiter dieser Stelle „für manchen Verfolgten zu ‚Lichtern im Dunkel'" wurden[248]. Nach 1945 sei das Büro wiedereröffnet worden und konnte „manchem Opfer der Verfolgung beim Aufbau einer Existenz helfen". Die Finanzierung der Hilfsstelle sei bisher durch die Berliner Judenchristen möglich gewesen, nun aber seien viele arbeitslos

---

Röm 9,5 „Verwerfung des Volkes", welches mit „Verstockung" berichtigt wurde. Für 1 Petr 2,10, „Heiden, an Israels Stelle getreten", solle man nun „Ehedem Heiden, jetzt aufgenommen in den Bund Gottes u(nd) teilhaftig der Verheißungen, die dem Bundesvolk gelten" schreiben.

[245] Brief Majer-Leonhards vom 3. 8. 1953 (Ebd.).

[246] Brief vom 23. 10. 1953 (Ebd.).

[247] Vgl. oben S. 142, Anm. 234.

[248] Der Aufruf: „Bitte helft Propst Grüber helfen" wurde als Flugblatt gedruckt (wiedergegeben u. a. in: SaH 73, Heft 4, 1950, S. 182 f.).

geworden, so daß gerade „jetzt, wo die Christen jüdischer Abstammung in Berlin und der Sowjet-Zone dringend Hilfe bekommen sollten,... die Arbeit der Hilfsstelle eingeschränkt werden (müßte), wenn nicht rasch neue Helfer einspringen". Unter dem Motto „Bitte helft Propst Grüber helfen" forderten unter anderen Prälat Hartenstein, Präses Heinemann, Kreisdekan Maas, Prof. Rengstorf, Pfarrer Freudenberg und Pfarrer Mochalski „Glieder der Bekennenden Gemeinden", „Christen jüdischer Abstammung" und diejenigen, „die versuchen möchten, ein wenig gut zu machen, nachdem wir durch Schweigen und mangelnde Hilfsbereitschaft schuldig geworden sind", auf, monatliche Beiträge an die Berliner Hilfsstelle zu überweisen.

Bei der Hilfsstelle für Rasseverfolgte Stuttgart gingen noch 1950 87 Spenden von Einzelpersonen über 688,90 DM ein und im folgenden Jahr weitere 390 Einzelspenden über 2238,40 DM. Insgesamt kamen durch 41 Gaben aus Kollekten und Sammlungen weitere 1427,14 DM zusammen. So brachte dieser Spendenaufruf bis Ende 1951 allein über die Stuttgarter Hilfsstelle 4354,44 DM[249]. Deutlich wird durch diese Aktion, daß die einzelnen Hilfsstellen für Rasseverfolgte sich nicht nur um ihre eigenen Schutzbefohlenen kümmerten, sondern untereinander solidarisch waren. Die Bereitschaft, zugunsten einer anderen Stelle, bei der es größere Probleme gab, zur Hilfe aufzurufen und damit möglicherweise selbst weniger Gaben zu erhalten, ist für jene Zeit beachtenswert. Daß Majer-Leonhard auch in diesem Zusammenhang eine wichtige Rolle spielte, zeigt, wie groß sein Ansehen unter den für die Hilfsstellenarbeit Verantwortlichen war.

Beziehungen zu anderen Organisationen

Das Verhältnis zur „Israelitischen Kultusvereinigung Württemberg"

Wie oben schon dargelegt, gab letztlich die Stuttgarter „Israelitische Kultusvereinigung" den Anstoß dafür, daß eine evangelische Hilfsstelle für Rasseverfolgte eingerichtet wurde[250]. Aber nicht nur zur Gründung selbst ging von der Kultusvereinigung der entscheidende Impuls aus, sondern sie versah die neue Stelle auch mit einem finanziellen Polster von 7000 RM[251]. Das Verhältnis blieb entspannt, so daß sowohl die evangelische Hilfsstelle „Glaubensjuden" Gaben zukommen ließ, wie auch umgekehrt[252]. Kenn-

[249] Abrechnungsunterlagen im „Packpapierpaket" (vgl. oben S. 127, Anm. 179).

[250] Vgl. oben S. 110f. und den Brief an die Israelitische Kultusvereinigung Stuttgart vom Juni 1945, unten S. 282ff.

[251] Ordner „Kreisdekan Maas" (vgl. oben S. 65, Anm. 8). – Brief Majer-Leonhards an Maas vom 25.9. 1946: „Zunächst habe ich RM 7000,– von der hiesigen Synagoge bekommen..." (Ebd.).

[252] Majer-Leonhard schrieb am 25. 12. 1946 an die Arbeitsgemeinschaft der Hilfsstellen, daß anerkannt werden müsse, daß die Stuttgarter Israelitische Gemeinde auch je und dann Gaben an Rasseverfolgte nichtjüdischen Glaubens verteile (vgl. oben S. 130, Anm. 189).

zeichnend war die enge Zusammenarbeit in allen praktischen Fragen. Die evangelische Stelle griff auf die angebotene Unterstützung der Kultusvereinigung zurück und partizipierte so an deren Erfahrungen. Als Majer-Leonhard beauftragt worden war, die Leitung der Hilfsstelle zu übernehmen, setzte er sich zuerst mit der Kultusvereinigung in Verbindung, um die „Behandlung der nichtarischen Christen" mit den Verantwortlichen der Jüdischen Gemeinde abzustimmen[253].

Der Stuttgarter „Israelitischen Kultusvereinigung" gehörten 1946 288 „Glaubensjuden" an, weitere 30 ausländische Personen rechneten sich ihr zu. Darunter befanden sich neun Kinder[254]. Am 1. Juni 1947 zählten sich 2310 Personen zur Gemeinde, ein Jahr später 2261[255]. Im Zeitraum von 1945 bis 1947 kam es auch zu Konversionen zwischen Landeskirche und Kultusgemeinde. So traten 1945 eine Person, 1946 zehn und 1947 vier Personen zur Kultusvereinigung über; im gleichen Zeitraum trat pro Jahr jeweils eine Person in die Landeskirche ein[256].

Gewisse Spannungen ergaben sich, als jüdische Organisationen, wie zum Beispiel die „Hebrew Immigration and Sheltering Aid Society", es ablehnten, Personen bei der Auswanderung zu betreuen, die nichtjüdischen Glaubens waren, aber mit „Glaubensjuden" verheiratet waren[257]. Ebenso war man bei Beratungen über anstehende Gesetze nicht immer einer Meinung. Dennoch aber blieb das Verhältnis zwischen Kultusgemeinde und Hilfsstelle sehr gut, man unterrichtete sich gegenseitig und half einander aus. Gemeinsame Gespräche fanden allerdings nur dann statt, wenn es galt, gegenüber dem

---

[253] Vgl. oben S. 114, besonders auch Anm. 137.

[254] Vgl. oben S. 116, Anm. 142.

[255] „Rechenschaftsbericht des Vorstandes der Israelitischen Kultusvereinigung Württemberg für die Zeit vom Juli 1947 bis Juni 1948" vom 24. 6. 1948 (vgl. oben S. 108, Anm. 119).

[256] Statistik vom 25. 1. 1949 (Ebd.). – Die „Kultusvereinigung" warnte all diejenigen, denen ein Übertritt vor allem wegen der zu verteilenden Lebensmittelpakete verlockend erschien: „Wir Juden, das sei hiermit allen denen gesagt, die aus spekulativ materialistischen Gründen vielleicht heute anderer Meinung sind, gehen immer den schwereren Weg" (zitiert nach Brief Majer-Leonhards an die Ökumenische Flüchtlingskommission vom 31. 8. 1946 [AÖR Genf, vgl. oben S. 125, Anm. 174]). – Vgl. in diesem Zusammenhang das Schreiben des Kirchenstatistischen Amtes der EKD an die Kirchenkanzlei der EKD vom 31. 3. 1949, in welchem darüber Klage geführt wurde, daß die meisten Landeskirchen in ihren Statistiken die Übertritte „von nichtchristlichen Religionsgemeinschaften" nicht differenzieren würden. Lediglich von Württemberg und Mecklenburg lägen genauere Zahlen von Übertritten aus dem Judentum vor. In Württemberg seien 1945, 1946 und 1947 je eine Person zum Christentum übergetreten, in Mecklenburg könnten für 1945 keine Angaben gemacht werden, 1946 seien 83 Konversionen zu verzeichnen, 1947 hingegen keine. Bei Austritten aus den evangelischen Landeskirchen gebe es lediglich für Württemberg Angaben, wieviele Personen zum Judentum übergewechselt seien (1945: 1; 1946: 10; 1947: 4), ansonsten würden nur die „Austritte insgesamt" festgehalten (Privatakten Rengstorf, Ordner: Deutscher ev. Ausschuß für Dienst an Israel. EKD, Ev. Allianz, Dokumente, Korrespondenz mit Leuner. Darin: Übertritte).

[257] Brief Majer-Leonhards an die „First Hebrew Christian Synagogue" vom 5. 8. 1947 (vgl. oben S. 131, Anm. 195).

Staat Forderungen im Interesse der ehemaligen Rasseverfolgten geltend zu machen. Theologische Gespräche gab es hingegen nicht, und auch ständige Kontakte zum Erfahrungsaustausch über die Hilfsarbeit wurden nicht gepflegt.

Probleme mit der „First Hebrew Christian Synagogue"

Als Mitte 1947 kurz hintereinander größere Paketmengen der „First Hebrew Christian Synagogue", Los Angeles, bei der Hilfsstelle für Rasseverfolgte in Stuttgart eintrafen, bedankte sich Majer-Leonhard in einem ausführlichen Brief für diese unerwartete, so dringend benötigte Unterstützung. Allerdings, so betonte er in seinem Brief, sei dem Wunsch der Spender, daß vor allem Mütter mit Kindern mit den Gaben bedacht werden sollten, nur schwer nachzukommen, da sich die Klientel der Hilfsstelle vor allem aus älteren Judenchristen zusammensetze. Der Leiter der „First Hebrew Christian Synagogue", der aus Deutschland emigrierte Arthur U. Michelson[258], hatte den Vorschlag gemacht, teilweise Personen direkt zu versorgen, aber auch der Hilfsstelle Pakete zur Verteilung zukommen zu lassen; mit dieser Vorgehensweise erklärte sich die Stuttgarter Stelle einverstanden. Deutlich machte Majer-Leonhard, daß seine Hilfsstelle auch Juden unterstütze, die, aus welchen Gründen auch immer, bei der Kultusvereinigung nichts bekämen und daß gelegentlich auch Katholiken zu seinen Betreuten gehörten. Der Brief schloß mit einer Klage darüber, daß nicht einmal in der judenchristlichen Gemeinde, die Majer-Leonhard im Lager Wolfenbüttel um sich versammelt hatte, ein größeres Interesse an Religion und Christentum festzustellen gewesen sei[259].

Bereitwillig hatte der Leiter der Stuttgarter Hilfsstelle die angebotenen Kontakte aufgenommen und in der Hoffnung auf kontinuierliche Paketspenden viel über sich, seine Betreuten und seine Wünsche gleich im ersten Brief der Spendeorganisation mitgeteilt. Daß diese Haltung in Anbetracht der schlechten Paketversorgung[260] verständlich war, braucht nicht betont zu werden. Die Offenheit gegenüber einer völlig unbekannten Organisation brachte jedoch in diesem Fall eine ziemliche Überraschung mit sich. Bereits in einem Brief vom 27. Juni machte der Leiter der „First Hebrew Christian Synagogue" klar, daß er mit seinen Spenden ein klar umrissenes Ziel habe. Er schrieb: „Ich hoffe, daß es Ihnen möglich sein wird, uns zu helfen, dort wirklich eine judenchristliche Synagoge aufzubauen und im Anschluß daran eine Wohlfahrtsstelle einzurichten"[261]. Man sei in Los Angeles davon über-

---

258 Vgl. Personenregister.
259 Brief Majer-Leonhards an Michelson vom 21. 6. 1947 (EBD.).
260 Vgl. oben S. 129ff.
261 Brief Michelsons an Majer-Leonhard vom 27. 6. 1947 (vgl. oben S. 131, Anm. 195).

zeugt, daß „solch eine Gemeinschaft unter allen Umständen ins Leben gerufen werden muß, denn es liegt ja durchaus im Bereich der Möglichkeit, daß eine Wiederholung der hitlerschen Rasse-Verfolgungen in Deutschland stattfindet“[262].

Zunächst schien Majer-Leonhard auf dieses Ansinnen nicht eingegangen zu sein, so daß erst harsche Vorwürfe, daß die Stuttgarter Stelle die Gaben nicht dem Willen des Spenders entsprechend verteile, eine Reaktion bewirkten. Michelson hatte betont, daß die Pakete laut Anweisung „nur an Judenchristen verteilt werden sollen, kein Arier darf irgendwelche Liebesgaben von uns bekommen“[263]. Auch dürfe die Kirchenmitgliedschaft kein Argument für oder gegen eine Hilfe sein, da von den Judenchristen nicht verlangt werden könne, „daß sie sich einer Kirche anschließen, da die Kirchen unter Hitler vollkommen versagt haben“. Die Hilfsstelle, so Michelson, verstoße „gegen unsere Vorschriften“, wenn sie nur Gliedern der evangelischen Landeskirche helfe. Auch könne es nicht angehen, daß die Judenchristen bei den zuständigen Gemeindepfarrern ein Gesuch einreichen müßten, um Hilfe zu erhalten. Diese Fragebögen seien nicht erwünscht. Wie man sich in Stuttgart „unterstehen“ könne, ohne Rücksprache solche Maßnahmen zu ergreifen?

In seinem Antwortbrief unterstrich Majer-Leonhard, daß die Hilfsstelle für Rasseverfolgte eine Einrichtung der Evangelischen Landeskirche sei, die aber auch „glaubenslose(n) Juden und Dissidenten“ sowie Katholiken unter die Arme greife, wenn diese sonst keine Unterstützung erhalten könnten[264]. Ziel sei es „all' den Leuten zu helfen, die wegen ihrer Abstammung aus Israel gelitten haben und nicht von anderswo Hilfe bekommen“. Insofern sei die Zugehörigkeit zur Landeskirche keine Bedingung für den Empfang von Hilfe, allerdings sei es notwendig, Fragebögen auszugeben, um einen geordneten Ablauf der Geschäfte zu gewährleisten. Um aber die wenigen Gaben, die zur Verteilung stünden, an die wirklich Bedürftigen abzugeben, wie ja auch von der „First Hebrew Christian Synagogue“ gewünscht, sei es unumgänglich, daß Personen, die die Antragsteller und deren Verhältnisse besser einsehen könnten als die Stuttgarter Stelle, die Lage dieser Menschen bestätigten. Die Sammlung der Judenchristen in besonderen Gemeinden aber sei vielleicht in Amerika sinnvoll, keineswegs aber in Deutschland. „Wenn wir... heute die Judenchristen aus ihren Gemeinden herausholen, so tun wir ihnen einen schlechten Dienst. Mein Versuch geht gerade dahin, sie in ihren

[262] Mit der Sammlung einer judenchristlichen Gemeinde versuchte Michelson genau das, wogegen sich Bonhoeffer und Ehrenberg im „Dritten Reich“ vehement gewehrt hatten (vgl. oben S. 25ff.). Zu Bonhoeffer vgl. D. BONHOEFFER, Kirche; dazu K. SCHOLDER, Kirchen Bd. 1, S. 355ff., H. TÖDT, Judendiskriminierung. Zu Ehrenberg vgl. H. EHRENBERG, 72 Leitsätze. – Eine gegenteilige Meinung vertrat der Tübinger Neutestamentler Gerhard Kittel (Judenfrage, besonders S. 108ff.); vgl. E. SIEGELE-WENSCHKEWITZ, Gerhard Kittel.

[263] Vgl. oben S. 131, Anm. 195.

[264] Brief Majer-Leonhards an Michelson vom 11. 10. 1947 (EBD.).

Kirchen, Gemeinden und Gemeinschaften einzugemeinden. Denn wo war denn im 3. Reich die einzige Hilfsmöglichkeit? Bei den Kirchen der ganzen Welt." Er selbst habe seine Heimat verlassen und in der württembergischen Kirche Zuflucht gefunden, die die Judenchristen eben nicht ausgeschlossen habe. Es bleibe die Bitte mitzuhelfen, daß gerade keine judenchristliche Gemeinde entstehe, denn, „wir tun den Leuten keinen rechten Dienst, wenn wir sie von den einzigen Gemeinschaften wegholen, in denen sie in der nächsten Not Trost und Hilfe bekommen können".

Durch dieses klare und deutliche Votum, das durch einen Brief von fünf Judenchristen bestätigt wurde[265], hatte der Hilfsstellenleiter deutlich markiert, wie weit er mit der „First Hebrew Christian Synagogue" gehen konnte und wo eine Trennungslinie zu ziehen war. Auch auf die Gefahr hin, keine Gaben mehr zu erhalten, mußte deutlich gemacht werden, daß die Einrichtung einer judenchristlichen Gemeinde kein für Deutschland denkbarer Weg war – im übrigen wäre natürlich zu fragen, ob dies überhaupt ein denkbarer, theologisch zu verantwortender Weg sein konnte[266]. In der Tat stellte die „First Hebrew Christian Synagogue" ihre Paketsendungen an die Hilfsstelle ein und eröffnete in Stuttgart eine eigene Ausgabestelle. Im Jahr 1948 kamen nur noch drei Pakete mit jiddischen Neuen Testamenten zur Hilfsstelle. Durch die reichen Gaben, die verteilt werden konnten, scheint diese Verteilstelle der „First Hebrew Christian Synagogue" zwischenzeitlich einen regen Zulauf von Judenchristen gehabt zu haben.

Ein bezeichnendes Licht wirft dieser Vorgang auf zwei Sachverhalte: Zum einen wird hier deutlich, daß die Hilfsstelle durch die Weigerung des Hilfswerkes der EKD, den ehemaligen Rasseverfolgten eine spezielle Unterstützung zukommen zu lassen, mehr oder weniger gezwungen war, zunächst einmal von allen denkbaren Spendern Gaben anzunehmen, um wirksam helfen zu können. Daß darunter auch Organisationen waren, die ihre eigenen Interessen durchsetzen wollten, kann nicht überraschen. Überraschen muß jedoch, und dies ist als zweites festzuhalten, das Vorgehen der württembergischen Kirchenleitung: Diese ließ sich durch Beschwerden aus dem Kreis der „First Hebrew Christian Synagogue" über die Hilfsstelle nötigen, ohne Rücksprache mit Majer-Leonhard dessen Vorgesetzten zu verständigen und ihn um die Regelung dieser Sache zu bitten. „Es scheint Tatsache zu sein", so hieß es in einem Brief der Kirchenleitung, „daß die ausländischen Spenderstellen der Judenmission das Vertrauen zu Stadtpfarrer Maier-Leonhard (sic!) verloren haben und statt dessen einen dem Oberkirchenrat nicht näher bekannten Herrn... beliefern"[267]. Der für die Hilfsstelle zuständige Mitar-

[265] Brief vom 6. 1. 1948 (EBD.).

[266] Vgl. u. a. D. BONHOEFFER, Kirche.

[267] Brief des Oberkirchenrates an die Evangelische Gesellschaft vom 14. 11. 1947 (vgl. oben S. 108, Anm. 119); vgl. unten S. 152, Anm. 273.

beiter der Evangelischen Gesellschaft nahm daraufhin mit dem Leiter dieser Verteilstelle der „First Hebrew Christian Synagogue“ Kontakt auf, um den Versuch eines Ausgleichs zu unternehmen. Dies scheint wohl nicht gelungen zu sein. Erst als durch ein Gespräch zwischen dem Oberkirchenrat und Majer-Leonhard deutlich wurde, daß die Beschwerden nur von einer einzigen Organisation vorgebracht worden waren und daß es mit dieser nur deshalb zum Bruch gekommen war, weil Majer-Leonhard nicht bereit war, am Aufbau einer judenchristlichen Gemeinde mitzuarbeiten, steckte die Kirchenleitung zurück – allerdings ohne ihrem Bedauern über diese falschen Verdächtigungen in irgendeiner Weise Ausdruck verliehen zu haben.

Die Zusammenarbeit mit dem „Verein der Freunde Israels“

Daß die Arbeit der Hilfsstelle für Rasseverfolgte Stuttgart noch von ganz anderer Seite zunehmender Kritik ausgesetzt war, kann eigentlich nicht überraschen, wenn man in Rechnung stellt, daß es ihrem Leiter wichtig war, seine Betreuungsarbeit nicht mit missionarischen Aktivitäten zu verbinden. Über diese Frage mußte es über kurz oder lang mit der wiederauflebenden Missionarbeit unter Juden im Bereich der württembergischen Landeskirche zum Konflikt kommen.

Am 5. Januar 1938 war der deutsche Zweig des „Vereins der Freunde Israels“, Basel, durch den Chef der deutschen Polizei für das gesamte Reichsgebiet verboten und jede Tätigkeit unter Strafe gestellt worden[268]. Diese Missionsgesellschaft hatte ihr traditionelles deutsches Gebiet in Württemberg. Angesichts Hunderttausender Ostjuden, die in Süddeutschland in Lagern lebten, war es deshalb nicht verwunderlich, daß am 11. November 1946 Pfarrer Theo Burgstahler einen Brief an die Kirchenleitung in Stuttgart richtete, in welchem er mitteilte, daß der „Verein der Freunde Israels“ beabsichtige, seine Missions- und Werbearbeit wiederaufzunehmen. Die große Zahl der Ostjuden stelle eine Herausforderung dar, die angenommen werden müsse. Man wolle unter den Juden das Evangelium verkündigen und in christlichen Kreisen Aufklärung betreiben, um dem auch dort verwurzelten Antisemitismus entgegenzuwirken. Im diakonischen Bereich wolle man mit den kirchlichen Hilfswerken zusammenarbeiten[269]. Allem Anschein nach war man in Basel jedoch nicht sofort bereit, eine Missionsarbeit in Deutschland zu unterstützen, so daß Burgstahler zunächst seine Aktivitäten nur dank der Hilfe eines Freundeskreises verrichten konnte. Erst Anfang März 1947 erging von Basel die Zusage, „daß das Komitee offiziell die

---

268 Der Freund Israels, 74. Jgg., Heft 6, Dezember 1947, S. 82.

269 Brief Burgstahlers an den Oberkirchenrat in Stuttgart vom 11. 11. 1946 (vgl. oben S. 108, Anm. 119).

Wiederaufnahme der Mission in Württemberg-Baden beschlossen hat“[270]. Noch ließ allerdings die formelle Gründung eines deutschen Zweiges auf sich warten, und man wollte erst einmal mit der praktischen Missionsarbeit beginnen. Durch diese Unterstützung der „Schweizer Evangelische(n) Judenmission“ konnten mehrere Mitarbeiter eingestellt werden, so daß Burgstahler schon am 5. Mai schreiben konnte: „Ich stecke nun sehr in der eigentlichen missionarischen Aufgabe. Wir haben mehrere Lager in Angriff genommen und ich habe jetzt 3 Helfer... Ich muß natürlich viel Unterricht geben in allerlei ‚Judaica‘“[271].

Zunächst schien sich das Verhältnis zwischen Hilfsstelle und Judenmission recht gut zu entwickeln, doch schon im November beschwerte sich Burgstahler über den Leiter der Hilfsstelle bei der Kirchenleitung in Stuttgart, nachdem letzterer schon einen Monat zuvor deutlich gemacht hatte, daß eine Abklärung der Verhältnisse wünschenswert sei. Die Arbeit der Hilfsstelle, so der Vorwurf Burgstahlers, sei nicht religiös ausgerichtet und reduziere sich auf die äußere Fürsorge. Auch würden sich ausländische Hilfsstellen von Majer-Leonhard abwenden und verteilten ihre Gaben jetzt durch eine andere Person in Stuttgart[272]. Der Oberkirchenrat sah sich veranlaßt, zu betonen, „daß er die Arbeit des Vereins der Freunde Israels, wie sie von Pfarrer Burgstahler vertreten wird, hoch schätzt und als kirchliche Arbeit zu fördern gedenkt... Der Oberkirchenrat weiß es zu würdigen, daß die Arbeit von Pfarrer Burgstahler im Unterschied von der Hilfsstelle für Rasseverfolgte, die sich vornehmlich mit äußerer Fürsorge beschäftigt, das zentrale missionarische Anliegen aufnimmt. Dies entspricht nicht bloß dem eigentlichen Auftrag, den die Kirche auch auf diesem Gebiete wahrzunehmen hat, sondern auch dem Wunsche der ausländischen Judenmissionen“[273]. Bedauert wird, „daß Anzeichen vorhanden zu sein scheinen, wonach... Vertrauen, soweit es sich auf die Hilfsstelle für Rasseverfolgte bezieht, z. Zt. nicht mehr ungeschmälert vorhanden zu sein scheint“. Das von Burgstahler unhinterfragt aufgegriffene Mißtrauensvotum der „First Hebrew Christian Synagogue“[274] wurde ebenso unkritisch von der Kirchenleitung gegen Majer-Leonhard ins Feld geführt. Ferner wurde die von der Stuttgarter Hilfsstelle geleistete diakonische Aufgabe abgewertet: Das „völlige oder fast völlige Zurücktreten des missionarischen Moments bei der Arbeit der Hilfsstelle“[275]

---

270 Brief Burgstahlers an Majer-Leonhard vom 12. 3. 1947 (vgl. oben S. 141, Anm. 229).

271 Brief Burgstahlers an Majer-Leonhard vom 5. 5. 1947 (Ebd.).

272 Gesprächsprotokoll einer Unterredung vom 14. 11. 1947 zwischen Burgstahler und Oberkirchenrat Metzger (B[ericht-]E[rstatter] 11) (vgl. oben S. 108, Anm. 119). – Vgl. hierzu oben S. 148 ff., S. 150, Anm. 267.

273 Brief des Oberkirchenrates an das Evangelische Dekanatamt Bad Cannstatt vom 14. 11. 1947 (vgl. S. 108, Anm. 119).

274 Vgl. oben S. 148 ff.

275 Vgl. oben Anm. 273.

wurde dem Verantwortlichen zum Vorwurf gemacht. Erst in einer Besprechung zwischen Majer-Leonhard und dem zuständigen Oberkirchenrat am 22. November konnte klargelegt werden, daß es nur eine Organisation war, die das Vertrauen in Majer-Leonhard „verloren" habe. Als wünschenswert wurde als Ergebnis dieses Gespräches festgehalten, daß einer weitgehenden caritativen Betreuung dieser Menschen eine Evangelisation entsprechen müsse. Offen blieb die Klärung des Verhältnisses zwischen Burgstahler und dem Verein der Freunde Israels einerseits und der Hilfsstelle für Rasseverfolgte andererseits.

Eine Nachfrage Hartensteins beim „Verein der Freunde Israels", wann denn mit der Gründung eines deutschen Komitees dieses Vereins zu rechnen sei, wurde durch das Basler Komitee dahingehend beschieden, daß man es bisher für richtig gehalten habe, „diese Frage einstweilen zurückzustellen, indem wir nicht allzu viel organisieren, sondern der praktischen Arbeit den Vortritt lassen wollten"[276]. Im Hinblick auf Burgstahler sei zu sagen, daß er „bis jetzt noch in keinem festen Verhältnis" zum Verein stehe, doch werde man sich mit ihm wegen der Gründung eines deutschen Komitees in Verbindung setzen.

Am 1. Oktober 1948 wurde bei der Gründungsversammlung in Stuttgart das vom Komitee in Basel aufgestellte Statut für die Geschäftsstelle Stuttgart des „Verein(s) der Freunde Israels" angenommen[277]. Die einzurichtende

---

[276] Brief Brunners an Hartenstein vom 2. 12. 1947 (LKA STUTTGART, D 23, Bd. 29,1).

[277] Drei verschiedene, aber doch untereinander zusammenhängende Aufgaben hatte sich der deutsche Zweig der Schweizer Evangelischen Judenmission mit seiner Arbeit gestellt: Man wollte unter den Juden evangelisieren, die Beziehungen zu den Proselyten pflegen und die christlichen Gemeinden für den Dienst an Israel erwecken. (So Brunner in einem Brief an die Leitung der evangelischen Kirche in Württemberg vom 25. 2. 1950 [vgl. oben S. 108, Anm. 119]). Wie die konkrete Arbeit der Judenmission aussah, soll anhand des Jahresberichtes 1949/50 kurz dargestellt werden: Die eigentliche Missionsarbeit geschah vor allem an den in den Lagern wohnenden „Displaced Persons". Größere Lager befanden sich in Ulm, wo zeitweise ein Viertel der Gesamtbevölkerung jüdisch war, mit 12000 Personen, in München (30–40000), in Stuttgart (4000), in Lampertheim (1500) und in Bensheim an der Bergstraße (3000). Inwieweit sich unter diesen Lagerinsassen Christen befanden, ließ sich nicht feststellen, doch war ein großes Bedürfnis nach Lesestoff vorhanden, und so nahmen die Menschen gerne angebotene Neue Testamente entgegen. In Gesprächen, die teilweise nur außerhalb der Lager stattfinden konnten, suchte man die Juden auf messianische Stellen des Alten Testaments hinzuweisen und ihnen die Erfüllung dieser Weissagungen in Jesus Christus deutlich zu machen. Allerdings, so betonte Brunner in seinem Jahresbericht, nehme man in Deutschland – im Gegensatz zur Schweiz, wo im Berichtszeitraum sechs Personen getauft wurden – davon Abstand, „Menschen zur Taufe und Konversion zu bewegen. Sie sollen die Wahrheit über Jesus Christus erfahren, nach der auch manche unter ihnen Verlangen haben, und wenn sie unter normalen Verhältnissen wieder leben, sollen sie selber entscheiden, was sie machen wollen". Die Arbeit der Judenmissionare in den Lagern war dadurch erschwert und begrenzt, daß die Insassen ab August 1949 sehr rasch auswanderten, so daß binnen Monaten nur noch 10000 jüdische „DP's" in Deutschland waren.

Innerhalb der Proselytenhilfe wurden nicht nur die eigenen Missionsstationen bedacht, sondern man sandte neben den Gaben an die Station in Ulm auch eine größere Menge Kleider

Geschäftsstelle bestand aus drei Mitgliedern und einem Geschäftsführer. Laut Statut sollte ihre einzige Aufgabe in der Verwaltung der in Stuttgart eingehenden Missionsgaben und einem vierteljährlichen Bericht darüber an die Basler Stelle sein. Die monatlichen Aufwendungen von 1250 DM konnten jedoch durch die Geschäftsstelle in Ermangelung eines Freundeskreises nicht selbst getragen werden, und so erging an die Landeskirche die Bitte, „den stellvertretenden Dienst, den der Verein der Freunde Israels für Sie tut, durch einen größeren Beitrag möglich zu machen"[278]. Allerdings blieben die finanziellen Probleme noch längere Zeit ständiger Begleiter der Stuttgarter Geschäftsstelle, und Pfarrer Robert Brunner vom Basler Komitee betonte, daß die Arbeit nicht größer aufgezogen werden solle, als „sie vom deutschen Heimatgebiet getragen werden" könne[279].

Der Konflikt zwischen der Hilfsstelle für Rasseverfolgte und den Mitarbeitern der Judenmission schwelte noch weiter, und es gab immer wieder Probleme vor allem damit, wie die eingehenden Gaben zu verteilen seien[280].

---

nach Berlin. Unterstützungen von Alten und Erwerbslosen hatte man sich ebenso zum Ziel gesetzt wie die Ermöglichung von Erholungsaufenthalten von Kindern in der Schweiz. So konnten beispielsweise 36 Jungen und Mädchen in der Schweiz neue Kräfte sammeln oder Krankheiten ausheilen (vgl. oben S. 141).

Beklagenswert, so wurde festgestellt, sei die Interesselosigkeit für die Judenmission innerhalb der Gemeinden. Daher stellten es sich die Judenmissionare als eine weitere Aufgabe, hier Aufklärungsarbeit zu leisten. Jede Einladung in eine Gemeinde, zu einer Jugendversammlung oder einem Pfarrertreffen wurde, wenn irgend möglich, angenommen, um über die eigene Arbeit zu berichten, gegen den Antisemitismus zu reden und die Verantwortung der Kirche gegenüber den Juden herauszustellen (JAHRESBERICHT 1949/50 DER SCHWEIZERISCHEN EVANGELISCHEN JUDENMISSION, VEREIN DER FREUNDE ISRAELS [vgl. S. 123, Anm. 161]).

Dieser knappe Einblick in die Arbeit des „Verein(s) der Freunde Israels" mag genügen, um einen Eindruck von den in Angriff genommenen Aufgaben zu bekommen (vgl. auch L. SCHÄPPI, Christen). Inwieweit auch noch nach den schrecklichen Ereignissen des „Dritten Reiches" eine Judenmission betrieben werden könne, zumal von Deutschen, wurde nicht diskutiert. Allerdings läßt die Äußerung von Brunner, daß man keine Proselyten machen wolle, doch ein klein wenig Unsicherheit spüren, ob der Weg der Judenmissionsgesellschaften nach 1945 noch genauso weitergehen könne wie vor 1933. In Deutschland jedenfalls, bei Burgstahler oder der württembergischen Kirchenleitung, scheint man sich keine Gedanken darüber gemacht zu haben. Für sie stellte Mission – auch unter Juden, auch nach dem Völkermord – die „eigentliche" Aufgabe der Kirche dar. Offenbar spielte es keine Rolle, daß die schlimme Situation von Menschen durch die Mission ausgenützt werden könnte, die durch Deutsche, Kirchenmitglieder zumeist, in diese Lage gekommen waren.

278 Brief des Leiters der Geschäftsstelle Stuttgart, Schubert, an den Oberkirchenrat vom 6. 10. 1948 (vgl. oben S. 108, Anm. 119).

279 Bericht über die zweite Sitzung der Geschäftsstelle Stuttgart des Vereins der Freunde Israels unter dem Vorsitz von Pfarrer R. Brunner aus Basel am 16. 11. 1948 (vgl. oben S. 123, Anm. 161).

280 Dem Vorwurf, die Stuttgarter Hilfsstelle gebe von ihren Gaben nichts an die Judenchristen ab, konnte Majer-Leonhard leicht begegnen, indem er darauf verwies, daß einerseits die Spender durch den Ökumenischen Rat mitteilten, sie wünschten nicht, daß ihre Gaben für Zwecke der eigentlichen Judenmission verwendet würden, und daß andererseits im Mitteilungs-

b. Überblick über die anderen kirchlichen Hilfsstellen für Rasseverfolgte in Deutschland

Die kirchlichen Hilfsstellen in der amerikanischen und französischen Zone

Baden

Die besondere Schwierigkeit der badischen Landeskirche lag darin begründet, daß ihr Gebiet zu zwei verschiedenen Besatzungszonen gehörte. Der Kontakt zwischen den Zonen war in den ersten Monaten nach dem Zusammenbruch nicht einfach. Damit mag es zusammenhängen, daß in der badischen Landeskirche keine einheitliche Betreuungsstelle für die rasseverfolgten Christen entstand, obgleich ein in dieser Frage so engagierter Mann wie Hermann Maas eine wichtige Funktion in dieser Landeskirche einnahm. Im zur amerikanischen Zone gehörenden Nordbaden kam es zur Gründung von drei verschiedenen Einrichtungen:

Über die Anfänge und die Person des Leiters des „Heidelberger Hilfskomitee(s) für die Opfer des Nationalsozialismus" wurde schon berichtet[281]. Bereits am Namen dieser Einrichtung ist erkennbar, daß sich Maas nicht auf eine Hilfe für Judenchristen beschränken wollte. Ungefähr 600 Personen wurden betreut. Daß im Ellisonbericht diese Stelle nur mit „Herrn Kreisdekan Maas" bezeichnet wurde und das Urteil lakonisch „Heidelberg's organization might mean disaster under any other leader but with Dekan Maas it is ideal"[282] lautete, zeigt, wie sehr alles von der Person ihres Leiters ausging und auf sie zugeschnitten war.

Die beiden anderen Stellen in Karlsruhe und Mannheim wurden durch Betroffene selbst ins Leben gerufen, waren also wie die Hamburger „Notgemeinschaft der durch die Nürnberger Gesetze Betroffenen"[283] Selbsthilfeorganisationen, wobei ihr konfessioneller Charakter die badischen Stellen von der Hamburger Einrichtung unterschied.

Für die Karlsruher „Christliche Hilfsstelle für Rasseverfolgte" wurden 1947 ungefähr 300 Betreute verzeichnete[284]. Einem Brief von Maas an den ökumenischen Flüchtlingsausschuß vom März 1948 ist zu entnehmen, daß diese Stelle mit der „First Hebrew Christian Synagogue" zusammenarbeitete

---

blatt des „Verein(s) der Freunde Israels" immer wieder nachzulesen sei, wie gut die Ulmer Missionstation mit Liebesgaben versorgt werde.

[281] Vgl. oben S. 64ff.

[282] „Ellison-Bericht" (vgl. oben S. 84, Anm. 57).

[283] Vgl. oben S. 182ff.

[284] Vorläufiges Verzeichnis der Hilfsstellen für Rasseverfolgte in der US-Zone nach dem Stand vom 20. 9. 1947 (vgl. oben S. 130, Anm. 189).

und die Gaben vor allem an einen engen Personenkreis ausgegeben wurden, der an einer Bibelstunde teilnahm[285].

Da bei einer Besprechung zwischen Militärregierung, Jüdischer Gemeinde und Judenchristen keine Einigung über die Betreuung der Judenchristen zu erzielen war, wurde in Mannheim das „Hilfskomitee der Judenchristen und Mischlinge" gegründet. Durch diese Organisation wurden im Herbst 1946 350 Personen betreut[286], 1948 888 Personen, darunter 16 ehemalige Sternträger, 72 Personen aus „privilegierten Mischehen" und 457 „Mischlinge 1. Grades"[287]. Die Linderung der großen Not wurde als Hauptaufgabe angesehen. In Wohnungsangelegenheiten und Existenzfragen, so in einem Brief an den „Church World Service" vom Oktober 1946, könnten kleine Hilfen geleistet werden, wohingegen die Zuwendung von Lebensmitteln nur in sehr geringem Umfang möglich sei, da das Hilfswerk der EKD nur kleine Gaben zur Verfügung stelle[288]. Orientierung wolle man den Mitgliedern durch monatliche Versammlungen geben, an denen auch jeweils ein evangelischer oder katholischer Pfarrer teilnehme, sowie durch eine Gebetsstunde, die durch einen ehemaligen Missionar der Carmel-Mission gehalten würde. Zur Finanzierung der Arbeit suche man einen Freundeskreis aufzubauen.

Dieses Hilfskomitee scheint in engere Beziehungen zur „First Hebrew Christian Synagogue" getreten zu sein und wohl als Folge dieser Zusammenarbeit wurde im Jahre 1948 eine „Missionsvereinigung für Judenchristen und Freunde Israels" gegründet[289]. Diese „Missionsvereinigung" hatte einen Pre-

---

[285] Brief von Maas (Evangelisches Kreisdekanat) an Kloppenburg vom 15.3.1948 (vgl. oben S. 83, Anm. 53); zur „First Hebrew Christian Synagogue" vgl. oben S. 148ff.

[286] Arbeitsgemeinschaft christlicher Hilfsstellen für Rasseverfolgte nichtjüdischen Glaubens in Deutschland. Zahl der Betreuten (vgl. oben S. 79, Anm. 38). – Die Arbeitsgemeinschaft wurde am 21./22. 10. 1946 gegründet (vgl. unten S. 188ff.), die Statistik dürfte demnach im Herbst 1946 erstellt worden sein.

[287] „Ellison-Bericht", Appendix 1 (vgl. oben S. 84 Anm. 57).

[288] Brief des „Hilfskomitees" an den „Church World Service" vom 2. 10. 1948 (AÖR Genf, 25 A Chrétien d'origine juive I, 1er janv. 1946–31 mai 1947. Darin: Div. autres organisations de secous en Allemagne). – Vgl. die Angaben des Badischen Hilfswerkes, das in einem Brief an das Zentralbüro betonte, man habe der Mannheimer Stelle so viel an Lebensmitteln zugeteilt, wie einer kleinen Gemeinde, obgleich diese Gemeinden 3 bis 7mal soviel Glieder zählten wie das Komitee. Folgende Gaben wurden genannt: 21. 6. 1946 30 Sack Mehl, 48 Dosen Fleisch, 48 Dosen Milch; im Juli 1946 8 Liebesgabenpakete; 9. 7. 3 Sack Mehl; 27. 8. ½ Sack Mehl; 12. 9. 1 Sack Maisflocken, 3 große Dosen Trockenmilch; im August 33 Paar Schuhe, 23 Stück Männerbekleidung, 14 Stück Frauenbekleidung, 3 Stück Kinderbekleidung; im September 1946 60 Paar Schuhe, 54 Stück Frauenbekleidung, 61 Stück Kinderbekleidung, 1 Decke (vgl. oben S. 81, Anm. 45).

[289] Rundbrief der „Missionsvereinigung" vom Mai 1948 an die „Liebe(n) Freunde!" (vgl. oben S. 65, Anm. 5). – Einblick in die Zielsetzung und die Anfänge dieser Vereinigung gibt dieser Rundbrief: Nach dem Krieg hätten sich aus der Not heraus die Juden wieder zusammengeschlossen. Und da den Judenchristen durch die Kirchen keine Hilfe zuteil geworden sei, hätten sie sich ebenfalls zusammengefunden. Durch die „ausgestreute antisemitische Aussaat" fühlten „sich die Judenchristen vielfach fremd. Darum brauchen sie eine innere Heimat. Diese sollen sie

diger in ihren Diensten, der monatlich einmal in Mannheim, Frankfurt, Karlsruhe, Stuttgart und Freiburg eine Versammlung abhielt. Die Beziehung zur „First Hebrew Christian Synagogue" wird vor allem dadurch deutlich, daß sich der Stuttgarter Verbindungsmann dieser Organisation der „Missionsvereinigung" anschloß[290]. Auch durch den Ellisonbericht wurde die Nähe der Mannheimer Einrichtung zur „First Hebrew Christian Synagogue" betont, allerdings meinte der Autor gespürt zu haben, daß die Absichten dieser amerikanischen Organisation durchschaut worden seien; doch bestehe immer noch die Gefahr, daß die ganze Sache in die Separation abdrifte. Es sei deshalb erforderlich, so Ellison, die Stellen in Mannheim und Karlsruhe eng an die Heidelberger Einrichtung zu binden. Als Reaktion auf diesen Bericht distanzierte sich die „Missionsvereinigung" gegenüber dem Flüchtlingssekretariat des ÖRK von der „First Hebrew Christian Synagogue": Gerade der „Gedanke der Gründung einer selbständigen, judenchristlichen Gemeinde oder gar Synagoge ist von der Missionsvereinigung nie erwogen, sondern trotz wiederholter Bitten Dr. Michelson's, immer auf das entschiedenste abgelehnt worden"[291]. Letzterer habe mit dem Abbruch der Beziehungen gedroht, da es nicht angehe, eine ganz andere Arbeit aufzubauen, als es von Los Angeles aus gewünscht werde.

So lassen sich auch an der Mannheimer Stelle die Gefahren einer mangelhaften Einbindung der Hilfsstellen in die Landeskirchen und einer ungenügenden Berücksichtigung durch das Hilfswerk sehr deutlich erkennen. Da die Hilfseinrichtungen für Judenchristen ihren Schutzbefohlenen unter allen Umständen helfen wollten, waren sie versucht, Gaben von allen möglichen Spendern anzunehmen, wenn auch damit obskure Ziele und Erwartungen verbunden waren. Die Distanzierung von solchen Gebern fiel nicht leicht, da dies immer mit einem Ausbleiben der dringend benötigten Gaben verbunden war.

In Südbaden, das zur französischen Zone gehörte, wurden die evangelischen Judenchristen durch die Hilfsstelle der Caritas, die von Gertrud Luckner geleitet wurde, mitversorgt. Anfang 1947 wurden durch diese Stelle ungefähr 450 Personen betreut, darunter 213 evangelische[292]. Der Ellisonbe-

---

nun in den judenchristlichen Missions-Bibelkreisen finden, wo sie auch ihre besonderen Anliegen an Hand des Wortes Gottes besprechen können. Die noch nicht wirklich gläubigen Judenchristen wollen wir durch die Verkündigung des Evangeliums zu Christus zu führen suchen" (Ebd.).

290 Brief der „Missionsvereinigung" an Majer-Leonhard vom 18. 5. 1948 (Ebd.).

291 Brief der „Missionsvereinigung" an die Flüchtlingskommission vom 29. 9. 1948 (vgl. oben S. 89, Anm. 60).

292 Verteilungsschlüssel der „Arbeitsgemeinschaft", Stand vom 17. 2. 1947 (AÖR Genf, 25A Chrétien d'origine juive I, 1er janv. 1946–31 mai 1947. Darin: AG der Hilfswerke für christliche Rasseverfolgte). Zur Gesamtzahl der Rasseverfolgten in Freiburg vgl. Brief Luckners an Majer-Leonhard vom 12. 1. 1947. „Betrifft: Gesamtübersicht der evangelischen Rasseverfolgten in Südbaden – französische Zone" (LKA Stuttgart, Akten Hilfsstelle, 16).

richt vermerkte: „There would, however, seem to be a regretable lack of interest in the Evangelical Church“[293].

Pfalz

Über die Hilfsstelle in der Pfalz geben die Unterlagen nur wenig Aufschluß. Im Ellisonbericht ist lediglich festgehalten, daß Informationen über ein Hilfszentrum in Trier vorlägen, das vor allem Katholiken versorgte[294]. Die Zahl der Klienten wurde mit 1000 angegeben. Luckner wies in einem Brief an Majer-Leonhard auf die Arbeit des Caritasverbandes Mainz hin. Da sie ebenfalls von 1000 Betreuten berichtete, ist anzunehmen, daß die Stellen in Trier und Mainz zusammenarbeiteten und sich die Angaben auf denselben Personenkreis beziehen[295]. Diese Vermutung wird durch eine Liste der Hilfsstellen für Rasseverfolgte der amerikanischen und französischen Zone bestätigt, in der Mainz und Trier zusammen aufgeführt sind[296]. Mitte 1949 wurde für den nördlichen Teil der französischen Zone ein Vertrauensmann der evangelischen Kirche für die „nichtarischen“ Christen benannt, dem Majer-Leonhard eine 55 Namen umfassende Liste von evangelischen Rasseverfolgten sandte[297]. Deutlich ist, daß die Betreuung der evangelischen Rasseverfolgten in der Pfalz – wie in Südbaden – durch die Caritas erfolgte. Die Evangelische Kirche setzte erst Anfang 1949 einen Beauftragten für diesen Bereich ein.

Bayern

Die Hilfsarbeit für die Judenchristen war in Bayern durch zwei Besonderheiten gekennzeichnet. Zum einen wurde durch den Freistaat Bayern im Staatsministerium des Inneren ein „Staatskommissariat für rassisch, religiös und politisch Verfolgte“ eingerichtet. Zwar gab es in anderen Ländern ebenfalls öffentliche Einrichtungen, die mit dieser Aufgabe betraut waren, doch waren diese zumeist in Trägerschaft der großen Städte, oder es wurden durch Landesregierungen Selbsthilfeorganisationen als Interessenvertreter anerkannt und gefördert. Nur in Bayern wurde ein spezielles Staatssekretariat gebildet, das mit der Unterstützung und Interessenvertretung der ehemaligen Verfolgten beauftragt war. Die zweite Besonderheit in Bayern betraf die kirchliche Hilfe für die Judenchristen. In Fortsetzung der 1936 eingerichteten „Hilfsstelle für rassisch Verfolgte“, deren Aufgabe in der Auswande-

293 „Ellison-Bericht“ (vgl. oben S. 84, Anm. 57).
294 EBD.
295 Brief Luckners an Majer-Leonhard vom 11. 5. 1948 (vgl. oben S. 157, Anm. 292).
296 Vgl. oben S. 155, Anm. 284.
297 Brief Majer-Leonhards an Pfarrer Ottheinrich Reichhold vom 22. 6. 1949 (vgl. oben S. 138, Anm. 215).

rungshilfe sowie im seelsorgerlichen Dienst an jüdischen Konzentrationslagerinsassen bestand und die ein speziell dafür freigestellter Pfarrer leitete[298], wurde die Unterstützung der Judenchristen in Bayern nach 1945 durch das Hilfswerk in Nürnberg und durch die Innere Mission in München betrieben, ohne daß besondere Stellen eingerichtet worden wären.

Diese Arbeit scheint sich eher im Hintergrund abgespielt zu haben. So schrieb am 15. Dezember 1945 der Staatskommissar an den bayerischen Landesbischof Hans Meiser, daß sich unter den von ihm betreuten Personen eine große Anzahl Protestanten befänden. Die Kirche wurde gebeten, die Pfarrämter anzuweisen, sie mögen diesen Menschen ein Zeichen dafür geben, daß die Kirche an sie denke. Meiser antwortete, daß er diese Anregung aufnehmen werde, wenngleich er davon überzeugt sei, daß sich die Pfarrer „ohnehin schon nach Kräften der so leidgeprüften Gemeindeglieder jüdischer Abstammung annehmen" würden[299].

Auch im Jahre 1946 gab es in Bayern noch keine spezielle Hilfsstelle für die ehemaligen Rasseverfolgten, so daß Majer-Leonhard anregte, „die bayrische Kirche (möge) nun ebenfalls eine Hilfsstelle" errichten, „nachdem das im übrigen Reich weithin schon geschehen ist"[300]. Mit der 1946 erfolgten Gründung der „Arbeitsgemeinschaft für lutherische Judenmission" für die bayerische Landeskirche, die eng mit dem „Evangelisch-Lutherischen Zentralverein für Mission unter Israel"[301] zusammenarbeitete, war ein Gremium geschaffen, das sich sogleich der Judenchristen in München annehmen sollte.

München: Im Januar 1947 schrieb der Leiter der „Arbeitsgemeinschaft für Lutherische Judenmission" in Bayern, Pfarrer Friedrich Wilhelm Hopf[302], an Pfarrer Leonhard Henninger[303] von der Inneren Mission, dem bisher die Fürsorge für „nichtarische" Christen unterstand, daß die „Arbeitsgemeinschaft" beabsichtige, eine Schwester nach München zu schicken, die sich um „die Betreuung der vereinzelten Judenchristen im Zusammenhang mit der bei Ihnen bestehenden Hilfsstelle für Rasse-Verfolgte nichtjüdischen Glaubens" mindestens als zu Anfang vordringliche Aufgabe kümmern solle[304]. Henninger zeigte sich erfreut und versprach, die nötigen Schritte in die Wege

[298] Brief Henningers an die „First Hebrew Christian Synagogue" vom 17. 11. 1947 (AIM, München, Judenmission, 1939–1968).

[299] Brief der Kirchenkanzlei der EKD (Asmussen) an Freudenberg vom 3. 1. 1946 (AÖR Genf, 25 A Chrétiens d'origine juive I, 1er janv. 1946–31 mai 1947. Darin: Correspondence avec Kanzlei).

[300] Brief Majer-Leonhards an Oberkirchenrat Schauffler vom 30. 10. 1946 (= Stellungnahme zu einer Anfrage der Kirchenkanzlei der EKD vom 22. 10. 1946) (vgl. oben S. 108, Anm. 119).

[301] Vgl. unten S. 285ff.

[302] Vgl. Personenregister.

[303] Vgl. Personenregister.

[304] Brief Hopfs (Bayerische Missionskonferenz) an Henninger vom 20. 1. 1947 (vgl. oben Anm. 298).

zu leiten. Schwester Erna Unger[305], die bereits im Februar ihre Arbeit in der „Evangeliumsdienst unter Israel" genannten Stelle aufnehmen konnte, begann sogleich, neben der Fürsorgearbeit eine Gruppe um sich zu scharen und Vortragsabende zu organisieren. Es wurde der Hoffnung Ausdruck verliehen, daß ihre „Tätigkeit... mit Gottes Hilfe über die Betreuungsarbeit hinaus zum unmittelbaren evangelistischen Dienst an Juden führen" werde[306].

Ende 1947 schickte die „First Hebrew Christian Synagogue" auch nach München eine größere Anzahl von Paketen und versuchte so, dort Einfluß zu gewinnen. Man erkannte jedoch in München sehr rasch die problematische Einstellung dieser Organisation und brach die Kontakte wieder ab: „Als wir merkten, daß die Geber mit ihrer Hilfe eine Werbetätigkeit für sektiererische Ziele verfolgten, haben wir um des Wortes Gottes willen Abstand von ihnen genommen, es ihnen offen bezeugt und dem Herrn vertraut, daß er uns auch anderweitig für die Nöte Gaben schenken wird"[307].

Anfang 1948 kam es zu einem Konflikt zwischen dem „Staatssekretariat für rassisch, religiös und politisch Verfolgte" – es betreute laut Ellisonbericht in Bayern ungefähr 8100 Rasseverfolgte – und dem „Evangeliumsdienst unter Israel". Im Staatssekretariat war man der Ansicht, daß Fragebogen, wie sie vom „Evangeliumsdienst" ausgegeben wurden, nicht erlaubt seien. Für die Betreuung „nichtarischer" evangelischer Christen sei „ausschließlich das Bayerische Hilfswerk für die durch die Nürnberger Gesetze Betroffenen... zuständig..., und dieser lizensierte Wohlfahrtsverband (hat) einzig und allein die Berechtigung..., derartige Fragebogen herauszugeben"[308]. In seiner Antwort stellte Henniger heraus, daß es sich „die Evangelische Kirche und ihre Innere Mission... von keiner Stelle verbieten lassen kann, missionarisch und fürsorgerisch unter ihren Glaubensgenossen tätig zu sein"[309]. Zur Verteilung der „zur Verfügung stehenden Liebesgaben... nach Stufen der Dringlichkeit" seien Fragebögen nötig. Damit war diese Auseinandersetzung beendet.

Ein Blick in den Arbeitsbericht von Schwester Unger zeigt, daß sich ihre Aktivität immer mehr in Richtung „Judenmission" verschob. Ab August 1948 wurden monatlich „Bibelstunden für Juden, getaufte Juden und Freunde unserer Arbeit" gehalten, daneben bestand schon seit längerem eine wöchentliche Frauenbibelstunde; öffentliche Vorträge rundeten das Angebot

---

305 Vgl. unten Personenregister.

306 Arbeitsgemeinschaft für Lutherische Judenmission. „An alle Pfarrämter der Evang.-Luth. Kirche in Bayern. Betreff: Handreichung zum 10. Sonntag nach Trinitatis", vom Juli 1947 (vgl. oben S. 159, Anm. 298).

307 Evangeliumsdienst unter Israel durch die Evangelisch-Lutherische Kirche. „Jahresbericht 1948/1949 von Schwester Erna Unger, München" (Ebd., S. 6); vgl. auch den Brief Michelsons an Henninger vom 3. 12. 1947 und die Antwort Henningers vom 18. 12. 1947 (Ebd.).

308 Brief des Staatskommissariats an Herrn Unger (sic!) vom 27. 2. 1948 (Ebd., S. 1).

309 Brief Henningers an das Staatskommissariat vom 15. 3. 1948 (Ebd.).

ab[310]. Berichtet wurde ferner, daß sich 1948 zwei Juden zum Taufunterricht angemeldet hätten und daß man versuche, gezielt jüdische Frauen zur Bibelstunde einzuladen. Pfarrer Wilhelm Grillenberger[311] sei seit 1948 nebenamtlich für den Evangeliumsdienst tätig und es sei zu hoffen, daß er bald ganz für diese Arbeit zur Verfügung stünde[312]. Unter diesen Voraussetzungen kann es nicht überraschen, daß der Evangeliumsdienst einen Teil der Betreuungsarbeit wieder in die Hände der Inneren Mission legte, um mehr Zeit für die eigentliche Missionsarbeit zu gewinnen.

Die Arbeit in München ist insofern innerhalb Deutschlands einmalig, als nur hier eine so enge Verbindung zwischen Judenmission und Fürsorgearbeit stattfand; nur hier wurden die Liebesgaben nicht um ihrer selbst willen gegeben; stattdessen hoffte Schwester Unger, „nicht nur ‚soziale Arbeit' zu tun, sondern in der Verteilung der Gaben mich vom Herrn führen zu lassen, damit die Empfänger Gottes treusorgende Hilfen erfahren und ihm danken"[313]. So kann festgehalten werden, daß in München die Fürsorgearbeit von der Inneren Mission unmittelbar nach 1945 begonnen und dann vom „Evangeliumsdienst unter Israel" gewissermaßen als „Sprungbrett" zu Juden und Judenchristen übernommen wurde; als die Kontakte hergestellt waren, wurden sie wieder an die Innere Mission zurückgegeben. Diese Einschränkung, daß man eigentlich nur „für den Anfang" der Arbeit die soziale Aufgabe als vordringlich ansehen würde, war schon dem ersten Schreiben Hopfs an Henninger zu entnehmen. Hopf betonte dort, daß man in der Mission die eigentliche Aufgabe sehe[314].

Nürnberg: Wie in München nahm sich auch in Nürnberg unmittelbar nach dem Zusammenbruch eine kirchliche Stelle der ehemaligen Rasseverfolgten an. Das Hilfswerk der Evangelisch-Lutherischen Kirche in Bayern kümmerte sich um diese Menschen, wenngleich diese Arbeit auch nicht im Rahmen einer speziellen Stelle durchgeführt wurde. Daß damit natürlich gewisse Probleme verbunden waren, zeigt folgendes Beispiel: Als Majer-Leonhard einige Pakete für rasseverfolgte Christen nach Nürnberg sandte, wurde er vom Hilfswerk gefragt, ob diese denn an Glieder der Jüdischen Gemeinden verteilt werden sollten[315]. Für Majer-Leonhard machte diese Anfrage deutlich, daß man in Nürnberg „über den Anlaß der kirchlichen Hilfe für die rasseverfolgten Christen nicht unterrichtet" sei. Die Judenschaft der Welt

---

310 Evangeliumsdienst unter Israel durch die Evangelisch-Lutherische Kirche. „Jahresbericht 1948/1949 von Schwester Erna Unger, München" (Ebd.).

311 Vgl. Personenregister.

312 Ab Juli 1950 trat Grillenberger dann hauptamtlich in den Dienst der Mission. Vgl. unten S. 288ff.; FüI, XXXV. Jgg., Nr. 1 vom März 1952, S. 6–9.

313 Vgl. oben Anm. 310.

314 Vgl. oben S. 159, Anm. 304.

315 Brief Majer-Leonhards an das Hilfswerk der Evang. Kirche, Hauptbüro Bayern, vom 11. 3. 1947 (vgl. oben S. 125, Anm. 174).

sorge in vorbildlicher Weise um ihre notleidenden Glieder, die „nichtarischen" Christen jedoch, die ebenso lange zu leiden gehabt hatten wie die Juden, stünden abseits. Diesen Menschen solle durch Gaben gezeigt werden, „daß ihre Leiden in den vergangenen Jahren nicht vergessen sind und daß sie zur christlichen Gemeinde gehören". Deshalb solle diese Spende nur an christliche Rasseverfolgte, an christliche Hinterbliebene im Konzentrationslager umgekommener Juden, an „Mischlinge" oder an jüdische Ehepartner abgegeben werden. Majer-Leonhard bat darum, neben der Not der mosaischen Juden auch die der christlichen Rasseverfolgten zu sehen.

Erst im September 1948 wurde mit Frau Nora Schüller, die selbst während der Nazizeit mit ihrem „nichtarischen" Mann nach Holland emigrieren mußte und kurzzeitig Mitarbeiterin des „Büro Pfarrer Grüber" in Breslau gewesen war[316], eine Person speziell mit der Betreuung der ehemals rassisch Verfolgten betraut. Sie arbeitete innerhalb der Nürnberger Stadtmission in enger Anlehnung an das Hilfswerk. Im Oktober 1949 schrieb sie einen Bericht über die Lage der Rasseverfolgten in Nordbayern, in dem sie betonte, daß von den bekannten 300 Familien noch 75 eine Unterstützung nötig hätten. Außerhalb Nürnbergs lebten vor allem eine große Zahl Heimatvertriebener und Ausgebombter, denen es weit schlechter gehe als den Bewohnern der Stadt, da dort eher Arbeitsmöglichkeiten zu finden seien. Eine enge Zusammenarbeit mit den Pfarrämtern stelle sicher, daß wirklich nur Hilfsbedürftige Zuwendungen erhielten. Wichtig sei, daß ihre Aufgabe als Beauftragte des Evangelischen Hilfswerkes geschehe, da sie so „für diese Menschen... eine Hilfe ‚der Kirche'" bedeute, „was sehr wichtig ist"[317]. Eine enge Zusammenarbeit mit anderen Abteilungen der Stadtmission, wie der Jugendhilfe oder der Erholungsfürsorge, trage dazu bei, die Hilfe so gezielt und wirksam wie möglich zu gestalten[318].

In Nürnberg wurden also durch die Einstellung einer Fürsorgerin für die ehemaligen Rasseverfolgten Unsicherheiten der Vorjahre beseitigt, und durch die enge Einbindung der Hilfsstelle in das Hilfswerk war eine sehr effektive Unterstützung möglich.

Hessen

Sowohl die „Evangelische Kirche in Hessen und Nassau" als auch die „Evangelische Kirche von Kurhessen-Waldeck", beide im von der amerikanischen Besatzungsmacht gebildeten Großhessen gelegen, richteten Hilfsstellen für die ehemaligen Rasseverfolgten ein. Dabei gab die Frankfurter

---

316 Vgl. unten S. 31; vgl. auch N. SCHÜLLER, Die einen und die anderen.

317 Brief Schüllers an Majer-Leonhard vom 18. 10. 1949 (LKA STUTTGART, Akten Hilfsstelle, 24).

318 „Aus einem Bericht über meine (N. Schüllers, S. H.) Arbeit, gehalten in der Mitarbeiterzusammenkunft der Nürnberger Stadtmission am 10. 6. 1952" (EBD.).

Einrichtung den Anstoß zur Gründung einer entsprechenden Stelle in Kassel[319].

Frankfurt: Schon während des „Dritten Reiches" hatte der Vorstand der Inneren Mission Frankfurt aufgrund einer Anfrage Grübers am 3. Februar 1939 beschlossen, sich der „nichtarischen" Christen anzunehmen und einen Diakon damit zu beauftragen[320]. An diese Arbeit konnte Pfarrer Otto Frikke[321] anknüpfen. Fricke wußte sich nicht nur für die rasseverfolgten Christen, sondern überhaupt für eine Erneuerung des Verhältnisses zwischen Christen und Juden verantwortlich. Im Januar 1946 konnte als Ergebnis einer Besprechung der drei Konfessionen in Frankfurt festgehalten werden, daß es nötig sei, die Gemeindeglieder aufzuklären und „ein neues Verhältnis zwischen Christenheit und Judentum" zu gewinnen[322]. Als einen ersten Schritt hierzu sei die Einrichtung einer „besondere(n) Stelle im Hilfswerk der Evangelischen Kirche" zu sehen, „die sich der Betreuung der aus rassischen Gründen verfolgten Christen besonders annehmen soll". Der Gefahr, daß die Glieder der Jüdischen Gemeinde aus dem Ausland Gaben erhielten und die „nichtarischen" Christen leer ausgingen, müsse begegnet werden.

Am 5. Juni 1946 erfolgte dann die formelle Konstituierung der Hilfsstelle, ohne daß jedoch irgendwelche rechtlichen und organisatorischen Dinge im einzelnen festgelegt worden wären. Wenige Tage später schrieb die Geschäftsführerin dieser Stelle einen Brief an die Pfarrer, um die „Hilfsstelle für rassisch verfolgte Christen" bekanntzumachen: Die Hilfsstelle arbeite mit dem Hilfswerk eng zusammen, sei aber keine Dienststelle des Hilfswerkes. Den ehemaligen Verfolgten gegenüber sei es das Anliegen der Kirche, sie „in liebender Fürsorge zurück zu verbinden und sie innerlich und äußerlich heimisch zu machen. Es liegt auf der Hand, daß die staatliche bezw. städt(ische) Fürsorge diesen Dienst allein nicht tun kann"[323]. Es gehe nicht einfach um die Wiedergutmachung, sondern vor allem um ein Zeugnis der Kirche.

---

[319] Der 1933 verfügte Zusammenschluß der Evangelischen Kirchen von Nassau, Hessen und Frankfurt wurde zwar nach dem Ende der nationalsozialistischen Herrschaft wieder aufgelöst, gleichzeitig aber wurden Schritte in die Wege geleitet, diese Kirchen zur „Evangelischen Kirche in Hessen und Nassau" zu vereinigen, was am 1. Oktober 1947 durch ein entsprechendes Kirchengesetz auch geschah (vgl. K. MEIER, Kirchenkampf Bd. 1, S. 421 ff.; Bd. 3, S. 424 ff.). Das Hilfswerk wurde von Anfang an als gemeinsame Einrichtung der drei Kirchen aufgebaut. In Nordhessen war 1934 Waldeck in die Landeskirche Hessen-Kassel eingegliedert worden und diese Verbindung blieb auch nach dem Kriegsende bestehen (vgl. EBD. Bd. 1, S. 413 ff.; Bd. 3, S. 419 ff.).

[320] H. G. TREPLIN, Evangelische Kirche Frankfurt.

[321] Vgl. unten S. 320 f.

[322] Niederschrift einer „Besprechung zwischen den drei Konfessionen" vom 10. 1. 1946 (vgl. oben S. 129, Anm. 188). – Es ist dem Dokument nicht zu entnehmen, um welche Konfessionen es sich handelt.

[323] Brief der Hilfsstelle an: „Sehr geehrter Herr Pfarrer!" vom 15. 6. 1946 (AÖR GENF, 25 A Chrétiens d'origine juive I, 1er janv. 1946–31 mai 1947. Darin: Hilfsstelle für rasseverfolgte Christen Frankfurt/M.).

Geplant sei, die Adressen Betroffener den zuständigen Pfarrämtern mit der Bitte um seelsorgerlichen Beistand zukommen zu lassen, denn man sei „der Meinung, daß hier die Kirche den Schritt zu ihren Gliedern hin zuerst tun muß". Das Ziel des Hilfswerks sei es, sich selbst überflüssig zu machen. In einem Brief „An unsere ausländischen Brüder und Schwestern in Christo" wurde als Aufgabe der Hilfsstelle herausgestellt, daß man „der geistlichen und materiellen Not der bisher verfolgten christusgläubigen Juden und sogenannten ‚Mischlinge'" nachgehen wolle[324]. Hierbei sei man allerdings völlig auf die Hilfe der Ökumene angewiesen. Die jüdische Betreuungsstelle versorge ausschließlich die zur Jüdischen Kultusgemeinde gehörenden Menschen, die evangelische Stelle sei dieser Einrichtung mit Zustimmung der staatlichen Organe gleichgeordnet. Gebeten wurde um die Zusendung von Lebensmitteln, Kleidung und Arzneien, die über das Hilfswerk mit dem Vermerk „Für die Hilfsstelle für rassisch verfolgte Christen" geschickt werden könnten[325].

Wenige Wochen nach der formellen Einrichtung der Hilfsstelle wurden bereits 1300 „Mischlinge" und 250 Juden in der Kartei geführt, und diese Zahlen sollten sich bis Anfang 1947 auf 2700 evangelische und 400 katholische Rasseverfolgte sowie 200 Dissidenten erhöhen[326].

Eine interessante Einstellung über die Notwendigkeit eines geistlichen Angebots im Rahmen einer Hilfsstelle zeigte der Arbeitsbericht von 1946: Um der „Bildung separater judenchristlicher Gemeinden" vorzubeugen, sei die Hauptaufgabe der Hilfsstelle in der Wiedereingliederung der entwurzelten Menschen zu sehen. Man habe bewußt keinen Verein gebildet und vermeide auch die Einrichtung von Bibelstunden[327].

Die ungeklärte rechtliche Situation der Hilfsstelle aber führte Anfang 1947 zu einem Konflikt zwischen Kirchenleitung und dem Arbeitsausschuß, einem Gremium, in welches die ehemaligen Rasseverfolgten ihre Vertreter entsandt hatten, und das von Anfang an die Geschäfte der Hilfsstelle mitgetragen und mitberaten hatte. Am 15. Januar 1947 hatte der Arbeitsausschuß den Wunsch geäußert, der Hilfsstelle eine eigenständige Rechtsform zu geben. Eine Geschäftsordnung, die wohl die Zustimmung der Vorläufigen Leitung der Evangelischen Kirche Frankfurts fand, wurde erarbeitet[328]. Dar-

---

324 Brief der Hilfsstelle vom 14. 9. 1946 (EBD.).

325 Daß solche Bittbriefe einzelner Hilfsstellen beim Flüchtlingssekretariat des ÖRK nicht gerne gesehen waren, macht ein Antwortbrief Freudenbergs deutlich, in dem er es als nicht sehr zweckmäßig bezeichnete, wenn die „Frankfurter Hilfsstelle eine isolierte Werbung im Ausland veranstaltet, denn dieselben Nöte gibt es ja auch in Berlin, im Rheinland, Stuttgart usw." (Brief Freudenbergs an Harry Loewenberg vom 17. 10. 1946 [EBD.]).

326 Zum Verteilungsschlüssel vgl. oben S. 157, Anm. 292.

327 Hilfsstelle für rassisch verfolgte Christen, „Bericht" vom 4. 1. 1947 (LKA STUTTGART, Akten Hilfsstelle, 7).

328 Brief der vorläufigen Leitung der evangelischen Kirche in Frankfurt an Herrn Preuss vom

in wurden die Aufgaben und die Leitung der Hilfsstelle so beschrieben, daß die Bindung an die Landeskirche nur noch in einem von der Kirche zu benennenden Bevollmächtigten im Arbeitsausschuß bestanden hätte und daß der Kirche das Recht eingeräumt worden wäre, den Vorstand abzulehnen. Die Mitglieder sollten durch den Ausschuß die Arbeit der Hilfsstelle kontrollieren und auch selbst über deren Auflösung bestimmen können[329]. Damit wäre natürlich der Charakter der Hilfsstelle als einer kirchlichen Einrichtung beseitigt gewesen, und die Stelle wäre praktisch eine Interessenvertretung der Betroffenen selbst geworden: eine Selbsthilfeorganisation ähnlich der Hamburger „Notgemeinschaft".

Bedingt durch einen Wechsel im Amt der Geschäftsführerin verzögerte sich die Beschlußfassung der Landeskirche über die Zukunft der Hilfsstelle[330]. Die Beratungen des Entwurfs der Geschäftsordnung im Verbindungsausschuß der Evangelischen Kirchen in Hessen, Nassau und Frankfurt veranlaßten die Vorläufige Leitung der Evangelischen Kirche in Frankfurt, die vom Arbeitsausschuß vorgeschlagene Geschäftsordnung der Hilfsstelle abzulehnen und den kirchlichen Charakter der Stelle zu betonen. Der Arbeitsausschuß, so stellte die Kirchenleitung klar, sei ein rein privates Unternehmen, das keine Zuständigkeit für die Führung der Hilfsstelle beanspruchen könne. Gemäß den Vorstellungen des Verbindungsausschusses beschloß die Vorläufige Leitung, die Hilfsstelle „auf die rein seelsorgerliche und caritative Arbeit zu beschränken"[331].

Neben den Bereichen „Auswandererberatung" und „Pakethilfe" war die Hilfsstelle in Frankfurt besonders in der Rechtsberatung aktiv, engagierte sich stark für Ausbildungs- und Weiterbildungsmöglichkeiten Jugendlicher, die während des „Dritten Reiches" keinen Schulabschluß machen konnten, und setzte sich für den Bau eines Altenheims in der von Freudenberg versehenen Flüchtlingsgemeinde Heilsberg bei Bad Vilbel ein. In diesem 1961 eingeweihten Altenheim waren zunächst 60 von 90 Plätzen mit ehemaligen Rasseverfolgten belegt[332].

4.7.1947 (AÖR Genf, II Chrétiens d'origine juive, 1er juin 1947–31 août 1948. Darin: Hilfsstelle für Rasseverfolgte Christen Frankfurt).

329 Entwurf der Geschäftsordnung der „Hilfsstelle für rassisch verfolgte evangelische Christen" (vgl. oben S. 163, Anm. 323).

330 Über die heute noch innerhalb der Geschäftsstelle des „Diakonischen Werkes in Hessen und Nassau" existierende „Hilfsstelle" erhielt ich eine Vorlage für die Herbsttagung 1981 der Synode der Evangelischen Kirche in Hessen und Nassau mit dem Titel: „Juden und Christen". In dieser Vorlage wird Frau Berta Schepeler fälschlicherweise als Leiterin der Hilfsstelle seit 1945 bezeichnet. Sie übernahm diese Aufgabe aber erst ab Mitte 1947 von Frau Margot Nicolaus.

331 Vgl. oben Anm. 328.

332 Vorlage für die Herbsttagung 1981 der Synode der Evangelischen Kirche in Hessen und Nassau (vgl. oben Anm. 330). – Die Hilfsstelle für rassisch verfolgte Christen besteht am Sitz der Geschäftsstelle des „Diakonische(n) Werkes in Hessen und Nassau" in Frankfurt bis heute.

Neben dieser Hilfsstelle bestand ein von judenmissionarischen Kreisen geleiteter „Christus-Dienst", der sich ebenfalls der Judenchristen annahm. Durch Hausbesuche, Bibelstunden, Bibelkreise und Kinderstunden suchten die Schwestern dieser Station in Kontakt mit ehemaligen Rasseverfolgten zu kommen und ihnen, neben materiellen Hilfen, vor allem „von *Gottes* großer Liebe in unserm Erlöser von allem Leide, *Jesus Christus*" zu erzählen[333]. In Lagern wurde das Neue Testament verteilt und in vielen Gesprächen die zumeist jüdischen Insassen mit dem Evangelium Jesu Christi bekannt gemacht.

Kassel: Obgleich während der Naziherrschaft in Kassel eine Außenstelle des „Büro Pfarrer Grüber" bestand, wurde nach dem Ende der Nazidiktatur in Kassel keine Hilfsstelle für Rasseverfolgte eingerichtet; die Frankfurter Stelle betreute die zur Kurhessen-Waldeck'schen Kirche gehörenden ehemaligen Verfolgten mit. Erst im März 1947 führte eine Unterredung zwischen der Geschäftsführerin der Frankfurter „Hilfsstelle" und Vertretern des Landesvereins der Inneren Mission in Kurhessen-Waldeck zu einer Übereinkunft, daß „beim Landesverein für Innere Mission... eine Zweigstelle der Hilfsstelle für rassisch verfolgte Christen eingerichtet" werde, die in enger Anlehnung an Frankfurt arbeiten solle[334]. Nach der Zustimmung des Bischofs, der besonders darauf hinwies, „daß dadurch nicht eine juden-christliche Gemeinde- oder Gruppenbildung innerhalb unserer Kirchengemeinde unterstützt werden darf"[335], wurde die für Anfang Juni geplante Einrichtung der „Hilfsstelle" im kirchlichen Amtsblatt bekanntgemacht. Die Kasseler Stelle sei eine „Zweigstelle" von Frankfurt und werde durch einen Ausschuß von drei Pfarrern und dem Geschäftsführer geleitet. Die Pfarrämter würden gebeten, die Adressen von Christen jüdischer Abstammung mitzuteilen. Das „vornehmliche Ziel dieser Arbeit" sei es, „Christen jüdischer Abkunft in eine festere Verbindung mit dem Leben der Gemeinde und Kirche zu bringen"[336].

Bereits Ende Juli 1947 konnte eine Anfrage der „Svenska Israelsmissionen" über die Zusammensetzung der Betreuten dahingehend beantwortet werden, daß 27 Christen „volljüdischer" Abstammung einschließlich vier „Sternträgern", 134 „Mischlinge 1. Grades" und 34 „Mischlinge 2. Grades" betreut würden[337]. Wenig später wurde die Zahl der Erwachsenen sogar mit 230, die der Kinder mit 100 angegeben[338]. Für den Leiter der „Hilfsstelle"

---

333 Arbeitsbericht von Schwester Maly Kagan vom 27.7. 1949 (LKA STUTTGART, Akten Hilfsstelle, 12); vgl. auch den Bericht Kagans vom 17. 1. 1949 (EBD.).

334 Aktennotiz vom 17. 3. 1947 (ADW KASSEL, Rassisch verfolgte Christen 6/1936 – 6/1949).

335 Brief des Landeskirchenamtes der Evangelischen Landeskirche von Kurhessen-Waldeck an den Landesverein für Innere Mission vom 31. 3. 1947 (EBD.).

336 Abschrift aus: Kirchliches Amtsblatt 62. Jgg., Nr. 4 vom 15. 5. 1947, „11) Betreuung rassisch verfolgter Christen" (EBD.).

337 Brief des Landesvereins an das Landeskirchenamt vom 22. 7. 1947 (EBD.).

338 Brief der „Hilfsstelle" an Burgstahler vom 3. 10. 1947 (EBD.).

war es sehr bedrückend, daß es ihm bis Anfang Oktober, trotz einer Reihe von Bittbriefen ins Ausland, nicht gelungen war, „irgend etwas zur Verteilung zu bringen". Erst Ende 1947, Anfang 1948 finden sich Notizen über Lebensmittelspenden, die den ehemaligen Verfolgten gegeben werden konnten. Anscheinend war das Hilfswerk nicht bereit, die „Hilfsstelle" zu unterstützen, und so blieb diese ausschließlich auf Spenden des Auslands angewiesen.

Beachtenswert ist eine Initiative, die von der „Hilfsstelle für rassisch verfolgte Christen" ausging: Im Blick auf den wieder akut werdenden Antisemitismus wurde in einem Brief an den Landespfarrer der Inneren Mission bemängelt, „daß seitens der Kirche zur Frage des Antisemitismus bislang noch keine offizielle Stellung genommen wurde, sei es in Form einer Verlautbarung oder einer Aufklärung im Rahmen der Wortverkündigung"[339]. Solange dies nicht geschehen sei, bereite es große Schwierigkeiten, die ehemaligen rassisch Verfolgten in das Gemeindeleben zurückzuführen. Es wurde gebeten, diese Angelegenheit auch dem Bischof vorzutragen, wobei die Akten allerdings keinen Aufschluß über den weiteren Gang der Dinge geben.

So arbeitete die „Hilfsstelle für rassisch verfolgte Christen" in Kassel mit einer stark kirchlichen Ausrichtung. Sie hatte sich vor allem die Aufgabe gestellt, ehemalige Verfolgte wieder in die Kirche zu integrieren: Der „Schwerpunkt unserer Arbeit soll ja nicht in Unterstützung materieller Art – obgleich das auch sehr wichtig ist – liegen, sondern ist vielmehr seelsorgerlich gedacht. So ist es ein wesentlicher Punkt, die Menschen, soweit sie durch die Verhältnisse der Vergangenheit der Gemeinde entfremdet wurden, wieder dem Gemeindeleben zuzuführen"[340]. Gewisse Schwierigkeiten ergaben sich durch die Nachbarschaft der großen Frankfurter Stelle. Im Ellisonbericht wurde daher vorgeschlagen, die Gaben für Kassel über Frankfurt zu leiten, damit die beiden Zentren näher zusammengebracht würden. So könne die große Stelle bei der Verantwortung für die kleine behaftet werden und letztere davor geschützt werden, durch Spenden der „First Hebrew Christian Synagogue" deren Einflüssen zu erliegen[341].

Bremen

Über die Hilfsarbeit für Rasseverfolgte in der zur amerikanischen Zone gehörenden Hansestadt Bremen geben nur einige wenige Dokumente Aufschluß. Im November 1947 beantwortete der Leiter der Inneren Mission eine

---

[339] Brief des Landesvereins, Abteilung „Hilfsstelle", an Landespfarrer Freudenstein vom 3. 9. 1948 (Ebd.).

[340] Brief des Landesvereins, Abteilung „Hilfsstelle" an Rev. Pastor W. Büsing, London vom 8. 7. 1947 (Ebd.).

[341] „Ellison-Bericht" (vgl. oben S. 84, Anm. 57).

Anfrage des Oldenburger Oberkirchenrates und späteren Flüchtlingssekretärs beim ÖRK, Heinz Koppenburg, aus der hervorgeht, daß es in Bremen drei verschiedene Organisationen gab, die sich um die ehemaligen Verfolgten kümmerten. Zum einen schien sich, und dies wird durch den Ellisonbericht bestätigt, eine Selbsthilfeorganisation nach dem Muster der Hamburger „Notgemeinschaft“ gebildet zu haben[342]. Diese Organisation betreute 187 Personen. Zum anderen wurde in jenem Brief berichtet, daß geplant sei, „der Fürsorgestelle der Inneren Mission eine Sonderstelle zur Hilfeleistung der evangelischen Christen jüdischer Abstammung anzuschließen“[343]. Da nun im Archiv des Diakonischen Werkes in Bremen keine Akten einer solchen Stelle vorhanden sind[344] und auch im Ellisonbericht eine solche Einrichtung nicht erwähnt wird, ist anzunehmen, daß dieser Plan wohl wegen der Gründung einer Stelle hinfällig wurde, die mit der „Notgemeinschaft der durch die Nürnberger Gesetze Betroffenen“ in Hamburg zusammenarbeitete.

Eine Initiative besonderer Art stellte das Engagement der Vorsitzenden des Evangelischen Frauenbundes, Frau Auguste Schepp-Merkel dar. Obgleich sie selbst keine Rasseverfolgte war, wie der Ellisonbericht ausdrücklich vermerkte, betreuten sie und ihre Gruppe ungefähr 25 Familien materiell und spirituell. „Very wisely she has confined herself to a number that they could efficiently handle“[345]. Die Frauen bemühten sich im Ausland um Spenden für ihre Schutzbefohlenen und suchten vor allem im persönlichen Kontakt Hilfestellungen zu geben[346].

Bremen folgte somit dem Muster der britischen Zone, wo zumeist interkonfessionelle Interessensvertretungen entstanden, die spezielle kirchliche Hilfsstellen als nicht notwendig erscheinen ließen. Das persönliche Engagement der Vorsitzenden der Frauenhilfe zeigt, daß es aber auch Personen gab, die meinten, nach dem Versagen der Kirche während des „Dritten Reiches“ sei es nötig, selbst unmittelbar aktiv zu werden.

---

[342] Vgl. EBD.; vgl. unten S. 182ff., S. 291ff.

[343] Brief von Pastor Bodo Heyne, Bremen, an Kloppenburg vom 18. 10. 1947 (LKA OLDENBURG, A L-3^{II}); vgl. zur Zahl der Betreuten auch „Ellison-Bericht“ Appendix 1 (vgl. oben S. 84, Anm. 57).

[344] Brief des Diakonischen Werks Bremen an den Verfasser vom 30. 4. 1985.

[345] „Ellison-Bericht“ (vgl. oben S. 84, Anm. 57). – Im Appendix 1 dieses Berichts ist die Zahl der Betreuten mit 200 angegeben.

[346] Erst für das Jahr 1956 findet sich in den Akten dann eine Notiz, daß ein Pfarrer „sich für den Aufbau des Hilfswerks für die von den Nürnberger Gesetze(n) Betroffenen nichtjüdischen Glaubens zur Verfügung“ stellen solle (Brief des Archivs der Bremischen Evangelischen Kirche an den Verfasser vom 18. 4. 1985). – Dieser Hinweis bestätigt meine Vermutung, daß die Innere Mission ihre Stelle aufgrund der in Bremen gegründeten „Gemeinschaft der durch die Nürnberger Gesetze Betroffenen“ nicht einrichtete. 1956 wurde ein bundesweiter Zusammenschluß der „Notgemeinschaften“ ins Leben gerufen (vgl. unten S. 187) und man versuchte, Vertreter aus allen relevanten Bereichen für die Mitarbeit zu gewinnen. So sprach man in diesem Zusammenhang auch die Kirchen an, obgleich sie zumeist keine eigenen Hilfseinrichtungen hatten.

Die kirchliche Hilfsstelle für die sowjetische Zone und Berlin

Berlin

Wie schon dargelegt, nahm die Berliner Hilfsstelle nahezu unmittelbar nach dem Zusammenbruch ihre Arbeit wieder auf[347]. Die große Erfahrung von Grüber aus der Zeit des Nationalsozialismus, seine vielfältigen Beziehungen zu wichtigen Persönlichkeiten, der gute Kontakt zu ausländischen Kirchen und kirchlichen Organisationen und nicht zuletzt das mit seiner Person verbundene Vertrauen ermöglichten es, in kürzester Zeit eine Hilfsarbeit aufzubauen, die in Deutschland ohne Beispiel war.

„Evangelische Hilfsstelle (Büro Pfarrer Grüber)", so war zunächst die offizielle Bezeichnung dieser Hilfseinrichtung. Der Hinweis auf das „Büro Pfarrer Grüber" sollte diese Stelle als Nachfolgeorganisation der geschätzten und ökumeneweit beachteten Einrichtung ausweisen, die während der Nazizeit vielen Menschen das Leben gerettet hatte[348]. Der 1945 zum Propst ernannte Grüber beteiligte sich allerdings nicht mehr direkt an der Hilfsstellenarbeit, er war lediglich Ehrenvorsitzender und gewissermaßen ihr „Schirmherr". „Die Verantwortung für die Evangelische Hilfsstelle", so Grüber, „soll nun von Persönlichkeiten aus dem Kreise der Betreuten selbst getragen werden"[349]: Die Leitung übernahm Oberregierungsrat Dr. Curt Radlauer, ihm zur Seite standen ein Generalsekretär, ein Kassenwart, ein Justitiar und die Verantwortlichen der verschiedenen Arbeitsbereiche. Die Finanzierung der Arbeit wurde weitgehend durch Spenden und freiwillige Beiträge der Betreuten gewährleistet[350]. Durch die Währungsreform 1948 ging das Betriebskapital von 18000 RM verloren, und Spenden blieben nahezu völlig aus. Nur eine Beihilfe des Berliner Konsistoriums und die Entlassung von Mitarbeitern ermöglichten es, die Arbeit aufrechtzuerhalten. Schwierigkeiten bereitete es in dieser Zeit, die Frachtspesen zu bezahlen, so daß die dringend benötigten Paketsendungen die Hilfsstelle vor fast unüberwindbare Probleme stellten[351]. Auch noch 1950 gestaltete sich die Aufrechterhaltung der Hilfsarbeit recht schwierig, so daß erst die Aktion „Helft Propst Grüber helfen", die in ganz Deutschland anlief, eine gewisse Entlastung brachte[352].

---

347 Vgl. oben S. 64ff.

348 Vgl. oben S. 31; W. Gerlach, Zeugen, S. 256ff.

349 „Evangelische Hilfsstelle (Büro Pfarrer Grüber) Rundschreiben Nr. 3", ohne Datum – wohl vom Dez. 1945 (Ordner: Hilfsstelle Berlin, im Büro der Hilfsstelle für Rasseverfolgte, Stuttgart, Büchsenstr. 24/36).

350 Gedruckter Rundbrief der „Evangelischen Hilfsstelle" vom Juni 1947 an „Liebe Freunde!" (Ebd.). – Man bat beispielsweise in diesem Schreiben die Mitglieder um einen monatlichen Beitrag von 2 RM pro Person.

351 „Zwischenbericht über die Lage der Berliner ‚Evangelischen Hilfsstelle'" vom 18. 10. 1948 (vgl. oben S. 73, Anm. 22).

352 Vgl. oben S. 145f.

Die Zahl der bei der Berliner Hilfsstelle registrierten ehemaligen Verfolgten wuchs von 5146 im Oktober 1945 auf 14017 im Februar 1947[353]. Folgende Tabelle mag einen Einblick in die Zusammensetzung und die Entwicklung der Klientel der Berliner Stelle geben:

	31.10.1945	30.1.1946	1.2.1947
ehem. KZ-Häftlinge	118	161	
über 1 Jahr illegal	15	31	
Verlust Angehöriger	150	246	
„Sternträger"	108	164	321
„privilegierte Juden"	587	980	1188
„Mischlinge 1. Grades"	2587	4609	6992
„Mischlinge 2. Grades"	546	950	1803
„arische" Ehemänner jüdischer Frauen	298	574	3713 (zusammen mit der folgenden Zeile)
„arische" Frauen jüdischer Männer	566	1277	
sonstige	108	258	
ungeklärt	63	94	
zusammen	5146	9344	14017

Aus der Arbeit der Berliner Hilfsstelle sind einige Besonderheiten festzuhalten:

In einer ersten Phase wandten sich die Verantwortlichen mit ausführlichen Berichten an das Ausland. Es wurde herausgestellt, daß auch die „nichtarischen" Christen und ihre Angehörigen unter der Nazidiktatur Verfolgungen ausgesetzt waren und daß sie sich daher, wie die Glieder der Jüdischen Gemeinden, in einer existenzbedrohenden Notlage befänden. Im Gegensatz zu letzteren erhielten die ehemals rasseverfolgten Christen jedoch keine Unterstützung. Eindringlich wurden daher die ausländischen Organisationen um Hilfssendungen gebeten; vor allem Nahrungsmittel, Kleidung und Arzneien würden benötigt.

Spezielle Abteilungen wurden eingerichtet, um eine optimale Betreuung zu ermöglichen. So gab es neben einer Auswanderungsstelle auch eine Fürsorgestelle mit den Aufgaben, kostenlose Arztbesuche zu vermitteln, mit Geld, Lebensmitteln und Kleidung Hilfe zu leisten, Hausbesuche zu machen, Hilfesuchende zu beraten und Gesuche an Behörden zu erstellen. Bei dieser Stelle war – für diese Zeit einmalig in Deutschland – eine Fürsorgerin fest angestellt, deren statistische Auswertungen Einblick in die starke Inanspruchnahme dieser Einrichtung geben: Im April 1946 wurden 300 Beratungen durchgeführt, acht kostenlose Arztbesuche ermöglicht, sechs Geldzu-

[353] Zahlen der vom Büro Grüber betreuten Rasseverfolgten, vom 31.10. 1945 (vgl. oben S. 73, Anm. 22). „Statistics of the Evangelical Aid-Office" vom 30. 1. 1946 (Ebd.). Brief der „Hilfsstelle" (Radlauer) an Freudenberg vom 1. 2. 1947 (Ebd.).

wendungen, 718 Unterstützungen durch Lebensmittel und elf durch Kleidergaben verzeichnet und 17 Hausbesuche gemacht[354].

Nicht allein diese intensive Betreuungsarbeit zeichnete die Berliner Hilfsstelle aus, sondern auch der Versuch, mit den Betreuten selbst in Kontakt zu kommen. Dies geschah zum einen durch den monatlich tagenden Beirat und zum andern dadurch, daß beispielsweise Weihnachtsfeiern abgehalten wurden[355]. Auch die schon erwähnten Hausbesuche bei alten und kranken Menschen zeigen, daß man in Berlin nicht allein auf das Kommen der ehemaligen Verfolgten wartete – oft genug war nach den Erfahrungen unter der Naziherrschaft für diese Menschen jeder Gang auf ein Amt eine unüberwindliche Hürde –, sondern daß man auf sie zugehen, sie in ihrer Umgebung kennenlernen wollte.

Im April 1948 wurde eine „Heinrich-Grüber-Stiftung" ins Leben gerufen, die es sich zum Ziel gesetzt hatte, ein Alters- und ein Kinderheim zu errichten. Durch die Währungsreform verzögerte sich der Bau dieser Heime, so daß das Seniorenheim erst am 8. Mai 1959 eingeweiht werden konnte[356].

Diese Eindrücke von der größten und wohl am besten organisierten Hilfsstelle für Rasseverfolgte in Deutschland mögen genügen. Über die der Hilfsstelle angeschlossene „Arbeitsgemeinschaft christlicher Hilfsstellen für Rasseverfolgte nichtjüdischen Glaubens in Deutschland" wird unten zu berichten sein[357]. Festzuhalten bleibt noch, daß die Berliner Stelle fast ausschließlich evangelische Rasseverfolgte betreute, da die katholische Kirche für ihre Glieder eine eigene Stelle gebildet hatte, die 3900 Personen versorgte. Die Quäker kümmerten sich um die 2500 in Berlin lebenden im „Dritten Reich" wegen ihrer Rassezugehörigkeit verfolgten Dissidenten.

Die Berliner Einrichtung stand nur in einem sehr losen Kontakt zum Evangelischen Hilfswerk und kann eigentlich nur bedingt als kirchliche Einrichtung angesehen werden. Nur durch die Person von Grüber blieb eine gewisse Nähe zur Kirche bestehen. Die Unabhängigkeit zeigte sich daran, daß in der Regel weder Landeskirche noch Hilfswerk mit finanziellen oder anderen Zuwendungen an der Arbeit der Hilfsstelle beteiligt waren. Ein Beirat aus Vertretern der Betroffenen zeichnete für alle Bereiche der Hilfsstelle verantwortlich und kontrollierte auch die ordnungsgemäße Geschäfts-

[354] Bericht der Abteilung „Fürsorge" der „Evangelischen Hilfsstelle" vom 3.6. 1946 mit angefügter „Statistik der Fürsorge" vom April und Mai 1946 (Ebd.). – Die Daten für den Monat Mai: 682 Beratungen, fünf Geldzuwendungen, 295 Lebensmittel- und 44 Kleidergaben, 80 Hausbesuche und sieben kostenlose Arztbesuche.

[355] Gedrucktes Rundschreiben der „Evangelischen Hilfsstelle" vom Februar 1948, an: „Liebe Freunde!" (Ebd.). – Bei einer dieser Feiern konnten einmal 800 Kinder und 450 Frauen ehemaliger Sternträger mit einer kleinen Gabe bedacht werden.

[356] H. Grüber, Dona nobis pacem!, S. 110–112; Ders., Erinnerungen, S. 241 (Bilder), S. 404; vgl. ebenso den Brief der „Evangelische(n) Hilfsstelle für ehemals Rasseverfolgte" vom 13. 8. 1986 an den Verfasser.

[357] Vgl. unten S. 188 ff.

führung. Durch diese große Selbständigkeit glich die Berliner Hilfsstelle in ihrer organisatorischen Struktur eher der Hamburger „Notgemeinschaft" als beispielsweise der „Hilfsstelle für Rasseverfolgte" in Stuttgart.

Sowjetische Zone

Laut eigenem Selbstverständnis wußte sich die Berliner Hilfsstelle für rassisch verfolgte Christen auch für die sowjetisch besetzte Zone verantwortlich. Im Ellisonbericht wurde davon ausgegangen, daß ungefähr 2000 ehemalige Rasseverfolgte in der sowjetischen Zone lebten; die Berliner Seite rechnete mit 7000 Personen[358]. Eigentliche Unterstützungszentren gab es nicht, lediglich in Dresden scheint eine Art von organisierter Hilfe existiert zu haben.

Dresden: Der schon während des „Dritten Reiches" als Verbindungsmann des „Büro Pfarrer Grüber" in Dresden arbeitende Martin Richter[359] wandte sich im Mai 1949 an den Leiter des Hilfswerks, Gerstenmaier, und berichtete, er habe 200 ehemalige Rasseverfolgte um sich gesammelt. Bislang habe er durch die Berliner Hilfsstelle nur einmal, zu Weihnachten 1947, 24 Pakete erhalten. Jedes weitere Schreiben sei ergebnislos geblieben. Der Brief schloß mit der Bitte, „daß wir hier im Osten doch etwas reichlicher bedacht werden, als es bisher der Fall ist. Ich möchte, daß für die Rasseverfolgten ein Sonderkontingent gesichert wird, das nicht die Belieferung des Hilfswerks belastet"[360]. Ob und wie das Zentralbüro des Hilfswerks auf diese Bitte einging, die ja im Gegensatz zu seinen Prinzipien stand[361], ist den Akten nicht zu entnehmen. Der Leiter der Stuttgarter Hilfsstelle, den dieser Brief auch erreicht hatte, intervenierte jedenfalls in dieser Sache sowohl beim Flüchtlingssekretariat des ÖRK als auch bei der „Svenska Israelsmissionen" in Stockholm. Diese bat er eindringlich, sich der Menschen in Dresden anzunehmen, „selbst auf die Gefahr hin, daß Sie Ihre Sendungen für Stuttgart verringern müssen"[362].

Durch dieses Beispiel wird deutlich, daß die Berliner Stelle, wohl zum einen bedingt durch ihre Größe und zum andern durch die veränderten politischen Verhältnisse, zunehmend weniger in der Lage war, die Rassever-

---

358 „Ellison-Bericht", Appendix 1 (vgl. oben S. 84, Anm. 57).

359 Neben Richter war Dr. Max von Loeben von der „Bekennenden Kirche der ev.-luth. Landeskirche Sachsens von 1938 an bis Kriegsende (beauftragt), ca. 150 evangelische Juden in Dresden zu betreuen" (Brief Oberlandeskirchenrat i. R. U. von Brück an den Verfasser vom 12. 12. 1984).

360 Brief Richters an Gerstenmaier vom 4. 5. 1949, Abschrift an Majer-Leonhard (LKA Stuttgart, Akten Hilfsstelle, 22).

361 Vgl. oben S. 70 ff.

362 Brief Majer-Leonhards an die „Israelsmissionen" vom 21. 5. 1949 (vgl. oben S. 132, Anm. 197).

folgten in der sowjetischen Zone zu betreuen. Für eine kleine Hilfseinrichtung wie die Richters war es natürlich fast unmöglich, gezielt und wirksam zu helfen. Sicher war ein geistlicher und seelsorgerlicher Beistand denkbar und wohl auch nicht zu unterschätzen, aber darüber hinausgehende Unterstützungen waren nur sehr bedingt zu leisten.

Kirchliche Hilfsmaßnahmen in der britischen Zone

In den meisten Landeskirchen der britischen Zone wurden keine speziellen kirchlichen Hilfsstellen eingerichtet. Die Betreuung der im „Dritten Reich" wegen ihrer Rassezugehörigkeit verfolgten Personen übernahmen weitgehend Einrichtungen, die – zumeist auch mit ähnlichen Namen – wie die in Hamburg entstandene überkonfessionelle Interessenvertretung „Notgemeinschaft der durch die Nürnberger Gesetze Betroffenen" arbeiteten[363].

Neben Hilfsmaßnahmen aufgrund persönlichen Engagements[364] sind folgende kirchliche Aktivitäten festzuhalten:

Schleswig-Holstein

Bereits während des „Dritten Reiches" war der judenchristliche Pfarrer Walter Auerbach, der 1935 wegen seiner Abstammung vorzeitig in den Ruhestand versetzt worden war, mit der seelsorgerlichen Betreuung von jüdischen Familien beauftragt worden. Als sich die Kirchenkanzlei der EKD Mitte 1946 an das Landeskirchenamt in Kiel wandte und darum bat, „eine Persönlichkeit namhaft zu machen, welche Verbindung zu christlichen Nichtariern unterhält oder aber aufzunehmen (sic!) und unterhalten könnte", fragte die Kirchenleitung bei Auerbach an, ob er dieses Amt versehen könne[365].

---

[363] Vgl. unten S. 182ff.

[364] Neben Pastor Walter Auerbach, dessen Arbeit im folgenden detalliert vorgestellt wird, wäre beispielsweise auf die Pastoren Georg Althaus in Braunschweig (vgl. dazu auch unten S. 176, Anm. 370), Bruno Benfey in Göttingen (vgl. dazu „Ellison-Bericht" oben S. 84, Anm. 57; E. KLÜGEL, Landeskirche Bd. 1, S. 494), Johannes Böttcher in Essen (vgl. dazu „Ellison-Bericht" oben S. 84, Anm. 57) oder Walter Kohlschmidt in Hamburg (vgl. Bericht von A. Freudenberg vom Juni 1947, Material Relief to Christians of Jewish Origin [PRIVATAKTEN FREUDENBERG]) hinzuweisen.

[365] Schreiben des Landeskirchenamtes an Auerbach vom 26. 6. 1946 (LKA KIEL, R 9/1752). Dieser Akte sind auch alle in diesem Abschnitt nicht besonders gekennzeichneten Dokumente entnommen. Zum Engagement Auerbachs während der Naziherrschaft vgl. C. KINDER, Beiträge, S. 118–126, besonders S. 121–124. Neben Auerbach kümmerte sich in bescheidenem Maße auch Wilhelm Detlefsen um die ehemals Rasseverfolgten. Er war im Juli 1945 von Rengstorf gebeten worden, „den Verein (Evang.-lutherischer Zentralverein für Mission unter Israel, S. H.) in der Schleswig-Holsteinischen Landeskirche neu zu organisieren" (Schreiben von Detlefsen an das Landeskirchenamt vom 30. 7. 1946). Inwieweit die von Rengstorf angeregte Zusammenarbeit zwischen Auerbach und Detlefsen griff, war den Akten nicht zu entnehmen (Schreiben

Einblick in die Arbeit Auerbachs gibt ein ausführlicher „Tätigkeitsbericht über den von der Landeskirche aufgetragenen Dienst an den Gemeindegliedern jüdischer Rasse“ vom 17. April 1950. Seine erste Aufgabe sei es gewesen, die „Adressen der betreffenden Gemeindeglieder“ zu beschaffen. In 20 größeren Städten und in verschiedenen kleineren Ortschaften habe er dann die von ihm zu betreuenden Personen besucht[366]. Seiner Einschätzung nach seien diese Kontaktaufnahmen für die Betreuten deshalb wichtig, weil „ein älterer in ähnlichem Leid erfahrener Mensch von christlichem Glauben her bereit war, manche Fragen zu beantworten, die durch das bittere seelische Leid entstanden waren und 2. ein Vertreter der Kirche in ihrem Auftrage gewillt war, gerade diesen Gemeindegliedern nachzugeben“. Neben einigen Beerdigungen, Taufen und Andachten, die Auerbach selbst hielt, suchte er die Verbindung dieser Menschen zur Kirche dadurch wieder anzuregen, daß er die zuständigen Ortsgeistlichen benachrichtigte. Weiter führte Auerbach aus, daß er Kontakte zur „Notgemeinschaft“ in Hamburg und deren Dependancen in Kiel und Lübeck, zur Jerusalem-Gemeinde in Hamburg sowie zum Hilfswerk der Evangelisch-Lutherischen Landeskirche Schleswig-Holsteins halte[367]. Es sei durch die ihm überlassene halbe Missions-Kollekte und einer Sendung der Quäker aus England möglich gewesen, die äußere Not ein wenig zu lindern. 1948 und 1950 habe er an den Tagungen des „Deutschen evangelischen Ausschusses für Dienst an Israel“ teilnehmen können. Abschließend nannte Auerbach im Hinblick auf die „Fortführung der Sonderbetreuung“ drei Gesichtspunkte: Zum einen sei die Tendenz der Betreuten, „sich als Leidensgenossen zusammenzuschließen,... in kirchlichem Sinne“ zu lenken. Sodann gelte es die „Überempfindlichkeit der Glieder gegenüber einem noch keineswegs überwundenen Antisemitismus... von christlichem Standpunkt (aus) immer von neuem in die rechte Bahn“ zu weisen. Drittens sollte es „neben der Judenmission eine Stelle in der Landeskirche geben, die sich speziell mit den hier gegebenen Problemen beschäftigt und bei Anforde-

---

Rengstorfs an das Landeskirchenamt vom 19. 9. 1946). Im Rückblick auf seine Arbeit hielt Detlefsen fest: „Es war zumal in meiner Heimat ein schwieriges Amt. Die Betreuung von Juden und Judenchristen war bedeutungslos. Nur wenige Judenchristen kamen mit ihren Problemen zu mir. Juden kam (sic!) überhaupt nicht“ (Brief Detlefsens an den Verfasser vom 26. 6. 1985; vgl. hierzu jedoch den Arbeitsbericht Auerbachs von 1950).

366 In einem Schreiben vom 28. 1. 1951 an das Landeskirchenamt Kiel führte Auerbach an, daß er im „vergangenen Jahr... zwei Monate auf Reisen gewesen“ sei. Obwohl er in 26 Orten war, habe er „damit aber noch nicht alle Betreuten aufsuchen können“. Aus dem „Ellison-Bericht“ Appendix 1 (vgl. oben S. 84, Anm. 57) geht hervor, daß in Schleswig-Holstein ungefähr 500 Personen zu betreuen waren.

367 Zur „Notgemeinschaft“ vgl. unten S. 182ff.; zur Jerusalemgemeinde unten Anm. 368. – Das Hilfswerk der Schleswig-Holsteinischen Landeskirche hatte seinen Sitz in Rendsburg (vgl. J. Wischnath, Kirche, S. 392). Auerbach bekam nach persönlicher Vorsprache die Zusage, „daß man über die Ortsstellen hin Bitten zur Linderung der Not unter den von mir Betreuten besonders berücksichtigen werde“ (Tätigkeitsbericht vom 17. 4. 1950).

rung über diese Dinge in kirchlichen Kreisen aufklärend zu wirken vermag". Der Bericht schloß mit der Bitte „für 1950 noch ein bis zwei Eisenbahn-Bezirkskarten (je DM 65,– III. Klasse) bewilligen zu wollen"; er würde dann „auf Tages- und Übernachtungsgelder verzichten".

Die letzte Bemerkung macht deutlich, daß Auerbachs Arbeit durch finanzielle Dinge immer wieder belastet wurde. Zwar erhielt er einen Teil der Kollekte für die Judenmission, doch waren diese Mittel so knapp, daß Auerbach seinen Aufgaben nur nachkommen konnte, weil er auf ihm eigentlich zustehende Gelder verzichtete. Hatte er zunächst noch die Möglichkeit, den von ihm Betreuten auch direkt finanziell unter die Arme zu greifen, so war dies ab 1952 unmöglich: Das Landeskirchenamt hatte am 22. November 1951 beschlossen, die „Bewilligung von Unterstützungsmitteln für die von Pastor Auerbach betreuten Juden" abzulehnen, „weil Mittel hierfür nicht zur Verfügung stehen". Immerhin wurde der Reiseetat in derselben Sitzung um 50 DM auf 100 DM aufgestockt.

Auf Anregung der Kirchenkanzlei der EKD betraute die Kirchenleitung der Schleswig-Holsteinischen Landeskirche also einen Pastor aus dem Kreis der ehemals Verfolgten mit der Betreuung dieser Personen. Auerbach hatte diese Aufgabe ohne Mitarbeiter zu bewältigen und suchte von daher Kontakt zu den Gemeindepfarrern der Betroffenen und zu den zuständigen Hilfsstellen. Zunächst konnte er mit den ihm zur Verfügung gestellten bescheidenen Mitteln noch direkte Unterstützungen leisten, später beschränkte sich seine Arbeit auf den seelsorgerlichen Beistand. Nach seinem Tod 1954 wurde zunächst kein Nachfolger benannt, so daß der Vorsitzende des „Deutschen evangelischen Ausschusses für Dienst an Israel" im Januar 1955 an das Landeskirchenamt mit der Bitte herantrat, doch möglichst diese Arbeit weiterzuführen.

Hamburg

In Hamburg wußte sich die Jerusalem-Gemeinde für die rassisch verfolgten Christen verantwortlich. Ihr war vom Hilfswerk die Aufgabe übertragen worden, „die Gaben, die das kirchliche Hilfswerk zusätzlich für rassisch verfolgte Christen auszuschütten gedenkt", zu verteilen[368]. Besonders im seelsorgerlichen Bereich suchte man den Verfolgten beizustehen. Deutlich ist jedoch, daß diese Arbeit im Vergleich zur „Notgemeinschaft" recht bescheiden war. Letztere hatte auch in den Augen der Kirche weit mehr Möglichkei-

---

368 Brief der Diakonissenanstalt Jerusalem e. V., Hamburg, an den Oberkirchenrat in Oldenburg vom 6. 10. 1947 (LKA OLDENBURG, A L-3^{II}). – „Die *Jerusalem-Gemeinde* in Hamburg ist aus der judenmissionarischen Tätigkeit von Pastor Dr. Frank hervorgegangen, umfaßt ebenso Christen jüdischer wie nichtjüdischer Abstammung und gehört wie ihr hochbetagter Gründer zur Presbyterianischen Kirche von Irland" (SAH Heft 4, 1950, S. 153, Anm. 14).

ten zur gezielten Hilfe und Unterstützung. Eine Anfrage beim Flüchtlingssekretariat des ÖRK, wer sich denn in Hamburg der Judenchristen annehme, beschied Freudenberg dahingehend, daß man der Ansicht sei, „daß die Arbeit für die Christen jüdischer Herkunft in Hamburg am besten mit der Notgemeinschaft... coordiniert würde. Dr. Hoffmann (der Leiter der ‚Notgemeinschaft', S.H.) ist über unsere Absichten in dieser Hinsicht genau informiert"[369].

Braunschweig und Hannover

Weder in der Evangelisch-lutherischen Landeskirche Braunschweigs[370] noch in der Evangelisch-lutherischen Landeskirche Hannovers[371] wurden kirchliche Hilfsstellen für Rasseverfolgte eingerichtet. Ihre Betreuung hatte die „Gemeinschaft der durch die Nürnberger Gesetze Betroffenen" in Hannover übernommen.

Interessanterweise konnte das Landeskirchenamt der braunschweigischen Landeskirche der Kirchenkanzlei der EKD auf eine entsprechende Anfrage vom März 1947 genau mitteilen, wieviele Judenchristen in ihrem Bereich lebten: Neben „7 Christen jüdischer Abstammung", von denen drei „Sternträger" gewesen seien, wisse man von „41 Mischlinge(n) christlichen Glaubens"[372]. Diese exakten Zahlen lassen doch vermuten, daß von kirchlicher

369 Brief Freudenbergs an Pfarrer Kohlschmidt vom 14. 2. 1947 (AÖR GENF, 25 A Chrétien d'origine juive I, 1er janv. 1946–31 mai 1947. Darin: Correspondence avec International Missionary Council [C. Hoffmann], New York). – Ähnliche Aussagen finden sich auch im Brief der Diakonissenanstalt Jerusalem e.V., Hamburg an den Oberkirchenrat in Oldenburg vom 6. 10. 1947 (LKA OLDENBURG, A L-3^{II}).

370 Vgl. K. H. RENGSTORF, Christen; zu den Verhältnissen während des „Dritten Reiches" D. KUESSNER, Juden; zu Pastor Georg Althaus, der sich während und nach der Naziherrschaft für die Judenchristen verantwortlich wußte. EBD., S. 111; DERS., Geschichte, S. 58, 79. – Althaus wurde 1957 mit dem neu eingerichteten „Evangelisch-lutherische(n) Pfarramt für den Dienst an Israel und den Zigeunern" betraut (LANDESKIRCHLICHES AMTSBLATT DER BRAUNSCHWEIGISCHEN EVANGELISCHEN-LUTHERISCHEN LANDESKIRCHE LXX. Jgg. vom 15. 2. 1957; Brief des Landeskirchlichen Archivs der Braunschweigischen Landeskirche an den Verfasser vom 18. 4. 1985). Einen Überblick über die „Judenschaft im Lande Braunschweig" gibt eine Aufstellung von Althaus vom 30. 1. 1946: Von 1000–2000 Juden, die in der Stadt Braunschweig gewohnt hatten, seien nur acht bis zehn zurückgekommen. Nach dem „(augenblicklichen) Stand" lebten im Lande Braunschweig 554 Juden, davon 80 deutsche. 90% aller Juden wollten nach Palästina auswandern. Betreut würden diese Menschen „von dem jüdischen Wohlfahrtskomitte (sic!), dem englischen roten (sic!) Kreuze (und) Rabbiner A. Goldfinger aus Frankreich" („Aufstellung über die Judenschaft im Lande Braunschweig am 30. 1. [19]46" unterzeichnet: „gez. Georg Althaus" [PRIVATAKTEN BURMESTER]).

371 Brief des Hilfswerks der EKD, Hauptbüro Hannover, an Oberkirchenrat Kloppenburg vom 25. 10. 1947: „... daß wir bislang für diese Gruppe besondere Maßnahmen nicht getroffen haben, daß wir aber in uns vorgetragenen Einzelfällen mehrfach helfen konnten" (vgl. oben Anm. 369). Vgl. auch K. H. RENGSTORF, Christen.

372 Antwort des Landeskirchenamtes an die Kirchenkanzlei der EKD vom 16. 7. 1947 auf deren Rundschreiben Nr. 1020/47 vom 5. 3. 1947 (PRIVATAKTEN BURMESTER).

Seite Notiz von diesen Menschen genommen wurde. Vielleicht hat sich Pfarrer Georg Althaus innerhalb einer überkonfessionellen Stelle um die Judenchristen gekümmert.

Die Haltung des Hilfswerks der hannoverschen Kirche gegenüber den ehemaligen Rasseverfolgten verdeutlicht eine Auseinandersetzung mit der „Gemeinschaft der durch die Nürnberger Gesetze Betroffenen" in Hannover. Am 30. Mai 1947 wandte sich der Leiter der „Gemeinschaft" an den niedersächsischen Kultusminister mit der Bitte, seine Organisation in ihren Bestrebungen zu unterstützen, die beiden Kirchen, die inzwischen Gaben aus dem Ausland erhielten und diese „ohne Rücksicht darauf, ob es sich hierbei um ehemalige Nazis oder Opfer des Faschismus handelt", verteilten, „zu veranlassen, auch ihrerseits ein wenig zur Wiedergutmachung des den rassisch Verfolgten, d. h. den Christen jüd(ischer) Abstammung, durch Hitler-Deutschland zugefügten schweren Unrechts dazu (sic!) beizutragen, daß man sie bei der Verteilung von Auslandsliebesgaben bevorzugt, zumal ein Teil von ihnen noch heute schwer unter seelischen und körperlichen Folgen des ihnen angetanen Unrechts zu leiden hat"[373]. Weiter wurde in jenem Brief betont, daß die ehemaligen Rasseverfolgten bis auf einige wenige noch nicht berücksichtigt worden seien. Das Unrecht würde so mit umgekehrten Vorzeichen fortgeführt: Im „Dritten Reich" sei man aus der Volksgemeinschaft ausgeschlossen worden, „und heute sind wir ‚gleichgestellt'(?) und sollen somit in gleicher Weise die Folgen tragen wie die Nazis". Das Kultusministerium sandte diesen Brief urschriftlich „zuständigkeitshalber" an das Hilfswerk Hannover, das am 20. August in einem Brief an das Kultusministerium herausstellte, daß die Gaben „nach dem Grad der Bedürftigkeit"[374] verteilt würden. Der Leiter des Hilfswerks der EKD habe schon 1946 in Treysa betont, „daß unter Wahrung der dargelegten Verteilungsgrundsätze eine *bevorzugte* Berücksichtigung der ehemaligen Häftlinge... nicht in Frage komme". Der Antrag der „Gemeinschaft" sei daher abzulehnen. Auch ein Versuch der „Gemeinschaft", diese Verteilungsgrundsätze beim „Zentralausschuß der Freien Wohlfahrtsverbände zur Verteilung ausländischer Liebesgaben in der Britischen Zone" in Frage zu stellen, mißlang. Der „Zentralausschuß" stellte heraus, daß ein Abweichen von diesen Grundsätzen nicht möglich sei[375]. So zeigt sich, daß die vom Zentralbüro des Hilfswerks eingeschlagene Richtung auch in Bereichen anderer Hilfswerke fraglos übernommen wurde. Die Unterstützung, die man sich bei der „Gemeinschaft" vom Kultusministerium erhofft hatte, blieb aus, und auch der „Zentralausschuß"

---

[373] Brief der „Gemeinschaft der durch die Nürnberger Gesetze Betroffenen" an Staatsminister Grimme, Hannover, vom 30. 5. 1947. Abschrift (ADWW, Akte 16/11).

[374] Brief des Hilfswerks der EKD. Der Landesbevollmächtigte der Ev.-luth. Landeskirche Hannovers an den „Herrn Niedersächsischen Kultusminister" vom 20. 8. 1947 (Ebd.).

[375] Brief des Zentralausschusses der freien Wohlfahrtsverbände an die Gemeinschaft der durch die Nürnberger Gesetze Betroffenen, Hannover, vom 3. 12. 1947 (Ebd.).

blieb seinen Grundsätzen verhaftet, ohne auf die besondere Lage der ehemals Verfolgten einzugehen.

Durch diese Vorgehensweise des Hilfswerks Hannover wird der Eindruck bestätigt, daß innerhalb der offiziellen evangelischen Hilfsorganisationen keine Sensibilität für die individuelle Lage der ehemals Rasseverfolgten vorhanden war. Man war außerstande, die besondere Situation dieser Menschen zu erkennen und die für eine effektive Hilfsarbeit zweifellos wichtigen Prinzipien in diesem Fall flexibel anzuwenden.

Oldenburg

In der Evangelisch-Lutherischen Kirche in Oldenburg beauftragte die Kirchenleitung am 21. September 1946 Oberkirchenrat Heinz Kloppenburg formell mit dem Referat „Betreuung der nichtarischen Christen“[376]. Praktisch wird sich diese Arbeit wohl zunächst auf einen seelsorgerlichen Beistand in Einzelfällen beschränkt haben. Nachdem ein Vertreter der „Gemeinschaft der durch die Nürnberger Gesetze Betroffenen“ in Hannover, die sich auch für ehemals rasseverfolgte Christen in Oldenburg zuständig wußte, Anfang September 1947 Kontakt mit Kloppenburg aufgenommen und ihm eine Liste mit 97 ehemaligen Rasseverfolgten überreicht hatte, wurde überlegt, ob eine besondere Betreuung dieses Personenkreises nötig oder erwünscht sei[377]. Eine Nachfrage bei der „Arbeitsgemeinschaft christlicher Hilfsstellen für Rasseverfolgte nichtjüdischen Glaubens in Deutschland“ ergab, daß man dort davon ausgehe, daß die „Gemeinschaft“ Hannover für den Bereich der oldenburgischen Landeskirche zuständig sei und die Betreuung in ihren Händen liege[378]. In Oldenburg wurde daraufhin keine spezielle Hilfsstelle eingerichtet.

Im Ellisonbericht wurde die Zahl der in den Kirchen des heutigen Landes Niedersachsen zu Betreuenden mit 2200 Personen angegeben[379].

---

[376] Auszug aus dem Sitzungsbericht des Oberkirchenrats vom 21. 9. 1946, Tagesordnungspunkt 13 (vgl. oben S. 176, Anm. 369).

[377] Formblatt: Antrag auf ein Gespräch mit Kloppenburg „über die Lage der nichtarischen Christen“ (EBD.). – Auf dem Formular findet sich auch eine Aktennotiz Kloppenburgs über diese Besprechung vom 1. 4. 1947.

[378] Brief der „Arbeitsgemeinschaft“ an das Hilfswerk der EKD, Oldenburg, vom 5. 9. 1947 (EBD.); zur „Arbeitsgemeinschaft“ vgl. unten S. 188ff. Vgl. auch einen Antwortbrief Majer-Leonhards auf eine Anfrage des Hauptbüros Oldenburg des Hilfswerks der EKD vom 15. 11. 1947, in welchem er die Weigerung des Zentralbüros des Hilfswerks, den Rasseverfolgten eine besondere Hilfe zukommen zu lassen, herausstellte und dringlichst ein Umdenken beim Hilfswerk forderte (vgl. oben S. 83, Anm. 53).

[379] „Ellison-Bericht“, Appendix 1 (vgl. oben S. 84, Anm. 57); vgl. Brief der „Gemeinschaft“ Hannover an den „Zentralausschuß der freien Wohlfahrtsverbände für Auslands-Spenden in der brit(ischen) Zone Deutschlands“ in Bielefeld vom 30. 8. 1947, in welchem von 2700 Personen evangelischer Konfession die Rede war (vgl. oben S. 177, Anm. 373).

Westfalen

Am 4. Juni 1946 wurde in der Evangelischen Kirche von Westfalen durch das Rundschreiben Nr. 22 des Evangelischen Hilfswerks die Notwendigkeit einer Betreuung der Judenchristen herausgestellt und „daran erinnert, daß Juden, die der evangelischen Kirche angehören, durch uns betreut werden müssen"[380]. Nachdem Vertreter des Landesverbandes der Jüdischen Gemeinden am 11. Juli 1946 im Zonenwohlfahrtsberatungsausschuß erklärt hatten, daß durch die jüdische Wohlfahrt nur Mitglieder der Jüdischen Gemeinden, Sternträger, die keiner anderen Religion angehörten, und Witwen oder Waisen von in Lagern Umgekommenen betreut würden, stellte das Hilfswerk im Rundschreiben Nr. 40 nochmals klar, daß christlich getaufte Juden durch die Innere Mission beziehungsweise durch die Caritas zu betreuen seien[381]. Eine nähere Spezifikation der Arbeit des Hilfswerks Westfalen unter den Judenchristen ist aufgrund der Aktenlage nicht möglich. Lediglich die Beteiligung an einer Kinderverschickung nach Holland im Jahre 1948, bei der der holländische Partner die Bedingung gestellt hatte, daß von den 2500 Kindern mindestens 10% aus christlich-jüdischen Familien stammen sollten, zeigt, daß dieser Personenkreis nicht ganz vergessen war[382].

Rheinland

Neben einer mit der Hamburger „Notgemeinschaft" in Verbindung stehenden Stelle in Duisburg, einer überkonfessionellen „Gemeinschaft der rassisch und politisch Verfolgten" in Düsseldorf und verschiedenen kleineren Einrichtungen[383] ist für den Bereich der Evangelischen Kirche im Rheinland das „Christliche Hilfswerk für rassisch Verfolgte" in Köln herauszuheben. Die Besonderheit dieser Stelle bestand darin, daß sie ein „Gemeinschaftswerk des Caritasverbandes und der Inneren Mission" Köln war[384]. Eine ökumenische Zusammenarbeit in der Betreuung ehemaliger Rasseverfolgter gab es einzig in der Rheinischen Kirche! Diese Stelle wurde im Januar 1946 eingerichtet; in demselben Monat, in dem auch das rheinische Konsisto-

---

380 Rundschreiben Nr. 22 des Evangelischen Hilfswerks Westfalen an ihre Synodalbeauftragten vom 4. 6. 1946 (ADWW, 18/1).

381 Rundschreiben Nr. 40 an „die Synodal-Dienststellen". Ohne Datum, nach dem 11. 7. 1947 (EBD.).

382 Allerdings kam dieser Impuls zu einer besonderen Berücksichtigung der ehemals rasseverfolgten Christen aus dem Ausland! Vgl. dazu diverse Briefe aus den Monaten November und Dezember 1948 zwischen dem Zentralbüro des Hilfswerks und dem Hauptbüro Bielefeld bzw. dem „Inter Kerkelijk Bureau Pleegkinderen", 's-Gravenhage (ADWW, 35.03.10).

383 Vgl. „Ellison-Bericht" (oben S. 84, Anm. 57).

384 Vgl. das Briefformular des „Christlichen Hilfswerks für rassisch Verfolgte", z. B. dessen Brief an den ÖRK vom 25. 7. 1947 (AÖR GENF, II Chrétiens d'origine juive, 1er juin 1947–31 août 1948. Darin: Christliches Hilfswerk für rassisch Verfolgte, Köln).

rium eine Verfügung an alle Kirchenkreise hinausgab, „daß den Gemeindegliedern jüdischer Herkunft, soweit sie sich wieder eingefunden haben oder den Sturm der Verfolgung überstanden haben, die besondere seelsorgerliche Liebe und auch tatkräftige Hilfe der kirchlichen Stellen zuzuwenden ist“[385]. Die von Paul Gerhard Aring in seinem Buch über die „Christliche Judenmission“ angeführte Umfrage der Kirchenleitung in den Superintendenturen, „wieviele Judenchristen es in ihrem Bereich noch gebe“, ist wohl in diesem Zusammenhang zu sehen[386]. Aufschluß über die Zahl der „Nichtarier“ in der Rheinischen Kirche gibt eine vom „Christlichen Hilfswerk“ herausgegebene Zusammenstellung vom Juli 1947, in der 245 getaufte Juden, 661 „Halbjuden“ – davon 190 Kinder –, 371 „jüdisch Versippte“ und 773 „Mischlinge 2. Grades“, zusammen also 2050 Personen aufgeführt sind[387].

Bis Mitte 1947 hatten sich dem „Christlichen Hilfswerk für rassisch Verfolgte“ Dienststellen der Caritas und des Hilfswerks in Aachen, Bonn, Godesberg, Essen, Duisburg, Remscheid und Wuppertal, zwei Ableger des „Christlichen Hilfswerks“ in Siegburg und Büderich sowie die „Vereinigung

---

385 Zitiert nach P. G. Aring, Judenmission, S. 246.

386 Ebd., S. 242, Anm. 719.

387 Brief des „Christlichen Hilfswerks für rassisch Verfolgte“ an Dr. Oppenheim, Genf, vom 22. 7. 1946 (AÖR Genf, Chrétien d'origine juive I, 1er janv. 1946–31 mai 1947. Darin: Christliches Hilfswerk für rassisch Verfolgte Köln). – Wenn Aring meint, daß durch die kleine Zahl von 70 durch die Superintendenten gemeldeten Judenchristen eine Analyse bestätigt würde, derzufolge nach „der systematischen Ausrottung der deutschen und europäischen Juden ... nur noch wenige Juden bereit gewesen (seien), sich in Deutschland niederzulassen“, so greift diese Folgerung zu kurz. Meines Erachtens zeigt die (im Vergleich zu den tatsächlich zu betreuenden 2050 Personen) niedrige Zahl 70 lediglich, wie unwissend die Pfarrer im Hinblick auf die „Nichtarier“ in ihren Gemeinden waren – oder aber, wie wenige evangelisch getaufte Juden es im Rheinland gab. Eine weitere These Arings erscheint zweifelhaft. Er schreibt: „Daß das Düsseldorfer Konsistorium nur nach den Judenchristen fragte, ist aus der allgemeinen Situation jener Zeit zu verstehen, aber eben typisch für die allgemeine Einstellung den Juden gegenüber; man sah und wertete sie weiterhin unter den Aspekten der Judenmission.“ Oder: „Aber es waren Juden*christen*, an die man dachte; die Judenmission hatte ihre Spuren hinterlassen: der *getaufte* Jude ist der gute Jude!“ (P. G. Aring, Judenmission, S. 243, Anm. 719 und S. 246). Ist aber, wie die Gründung des „Christlichen Hilfswerks“ in eben dem Monat nahelegt, in welchem das Konsistorium seine Aktivitäten bezüglich der Judenchristen startete, beides, Umfrage wie Hilfswerksgründung, in einem engen Zusammenhang zu sehen, so wäre die Beschränkung auf die Judenchristen nicht allein mit theologischen, sondern auch mit rein pragmatischen Gründen zu erklären. Wie schon gezeigt wurde, begann die Fürsorge der Israelitischen Kultusgemeinden für ihre Glieder unmittelbar nach Kriegsende. Hilfestellungen für die Judenchristen hingegen ließen auf sich warten und wurden zumeist nur dann in besonderer Weise wahrgenommen, wenn engagierte Einzelpersonen hierzu einen Anstoß gaben. Die Frage nach den Judenchristen – und nur nach ihnen – könnte auch so interpretiert werden, daß von seiten der Kirchenleitung dieser eben erst eingerichteten Stelle statistisches Material an die Hand gegeben werden sollte. Von dieser Überlegung ausgehend wäre das Verhalten der rheinischen Kirchenleitung noch schärfer zu beurteilen: Aus eigenem Antrieb unternahm das Konsistorium in dieser Sache gar nichts, auch nicht hinsichtlich der Judenchristen, sondern es wurde allein durch Hinweise des „Christlichen Hilfswerks“ zu seiner Erklärung und Umfrage angeregt.

rassisch Verfolgter christlichen Glaubens" in Wuppertal-Barmen angeschlossen[388]. Eine genaue Statistik gibt Einblick in den Kreis der Betreuten[389]:

	Juden	„Halbjuden"	„Jüdisch Versippte"	Kinder	„Vierteljuden"
Aachen	11	4	11	22	–
Bonn	12	76	34	–	2
Büderich	3	5	10	3	1
Duisburg	14	126	63	100	–
Essen	3	1	6	6	–
Godesberg	15	67	54	–	81
Köln	178	616	646	399	19
Remscheid	3	20	17	–	6
Wuppertal	insgesamt 200 Personen				
Siegkreis	20	20	19	–	–
insgesamt:	2879 Personen				

Das „Christliche Hilfswerk" sah seine Aufgabe darin, „den rassisch Verfolgten christlichen Bekenntnisses Liebesgaben aus dem Ausland heranzuschaffen, um in etwa hierdurch eine Wiedergutmachung in materieller Hinsicht zu leisten"[390].

Daß dieser Arbeitsbereich innerhalb der rheinischen Kirche keine tiefe Verwurzelung fand, ist dem Umstand zu entnehmen, daß bereits im September 1948 der Vorstand der Evangelischen Gesellschaft in Köln die Einstellung der Tätigkeit dieser Hilfsstelle beschloß. Der Leiter des „Christlichen Hilfswerks" wollte sich mit dieser Entscheidung nicht abfinden und richtete daraufhin eine interkonfessionelle Hilfsstelle ein, für deren Betreiben er die Unterstützung von Freunden im Ausland erbat. Der Leiter der Stuttgarter Hilfsstelle, Majer-Leonhard, schrieb daraufhin an die rheinische Kirchenleitung und stellte nachdrücklich heraus, wie wichtig es sei, daß der Dienst an Israel als kirchliche Aufgabe angesehen und wahrgenommen werde. Es gehöre zum diakonischen Auftrag der Kirche, daß sie sich „als Kirche um ihre judenchristlichen Brüder kümmert und den Bedürftigen Handreichung tut"[391]. Zwar kämpften alle Hilfsstellen in Deutschland um ihre wirtschaftliche Existenz, so Majer-Leonhard weiter, trotzdem sei es erforderlich, diesen Dienst weiterzuführen. Wie dieser Konflikt behoben wurde, läßt sich aus den

388 Vgl. oben S. 179, Anm. 384.

389 Gedruckte Informationsschrift des „Christlichen Hilfswerks für rassisch Verfolgte" überschrieben mit: „Das tägliche Unrecht" vom 17. 6. 1947 (vgl. oben S. 179, Anm. 384).

390 Bericht des „Christlichen Hilfswerks". Ohne Datum, wohl vom Frühjahr 1947 (vgl. oben Anm. 387).

391 Brief Majer-Leonhards an Oberkirchenrat Held vom 3. 11. 1948 (vgl. oben S. 140, Anm. 224).

zur Verfügung stehenden Akten nicht entnehmen. Beachtenswert bleibt jedenfalls, daß man in Kreisen der Evangelischen Gesellschaft der Meinung war, bereits 1948 auf eine spezielle Betreuung der Judenchristen verzichten zu können[392].

c. Exkurs: Die „Notgemeinschaft der durch die Nürnberger Gesetze Betroffenen"

Im Mai 1945 wurde in Hamburg von ehemaligen Rasseverfolgten die „Notgemeinschaft der durch die Nürnberger Gesetze Betroffenen" ins Leben gerufen. Die Gründung dieser Organisation erfolgte durch Personen, die während des „Dritten Reiches" selbst Verfolgungen ausgesetzt waren und die nach dem Zusammenbruch erkannten, daß eine wirksame Interessenvertretung nur durch einen Zusammenschluß der Opfer möglich sein würde. So wurde in den „Aufgaben und Ziele(n) der Notgemeinschaft" festgestellt, daß diese „überkonfessionell" sei und sich „grundsätzlich politischer Betätigung" zu enthalten habe[393]. Man wolle „aktiv daran mitwirken, die bis in die privatesten Bezirke des täglichen Lebens gedrungenen entwürdigenden Eingriffe und Schäden der Vergangenheit zu beseitigen und eine von allen Vorurteilen freie Eingliederung in die Gesamtheit herbeizuführen. ... Die ‚Notgemeinschaft' will die Überlebenden bei der Durchsetzung ihrer berechtigten Wünsche unterstützen und ihnen den Wiederaufbau der oft gänz-

[392] In einem Brief an die Svenska Israelsmissionen nannte Siegfried Berkowicz, der bisherige Hauptgeschäftsführer des „Christlichen Hilfswerks" für rassisch Verfolgte, Gründe für die seiner Ansicht nach unabdingbare Weiterarbeit der Hilfsstelle und bat, diese durch Hilfssendungen zu ermöglichen. Vor allem verwies er darauf, daß der „größte Teil der Betreuten" beim Aufbau einer neuen Existenz in den Anfängen stecken geblieben sei (zitiert nach: Schreiben der Svenska Israelsmissionen an Dekan Maas, Heidelberg, vom 5. 10. 1948 [vgl. oben S. 132, Anm. 197]). Die „Nutznießer des Naziregimes", so Berkowicz, hätten Waren gehortet und auch nach der Währungsreform „über das entsprechende Kapital" verfügt. Die Betreuten des Hilfswerks jedoch mußten sich ohne Unterstützung durchschlagen, sie warteten vergeblich „auf die so oft versprochene Wiedergutmachung", die etwas Chancengleichheit geschaffen hätte. Die „Folge von dieser Manipulation war, daß die meisten Opfer des Naziregimes ebenso bedürftig nach der Währungsreform sind, wie vorher". Versuche, die Kölner Stelle an entsprechende Einrichtungen anzubinden, mißlangen: „In Angelegenheit *Berkowicz* scheint sich eine gewisse Divergenz zu entwickeln. Herr Berkowicz hat es abgelehnt, sich mit Duisburg (Hilfsstelle, die mit der ‚Notgemeinschaft' in Hamburg zusammenarbeitete, S.H.) bezüglich der jetzt entstandenen Fragen auseinanderzusetzen. Er will offenbar persönlich die bisherige Arbeit weiterführen, die aber de facto auf den Caritas Verband und den Evangelischen Kirchenkreis in Köln anscheinend übergegangen ist" (Schreiben der „Notgemeinschaft" Hamburg an Majer-Leonhard vom 28. 11. 1948 [Ordner: Zentralverband und Notgemeinschaft, im Büro der Hilfsstelle für Rasseverfolgte, Stuttgart, Büchsenstr. 24/36]).

[393] „Aufgaben und Ziele der Notgemeinschaft", Ausgabe Sommer 1945 (AÖR Genf, Chrétien d'origine juive I, 1er janv. 1946–31 mai 1947. Darin: Notgemeinschaft der durch die Nürnberger Gesetze Betroffenen Hamburg).

lich zerstörten Existenz erleichtern." Es gelte, so wurde betont, „die großen Gegensätze, die das vergangene Machtregime in seiner Unduldsamkeit und Überheblichkeit zwischen den von den Ausnahmegesetzen Betroffenen und einem großen Teil der übrigen Bevölkerung aufgerissen hat, zu überbrücken und auszugleichen".

Ein Rundschreiben, das den ehemaligen Verfolgten im September 1945 zuging, gibt Einblick in die bis zu diesem Zeitpunkt geleistete Arbeit[394]. Im ersten Arbeitsabschnitt sei Fühlung mit „allen in Frage kommenden Behörden" aufgenommen worden, und es sei „im Grundsätzlichen Verständnis und Hilfsbereitschaft in allen den Fragen erzielt, die die Notstände der durch die „Nürnberger Gesetze" Betroffenen angehen". Folgender Aufgabenbereiche hatte sich die Notgemeinschaft angenommen: 1. Behördlich genehmigte Ausweise zur Legitimation und als Beweismittel bei verschiedenen Stellen konnten ausgegeben werden. 2. Bei der Wiedereingliederung in das Berufsleben versuchte man vermittelnd einzugreifen, so daß sowohl in Privatbetrieben wie auch bei Behörden eine Anzahl von Fachkräften Arbeit fanden. Allerdings konnten viele nicht zufriedenstellend vermittelt werden. 3. Durch Fühlungnahme mit der Schulverwaltung war es gelungen, Förderkurse für Schüler einzurichten, die während des „Dritten Reiches" keinen Schulabschluß machen konnten. 4. Bedingt durch den allgemeinen Notstand war die Wohnraumbeschaffung ein besonders schwieriges Gebiet, so daß die Verhältnisse zumeist so blieben, wie sie seit Jahren durch die Maßnahmen der Geheimen Staatspolizei (Gestapo) bestanden. 5. In Zusammenarbeit mit den zuständigen Amtsstellen wurden notwendige Dinge für den täglichen Bedarf beschafft, wobei vor allem Hilfen in Notfällen möglich waren. 6. Durch Intervention bei der Militärregierung suchte man die Auszahlung von rückständigen Unterstützungsgeldern für die Zeit der Gestapohaft zu beschleunigen. 7. Für die Kriegsgefangenen aus dem Betreutenkreis der „Notgemeinschaft" wurde gemeinsam mit dem Roten Kreuz eine Suchkartei eingerichtet. 8. Die juristische Beratung sollte ausgeweitet und intensiviert werden.

Die Aufgaben der „Notgemeinschaft" waren von Mai bis September 1945 so angewachsen, daß die Geschäftsstelle in neue Diensträume verlegt wurde, die sich in unmittelbarer Nähe der städtischen „Beratungsstelle für Wiedergutmachungsansprüche" befanden. Die Zusammenarbeit mit dieser Stelle wurde so sehr erleichtert. Weitere sich aus dem gewachsenen Arbeitsumfang ergebende Probleme stellten die finanzielle Ausstattung der „Notgemeinschaft" und die personelle Bewältigung der Arbeit dar. Die Finanzierung erfolgte im wesentlichen durch regelmäßige Spenden der Betreuten, aber beispielsweise auch durch Einnahmen aus Benefizkonzerten. Die Mitarbeit in der Hilfsstelle erfolgte zunächst ehrenamtlich, nur Auslagen wurden ersetzt. Im Laufe der Zeit mußten dann aber hauptamtliche Mitarbeiter

---

[394] „Allgemeine Mitteilungen" der „Notgemeinschaft" vom September 1945 (Ebd.).

eingestellt werden, da die anfallende Arbeit sonst nicht zu bewältigen gewesen wäre. Die Leitung der „Notgemeinschaft" lag in den Händen eines Vorstandes und eines Beirats, dem 24 Personen angehörten. Den Vorsitz der „Notgemeinschaft" hatte von Anfang an Konrad Hoffmann inne.

Die „Notgemeinschaft" betreute, gemäß ihrem Grundsatz der Überkonfessionalität, bis zur Wiedergründung der Jüdischen Gemeinde im Herbst 1945 auch die ehemaligen Verfolgten, die jüdischen Bekenntnisses waren. Diese Hilfe erübrigte sich mit der Zeit, weil sich die Israelitische Kultusgemeinde selbst ihrer Mitglieder annahm. So war die „Notgemeinschaft" offen für alle, wurde jedoch vor allem von nichtjüdischen Opfern der „Nürnberger Gesetze" in Anspruch genommen. Bis Ende 1946 hatten sich rund 5000, bis 1948 8847 Personen gemeldet[395]. Im „Ellisonbericht" ist diese Zahl aufgeschlüsselt: Neben 180 ehemaligen „Sternträgern", 328 Personen, die in einer „privilegierten Mischehe" gelebt hatten, 4546 „Mischlingen 1. Grades" und 2130 „Mischlingen 2. Grades" wurden 1663 „arische" Ehepartner betreut. Insgesamt waren 1899 Kinder registriert.

Das „Mitteilungsblatt der Notgemeinschaft der durch die Nürnberger Gesetze Betroffenen" wurde erstmals 1948 herausgegeben und sollte die Betreuten über aktuelle Fragen und Entwicklungen informieren. Vor allem finden sich in diesem Blatt Veröffentlichungen von einschlägigen Gesetzestexten, Durchführungsverordnungen, Kommentare und Veränderungen von bestehenden Gesetzen sowie Verweise auf Termine, die einzuhalten waren. Zum anderen wurden Tips und Hinweise auf interessante Entwicklungen gegeben, zu Auswanderungs-, Ausbildungs-, Berufs, Steuer- und Wohnungsfragen, auch zur Lebensmittelversorgung wurde Stellung genommen. Ebenso wurden brisante Vorgänge der politischen Entwicklung Nachkriegsdeutschlands aufgegriffen und kommentiert. Beispielsweise waren der immer wieder aufkeimende Antisemitismus oder die Affäre um den Regisseur Veit Harlan, der in der Nazizeit den Film „Jud Süß" gedreht hatte, Themen des Mitteilungsblattes. Nicht zuletzt wurde dieses Organ auch dazu eingesetzt, Forderungen der ehemaligen Verfolgten geltend zu machen. Besonders in Fragen der Wiedergutmachung, der Haftentschädigung und der Rückerstattung bot sich eine gute Plattform für Meinungsäußerungen der Betroffenen selbst[396].

---

[395] „Ellison-Bericht", Appendix 1 (vgl. oben S. 84, Anm. 57). – Diese exakten Angaben stützen die von Büttner in Frage gestellte Zahl von „9000 ‚Juden' nach NS-Gesetzen" (damit sind Judenchristen aber auch „Mischlinge 1. Grades" gemeint, S. H.) neben 1400 Glaubensjuden, die in Hamburg leben sollen (vgl. U. BÜTTNER, Not, S. 403, Anm. 47).

[396] Vgl. das Sachverzeichnis der Jahrgänge 1 bis 3, das 1951 dem „Mitteilungsblatt der Notgemeinschaft der durch die Nürnberger Gesetze Betroffenen" beilag. Die Stichworte „Antisemitismus", „Haftentschädigung", „Rückerstattung" und „Wiedergutmachung" haben bei weitem die meisten Nachweise.

Durch diese Ausführungen wird deutlich, daß die in den „Aufgaben und Ziele(n) der Notgemeinschaft" festgelegte Enthaltung von politischen Tätigkeiten nicht einen völligen Verzicht auf politische *Einflußnahme* bedeutete. Dementsprechend waren bei der Ausarbeitung des Wiedergutmachungsgesetzes Vertreter der „Notgemeinschaft" aktiv beteiligt. Doch nicht nur gegenüber Vertretern staatlicher Organe wurde gerade das Thema „Wiedergutmachung" immer wieder angesprochen, sondern es wurde auch versucht, die Kirchen an diesem Punkt zu sensibilisieren. Die „Notgemeinschaft" Hamburg lud am 9./10. März 1948 zu einer Tagung „Kirche und Wiedergutmachung" ein. Geladen waren neben den Hilfsstellen der britischen Zone auch Vertreter von Einrichtungen in Frankfurt, Stuttgart, München und Berlin. Beachtenswert ist diese Tagung vor allem deshalb, weil der Vertreter der württembergischen Landeskirche eine Stellungnahme seiner Kirchenleitung zur Wiedergutmachung vorlegte. In dieser Erklärung wurde zum Ausdruck gebracht, daß die besondere Schuld, „die unser Volk dem jüdischen Volk gegenüber begangen hat, ... auch eine besondere *Sühne* verlangt"[397]. Durch „Opfer der Fürsorge und Hilfe" könne diese geleistet werden, und Wiedergutmachung bestehe im speziellen Verständnis der Kirche auch darin, „den Gliedern des jüdischen Volkes in besonderer Weise als Brüder zu begegnen und ihnen das Evangelium zu sagen, das allein allen Menschen aus allen Rassen und Völkern die rechte Hilfe zu bringen vermag".

Nachdem diese Erklärung zunächst nicht verlesen werden sollte, da ein Teil der Tagungsleitung der Auffassung war, daß dieser Text Befremden hervorrufen würde, weil in ihm nicht das angesprochen sei, um was es jetzt gehe, verlas der Vertreter Württembergs dann doch die Erklärung. In einer längeren Einleitung hatte er zuvor darauf verwiesen, daß die Erwartung eines öffentlichen Wortes der Evangelischen Kirche in dieser Sache mit der Erklä-

---

[397] „Stellungnahme der evangelischen Kirche zur Wiedergutmachung" vom 5. 3. 1948, unterschrieben von Landesbischof D. Wurm (vgl. oben S. 108, Anm. 119). – Diese Erklärung ist deshalb besonders interessant, da nicht allein die in Hamburg vorgelegte Fassung, sondern auch der Entwurf eingesehen werden kann, vgl. den „Entwurf, Evangelischer Oberkirchenrat Stuttgart, den Februar 1948". Unterschrieben ist der Entwurf mit „BE (Berichterstatter, S. H.) 14 Ha(rtenstein)" (Ebd.). Die von Majer-Leonhard erbetene Stellungnahme wurde demnach von Hartenstein ausgearbeitet und von Wurm mit handschriftlichen Korrekturen und einem kurzen Kommentar versehen. Drei Unterschiede zwischen Entwurf und Endfassung werfen ein bezeichnendes Licht auf die Einstellung Wurms zu diesem Sachverhalt: Gestrichen wurde ein Absatz, in welchem zum Ausdruck gebracht worden war, daß der Oberkirchenrat „mit Zustimmung Kenntnis (davon) genommen" habe, daß ein „Gesetz zur Rückerstattung arisierten Eigentums jüdischer Besitzer" im Land Nordwürttemberg-Nordbaden erlassen worden sei. Die zweite Veränderung betraf die Frage, ob denn das Volk oder die Kirche eine besondere Verpflichtung zur Wiedergutmachung habe. Zum Vorschlag „Kirche" meldete Wurm Bedenken an, da er „zwar eine besondere Verpflichtung der Allgemeinheit, nicht aber der Kirche gegen die rassisch Verfolgten anerkennen" könne. Ferner strich Wurm den letzten Satz des Entwurfs: „Nur durch eine solche Haltung wird einem Wiederaufkommen eines verderblichen Antisemitismus in unserem Volk gewehrt".

rung von Bischof Wurm noch nicht eingeholt sei[398]. Diese sei als eine vorläufige Äußerung aufzufassen. Das Wort verfehlte seinen Eindruck auf die Versammelten nicht, und es wurde dem Wunsch Ausdruck verliehen, dieses Wort in der Presse zu veröffentlichen. Man kam dann jedoch überein, zunächst eine Eingabe an die EKD zu machen und um eine offizielle Erklärung zu bitten. Erst wenn dieser Wunsch nicht erfüllt würde, sollte nochmals überlegt werden, ob die vorliegende Erklärung nicht veröffentlicht werden könnte[399]. In der daraufhin erarbeiteten Eingabe wurde der EKD zunächst gedankt, daß sie „seit dem Zusammenbruch des Nationalsozialismus dem Antisemitismus nachdrücklich entgegengetreten" sei[400]. Allerdings stoße die bürgerliche Gleichberechtigung der ehemals Verfolgten auf größte Schwierigkeiten; sie würden weiterhin gegenüber der übrigen Bevölkerung benachteiligt: Die geraubten Vermögenswerte seien noch nicht zurückgegeben, ihre Wiedereingliederung in den Arbeitsprozeß stoße auf Widerstand, und es fehle an einer ausreichenden Versorgung der Hinterbliebenen. Die Kirchen wurden daher gebeten, „sich in Wort und Schrift dafür einzusetzen, daß der Gedanke der Wiedergutmachung bei der gesamten Bevölkerung geweckt und in die Tat umgesetzt werde".

So gab die „Notgemeinschaft" Hamburg, obgleich sie sich als überkonfessionelle Einrichtung verstand, wichtige Impulse, daß in der Kirche ein Nachdenken über die Wiedergutmachung eingeleitet wurde. Herauszuheben ist in diesem Zusammenhang besonders die Klarheit und Prägnanz in der Stellungnahme der Württembergischen Landeskirche zur Frage der Schuld und der Sühne gegenüber dem jüdischen Volk. In einmaliger Weise ist in ihr von einer besonderen, herausgehobenen Verantwortung des deutschen Volkes den Juden gegenüber die Rede. Solche Aussagen fehlen sonst zumeist in kirchlichen Stellungnahmen[401].

Bis 1952 entstanden in Hannover, Kiel und Düsseldorf Selbsthilfeorganisationen nach dem Muster der Hamburger „Notgemeinschaft". Diese sowie das „Hilfswerk der durch die Nürnberger Gesetze Betroffenen – Körperschaft öffentlichen Rechts –" in Bayern und die „Evangelische Hilfsstelle

---

398 „Wort von Pfarrer Schubert bei der Übergabe der Erklärung von Landesbischof D. Wurm, betr.: Stellungnahme der evangelischen Kirche zur Wiedergutmachung" vom 13. 3. 1948 (Ebd.).

399 Bericht von Schubert an den Oberkirchenrat vom 12. 3. 1948 (Ebd.).

400 Abschrift. „Beschluß über den Tagesordnungspunkt: Kirche und Wiedergutmachung" vom 10. 3. 1948 (Ebd.). – Der Anlaß des Dankes blieb unerwähnt. Wie schon gezeigt wurde und auch im folgenden zu sehen sein wird, kam von Seiten der EKD keine große Unterstützung, weder im Bereich der diakonischen Hilfe für die rasseverfolgten Christen noch durch Impulse zu einer theologischen Aufarbeitung des Verhältnisses von „Kirche und Israel".

401 Vgl. unten S. 263 ff. – Die positive Einschätzung der württembergischen Erklärung wird nur dadurch geschmälert, daß Wurm die im Entwurf herausgestellte besondere Verantwortung der Kirche zur Wiedergutmachung auf das deutsche Volk eingeschränkt sehen wollte (vgl.: oben S. 185, Anm. 397).

ehemals Rasseverfolgter" in Berlin wurden eingeladen, Mitglieder eines zu gründenden „Zentralverbandes der durch die Nürnberger Gesetze Betroffenen nicht jüdischen Glaubens" zu werden. Durch diesen Zusammenschluß sollte eine bessere Vertretung der Interessen der ehemals Verfolgten ermöglicht werden. Der im Oktober 1952 gegründete Verband verstand sich als die „Spitzenorganisation der deutschen Hilfs- und Betreuungsorganisationen, die ausschließlich die Interessen der während der NS-Herrschaft unter dem Begriff der Nürnberger Gesetze Verfolgten in den Ländern der Bundesrepublik und Berlin wahrnimmt, soweit hierfür nicht die Jüdischen Gemeinden zuständig sind, deren Gesamtvertretung beim ‚Zentralrat der Juden in Deutschland' liegt"[402]. In der Satzung war die Aufgabe des Verbandes dahingehend konkretisiert, daß er „alle Belange der durch die Nürnberger Gesetze Betroffenen wahrzunehmen" habe, „insbesondere in Angelegenheiten der Wiedergutmachung eine einheitliche Vertretung der durch die Nürnberger Gesetze Betroffenen gegenüber den Gesetzgebungs- und Verwaltungsorganen des Bundes zu gewährleisten"[403].

Durch diesen Zusammenschluß, dem sich später noch die „Katholische Hilfsstelle für vom Nationalsozialismus Verfolgte, Sektion: Für durch Nürnberger Gesetze Betroffene" in Freiburg sowie die „Hilfsstelle für Rasseverfolgte" in Stuttgart und eine ähnliche Einrichtung in Mainz anschloß, war ein einflußreiches Gremium geschaffen, das beispielsweise unmittelbar an der Entstehung des Bundesentschädigungsgesetzes beteiligt war[404].

Die Arbeit der „Notgemeinschaft" zeigt, daß eine gezielte Vertretung der Interessen der ehemals Verfolgten durch eine gut organisierte Selbsthilfeorganisation fast eher möglich war als durch kirchliche Einrichtungen. Diese waren immer einer bestimmten Stelle untergeordnet und konnten so weder unabhängig agieren noch mit dem nötigen Nachdruck auftreten. Beeindrukkend ist, wie systematisch in Hamburg die Interessenvertretung in Angriff

---

[402] Brief der „Notgemeinschaft" an Majer-Leonhard vom 3. 11. 1952 (Ordner: Zentralverband und Notgemeinschaft, im Büro der Hilfsstelle für Rasseverfolgte, Stuttgart, Büchsenstr. 24/36); vgl. auch „Mitteilungsblatt der Notgemeinschaft" 5. Jgg., Nr. 11 vom November 1952. – Die Gründung eines Dachverbandes war nötig geworden, nachdem im September 1948 die „Arbeitsgemeinschaft christlicher Hilfsstellen" aufgelöst worden war (vgl. unten S. 193f. und so kein Zusammenschluß der Organisationen bestand, die sich um ehemals Rasseverfolgte kümmerten und deren Interessen vertraten. Der „Deutsche evangelische Ausschuß für Dienst an Israel" hatte sich bis zu diesem Zeitpunkt lediglich beiläufig der Wiedergutmachungsfrage angenommen (vgl. unten S. 242ff.). Der „Zentralrat der Juden", das entsprechende Gremium auf seiten der Jüdischen Gemeinden, war am 19. 7. 1950 gegründet worden (vgl. SaH Heft 2/3, 1950, S. 19).

[403] „Entwurf einer Satzung des Zentralverbandes der durch die Nürnberger Gesetze Betroffenen nicht jüdischen Glaubens" vom 30. 11. 1953 (Ordner: Zentralverband und Notgemeinschaft, vgl. oben Anm. 402).

[404] Schreiben des „Zentralverbandes" an die Mitgliedsorganisationen vom 23. 10. 1953 (Ebd.).

genommen wurde. Innerhalb weniger Monate war eine ganze Palette von Arbeitsbereichen installiert, in denen man sich um die Bereiche kümmerte, in welchen die ehemals Verfolgten am meisten benachteiligt waren. Vorstand und Beirat verstanden es, einflußreiche Personen auf ihre Arbeit aufmerksam zu machen, um so möglichst direkt Einflußmöglichkeiten auf staatliche Organe zu haben. Hervorzuheben bleibt aber vor allem auch die Solidarität der Betroffenen selbst, da nur durch ihre Mitgliedsbeiträge diese umfangreiche Arbeit möglich wurde. Die „Notgemeinschaft" war darüber hinaus die einzige Organisation, die die Notwendigkeit eines eigenen Publikationsorgans erkannte und ein eigenes „Mitteilungsblatt" herausgab.

Die im Bereich der britischen Zone liegenden Landeskirchen arbeiteten mit der „Notgemeinschaft" nur sehr lose zusammen. Zumeist gab es kaum offizielle Verbindungen oder gar Unterstützungen. Die „Notgemeinschaft" ihrerseits suchte Kontakt zu kirchlichen Hilfseinrichtungen für Rasseverfolgte und hierbei besonders zum ÖRK. Man hatte erkannt, daß diese Organisation ähnliche Ziele hatte, was die Ächtung des Antisemitismus betraf, und vor allem, daß Genf die dringend benötigten Hilfsgüter beschaffen konnte. So wurde die „Notgemeinschaft" Hamburg in den Listen des ÖRK wie eine kirchliche Einrichtung geführt, und den Akten selbst ist kaum zu entnehmen, daß die „Notgemeinschaft" ein überkonfessioneller Zusammenschluß von ehemals Verfolgten und eben keine kirchliche Einrichtung war.

4. Die „Arbeitsgemeinschaft christlicher Hilfsstellen für Rasseverfolgte nichtjüdischen Glaubens in Deutschland"

Nachdem es im Laufe des Jahres 1946 immer wieder zu Unstimmigkeiten unter den Hilfsstellen für Rasseverfolgte in Deutschland gekommen war, da es der einen mehr, der anderen weniger gelang, Hilfsgüter aus dem Ausland zu beschaffen, und der Unmut darüber bis nach Genf gedrungen war, regte der Flüchtlingssekretär des ÖRK an, in Deutschland eine Zentralstelle einzurichten. Diese Stelle sollte die Verteilung der Hilfsgüter übernehmen. Der Präsident der Berliner Hilfsstelle, Grüber, lud die Vertreter der deutschen Hilfs- und Betreuungsstellen für rassisch Verfolgte am 21./22. Oktober 1946 nach Frankfurt ein, um eine „Union der Hilfsstellen für Rasseverfolgte nichtjüdischen Glaubens in Deutschland" zu konstituieren. In seinem Einladungsschreiben führte er aus, daß der Dachorganisation lediglich die Aufgabe zukäme, Verbindung zu den Spendern im Ausland zu halten und nach einem noch festzulegenden Verteilungsschlüssel die eingehenden Gaben weiterzuleiten[405].

[405] Brief der „Union of Relief Committees for Victims of Racial Persecution of non-Jewish Faith in Germany" (Grüber) an Majer-Leonhard vom 19. 9. 1946 (vgl. oben S. 130, Anm. 189).

In Frankfurt kamen die versammelten Vertreter der Hilfsstellen überein, den Dachverband „Arbeitsgemeinschaft christlicher Hilfsstellen für Rasseverfolgte nichtjüdischen Glaubens in Deutschland" zu nennen. Sie legten in § 3 der Satzung fest, daß die „Arbeitsgemeinschaft" „eine Dachorganisation für alle deutschen kirchlichen und freien Institutionen (ist), die sich mit der Not der ehemaligen Rasseverfolgten nichtjüdischen Glaubens befassen"[406]. Es solle „dadurch eine Zusammenarbeit und ein Meinungsaustausch über das Tätigkeitsgebiet dieser Hilfsstellen erreicht werden, ohne jedoch deren Selbständigkeit zu beeinträchtigen". Da man die Hoffnung hatte, daß sich sämtliche Hilfsstellen in wenigen Jahren überflüssig machen würden, wurde „für die AG nicht die Form des eingetragenen Vereins gewählt"[407].

Im Rahmen der Tagung legte Fricke, der Leiter der Frankfurter Hilfsstelle, in einem Grundsatzreferat Gedanken über die Haltung der Kirche zur „Judenfrage" dar: Die Kirche erkenne, daß Glieder von ihr zur Zeit des Nationalsozialismus „in unverhältnismäßiger Weise seelisch und materiell betroffen" wurden und daß sie nicht die Kraft gehabt habe, der planmäßigen Herauslösung der Judenchristen aus der christlichen Gemeinschaft zu widerstehen[408]. Zwar habe die Kirche dem Leiden protestierend zugesehen, aber sie sei nicht willens gewesen, „mit ihren Gliedern in das allgemeine Martyrium zu gehen". Das sei die große Schuld der Kirche! Die Kirche sei in ihrer Gesamtheit auf die „Judenfrage" nicht vorbereitet gewesen; sie habe „nicht erkannt, daß die Judenfrage eine christl(iche) Frage" sei, nicht erkannt, „daß die christli(che) Kirche mit dem Israel nach dem Fleisch zusammengehört, daß die Brüder aus Israel unsere Brüder sind". Hätten die Jüdischen Gemeinden nach Kriegsende keine Hilfsstellen eingerichtet, so wäre dies eine Aufgabe der Kirche gewesen. Da diese entstanden seien, bleibe der Kirche nur die Fürsorge für die Menschen, die zur christlichen Gemeinde gehörten. Es gelte, einen neuen Standpunkt zu finden, den des „entschiedenen Christen". Keine Sonderkirche der ehemaligen Rasseverfolgten dürfe entstehen, so führte Fricke weiter aus, sondern es könne nur ein Ziel geben, „daß Begriffe wie die ‚nichtarischen Christen' unter uns verschwinden, sie waren unchristlich". Die unter dem Nationalsozialismus entfremdeten Glieder der Kirche müßten in die Gemeinden zurückgeführt werden. Für eine Übergangszeit seien diese Menschen deshalb als eine Gemeinde anzusehen, welche für die „Kirche ein Gegenstand besonderer Aufmerksamkeit, besonderer Fürsorge" darstelle. Diese Menschen, so der Referent, hätten eine lebendige Aufgabe: Sie sollten „auf die besondere Frage und Not (hinweisen), die mit ihrer

[406] Satzung der „Arbeitsgemeinschaft" (Ebd.).

[407] „Kurzbericht für die Frankfurter Tagung der Hilfsstellen für Rasseverfolgte" von Majer-Leonhard vom 23. 10. 1946 (vgl. oben S. 108, Anm. 119).

[408] „Referat von Pastor Fricke bei der Tagung der ‚christl(ichen) Hilfsstellen' in Frankfurt am 22. Okt(ober) 1946 (Übertragung aus dem Stenogramm)" (Ebd.).

Existenz gegeben sind", vor allem auf das Problem des Antisemitismus, den es zu überwinden gelte. Dieser Kreis von Menschen könne zum Ausgangspunkt der Begegnung zwischen Christen und Juden werden und damit zum Ausgangspunkt der Überwindung des Antisemitismus. Diese Arbeit sei „in christl(icher) Verantwortung und damit in innigem Zusammenhang mit der großen christlichen Kirche" zu tun. Die Kirche sei später zu fragen, „was sie zu dieser und jener Frage zu sagen" habe, denn sie habe „zu diesem Problem noch nicht gesprochen".

Durch diese Ausführungen waren wichtige Ziele für die Arbeit der Hilfsstellen festgehalten: In ihrem Dienst solle sich etwas von dem neu zu gewinnenden Verhältnis der Christen zu den Juden spiegeln. Sie hätten auf Defizite der christlichen Theologie hinzuweisen und Impulse zu ihrer Aufarbeitung zu geben. Daß die „Judenfrage" als eine christliche Frage zu verstehen sei, daß die Kirche mit dem Israel nach dem Fleisch zusammengehöre und daß die Brüder aus Israel unsere Brüder seien, waren Bestimmungen, die in jener Zeit noch nicht oft zu lesen waren und von denen aus in der Tat Wege zu einem neuen Miteinander gewiesen wurden. So gesehen waren die Hilfsstellen für Rasseverfolgte weit mehr als Fürsorgeeinrichtungen der Kirche; sie entstanden infolge des Versagens der Kirche gegenüber den Juden und betonten die Besonderheit ihres Dienstes auch im Hinblick auf die Gesamtkirche. Der „Arbeitsgemeinschaft" sollte in diesem Zusammenhang die Aufgabe zufallen, diese Fragen innerhalb der Kirche immer wieder aufzuwerfen, um so zu einer Neubesinnung aufzurufen und die Kirche zu einer Erklärung in dieser Sache zu bewegen.

Die „Arbeitsgemeinschaft" hatte ihren Sitz in Berlin, und die anfallenden Aufgaben wurden von den Mitarbeitern der Berliner „Hilfsstelle für Rasseverfolgte" versehen. Die Unkosten dieser Dachorganisation, monatlich 400 Mark, wurden auf die angeschlossenen Hilfsstellen umgelegt, so daß weder staatliche noch kirchliche Mittel in Anspruch genommen wurden[409].

Vordringlichste Aufgabe aber sollte die Verteilung der Gaben des Auslandes sein. Daß dieser Dienst nicht leicht war, lag vor allem daran, daß zunächst nur sehr wenige Spenden zur Verteilung anstanden. Die Anfragen der Hilfsstellen, wann denn mit Paketen zu rechnen sei, mußten oft negativ beschieden werden. Anfang 1947 wurde eine Umfrage unter allen deutschen Hilfsstellen durchgeführt, um verläßliche Zahlen für den aufzustellenden Vertei-

---

[409] Brief der „Arbeitsgemeinschaft" an Majer-Leonhard vom 9.10. 1947 (vgl. oben S. 130, Anm. 189). – Aufteilung der benötigten Mittel: 160 RM Berlin, 180 RM britische Zone, 60 RM amerikanische Zone. Innerhalb der amerikanischen Zone war die Aufteilung folgendermaßen geregelt: Frankfurt 24 RM, Heidelberg 6 RM, Karlsruhe 3 RM, Kassel 2 RM, Mannheim 7 RM, München 6 RM und Stuttgart 12 RM („Vorläufiges Verzeichnis der Hilfsstellen für Rasseverfolgte in der US-Zone nach dem Stand vom 20. 9. 1947" [Ebd.]). Majer-Leonhard, der den Einzug der Beiträge für die US-Zone übernommen hatte, vermerkte auf dieser Liste die entrichteten Beträge.

lerschlüssel zu erhalten. Folgende Quoten wurden am 17. Februar 1947 festgelegt[410]:

Berlin (ev. 14000, kath. 3300, Dissidenten 2200)	19500	42.0%
Ostzone (geschätzt)	1800	4.0%
Bayern (geschätzt)	3200	6.9%
Duisburg	2000	4.3%
Düsseldorf	1200	2.6%
Essen	200	0.4%
Frankfurt (ev. 2700, kath. 400, Dissidenten 200)	3300	7.1%
Hamburg	6300	13.6%
Freiburg	450	1.0%
Hannover	950	2.0%
Heidelberg	650	1.3%
Köln	4700	10.1%
Mainz	500	1.1%
Mannheim	600	1.2%
Stuttgart	1100	2.4%
insgesamt:	46450	100%

Beachtenswert an dieser Zusammenstellung ist, daß neben Hilfsstellen der evangelischen auch solche der katholischen Kirche sowie überkonfessionelle Stellen aufgenommen sind. Es ist von daher deutlich, daß sich die „Arbeitsgemeinschaft" nicht als evangelische Einrichtung, sondern als Dachorganisation aller neben den Jüdischen Gemeinden arbeitenden Hilfsstellen für ehemalige Rasseverfolgte verstand. Sichtbar wird darin ein Stück Solidarität, da so die wenigen Pakete, die zumeist Kirchen oder kirchliche Organisationen aus Amerika, Schweden und England gespendet hatten, unter allen Hilfsstellen verteilt werden konnten.

Die zweite Vollversammlung der „Arbeitsgemeinschaft" fand am 19. September 1947 in Hannover statt[411]. Vertreter von 27 Einrichtungen berieten miteinander anstehende Fragen. Referate über den Stand der Wiedergutmachung, über die Zusammenarbeit mit der „Vereinigung der Verfolgten des Naziregimes" und Jüdischen Gemeinden sowie über die Bekämpfung des Antisemitismus dienten der Informationsvermittlung und regten zur Aussprache an. Zwei Resolutionen, die jedoch nicht veröffentlicht werden sollten, wurden im Verlauf der Tagung verabschiedet. Die eine Resolution ging an die Bischofskonferenz, den Rat der EKD, den Bund der Freikirchen, den Bruderrat des EKD, den Verband der Judenmissionen und den Ökumeni-

410 Verteilungsschlüssel der „Arbeitsgemeinschaft" vom 17.2. 1947. Reihenfolge wie im Original (AÖR Genf, 25 A Chrétiens d'origine juive I, 1er janv. 1946–31 mai 1947. Darin: AG der Hilfswerke für christliche Rasseverfolgte).

411 „Gründungsausschuß der Arbeitsgemeinschaft christlicher Hilfsstellen". Protokoll Vollversammlung der „Arbeitsgemeinschaft" vom 14. 10. 1947 (vgl. oben S. 130, Anm. 189).

schen Rat. Den Kirchen wurde gedankt für das „durch Wort und Tat bewiesene Verständnis für die besondere Lage der überlebenden Opfer des Rassenwahnes“[412]. Allerdings sei festzustellen, „daß in der großen Menge unseres Volkes wenig sichtbare Zeichen vorhanden sind, die ein klares und entschiedenes Abrücken von den unheilvollen Verirrungen der vergangenen 12 Jahre erkennen lassen“. Es gelte den Anfängen zu widerstehen. Die Kirchen wurden gebeten, „alle geeigneten Wege zu beschreiten, um tatkräftig mitzuhelfen, daß noch nicht verheilte Wunden sich endlich schließen und neues Unrecht vermieden wird“. Die andere Resolution ging an die Ministerpräsidenten und regierenden Bürgermeister der deutschen Länder, die Vorsitzenden der politischen Parteien und an die Vorsitzenden des Deutschen Gewerkschaftsbundes: Angesichts der Tatsache, daß die „entsetzlichen Ereignisse“ der vergangenen 12 Jahre nicht ausgereicht hätten, „unserem Volk in seiner Gesamtheit das Gefühl für die Furchtbarkeit des Geschehens in seiner gesamten Tragweite zu übermitteln, was der nationalsozialistische Rassenwahn verursacht“ habe, ergehe die Bitte, alles zu unternehmen, damit neues Unrecht vermieden werde[413]. „Unrecht geschehen lassen ist gleichbedeutend mit Unrecht tun“. Die „erhöhte Aufmerksamkeit aller politisch Verantwortlichen (ist) erforderlich“, um dem sich wieder regenden, unverbesserlichen Rassenwahn entgegenzuwirken.

In diesen beiden Resolutionen zeigt sich deutlich, daß die „Arbeitsgemeinschaft“ nicht allein administrativ wirken, das heißt Gaben verteilen wollte. Abgesehen von dem etwas befremdlichen, weil servil wirkenden Dank an die Kirchen, waren in den Erklärungen die Mißstände deutlich benannt und die nötigen Folgerungen und Forderungen ausgesprochen. Man wollte also auch den Auftrag wahrnehmen, kirchliche und staatliche Funktionsträger auf die immer noch virulente Gefahr des Antisemitismus hinzuweisen und energisch Maßnahmen zu fordern, die geeignet erschienen, den ausstehenden Lernprozeß in Gang zu setzen.

Nachdem es innerhalb der Hilfsstellen und auch gegenüber der „Vereinigung der Verfolgten des Naziregimes“ zu unterschiedlichen Interpretationen gekommen war, welche Personen als Rasseverfolgte anzuerkennen seien, setzte die Vollversammlung eine „Kommission für Mitgliedschaft und Organisation“ ein. In den von ihr erarbeiteten Richtlinien wurde als grundsätzliche „Vorbedingung für die Aufnahme in den Kreis der Betreuten“ die Betroffenheit durch die „Nürnberger Gesetze“ festgehalten[414]. Man unterschied vier Gruppen:

---

[412] Abschrift der Resolution „An die Bischofskonferenz Fulda. An den Rat der Evangelischen Kirche in Deutschland“ und andere vom 19. 9. 1947 (Ebd.).

[413] Abschrift der Resolution „An die Ministerpräsidenten und regierenden Bürgermeister der deutschen Länder. An die Vorsitzenden der politischen Parteien. An die Vorsitzenden des Deutschen Gewerkschaftsbundes“ vom 19. 9. 1947 (Ebd.).

[414] Papier der „Kommission für Mitgliedschaft und Organisation“ (Ebd.).

„1. Volljuden im Sinne der Nürnberger Gesetze und deren Ehepartner, soweit sie die Ehe aufrechterhalten haben und die hinterbliebenen Ehegatten von Volljuden, die nach der Machtübernahme verstorben sind.

2. Mischlinge 1. Grades.

3. Ehegatten von Mischlingen 1. Grades, soweit eine Verfolgung oder Schädigung aus rassischen Gründen nachgewiesen wird.

4. Mischlinge 2. Grades, soweit eine Verfolgung oder Schädigung nachgewiesen wird."

Ausdrücklich von einer Betreuung ausgeschlossen wurden ehemalige „Parteimitglieder, Mitglieder von Partei-Organisationen, mit Ausnahme einfacher Mitglieder der DAF (Deutsche Arbeitsfront, S. H.) und NSV (Nationalsozialistische Volkswohlfahrt, S. H.) und Personen, die einen Arisierungs-Antrag gestellt haben". Im Hinblick auf die Betreuung selbst wurde empfohlen, „Volljuden ohne Rücksicht auf die Bedürftigkeit" mit Liebesgaben zu versorgen und zwar „in der Reihenfolge Sternträger, KZ-ler, illegale und privilegierte Mischehen, sowie die hinterbliebenen Ehegatten von Volljuden". Einer zweiten Kategorie wurden die „Mischlinge 1. Grades" zugewiesen, die in der Reihenfolge „KZ-ler, Insassen von Arbeitslägern (sic!), Zwangsarbeiter, Illegale und solche, die durch die Verfolgung körperlichen Schaden erlitten haben", bedacht werden sollten.

Nachdem die Gründungsphase der „Arbeitsgemeinschaft" Ende 1947 abgeschlossen war, wäre zu erwarten gewesen, daß sie ein wichtiges Verbindungsglied zwischen der Ökumene und den deutschen Hilfsstellen für Rasseverfolgte hätte sein und obendrein Impulse zur theologischen Aufarbeitung der „Judenfrage" hätte geben können. Es kam jedoch ganz anders: Zum 30. September 1948 wurde die „Arbeitsgemeinschaft" aufgelöst! Wie war es dazu gekommen?

Als Majer-Leonhard Mitte Juli 1947 in Berlin anfragte, ob denn irgendwelche Vorbereitungen für die Jahrestagung zu treffen seien, erhielt er die Antwort, daß man nicht recht wisse, welche Zukunft die „Arbeitsgemeinschaft" habe. Die Blockade Berlins habe die Stadt vom Westen abgeschlossen, so daß keine Vermittlung mit dem Ausland mehr möglich sei[415]. Da sich auch in katholischen Kreisen der Wille zeige, „sich wieder von der Zusammenarbeit mit der evangelischen Kirche zu lösen" und von Genf angesichts der Schwierigkeiten mit Berlin der Wunsch geäußert worden sei, für jede Zone einen Gewährsmann zu bestimmen, der Kontakt mit dem Flüchtlingssekretariat in Genf halten solle, sei die „Arbeitsgemeinschaft" eigentlich überflüssig und deshalb wäre es „verfrüht, jetzt eine Jahresversammlung ... vorzubereiten". In der Tat waren Vertreter der Hilfsstellen wenige Wochen zuvor in Stuttgart übereingekommen, daß das Zentrum der Vermittlungstätigkeit nach Genf verlagert werden solle und Kontaktpersonen für jede Besatzungs-

415 Brief der „Arbeitsgemeinschaft" an Majer-Leonhard vom 28. 8. 1948 (Ebd.).

zone die Verbindung aufrechterhalten sollten[416]. Damit aber war die wichtigste Aufgabe der „Arbeitsgemeinschaft" hinfällig geworden. Mit der Auflösung jedoch wußte sich auch niemand mehr für den anderen Bereich zuständig: Impulse zu einer breiten theologischen Aufarbeitung der „Judenfrage" blieben zunächst von deutscher Seite weitgehend aus! Lediglich der „Deutsche evangelische Ausschuß für Dienst an Israel", der mit seiner Tagungsarbeit im Herbst 1948 begonnen hatte, widmete sich diesen Themen und ergriff auch in organisatorischen Angelegenheiten die Initiative[417].

[416] Vgl. oben S. 89, Anm. 60; vgl. auch oben S. 92f.
[417] Vgl. oben S. 92f., unten S. 218.

Kapitel 4

ANSÄTZE EINER AUFARBEITUNG DES CHRISTLICH-JÜDISCHEN VERHÄLTNISSES

1. *Die Rolle der Kirchenkanzlei der EKD*[1] *und die Gründung des „Deutschen evangelischen Ausschusses für Dienst an Israel"*

a. Die Impulse des Flüchtlingssekretärs des Ökumenischen Rates der Kirchen

Bei einer seiner ersten Reisen nach Deutschland wandte sich der Generalsekretär des ökumenischen Flüchtlingsausschusses, Pfarrer Adolf Freudenberg, auch an die Kirchenkanzlei der EKD und wies auf die besondere Notlage der im „Dritten Reich" wegen ihrer Rassezugehörigkeit verfolgten Christen hin[2]. Es läßt sich nun in verschiedener Hinsicht aufzeigen, daß in der Kirchenkanzlei diesem Problem keine spezielle Beachtung geschenkt wurde.

Am 22. Oktober 1946 richtete der Präsident der Kirchenkanzlei, D. Hans Asmussen[3], ein Rundschreiben an alle Kirchenleitungen: Er sei von verschiedenen Seiten auf eine besondere Not hingewiesen worden. „Die früheren Häftlinge des Nationalsozialismus, darunter besonders die nicht deutschstämmigen (Juden) sind zweifellos in einer äußerst schwierigen inneren Lage"[4]. Da viele dieser Menschen besondere Unterstützungen erhalten hät-

---

[1] Da im Zentralarchiv der EKD in Berlin einige Aktenbüschel, die mein Thema betreffen, nicht aufzufinden waren, mußte vor allem auf Unterlagen aus den Archiven des Ökumenischen Rates der Kirchen und der Württembergischen Landeskirche sowie auf das Material Prof. Rengstorfs, Münster, zurückgegriffen werden. Bedingt durch diese Aktenlage mögen einige Aktivitäten der Kirchenkanzlei nicht dargestellt werden können, doch darf davon ausgegangen werden, daß die entscheidenden Punkte auch anhand der vorliegenden Dokumente herauszuarbeiten sind.

[2] Brief der Kirchenkanzlei der EKD an Freudenberg vom 3. 1. 1946 (AÖR Genf, 25 A Chrétiens d'origine juive I, 1er janv. 1946–31 mai 1947. Darin: Correspondence avec Kanzlei).

[3] Vgl. unten S. 268f., S. 302f.

[4] LKA Stuttgart, Altregistratur, 153/I. – Man beachte, wie ungebrochen Asmussen die nationalsozialistische Terminologie gebraucht! Einem Schreiben des „Evangelisch-Lutherischen Landeskirchenamtes" in Kiel an Pastor Walter Auerbach vom 26. 6. 1946 ist zu entnehmen, daß die Kirchenkanzlei schon vor diesem Termin ein Rundschreiben an die Kirchenleitungen gerichtet haben muß. In diesem Brief an Auerbach wird folgender Abschnitt aus dem Schreiben der Kirchenkanzlei wiedergegeben: „aus gegebener Veranlassung bitten wir, uns

ten, werde übersehen, „daß eine ganze Reihe von ihnen in ausgesprochener Not" lebe. Er könne sich jedoch nicht dazu entschließen, die Anregung, besondere Organisationen zu schaffen, dem Rat der EKD vorzulegen. Abschließend bat Asmussen, doch Erfahrungen auf diesem Gebiet mitzuteilen.

Dieser Brief ist sehr aufschlußreich, zeigt er doch, wie wenig informiert man in der Kirchenkanzlei der EKD über die besonderen Nöte und Probleme der „nichtarischen" Christen war. Es wird nur von der „schwierigen inneren Lage" dieser Menschen gesprochen, weil davon ausgegangen wird, daß „viele" unterstützt würden. Lediglich „eine ganze Reihe" von ihnen lebe in „ausgesprochener Not". Diese Fehleinschätzung ist wohl nur so zu erklären: Der Kirchenkanzlei war nicht bekannt, daß jüdische Organisationen ehemalige Rasseverfolgte christlichen Glaubens nicht mit Gaben unterstützten. Auch daß Asmussen von vorneherein den Vorschlag einer besonderen Organisation von sich wies, wirft ein bezeichnendes Licht auf die Einstellung des Leiters der Kirchenkanzlei zur Verantwortung der evangelischen Kirche gegenüber ihren rasseverfolgten Gliedern. Der Rat der EKD scheint sich mit dieser Frage nicht befaßt zu haben, jedenfalls findet sich kein entsprechender Tagesordnungspunkt in den Protokollen jener Zeit.

Von dieser Einstellung zu einer diakonischen Unterstützung der einstigen Rasseverfolgten her gesehen ist es auch nicht verwunderlich, daß durch die Kirchenkanzlei zunächst kein Impuls zu einer theologischen Aufarbeitung dieser Frage oder zu einem Wort der Schuld ausging. Als der Generalsekretär der ökumenischen Flüchtlingskommission sich am 19. Dezember 1946 an die Kirchenkanzlei wandte und auf das Fehlen eines solchen Wortes hinwies, blieb dieser Brief ohne Antwort. Freudenberg hatte ausgeführt, daß es nicht nur darum gehen könne, jetzt eine möglichst umfassende Hilfe zu gewähren, sondern man müsse sich in der Kirche über den „Kernpunkt der ganzen Frage", die „Entwicklung des christlichen Verständnisses für die Gottesfrage ‚Israel'", klar werden und verständigen[5]. Die „Judenfrage (wurde) im Laufe der letzten Jahre zu einem ganz dringlichen theologisch-ökumenischen Problem" und „die Christen in Deutschland", so hieß es weiter, wurden „in dieser Hinsicht von Gott durch eine besonders harte Schule genommen... Deshalb hoffen wir gerade von Deutschland her auf einen besonderen Beitrag zum rechten Verständnis dieser Frage." Dazu sei es notwendig, daß in „Zentren theologischer Bildung" die „Frage ‚Israel'" gründlich studiert werde und daß die Landeskirchen ihre Pfarrer und Gemeindeglieder auf die Lage

---

aus jeder Landeskirche eine Persönlichkeit namhaft zu machen, welche Verbindung zu christlichen Nichtariern unterhält oder aber aufzunehmen (sic!) und unterhalten könnte" (LKA KIEL, R 9/1752). Zu den Folgen dieses Schreibens in Schleswig-Holstein vgl. oben S. 173 ff.

[5] Brief Freudenbergs an Asmussen vom 19. 12. 1946 (LKA Stuttgart, Altregistratur, 153/I.). Vgl. zu den Bemühungen Freudenbergs, in Deutschland ein Wort zur „Judenfrage" zu initiieren S. HERMLE, Bruder.

der Judenchristen hinwiesen, damit diese angemessen bei der Verteilung der Hilfsgüter berücksichtigt würden.

In einem weiteren Schreiben drei Monate später kam Freudenberg nochmals auf diese Sache zu sprechen. In einem Wort des Rates der EKD an die Pfarrerschaft sei diese unter anderem dazu aufgerufen worden, den „Einsamen und Flüchtlingen zu helfen“[6]. Auch hier fehle wieder ein Hinweis auf die Juden und Judenchristen. Freudenberg wies Asmussen darauf hin, daß dies auch Conrad Hoffmann, der Direktor des „International Committee on the Christian Approach to the Jews“, bemängelt habe. In einem Brief, so Freudenberg, habe Hoffmann erklärt: „Wir müssen jedenfalls das Äußerste tun, um der Kirche in Deutschland, wie auch in anderen Ländern, ihre Verantwortung gegenüber Israel bewußt zu machen.“ Ausdrücklich bat Freudenberg, seinen „ausführlichen Brief in dieser Angelegenheit zu beantworten“.

Immerhin schien das Drängen von Persönlichkeiten aus der Ökumene auf eine Stellungnahme der EKD zur „Judenfrage“ doch Folgen zu zeitigen. Im Frühjahr 1947 betraute Asmussen den Juristen Otto von Harling, einen Mitarbeiter der Kirchenkanzlei, mit der Bearbeitung aller Dinge im Zusammenhang der „Judenfrage“. Von Harling war an dieser Sache persönlich sehr interessiert, da die Lebensarbeit seines Vaters, des Vorsitzenden des „Evangelisch-lutherischen Zentralvereins für Mission unter Israel“ und langjährigen Leiters des Institutum Judaicum Delitzschianum in Leipzig, diesem Fragenkreis gegolten hatte[7]. Allerdings, und dies bestätigt die oben dargelegte Einstellung des Präsidenten der Kirchenkanzlei zu dieser Sache, wurde er angewiesen, „daß man es vorerst nach Möglichkeit vermeiden solle, den Rat der EKD offiziell mit der Sache zu befassen“. Auch daß mit von Harling ein Jurist für diesen Bereich künftig verantwortlich zeichnen sollte, läßt Rückschlüsse zu auf die mangelnde Bereitschaft des Leiters der Kirchenkanzlei, Anstöße zu einer theologischen Aufarbeitung des Problems zu geben.

Ob diese zurückhaltende bis ablehnende Haltung Asmussens – sowohl gegenüber einer besonderen Betreuung für die rasseverfolgten Christen als auch gegenüber einem Wort der Schuld und Impulsen zu einer theologischen Neubestimmung des Verhältnisses von Kirche und Israel – lediglich auf die große Inanspruchnahme durch vielerlei andere Dinge zurückzuführen war, ob er der Ansicht war, in der Stuttgarter Erklärung vom 18./19. Oktober 1945 sei das Notwendige gesagt, oder ob er vielleicht ein solches Wort überhaupt als überflüssig ansah, läßt sich den Akten nicht entnehmen. Auf-

---

[6] Brief Freudenbergs an Asmussen vom 11. 3. 1947 (Ebd.). – Freudenberg bezog sich auf ein „Wort des Rates der EKD an die evangelische Pfarrerschaft“ vom 25. 1. 1947 (KJ 1945–1948, S. 171 ff.).

[7] Bericht von Harlings über den „Deutschen evangelischen Ausschuß für Dienst an Israel“ vom 21. 3. 1950 (LKA Stuttgart, D 23, Bd. 29,2).

fallend bleibt jedoch, wie wenig man sich in der Kirchenkanzlei für diese Gemeindeglieder verantwortlich wußte und wie wenig man bereit war, die theologische Reflexion innerhalb der evangelischen Kirche Deutschlands anzuregen. Bedenkt man, daß von ökumenischen Stellen die Wichtigkeit eines speziellen Dienstes der Kirchen an den wegen ihrer Rassezugehörigkeit verfolgten Christen bereits unmittelbar nach dem Zusammenbruch betont und ab Ende 1946 auch eine theologische Auseinandersetzung mit der „Judenfrage" eingefordert worden war, so bleibt der Eindruck, daß man in der Kirchenkanzlei diese Sache zunächst bewußt nicht angehen wollte – oder ihr unbewußt auswich.

b. Die Tagung von Assenheim im Oktober 1947

Daß von Harling seiner Beauftragung mit großem Engagement nachging, zeigt nicht allein eine Einschätzung von Freudenberg – „die Sache (wird) mit Umsicht und Energie angefaßt"[8], sondern kann auch daran abgelesen werden, daß er innerhalb weniger Wochen eine Aussprache zur „Judenfrage" in die Wege leitete, zu der Vertreter der Wissenschaft, der Judenmissionsgesellschaften, der Hilfsstellen für Rasseverfolgte und der EKD eingeladen werden sollten. Durch diese Aussprache sollte eine große Tagung zur „Judenfrage" vorbereitet werden, auf welcher dann eingehend das Thema „Kirche und Israel" beraten werden sollte.

In einem Brief an die Mitglieder des Rates der EKD legte Asmussen diese Planungen des neugeschaffenen Referates dar. Da „nicht nur in der EKD, sondern auch innerhalb vieler Landeskirchen" die Meinungen weit auseinandergingen, welche Lehren aus der Vergangenheit zu ziehen seien, müsse man „in einen umfassenden Meinungsaustausch über diese Frage" eintreten[9]. Eine Tagung, die zu diesem Zweck einzuberufen sei, hätte „vom Standpunkt der Wissenschaft und der Praxis aus im Sinne des Christentums zur Judenfrage vor der Öffentlichkeit Stellung zu nehmen". Ein solches Treffen bedürfe „gründlicher Vorbereitung, sowohl hinsichtlich des Programms und der technischen Durchführung, als auch hinsichtlich der psychologischen Wirkung in der Öffentlichkeit". Durch einen „kleineren Kreis von erfahrenen Sachkennern" sei die Vorbereitung in Angriff zu nehmen. Diese Planungen, so Asmussen, hätten nicht nur Zustimmung bei den eingeladenen deutschen Organisationen, sondern auch in der Ökumene erfahren. Freudenberg habe

[8] Brief Freudenbergs an Vogt vom 1. 7. 1947 (AÖR Genf, A Pfarrer P. Vogt, Schweizerisches Hilfswerk für die Bekennende Kirche. 1er janvier 1947–31. octobre 1948. Darin: Judenfrage und Antisemitismus).

[9] Brief der Kirchenkanzlei der EKD (Asmussen) an „die Herren Mitglieder des Rates der EKD! Betr.: Judenfrage." vom 21. 7. 1947 (Privatakten Rengstorf, Ordner „Deutscher Evangelischer Ausschuß für Dienst an Israel". Darin: Besprechung von Assenheim).

die „große Unsicherheit hinsichtlich des richtigen christlichen Verhaltens zur Frage Israel und zu den Juden“ innerhalb der Ökumene betont und der Hoffnung Ausdruck verliehen, daß diese Tagung einen Beitrag zur Abklärung leisten könne. Abschließend kündigte Asmussen den Ratsmitgliedern an, der „Rat der EKD... (soll) daher in seiner nächsten Sitzung gebeten werden, von diesen Plänen Kenntnis zu nehmen und die Kanzlei ausdrücklich mit ihrer Durchführung zu beauftragen“. Dagegen erhoben sich im Rat keine Widersprüche[10].

Daß der Rat der EKD entgegen den ursprünglichen Absichten von Asmussen so schnell mit der „Judenfrage“ befaßt werden mußte, lag an der gezielten und engagierten Arbeit von Harlings. Festzuhalten bleibt jedoch auch, daß durch diese Pläne nicht der Rat selbst in eine theologische Auseinandersetzung eingebunden, sondern daß einer Kommission diese Arbeit übertragen wurde. Damit aber war auf absehbare Zeit keine Erklärung der EKD in dieser Sache zu erwarten.

Zu zweitägigen Beratungen trafen sich am 20./21. Oktober 1947 im hessischen Assenheim: Maas als Vertreter der „Arbeitsgemeinschaft der Hilfsstellen für Rasseverfolgte nicht jüdischen Glaubens in Deutschland“[11], Rengstorf als Vertreter des „Evangelisch-lutherischen Zentralvereins für Mission unter Israel“ und als Wiederbegründer des „Institutum Judaicum Delitzschianum“[12], Superintendent Günther Harder als Rektor der Kirchlichen Hochschule Berlin[13], Professor Wilhelm Jannasch von der Universität Mainz[14], Burgstahler für den „Verein der Freunde Israels“[15], Missionsarzt Dr. Gottfried Frohwein für die „Arbeitsgemeinschaft für Lutherische Judenmission“, Bayern[16], und von Harling als Vertreter der Kirchenkanzlei der EKD. Sie erarbeiteten ein neun Punkte umfassendes Papier, das an die Leitungen der evangelischen Kirchen in Deutschland gesandt wurde.

In seinem Begleitschreiben zu dieser Erklärung betonte Asmussen, daß „bisher noch sehr wenig geschehen (ist), um die furchtbaren Lehren der Vergangenheit in der erforderlichen Weise auszuwerten“[17]. Um Klarheit

---

[10] Brief von Harlings an Niemöller vom 8. 11. 1947 (LKA STUTTGART, D 1, Bd. 222,1); vgl. auch Protokoll der Ratssitzung vom 18. 11. 1947, Tagesordnungspunkt 15: „Die Kanzlei der EKD wird damit beauftragt, ein Gespräch über die *christl(ichen) Nichtarier* mit den an der Frage interessierten Kreisen zu veranstalten“ (EZA BERLIN, 4/020 Bd. 1).

[11] Vgl. oben S. 188ff.

[12] Vgl. unten S. 285ff.

[13] Vgl. unten S. 238, S. 368f.

[14] Vgl. Personenregister.

[15] Vgl. oben S. 151ff.

[16] Vgl. S. 159ff.

[17] Brief der Kirchenkanzlei der EKD an die Landeskirchenleitungen (vgl. oben S. 65, Anm. 5). Jetzt abgedruckt in: KIRCHEN, S. 538 (Unter 3. muß es dort nicht „Gemeinde*mit*glieder“ sondern „Gemeindeglieder“ heißen.). Die Einordnung dieses Dokuments bei R. Rendtorf (Gott, S. 32f.) ist falsch; es hat mit dem „Deutschen evangelischen Ausschuß für Dienst an

darüber zu gewinnen, habe der Rat die Kirchenkanzlei beauftragt, zunächst einen „Kreis von berufenen Sachkennern" zusammenzurufen. Diese hätten erörtert, was geschehen könne, um in den Gemeinden „ein besseres Verständnis für die Judenfrage und ihre Bedeutung zu erwecken", hätten überlegt, was zu tun sei, um „unter den heutigen Verhältnissen ... den Dienst der Kirche an Israel auszurichten" und besprochen, was „die Kirche den judenchristlichen Gemeindegliedern heute schuldig" sei. Die Landeskirchen wurden gebeten, „sich dieser Frage mit Nachdruck anzunehmen und über ihre Stellungnahme dazu möglichst bald" der Kanzlei zu berichten.

Neun Anliegen wurden in der Assenheimer Erklärung an die Leitungen der evangelischen Kirchen in Deutschland herangetragen[18]: In den Punkten 1–6 wurde der kirchliche Dienst an Israel herausgestellt. Er solle „als kirchlicher Dienst anerkannt" (1) und Studenten sollten angeregt werden, sich mehr als bisher „mit dem nachbiblischen Judentum" zu befassen, um den Mangel an Kräften für den Zeugnisdienst an Israel zu beheben (2). Es wurde darum gebeten, die Pfarrer anzuweisen, den Dienst an Israel zu unterstützen und ihn anderen Berufenen zu ermöglichen (3). Das Gebet für Israel sei „den Gemeinden immer wieder ans Herz zu legen" (4). Auch möge veranlaßt werden, daß am 10. Sonntag nach Trinitatis des Weges Gottes mit Israel gedacht (5) und daß die Kollekte dieses Sonntages für die Arbeit an Israel bestimmt werde (6). In den Punkten 7 und 8 wurde das Schicksal der Rasseverfolgten in den Blick genommen. Es bestehe besondere Veranlassung, den Judenchristen tätige Nächstenliebe zukommen (7) und ihnen neben den

---

Israel" nichts zu tun und auch die Bemerkung, daß aus der Assenheimer Versammlung der „Ausschuß" hervorgeganen sei, ist nicht zutreffend (vgl. unten S. 205ff.). – Die württembergische Kirchenleitung teilte der Kirchenkanzlei der EKD unter dem 14. 11. 1947 mit, daß die Assenheimer „Sätze über die Aufgabe des kirchlichen Dienstes an Israel ... in ihrer Grundhaltung durchaus der Stellung des Ev. Oberkirchenrats" entsprächen. Der Neuaufbau der Judenmission werde unterstützt und man betrachte „gemäß der alten württembergischen Tradition den ‚Verein der Freunde Israels' (Basel) als die tragende Gesellschaft" (vgl. oben S. 151ff.). Da nach der nationalsozialistischen Herrschaft die Arbeit neu aufgebaut werden müsse, habe der Oberkirchenrat als „nächsten Schritt" die Einführung des 10. Sonntag nach Trinitatis als Gedenktag „des Schicksals des Volkes Israels und unserer Verpflichtung ihm gegenüber" geplant (vgl. oben S. 143). Es sei „dem Oberkirchenrat ein Anliegen, nicht bloß (sic!) durch die ‚Hilfsstelle für Rasseverfolgte' ... äußere Not zu lindern, sondern vor allem auch den seelsorgerlichen Dienst an den Rasseverfolgten zu unterstützen, und er freut sich über die zielbewußte Arbeit, die Missionspfarrer Burgstahler in Ulm mit seinen Mitarbeitern aufzubauen unternommen hat" (vgl. oben S. 153, Anm. 277). Hinsichtlich der Universitäten wurde angeregt, daß die Kirchenkanzlei doch mit einem Rundschreiben an alle Hochschulen herantreten solle, um den Verantwortlichen die „Ziffer 2 der Leitsätze von Assenheim ans Herz" zu legen (LKA STUTTGART, Altregistratur, 523a).

[18] Abgedruckt u.a. in: JUDAICA 4, 1948, S. 80; SaH Heft 1, 1950, S. 40f.; KIRCHEN, S. 536f. Die bei W. SCHWEIKHART, Dialog, im Abschnitt „Die interkonfessionelle Arbeit" zwischen Seelisberger und Schwalbacher Thesen aufgeführte Assenheimer Erklärung ist hier völlig fehl am Platz. Sie hat mit diesen beiden Thesenreihen, die aus „theologisch-pädagogischen Zusammenkünften" erwuchsen, wie Schweikhart richtig bemerkt, nichts zu tun.

„äußeren Hilfsmaßnahmen... eine besondere seelsorgerliche Betreuung" angedeihen zu lassen (8). Im abschließenden Punkt 9 hieß es: „Der Antisemitismus, der weithin auch christliche Kreise erfaßt hat und vielerorts im Zunehmen begriffen ist, muß immer wieder als eine unchristliche Verirrung den Gemeinden zur Kenntnis gebracht werden."

Deutlich ist, daß diese Erklärung ganz im Sinne der stark vertretenen Judenmissionsgesellschaften ausfiel. In sechs Punkten geht es mehr oder weniger direkt um die Arbeit dieser Gesellschaften. In zwei Punkten flossen die Interessen der Hilfsstellen für Rasseverfolgte ein, und lediglich im letzten Punkt wurde eine wenn auch magere theologische Aussage gemacht, wurde der Antisemitismus als eine „unchristliche Verirrung" bezeichnet. Diese Einschätzung entsprach der des Ökumenischen Rates, der in seiner „Resolution über Antisemitismus und die Judenfrage" vom Februar 1946 den Antisemitismus vorbehaltlos als „Geist und Lehre unseres Herrn Jesus Christus" verleugnend bezeichnet hatte[19], allerdings wurde in der Assenheimer Erklärung dieser wichtigen Feststellung die Spitze genommen. Der Antisemitismus habe, so hieß es dort nämlich weiter, „weithin auch christliche Kreise erfaßt". Durch diese Aussage wird deutlich, daß die Versammelten den Antisemitismus unterschätzten und seine umfassende Wirksamkeit nicht in ihrem Blick war, und sie zeugt obendrein von einer sehr oberflächlichen Sicht der Dinge. Der Antisemitismus hatte seine Wurzeln auch im christlichen Glauben und durch den Einfluß von Adolf Stoecker und Heinrich von Treitschke weite Kreise der evangelischen Kirche erfaßt. So blieb diese Erklärung im Rahmen altbekannter Forderungen und Aussagen und trug zu einer Neubestimmung des Verhältnisses zwischen Kirche und Judentum nichts bei. Ja, daß solche Sätze gesagt werden konnten, ohne die schrecklichen Ereignisse der Vergangenheit auch nur mit einem Wort zu erwähnen, geschweige denn zum Versagen der Kirche – zu ihrer Schuld – Stellung zu beziehen, zeigt, wie unsensibel die Versammelten waren[20]. Sie mögen allesamt nicht direkt an den Verfolgungen beteiligt, mögen gar selbst Verfolgte gewesen sein – aber wie konnten sie so einfach zur Tagesordnung übergehen? Diese Punkte erscheinen als ein Maßnahmenkatalog zur Wiederaufnahme der unterbrochenen Arbeit der Judenmission, ohne daß reflektiert wurde, ob diese Arbeit denn überhaupt noch in gleicher Weise wie vor 1933 möglich sein würde. Außer den Punkten 7 und 8 hätte diese Erklärung zu jedem beliebigen Zeitpunkt vor 1933 so abgegeben werden können. Die Haltung der Kirche zu Israel wurde nicht problematisiert, ihre Verkündigung wie ihr

---

[19] Vgl. unten S. 296ff. – Die Resolution des ÖRK wurde im PRESSE- UND NACHRICHTENDIENST DES ÖRK, 13. Jgg., Nr. 9 vom Februar 1947 veröffentlicht, jetzt abgedruckt in: KIRCHEN, S. 324f.

[20] In der Resolution des ÖRK hieß es hierzu: „Der V. A. (Vorläufige Ausschuß des ÖRK, S. H.) bekennt bußfertig das Versagen der Kirchen..." (EBD.).

Verhalten nicht hinterfragt. „Lehren aus der Vergangenheit", wie Asmussen ein Ziel der zu planenden Tagung beschrieben hatte, wurden bei dieser Vorbereitung nicht gezogen und auch keine Wege angedeutet, wie dies geschehen könne. Immerhin: In Punkt 9 war bei allen Mängeln der Antisemitismus doch als „unchristliche Verirrung" herausgestellt worden.

c. Grundsätzliche Überlegungen und Planungen in der Kirchenkanzlei der EKD

Einblick in die weiteren Planungen der Kirchenkanzlei der EKD sowie in die vom zuständigen Referenten in der Judenfrage vertretene Linie gibt eine Ausarbeitung, die von Harling am 1. Dezember 1947 erstellte[21]. Am Anfang seiner unveröffentlicht gebliebenen Ausführungen unterstrich er, „daß die Kirche in der Judenfrage mit einer sehr schweren Schuld belastet" sei. Diese äußere sich in zwei Richtungen: Es habe zum einen „von jeher einen spezifisch christlichen ‚Antisemitismus' gegeben, lange ehe man von einem Rassenantisemitismus etwas wußte". Die Kirche habe sich nie mit dieser wirklichen oder scheinbaren religiösen Judenfeindschaft auseinandergesetzt und so den Weg zum Rassenantisemitismus mit vorbereitet. Unklar bleibe, so von Harling, ob der Protest, soweit er dagegen laut wurde, „nicht mehr durch allgemeine Humanitätsgefühle als durch eine wirkliche Erkenntnis dessen, was die Kirche Israel schuldig ist, veranlaßt wurde". Andererseits bestünde die Schuld der Kirche darin, daß sie „den Missionsauftrag gegenüber Israel stark vernachlässigt" habe. Insgesamt betrachtet, so hieß es weiter, handle es sich bei dieser Angelegenheit „um eine schwache Stelle in einem sehr wesentlichen Bereich unseres Christentums". Gott habe es gefallen, eben dieses eine unter allen Völkern zu erwählen, daraus gelte es „mit allem Ernst die nötigen Konsequenzen" zu ziehen.

Auch das Judentum, so von Harling, habe Schuld auf sich geladen. Diese bestehe aber nicht „in gewissen abstoßenden Eigenschaften", da diese ein Produkt des erzwungenen Ghettodaseins seien, und auch nicht im Verharren in der Verstockung gegen Christus, da die Kirche sich den Juden gegenüber ja gar nicht sehr einladend gezeigt habe, wohl aber darin, daß das Judentum „im Sinne seiner eigenen Religion vor Gott schuldig geworden" sei durch Selbstverherrlichung und religiöse Übersteigerung des Nationalismus.

Keinesfalls dürfe nun die Schuld der Kirche gegen die Schuld Israels aufgerechnet werden. „Wir haben vielmehr als Christen die eigene Schuld zu erkennen und anzuerkennen"; schwierig sei nur, in welcher Form dies ge-

[21] Brief der Kirchenkanzlei der EKD (von Harling) an Wurm vom 1. 12. 1947 (LKA STUTTGART, D1, Bd. 222,1); vgl. hierzu auch das Schreiben, das die Kirchenkanzlei 1947 zum 10. Sonntag nach Trinitatis an die Kirchenleitungen versandte (unten S. 304 f.).

schehen könne. Ein Schuldbekenntnis ähnlich der Stuttgarter Erklärung von 1945 schien von Harling keine angemessene Möglichkeit zu sein. Für diese Sicht nannte von Harling vier Gründe: Zum einen seien es „zu umfassende und heikle Probleme, als daß man sie in der knappen und zugespitzten Form einer solchen ‚Erklärung' erörtern dürfte". Zum anderen seien nicht nur im deutschen Volk, sondern unter allen Christen „weithin die Voraussetzungen für ein richtiges Verständnis" einer Erklärung nicht vorhanden. Sie würde gewissermaßen ex cathedra gesprochen und wäre kein stellvertretend vollzogenes Bekennen. Weiter sei eine Gefahr darin zu sehen, daß ein Schuldbekenntnis „das Gewissen auf allzu billige Art" beruhigen könnte. Es genüge nicht zu erkennen, was falsch gemacht wurde, es gehöre auch der Wille dazu, „es in Zukunft besser zu machen". Es gelte sich „auf den Dienst (zu) besinnen, den wir Israel schuldig sind:... den besonderen Missionsauftrag gegenüber Israel". Endlich bestehe die Schwierigkeit einer Erklärung auch darin, daß in ihr nicht nur Christen, sondern auch Judenchristen und Juden angesprochen würden. Berge aber ein Reden allein von der christlichen Schuld nicht die Gefahr in sich, daß es „das Judentum nur noch tiefer in die Verstockung hineintreiben" würde? „Dem Judentum seine Schuld vorzuhalten, sind wir aber z. Zt. einfach nicht legitimiert." Aus allen diesen Gründen schien es von Harling angebracht, in der „Judenfrage" zunächst Zurückhaltung und Mäßigung zu üben, was aber nicht heißen dürfe, daß alles so weitergehen könne wie bisher. Es gelte, „eine umfassende, behutsame und geduldige Aufklärungs- und Erziehungsarbeit" zu leisten, die vor allem von den Personen getragen sein sollte, die schon lange ihre Liebe zu Israel entdeckt hätten und „nicht erst durch Auschwitz und Theresienstadt an die christliche Pflicht gegenüber Israel erinnert werden mußten". Allerdings sei eine stärkere Autorisierung dieser Personen durch die Kirchenleitungen wünschenswert. Was das weitere Vorgehen beträfe, so sei geplant, „eine größere, repräsentative Tagung von hohem wissenschaftlichem Niveau" durchzuführen.

Im Gegensatz zur Erklärung von Assenheim werden in dieser Ausarbeitung nun doch einige sehr wichtige und nachdenkenswerte Linien aufgezeigt. Der Autor stellte nicht nur die Schuld der Kirche sehr eindrücklich heraus, sondern er versuchte auch die Ursachen für das Versagen zu benennen: Man habe sich in der Kirche nie grundlegend mit der religiösen Judenfeindschaft auseinandergesetzt. Auch seine Einschätzung, daß in dieser Sache eine schwache theologische Stelle des Christentums berührt sei, trifft den Sachverhalt. Befremdlich erscheinen die Überlegungen zur Schuld des Judentums. Immerhin wird ausdrücklich festgehalten, daß diese nicht „in gewissen abstoßenden Eigenschaften" zu sehen sei – lassen sich denn solche überhaupt pauschal einem Volk zuordnen, oder zeigt sich hier nicht ein Rest der nationalsozialistischen Rasselehre? – und auch nicht im Verharren in der Verstockung. Beides, so wird zutreffend festgestellt, weist vielmehr auf die

Christen zurück, die die Juden zwangen, im Ghetto zu leben, und ihnen den eigenen Glauben nicht einladend vorgelebt hätten. Ob man allerdings mit Recht davon reden kann, das jüdische Volk habe sich in eine „Selbstverherrlichung hineingesteigert", erscheint doch fraglich.

Zu hinterfragen sind auch die gegen eine Erklärung angeführten Argumente. In einem öffentlichen Wort muß wohl ab und an das Wagnis eingegangen werden, zu einer bestimmten Sache etwas mit aller Deutlichkeit – auch ohne Differenzierungen verschiedener Art – zu sagen. Mit einem Verständnis aller für die anzusprechende Sache darf ohnehin nicht gerechnet werden, im Gegenteil, eine Erklärung kann und soll bei vielen Menschen zuallererst ein Nachdenken einleiten und auf ein bestimmtes Problem aufmerksam machen. Die Ansicht, sämtliche Aspekte einer Angelegenheit müßten in einer Erklärung zum Ausdruck kommen, macht diese von vornherein unmöglich. Jedes Wort kann nur einen bestimmten Ausschnitt ansprechen, der allerdings so ausgewählt sein muß, daß in ihm das Drängendste zur Sprache kommt. Eine Schuld auch dem Judentum zuzuerkennen, wäre sicherlich in der Situation von 1947 für die Kirche bei weitem nicht das Drängendste gewesen; vielmehr hätte sie erst einmal ihr eigenes Versagen zu thematisieren gehabt. So erscheinen diese Argumente gegen eine Erklärung kurzsichtig und überzogen. Mit solchen Maximalforderungen ließe sich jedes Wort verhindern. Obendrein lassen die angeführten Gründe auch eine unbestimmte Angst vor den Wirkungen eines solchen Wortes erkennen, ohne daß deutlich würde, wovor man sich denn fürchten sollte. Unklar bleibt, wie sich von Harling eine angemessene Vorgehensweise dachte. Die Beschäftigung mit der „Judenfrage" konnte sich ja wohl nicht in Diskussionen auf Tagungen erschöpfen, sondern hätte eine breite Wirkung in die Gemeinden hinein bewirken müssen. Es hätte der Kirche nach den Geschehnissen im „Dritten Reich" sicher gut angestanden, ihr Versagen gegenüber Israel in einem öffentlichen Wort der Schuld einzugestehen; ob ein solches notwendig erschien und wie es hätte aussehen können, wird in der Ausarbeitung leider nicht erkennbar angedeutet.

Die Vorbehalte, die von Harling gegen die Mitarbeit von solchen Personen machte, die nicht schon lange an der „Judenfrage" interessiert waren, sondern erst durch die furchtbaren Ereignisse der vergangenen Jahre auf diese Frage aufmerksam wurden, erscheinen eher befremdlich als einsehbar. Die Persönlichkeiten und Organisationen, die sich bereits dem Dienst an Israel gewidmet hatten, hätten doch eigentlich froh sein müssen, daß nun eine breitere Öffentlichkeit Zugang zu dieser Sache suchte. Offensichtlich fürchtete man jedoch, daß diese neu Interessierten auch neue Wege gehen und die überkommenen Ansichten und Gepflogenheiten hinterfragen und ändern könnten.

So unterstreicht diese Ausarbeitung nochmals, daß vom zuständigen Referenten in der Kirchenkanzlei in der „Judenfrage" bei allem persönlichen

Interesse kein Impuls zu neuen Wegen zu erwarten war. Von Harling lag daran, die Judenmission der Kirche als eine wesentliche Aufgabe einsichtig zu machen. Vor allem Persönlichkeiten aus ihrem Kreis wollte er veranlassen, über das Verhältnis von Kirche und Judentum nachzudenken. Seiner Einschätzung nach wirkten diese mit der Sache wirklich vertrauten Personen „bisher allzusehr im Verborgenen"[22]. Auch seien sie kirchlicherseits bisher „von vornherein als Außenseiter betrachtet und nicht genügend Ernst (sic!) genommen" worden. Diese Einstellung gelte es nun durch eine förmliche Beauftragung zur Durchführung einer Tagung zu ändern. Ob allerdings die Arbeit dieser Spezialisten, die es ja schon lange vor 1933 gab, wirklich ein Umdenken in der „Judenfrage" in die Wege hätte leiten können, mußte doch mehr als fraglich bleiben. Gerade das Fehlen eines richtigen Verständnisses für die „Judenfrage" in den Gemeinden ließ sich wohl kaum durch Aktivitäten einiger weniger beseitigen, die sich auf Treffen für Spezialisten zusammenfinden.

Im Hinblick auf die Vorbereitung der ins Auge gefaßten Tagung schrieb von Harling Anfang Dezember 1947 an Oberbürgermeister Ludwig Metzger in Darmstadt und fragte an, ob in seiner Stadt Anfang 1948 eine solche Veranstaltung stattfinden könne. Metzger sagte zu, ließ den Termin jedoch zunächst noch offen[23].

d. Die Gründung des „Deutschen evangelischen Ausschusses für Dienst an Israel"

„An die Mitarbeiter in der Mission unter Israel in Deutschland" wandte sich Prof. Karl Heinrich Rengstorf, Mitglied des „Evangelisch-lutherischen Zentralvereins für Mission unter Israel" und Leiter des Institutum Judaicum Delitzschianum an der Universität Münster, in einem Brief vom 22. Dezember 1947 und lud für Anfang Januar zur konstituierenden Sitzung eines deutschen Zweiges des „International Committee on the Christian Approach to the Jews" ein[24]. Die Aufgabe der deutschen Landesgruppe sollte darin

---

[22] Brief der Kirchenkanzlei der EKD (von Harling) an Majer-Leonhard vom 12. 4. 1948. Abschrift (LKA Stuttgart, D 23, 29,1).

[23] Brief von Harlings an Metzger vom 9. 12. 1947 und Antwortbrief vom 13. 12. 1947. (Abschriften) (Privatakten Rengstorf. Ordner: Deutscher evangelischer Ausschuß für Dienst an Israel. 1–3. Studientagung. Darin: Studientagung zur Judenfrage in Darmstadt 11.–15. Okt. 1948; wichtige Korrespondenz).

[24] Privatakten Rengstorf, Ordner „Deutscher evangelischer Ausschuß für Dienst an Israel". Darin: Begründung des Ausschusses in Hannover, 9. Januar 1948. – Die Anregung hierzu hatte Rengstorf bei einer Besprechung Anfang Dezember 1947 in England erhalten. Rengstorf war seit Herbst 1933 deutsches Mitglied dieses Komitees. Nach dem Ende der nationalsozialistischen Herrschaft konnten die Kontakte zu diesem internationalen Zusammenschluß der Judenmissionsgesellschaften recht bald wieder hergestellt werden. Vgl. zur Arbeit des

bestehen, „als interdenominationale (interkonfessionelle, S. H.) Stelle gemeinsame Anliegen und Fragen der in Deutschland ansässigen oder arbeitenden Gesellschaften für den Dienst der Kirche an Israel in brüderlicher Zusammenarbeit zu klären, sowie gemeinsame Wünsche zur Geltung zu bringen". Eine enge Zusammenarbeit mit dem Deutschen Evangelischen Missionsrat sei anzustreben.

In Anwesenheit von Conrad Hoffmann, dem Direktor des „International Committee", trafen sich am 9. Januar 1948 in Hannover Vertreter des „Evangelisch-lutherischen Zentralvereins", des „Vereins der Freunde Israels", Basel (deutsche Gruppe), der „Gesellschaft zur Beförderung des Evangeliums unter den Juden", Berlin, des „Diakonissen-, Mutter- und Missionshauses Jerusalem", Hamburg und der „Deutschen Methodistenkirche (Arbeit in Hamburg)". Anwesend waren ferner ein Vertreter des Missionsrates, von Harling für die Kirchenkanzlei der EKD, die in Frankfurt für die „Hebrew Christian Testimony to Israel", London, arbeitende Schwester Maly Kagan sowie Frohwein für die „Arbeitsgemeinschaft für Lutherische Judenmission", Bayern. Rengstorf sah die Notwendigkeit einer engeren Zusammenarbeit der Judenmissionsgesellschaften in Deutschland deshalb gegeben, weil die Missionsarbeit in den Lagern planmäßig ausgebaut werden müsse, die Arbeit unter den „nichtarischen" Christen gefördert und die Mitarbeit der Kirchen intensiviert und mit mehr Verantwortung versehen werden solle. Wichtig sei ferner eine gemeinsame Vertretung nach außen und eine „Erleichterung des Verkehrs und der Zusammenarbeit mit ausländischen Stellen"[25].

Die sendenden deutschen Missionsgesellschaften kamen überein, einen „Deutschen evangelischen Ausschuß für Dienst an Israel" zu bilden und beim Missionsrat den Antrag zu stellen, „den Ausschuß als seinen Fachausschuß für Mission unter Israel anzuerkennen". Eine Geschäftsordnung sollte erst dann verabschiedet werden, wenn das Verhältnis zum Missionsrat abgeklärt worden sei.

Bei der zweiten Sitzung des „Ausschusses" am 28. Mai 1948 konnte das Verhältnis zum Missionsrat noch nicht geklärt werden. Wichtig für die Arbeit des „Ausschusses" wurde die Kontaktaufnahme mit den Hilfsstellen für Rasseverfolgte. Ausführlichen Berichten der Hilfsstellen war zu entnehmen, daß bei der Bevölkerung wenig Verständnis für ihre Arbeit vorhanden und daß die Lage der Judenchristen sehr schwierig sei, da in den Gemeinden Isolierungstendenzen festgestellt werden könnten. Die Kirchen müßten eine Klärung des Verhältnisses herbeiführen. Probleme hinsichtlich einer Mitar-

---

„International Committee" den Kurzbericht über eine Konferenz in Basel, die vom 4. bis 6. 6. 1947 stattfand (JUDAICA 3, 1947, S. 318–324); Liste der Mitglieder (EBD.); zum „Ausschuß" vgl. auch O. v. HARLING, Kirche und Israel.

[25] „Niederschrift über die Verhandlungen am 9. Januar 1948 um 10.30 Uhr im Henriettenstift zu Hannover" (PRIVATAKTEN RENGSTORF, Ordner „Deutscher evangelischer Ausschuß für Dienst an Israel". Darin: Begründung des Ausschusses in Hannover, 9. Januar 1948).

beit im „Ausschuß" meldete Konrad Hoffmann, der Leiter der Hamburger „Notgemeinschaft der durch die Nürnberger Gesetze Betroffenen"[26] an: Es gebe Hilfsstellen, die sich für überkonfessionell erklärten und andere, die konfessionell gebunden seien; beide hätten „aber keine eigentlich missionarischen Interessen"[27]. Es müsse daher vermieden werden, daß im Ausschußnamen das Wort „Mission" vorkomme. Er erinnerte an den Namen der Internationalen Vereinigung, in welchem es „christian *approach*" hieße, dieses „Sichnäherkommen" sollte auch die Arbeit des „Ausschusses" bestimmen.

Hoffmann wies mit diesem Einwand auf eine Schwierigkeit hin, die mit dem deutschen Namen dieser Organisation verbunden war. In der Bezeichnung „Dienst an Israel" schwingt ein Gefälle mit, als ob die Kirche Israel etwas geben könnte und müßte; als ob Israel empfangend, die Kirche aber gebend sei. Im Begriff „approach" hingegen ist eher „Annäherung", „Verständnis suchen" zu assoziieren, in welchem weniger die Distanz eine Rolle spielt, als die Bewegung aufeinander zu.

Der „Ausschuß" hat auf dieser zweiten Sitzung eine gewisse Umstrukturierung erfahren. Künftig waren nicht nur Missionsgesellschaften, sondern auch die Hilfsstellen an seiner Arbeit beteiligt. Damit aber kamen neue, andere Probleme und Fragestellungen in seinen Gesichtskreis. Recht bald wurde deutlich, daß die Belange der Mission nicht bestimmend für die Arbeit des „Ausschusses" sein sollten; eher im Gegenteil, die Mission spielte nun nicht mehr die entscheidende Rolle.

Daß sich der „Ausschuß" der Probleme seiner Mitgliedsorganisationen annahm, zeigte sich auf der dritten Sitzung, die am 15. Oktober 1948 in Darmstadt stattfand. Im Rahmen dieser Sitzung hatte der „Ausschuß" zusammen mit der Kirchenkanzlei der EKD zu einem Gespräch zwischen Vertretern der Hilfsstellen für Rasseverfolgte und dem Zentralbüro des Hilfswerkes eingeladen, wodurch das gespannte Verhältnis dieser Organisationen einigermaßen behoben werden konnte. Die Bereitschaft, im diakonischen Bereich Verantwortung zu übernehmen, zeigte sich auch darin, daß Rengstorf als Ausschußvorsitzender beim Wiederaufbauausschuß beantragte, einen Beirat einzusetzen, der beim Hilfswerk der evangelischen Kirchen anzubinden sei, um so entstehende Konflikte miteinander beraten und lösen zu können. Diesem Antrag wurde vom Wiederaufbauausschuß stattgegeben[28].

Anläßlich dieser dritten Sitzung konstituierte sich der „Ausschuß" auch förmlich[29].

---

[26] Vgl. oben S. 182ff.

[27] Protokoll der Sitzung (PRIVATAKTEN RENGSTORF, Ordner „Deutscher evangelischer Ausschuß für Dienst an Israel". Darin: Sitzung am 27. Mai 1948, Hannover).

[28] Vgl. oben S. 92f.

[29] Mitglieder sollten zwei Vertreter des „Evangelisch-lutherischen Zentralvereins für Mission unter Israel" und je ein Vertreter der „Gesellschaft zur Beförderung des Evangeliums unter den

Schwierig gestaltete sich das Verhältnis zum deutschen Missionsrat. Von diesem war vorgeschlagen worden, „daß der Ausschuß korporativ Mitglied des Missionstages mit zwei Stimmen werden solle; dafür solle der Ev(angelisch)-luth(erische) Zentralverein auf seine Stimme verzichten“[30]. Vier Gründe sprachen gegen eine Annahme dieses Vorschlages: Weshalb sollte nur die Judenmission korporativ vertreten sein und nicht auch die Heidenmission? Auch das Ansinnen, dem Zentralverein sein Stimmrecht zu entziehen, wurde abgelehnt, da diese Maßnahme sonst ebenso dem Hilfsbund für christliches Liebeswerk im Orient drohe, solange dieser praktisch ausschließlich in der Judenmission tätig sei. Da es noch Judenmissionsgesellschaften gebe, die selbst Wert auf Stimmrecht im Missionstag legten und dem „Ausschuß“ weniger am Stimmrecht im Missionstag gelegen war als daran, „im Missionsrat und durch diesen zu Gehör zu kommen“, beschloß man, „daß der Ausschuß auf förmliche Mitgliedschaft im Missionstag verzichtet“. Die Verbindung zum Missionsrat sollte dadurch gehalten werden, „daß Herr Pastor Gerhard Jasper (Bethel) dem Wunsche des Missionsrates entsprechend, als Mitglied in den Ausschuß berufen“ wurde[31].

Der Versuch in Zusammenarbeit mit dem Institutum Judaicum Delitzschianum die Zeitschrift „Saat auf Hoffnung“ wieder herauszugeben, um so mit einem eigenen Publikationsorgan hervorzutreten, scheiterte. Nur ein einziger Jahrgang, 1950, konnte erscheinen. Das lag nicht etwa nur an der zunächst geringen Zahl der Bezieher, sondern vor allem daran, daß die Beschränkung der Zeitschrift auf das theologische Gespräch zwischen der Kirche und dem Judentum den Vertretern der Judenmission als deren Verleugnung erschien und deshalb ihren Widerstand auslöste. Da kein spezielles Publikationsorgan zur Verfügung stand, wurde der Abdruck der Vorträge, die auf den Tagungen des „Ausschusses“ gehalten wurden, erschwert. Daß so nur mit großen Schwierigkeiten eine Öffentlichkeitswirkung erreicht werden konnte, versteht sich von selbst, und es mag nicht zuletzt damit zusammenhängen, daß die Arbeit dieses „Ausschusses“ im großen und ganzen in der Öffentlichkeit wie auch in den Kirchen weitgehend unbekannt blieb.

Juden“, des „Vereins der Freunde Israel“ (deutscher Zweig), des „Missionshauses Jerusalem“, des „Deutschen Hilfsbundes für christliches Liebeswerk im Orient“, der „Methodistischen Kirche“ und des „Institutum Judaicum Delitzschianum“ sein. Zu persönlichen Mitgliedern wurden ferner drei Vertreter der Hilfsstellen und von Harling für die Kirchenkanzlei der EKD berufen (Niederschrift über die Sitzung vom 15. 10. 1948 in Darmstadt [Privatakten Rengstorf, Ordner „Deutscher evangelischer Ausschuß für Dienst an Israel“. Darin: Sitzung am 15. Okt. 1948, Darmstadt]).

[30] Ebd.

[31] Vgl. unten S. 257.

e. Das Verhältnis zwischen der Kirchenkanzlei der EKD und dem „Deutschen evangelischen Ausschuß für Dienst an Israel“

Noch ehe die Gründungsversammlung des Ausschusses im Januar 1948 stattgefunden hatte, schrieb von Harling an Rengstorf, daß seiner Ansicht nach die Gründung dieses Ausschusses von entscheidender Bedeutung sei. Es schien ihm „am richtigsten (zu) sein, daß die EKD als solche die Finger von der Sache (der „Judenfrage“, S.H.) läßt und sich darauf beschränkt, diesem Ausschuß die offizielle kirchliche Anerkennung und, soweit nötig, gelegentliche praktische Hilfestellung zu geben“[32]. Seitens der EKD „sollte dann auch auf eigene Tagungspläne“ ganz verzichtet werden.

Aus diesen Äußerungen geht mit aller Deutlichkeit hervor, weshalb die EKD in den Jahren nach dem Ende der Naziherrschaft nicht selbst Initiativen im Bereich „Kirche und Judentum“ ergriffen hat. Von Harling, der für diese Frage in der Kirchenkanzlei zuständige Referent, war der Ansicht, daß diese Frage weit angemessener besprochen würde, wenn ein Gremium dies täte, das aus Sachverständigen für die „Judenfrage“ bestände. Diese Sachkenner jedoch gab es seiner Ansicht nach vor allem, wenn nicht ausschließlich, in den Reihen der Judenmissionsgesellschaften. Daher war für ihn klar, daß bei einem Zusammenschluß dieser Organisationen die Aufarbeitung der „Judenfrage“ am besten in ihre Hände zu legen sei und die EKD als solche überhaupt nicht aktiv würde. Nur von einem solchen Kreis konnte von Harling nach seiner Ansicht eine Behandlung der „Judenfrage“ in seinem Sinn erwarten; in diesem Kreis würde das Gewicht der Mission natürlich nicht in Frage gestellt. Ihm ging es darum, auf diesen Tagungen „dem Anliegen der Judenmission etwas besser Gehör zu verschaffen“[33]. Darüberhinaus würden bei einer Versammlung von Freunden der Judenmission, so hoffte der Referent der Kirchenkanzlei, sicherlich keine theologischen Positionen vertreten werden, die in eine unberechenbare Richtung weisen könnten. Mögliche Linien, die die Judenmission nicht so sehr ins Zentrum der Beschäftigung stellen würden, sondern eher von der Schuldfrage oder von der durch Karl Barth in der „Kirchlichen Dogmatik“ (Band II,2) entwickelten Israellehre her einen Zugang zu diesem Themenkreis suchen würden, konnten so gar nicht erst zum Zug kommen[34]. Da ansonsten weder in der Kirchenkanzlei noch im Rat

[32] Handschriftlicher Brief von Harlings an Rengstorf vom 3.1.1948 (PRIVATAKTEN RENGSTORF, Ordner „Deutscher evangelischer Ausschuß für Dienst an Israel.“ Darin: Begründung des Ausschusses in Hannover, 9. Januar 1948).

[33] Brief von Harlings an Rengstorf vom 14.1.1948 (EBD., Ordner: Deutscher evangelischer Ausschuß für Dienst an Israel. EKD, Evangelische Allianz, Dokumente, Korrespondenz mit Leuner. Darin: Reichsbruderrat zur Judenfrage).

[34] Von Harling charakterisierte beispielsweise ein Referat von Hesse auf der Sitzung des Bruderrates vom 7./8. Januar 1948 dahingehend, daß es theologisch „ganz und gar ein Erzeugnis des Barthianismus“ gewesen sei, das Volk Israel sei „völlig in den Bereich des ‚ganz anderen‘“ erhoben worden. Diese Sichtweise Israels, so machte von Harling in seinem Brief deutlich,

der EKD jemand ein besonderes Interesse an der „Judenfrage" zeigte, blieb die Linie, welche von Harling einschlug, unhinterfragt. Offen war jedoch noch das Verhältnis zwischen EKD und „Ausschuß". So wird im folgenden zu untersuchen sein, wie sich die Beziehungen zwischen diesen beiden Einrichtungen gestalteten. Wurde der „Deutsche evangelische Ausschuß für Dienst an Israel" als „Fachausschuß" der EKD für die „Judenfrage" eingesetzt, oder blieb der „Ausschuß" ohne institutionelle Verbindung zur EKD? Ungeklärt blieb also zunächst, ob sich ein irgendwie geregeltes Verhältnis zwischen dem „Ausschuß" und der EKD ergeben und ob der „Ausschuß" formell mit der Durchführung einer Tagung beauftragt würde, denn noch waren diese Pläne weder mit der Kirchenkanzlei noch mit dem Rat abgestimmt.

Von Harling differenzierte seine hier dargestellte Ansicht jedoch recht bald. Sein Meinungswandel war auf Anfragen aus der Ökumene zurückzuführen, in denen deutlich zum Ausdruck gebracht worden war, daß von der EKD selbst Schritte zu einer Aufarbeitung der „Judenfrage" erwartet würden. So beantwortete von Harling eine Anfrage des Flüchtlingssekretärs des ÖRK, von wem denn diese Tagung nun einberufen würde[35], dahingehend, „daß die EKD offiziell die Verantwortung für eine solche Tagung übernehmen muß. Dies hindert aber nicht, daß die Initiative und die sachliche Vorbereitung in die Hand einer auf diesem Gebiet wirklich sachkundigen Stelle gelegt wird, die das Vertrauen der EKD genießt"[36].

Am 10. März 1948 wandte sich von Harling wiederum an Rengstorf, um ihm für die inzwischen erfolgte grundsätzliche Bereitschaft zu danken, „die Studientagung zur Judenfrage unter die geistigen Fittiche des Ausschusses für den Dienst der Kirche an Israel zu nehmen"[37]. Sofern der ins Auge gefaßte Oktobertermin für die Tagung eingehalten werden sollte, so merkte von Harling an, müßte der „Ausschuß" selbst möglichst bald mit diesen Plänen befaßt werden. Auf seiner Sitzung im Mai 1948 erklärte der „Deutsche evangelische Ausschuß für Dienst an Israel" offiziell seine Bereitschaft, eine Tagung zur „Judenfrage" vorzubereiten und durchzuführen. Man wollte erreichen, daß die Kirchenkanzlei der EKD zusammen mit dem „Ausschuß" und dem Institutum Judaicum Delitzschianum als Veranstalter zeichnen sollte[38]. Dieser Absicht scheint man in der Kirchenkanzlei zugestimmt

---

könne er nicht teilen und lasse ihn auch um die Judenmission fürchten. Er hatte in diesem Kreis eine krasse Verständnislosigkeit für die „Judenfrage" feststellen müssen (Brief von Harlings an Rengstorf vom 14. 1. 1948, [Ebd.]. Vgl. dazu auch unten S. 319f.).

[35] Brief Kloppenburgs an von Harling vom 21. 1. 1948 (AÖR Genf, II Chrétiens d'origine juive. 1er juin 1947–31 août 1948. Darin: Korrespondenz mit Kirchenkanzlei und Hilfswerk).

[36] Brief von Harlings an Kloppenburg vom 17. 2. 1948 (Ebd., 1949/50 Département des Réfugiés, Akten von Pastor Kloppenburg, Box E8).

[37] Brief der Kirchenkanzlei der EKD (von Harling) an Rengstorf vom 10. 3. 1948 (vgl. oben S. 205, Anm. 23).

[38] Brief Rengstorfs an von Harling vom 22. 7. 1948 (Ebd.).

zu haben. Offen war indes noch die Frage, ob auch der Rat der EKD mitbeteiligt werden sollte. Von Harling war der Ansicht, „daß das Geleitwort auf der ersten Seite (des Tagungsprogramms, S.H.) von Wurm als dem Vorsitzenden des Rates der EKD verfaßt" werden sollte[39]. „Dies würde sicher dazu beitragen, der Tagung nach außen hin ein größeres Gewicht zu geben. Voraussetzung dafür wäre, daß die Tagung zwar von dem Ausschuß für Dienst an Israel veranstaltet wird, daß aber der Rat der EKD das Protektorat über die Tagung übernimmt." Lediglich aus äußeren Gründen wurde also erwogen, den Rat der EKD mit einer Art „Schirmherrschaft" für diese Tagung zu betrauen. Daß diese Beteiligung auch aus inhaltlichen Gründen wichtig gewesen wäre, um ein Zeichen zu setzten, daß sich die evangelische Kirche Deutschlands in ihrer Gesamtheit für dieses Thema verantwortlich wußte und bereit sein würde, in ein intensives Gespräch einzutreten, um zu einem neuen, fundierten Verständnis der Judenfrage zu kommen, wurde aber nicht in Erwägung gezogen.

Das Einladungsschreiben zur ersten Tagung 1948 trug auf der Außenseite eine kurze Stellungnahme des Ratsvorsitzenden Wurm. Er erklärte, daß der Rat den Plan dieser Tagung begrüße und „von ihr eine wesentliche Klärung und Förderung des Gespräches über die Judenfrage, auch über den kirchlichen Rahmen hinaus, aus dem Geist und der Schau der Bibel" erhoffe. Der Rat begleite „die Tagung mit seinen wärmsten Segenswünschen"[40]. Ansonsten wurde der „Deutsche evangelische Ausschuß für Dienst an Israel" als Veranstalter genannt und die Kirchenkanzlei der EKD nur als Absender aufgeführt. 1950 und 1951 verfuhr man in ähnlicher Weise: Der neue Ratsvorsitzende Otto Dibelius zeichnete für eine kurze Einladung auf der Umschlagseite[41]; nur fehlte in diesen Jahren der frühere Hinweis auf die Kirchenkanzlei. Ab 1952 war dann im Tagungsprogramm kein Hinweis mehr auf eine Beteiligung der EKD an der Veranstaltung zu finden. Sie war ganz in die Verantwortung des „Ausschusses" übergegangen. Lediglich in der Person von Harlings gab es noch eine Verbindung zur Kirchenkanzlei.

Festzuhalten ist also, daß die EKD als solche nach dem Zusammenbruch des „Dritten Reiches" nicht von sich aus in der „Judenfrage" aktiv wurde. Erst Nachfragen des Flüchtlingssekretärs des ÖRK führten dazu, daß in der Kirchenkanzlei der EKD ein Referent mit der Wahrnehmung der „Judenfrage" betraut wurde. Dieser Referent stand in einer großen Nähe zu den Judenmissionsgesellschaften und meinte, daß lediglich in ihren Reihen wirkliche Kenner des Judentums zu finden seien. Seine Absicht war es, diesen

---

[39] Brief von Harlings an Rengstorf vom 2. 9. 1948 (Ebd.).

[40] Programm der Arbeitstagung „Kirche und Judentum" (LKA Stuttgart, Akten Hilfsstelle, 4).

[41] Kirchen, S. 548.

bisher eher im Verborgenen arbeitenden Persönlichkeiten kirchliche Anerkennung zu verschaffen. Verhindern wollte er unter allen Umständen, daß Personen, die erst durch die Ereignisse im „Dritten Reich" Interesse an der „Judenfrage" gefunden hatten, in den Vordergrund gelangten. Er fürchtete, daß so die Stellung der Judenmission untergraben werden könnte. Als sich die Gesellschaften für Judenmission zu einem „Ausschuß für Dienst an Israel" zusammenschlossen, sah er in diesem die geeignete Organisation, eine Tagung wie die geplante vorzubereiten und durchzuführen. Aus äußeren Gründen sah man sich allerdings gehalten, auf das Protektorat der EKD[42] nicht zu verzichten. Die Mitarbeit der EKD beschränkte sich jedoch darauf, daß der jeweilige Ratsvorsitzende ein Gruß- und Einladungswort zu den ersten drei Tagungen schrieb. Eine engere Bindung des „Ausschusses" an die EKD erfolgte ebensowenig wie eine formelle Beauftragung, den Themenbereich „Judentum, Israel" für die EKD zu übernehmen.

Anstatt den Rat der EKD auch entgegen dem Willen von Asmussen immer wieder auf die „Judenfrage" hinzuweisen oder wenigstens auf eine Anerkennung des „Ausschusses" zu drängen, unterlief der in der Kirchenkanzlei zuständige Referent die dringliche Forderung aus der Ökumene, daß sich die EKD mit der „Judenfrage" auseinandersetzen müsse, ja, daß man aus Deutschland sogar auf Anregungen in dieser Sache hoffe. Da nun weder im Rat noch in der Kirchenkanzlei Personen saßen, die dieses Thema besonders verfolgt hatten, wanderte dieser Bereich zum „Ausschuß für Dienst an Israel"; allerdings brachte der Rat 1950 zum Ausdruck, daß er die Mitarbeit von Harlings in diesem Gremium „für wünschenswert"[43] hielt. Erst 1965 bat die rheinische Landessynode die EKD, eine Studienkommission „einzurichten, die das Verhältnis der Kirche zum Judentum theologisch klären soll"[44]. Bis dahin waren von seiten der EKD lediglich 1947 ein Schreiben an die Kirchenleitungen zum 10. Sonntag nach Trinitatis[45] und ein 1950 von der Synode der EKD verabschiedetes „Wort zur Judenfrage"[46] ergangen. Nachdem während des „Dritten Reiches" von den evangelischen Kirchen nur sehr zaghaft Stellung gegen die staatlichen Maßnahmen zur Ausschaltung und Ausrottung der Juden bezogen worden war, versäumte es die EKD nach dem Ende der Naziherrschaft, einerseits ihrem Versagen und ihrer Schuld Ausdruck zu verleihen und andererseits Impulse zu einer Aufarbeitung der „Judenfrage" zu geben, vor allem aber selbst erste Schritte zu einer Klärung

---

[42] Schreiben der Kirchenkanzlei der EKD an die Landeskirchenleitungen nach der Studientagung in Kassel 1950 (vgl. unten S. 224ff.), in dem es hieß, die Tagung habe „unter dem Protektorat des Rates der Evangelischen Kirche in Deutschland" stattgefunden (LKA Karlsruhe, GA 3206).

[43] Protokoll der Ratssitzung vom 8./9. 6. 1950 (EZA Berlin, 4/020 Bd. 2).

[44] Zitiert nach: Zur Erneuerung, S. 6.

[45] Vgl. unten S. 303f.

[46] Vgl. unten S. 348ff.

des Verhältnisses zwischen Kirche und Judentum in die Wege zu leiten. Den Studientagungen des „Deutschen evangelischen Ausschusses für Dienst an Israel" sollte es bis Anfang der sechziger Jahre vorbehalten bleiben, Plattform für das außeruniversitäre Gespräch mit dem Judentum wie über das Judentum zu sein. Neben der punktuellen Arbeit anläßlich einiger Akademietagungen[47] ist lediglich auf diesen Treffen regelmäßig über die christlich-jüdischen Beziehungen nachgedacht und zu diesem Thema gearbeitet worden.

2. *Die Studientagungen des „Deutschen evangelischen Ausschusses für Dienst an Israel"*

Bis zur Auflösung des „Ausschusses" im Jahre 1982[48] fanden 28 Treffen statt, wobei die letzten zehn als Tagungen für Studenten konzipiert waren. Es soll im folgenden versucht werden, den ersten Studientagungen nachzugehen.

Im Mittelpunkt der ersten drei Tagungen standen aktuelle Fragen wie das Verhältnis von Kirche und Judentum, die Arbeit der Hilfsstellen für Rasseverfolgte, der Antisemitismus und die theologische Einschätzung der Staatsgründung Israels. Mit dem vierten Treffen wurde gewissermaßen in die theologische Detailarbeit eingestiegen; aus christlicher und jüdischer Sicht wurden, um nur einige zu nennen, die Themen „Der Mensch", „Gerechtigkeit", „Die Heilige Schrift" und „Der Nächste" behandelt.

a. Die erste Studientagung in Darmstadt, 11.–16. Oktober 1948: „Kirche und Judentum I"

Die Vorbereitung: Konzeption, Charakter und inhaltliche Ausrichtung der ersten Studientagung wurden weitgehend von Rengstorf und von Harling entwickelt. Sie standen in ständigem Kontakt miteinander, wobei von Harling die eher praktischen Vorbereitungen übernahm, Rengstorf hingegen für die theologische Konzeption verantwortlich zeichnete.

---

[47] Beispielsweise eine Tagung in Offenbach am 24.10. 1949, die in dem Bändchen von H. KALLENBACH „Die Juden und wir Christen" dokumentiert wurde, oder eine Tagung in Bad Boll mit dem Thema „Israel im Heilsplan Gottes", die vom 12. bis 15.2 1952 stattfand (vgl. zu dieser Tagung oben S. 143f.).

[48] Vgl. A. BAUMANN, Nachruf. – Wurden auf den ersten Tagungen inhaltlich Dinge herausgestellt, die auch von anderen Personen so oder ähnlich in jener Zeit vorgetragen wurden, so bleibt doch zu beachten, daß diese Tagungen eine herausgehobene Plattform bildeten, da sie vor allem auch im Ausland Beachtung fanden. Daher hatten theologische Ausführungen und Anstöße, die auf diesen Tagungen geäußert wurden, ein besonderes Gewicht im Vergleich zu anderen Veranstaltungen und Veröffentlichungen zu diesem Thema.

Hinsichtlich des Charakters der Tagung wurde überlegt, ob man lediglich ein Arbeitstreffen mit einem kleinen Kreis von prominenten und repräsentativen Persönlichkeiten planen oder ob man eine Besprechung zwischen allen an der „Judenfrage“ Interessierten zustande bringen sollte. In diesem Fall wären Vertreter aller Landeskirchen und Hilfsstellen für Rasseverfolgte, Vertreter des Bruderrates der Bekennenden Kirche sowie natürlich ein „noch näher zu bestimmende(r) Kreis der eigentlichen Interessenten und Sachkenner“ einzuladen gewesen[49]. Auf Vorschlag von Rengstorf kam man überein, dem letzteren Modell den Vorzug zu geben, da Personen aus dem Umkreis der Hilfsstellen für Rasseverfolgte nicht übergangen werden konnten und sollten und so die innerhalb der Bekennenden Kirche an der „Judenfrage“ Interessierten am besten beteiligt und integriert werden konnten.

Erste Ideen zu einer inhaltlichen Ausgestaltung formulierte von Harling in einem Brief vom 10. März 1948. Der Referent der Kirchenkanzlei nannte eine Reihe von Themen, die weitgehend die in Assenheim angesprochenen Bereiche aufnahmen[50], und betonte, auf jeden Fall müsse deutlich gemacht werden, „daß von dem Judentum von Heute die Rede ist und nicht von einem rein theologischen Begriff Israel“. Auch gelte es „in einem Referat ganz besonders über die theologische Rechtfertigung und Notwendigkeit sowie über die praktischen Möglichkeiten der Judenmission in unserer Zeit“ zu sprechen. Auch in diesem Schreiben trat das große Gewicht, das von Harling der Judenmission beimaß, deutlich zutage.

Rengstorf seinerseits hatte sechs Themenbereiche vorgeschlagen, die bearbeitet werden sollten: „Die geistige Situation des Nichtariers im heutigen Deutschland“, „Die materielle Lage des Nichtariers im heutigen Deutschland“, „Die theologische Situation des heutigen Judentums und moderne Erneuerungsversuche; Judaismus“, „Der moderne Zionismus“, „Die Lage der Juden und Judenchristen in den DP-Lagern“ und „Judenchristliche Gemeinden?“[51]. Diese Themenvorschläge zeichnen sich dadurch aus, daß in ihnen ganz gezielt die gegenwärtige Lage der Juden und Judenchristen in den Blick genommen werden sollte, und nahmen damit das eine Anliegen von Harlings auf. Der zweite von ihm angemahnte Bereich blieb jedoch unberücksichtigt. Rengstorf wollte die Judenmission nicht ausdrücklich zu einem Thema machen, da eine Gruppe innerhalb des „Ausschusses“ Vorbehalte gegen ein Herausstellen der Judenmission gemacht hatte. Ein anderer, wohl

---

[49] Brief von Harlings an Rengstorf vom 27. 4. 1948 (vgl. oben S. 205, Anm. 23).

[50] Vgl. oben S. 210, Anm. 37. – Die Themen: „Geschichte und Soziologie des Judentums“, „Die Judenfrage als politisches, soziales, psychologisches und religiöses Problem“, „Die Judenfrage in der Bibel“, „Die Aufgabe der Kirche gegenüber dem Judentum“, „Die Judenmission, die Seelsorge an Judenchristen und der Aufbau judenchristlicher Gemeinden“, „Problem der Hilfeleistung für die Opfer der Rassenpolitik des Nationalsozialismus“.

[51] Zitiert nach Brief der Kirchenkanzlei der EKD (von Harling) an Rengstorf vom 25. 5. 1948 (vgl. oben S. 205, Anm. 23).

ausschlaggebender Grund ist in dem Versuch Rengstorfs zu sehen, einen prominenten jüdischen Redner einzuladen; dieser Plan wäre wohl nur sehr schwer realisierbar gewesen, wenn die Judenmission ausdrücklich als Thema genannt worden wäre[52].

In einem fortgeschritteneren Stadium der Planungen wurde für den ersten Tag ein „umfassende(r) Überblick über die Lage des Judentums in der Welt" und ein Vortrag „Das Judentum auf alten und neuen Wegen" vorgesehen[53]. Am zweiten Tag sollte die Situation der ehemaligen Rasseverfolgten im heutigen Deutschland zur Darstellung kommen. Weitere Themenkreise sollten die „Judenfrage als Frage der Kirche" und „Die eine Kirche aus Juden und Heiden" sein. An ergänzenden Programmpunkten waren ein Eröffnungsabend, eine Filmvorführung, ein Besuch einer jüdischen Lagergemeinde, ein Presseempfang und ein Empfang durch die Stadt Darmstadt vorgesehen. Diese Planungen entsprachen schon weitgehend dem später durchgeführten Tagungsablauf.

Noch zwei Ideen, die während der Tagungsvorbereitung auftauchten, verdienen Erwähnung: Zum einen wollte man im Rahmenprogramm auch den Besuch eines Synagogengottesdienstes ermöglichen, nachdem zuvor eine Einführung in die Liturgie gegeben worden wäre. Zum anderen hatte Rengstorf den Vorschlag gemacht, auch einen prominenten jüdischen Redner einzuladen. Damit jedoch gewann die Tagung eine ganz neue Qualität: Man wollte nicht nur über das Judentum sprechen, sondern mit ihm ins Gespräch kommen! Rengstorf hatte wohl erkannt, daß ein wirklicher Fortschritt in den Beziehungen der Kirche zum Judentum nur dann erzielt werden konnte, wenn beide aufeinander hörten und miteinander sprachen. Dieser Austausch aber war nach der Vernichtung der deutschen Juden sehr schwierig geworden. In Deutschland selbst lebten kaum noch Juden, und an einem theologischen Gespräch Interessierte fanden sich noch schwerer. So beinhaltete dieser Vorschlag die Chance, in der Begegnung den anderen zu verstehen und von ihm zu lernen, ihn aber vor allem in seinem Denken und seiner Frömmigkeit kennenzulernen. Mit diesem Plan knüpfte man nicht nur an die Studientagungen der Judenmissionsgesellschaften der Jahre 1924 bis 1929 an, sondern stellte sich bewußt in die Tradition der Tagung von 1930 in Stuttgart, wo mit Martin Buber erstmals ein Jude zu einem Vortrag gebeten worden war. Diesem ersten Versuch eines christlich-jüdischen Gespräches folgte 1933 als ein ausgesprochener Höhepunkt eine Disputation zwischen Buber und dem

---

52 Vgl. die Eingangsbemerkung Bubers anläßlich seines Vortrages auf der Studientagung von vier Judenmissionsgesellschaften 1930: „Ich bin dieser Aufforderung gefolgt, obwohl ich der Sache, die diese Ihre Tagung trägt, entgegen bin,..." (zitiert nach R.R. GEIS/H.-J. KRAUS, Versuche, S. 146).

53 Brief Rengstorfs an von Harling vom 22. 7. 1948 (vgl. oben S. 205, Anm. 23). Im Original sind Teile des Zitates hervorgehoben.

Bonner Theologen Karl Ludwig Schmidt im jüdischen Lehrhaus in Stuttgart[54].

Der Verlauf der Tagung: Martin Niemöller betonte in seiner Begrüßungsansprache, die er nicht nur als Kirchenpräsident der gastgebenden Landeskirche, sondern auch als Mitglied des Rates der EKD hielt, daß ihm „in den Jahren der Verfolgung die Schuld der Christenheit an den Juden deutlich geworden" sei[55]. „Er bat alle Teilnehmer, zu bedenken, daß die Juden als Brüder der Christen um ihretwillen leiden müssen". Niemöller führte weiter aus, „daß das Thema ‚Kirche und Judentum', das vor 1933 keine außerordentliche Bedeutung gehabt habe, jetzt durch die grauenhafte Wirklichkeit zu einem überragenden Problem geworden sei. Es sei der feste Wille der Christenheit, zu dieser Frage eine Antwort zu finden"[56]. Ferner wies er darauf hin, „daß die Ursachen für die Leiden des deutschen Volkes darin zu suchen seien, daß Gott Rechenschaft für die am jüdischen Volke begangene Schuld fordert, und zeigte die schicksalshafte Verbundenheit von Kirche und Israel im Leiden und gnädigen Gericht"[57]. Er unterstütze, so Niemöller abschließend, das Anliegen der Tagungsleitung, „die Judenfrage zu einem Anliegen der gesamten deutschen Kirche werden zu lassen". Diese kurze Begrüßungsansprache ist in ihrer Wärme, Klarheit und Unmißverständlichkeit beeindruckend. In aller Offenheit wird die Schuld der Kirche gegenüber Israel herausgestellt und die daraus resultierende Aufgabe der Kirche benannt: Sie hat sich der „Judenfrage" zu stellen und sie neu zu durchdenken. Neben den kurzen Einladungszeilen des Ratsvorsitzenden Wurm im Tagungsprogramm unterstrich dies Auftreten Niemöllers den quasi offiziellen Charakter der Studientagung und verlieh ihr so ein nicht zu übersehendes Gewicht.

Nach einem Vortrag von Conrad Hoffmann, dem Direktor des „International Committee on the Christian Approach to the Jews", über die Lage des Judentums in der Welt, in welchem er die Betroffenheit der amerikanischen Christen über die Lage in Europa und das Wissen um ihre Verantwortung herausstellte sowie die These aufstellte, daß „die Kirche solange nicht recht zu Gott" stehe, „bis sie recht steht zu Israel", folgte der eigentliche Höhepunkt dieser ersten Studientagung: Rabbiner Dr. Leo Baeck sprach über „Das Judentum auf alten und neuen Wegen"[58]. Er führte aus, daß im 17. und 18. Jahrhundert „die Mystik... in den jüdischen Menschen eingetreten" sei

---

[54] R. R. Geis/H.-J. Kraus, Versuche, S. 146ff.

[55] „Bericht über die Tagung ‚Kirche und Judentum'" (Privatakten Rengstorf, Ordner: Deutscher ev. Ausschuß für Dienst an Israel. 1.–3. Studientagung. Darin: Studientagung zur Judenfrage in Darmstadt 11.–15. Okt. 1948, Tagungsverlauf).

[56] Zitiert nach Darmstädter Echo vom 13. 10. 1948.

[57] „Bericht über die Arbeitstagung Kirche und Judentum" von John Witt (vgl. oben S. 211, Anm. 40).

[58] Vortrag abgedruckt in: Judaica 6, 1950, S. 133ff.

und ihn, besonders in Polen, weitgehend zum „homo mysticus" hätte werden lassen: Der damalige Jude „hatte sein Haus in der Enge des Ghettos,... aber er lebte in der Weite, dem Frieden und der Herrlichkeit einer anderen, einer mystischen Welt". Die ihn umgebende Welt sei in derselben Zeit zur rationalen geworden, und diese hatte „an die Tore des Ghettos geschlagen und sie durchbrochen". Die Frage sei gewesen, wie sich das Judentum zu dieser neuen, rationalen Welt, in der ihm erstmals „Roheit, Trunksucht, Prostitution, Unwissenheit" begegneten, stellen würde. Ein „Kampf zwischen der neuen Welt und der alten Religion..., zwischen den Jahrzehnten und den Jahrtausenden" begann, denn „die jüdische Seele ist durch die Jahrtausende geformt". Im Osten endete dieser Kampf oft in Radikalismus und Nihilismus oder aber in einer fortdauernden Abschließung der Juden. Im Westen erinnerten diese sich ihrer Geschichte und begannen dadurch eine große Wandlung vorzubereiten. Der „Wille zu sich selbst war jetzt wieder erwacht. Es war in der Tat wie eine große Renaissance", und den „stärksten und vernehmbarsten Akzent hatte das alles im Zionismus". Einher ging diese Entwicklung mit einer „Verschiebung der Schwerkraft jüdischen Lebens von Europa nach Amerika" und der Wiederentdeckung des Landes Israel, in welchem sich Mystik und ratio verbanden. In diesem Land gewann die Bibel ein neues Leben, „und sie wurde wieder das Buch der Antwort, wenn der Tag die Frage stellte. Man kann die Bibel nicht besitzen, ohne von ihr ergriffen zu werden", betonte der Referent. Aber auch in Europa und Amerika sei die Bibel entscheidend, auch für ein christliches Leben! „Das Judentum sollte nie vergessen, daß aus seiner Mitte das Christentum hervorgegangen ist, und daß seine Bibel Besitztum auch des Christentums ist"; und „die christliche Kirche sollte nie vergessen, daß es für sie keine Bibel ohne die jüdische Bibel geben kann... Judentum und Christentum sind durch das Mysterium mit einander verbunden". Wer dies ahne, „der wird nur mit Ehrfurcht vom Judentum und vom jüdischen Volke sprechen". Baeck warnte davor zu meinen, die kleinen Gedanken der Menschen seien die Gedanken Gottes. Der Mensch dürfe sich nicht anmaßen, von einer Verwerfung des jüdischen Volkes zu reden und sein Geschick als Zeichen seiner Verdammnis hinzustellen. Juden und Christen lebten zusammen in der Geschichte und harrten auf das letzte Ziel. Dieses aber „liegt in Gottes Geheimnis geborgen... Vom Menschen ist verlangt, daß er durch Gerechtigkeit, Liebe und Demut fromm sein und verstehen lerne, und daß so auch seine Hoffnung aus der Gerechtigkeit, der Liebe und der Demut erwachse". In dieser Weise sollten sich Juden und Christen zu begreifen suchen.

Mit dieser eindrücklichen Erinnerung an die gemeinsamen Wurzeln des Christentums und des Judentums verband Baeck den Hinweis, daß beide Religionen aufeinander angewiesen seien. Seine Ausführungen erregten tief angesichts der Vermessenheit, mit der „christliche" Kreise dem Judentum in den vergangenen Jahren begegnet waren. In knappen Worten am Ende seines

Vortrages stellte Baeck die christliche Theologie vor die Aufgabe einer Neubestimmung des Verhältnisses zu Israel. Bisher habe man unbesehen von einer Verwerfung des jüdischen Volkes geredet, auch in Kreisen der Judenmission; aber welche schrecklichen Folgen dieses Reden haben könnte, sei erst jetzt deutlich zu ermessen. Baeck klagte nicht an, stellte keine Schuld fest, aber durch seine Ausführungen wies er doch auf die unabdingbare Notwendigkeit hin, das Verhältnis zwischen Christen und Juden neu zu bestimmen und auszugestalten: Ausgangspunkt hierfür könne das Wissen darum sein, daß die heilige Schrift der Juden auch unaufgebbarer Bestandteil der christlichen Bibel ist. Er verwies darauf, daß sich beide dem Willen Gottes zu beugen und gemeinsam den Ereignissen des Jüngsten Tages entgegenzusehen hätten.

Am folgenden Tag standen Vorträge und Aussprachen über die Situation der ehemaligen Rasseverfolgten und der Hilfsstellen für Rasseverfolgte auf dem Programm. Konrad Hoffmann, Leiter der Hamburger „Notgemeinschaft der durch die Nürnberger Gesetze Betroffenen", stellte heraus, daß die Rasseverfolgten auf ein Zeichen des Umdenkens ihnen gegenüber warteten. Zwar sei eine gewisse Normalisierung der äußeren Lage erreicht, aber besonders Alte und Kranke seien in einer schwierigen Situation. Gespräche mit Kirchenvertretern seien angebracht und dringend geboten. Abschließend resümierte Hoffmann: „Die Kirche, die Antisemitismus duldet, treibt Gott hinaus"[59]. Dr. Curt Radlauer, Mitarbeiter der Berliner Hilfsstelle, ging in seinen Ausführungen besonders auf juristische Zusammenhänge ein. Es gelte den Unterschied zwischen allgemeinen Kriegsschäden und den Folgen der Rasseverfolgung zu beachten. Der Kriegsschaden erfordere soziale Fürsorge, die Rasseverfolgung aber Wiedergutmachung. Von daher sei der Grundsatz des Evangelischen Hilfswerkes, alle Geschädigten gleichzustellen, nicht allein aus psychologischen, sondern auch aus juristischen Gründen falsch. Der Referent unterstrich, daß keine kollektive Schuld, wohl aber eine kollektive „Verantwortlichkeit des deutschen Volkes" vorliege und demgemäß auch eine „koll(ektive) Verantwortlichkeit der deutschen Kirche"[60].

Eine eingehende Diskussion schloß sich diesen Darlegungen an, in der vor allem auch der Satz Gerstenmaiers „Der Judenchrist in Deutschland muß sich heute sein Christentum etwas kosten lassen" viel Zündstoff lieferte[61].

Am vierten Tag sprach Pfarrer Martin Wittenberg aus Neuendettelsau zum Thema „Die Judenfrage als Frage der Kirche". Er führte aus: „Wenn sich die Kirche als jüngerer Bruder der Synagoge versteht, so wird ihr grobe und feine Judenfeindschaft unmöglich sein. Wirkliche Christen werden die Eigenart der Juden verstehen und ihnen ihren köstlichsten Besitz, den Glauben an den

[59] Mitschrift Rengstorfs (vgl. oben S. 216, Anm. 55).
[60] Mitschrift Rengstorfs (Ebd.).
[61] Vgl. oben S. 77ff.

Messias Jesus, nicht vorenthalten wollen"[62]. Wittenberg vertrat die Ansicht, „daß das Israel nach dem Fleisch gänzlich abgelöst sei durch das Israel nach dem Geiste"[63]. Diese Auffassung blieb allerdings nicht unwidersprochen und wurde heftig diskutiert. Überhaupt war dies wohl der einzige Beitrag während der ganzen Tagung, in welchem dezidiert auf die Judenmission eingegangen wurde. Diese begründete der Referent dahingehend, daß dem heutigen Israel, theologisch gesehen, kein Gewicht mehr zukomme. Zu fragen ist, ob Wittenberg die von ihm herausgestellte Wertschätzung Israels nicht wieder relativierte, indem er es nur dann als vollkommen anzusehen bereit war, wenn es Jesus als seinen Messias angenommen habe. Der Eindruck bleibt, daß es seiner Ansicht nach Israel am eigentlich Entscheidenden mangele. Diese Sicht könnte ein Ansatzpunkt zu einer Geringschätzung des Judentums sein, was wiederum verheerende Folgen nach sich ziehen könnte. So führten diese Ausführungen tatsächlich eher zurück in die altbekannten Denk- und Argumentationsschemata und ließen einen Neuaufbruch vermissen.

Beeindruckend für die Tagungsteilnehmer verlief der Besuch im „DP"-Lager Bensheim, in welchem 850 osteuropäische Juden auf die Auswanderung warteten. Einblick in die Wohn- und Lebensbedingungen, in die Lehrwerkstätten und Schulen zeigten, wie schwer das Leben für diese Menschen war. Zwar erhielten sie durch verschiedene Hilfsorganisationen Unterstützungen, doch nahezu kein Geld. Von daher wurde es den Besuchern verständlich, daß die Lagerinsassen ihre entbehrbaren Konsumgüter auf dem Schwarzmarkt verkauften. Das enge Zusammenleben – manchmal mußten zwei Familien in einem Raum wohnen und kochen – machte den Wunsch, möglichst bald nach Palästina zu kommen, verständlich. Die Anwesenheit dieser Flüchtlinge wurde als eine große Chance für die Kirche angesehen, wenngleich durch das oft gespannte Verhältnis zur deutschen Bevölkerung ein neuer Antisemitismus drohte. Die Kirche, so die Meinung der Teilnehmer, habe den ernsthaften Versuch „zu wenigstens ansatzweiser Heilung der seelischen Wunden auf beiden Seiten zu machen"[64].

Das Abschlußreferat hatte sich der Leiter der Tagung selbst vorbehalten. In seinem Vortrag „Die eine Kirche aus Juden und Heiden" wies Rengstorf, ausgehend vom Augsburger Bekenntnis von 1530, darauf hin, daß die Kirche in ihrer Geschichte immer wieder über ihre Einheit habe nachdenken müssen. Den Einheitsbemühungen der Gegenwart stehe ein neuer Riß gegenüber, welcher das Fundament der Kirche selbst bedrohe. „Es handelt sich um den Riß zwischen ihren Gliedern aus den Völkern und ihren Gliedern aus

---

[62] Vgl. oben S. 216, Anm. 55; vgl. auch den Bericht „Kirche und Judentum" in: FRu Nr. 2/3, März 1949, S. 33–36.

[63] Vgl. oben S. 216, Anm. 57.

[64] FRu Nr. 2/3, März 1949, S. 36.

Israel."[65] Von zwei Seiten drohe Gefahr, daß sich die bisher gezeigten kleinen Sprünge vertiefen könnten. Der Antisemitismus einerseits und ein neuerwachtes Selbstbewußtsein des Judentums andererseits bewirkten eine Trennung der Judenchristen von den Heidenchristen. Am Ende dieser Entwicklung stünde der Zusammenschluß von besonderen judenchristlichen Gemeinden. Angesichts der „weithin verbreiteten christlichen Aversion gegen alles Jüdische" bleibe nur eins, die Besinnung auf das Bild der Kirche, wie es im Neuen Testament gezeichnet sei: Das „Bild einer Kirche aus Heiden *und* Juden". Nachdem Rengstorf herausgearbeitet hatte, weshalb in apostolischer Zeit eine Aufspaltung der Gemeinde unmöglich war, entwickelte er drei Merkmale der Kirche, die es heute zu bedenken gelte. Zum einen sei die Kirche, wie das alte Israel, unter das Wort Gottes gestellt; das Trennende zwischen Judentum und Christentum bestehe nicht im Neuen Testament, sondern darin, daß beide zwar die Gottesoffenbarung des Alten Testaments hätten, daß die Kirche aber das Alte vom Neuen Testament her lese. So könne es zu keinem gemeinsamen Verständnis des Alten Testaments kommen. Zum anderen müsse sich die Kirche aus der Geschichte des Volkes Gottes im Alten Testament immer wieder neu verstehen lernen und erkennen, „daß es zum Wesen der Kirche Jesu bis hin auf seine Wiederkunft gehört, Diaspora (Galuth) zu sein". Im Verstehen dieser Analogie zwischen Kirche und Israel stehe man erst am Anfang. Als dritten Punkt stellte Rengstorf heraus, daß in der Johannesapokalypse die endgültige Gottesgemeinde die Züge des alttestamentlichen Gottesvolkes habe; damit sei „das Israel der alttestamentlichen Geschichte offenbar ganz bewußt überhöht... und damit als erfüllt dargestellt". Für Paulus, der die Kirche als Volk Gottes verstehe, komme deshalb ein Jude, der den Weg in die Kirche finde, nach Hause. Wo sich judenchristliche Gemeinden bildeten, würde daher „neben der Ehre Jesu auch die Würde des Volkes Gottes angetastet". Der Referent unterstrich abschließend, wenn für die Christen aus Israel gelte, „daß ihre Gemeinschaft mit Jesus ihren rechten Ausdruck nur innerhalb der Kirche aus Juden *und* Heiden finden kann, so gilt von der Kirche, daß sie nur dann Gottes Gemeinde in Jesus Christus ist, wenn sich in ihr die uneingeschränkte Gemeinschaft der Gläubigen aus den Völkern mit den Gläubigen aus Israel darstellt. Hier wie dort ist man mit Gott nur dann in Ordnung, wenn man auch miteinander in Ordnung ist."

Mit diesem Vortrag übte Rengstorf nach zwei Seiten Kritik: Zum einen erteilte er der völkischen Theologie eine Absage. Der Tübinger Neutestamentler Gerhard Kittel hatte 1933 verteidigt, daß Judenchristen eigene Gemeinden bilden sollten, um „eine ihrer spezifischen Herkunft und Tradition gemäße ‚wurzelhafte' Verkündigung und Gottesdienstgestaltung zu garan-

[65] K.H. Rengstorf, Kirche, 232.

tieren"[66]. Um 1940 schlossen dann die deutschchristlich geleiteten Landeskirchen ihre judenchristlichen Mitglieder aus. In der Ablehnung dieser Einstellung traf sich die Sicht Rengstorfs mit der von vielen Theologen, die schon während des „Dritten Reiches" betont hatten, daß ein Ausschluß der Judenchristen die Substanz der Kirche zerstören würde[67]. Zum anderen aber setzte sich der Referent mit einer aktuellen Gefahr auseinander. Unter dem Einfluß beispielsweise der „First Hebrew Christian Synagogue", Los Angeles[68], begannen sich von der Kirche enttäuschte Judenchristen zu eigenständigen Gemeinden zusammenzuschließen. Hier werde neben der Ehre Jesu auch noch die „Ehre Israels als Volk gesucht und darüber vergessen, daß seine Ehre nur darin besteht, für den Messias Gottes da zu sein". Neben diesen eher ins Praktische zielenden Ausführungen versuchte Rengstorf auch theologische Impulse zu geben. Um ein adäquates Verhältnis zum Judentum zu gewinnen, müsse die Kirche an einer Durchdringung des Kirchenbegriffs arbeiten und sehen, daß einige im Alten Testament angelegte Bestimmungen noch nicht eingeholt wurden. Zum einen sollte das Verhältnis der Kirche zum Alten Testament geklärt werden, zum anderen gelte es, für die Kirche die Folgen ihrer Diasporaexistenz zu durchdenken und das Wesen der Kirche von ihrer endzeitlichen Gestalt her zu bestimmen, „die Züge des alttestamentlichen Gottesvolkes" trage. In diesem Vortrag waren Linien angedeutet, die Folgen für die christliche Theologie haben und von daher Wege zu einer neuen Sicht Israels weisen konnten. Rengstorf lag daran, die Kirche auf Defizite in ihrer Theologie hinzuweisen und dazu aufzufordern, diese wahrzunehmen und zu durchdenken. Er war der Auffassung, daß am Ende dieses Prozesses eine Neubestimmung des Verhältnisses von Kirche und Israel stehen würde, das jede oberflächliche Sicht Israels und die damit verbundene Gefahr eines neuen Antisemitismus unmöglich mache. Er wollte durch eine stringent theologische Arbeit ein tieferes Verständnis für Israel wecken und dabei von Analogien zwischen Israel und Kirche ausgehen.

Welche Personen zeigten nun an dieser ersten Studientagung „Kirche und Judentum" Interesse?[69] Unter den 80 Teilnehmern, darunter 25% Frauen, waren 22 Pfarrer, sieben Professoren und acht kirchliche Mitarbeiter; elf Personen waren in einer kirchlichen Hilfsstelle für Rasseverfolgte beschäftigt, darunter auch Vertreter der Caritas, und 15 Mitarbeiter einer Judenmissionsgesellschaft. Unter den Teilnehmern befanden sich fünf ausländische Gäste. Neben vier Mitgliedern jüdischer Gemeinden waren neun Judenchristen angemeldet. Zu 13 Personen, die zumeist aus Darmstadt stammten, lassen sich keine näheren Angaben machen. Aus nahezu allen Landeskirchen

---

66 L. Siegele-Wenschkewitz, Mitverantwortung, S. 176.
67 Vgl. unten S. 25 f., S. 33 f.
68 Vgl. oben S. 148 ff.
69 Teilnehmerliste der Studientagung (vgl. oben S. 211, Anm. 40).

der westlichen Besatzungszonen waren Vertreter anwesend, aus der sowjetischen Zone hingegen nur Prof. Alfred Jepsen aus Greifswald[70]. Allein die gastgebende und die hannoversche Landeskirche hatten Oberkirchenräte als Vertreter der Kirchenleitungen entsandt; dezidierte Vertreter der Bekennenden Kirche fehlten hingegen ganz. Deutlich wird, daß der Teilnehmerkreis zum überwiegenden Teil aus Personen bestand, die mit der Arbeit unter Judenchristen und Juden vertraut waren. Die meisten Anwesenden waren aus „beruflichen" Gründen angemeldet; nur ganz wenige scheinen diese Tagung aus reinem Interesse an der Sache besucht zu haben. Insoweit war es nicht gelungen, eine breite Öffentlichkeit anzusprechen, wie es eigentlich intendiert worden war. Man befand sich doch eher in einem – wenn auch gegenüber Assenheim erweiterten – Kreis von Sachkennern. So wurde in einem Bericht dann auch mit etwas Bedauern herausgestellt, „daß der größte Teil der Anwesenden alte Freunde der Arbeit oder schicksalsmäßig damit verbundene Menschen waren"[71]. Immerhin, so dieser Autor, dürfe „man es im Hinblick auf die Situation der deutschen Kirche als einen großen Fortschritt betrachten, daß überhaupt eine Tagung in diesem Ausmaß stattfand".

Impulse und Wertung: Zusammenfassend kann gesagt werden, daß durch die erste Studientagung zur Frage „Kirche und Judentum" Neuland betreten wurde. Großes Gewicht bei diesem Treffen hatten die Information und der Austausch über die Lage der ehemaligen Rasseverfolgten. Durch eindringliche Vorträge wurde die Situation der Judenchristen in Deutschland vorgestellt und ihre Problematik angesprochen. Aber nicht nur das Schicksal dieser christlichen Schwestern und Brüder sollte bedacht, sondern auch die Situation der Juden in der Welt und der in Lagern lebenden jüdischen „Displaced Persons" kennengelernt werden. An diesem Punkt zeigt sich das Bestreben der Tagungsleitung, beide Seiten, die christliche und die jüdische, in den Blick zu bekommen. Daß der Bereich der diakonischen Hilfe einen gewissen Schwerpunkt bildete, ist dem Umstand zuzuschreiben, daß der „Ausschuß" gemeinsam mit der Kirchenkanzlei der EKD die Hilfsstellen für Rasseverfolgte und das Zentralbüro des Hilfswerks der EKD zu einem Gespräch im Rahmen der Tagung eingeladen hatte, um das gespannte Verhältnis dieser Einrichtungen zu verbessern[72].

Auch theologische Impulse waren im Verlauf des Treffens spürbar. Nicht nur die oben schon dargelegten Ansätze Rengstorfs wären in diesem Zusammenhang zu nennen, sondern vor allem der Vortrag von Baeck. Die Tagung erbrachte die erste Begegnung zwischen Juden und Christen nach den Schrecken des „Dritten Reiches", in welcher das abgebrochene theologische Gespräch wiederaufgenommen wurde. Und dann stellte die Begegnung mit

[70] Vgl. unten S. 248ff.
[71] Vgl. oben S. 216, Anm. 57.
[72] Vgl. oben S. 90ff.

einem jüdischen Referenten in der damaligen Zeit eine einmalige Chance dar, aus einem unmittelbaren Kontakt heraus Schritte einzuleiten, die auf ein besseres Verstehen zwischen Christen und Juden und umgekehrt zielten. Es ist Rengstorfs unbestreitbares Verdienst, dies in die Wege geleitet und so die Möglichkeit eines christlich-jüdischen Gespräches für die Kirche und ihre Theologie fruchtbar gemacht zu haben. Erstaunlich ist, daß sich Baeck bereit erklärte, sich so kurz nach den furchtbaren Ereignissen – mit Einschluß eigener schlimmster Erfahrungen – in Deutschland dem Gespräch zu stellen; bewundernswert seine nüchterne und sachliche Art, in der er seinen Vortrag hielt und eindringlich das gegenseitige Aufeinanderangewiesensein herausstellte. Wenn er betonte, daß von einem recht verstandenen und praktizierten Christentum her eine Judenfeindschaft unmöglich sein müßte, so signalisierte dieser Referent in eindrücklicher Weise eine Gesprächsbereitschaft und Offenheit, von der die Versammelten nur tief betroffen sein konnten.

Kritisch festzuhalten wäre, daß die Schuldfrage bei diesem Treffen keine Rolle gespielt hat[73]. Außer den allerdings deutlichen Eingangsworten von Niemöller ging niemand dezidiert auf diesen Sachverhalt ein oder analysierte die gegenwärtige Situation speziell auf dem Hintergrund der unglaublichen Ereignisse der vergangenen Jahre. Es war für die Versammelten kein Problem, daß sich die EKD in dieser Sache noch nicht ausdrücklich geäußert hatte, und für den eigenen Kreis schien man auch nicht die Notwendigkeit zu verspüren, solches zu tun. Ob dies damit zusammenhängt, daß die führenden Persönlichkeiten von solchen Erklärungen nichts hielten oder ob die Notwendigkeit eines solchen Wortes nicht empfunden wurde, mag dahingestellt bleiben. Das Resultat jedenfalls blieb dasselbe: Auch Personen, die um das Schicksal und das Leid der Juden im „Dritten Reich" wie wenig andere Bescheid wußten, schwiegen. Weder wurde das eigene Versagen benannt, die eigene Schuld bekannt, noch wurde den Verfolgten und Gemarterten mit einem offenen Wort entgegengetreten. Das Geschehene blieb unausgesprochen, blieb stehen, blieb ein Graben zwischen Christen und Juden.

Als zweiter Kritikpunkt sei die mangelnde Wirkung in der kirchlichen Öffentlichkeit angeführt. Oben wurde bereits herausgestellt, daß vor allem Personen diese erste Tagung zur „Judenfrage" besuchten, die mit der Themenstellung schon vertraut waren. Daß keine neuen Interessentenkreise angesprochen werden konnten, mag damit zusammenhängen, daß in der Ausschreibung und Einladung zur Tagung keine wirklich aktuellen Fragestellungen auftauchten. Speziell ist hierbei an das Fehlen einer Aufarbeitung des Versagens der Kirche im „Dritten Reich" zu denken. Zu sehr mögen die im Programm genannten Themen den Eindruck erweckt haben, daß hier

[73] Wie mir Rengstorf am 14. 8. 1987 mündlich mitteilte, fand am Rande der Tagung zwischen den Teilnehmern ein reger Austausch über diese Frage statt. Besonders hervorzuheben sei ein sehr eindringliches, persönliches Gespräch zwischen Baeck und Niemöller über die Schuldfrage.

einfach zur Tagesordnung übergegangen würde. Andererseits ist festzuhalten, daß die Ergebnisse der Tagung nicht in breiter Weise nach außen getragen wurden. Lediglich die Vorträge von Baeck und Rengstorf wurden veröffentlicht. Ein Tagungsbericht fand sich nur im „Freiburger Rundbrief", einer 1948 ins Leben gerufenen Zeitschrift für christlich-jüdische Begegnung[74]. Weder im Amtsblatt der EKD noch in einer anderen überregionalen deutschen Kirchenzeitung fand sich ein Bericht mit Resultaten der Tagung.

Immerhin: Der „Deutsche evangelische Ausschuß für Dienst an Israel", der im Rahmen der Tagung zusammengetreten war, beschloß, bereits im folgenden Jahr ob der Dringlichkeit und Dichte des verhandelten Themas eine weitere Tagung durchzuführen.

b. Die zweite Studientagung in Kassel, 27. Februar–3. März 1950: „Kirche und Judentum II"

Die Vorbereitungen: Als Thema der zweiten Studientagung wurde von Rengstorf und von Harling „die heutige Situation des Judentums im Zusammenhang mit der Messiasfrage" vorgesehen[75]. Im Vorfeld der Planungen galt es, die Frage zu klären, ob dem von katholischer Seite zum Ausdruck gebrachten Wunsch, an den Tagungen aktiv beteiligt zu werden, stattgegeben werden sollte oder nicht. Für Studientagungen auf interkonfessioneller Ebene sprach in den Augen von Rengstorf vor allem, daß dadurch der im Entstehen begriffenen „Bewegung für die freundschaftliche Zusammenarbeit zwischen Christen und Juden (der) Wind aus den Segeln" genommen werden könnte[75a]. Andererseits müsse der „Ausschuß" dann auf einen Teil der Initiative verzichten. Von daher schien es doch angemessener, katholische Redner zwar zur Teilnahme einzuladen, aber doch deutlich zu machen, daß es sich nur um eine „gastweise Mitarbeit" handle. Durch diese Entscheidung, die nicht einmal dem „Ausschuß" zur Beschlußfassung vorgelegen hatte, war eine große Chance zu einem gemeinsamen, ökumenischen Bedenken der christlich-jüdischen Beziehungen vertan. Konfessionelle Vorbehalte und Furcht vor einem Verlust an Einfluß vereitelten diese herausfordernde und in ihren Perspektiven interessante Kooperation zwischen Protestanten und Katholiken in einer Frage, die beide Kirchen zu einem intensiven Durchdenken der eigenen Position herausforderte.

---

[74] FRu Nr. 2/3, März 1949, S. 33–36.

[75] Brief Rengstorfs an von Harling vom 15. 3. 1949 (Privatakten Rengstorf, Ordner: Deutscher ev. Ausschuß für Dienst an Israel. 1.–3. Studientagung. Darin: 2. Studientagung „Kirche und Judentum" Kassel 27. 2.–3. 3. 1950, Korrespondenz).

[75a] Gemeint sind hier die „Gesellschaften für christlich-jüdische Zusammenarbeit", vgl. oben S. 60f.

Im Verlauf der Planungen wurde Anfang August deutlich, daß an eine Durchführung der nächsten Tagung noch im Jahre 1949 nicht zu denken war. Sich später als unhaltbar erweisende, auf einer Personenverwechslung beruhende Verleumdungen über Aktivitäten des Vorsitzenden des „Ausschusses" im „Dritten Reich" mußten zunächst ausgeräumt werden, ehe an eine Weiterführung der Arbeit gedacht werden konnte. Der „Ausschuß für Dienst an Israel" sprach seinem Vorsitzenden auf einem Treffen am 12. September 1949 in Hannover sein volles Vertrauen aus[76]. In dieser Sitzung wurde die nächste Tagung für Anfang 1950 vorgesehen. Weiter wurden wichtige Entscheidungen hinsichtlich einer verbesserten Darstellung der Arbeit in der Öffentlichkeit gefällt: Man kam überein, daß nicht nur zum Eröffnungsabend die Allgemeinheit eingeladen werden sollte, sondern daß man auch einen öffentlichen Gemeindeabend zum Thema „Was gehen uns Christen die Juden an?" anbieten wolle, ein Projekt, das schon in Darmstadt vom Stadtdekanat angeregt worden war, aber nicht hatte verwirklicht werden können[77]. Um die Anliegen des „Ausschusses" in der Öffentlichkeit bekannt zu machen, sollte zudem ein Rundgespräch stattfinden, in welchem ein jüdischer, ein katholischer und ein evangelischer Gesprächsteilnehmer miteinander über das christlich-jüdische Problem diskutieren sollten. Mit dieser Veranstaltung beschritt der „Ausschuß" völliges Neuland. Ein Gespräch der beiden großen christlichen Konfessionen mit dem Judentum hatte es in Deutschland in dieser Form noch nie gegeben. Eine Übertragung dieser Veranstaltung im Rundfunk wurde angestrebt. Geplant wurde außerdem, die einzelnen Tage mit einer Bibelarbeit über Texte aus Römer 9–11 zu eröffnen, einen Film über ein Konzentrationslager zu zeigen und ansonsten vier Vorträge anzubieten, wovon einer wieder von einem jüdischen Redner gehalten werden sollte.

Im Vorfeld der Tagung tauchte endlich die Frage nach einer finanziellen Beteiligung der EKD auf. Sie wurde jedoch von von Harling, der inzwischen Kirchenrat in der Kirchenkanzlei geworden war, mit dem Argument abgewiesen, daß man gerade „jetzt, wo wir noch so sehr um die Anerkennung seitens der Kirchen ringen müssen", nicht den Eindruck erwecken sollte, die Arbeit des „Ausschusses" sei „eine der vielen Unternehmungen im Raume der Kirche..., die sich nicht selbst tragen können, weil es ihnen an innrer Kraft fehlt"[78]. Es müsse nach wie vor angestrebt werden, die anfallenden Kosten durch Spenden und Beiträge der Mitglieder zu bestreiten.

Um einen möglichst breiten Personenkreis für die Tagung zu interessieren, sollte nicht nur, wie zur letzten Tagung, ein Einladungsschreiben an alle

---

[76] Protokoll der Sitzung (EBD., Ordner: Deutscher evangelischer Ausschuß für Dienst an Israel. Sitzungen und Protokolle 9. Jan. 1948 bis März 1956. Darin: Sitzung am 12. Okt. 1949 in Hannover-Kleefeld).

[77] Brief von Harlings an Rengstorf vom 26. 8. 1948 (vgl. oben S. 205, Anm. 23).

[78] Brief von Harlings an Rengstorf vom 1. 12. 1949 (vgl. oben Anm. 75).

Kirchenleitungen und Interessenten gerichtet werden, sondern man bat den Rat der EKD, im Amtsblatt den Kirchenleitungen zu empfehlen, Vertreter zur Tagung zu entsenden. Für das Geleitschreiben selbst wurde dem Ratsvorsitzenden ein Vorschlag vorgelegt. In diesem Grußwort, das Rengstorf entworfen hatte, wird konkreter gesprochen, als es Wurm in seinem Beitrag zur Tagung 1948 getan hatte. Dies war schon wegen des sich wieder stärker regenden Antisemitismus notwendig geworden. So hieß es in diesem dann von Dibelius unterzeichneten Geleitwort: Der Rat fördere die Studientagungen, weil er sie einerseits „als ein Stück der unerläßlichen bußfertigen Besinnung der deutschen Christenheit auf ihren Anteil an der schweren Schuld gegenüber der Judenschaft, die das deutsche Volk... auf sich geladen hat, und die immer noch nicht hinreichend erkannt und zugegeben wird“ werte; und andererseits sehe „er in ihnen einen hoffnungsvollen Versuch, auf dem Boden der Bibel ein zerstörtes Verhältnis zu ordnen und ein Gespräch wieder in Gang zu bringen, dessen die Kirche nicht entraten kann, ohne Schaden zu nehmen“[79]. Erstmals bezog in diesen Zeilen ein offizieller Vertreter der EKD in eindrücklicher Weise zur Schuld der Kirche gegenüber Israel Stellung. Ja beispiellos ist, wie klar die Verdrängung der Schuld in weiten Kreisen der Bevölkerung angesprochen und als Problem benannt und wie eindeutig die Ordnung des zerstörten Verhältnisses als unbedingt nötig hervorgehoben wurde. Eindrucksvoll ist auch, daß das Gespräch mit Israel als für die Kirche notwendig und unabdingbar herausgestellt wurde; dies deshalb, weil bisher

[79] Entwurf Rengstorfs (vgl. oben S. 224, Anm. 75); vgl. Brief Rengstorfs an von Harling vom 27. 11. 1949 (Ebd.); Einladungsschreiben mit Text Dibelius' vom Januar 1950 (LKA Stuttgart, Altregistratur 153/II, jetzt abgedruckt in: Kirchen, S. 548). – Vgl. auch die Äußerungen Dibelius' zum zehnten Jahrestag der sogenannten „Reichskristallnacht“ in der CDU-Zeitung Der Tag vom 7. 11. 1948: Man habe erst allmählich erfahren, „daß am 9. November 1938 über ganz Deutschland hin die Synagogen gebrannt hatten“, aber dann sah man, daß dieser Tag „wieder einmal zu einem Schicksalstag im Leben des deutschen Volkes geworden war“ (Dibelius spielt hier auf den Tag der Proklamation der Weimarer Republik im Jahr 1918 an). Der systematische Mord an den Juden sei nicht aufzuhalten gewesen, und doch stieß die Propagandakunst erstmals an ihre Grenzen: „Der Aktion des Synagogenbrandes versagte das deutsche Volk seine Zustimmung“. Ungezählte „begriffen jetzt, daß es Verbrecher waren, die Deutschland regierten“. Das Mitleid mit den verfolgten Juden sei erwacht und man habe es in der Bekennenden Kirche als „Ehrenpflicht“ angesehen, „verfolgten Juden Unterschlupf zu gewähren“; das Büro Grüber habe nun „Verständnis und Sympathie“ erfahren. Die Erinnerung an diesen Tag, so Dibelius, bedeute eine doppelte Verpflichtung. Es gelte zum einen, jeder Ideologie zu widerstehen unter der ähnliches geschehen könne, da es „oberstes göttliches Gebot“ sei, „Ehrfurcht zu haben vor dem Leben des anderen“. Die andere Verpflichtung sah der Berliner Bischof darin, die der Vernichtung Entronnenen zu unterstützen: „Die christlichen ‚Nichtarier‘, die an den Hilfeleistungen der ausländischen Juden keinen Anteil erlangen, haben es oft am schwersten“. Hier sei, so bemerkte Dibelius abschließend, „eine Schuld einzulösen“. Die „nach menschlichem Urteil am wenigsten Mitschuld“ tragen würden, müßten vorangehen, denn diese wüßten darum, „daß Schuld etwas Tieferes ist als das, was man gemeinhin darunter versteht. Wir stehen in der Schuld derer, die die Opfer des 9. November 1938 geworden sind, der Lebenden und der Toten. Und aus der Schuld erwächst die Pflicht.“ Vgl. zu dieser Äußerung oben S. 24.

zwar das Gespräch für die Begegnung mit dem Judentum als wichtig bezeichnet, aber zumeist auch in solchen Zusammenhängen auf die Notwendigkeit der Judenmission hingewiesen wurde. Durch die Unterschrift wurde angedeutet, daß man sich im Rat der Dringlichkeit dieser Sache bewußt war. Besonderes Gewicht gewinnen diese Äußerungen natürlich im Hinblick darauf, daß von Seiten der EKD bisher noch keine Erklärung zur Schuld an Israel abgegeben und dieses Thema auch im Rat der EKD nicht ausdrücklich thematisiert worden war. Insoweit spiegelt sich in der Unterschrift von Dibelius ebenfalls, daß man sich dieses Problems nun bewußt wurde und den Mangel einer fehlenden Aufarbeitung empfand[80].

Kurz vor Beginn der Tagung kam man überein, ein spezielles Komitee ins Leben zu rufen, dem die Aufgabe zufallen sollte, Kontakt zur Presse zu halten und einen offiziellen Tagungsbericht zu erstellen. Mit diesem Versuch sollte eine bessere Presseinformation als bei der Darmstädter Tagung erreicht werden[81].

Noch ein letzter Punkt ist im Zusammenhang der Vorbereitung anzuführen: Am 6. Februar wandte sich von Harling an Rengstorf und teilte ihm mit, daß der Koordinierungsrat der „Gesellschaften für christlich-jüdische Zusammenarbeit" über einen Mittelsmann an ihn mit dem Vorschlag herangetreten sei, eine gemeinsame Initiative aller Kirchen anzuregen, ein Wort zu den sich häufenden Schändungen jüdischer Friedhöfe zu sagen. Er habe sich gegenüber diesem Vorschlag skeptisch verhalten, doch scheine es ihm andererseits „nun doch dringend notwendig, daß endlich einmal eine demonstrative Aktion der Kirchen gegenüber dem Antisemitismus stattfindet"[82]. Er habe zwar, so von Harling, „starke Zweifel, ob eine solche Aktion in unserem Volk ernsthaft eine nennenswerte Wirkung haben könnte", doch glaube er, daß „ein deutliches Abrücken vom Antisemitismus... nachgerade ohne Rücksicht auf die pädagogische Wirkung unbedingt notwendig (ist), nicht nur um der Sauberkeit der Verkündigung willen, sondern zur Klärung unseres Standpunktes vor der Weltöffentlichkeit... Vielleicht wäre es hier sogar angebracht, eine gemeinsame Aktion von Staat und beiden Konfessionen ins Auge zu fassen. Den Anstoß dazu könnte vielleicht der Ausschuß für Dienst an Israel anläßlich der Kasseler Tagung geben". Rengstorf erklärte, er sei „sehr dafür, eine Kundgebung zu den Friedhofsschändungen usw. zu beschließen"[83]. Er schlug vor, in Kassel einen kleinen Ausschuß einzusetzen,

---

[80] Vgl. unten S. 350f.

[81] In diesem Zusammenhang ist erwähnenswert, daß der Ausschuß 1949 ein kleines Heft von J.S. Conning, Besinnen sich die Juden auf Jesus?, herausgab, das den Kirchenleitungen zur Verteilung an die Pfarrämter angetragen wurde. Die badische Kirchenleitung nahm beispielsweise dieses Angebot wahr (vgl. unten S. 342, Anm. 223).

[82] Brief von Harlings an Rengstorf vom 6. 2. 1950 (Privatakten Rengstorf, vgl. oben S. 224, Anm. 75).

[83] Brief Rengstorfs an von Harling vom 11. 2. 1950 (Ebd.).

der sich dieser Sache annehmen solle. Durch einen augenfällig um sich greifenden Antisemitismus veranlaßt, empfanden von Harling und Rengstorf auch für den „Deutschen evangelischen Ausschuß für Dienst an Israel" die Notwendigkeit, eine sonst eher verschmähte öffentliche Äußerung abzugeben. Eine solche schien ihnen um so mehr geboten zu sein, als andere Kräfte in Deutschland, die sich der christlich-jüdischen Verständigung verschrieben hatten, aktiv wurden und man ihnen nicht das Feld überlassen wollte. Andererseits erkannte man, daß auch um der Verkündigung willen ein deutliches Wort zu diesen Ausschreitungen zu sagen sei.

Der Verlauf der Tagung: In eindrücklicher Weise ging Dr. Rudolf Pechel am Eröffnungsabend in seinem Vortrag „Judentum, Christentum, Abendland" vom „Schatten einer beispiellosen Schuld" aus, der zwischen Deutschen und Juden stehe, mit dem man sich aber auf beiden Seiten nicht abfinden könne[84]. Neues Unheil könne nur verhindert werden, wenn die Deutschen auf die Gefühle der Juden Rücksicht nähmen und es zu einer „Begegnung zwischen Juden und Deutschen auf der menschlichen Ebene" kommen würde. Er verwies auf die große Bedeutung des Judentums für die Entwicklung und Prägung des Abendlandes und darauf, daß es „nicht *den* Juden und *den* Deutschen" gäbe. Es gelte also, jeden Menschen als Individuum zu sehen und ein neues Denken zu gewinnen, das „primär von der Achtung vor der gottverliehenen Menschenwürde jedes Einzelnen" ausgehe. Nur Toleranz und Liebe könnten diesen neuen Weg weisen, nachdem alle anderen Wege „immer wieder in Gewalt, Mord, Krieg und Blutvergießen geendet" hätten. Zusammenfassend schloß Pechel: „Zum Wesen des Abendlandes gehört integrierend die jüdische Komponente. Dem Abendland muß sie erhalten bleiben. Das ist nur möglich, wenn wir den Haß überwinden. Hier hat jeder Einzelne durch sein persönliches Verhalten die Verantwortung zu übernehmen."

Dieser Vortrag war ein Plädoyer gegen die Forderung jüdischer Organisationen, daß alle Juden Deutschland, ja Europa verlassen sollten. Pechel unterstrich die Bedeutung der Juden für die Entwicklung des Abendlandes und vertrat die Ansicht, daß ihr Einfluß auch in der Zukunft notwendig sei. Im übrigen sprach er sich ganz für eine individuelle Lösung der anstehenden Probleme aus. Doch ob diese wahrlich humanistische Erwartung zum Ziel führen kann, mag doch bezweifelt werden.

Neben einem Vortrag von Prof. Wilhelm Maurer, der einen historischen Überblick über „Die Auseinandersetzung mit dem Judentum in der Geschichte der Kirche"[85] bot, sprachen Dr. Alfred Wiener[86] aus London über „Judentum und Antisemitismus" und Prof. Hans Ehrenberg zum Thema

---

[84] SAH Heft 2/3, 1950, S. 65 ff.

[85] Maurer baute diesen Vortrag später weiter aus (DERS., Kirche und Synagoge).

[86] Vgl. unten S. 262, Anm. 173.

„Israel und wir – im Kreuzfeuer von Christentum, Judentum und Heidentum“. Maurer vertrat die These, „daß die Judengesetzgebung des christlichen Staates seit Augustin“, bedingt „durch die grundlegende Sakramentsgemeinschaft und die Sorge um ihre Reinhaltung“, die wesentliche Wurzel des populären Antisemitismus sei, der „dann allerdings von der Kirche durch Kanonisierung der antijüdischen Gesetze stark gefördert“ wurde[87]. Der Vortrag von Wiener wurde nicht veröffentlicht, so daß nicht auf ihn eingegangen werden kann. Ehrenberg führte aus, daß das Judentum eine „potentiell durch alle Volkschaften hindurchgehende Einheit“ darstelle und „keinen angeborenen Volkscharakter“ besitze[88]. Es sei von seinem Ursprung her als Stiftung zu verstehen. Israel, vor Christus um Abrahams willen erwählt und um des Ungehorsams des Volkes willen gerichtet, nach Christus um des Kreuzes willen gerichtet und um der Treue Gottes willen erwählt, sei eine Brücke zwischen den Völkern. Judenmission und -emanzipation seien ein Werk der Christenheit, Zionismus eine jüdische Säkularisierungsbewegung. „Eine Zukunft des Judentums darf von der Christenheit nur nach Römer 9–11 bedacht und erörtert werden.“ Das Weiterwirken der heilsgeschichtlichen Sendung sei darin zu erkennen, daß es heute gemeinsam mit Christen und Heiden „in das Aufbaumaterial der Menschheit und ihrer Zukunft eingegangen“ sei; das gemeinsame Ende der Kirchen-, Welt- und Judentumsgeschichte ereigne sich in der Parusie Christi auf dem Zion. Alle Nationen hätten mit der Judenfrage zu ringen, und wenn sich die Christen heute entschlossen hätten, „die Juden im Glauben nicht nur als Nächste, sondern auch als Nachbarn im Reiche Gottes zu behandeln“, so gehe doch „das eigentliche Ringen zwischen Juden und Christen“ weiter, „gerade weil sie alle in Christo zum ewigen Leben berufen sind“.

Ein Hauptreferat hatte sich wieder der Leiter des „Auschusses für Dienst an Israel“ selbst vorbehalten. In seinem Vortrag „Israel und Kirche im Lichte der Bibel“ wies Rengstorf auf die enge Verbundenheit von Kirche und Israel im Heilsplan Gottes hin. In seinem fünf Punkte umfassenden Vortrag legte er eingangs dar, daß die Kirche ihrer göttlichen Erwählung untreu würde, „wenn sie nicht beständig auch um die Erlösung Israels als des Volkes der alttestamentlichen Erwählung“ bete[89]. In einem zweiten Abschnitt stellte er heraus, daß der Dekalog eine Gegebenheit sei, an der sich die grundsätzliche Gemeinschaft von Kirche und Israel zeige, um dann im folgenden Abschnitt nochmals auf den schon in Darmstadt dargelegten Gedanken einzugehen, daß im Leiden und der Diasporaexistenz eine Analogie zwischen Kirche und Judentum zu sehen sei. Nachdem er unterstrichen hatte, daß es allein Sache Gottes sei, Israel zu strafen und daß der „Antisemitismus auch in seiner

---

[87] Bericht Freudenbergs über diese Tagung in: BeKiW Nr. 3 vom 15. 3. 1950, Sp. 7.

[88] Ehrenbergs Thesen in: H. Kallenbach, Juden, S. 35.

[89] SaH Heft 2/3, 1950, S. 80–96, Zitate S. 83, 92, 94, 95, 96.

religiösen Form Stellung und Verhalten der neutestamentlichen Gemeinde gegenüber dem ‚Volk der Christusmörder' gründlich... mißbraucht" habe, stellte Rengstorf zuletzt eindringlich dar, „daß die Israel gegebene Verheißung nicht nur nicht aufgehoben, sondern daß sie nicht einmal vorübergehend außer Kraft gesetzt ist. Sie ist vielmehr für den einzelnen Juden in voller Geltung und wird auch künftig für ihn in voller Geltung sein. Das ändert aber nichts daran, daß das Volk Israel als Volk jetzt beiseite steht". Rengstorf erinnerte daran, daß Paulus in Römer 9–11 deutlich gemacht habe, die Möglichkeiten der Kirche für eine Bekehrung Israels seien von Gott selbst beschränkt worden. Wie das Judentum heute auf die Kirche zukomme und sie befrage, könne es „ihr bei der Kritik und bei der Korrektur ihres Selbstverständnisses entscheidende Hilfe und Anregung" bieten. Die Kirche sei als eine wartende, als eine erwartende Kirche zu sehen, und „ob die Verheißungen, die Israel gegeben sind, sich tatsächlich in Jesus Christus erfüllt haben", entscheide sich für das Judentum mit daran, ob es „in der Kirche, die der Leib Christi zu sein behauptet, die Züge des Christus erkennt, der der Messias des von Gott erwählten Volkes ist". Jedenfalls liege, so der Referent, „in der Art und Weise, wie sich das Judentum heute mit der Kirche beschäftigt, ein unüberhörbarer Appell an die Kirche, aus ihrem Wesen als der Leib Christi alle Konsequenzen zu ziehen, und zwar nicht nur für ihr Verhältnis zum Judentum, sondern zuerst und vor allem für ihr Verhältnis zu ihrem Herrn Jesus Christus". Diese Darlegungen sind deshalb so bemerkenswert, weil in ihnen sehr nachdrücklich Wege zu einer Neufundierung des Verhältnisses zwischen Kirche und Judentum gewiesen wurden. Zum einen wurde die „grundsätzliche Gemeinschaft von Kirche und Israel" betont und an verschiedenen Punkten festgemacht und zum anderen die Fortdauer der Israel gegebenen Verheißung herausgestellt. Die Infragestellung des kirchlichen Selbstverständnisses durch das Judentum und der Hinweis auf das Gewicht der Glaubwürdigkeit der Kirche in diesem Zusammenhang waren weitere wichtige Impulse für die theologische Diskussion. Vor allem die von Rengstorf hergestellten Wechselwirkungen und Beziehungen zwischen Kirche und Judentum waren in einer Zeit, in der die Theologie noch vor allem bedachte, was die Kirche Israel zu geben habe, wesentliche Akzente für den Prozeß des Umdenkens.

Der Schritt in eine breitere Öffentlichkeit wurde neben dem Eröffnungsabend durch zwei weitere Veranstaltungen gewagt. In einem interkonfessionellen Rundgespräch über das christlich-jüdische Problem unterhielten sich Pastor Lic. Karl Janssen, Hannover, Prof. Karl Thieme, Lörrach, und Studienrat Dr. Hugo Nothmann, Fürth, letzterer als Vertreter des gesetzestreuen Judentums. In dem Gespräch wurde „eine große Achtung (vor) dieser gradlinigen Treue"[90] deutlich. Allerdings trat auch der tiefe „Gegensatz

[90] BeKiW Nr. 3 vom 15. 3. 1950, Sp. 7–9.

zwischen der Gerechtigkeit des Gesetzesjuden und der paulinisch-reformatorischen Gerechtigkeit aus dem Glauben" zutage. Die Teilnehmer waren bemüht, „die Wahrheit und Gültigkeit des jeweiligen Verständnisses der göttlichen Offenbarung" darzulegen und nicht „einer relativierenden Toleranz um jeden Preis das Wort zu reden"[91]. Durch diese Offenheit gelang es, den Besuchern der Veranstaltung viel Unbekanntes über das Judentum zu vermitteln, so daß sie „mit einem besseren Verständnis des Judentums als bisher die Tagung verlassen konnten". Ein gut besuchter Gemeindeabend war die dritte Veranstaltung, zu welcher die Kasseler Gemeinden eingeladen waren. Neben Adolf Freudenberg, Bad Vilbel, und Pastor Göte Hedenquist, Stockholm, sprach der baltendeutsche Dichter Dr. Otto Freiherr von Taube über „Was geht das neue Israel uns Christen an?"[92]. Die Christen, so der Referent, könnten die Staatsgründung Israels nicht für einen binnengeschichtlichen Vorgang halten, da Israel kein beliebiges, sondern das auserwählte Volk sei. Christen wie Juden sähen in der Weltgeschichte eine Bewegung auf ein Weltende hin, an dem die Christen die Wiederkehr des Messias erwarteten. Die Zeichen der Zeit gäben einen Hinweis darauf, wann dies geschehen werde. Zwei Zeichen, so von Taube, seien erfüllt: Das Evangelium werde weltweit verkündigt, und in der Islamisierung Nordafrikas habe sich die erste Etappe des Abfalls der Heidenchristen vollzogen. In der Gründung des Staates Israel könne nun eine Vorstufe zur Bekehrung Israels, des dritten Zeichens, gesehen werden – daher hätten die Christen auf seine Entwicklung zu achten.

Ein Blick auf die Zusammensetzung der 113 Teilnehmer der zweiten Studientagung in Kassel läßt verschiedene beachtenswerte Veränderungen gegenüber Darmstadt erkennen[93]. Waren dort noch 29% der Teilnehmer Mitarbeiter in der Judenmission, so waren es in Kassel nur noch 6%. Abnehmend war ebenfalls die Zahl von Hilfsstellenmitarbeitern, von denen nur noch fünf angemeldet waren. Insgesamt sieben Ausländer, zwei Juden und fünf Judenchristen besuchten die Tagung. Annähernd konstant blieb die Beteiligung von Professoren, Pastoren und kirchlichen Mitarbeitern, die 47% der Teilnehmer stellten. Erstmals auf einer Studientagung vertreten war eine größere Gruppe von Studenten, die in den folgenden Jahren einen immer stärkeren Teilnehmerkreis stellen sollten. Schon durch diese Zahlen wird deutlich, daß der Schwerpunkt der Arbeit des „Deutschen evangelischen Ausschusses für Dienst an Israel" sich von der Mission hin zu einer theologischen Aufarbeitung der christlich-jüdischen Beziehungen verlagerte. Ent-

---

[91] Bericht in SaH Heft 2/3, 1950, S. 133.
[92] Vgl. Ebd., S. 96ff.
[93] Teilnehmerliste (Privatakten Rengstorf, Ordner: Deutscher ev. Ausschuß für Dienst an Israel. 1.–3. Studentagung. Darin: 2. Studientagung „Kirche und Judentum" Kassel [Tagungsverlauf] 27. 2.–3. 3. 1950).

scheidend war, daß eine Öffnung der Tagungen für Studenten vorgenommen worden war. Viele hatten im Rahmen der Kasseler Tagung erstmals Kontakt zu einem jüdischen Theologen, wurden erstmals mit der „Judenfrage" konfrontiert und empfingen wichtige Anregungen zur Auseinandersetzung mit diesem Problemkreis.

Impulse und Wertung: Positiv herauszuheben ist für die zweite Studientagung die breite Öffnung des Treffens. Nicht nur die drei Veranstaltungen während der Tagung, zu denen die Kasseler Gemeinden eingeladen wurden, sind hier anzuführen, sondern auch die ausführliche Berichterstattung in der kirchlichen Presse[94] sowie die gezielte Einladung von Studenten. Damit wurde erstmals versucht, Interesse für die „Judenfrage" in einer breiten kirchlichen Öffentlichkeit zu wecken und sie als Thema über den kleinen Kreis von Sachkennern hinauszutragen. Dieser Schritt war um so dringlicher, da sich gerade im Jahre 1950 antisemitische Strömungen in Deutschland unübersehbar regten[95]. Besonders anzuführen wäre auch das interkonfessionelle Rundgespräch, in welchem in aller Öffentlichkeit die jeweiligen Standpunkte deutlich gemacht und gegensätzliche Ansichten und Differenzen stehenbleiben konnten. Mit dieser Veranstaltung gelang es erstmals, vor einem breiteren Publikum ein Gespräch zwischen Katholiken, Protestanten und Juden zustande zu bringen. Schon allein diese Tatsache macht deutlich, wie wichtig diese Tagung in Kassel für die Weiterentwicklung der christlich-jüdischen Beziehungen war. Deutlicher als in Darmstadt ging man in Kassel auch auf die Schuld der Deutschen und der Kirche gegenüber dem Judentum ein und sprach auch die Staatsgründung Israels an. Damit wurden nicht nur historisch-theologische Themenkreise behandelt, sondern auch der Versuch unternommen, aktuelle Fragestellungen aufzugreifen und in Vorträgen und Gesprächen anzugehen. In theologischer Hinsicht wies der Vortrag von Rengstorf neue Wege. Er machte sehr eindringlich die enge Beziehung von Kirche und Judentum deutlich und scheute sich nicht, Konsequenzen für das kirchliche Selbstverständnis zu fordern, damit diese zu ihrer wahren Bestimmung finde, um so in der Begegnung mit Israel bestehen zu können[96].

---

[94] Neben den oben bereits erwähnten Berichten (vgl. oben S. 229, Anm. 87 und S. 231, Anm. 91) vgl. die ausführliche Berichterstattung in: FRu Nr. 7 vom April 1950, S. 14f.; DtPfrBl 50, S. 286 und Allgemeine Wochenzeitung der Juden in Deutschland Nr. 48 vom 10. 3. 1950.

[95] In dieser Zeit war das rasche Anwachsen der neonazistischen „Sozialistischen Reichspartei", die vor allem in Niedersachsen wirkte, nur ein Symptom eines um sich greifenden Neonazismus (vgl. oben S. 59). Vgl. ebenso die Erklärung von Adenauer zu den antisemitischen Ausschreitungen anläßlich des Veit Harlan-Prozesses im April 1950 (vgl. oben S. 58f., unten S. 349).

[96] Vgl. die Wertung in FRu Nr. 7 vom April 1950, S. 14f.: „Aufs Ganze gesehen bedeutet die Kasseler Tagung gegenüber der Darmstädter von 1948 einen gewaltigen Schritt voran, indem an die Stelle eines bloß ‚missionarischen' Besitzerstandpunktes mehr und mehr das echte, auch

Kritisch bleibt anzumerken, daß die Leitung des „Deutschen evangelischen Ausschusses für Dienst an Israel" mit der Zurückweisung der Anfrage von katholischer Seite nach einer stärkeren Beteiligung an der Tagung wohl eine einmalige Chance verpaßte. Der Gedanke, daß Vertreter beider Kirchen gemeinsam den Versuch gewagt hätten, die christlich-jüdischen Beziehungen aufzuarbeiten, und die Suche nach neuen Wegen gemeinsam unternommen hätten, so weit dies überhaupt möglich gewesen wäre, ist bestechend. Daß nicht einmal der Versuch unternommen wurde, mag schmerzen, ist aber für die Zeit vor dem Zweiten Vatikanum nicht überraschend.

Besonderes Gewicht gewinnt die Tagung in Kassel durch zwei Verlautbarungen, die zu aktuellen Fragen abgegeben wurden. Schon während der Vorbereitung der Tagung hatte von Harling angeregt, daß der „Ausschuß für Dienst an Israel" eine Kundgebung zu den Schändungen jüdischer Friedhöfe abgeben sollte. Der „Ausschuß" beschloß, sich in dieser Sache an den Vorsitzenden des Rates der EKD zu wenden. Rengstorf regte in einem Brief vom 11. März 1950 an, daß man innerhalb der EKD etwas Praktisches tun solle, „um in der Judenfrage in Deutschland einen Schritt voranzukommen"[97]. Der „Ausschuß" bat den Rat, sich in der Frage der jüdischen Friedhöfe einzuschalten, da vor allem „jüdische Friedhöfe an Orten, wo eine jüdische Gemeinde nicht mehr besteht, ... Opfer der zahlreichen Schändungen jüdischer Friedhöfe in den letzten Jahren geworden" seien. Der „Ausschuß", so sein Vorsitzender, sei der Ansicht, „daß die Evangelische Kirche in Deutschland von den Worten zu Taten" übergehen solle. An Orten, an denen keine jüdische Gemeinde, wohl aber ein jüdischer Friedhof existiere, sollten die christlichen Gemeinden die Fürsorge für diese Friedhöfe übernehmen, dies selbstverständlich jedoch erst nach Rücksprache mit dem Verband der jüdischen Gemeinden in Deutschland. Begrüßenswert sei es, wenn der Rat die Landeskirchen in dieser Richtung anregen und diese auf die Ortsgemeinden entsprechend einwirken würden. Abschließend wurde in diesem Brief betont, der „Ausschuß für Dienst an Israel" sei davon überzeugt, „daß jeder Schritt in dieser Richtung nicht nur einer Entspannung der Lage zwischen dem Judentum und unserm Volk dienen, sondern auch einen seelsorgerlichen Dienst an der Evangelischen Kirche in Deutschland selbst bedeuten würde"[98]. Diese Anregung fand Eingang in die Beschlüsse der Synode der EKD,

---

hinhörende Gespräch tritt." Man beachte auch die Überschrift dieses Artikels: „Von der ‚Juden-Mission' zum ‚Dienst für Kirche und Israel'".

[97] Brief Rengstorfs an Dibelius (PRIVATAKTEN RENGSTORF, Ordner: Deutscher evangelischer Ausschuß für Dienst an Israel. Sitzungen und Protokolle 9. Januar 1948 bis März 1956. Darin: Sitzung am 1. März 1950 Kassel-Wilhelmshöhe).

[98] Vgl. KJ 1953, S. 305. – Zum Ergebnis des Aufrufes zur Betreuung jüdischer Friedhöfe vgl. EBD., S. 306 und unten S. 363 f.

die im April 1950 in Berlin-Weißensee ein „Wort zur Judenfrage" verabschiedete[99].

Keine Zustimmung fand ein von Freudenberg vorgelegter Entwurf für einen Antrag an die Synode, „im Zusammenhang mit der beabsichtigten Erörterung der Frage ‚Was kann die Kirche für den Frieden tun?' auch zu bedenken, daß das Schweigen der Kirche in der Judenfrage eins der schwersten Hindernisse für einen wirksamen Beitrag der Kirche zum Frieden ist"[100]. Man beschloß, wegen Bedenken gegen Inhalt, Formulierung und „Zweckmäßigkeit einer solchen Eingabe" Freudenberg zu bitten, den Entwurf zu überarbeiten und ihn dann der gesamten Versammlung vorzulegen, da der „Ausschuß" „es nicht für richtig hält, seinerseits die Verantwortung für die vorgeschlagene Eingabe an die Synode der EKD zu übernehmen". Die Versammelten konnten sich nur auf eine rein formale Entschließung[101] einigen, die Rengstorf am 11. März an den Präses der Synode mit der Bitte weiterleitete, das vorgetragene Anliegen aufzunehmen und „die Judenfrage zu bedenken und dem in ihrer Entschließung Ausdruck zu geben. Das Schweigen in dieser uns von Gott gestellten Frage", so hieß es weiter, „liegt weithin wie ein Bann auf den Christen in Deutschland. Wir möchten daher mit unserer Bitte an die Synode ihre Bereitschaft stärken und ihre Freudigkeit mehren, ein wirklich heilendes und helfendes Wort zum Frieden zu sagen."[102]

Erstaunlich ist, daß sich der „Ausschuß" nicht darauf verständigen konnte, das Anliegen Freudenbergs aufzunehmen. Selbst wenn sich der „Ausschuß" nicht in der Lage gesehen hätte, den umfangreichen Entwurf anzunehmen, hätte er doch wenigstens in eigener Verantwortung eine rein formale Bitte an die Synode richten können, ein Wort zur „Judenfrage" zu erlassen. Es mögen hier vor allem die schon früher angeführten Vorbehalte von Harlings gegen eine Verlautbarung zum Zuge gekommen sein, der vor allem fürchtete, eine Erklärung gehe als gewissermaßen ex cathedra gesprochen über die Köpfe der Gemeinde hinweg und beruhige so auf zu billige Weise die Gewissen[103]. Immerhin bewirkte diese Anregung, daß sich die Synode der EKD im Rahmen ihrer Verhandlungen über ein Wort zum Frieden zunächst dem Thema „Kirche und Israel" stellte.

---

[99] Vgl. „Wort zur Judenfrage" in: KJ 1950, S. 5f.; KIRCHEN, S. 548f.; unten S. 348ff.

[100] Protokoll der Sitzung (PRIVATAKTEN RENGSTORF, vgl. oben S. 233, Anm. 97).

[101] Abgedruckt in: KJ 1953, S. 305.

[102] Brief Rengstorfs an Heinemann vom 11. 3. 1950 (vgl. oben S. 231, Anm. 93), abgedruckt in: KJ 1953, S. 305.

[103] Vgl. oben S. 202ff. – Es ist dem Urteil Freudenbergs zuzustimmen, der in seinem Bericht schrieb: Die „Tragweite unserer unerledigten Schuld gegenüber Israel (wird) selbst in diesem Kreis von Sachkennern immer noch unzureichend erkannt" (vgl. oben S. 229, Anm. 87, Sp. 9).

Wie hatte nun aber der von Freudenberg zunächst vorgelegte Entwurf ausgesehen? Die drei Punkte umfassende Ausarbeitung begann mit einem Schuldeingeständnis der Christen gegenüber dem jüdischen Volk: „Millionen Juden sind durch deutsche Menschen entrechtet, beraubt, vertrieben und gemordet. Wir empfinden die Einrede, davon keine Kenntnis gehabt zu haben, nicht zureichend, um uns der Verantwortung für diese furchtbaren Taten zu entziehen. Die Beugung unter Gott und das unzweideutige Wort gegenüber dem jüdischen Volk: ‚Vergebt uns unsere Schuld, damit wir Frieden finden', kann der Kirche die innere Vollmacht schenken, ein Wort zum Frieden zu sagen."[104] Im zweiten Punkt wurde herausgestellt, daß es angesichts der gegebenen Situation „Aufgabe der Kirche sei, unsere Regierungen und Volksvertretungen aufzufordern, in großzügiger Weise die Rechtsansprüche der Geschädigten und ihrer Hinterbliebenen zu erfüllen". Abschließend wurde vor der großen Gefahr des Antisemitismus gewarnt. Die Kirche solle erklären, daß dieser eine „Sünde gegen Gott und Menschen" sei und sich „in ihrer Verkündigung und Lehre... hüten, antisemitischer Denkweise in unserem Volke... Vorschub zu leisten". Es gelte unsere Mitschuld am Kreuzestod Christi herauszustellen und die dem jüdischen Volk gegebenen Verheißungen zu bekennen.

In diesen wenigen Sätzen wäre wirklich alles das gesagt gewesen, was von einer Schulderklärung der deutschen Kirchen gegenüber dem jüdischen Volk zu erwarten gewesen wäre. Trotz Kürze und Prägnanz war hier ohne alle Ausflüchte die ungeheure Schuld eingestanden und in angemessener Weise um Vergebung gebeten worden. Besonders überzeugend wirkt die Erklärung deshalb, weil in ihr nicht nur die Schuldfrage thematisiert, sondern, als integraler Bestandteil eines solchen Wortes, auch die Bereitschaft unterstrichen wurde, Verantwortung für die Folgen der Geschehnisse auf sich zu nehmen und die als unabdingbar erkannten Änderungen in der eigenen Einstellung anzustreben: Einerseits wurde das Einwirken auf politische Entscheidungsinstanzen, den Opfern schnell und großzügig beizustehen und andererseits eine Perspektive für die in der Kirche und Theologie notwendigen Wege gefordert. In diesem Entwurf war ohne Wenn und Aber, in einer unübertroffenen Klarheit, das zum Ausdruck gebracht, was nach den schrecklichen Ereignissen im „Dritten Reich" nötig gewesen wäre. In Kapitel 5 wird deutlich werden, daß der „Deutsche evangelische Ausschuß für Dienst an Israel" durch die Zurückweisung dieses Entwurfes die Chance verpaßt hat, als eine der ersten Organisationen innerhalb der Evangelischen Kirche in Deutschland ein wirklich überzeugendes Wort zur Frage der Schuld der Kirche gegenüber dem Judentum zu sprechen.

[104] „Sätze zur Judenfrage als Friedensfrage" (EBD., Sp. 9,10).

c. Die dritte Studientagung in Düsseldorf, 26. Februar–2. März 1951: „Der neue Staat Israel und die Christenheit“

Die Vorbereitungen: Man kam überein, daß es angesichts der Gründung des Staates Israel angemessen sei, darüber nachzudenken, was dieses Ereignis für die Christenheit bedeute. Es sollte also eine ganz aktuelle und viel diskutierte Frage in den Mittelpunkt der Tagung gestellt werden. In ihrem Vorfeld erwies es sich als äußerst schwierig, prominente Redner für die anstehenden Referate zu gewinnen. Die Konzeption der Tagung blieb unverändert, lediglich das Angebot für die Öffentlichkeit sollte dadurch ausgeweitet werden, daß zu Gemeindeabenden in mehreren Krichengemeinden eingeladen werden sollte. Da in jener Zeit die Diskussion um die Wiedergutmachung mit großer Leidenschaft geführt wurde, wollte der „Ausschuß“ einerseits eine Reihe höherer Politiker, darunter auch Bundespräsident Theodor Heuss, zur Tagung einladen; andererseits plante man, einen Brief an die Bundesregierung in Sachen Wiedergutmachung zu senden. Der Vorsitzende des Rates der EKD, Otto Dibelius, hob in einem kurzen Einladungswort hervor, daß mit dem gewählten Thema ein Problem aufgegriffen würde, „das weite Kreise der Kirche auch in Deutschland beschäftigt und das besonders geeignet ist, dem Nachdenken über die jüdische Frage als einer Frage der Kirche Anregung, Weite und Tiefe zu geben. Grundlegende Einsichten in das Verhältnis von Weissagung und Erfüllung auf dem Boden der biblischen Offenbarung harren neuer Bearbeitung und Fruchtbarmachung.“[105] Dibelius betonte ferner, daß Rat und Synode der EKD alles begrüßten, was der Verwirklichung des auch nachdrücklich vom „Ausschuß“ angeregten „Wortes zur Judenfrage“ diene.

Der Verlauf der Tagung: Da der geplante Abdruck der Vorträge in der Zeitschrift „Saat auf Hoffnung“ nicht zustande kam, können die Verhandlungen nur anhand einer Reihe von Berichten in Zeitschriften nachgezeichnet werden.

Der Eröffnungsabend fand unter starker Beteiligung von Vertretern aus Kirche und Politik statt. Unter anderen richtete Bundesinnenminister Dr. Robert Lehr ein Grußwort der Bundesregierung an die Versammelten, in welchem er der Hoffnung Ausdruck verlieh, daß diese Tagung mit dazu beitragen möge, Deutschland einen Schritt vorwärts zu bringen in der Einreihung in die Familie der anderen Völker. Die Teilnehmer der Düsseldorfer Tagung, soviel wurde schon am Eröffnungsabend klar, waren sich einig darin, „daß Israel als Volk der Wahl Gottes nicht in einer Ebene mit anderen

[105] Einladungsschreiben und Programm der Tagung (PRIVATKATEN RENGSTORF, Ordner: Deutscher ev. Ausschuß für Dienst an Israel. 1–3. Studientagung. Darin: 3. Studientagung „Kirche und Judentum“, 1951).

Völkern geschaut werden dürfe"[106]. Diskutiert werden sollte im Rahmen der Tagung jedoch die Frage, „ob man nun im gleichen Sinne sagen müsse, auch das Land Israel, das ‚Heilige Land', ist ‚kein Land unter Ländern', sondern ihm eignet der Charakter eines ‚Sakraments', auch ihm kommt ‚sakrale Würde' zu".

Oberkirchenrat Dr. Volkmar Herntrich aus Hamburg setzte sich in seinem Vortrag „Das Land der Verheißung" mit dem Buch Martin Bubers „Israel und Palästina" auseinander und kritisierte dessen „romantische theophore Begründung über das Verhältnis von Land und Volk". Wenn Buber sage, daß „das Land Israel gleichsam die Schechina, die Gegenwart und Einwohnung Gottes selber" sei, so merkte Herntrich kritisch an, daß im Alten Testament „die Verheißung nicht in die Naturhaftigkeit des Landes, sondern in die völlige Preisgabe an Gott, in die creatio ex nihilo ex Deo und nicht in die creatio ex terra" gelegt sei. Landesrabbiner Dr. Wilhelm Weinberg aus Frankfurt sprach über „Unser Land". Die Gründung des Staates Israel sei geeignet, einen Juden zur Anbetung gegen Gott zu führen. Drei Faktoren verdanke der Staat Israel sein Dasein. Einmal der Verzweiflung, dann dem Kulturzionismus und endlich dem Traum von der Sammlung der Zerstreuten. Israel sei nicht Selbstzweck, sondern Instrument; Lebensform und Glaubensinhalt stünden in einem tiefen inneren Zusammenhang. Allerdings, so betonte Weinberg, sei „das Hinaufziehen nach Jerusalem (2. Chron. 36,23) nicht die Erlösung, wohl aber der ‚*Beginn der Erlösung*'"[107].

„Altes und neues Jerusalem", so lautete das Thema, zu welchem Rengstorf auf der Düsseldorfer Tagung sprach. In Judentum und Christentum beginne die heilsgeschichtliche Linie „mit der Erwählung eines Menschen, Abrahams, und eines Landes, Kanaans, unter keiner anderen Voraussetzung als der, daß Gott es eben so bestimmt hat, und wiederum endet sie da und dort in einem Jerusalem, das nicht mehr irdisch ist und das doch um seiner einstigen Erwählung aus allen Städten des Landes willen auch wieder nicht von diesem irdischen Jerusalem getrennt werden kann und darf"[108]. Das dreifache Charakteristikum Jerusalems – „die Stadt Gottes für die gesamte Menschheit; die schlechthinnige Heiligkeit des Ortes; die Stätte eines Gottesdienstes, wie Gott ihn haben will" – werde, und darin bestehe die Differenz zwischen Judentum und Christentum, als unterschiedlich offenbar angesehen. Daraus ergebe sich die Frage des Judentums an die Kirche, „ob und wie weit die Gesetze dieser Stadt der Christenheit das Gepräge geben und wie es mit ihrem Recht steht, sich in einer anderen, höheren Weise als zu Jerusalem gehörig zu verstehen, als sie es der Judenschaft zugesteht, weil diese nicht an Jesus von Nazareth glaubt". Zu beachten sei ferner, daß „jene beiden Ereig-

---

[106] Bericht von G. Jasper in: DtPfrBl 51, 1951, S. 205.
[107] Bericht in: EvW Nr. 6 vom 16. 3. 1951, S. 155.
[108] Schlußteil des Vortrags abgedruckt in: Ebd., S. 145ff., Zitat S. 145.

nisse, mit denen hier das Judentum steht und fällt und dort das Christentum", in Jerusalem handelten, die Opferung Isaaks und die Kreuzigung Jesu. Es verberge sich in diesem Nebeneinander eine Symbolik besonderer Art, denn da, wo das Blut Isaaks geschont wurde, sei das Blut Jesu geflossen, es floß, um den Völkern den Weg nach Jerusalem frei zu machen. Diese Stadt sei somit trotz allem ein Band zwischen Judentum und Kirche, da beide an sie dächten, wenn sie sich das Ziel der Geschichte vergegenwärtigten. Andererseits ergebe sich auch eine Frage der Christenheit an das Judentum; es sei „die Frage nach der Legitimität... dessen,... was sie als ihre Botschaft und ihr Bekenntnis verwaltet". Die Lebenskräfte der Kirche wurzelten in Jerusalem, denn es sei die Stadt des Kreuzes, der Auferstehung und Erhöhung, und die Frage sei nicht, ob das Judentum bereit sei, in dieses Licht zu treten, sondern vielmehr, was es für das Verhältnis beider bedeute, daß das Christentum „mit den in ihm wirksamen Kräften der Liebe Gottes so gut zu Jerusalem gehört wie Israel". Eine dritte Frage gehe beide an, es sei die Frage, „was das, was *heute* in, um und mit Jerusalem geschieht und was darüber hinaus in Israel vor sich geht, mit Gottes Ziel zu tun hat, wie es die Heilige Schrift beider Testamente mit Jerusalem verknüpft sein läßt". Dies sei eine echte jüdisch-christliche Frage, und beide, Christentum und Judentum, könnten heute „nichts Besseres tun, als in der *Solidarität echten Gefragtseins* diese Frage gemeinsam zu bewegen in der Gemeinschaft der Bindung an jenen Namen, mit dem sich für beide das Ende der Wege Gottes verbindet".

Professor Günther Harder aus Berlin stellte in seinem abschließenden Vortrag „Die Zukunft Israels und die Zukunft der Kirche" heraus, daß beide ein gemeinsames eschatologisches Ziel haben. Die Erwählung Israels sei von der Erwählung der Kirche nicht zu trennen und die teilweise im Luthertum zu findende Ansicht, Israel sei an Karfreitag in die Reihe der Völker zurückgetreten, sei falsch. Für die Kirche gelte zum einen, daß die „jüdische Frage... nicht von Menschen zu lösen (ist) – sie ist und bleibt göttliches telos"[109] –, zum anderen aber sei die Existenz Israels ein Hinweis darauf, daß das Ende noch ausstehe. Drittens bemerkte der Referent, daß Israel „stimulans für die Kirche (ist), das pleroma zu verwirklichen", und letztens sah er beide, trotz der Gegnerschaft, in einer Solidarität des Kämpfens und Leidens. Harder „bekannte, daß die Kirche in den vergangenen Jahren im Hinblick auf Israel ganz neue Erkenntnisse gewonnen habe, wonach Israel und die Kirche zwei Seiten desselben erwählten Gottesvolkes darstellten. ‚Wer die Juden angreift, greift die Kirche an.'"[110]

Viel beachtet war das Rundgespräch der Düsseldorfer Tagung, das unter dem Thema „Israel und die Christenheit auf dem Weg zur Vollendung der

[109] Bericht von L. Ahne in: JK 12, 1951, S. 222ff., Zitate S. 225.

[110] Bericht in: Allgemeine Wochenzeitung der Juden in Deutschland, Nr. 48 vom 9. 3. 1951.

Geschichte" stand. Zwischen dem Protestanten Professor Lic. Walter Holsten, dem Katholiken Professor Dr. Hermann Volk, dem Judenchristen Pfarrer Heinz Leuner und dem Landesrabbiner Dr. Weinberg ergab sich ein „wertvolles, angeregtes und freimütiges Religionsgespräch..., das auf alle Anwesenden tiefen Eindruck machte und dessen bloßes Zustandekommen", wie eine jüdische Zeitung bemerkte, „im Deutschland des Jahres 1951 wie ein Wunder Gottes anmutete".

Impulse und Wertung: Hervorzuheben ist für diese dritte Studientagung des „Deutschen evangelischen Ausschusses für Dienst an Israel" das große Interesse, das ihr die Öffentlichkeit entgegenbrachte. Politische Mandatsträger nahmen an der Eröffnungsveranstaltung teil und brachten damit die gesellschaftspolitische Bedeutung dieses Treffens zum Ausdruck. Die Presse, zumal die kirchliche, berichtete ausführlich über die Vorträge und Diskussionen. Dieses Interesse hing sicher mit der Aktualität des gewählten Themas zusammen und bestätigte den Versuch des „Ausschusses", auf seinen Tagungen wichtige theologische Fragestellungen zu behandeln, aber auch aktuelle Probleme aufzunehmen und sich der Herausforderung zu stellen, die mit ihnen verbunden waren. Damit verfiel man nun aber nicht in eine rein politische Diskussion der sich mit der Staatsgründung Israels stellenden Fragen, sondern bedachte, von theologischen Überlegungen ausgehend, das angemessene christliche Verhältnis zu dem neuen jüdischen Staat. Ein Teilnehmer wollte dessen Gründung sogar als eine Offenbarungstat Gottes gewertet wissen, andere urteilten vorsichtiger und stellten fest, daß dazu nichts nötigen würde, vielmehr gelte es zu prüfen, inwieweit in diesem „leiblichen" Ereignis eine „geistliche" Verheißung Gottes erfüllt sein könne. Rengstorf gelang es mit seinem Vortrag hier weiterzuweisen. Indem er die gemeinsamen Wurzeln und Überzeugungen von Judentum und Kirche akribisch herausarbeitete und ohne jede Polemik das Trennende festhielt, konnte er Fragen formulieren, die beide jeweils an den anderen zu richten hatten und die ihnen zugleich doch auch selbst gestellt waren. Damit machte er in sehr eindrücklicher Weise die enge, unaufgebbare Bezogenheit von Christentum und Judentum deutlich und hob gleichzeitig hervor, daß nicht allein beiden die Aufgabe zufalle, den anderen zu verstehen, sondern daß ihnen auch Probleme aufgetragen seien, denen sie sich gemeinsam zu stellen haben. In dieser „Solidarität echten Gefragtseins", wie Rengstorf sich ausdrückte, war angedeutet, wie beide, trotz der Unterschiede, aufeinander zugehen und miteinander reden können.

Noch akzentuierter als Rengstorf drückte Harder diese wieder neu erkannte Gemeinsamkeit aus, wenn er „Israel und die Kirche" als „zwei Seiten desselben erwählten Gottesvolkes" bezeichnete[111]. Über Rengstorf hinaus-

---

[111] Mit dieser Formulierung deutete Harder eine Sicht des Verhältnisses von Kirche und Judentum an, die auch von der 1960 ins Leben gerufen „Arbeitsgemeinschaft Juden und

gehend kritisierte Harder in aller Offenheit die teilweise in der lutherischen Theologie zu findende Sicht, daß die „Judenfrage" mit Karfreitag eigentlich erledigt sei, als falsch und verhängnisvoll. So wurden auf dieser Tagung wirklich neue Impulse für Beziehungen zwischen Christentum und Judentum gegeben: Es wurden Wege gewiesen, die aufeinander zuführten, und auch erste Ansätze eines gemeinsamen Weges angedeutet. Allerdings, und das verminderte die Wirkungen dieses Treffens in der kirchlichen Öffentlichkeit doch beträchtlich, war es nicht möglich, die Vorträge in ihrer vollen Länge in einem Organ zu veröffentlichen, da die Zeitschrift „Saat auf Hoffnung" nach einem Jahrgang nicht weiter aufgelegt werden konnte. So wurde vieles auf den Veranstaltungen des „Ausschusses für Dienst an Israel" in theologischer Hinsicht vorgetragen und diskutiert, was erst später in einer breiten Öffentlichkeit zum Durchbruch gelangte. Kritisch festzuhalten bleibt noch, daß bei nur einem Vortrag eines jüdischen Gastes viele jüdische Positionen noch immer von christlichen Rednern dargestellt werden mußten. Es wäre zu fragen, weshalb nicht mehr jüdische Referenten zu Wort kamen, um authentisch jüdische Ansichten vorzutragen und das Gespräch noch intensiver in Gang zu setzen als bisher. Beachtenswert ist, daß diese dritte Tagung erneut mehr Besucher aus dem Ausland anlockte und so auch Plattform für ein ökumenisches Gespräch bildete.

Neben der Tatsache, daß auch auf der Düsseldorfer Tagung wieder der Besuch eines Synagogengottesdienstes möglich war und zum Thema gehörende Filme gezeigt wurden, ist noch eine Aktivität zu erwähnen, die zeigt, daß der „Ausschuß" nicht nur im kirchlichen Rahmen wirken wollte, sondern auch im politisch-staatlichen Bereich Verantwortung wahrnahm: Der „Ausschuß" kam auf Vorschlag seines Vorsitzenden überein, an die Bundesregierung einen Brief zu richten mit der Bitte, „die endgültige Regelung des Wiedergutmachungsproblems voranzutreiben"[112]. Rengstorf sprach in seinem Brief an die Bundesregierung die Bitte aus, „die Wiedergutmachung nationalsozialistischen Unrechts, das in seinem stärksten Ausmaße den Juden und den ihnen durch die Nürnberger Rassegesetze Gleichgestellten zugefügt wurde, als ganz besonders dringlich zu behandeln"[113]. Daß diese „anerkannte Pflicht zur Wiedergutmachung fünf Jahre nach dem Zusammenbruch" noch nicht befriedigend erfüllt worden sei, bereite wachsende

---

Christen beim Deutschen Evangelischen Kirchentag" geteilt wurde. Diese gab ihrem von H. GOLLWITZER/E. STERLING herausgegebenen Sammelband, in welchem die Ergebnisse der Treffen in Dortmund (1963) und Köln (1965) veröffentlicht wurden, den Titel: „Das gespaltene Gottesvolk".

[112] Niederschrift über die Sitzungen vom 28. 2. und 1. 3. 1951 (PRIVATAKTEN RENGSTORF, Ordner: Deutscher evangelischer Ausschuß für Dienst an Israel. Sitzungen und Protokolle 9. Jan. 1948 bis März 1956. Darin: Sitzung des Deutschen ev. Ausschusses für Dienst an Israel in Düsseldorf am 28. 2. und 1. 3. 1951).

[113] Abgedruckt in: FRu Nr. 12/15 vom Dezember 1951, S. 17; KJ 1953, S. 308.

Sorge. Man sehe darin „ein wesentliches Hindernis für den inneren und äußeren Frieden unseres Volkes... und die volle Wiederherstellung der immer noch gestörten Rechtsordnung und die Gesundung des in seiner Tiefe immer noch erschütterten Rechtsgefühls“[114].

Der Brief zeigt, daß der „Ausschuß für Dienst an Israel“ in den seiner Obhut anvertrauten Angelegenheiten bereit war, dem Staat ins Gewissen zu reden und damit stellvertretend für die Kirche zu handeln. Die Leitung des „Ausschusses“ wollte keine großen Erklärungen oder auch nur publikumswirksame Worte verabschieden, wohl aber wurde an den Punkten, an welchen ein Handlungsbedarf konstatiert wurde, deutlich und offen das Wort ergriffen. Damit kam der „Ausschuß“ dem in der lutherischen Theologie der Kirche zugewiesenen Wächteramt nach. Es wird sich zeigen, daß man auch ein Gespräch mit Vertretern des Staates suchte, als die Wiedergutmachungsfrage ein Jahr später immer noch nicht geregelt war.

d. Die vierte Studientagung in Ansbach, 3.–7. März 1952: „Der Mensch in christlicher und jüdischer Sicht“

Die Vorbereitungen: Im Vorfeld der vierten Studientagung, zu welcher die „Arbeitsgemeinschaft für lutherische Judenmission in Bayern“[115] den „Ausschuß“ nach Ansbach eingeladen hatte, fielen einige für die künftige Arbeit wichtige Entscheidungen. Der Tagungstitel deutete die wichtigste Änderung an, die auch in den folgenden Treffen den Arbeitsstil bestimmen sollte: Nicht mehr nur ein jüdischer Referent wurde zu den Tagungen eingeladen, sondern zu jedem Teilaspekt wurden Vorträge von je einem christlichen und jüdischen Referenten angeboten. Die Tagungsleitung erhoffte von dieser Maßnahme eine intensivere Durchdringung der einzelnen Themenbereiche und Impulse für ein wirkliches Gespräch zwischen den Religionen. Der zweite Punkt, der während der Vorbereitungen bedacht wurde, war die Beteiligung von Studenten an den Tagungen. Als sich bis Ende Januar ohne die aus Erlangen und Münster erwarteten Teilnehmer schon über 70 Studierende angemeldet hatten, sah sich die Tagungsleitung vor die grundsätzliche Frage gestellt, ob die Tagung den Charakter einer akademischen Konferenz bekommen sollte. Da man bewußt die Bildung eines festen Teilnehmerstammes anstrebte und befürchtete, daß viele Interessenten durch eine große Studentengruppe abge-

[114] Im Antwortschreiben des Bundeskanzleramtes an Rengstorf vom 9.3.1951 wurde zum Ausdruck gebracht, „daß die Bundesregierung dieser Frage schon lange ihre volle Aufmerksamkeit zugewandt hat, daß aber bisher vom Bund aus ein Eingreifen unmöglich war, da die Wiedergutmachung durch Ländergesetz geregelt ist“ (PRIVATAKTEN RENGSTORF Ordner: Deutscher evangelischer Ausschuß für Dienst an Israel, Wiedergutmachung, Ansbach ff. 1952 [Betreuung jüdischer Friedhöfe]. Darin: Wiedergutmachung 1951).

[115] Vgl. oben S. 159ff. und unten S. 288f.

schreckt werden könnten, kam man überein, die Zahl der Studenten zu beschränken und lediglich 60 Plätze für diese Gruppe vorzusehen[116]. Mit dem Ziel einer noch stärkeren Wirkung in der Öffentlichkeit plante man neben dem öffentlichen Begrüßungsabend wieder Gemeindeabende in sechs Kirchengemeinden im Großraum Ansbach[117]; auch gelang es, sowohl den Bayerischen wie den Nordwestdeutschen Rundfunk für Berichte über das Rundgespräch zu interessieren und beide Anstalten für die Ausstrahlung eines Rückblicks zu gewinnen.

Intensive Vorbereitung erforderte ein sehr anspruchsvolles Projekt, das sich der „Ausschuß" vorgenommen hatte. Man wollte mit Vertretern aus der Politik ein Gespräch über die stockenden Wiedergutmachungsverhandlungen führen. Der ursprüngliche Plan, neben einflußreichen Parlamentariern auch Vertreter von Bundes- und Landesministerien nach Ansbach zu bitten, konnte nur insoweit in die Tat umgesetzt werden, als daß Ministeriumsvertreter eine Teilnahme zusagten. Jüdische Persönlichkeiten sollten nicht zu diesem Gespräch hinzugezogen werden, da dem „Ausschuß" daran lag, „in dem versammelten Kreise ein deutliches Wort von unserem, d. h. dem christlichen Standpunkt aus zur Sache zu sagen"[118]. Die Anwesenheit eines jüdischen Vertreters, so meinte man, würde dem Gespräch eine veränderte Zielrichtung geben, es wäre dann ja ein Treffen zwischen Geschädigten und Vertretern der Verwaltung, in welchem zweifellos nicht offen geredet werden würde. Ebenfalls in Aussicht genommen wurde, Briefe an die Bundesregierung, an Landesministerien und an die EKD in der Sache „Wiedergutmachung" zu senden.

Noch eine letzte Entwicklung im Rahmen der Vorbereitung der vierten Studientagung ist anzuführen. Der „Ausschuß" hatte ursprünglich, obgleich völlig unabhängig, doch als Fachausschuß der EKD für die „Judenfrage" gegolten. Diese Verbindung wurde zunächst durch Geleitworte der jeweiligen Ratsvorsitzenden zum Ausdruck gebracht. Solche Worte fielen seit 1952 weg, wie überhaupt in den Programmen des „Ausschusses" von diesem Jahr an jeder Hinweis auf eine Verbindung mit der EKD fehlte. Die Tagungen

---

[116] Briefe Rengstorfs an von Harling u. a. vom 2. 2. 1952 (EBD., Ordner: Studientagungen Deutscher evangelischer Ausschuß für Dienst an Israel, 4) Ansbach 1952 [Studientagung Eisenach – Planung, Prof. Oepke]. Darin als lose Beilage: Gemeindeabende, Studenten).

[117] Im Rahmen dieser Gemeindebesuche fanden zwei je einstündige, gut besuchte Veranstaltungen in Nürnberg und Fürth statt, auf denen Rengstorf und Wiener sprachen. Wie Rengstorf mir mündlich mitteilte, sprach Wiener in Fürth von der Kanzel (!) der dortigen Kirche. Er habe seine Rede mit Erinnerungen an das Nürnberg vor 1933 begonnen und konnte dann, als er auf seine zahlreichen Freunde in dieser Stadt einging, die zumeist ermordert worden waren, zunächst wegen eines Weinkrampfes nicht weitersprechen. Dennoch habe Wiener keine Vorwürfe erhoben, sondern die Versammelten zur Mitmenschlichkeit ermutigt.

[118] Brief Rengstorfs an von Harling vom 2. 2. 1952 (PRIVATAKTEN RENGSTORF, Ordner: Der evangelische Ausschuß für Dienst an Israel, Wiedergutmachung, Ansbach 1952 [Betreuung jüdischer Friedhöfe]. Darin: Wiedergutmachung [Besprechung Ansbach] und Fortsetzung).

erschienen von nun an als Veranstaltungen, die der „Ausschuß" im eigenen Namen und in eigener Verantwortung durchführte.

Der Verlauf der Tagung: Da die Vorträge nicht im Wortlaut veröffentlicht wurden, soll im folgenden nur die von Harder herausgestellte Quintessenz wiedergegeben werden. Er schrieb: „Man kann das Gegenüber im Menschenbild" von Judentum und Christentum „so umreißen: Der jüdische Mensch versteht sich schon als der, der er ist – mit seinem natürlichen Dasein –, als von Gott berufen und erwählt. Der evangelische Mensch versteht sich erst als der, den Gott im Wort und Sakrament neu schafft, als von Gott berufen und erwählt"[119].

Wertung und Impulse: Durch die Entscheidung, künftig jeweils einen jüdischen und christlichen Referenten zu den einzelnen Themenbereichen einzuladen, wurde es natürlich möglich, sich weit intensiver gegenseitig zu befragen und zu verstehen. So durchzog ein echtes Gespräch zwischen den Religionen die ganze Tagung. Der jüdische Beitrag hatte nicht länger etwas Herausgehobenes, ja Exotisches an sich, sondern stand als gleichberechtigtes Element neben den christlichen Vorträgen. Im übrigen war es auch nur so möglich, die Vielfalt der Ansichten innerhalb des Judentums in angemessener Weise zu Wort kommen zu lassen. Damit aber war ein neuer entscheidender Schritt getan: Der „Ausschuß für Dienst an Israel" öffnete seine Veranstaltungen in einer Weise, die 1948 noch nicht denkbar gewesen wäre. Zwischen der ersten, damals vielbeachteten Einladung eines prominenten jüdischen Redners nach Deutschland bis zu der paritätischen Beteiligung jüdischer Referenten lag eine Arbeit, die dem „Ausschuß" Vertrauen eingetragen und zuallererst ein Klima geschaffen hatte, in welchem eine offene und vorurteilsfreie Begegnung möglich wurde. Eine Voraussetzung dafür war auch, daß sich der „Ausschuß" stark von seinem ursprünglichen Ziel gelöst und ein eigenes Gewicht gewonnen hatte. Auf allen bisherigen Tagungen war die Frage der Judenmission höchstens einmal am Rande aufgetaucht. Damit ist nun aber zugleich ein neuralgischer Punkt angesprochen. Der „Ausschuß" klärte nie in aller Offenheit sein Verhältnis zur Judenmission und stellte dieses Thema auch nie offiziell auf seinen Tagungen zur Diskussion. Damit aber blieb ein Bereich, der trennend wirkte, wenngleich dies von jüdischen Tagungsteilnehmern nie ausdrücklich problematisiert wurde.

Zum geplanten Gespräch über die Wiedergutmachung waren Vertreter des Bundesfinanz- und Bundesjustizministeriums und ein Vertreter des nordrhein-westfälischen Justizministeriums sowie der württemberg-badische Staatsbeauftragte für Wiedergutmachung nach Ansbach gekommen. Nach einer ausführlichen Information der Ausschußmitglieder über den Stand der Wiedergutmachungsangelegenheiten, wobei die Ministeriumsvertreter Ant-

---

[119] G. HARDER, Christen, S. 262. Vgl. auch die Berichte über die Tagung L. AHNE, Kirche; P. JASPER, Solidarität; K. THIEME, Mensch; EvW, 6, 1952, S. 207f.; FüI Heft 2 vom Juli 1952.

worten auf „Fragen nach den Verhandlungen mit Israel ... auf die Wiedergabe von in der Presse veröffentlichten Mitteilungen" beschränkten[120], machte der Vertreter des in Wiedergutmachungsdingen federführenden Finanzministeriums deutlich, daß es von entscheidender Bedeutung sei, „die psychologischen Voraussetzungen für die Regelung der Wiedergutmachung in unserem Volk zu schaffen"[121]. Dies sei um so beachtlicher, als es Äußerungen gebe, „man könne heute den Parlamenten Gesetze auf diesem Gebiet nicht mehr zumuten". Vom Bundestag sei aus diesen Gründen momentan „nicht viel Initiative zu erwarten". Die Arbeit des Bundesrates sei deshalb besonders wichtig, vor allem auch im Hinblick auf eine „Gleichziehung der Gesetzgebung in den Ländern der britischen mit der in der amerikanischen Zone". Nach einer eingehenden Unterredung kam der „Ausschuß für Dienst an Israel" überein, eine Reihe von Briefen in dieser Sache an staatliche Einrichtungen zu senden.

Man bat unter anderem den Präsidenten des Bundesrates, „auf die Länderregierungen dahingehend zu wirken, die gesamten bereits vorgesehenen, aber noch nicht fälligen Wiedergutmachungsleistungen an die Verfolgten im Alter von 60 Jahren und darüber möglichst schnellstens zahlbar" zu machen. Die Ministerpräsidenten der Länder der britischen Zone wurden aufgefordert, möglichst bald Gesetze zu erlassen, damit „die Geschädigten aller Gruppen entsprechend der Regelung in den Ländern in der amerikanischen Zone zu ihren Recht kommen"[122]. In einem Schreiben an den Bundeskanzler bedankte man sich eingangs dafür, „daß durch die Erklärung der Bundesregierung vom 27. September 1951 und die damit verbundenen Bemühungen um direkte Verhandlungen mit dem Staate Israel wesentliche Fortschritte ... erzielt sind"[123]. Abschließend wurde die Bitte vorgetragen, die Regierung möge ein Bundesrahmengesetz für die Wiedergutmachung noch in der laufenden Legislaturperiode verabschieden, umgehend im Haushalt Mittel für die Wiedergutmachung einsetzen und beim Bundesgerichtshof einen Senat für Wiedergutmachungsfragen einrichten. Es wurde der Hoffnung Ausdruck verliehen, daß diese „Maßnahmen geeignet sein dürften, das so verheißungsvoll begonnene Wiedergutmachungs- und Befriedungswerk weiter zu fördern".

Aber nicht nur bei staatlichen Institutionen wurde der Ausschuß in dieser Sache vorstellig. Man wandte sich auch an die EKD. Nachdem Rengstorf im

---

120 Bericht an den Bundesminister der Justiz vom 11. 3. 1952 (BUNDESARCHIV KOBLENZ, B 141/541). – Vgl. zu den Wiedergutmachungsverhandlungen N. SAGI, Wiedergutmachung; K. VON JENA, Versöhnung. Diese Initiative des Ausschusses erwähnt auch O. von Harling sen. in seinem Beitrag Kirche und Israel (KJ 1953, S. 308 f.).

121 Niederschrift über die Besprechung über Wiedergutmachung ... am 3. März 1952. Zitat S. 4 (vgl. oben S. 242, Anm. 118). – Vgl. zur Regelung der Wiedergutmachung oben S. 61.

122 Schreiben vom 14. 3. 1952 (EBD.).

123 Brief an Adenauer vom 14. 3. 1952 (EBD.).

Juli 1951 gegenüber dem inzwischen zum Oberkirchenrat in der Kirchenkanzlei der EKD aufgestiegenen von Harling noch die Ansicht vertreten hatte, der Rat der EKD solle sich in der Wiedergutmachungsangelegenheit nicht mit einem eigenen Wort an die Öffentlichkeit wenden, sondern sich dem Brief des „Ausschusses" anschließen, welcher auf der Tagung in Düsseldorf an die Bundesregierung gesandt worden war[124], erkannte man nach der Aussprache in Ansbach die Notwendigkeit einer speziellen Initiative der EKD. In einem Brief bat der Ausschußvorsitzende den Rat der EKD, „mit seiner Autorität unseren Schritten gegenüber den staatlichen Stellen in geeigneter Form Nachdruck" zu verleihen[125]. Die Bedeutung der Wiedergutmachungsfrage sei in Bonn erkannt; aber neben den finanziellen Deckungsschwierigkeiten stehe einer befriedigenden Lösung vor allem entgegen, „daß sich in unserem Volk noch nicht das nötige Verständnis dafür durchgesetzt hat, daß eine Wiedergutmachung des im Namen des deutschen Volkes verübten Unrechts nun einmal die erste und unabdingbare Voraussetzung für einen gesunden Wiederaufbau darstellt". Es gelte, so Rengstorf weiter, „entsprechende Anregungen bei der Regierung der Deutschen Demokratischen Republik" folgen zu lassen. Abschließend wurde der Überzeugung Ausdruck verliehen, daß es „eine besonders dringliche Aufgabe der Kirche" sei, „zu einer Überwindung dieser Hemmungen im Rahmen des Möglichen beizutragen".

Flankierend zu diesem Anschreiben wollte von Harling in dieser Sache einen Vorstoß beim Rat der EKD machen, da er inzwischen ebenfalls zu der Überzeugung gelangt war, „daß nachgerade wohl doch ein Wort des Rates zu dieser Frage notwendig" sei[126]. Von Harling schrieb an Rengstorf, er wolle dafür sorgen, daß „dieser Punkt offiziell in die Tagesordnung für die nächste Ratssitzung... aufgenommen wird". Neben dem Brief, den der „Ausschuß" schon an den Rat gesandt hatte, wollte von Harling noch in einem gesonderten Schreiben die Dringlichkeit dieser Maßnahme herausstellen. Ehe er jedoch dem Präsidenten der Kirchenkanzlei den von ihm gefertigten Entwurf eines solchen Schreibens an die Ratsmitglieder vorlegte, sandte er ihn, zusammen mit dem Entwurf für einen Brief des Rates an den Bundeskanzler, an Rengstorf und bat diesen um seine Stellungnahme. In seinem Briefentwurf an die Ratsmitglieder hob von Harling hervor, daß gegen die von der Bundesregierung vorgenommene Koppelung der Wiedergutmachungsfrage an die Regelung der deutschen Auslandsverschuldung „gerade vom kirchlichen Standpunkt aus erhebliche Bedenken" bestünden[127]. Die Wiedergutmachung sei eine „sittliche Pflicht, die den unbedingten Vorrang vor allen sonstigen

[124] Brief vom 13. 7. 1951 (Ebd.).
[125] Brief Rengstorfs an den Rat der EKD vom 7. 4. 1952 (Ebd.).
[126] Brief von Harlings an Rengstorf vom 3. 6. 1952 (Ebd.).
[127] Entwurf des Briefes, Mai 1952 (Ebd.).

Verpflichtungen" haben müsse und „keinesfalls taktische(n) Gesichtspunkte(n) der Innen- und Außenpolitik" untergeordnet werden dürfte. „Die Kirche sollte nicht beiseitestehen", so hieß es weiter, „wenn es gilt, in dieser wichtigen Frage die Stimme des Gewissens zu Gehör zu bringen", zumal „auch von der Ökumene ein Wort der Evang(elischen) Kirche in Deutschl(and) hierzu erwartet" werde[128].

Von Harling wollte den Ratsmitgliedern vorschlagen, ein Schreiben an den Bundeskanzler zu richten und auch die Regierung der Deutschen Demokratischen Republik darauf hinzuweisen, „daß auch von ihr umfassende Maßnahmen zur Wiedergutmachung nationalsozialistischen Unrechts erwartet werden müssen". In einem dem Brief an die Ratsmitglieder beizulegenden Entwurf eines Schreibens an den Bundeskanzler stellte von Harling nachdrücklich die Sorge über das Stocken der Verhandlungen zwischen der Bundesrepublik und Israel heraus. Der Rat, so der Vorschlag, solle erklären, er sehe sich „veranlaßt, der Auffassung Ausdruck zu geben, daß der Wiedergutmachung unbedingt der Vorrang vor sonstigen Verpflichtungen des deutschen Volkes gebührt"[129]. Ansonsten wurden in diesem Entwurf von Harlings die schon im Brief des „Ausschusses" an den Bundeskanzler erhobenen Forderungen wiederholt.

Es wäre zweifellos spannend gewesen, die Beratungen des Rates über diesen Gegenstand zu verfolgen und zu mutmaßen, wie eine Erklärung hätte letztlich aussehen können. Allein von Harling stellte diese Angelegenheit seitens der Kirchenkanzlei zurück, da unmittelbar, nachdem er seine Entwürfe an Rengstorf gesandt hatte, der Generalvertrag der Bundesregierung mit allen Zusatzverträgen im Wortlaut vorgelegt worden war. Weil nach der Ratifizierung dieser Verträge alsbald mit einer Regelung der anzumahnenden Fragen zu rechnen sei, sollte man, so von Harling, „mit einem Wort des Rates zur Wiedergutmachungsfrage doch noch abwarten"[130]. Es müßten erst die Ratifizierung und „eine angemessene Frist für die Inangriffnahme der Maßnahmen" abgewartet werden, ehe sich der Rat eventuell äußern könne, da sonst leicht entgegnet werden könnte, der Rat versuche „offene Türen einzurennen".

Deutlich wird durch diese vielfältigen Aktivitäten, daß sich der „Ausschuß" nicht damit zufrieden gab, sich einmal in der Wiedergutmachungsfrage zu Wort gemeldet zu haben und dann der Sache ihren Lauf zu lassen. Ganz im Gegenteil, man wollte einen, wenn auch bescheidenen Beitrag dafür leisten, daß der Bundesregierung in ihrem Bemühen der Rücken gestärkt wurde und die Verhandlungen weitergingen. Dies sollte aber nicht allein

---

[128] Ab: „auch von der Ökumene..." handschriftliche Ergänzung der Vorlage von Harlings durch Rengstorf (Ebd.).

[129] Entwurf mit Datum: Berlin, den Juni 1952 (Ebd.).

[130] Brief von Harlings an Rengstorf vom 6. 6. 1952 (Ebd.).

durch Briefe erreicht werden, sondern auch durch persönliche Gespräche mit Personen, die mit der Wiedergutmachungsangelegenheit befaßt waren. Ihnen sollte deutlich gemacht werden, daß sich die Regierung in dieser Frage auf die volle Unterstützung der evangelischen Kirche verlassen könne. Um diese noch deutlicher hervortreten zu lassen, bemühte man sich, auch den Rat der EKD zu einer Erklärung in dieser Sache zu veranlassen. Auffallend und typisch für die Art und Weise, in der der „Deutsche evangelische Ausschuß für Dienst an Israel" diese Sache anging, war, daß hiervon kein Wort in die Öffentlichkeit drang. Nicht durch großmundige Verlautbarungen hoffte man Wirkungen bei Regierung und Kirchenleitung zu erreichen, sondern durch eindringliche, fast persönliche Briefe. Zwei Dinge bleiben in diesem Zusammenhang zu fragen: Weshalb wählte der „Ausschuß" das Thema „Wiedergutmachung" nicht auf einer der von ihm veranstalteten Tagungen als eigenes Thema, und weshalb forderte man die EKD nicht zu einem Wort an die Pfarrer und Gemeinden über die Wiedergutmachung auf? Beides wäre ein Beitrag dazu gewesen, der von den Ministeriumsvertretern genannten Schwierigkeit zu begegnen, daß sich im deutschen Volk „noch nicht das nötige Verständnis dafür durchgesetzt hat", daß die Wiedergutmachung „die erste und unabdingbare Voraussetzung" für einen Neuanfang sei. Der Bundesregierung ins Gewissen zu reden, war wohl einfacher und doch weit weniger dringend, als die Bevölkerung auf die Berechtigung und Notwendigkeit einer Wiedergutmachung hinzuweisen und herauszustellen, daß diese Maßnahme gerade vom Evangelium her wichtig und geboten erscheine. Daß dieser Schritt zu einer Aufklärung der Öffentlichkeit nicht gegangen oder angeregt wurde, trübt das ansonsten beeindruckende Engagement des „Deutschen evangelischen Ausschusses für Dienst an Israel" in dieser Sache.

Dies gilt um so mehr, wenn in Rechnung gestellt wird, daß der „Ausschuß" nicht allein die „offiziellen" Wege zu einer Beförderung der Wiedergutmachung unterstützte, sondern auch die vom Direktor der staatlichen Pressestelle der Hansestadt Hamburg, Erich Lüth, ins Leben gerufene Aktion „Friede mit Israel"[131]. In dieser Sache hatte der „Ausschuß" schon im Oktober 1951 an die deutschen Teilnehmer seiner bisherigen Tagungen geschrieben, sie auf die Aktion aufmerksam gemacht und um Mithilfe dabei gebeten, „daß diese Maßnahmen einen entsprechenden Widerhall in unserem Volk finden"[132]. Auch die von der Aktion „Friede mit Israel" angeregte Ölbaum-

[131] Artikel von E. LÜTH „Wir suchen Frieden mit Israel" in: NEUE ZEITUNG vom 31. 8. 1951; Aufruf von E. LÜTH in: FRU Nr. 16 vom April 1952, S. 21 f.; vgl. oben S. 62; G. JASPER, Sinn, S. 6 f.

[132] Brief vom 18. 10. 1951, unterschrieben von Dr. Kegel (PRIVATAKTEN RENGSTORF, Ordner: Der evangelische Ausschuß für Dienst an Israel, Wiedergutmachung, Ansbach 1952 [Betreuung jüdischer Friedhöfe]. Darin: Korrespondenz mit K. Hoffmann, Hamburg [Friede mit Israel], November 1950 – Januar 1956). – Als persönliche Aktionen wurden Zuschriften an den Initiator, verschiedene Zeitschriften oder an den Nordwestdeutschen Rundfunk vorgeschlagen.

spende unterstützte der „Ausschuß“ durch eine Sammlung auf der Begrüßungsveranstaltung seiner Ansbacher Tagung und durch einen Aufruf im Evangelischen Pressedienst, die Kirchengemeinden mögen sich an dieser Aktion beteiligen[133]. Die Kirchenkanzlei der EKD wurde in diesem Zusammenhang gebeten, sie möge über die Landeskirchen die Gemeinden auf diese Spende hinweisen und sie anregen, eine Kollekte anzusetzen[134].

So nutzte der „Ausschuß“ jede Gelegenheit, den Fortgang einer Aussöhnung mit Israel zu unterstützen. Ganz entgegen den in der Gründungsphase des „Ausschusses“ vor allem von von Harling geäußerten Vorbehalten gegen öffentliche Aktionen und Erklärungen scheute man sich bei aller Skepsis hinsichtlich der Wirkung nicht, diese Mittel zu wählen, um auf anstehende Probleme und notwendige Schritte aufmerksam zu machen. Es kennzeichnete die Arbeitsweise des „Ausschusses“, daß mit einer abgegebenen Erklärung die angestrebte Sache nicht aus den Augen verloren wurde, sondern daß beharrlich weiter an einer Verwirklichung des angestrebten Zieles gearbeitet wurde.

Zwei Initiativen, die im Rahmen der Ansbacher Tagung besprochen wurden, sollen im folgenden gesondert dargestellt werden. Es handelt sich um den Plan, auch in der sowjetischen Zone eine Studientagung durchzuführen, und weiter um das Bemühen, das Thema „Judentum“ auf den Kirchentagen zu Wort zu bringen.

e. Pläne für eine Studientagung in Eisenach

Nachdem bereits in den Protokollen der Ausschußsitzung 1950 eine „kleinere Tagung in Leipzig nach Pfingsten 1950“ erwähnt wurde[135], schlug Rengstorf Professor D. Albrecht Oepke[136], Leipzig, im Februar 1952 vor, eine Studientagung zur „Judenfrage“ in der „Ostzone“ – man beachte, wie konsequent diese Bezeichnung verwendet wurde – durchzuführen. Als Tagungsort käme eventuell Eisenach in Frage, da die Nähe zur Grenze auch eine Teilnahme von Studenten aus dem Westen ermöglichen würde. Im Auftrag von Oepke teilte ein sich in der Lutherischen Kirche von Thüringen für die „Judenfrage“ verantwortlich wissender Pfarrer, Gerhard Kropat-

---

[133] „Text für EPD“ (Evangelischer Pressedienst, S. H.), Beilage zum Protokoll der Ausschußsitzungen vom 5.–7. 3. 1952 (PRIVATAKTEN RENGSTORF, Ordner: Deutscher evangelischer Ausschuß für Dienst an Israel. Sitzungen und Protokolle 9. Januar 1948 bis März 1956. Darin: Sitzungen des Deutschen evangelischen Ausschusses für Dienst an Israel in Ansbach 5. März [6.+7.] 1952).

[134] Brief Rengstorfs an die Kirchenkanzlei der EKD vom 28. 3. 1952 (vgl. oben S. 242, Anm. 118).

[135] Protokoll vom 1. 3. 1950 (vgl. oben S. 233, Anm. 97); zu den Tagungen in der sowjetischen Zone vgl. unten Anm. 140.

[136] Vgl. unten S. 334 ff.

schek, Rengstorf mit, daß man einen solchen Plan grundsätzlich befürworte. Als Tagungsort, so hieß es weiter, käme wirklich nur Eisenach in Frage. Schwieriger würde sich jedoch die Frage des Termins gestalten. Man müße die Sache mit der Kirchenleitung und interessierten Persönlichkeiten besprechen[137].

Bereits Mitte März konnte Rengstorf Oepke mitteilen, daß der „Ausschuß... in Ansbach beschlossen (hat), sobald wie möglich eine erste Studientagung auch in der Ostzone zu veranstalten“[138]. Die Wahl eines geeigneten Termins, 1952 oder erst 1953, wolle man den Beratungen in der „Ostzone“ überlassen, doch bitte man zu berücksichtigen, daß am ehesten der Anfang der akademischen Ferien möglich wäre, da dann auch Studenten teilnehmen könnten. Vorgeschlagen wurde, „die Tagung auf drei Tage zu beschränken und neben einem Begrüßungsabend lediglich zwei grundlegende Vorträge zu veranstalten, den einen von christlicher, den andern von jüdischer Seite, etwa mit den Themen ‚Was gehen uns Christen die Juden an?‘ und ‚Was gehen uns Juden die Christen an?‘“. Eventuell sei noch an ein Referat über die Frage der Schuld zu denken. Abschließend brachte Rengstorf zum Ausdruck, daß es „dem Ausschuß eine große Freude (wäre), wenn es nun gelingen würde, die Studienarbeit und das Gespräch mit Israel auch in der Ostzone in Gang zu bringen“.

Der Antwortbrief von Oepke machte die Erwartungen und Planungen des „Ausschusses für Dienst an Israel“ jäh zunichte. Oepke stellte heraus, daß es für ihn persönlich aus terminlichen Gründen unmöglich sei, sich an einer Tagung 1952 oder 1953 zu beteiligen. Im übrigen seien die Verhältnisse an den Hochschulen gänzlich verschieden von denen im Westen. Zwar schließe das Studienjahr mit dem 10. Mai, doch daran schlössen sich Prüfungen und Praktika an, so daß erst ab Anfang Juli Ferien seien. Das Herbstsemester beginne Ende September und dauere bis Weihnachten; es verbiete sich also auch dieser Termin für eine Tagung. Oepke machte deutlich, daß eine „irgendwie ‚akademische‘ Tagung... schwerlich zustande kommen“ dürfte[139]. Insoweit seien zwar Gemeindeveranstaltungen in Eisenach denkbar, aber das sei ja wohl etwas anderes, als der „Ausschuß“ wolle. Man plane wieder eine „Arbeitstagung zu Pfingsten für die Ostzone“, mehr sei, auch aus finanziellen Gründen, kaum möglich[140]. Sollte die Eisenacher Tagung doch noch zustande kommen, so würde man auf das Pfingsttreffen verzichten.

---

[137] Brief von Oberpfarrer Dr. Gerhard Kropatscheck aus Elgersburg an Rengstorf vom 21. 2. 1952 (Privatakten Rengstorf), Ordner: Deutscher evangelischer Ausschuß für Dienst an Israel. 5.–6. Studientagung. Darin: Vorbereitung).

[138] Brief Rengstorfs an Oepke vom 10. 3. 1952 (Ebd., Ordner: Studientagungen Deutscher evangelischer Ausschuß für Dienst an Israel, 4) Ansbach 1952 [Studientagung Eisenach – Planung, Prof. Oepke]. Darin: 1. Studientagung in der Ostzone, Eisenach, Vorbereitung).

[139] Brief Oepkes an Rengstorf vom 16. 3. 1952 (Ebd.).

[140] Vom 30. 5. bis 1. 6. 1950 fand in Leipzig erstmals nach dem Ende der nationalsozialisti-

Der mißlungene Versuch einer Studientagung in der sowjetischen Zone macht deutlich, daß sich der „Ausschuß" auch für dieses Gebiet verantwortlich wußte und nach der Konsolidierung seiner Arbeit im Westen konsequenterweise auch Veranstaltungen zur „Judenfrage" in diesem Teil Deutschlands durchführen wollte. Scheitern mußte diese Absicht vor allem aus zwei Gründen: Im Westen war man mit den äußeren Verhältnissen im Osten, beispielsweise mit dem Ablauf des Studienjahres nicht vertraut, so daß jeder Versuch, ein im Westen erprobtes Konzept in den Osten verpflanzen zu wollen, von vornherein scheitern mußte. Die andere Schwierigkeit lag darin, daß in der DDR praktisch allein Oepke als Ansprechpartner für die „Judenfrage" zur Verfügung stand. Jedenfalls versuchte Rengstorf nicht direkt den 1946 ins Leben gerufenen „Landeskirchlichen Ausschuß für Mission unter Israel", die „ostzonale" Nachfolgeorganisation des 1936 aufgelösten „Evangelisch-lutherischen Zentralvereins für Mission unter Israel"[141], anzusprechen. Er mag sich davon keine Unterstützung versprochen haben, da Oepke den Vorsitz dieser Organisation innehatte. Zu fragen bliebe auch, inwieweit es überhaupt sinnvoll gewesen wäre, in der sowjetischen Zone eine Veranstaltung zu einem Thema durchzuführen, für welches das „Interesse... an sich schon nicht besonders groß" sei, wie Oepke herausgestellt hatte. So mögen die an Pfingsten durchgeführten Arbeitstagungen für die „Ostzone" genügt haben. In den Akten des „Ausschusses" finden sich keine Hinweise darauf, daß von

---

schen Herrschaft im Thomasgemeindesaal eine „Arbeitstagung über ‚Kirche und Judentum' für die Ostzone" statt (Ebd., Ordner: Evangelisch-lutherischer Z[entral-]V[erein], Jahresfeste. Darin: Ostzone Pfingsten 1950 – Leipzig). Anläßlich dieser Tagung sprachen Prof. Albrecht Alt über „Das alte Reich und der neue Staat Israel" und Oepke über „Ahasver. Das Geheimnis des Judentums". Daneben berichteten Vertreter verschiedener Landeskirchen der sowjetischen Zone und ein Mitarbeiter der „Arbeitsgemeinschaft für lutherische Judenmission" in Bayern über den Stand der Arbeit, und man beriet „vor allem über die Arbeitsaufgabe der Zukunft" (Privatakten Burmester, „Arbeitsbericht für unsere Mitarbeiter und Freunde" des „Landeskirchlichen Ausschusses für Mission unter Israel", Leipzig 20. 7. 1950). Speziell eingeladen waren die Leipziger Judenchristen gewesen (Ebd.). Ähnliche Veranstaltungen wurden auch in den folgenden Jahren angeboten: 1951 fand die Tagung am 15. und 17. 5. wiederum im Thomasgemeindesaal in Leipzig statt. Es sprachen Prof. Hans Bardtke über „Die Bedeutung der Hebräischen Handschriftenfunde vom Toten Meer für die Bibelforschung" und Oepke über „Kirche und Synagoge im Gespräch der Jahrhunderte – oder anders ausgedrückt: Das Neue Gottesvolk in Schrifttum, Schauspiel, bildender Kunst und Weltgestaltung" (Privatakten Rengstorf, Ordner: Evangelisch-lutherischer Z[entral-]V[erein], Jahresfeste. Darin: Ostzone, Pfingsten 1951 usw., Leipzig). 1952 traf man sich am 3. und 4. 6. im Nikolaigemeindesaal in Leipzig. Pfarrer Fritz Schulz aus Dresden trug Gedanken zu „Geist und Geschichte des Antisemitismus" vor und Oepke plante über das Thema, „Was geht vor – in Palästina und anderswo?" zu sprechen. An diesen Tagungen, die jeweils zusammen mit dem Jahresfest der „Evangelisch-lutherischen Heidenmission" stattfanden, trafen sich die Vertrauensmänner aber auch andere Mitarbeiter und Freunde der Arbeit des „Landeskirchlichen Ausschusses für Mission unter Israel" (Ebd.).

[141] Mitgeteilt in einem Brief von Siegfried Arndt, Leipzig, an den Verfasser vom 9. 4. 1985.

ihm noch einmal der Versuch unternommen wurde, eine Tagung im anderen Teil Deutschlands durchzuführen[142].

3. Das Thema „Kirche und Israel“ auf den Deutschen Evangelischen Kirchentagen bis 1956

a. Ein vergeblicher Versuch: Die Evangelische Woche in Hannover 1949

„Leider ist ja Ihr Entwurf zur Judenfrage auf dem Kirchentag nicht zur Besprechung gekommen. Ich habe ihn mir jetzt noch einmal durchgelesen und bedauere es doch sehr, daß ich trotz des Gedränges in Hannover nicht dafür gesorgt habe, daß diese Resolution durchkommt.“[143] Dies schrieb am 15. August 1949 der Geschäftsführer des Bruderrates der EKD, Herbert Mochalski[144], an Freudenberg, der versucht hatte, mit einer Vorlage für die Evangelische Woche in Hannover über „Das christliche Verhalten gegenüber den Juden“ erstmals in der breiten Öffentlichkeit der Kirchentage dieses Thema anzusprechen. Freudenberg, der keine Gelegenheit ausließ, darauf hinzuweisen, daß ein Wort zur Schuld an Israel von der Kirche gesprochen werden müsse, wollte auch dieses Forum nutzen, um sein Anliegen publik zu machen[145]. In der sechs Punkte umfassenden Vorlage stellte er zunächst die Schuld der Deutschen an den Juden heraus und verlieh dem Bedauern Ausdruck, „daß die evangelischen Kirchen in Deutschland noch kein gemeinsames Wort der Buße, der Erkenntnis von Gottes Gerichten und der Liebe gegenüber den Brüdern und Schwestern aus dem Judentum gefunden haben“[146]. Daran anschließend wurde der in Deutschland wieder um sich greifende Antisemitismus angeprangert und mit der Erklärung des ÖRK von Amsterdam 1948 festgestellt, „daß ‚der Antisemitismus... als schlechterdings mit christlichem Bekenntnis und Leben unvereinbar zu verwerfen und eine Sünde gegen Gott und Menschen ist‘“[147]. Im vierten Punkt wurde dazu aufgerufen, „in der Wahrheit und in der Liebe die Begegnung mit Juden zu suchen, uns im Gehorsam gegen Gottes Gebot vor falschem Zeugnis über

[142] Von Oepke und diesem „Landeskirchlichen Ausschuß“ ging ein wichtiger Impuls für eine Erklärung der Sächsischen Landessynode zur „Judenfrage“ aus (vgl. unten S. 334 ff.).

[143] Brief Mochalskis an Freudenberg vom 15. 8. 1949 (PRIVATAKTEN FREUDENBERG. Mappe: Eigene Vorträge, Aufsätze, Zeitungen). D. GOLDSCHMIDT weist in seinem Aufsatz „Zwanzig Jahre“, S. 609 auf diese Initiative hin.

[144] Vgl. unten S. 315 ff.

[145] Vgl. zu den Impulsen Freudenbergs besonders oben. S. 195 ff.; S. 234 ff.; unten S. 297 ff.; S. 315 ff.; S. HERMLE, Bruder.

[146] In: JUDAICA 5, 1949, S. 310 f.

[147] Vgl. den vollständigen Text der ÖRK-Erklärung von Amsterdam in: R.M. HEYDENREICH, Erklärungen, S. 273 ff. und jetzt in: KIRCHEN, S. 325–329.

Juden zu hüten, bei allen Gesprächen mit und über Juden unsere Worte in Zucht zu nehmen, Einzelurteile nicht zu verallgemeinern, unsere Mitschuld an der Kreuzigung Christi nie zu verschweigen und die im Alten Bund den Juden gegebene und im Neuen Bund bestätigte Verheißung Gottes zu bekennen". Anschließend wurden das Schicksal der Judenchristen in den Blick genommen und die Gemeinden aufgefordert, diese etwas „von der Kraft des Evangeliums der Liebe" spüren zu lassen. Zuletzt wurden Rat der EKD, Kirchenleitungen, Gemeinden und Fakultäten gebeten, „dafür Sorge zu tragen, daß in der Verkündigung, der Lehre und im Leben die vorstehenden Grundsätze und Forderungen zur Geltung kommen und jeder Form des gottfeindlichen Antisemitismus um der Liebe und Wahrheit Jesu Christi willen gewehrt werde".

Es mag im nachhinein überraschen, daß diese eindrückliche und klare Vorlage nicht behandelt wurde, zumal anscheinend keine inhaltlichen Vorbehalte geltend gemacht wurden, sondern allein zeitliche Gründe für die Absetzung der Beratung ausschlaggebend waren. Allerdings darf nicht übersehen werden, daß zeitliche Prioritäten immer etwas mit inhaltlichen Gewichtungen zu tun haben: So offenbart die Nichtbehandlung dieser Resolution, wie die Tagungsleitung zu der „Judenfrage" stand. Andere Fragestellungen waren in ihren Augen eben so wichtig, daß das Verhältnis von Kirche und Israel hintangestellt wurde. Den Äußerungen Mochalskis kann entnommen werden, daß die Brisanz des von Freudenberg Ausgedrückten wohl gar nicht ganz aufgenommen worden war, zumal sich schon früher verschiedene Gremien der EKD zu diesem Thema in speziellen Verlautbarungen öffentlich geäußert hatten[148]. Diese Stellungnahmen waren jedoch bei weitem nicht so klar und prägnant wie der von Freudenberg vorgelegte Entwurf. So wurde in Hannover 1949 die Chance verpaßt, in einer breiten Öffentlichkeit ein unmißverständliches Wort zur „Judenfrage" zu sprechen und so eventuell auch die EKD und die Kirchenleitungen nachdrücklich auf die Notwendigkeit konkreter Schritte in dieser Frage hinzuweisen.

Auch auf den Kirchentagen in Essen 1950 und Berlin 1951 wurde das Problem „Juden und Christen" nicht thematisiert. Dies blieb im Ausland nicht ohne Echo. Die Londoner Wochenzeitung „The Jewish Chronicle" brachte am 1. September 1950 ihr Befremden darüber zum Ausdruck, „daß gelegentlich des Deutschen Evangelischen Kirchentages in Essen lediglich seitens des Bundespräsidenten Prof. Dr. Heuß und des dänischen Bischofs D. Hoegsbrø der Verpflichtung der deutschen Kirche gegenüber den Juden gedacht worden ist"[149]. Sucht man den Gründen nachzugehen, weshalb auf

[148] Vgl. unten S. 263 ff., S. 301 ff.

[149] Zitiert nach SAH Heft 2/3, 1950, S. 139. – Die Heußrede ist paraphrasiert in: FRU Nr. 10/11 vom Januar 1951, S. 32. – Vgl. die Thematisierung dieser Frage auf den Katholikentagen 1948 (EBD., Nr. 2/3 vom März 1949, S. 1–5) und 1949 (EBD., Nr. 5/6 vom Dezember 1949, S. 3–6).

den drei ersten Kirchentagen nach dem Zusammenbruch des „Dritten Reiches“ kein Angebot zur „Judenfrage“ gemacht wurde, so wird man wohl mit Dr. Friedebert Lorenz, dem langjährigen Studienleiter des Kirchentages, sagen können, „daß dieses Thema nicht an die Veranstalter als Anregung herangebracht wurde, und die Veranstalter hatten ganz andere Sorgen und Nöte“[150]. Hierbei sei zunächst an die grundsätzlichen Probleme zu denken, „in der kirchenpolitischen Situation des Jahres 1949 überhaupt“ eine solche Veranstaltung „durchzubringen“. Was die Sachthematik betraf, so habe damals die soziale Lage und übergroße Not der Deutschen im Vordergrund gestanden. Ähnliches gelte für den Kirchentag in Essen, wobei hier vor allem die Diskussion um die strukturelle und methodische Gestalt des Kirchentages die Verantwortlichen beschäftigt habe. 1951 hingegen band das Experiment des ersten Gesamtdeutschen Kirchentages alle Kräfte, so daß wenig Raum geblieben sei für neue Themen und Arbeitsgruppen. Dies müßten jedoch, so Lorenz, Erklärungsversuche bleiben, da darüber hinausgehende Gründe nicht belegbar wären. Man könne vielleicht noch auf die auch im übrigen Geistes- und Kulturleben machbare Erfahrung hinweisen, daß „bestimmte, später dann als höchst dringlich erkannte Fragen ... ihre Zeit (brauchen), bis sie in größerem Umfang aufgenommen werden“.

b. Der Kirchentag in Stuttgart 1952: Das Sondertreffen „Dienst an Israel“

Auf Anregung Freudenbergs und Majer-Leonhards hatte sich der „Deutsche evangelische Ausschuß für Dienst an Israel“ auf seiner Sitzung in Ansbach mit der Frage beschäftigt, ob der „Ausschuß“ im Rahmen des Stuttgarter Kirchentages eine Veranstaltung zur „Judenfrage“ durchführen sollte. Der „Ausschuß“ sah sich nicht in der Lage, als Veranstalter eines solchen Treffens aufzutreten, hatte aber keine Einwände dagegen, daß Majer-Leonhard „ein inoffizielles Treffen der Freunde der Judenmission“ plane, auf welches im Programm des Kirchentages hingewiesen werden sollte[151]. Die Ablehnung des „Ausschusses“, selbst die Verantwortung für eine Veranstaltung auf dem Kirchentag zu übernehmen, lag in theologischen Vorbehalten begründet, die sein Vorsitzender gegen den Kirchentag hatte.

Freudenberg war die Behandlung der „Judenfrage“ im Rahmen dieser Sonderveranstaltung nicht genug. Er wollte, daß diesem Thema auch in den Arbeitsgruppen ein breiter Raum eingeräumt würde. Er stellte daher in einem ausführlichen Schreiben an den Präsidenten des Deutschen Evangelischen Kirchentages, Dr. Reinold von Thadden-Trieglaff, die Notwendigkeit

---

[150] Brief Lorenz' vom 27. 6. 1980 an Pfarrer Reiner Zeeb, Munderkingen, den mir dieser dankenswerterweise zur Verfügung stellte.

[151] „Niederschrift über die Sitzung“ vom 6. 3. 1952 (vgl. oben S. 248, Anm. 133).

heraus, „daß (sich) der Kirchentag in Stuttgart... maßgeblich mit dem Verhältnis zwischen Christen und Juden beschäftigt"[152]. Dies sei wegen der sich häufenden antisemitischen Vorgänge und auch im Hinblick auf die Kirche selbst wichtig. Er schlage vor, daß in der ersten Arbeitsgruppe „die Erklärung der Synode der EKD von Berlin-Weissensee über Israel... aufgenommen und im Sinne der Glaubwürdigkeit unserer Verkündigung behandelt wird", in der „Gruppe 3 (könnte) die selbe Sache unter ihrem menschlich-politischen Gesichtpunkt und ihrer Bedeutung für die Gewinnung des Friedens entwickelt werden". Er halte es, so Freudenberg, „für unbedingt geboten..., daß der Kirchentag... sich in dieser Sache" äußere. Schon wenig später konnte Freudenberg dann Rengstorf mitteilen, daß „in diesem Jahr der Durchbruch für das Anliegen des Ev(angelischen) Ausschusses für Dienst an Israel gelungen" sei[153]. Anlaß für diese zuversichtliche Einschätzung war eine Mitteilung des Kirchentagsbüros, daß sich die den Bibelarbeiten zugrundeliegenden alttestamentlichen Texte für das Problem Israel von selbst anbieten würden, daß die Referenten der Arbeitsgruppe I angewiesen worden seien, auf das Verhältnis von Kirche und Synagoge einzugehen, und daß auch ein Sondertreffen erwünscht sei. Rengstorf seinerseits dämpfte die Euphorie Freudenbergs, indem er ihn zwar bat, die Anliegen des „Ausschusses" auf der Sitzung der Arbeitsgruppenleiter zu vertreten, doch gleichzeitig herausstellte, daß er seinerseits ihn nicht bitten könne, „bei dieser Gelegenheit in aller Form den Ausschuß zu vertreten"[154]. Auch wolle der „Ausschuß", so hieß es weiter, auf die Leitung des Sondertreffens keinen Einfluß nehmen.

Auf dem Treffen der Arbeitsgruppenleiter scheint es Freudenberg nicht gelungen zu sein, die Anwesenden für sein Anliegen zu gewinnen. Er richtete daher Ende Mai ein eindringliches Schreiben an „den Vorsitzenden, die Referenten, den Diskussionsleiter der Arbeitsgruppe I", in welchem er darlegte, weshalb die Frage „Israel" auch in dieser Gruppe behandelt werden sollte, nachdem die Arbeitsgruppe III diesem Ansinnen zugestimmt und sich „zu einer positiven Behandlung der Sache entschlossen" habe[155]. Dies sollte auch in der Arbeitsgruppe I möglich sein: „Unsere Infragestellung durch Israel, die Weggenossenschaft von Kirche und Synagoge auf der Wanderung zur gemeinsamen großen Sabbatruhe, der Mangel an dem Pleroma des Christusleibs ohne Israel" füge sich in die skizzierten Vorträge gut ein. Es gelte, „die Hörer zu veranlassen, die Gottesfrage: ‚Wo ist dein Bruder Israel?' in

[152] Brief Freudenbergs an von Thadden-Trieglaff vom 11. 3. 1952 (PRIVATAKTEN RENGSTORF. Ordner: Deutscher evangelischer Ausschuß für Dienst an Israel. Kirchentage. Darin: Stuttgarter Kirchentag 1952).

[153] Brief Freudenbergs an Rengstorf vom 25. 3. 1952 (EBD.).

[154] Brief Rengstorfs an Freudenberg vom 28. 3. 1952 (EBD.).

[155] Brief Freudenbergs an die genannten Personen, o.D., Vermerk Majer-Leonhards: ca. 28. 5. 1952 (LKA STUTTGART, Akten Hilfsstelle, 7).

ihrem ganzen Gerichtsernst und ihrer ganzen Verheißungsgüte zu hören“. Die Frage nach der Kirche könne nicht in der nötigen Tiefe und Wahrhaftigkeit beantwortet werden, ohne auf Israel einzugehen; daher sei diese Frage in der Diskussion allein nicht zufriedenstellend anzugehen.

Mit diesem engagierten, ja leidenschaftlichen Appell an die Vortragenden der Arbeitsgruppe I versuchte Freudenberg detaillierte Vorschläge für eine Einbeziehung der Frage nach Israel in die jeweiligen Referate zu machen. An diesem Punkt zeigt sich besonders, wie nachdrücklich Freudenberg versuchte, auf dem Stuttgarter Kirchentag das ihm am Herzen liegende Thema nicht nur anläßlich des Sondertreffens, sondern auch in den anderen Veranstaltungen zu Wort zu bringen. Allein: Die Versuche Freudenbergs scheiterten. Weder in Arbeitsgruppe I noch in III wurde die „Judenfrage“ in der erhofften Weise thematisiert. Höchstens ganz am Rande klang dieses Thema einmal an.

Parallel zu diesen Versuchen Freudenbergs liefen die Vorbereitungen zu dem geplanten Sondertreffen. Inzwischen hatte Rengstorf seine Bereitschaft signalisiert, an dem Sondertreffen mitzuwirken, falls er eine offizielle Einladung als Vorsitzender des „Ausschusses für Dienst an Israel“ erhalten würde[156]. Als eine solche erst Ende Juni, auf Drängen von Freudenberg, ausgesprochen wurde, hatte Rengstorf dann allerdings schon eine Einladung zu einer Vortragsreise in die Schweiz angenommen. Majer-Leonhard hatte für das Treffen vier Kurzvorträge vorgesehen, um die er Maas, Vogt, Freudenberg und – auf Vorschlag von Hedenquist – Pfarrer Roelof Bakker aus Rotterdam bat. Freudenberg sollte auch die Leitung des Treffens übernehmen[157].

Das Sondertreffen „Dienst an Israel“ fand am 30. August 1952 im Matthäus-Gemeindehaus in Stuttgart statt und war mit 300 Zuhörern sehr gut besucht[158]. Dieses große Interesse hing sicher damit zusammen, daß die Frage nach Israel in der württembergischen Landeskirche durch den Pietismus immer gegenwärtig war und daß der Abschluß des Wiedergutmachungsvertrages zwischen der Bundesrepublik und Israel unmittelbar bevorstand[159].

Maas sprach über das Thema „Der Staat Israel und unser Volk“. Gott frage jedes Volk, wie es zu Israel stehe, so führte der Referent aus, und Israel sei

---

[156] Brief Rengstorfs an Majer-Leonhard vom 5. 5. 1952 (PRIVATAKTEN RENGSTORF, vgl. oben Anm. 152).

[157] Briefe Majer-Leonhards vom 12. 7. 1952 an Freudenberg und vom 11. 8. an Hedenquist (LKA STUTTGART, Akten Hilfsstelle, 7).

[158] Die Grundgedanken der Referate sind in dem vom Präsidium des Deutschen Evangelischen Kirchentages herausgegebenen Berichtsband „WÄHLT DAS LEBEN!“, S. 573 ff. wiedergegeben; vgl. auch den Bericht Majer-Leonhards über dieses Treffen in: JUDAICA 8, 1952, S. 250-254.

[159] Im Berichtsband (vgl. Anm. 158) ist fälschlicherweise angegeben, daß der Vertragsabschluß vor dem Stuttgarter Treffen stattgefunden habe. Richtig ist, daß dieser Vertrag am 10. 9. 1952 in Luxemburg unterschrieben wurde.

„für die Völker eine Gottes- und eine Gerichtsfrage". Die Beziehungen zwischen Juden und Deutschen seien eng verflochten, aber zwischen ihnen stünden die Toten. „Wir Deutschen haben umzukehren – Buße zu tun!", hob Maas hervor, und die Kirche habe das lange übersehen. Es gelte darüber hinaus, „demütige Hilfe und Opfer" anzubieten, um die große Not in Israel zu lindern. „Solche Hilfe schafft noch nicht den Frieden – aber sie bahnt den Weg dazu." Bisher sei man Gott im Wege gestanden, und es sei zu fragen, „ob wir jetzt auch Gott den Weg zum Herzen Israels bahnen können?" Da die jetzige Stunde für den jungen Staat nicht leicht sei, würden die Christen Deutschlands gefragt, ob sie ihm mit Wort und Tat helfen wollten.

Das Referat von Vogt über „Die Kirche und die Judenchristen" schloß sich an. Er legte dar: Christen und Juden seien von Gott in eine Kirche gerufen, aber die Judenchristen fänden häufig keinen Platz. Die Kirche sei oft „mehr dem Volk verbunden gewesen als dem Herrn". Das Liebesgebot treibe zur Buße und zur Bitte, „daß der Antisemitismus (auch der ‚christliche') durch den Heiligen Geist ausgetrieben werde und daß alle die Forderungen hören: liebet, dienet, traget, kämpfet, betet, glaubet, hoffet!"

Als nächster trug Bakker Gedanken zur „Verantwortung und Aufgabe der Kirche" vor. Israel sei ein geschichtliches Rätsel, da es trotz aller Verfolgungen erhalten blieb. Der Plan Gottes mit diesem Volk sei für den natürlichen Menschen nicht erkennbar, da „er eine Abneigung gegen die göttliche Gnade" habe. „Höhepunkt der Geschichte Israels ist die Geburt des Messias und seine Kreuzigung". Ein Teil Israels erkenne dies nicht an, aber schon Paulus stellte in Römer 11 heraus, „daß auch das ‚Nein'… unter dem Zeichen der Erwählung steht". Dies bleibe ein unerforschliches Geheimnis. Christus weine über Jerusalem und frage die Christen, ob sie „schon über Israel eine Träne vergossen haben".

Abschließend sprach Freudenberg über „Die Judenfrage in der Verkündigung der Kirche". Er führte aus, daß die „Judenfrage" drei Aspekte in sich schließe: Zum ersten die „Treue Gottes" – er „hält sein Wort, … (auch) wenn Menschen untreu werden"; sodann die „Menschlichkeit Gottes" – im Schoß Israels wurde das Wort Fleisch, und sein Heilsweg mit Israel lehre, „wer Mensch, Mitmensch, Gemeinde sei"; und schließlich „die Vergebung und das Leben aus Vergebung" – das Kreuz sei „der Ort der Vergebung für Juden und Heiden". Uns bleibe die Liebe „in Tat und Wahrheit", um für Gottes Treue zu danken, und die Hoffnung auf den Tag, „an dem wir mit dem älteren Bruder zur großen Ruhe in Christus eingehen".

Trotz des leidenschaftlichen Engagements von Freudenberg war es nicht gelungen, auf dem Stuttgarter Kirchentag die „Judenfrage" in den Arbeitsgruppen selbst zu thematisieren. Das Sondertreffen mag immerhin den Versammelten eine Reihe von Anregungen mitgegeben haben. Vor allem fünf Punkte sind zu nennen, die einer breiten Öffentlichkeit wohl Anlaß zum Weiterdenken gegeben haben dürften. So wurde herausgestellt, daß die Zusagen, die Gott seinem Volk gegeben hat, immer noch gelten; Israel sei entgegen der in der Vergangenheit immer wieder vertretenen Meinung nicht preisgegeben. Weiter wurde das Kreuz als Ort der Vergebung für Juden und Christen herausgestellt. Eindeutig war auch der Bußruf zu vernehmen, dem sich die Christen wegen ihrer Versäumnisse und Schuld stellen sollten. Damit verbunden war der eindringliche Appell, alles zu tun, um den Antisemitismus zu überwinden. Zuletzt wäre hervorzuheben, daß die Referenten nachdrücklich zu tätiger Liebe und zu Opfern für Israel aufgerufen haben. So blieben diese Vorträge nicht auf einer theoretischen Ebene, sondern zeigten auf, wie jeder einzelne in seinem Denken und Verhalten Folgerungen aus der schuldvollen Vergangenheit ziehen könne, ohne damit nur eine oberflächliche Beschwichtigung der Gewissen zu verbinden. In allen diesen Vorträgen war eine Nähe zu und Solidarität mit den jüdischen Schwestern und Brüdern spürbar, die in das Publikum hineinwirkten. Diese Veranstaltung löste auch Initiativen zu einer Durchsicht der Stuttgarter Jubiläumsbibel auf antisemitische Wendungen aus und führte darüber hinaus zu einer Spendenaktion für ein Kinderheim in Israel[160].

Festzuhalten bleibt, daß diese Vorträge, bei aller Werbung für ein angemessenes Verhältnis zwischen Kirche und Israel, doch von einem judenmissionarischen Duktus durchzogen waren, den es beispielsweise bei Ausschußtagungen in derselben Zeit nicht gab. Dies hing wohl unmittelbar damit zusammen, daß kein Jude zu einem Vortrag eingeladen worden war, sondern lediglich christliche Theologen über das christlich-jüdische Verhältnis sprachen. Anderenfalls wäre es wohl kaum möglich gewesen, Geburt und Kreuzigung Jesu als Höhepunkt der Geschichte Israels herauszustellen oder das Kreuz als einzigen Ort der Vergebung zu bezeichnen.

c. Die Kirchentage in Hamburg, Leipzig und Frankfurt

Nachdem die Veranstaltung in Stuttgart auf so viel Interesse gestoßen war, trat die Kirchentagsleitung an Pastor Gerhard Jasper[161] heran und bat ihn, „ein Treffen der Freunde des Dienstes an Israel anläßlich des Kirchentags 1953 vorzubereiten"[162]. Da Jasper dieser Anfrage nicht nachkommen konnte, trug er sie dem „Deutschen evangelischen Ausschuß für Dienst an Israel" vor, in welchem er mitarbeitete. Der „Ausschuß" beschloß, daß er künftig selbst die Verantwortung für die Kirchentagstreffen übernehmen wolle, und

---

[160] Vgl. oben S. 144f.

[161] Vgl. oben S. 208.

[162] Protokoll über die Sitzung des Deutschen evangelischen Ausschusses für Dienst an Israel, Tagesordnungspunkt 2 (PRIVATAKTEN RENGSTORF, Ordner: Deutscher evangelischer Ausschuß für Dienst an Israel. Sitzungen und Protokolle 9. Jan. 1948–März 1956. Darin: Deutscher ev. Ausschuß für Dienst an Israel. Sitzung am 5. März 1953 in Wuppertal).

beauftragte drei Mitglieder des „Ausschusses“ mit der Vorbereitung einer Veranstaltung zum Thema „Kirche und Judentum“ auf dem Hamburger Kirchentag[163]. Pastor Lothar Ahne wurde gebeten, ein Referat „über das Thema ‚Wir Christen und die Juden‘ unter der Jahreslosung ‚Werfet Euer Vertrauen nicht weg‘ zu halten“. Im Verlauf der Planungen mußte der Vorbereitungsausschuß vor allem eine Frage klären: Es war vorgesehen, das Treffen in der Jerusalem-Kirche durchzuführen. Damit ergab sich jedoch das Problem, daß bei Mitgliedern der Jüdischen Gemeinde Hemmungen zu erwarten waren, da diese Kirche und ihre Gemeinde aus der Judenmission hervorgegangen war und sich nach wie vor diesem Anliegen verbunden wußte. Man überlegte daher, ob ein anderer Raum gesucht werden sollte, doch kam man davon ab, weil die Teilnahme von Vertretern der Jüdischen Gemeinde als nicht so entscheidend erachtet wurde[164]. Auch ein geplanter Besuch von Ausschußmitgliedern bei der Jüdischen Gemeinde erwies sich als nicht durchführbar[165]. Mit dieser Entscheidung war natürlich erneut eine große Chance vertan. Das Gespräch zwischen Juden und Christen kam daher auf den Kirchentagen – zunächst jedenfalls – nicht in Gang, obgleich sich gerade in dieser Zeit antisemitische Äußerungen gehäuft hatten und eine persönliche Begegnung mit jüdischen Mitbürgern für viele Christen etwas Besonderes gewesen wäre und auch wichtige Impulse für ein Überdenken der Einstellung zum Judentum hätte geben können. Die Verantwortlichen meinten wohl, diese Art der Begegnung den Ausschußtagungen vorzubehalten, da nur dort mit der nötigen theologischen Tiefe ein Gespräch geführt werden könne.

Das Sondertreffen in Hamburg war mit 320 Teilnehmern wieder ähnlich gut besucht wie das in Stuttgart. Ahne führte in seinem Vortrag aus, es gelte das Mißverständnis auszuräumen, die Christen wären den Juden gegenüber die Besitzenden. Vielmehr müsse das Verhältnis zu den Juden durch die Buße, durch Dank sowie Glauben und Hoffnung bestimmt sein. Buße gelte es angesichts der christlichen Haltung gegenüber den Juden von der Konstantinischen Ära an über Luther bis hin zu den jüngsten Ereignissen zu üben. Dank schulde man Israel dafür, daß es den Christen „die Heilige Schrift gegeben hat“, sie „mit dem Ernstnehmen des Gesetzes ständig an die Notwendigkeit eines konkreten Gehorsams erinnert, in seiner Existenz die Frage nach dem Nächsten lebendig erhält und gegenüber Jesus die Funktion

---

[163] Pastor Helmut Weber von der Jerusalemgemeinde Hamburg (Federführung), Pastor Wilhelm Schneck von der Methodistenkirche und Konrad Hoffmann, Leiter der „Notgemeinschaft“, die beide auch in Hamburg wirkten (Ebd.).

[164] Niederschrift über die Besprechung des vorbereitenden Ausschusses für das Sondertreffen „Dienst an Israel“ auf dem Kirchentag vom 25. 6. 1953 und Brief Rengstorfs an Weber vom 3. 7. 1953 (Ebd., Ordner: Deutscher ev. Ausschuß für Dienst an Israel. Kirchentage. Darin: Hamburger Kirchentag 1953).

[165] Brief Webers an Rengstorf vom 5. 8. 1953 (Ebd.).

des ‚negativen Zeugnisses' hat"[166]. Hinsichtlich des Glaubens stellte der Referent heraus, daß er „den Akt der Treue Gottes zu Israel mimisch" nachvollziehe. Abschließend betonte er, Kirche und Israel stünden „nicht im Nacheinander, sondern im Miteinander", und stellte heraus, daß die Juden die „verhüllten Brüder" seien. Ahne bestritt von diesen Überlegungen her zwar nicht die Berechtigung der Judenmission, „aber die Frage wurde gestellt und offengelassen". Eine Aussprache, in welcher eindringlich danach gefragt wurde, wie die Buße konkret aussehen könnte, und in der vor allem darauf hingewiesen wurde, daß der Wille zur Wiedergutmachung eindeutig unter Beweis gestellt werden müsse, schloß sich an.

Mit seinem Vortrag war Ahne zumindest an zwei Punkten deutlich über die in Stuttgart dargelegten Gedanken hinausgegangen: Die unbestreitbare Notwendigkeit der Buße wurde nicht nur auf die jüngste Vergangenheit bezogen – auf das Schweigen der Christen zur planmäßigen Ausrottung ihrer jüdischen Mitbürger –, sondern habe viel weiter zurückzugreifen. Die Neubesinnung der Christen müsse in der Tat von grundsätzlicher Art sein und sich auf die ganze Geschichte der christlich-jüdischen Beziehungen erstrekken. Es wurde also nach den Wurzeln des Übels gefragt und nicht nur an den Auswirkungen herumlaboriert, wie es durch die platte Forderung, dem Antisemitismus zu begegnen, nur zu oft geschehen ist[167]. Ein Fortschritt erfolgte auch insofern, als Ahne zwar die 1952 noch allenthalben mitschwingende Notwendigkeit der Judenmission nicht grundsätzlich ablehnte, sie aber doch nachdrücklich hinterfragte. Der Christ dürfe dem Juden nicht als jemand begegnen, der mehr wisse und dem anderen das Eigentliche voraus habe. Kirche und Israel stünden vielmehr nebeneinander. Mit diesen Ausführungen ging Ahne, wohl von der Theologie Barths angeregt, wie die Sicht Israels als „negatives Zeugnis" oder der Juden als „verhüllte Brüder" vermuten läßt, weit über die sonst in jener Zeit üblichen Überlegungen zum Verhältnis Kirche und Israel hinaus. Die Thematisierung, ja Infragestellung der Judenmission hätte von der Studientagung des „Ausschusses" aufgenommen werden können und sollen, doch wurde diesem Impuls nicht nachgegangen. So deutete sich im Referat Ahnes zwar ein neuer Ansatz für die christlich-jüdischen Beziehungen an, doch wurde diese Linie im Rahmen der Kirchentage erst von der 1961 ins Leben gerufenen „Arbeitsgemeinschaft Juden und Christen beim Deutschen Evangelischen Kirchentag" weiterverfolgt.

---

[166] Bericht in: DER ZEUGE, Nr. 11 vom Dezember 1953, S. 18ff.; vgl. auch den Bericht im Mitteilungsblatt der „Notgemeinschaft" Hamburg, Nr. 8 vom August 1953. – Zur Funktion Israels als „negatives Zeugnis" vgl. K. BARTH, KD II, 2, § 34, bes. S. 286ff.

[167] Ahne nahm damit eine von Maurer auf der Studientagung 1950 (vgl. oben S. 228f.) geäußerte These auf, daß durch die Entwicklung in der konstantinischen Ära weitgehend das Verhältnis zwischen Kirche und Judentum bestimmt wurde.

Über die Veranstaltung in Leipzig 1954 läßt sich aus Mangel an Akten nur wenig sagen. Oepke zeichnete für die Vorbereitung verantwortlich und hielt einen Vortrag über „Staat Israel – Zeichen der Zeit?“[168].

In Frankfurt 1956 übernahm Freudenberg gemeinsam mit dem von ihm im Oktober 1952 ins Leben gerufenen „Evangelischen Arbeitskreis für Dienst an Israel in Hessen und Nassau“ für den „Deutschen evangelischen Ausschuß für Dienst an Israel“ die Organisation[169]. In drei Kurzreferaten sollte das Thema des Treffens, „Christus – die Hoffnung für das Alte und Neue Gottesvolk“, beleuchtet werden[170]. Freudenberg war in diesem Zusammenhang folgendes wichtig: Vor allem müsse „auf die ökumenische Bedeutung der Frage“ hingewiesen werden, dann solle die Tatsache dargestellt werden, „daß Altes und Neues Gottesvolk um der in Jesus Christus offenbarten Treue Gottes nicht voneinander loskommen“, und ferner gelte es, „die rechte Verkündigung über Israel in Kirche und Schule“ herauszuarbeiten. Leider fehlt auch für diese Veranstaltung ein ausreichend sachkundiger Bericht wie auch die Vortragsmanuskripte selbst.

d. Bilanz und Ausblick

Nach diesen vier von Mitgliedern des „Deutschen evangelischen Ausschusses für Dienst an Israel“ initiierten Sondertreffen auf den Kirchentagen scheint das Engagement des „Ausschusses“ für Veranstaltungen dieser Art abgeflaut zu sein. Immerhin war auf dem größten Treffen des deutschen Protestantismus viermal zum Verhältnis von Kirche und Israel gesprochen worden, hatten die Teilnehmer, vielleicht erstmals, Gelegenheit gehabt, Kontakte und Anregungen in dieser Sache zu erhalten. Trotz des guten Besuches zumindest der ersten beiden Treffen blieb diesen Veranstaltungen der Durchbruch versagt. Dies mag damit zusammenhängen, daß der „Ausschuß“ nicht

---

[168] Briefwechsel zwischen Rengstorf und Oepke, März bis Juli 1954 (PRIVATAKTEN RENGSTORF, Ordner: Deutscher ev. Ausschuß für Dienst an Israel. Kirchentage. Darin: Leipziger Kirchentag 1954). – Rückblickend schrieb Oepke am 12.7.: „Unsere Sonderveranstaltung (am 10.7., S.H.) war ganz gut besucht. Der – allerdings nicht sehr große – Saal (Goethesaal des Zoos, S.H.) war vollbesetzt. Das ‚Schwärmertum‘ herrschte wohl vor“ (EBD.).

[169] Protokoll vom 30.10.1952 der Gründungsversammlung des „Arbeitskreises“ vom 16.10.1952 (PRIVATAKTEN RENGSTORF. Mappe: Deutscher evangelischer Ausschuß für Dienst an Israel, Arbeitskreis Nassau-Hessen). – Am 5.3. 1953 wurde der Arbeitskreis Mitglied im „Ausschuß für Dienst an Israel“. Protokoll über die Sitzung des „Deutschen evangelischen Ausschusses für Dienst an Israel“ anläßlich der 5. Studientagung „Kirche und Judentum“ in Wuppertal am 5. März 1953 (vgl. oben S. 257, Anm. 162).

[170] Vgl. Briefwechsel zwischen Rengstorf und Freudenberg vom Februar 1956, vor allem Brief vom 14.6. 1956, aus dem auch das folgende Zitat entnommen ist (PRIVATAKTEN RENGSTORF, Ordner: Deutscher evangelischer Ausschuß für Dienst an Israel. Kirchentage. Darin: Sondertreffen beim Kirchentag in Frankfurt/Main 1956).

bereit war, voll in diese Arbeit einzusteigen und den Kirchentagstreffen immer mit einer gewissen Skepsis begegnete. Vor allem fällt auf, daß kein Versuch gemacht wurde, zu den Kirchentagen einen jüdischen Redner einzuladen, um so den Besuchern einen persönlichen Kontakt zu ermöglichen. Deutlich wurde bei allen Veranstaltungen der Ruf zur Buße und Aussöhnung mit Israel. Allein schon die Tatsache, daß diese wichtige Botschaft laut werden konnte, verlieh diesen Treffen ein nicht zu übersehendes Gewicht. Daß mit dieser Frage ein großes Interesse der Zuhörer getroffen wurde, zeigen die drängenden Fragen der Versammelten, was man denn nun tun könne. Nach dem Kirchentag 1956 machte der „Ausschuß" keinen Versuch, auch für den Kirchentag in München 1959 eine Veranstaltung zu organisieren.

Im Juli 1958 ging dann jedoch vom Präsidium des Deutschen Evangelischen Kirchentages die Initiative für eine Veranstaltung zur „Judenfrage" auf dem Münchner Kirchentag 1959 aus. Bemerkenswerterweise sprach man jedoch nicht den „Ausschuß für Dienst an Israel" wegen der Durchführung eines solchen Treffens an, sondern eine Reihe von Persönlichkeiten wie „Albert Schweitzer, Martin Buber, Franz Böhm, Hermann Maaß (sic!)"[171]. Der überwältigende Zulauf, den der im Rahmen des Münchner Kirchentages 1959 durchgeführte Vortragsabend hatte, ließ bei den Beteiligten die Erkenntnis reifen, „daß wir dieses Thema nun nicht mehr loslassen dürften"[172]. Im September 1960 wurden von Heinrich Giesen, Helmut Gollwitzer und Adolf Freudenberg Überlegungen angestellt, wie das Thema „Kirche und Judentum" auf den Kirchentagen thematisiert werden könne und welche Organisationen und Personen an dieser Arbeit beteiligt werden sollten. Bereits auf dem Kirchentag in Berlin 1961 bot die inzwischen ins Leben gerufene „Arbeitsgemeinschaft Juden und Christen beim Deutschen Evangelischen Kirchentag" eine selbständige Arbeitsgruppe an, die ganz dem Verhältnis von Christentum und Judentum gewidmet war. Damit war der von Freudenberg 1952 unternommene Versuch, der „Judenfrage" auf den Kirchentagen einen breiten Raum zu geben, neun Jahre später doch noch zum Ziel gelangt[173].

---

[171] D. GOLDSCHMIDT, Zwanzig Jahre, S. 609. – Mit H. Maaß ist sicherlich der Heidelberger Kreisdekan H. Maas gemeint.

[172] Brief Gollwitzers an den Verfasser vom 14. 3. 1983; vgl. zu der Versammlung in München DEUTSCHER EVANGELISCHER KIRCHENTAG München 1959, S. 706ff.

[173] Die Entwicklung der „Arbeitsgemeinschaft Juden und Christen beim Deutschen Evangelischen Kirchentag" kann im Rahmen dieser Arbeit nicht näher dargestellt werden. – Vgl. zu ihren Anfängen die Einleitung Helmut Gollwitzers zu Kapitel VI: „Der ‚Purim-Streit' 1963/64 in der Arbeitsgemeinschaft Juden und Christen beim Deutschen Evangelischen Kirchentag", des von D. GOLDSCHMIDT herausgegebenen Buches: R.R. Geis, S. 226ff.; vgl. zur Geschichte dieser Arbeitsgemeinschaft D. GOLDSCHMIDT, Zwanzig Jahre; zum Kirchentag in Berlin D. GOLDSCHMIDT/H.J. KRAUS, Bund. – Wenn Gollwitzer in seiner Darstellung der Gründungsphase der Arbeitsgemeinschaft schreibt, daß Rengstorf als Vertreter der Judenmission zur

Mitarbeit eingeladen worden, aber nicht erschienen sei, und er dieses Unterfangen als ein Beispiel für die damalige „Naivität" der Beteiligten hinstellte (vgl. dazu D. GOLDSCHMIDT, R. R. Geis, S. 240), so nimmt er meines Erachtens eine zu pauschale Einschätzung Rengstorfs vor. Auf den von Rengstorf verantworteten Studientagungen war jedenfalls – wie oben S. 213 ff. gezeigt wurde – von Judenmission keine Rede, und auch die Befürchtung, daß seine Mitarbeit im „Zentralverein für Mission unter Israel" ein Hindernis für eine Beteiligung von Juden hätte sein können, war durch die Studientagungen hinfällig. Schon lange ehe die Arbeitsgemeinschaft ihre vorbildliche Zusammenarbeit mit jüdischen Partnern praktizierte, waren auf den Tagungen des Ausschusses jüdische Mitarbeiter eine Selbstverständlichkeit. Weshalb sich Gollwitzer also veranlaßt sah, die Einbeziehung von Vertretern der Judenmission im nachhinein als „Naivität" einzuschätzen, ist zumindest im Blick auf Rengstorf nicht verständlich. Bezugnehmend auf die Studientagungen widerlegt ein Urteil aus dem Mund eines jüdischen Teilnehmers Befürchtungen, daß durch Rengstorf im Hinblick auf diesen Personenkreis auf jeden Fall Blockierungen zu befürchten gewesen wären. Es heißt in einem Brief Wieners an Rengstorf vom 6. 3. 1962: „Heute aber schreibe ich hauptsächlich, um Ihnen zu sagen, wie nahe es mir geht, die mir so lieb gewordene Studientagung versäumen zu müssen und so auch einer großen Zahl von Menschen, denen ich in den 10 Jahren der Tagungen persönlich, ja freundschaftlich mich ergeben fühlte, nicht ins Auge zu sehen. Die Stärkung, ja der Segen dieser Begegnungen wird mir fehlen." (PRIVATAKTEN RENGSTORF, Ordner: Briefe).

Kapitel 5

DIE „JUDENFRAGE" IN KIRCHLICHEN ERKLÄRUNGEN NACH 1945

1. Stellungnahmen der Kirche zu ihrem Verhalten gegenüber Juden und Judenchristen innerhalb von allgemeinen Erklärungen

a. Verlautbarungen der EKD

Beim ersten Treffen von Vertretern des deutschen Protestantismus nach dem Zusammenbruch des „Dritten Reiches" vom 27. bis 31. August 1945 in Treysa[1] verabschiedeten die Versammelten entgegen den Hoffnungen und Erwartungen der Ökumene kein Schuldbekenntnis. Man war in Treysa vor allem damit beschäftigt, den organisatorischen Rahmen der künftigen Zusammenarbeit der deutschen Landeskirchen abzustecken. Dennoch: Eine erste Auseinandersetzung mit der Schuldfrage fand in Treysa doch statt. Martin Niemöller stellte in einem sehr eindrücklichen Votum die Schuld der evangelischen Kirche heraus[2], und auf Anregung des Reichsbruderrates wurde auch ein „Wort an die Gemeinden" verabschiedet, in welchem unter anderem betont wurde, daß

„mitten in den Versäumnissen der Kirche und des Volkes... Gott Männern und Frauen aus allen Bekenntnissen, Schichten und Parteien Kraft (gab), aufzustehen wider Unrecht und Willkür, zu leiden und zu sterben. Wo die Kirche ihre Verantwortung ernst nahm, rief sie zu den Geboten Gottes, nannte bei Namen Rechtsbruch und Frevel, die Schuld in den Konzentrationslagern, die Mißhandlung und Ermordung von Juden und Kranken und suchte der Verführung der Jugend zu wehren. Aber man drängte sie in die Kirchenräume zurück, wie in ein Gefängnis. Man trennte unser Volk von der Kirche. Die Öffentlichkeit durfte ihr Wort nicht mehr hören; was sie verkündigte, erfuhr niemand. Und dann kam der Zorn Gottes. Er hat uns genommen, was Menschen retten wollten"[3].

Dieser Abschnitt entspricht der „Botschaft der Spandauer Synode", die vom 21. bis 31. Juli 1945 getagt hatte, und deren Entschließung sich der Reichsbruderrat zu eigen gemacht hatte, ehe er sie der Versammlung in

---

[1] Vgl. F. Söhlmann, Treysa; A. Smith-von Osten, Treysa; M. Greschat, Schuld.
[2] KJ 1945–1948, S. 11ff.
[3] Ebd., S. 18, vgl. Spandauer Synode, S. 7f.

Treysa vorlegte[4]. Zwar werden in diesem „Wort an die Gemeinden" sehr deutlich die Konzentrationslager, die Mißhandlung und Ermordung der Juden und die Euthanasie genannt, aber primär suchte man Hoffnung zu wecken und Trost zu spenden. Offensichtlich hielten die Versammelten, unter ihnen „Persönlichkeiten, die durchaus bereit waren, sich mit der Schuldfrage konkret auseinanderzusetzen,... Äußerungen des Zuspruchs nun für vorrangig"[5]. Von dieser Absicht geleitet, wird, wie im oben zitierten Abschnitt deutlich zutage tritt, die Kirche so dargestellt, als hätte sie gegen das Unrecht zunächst laut und vernehmlich protestiert und sei deshalb vom Staat mundtot gemacht worden. Damit wird der Duktus des ganzen Wortes deutlich: Die hier sprechende Kirche klagt sich nicht selbst an, sondern verdeutlicht, weshalb sie zu den Vorgängen im „Dritten Reich" nichts in der Öffentlichkeit sagen konnte. Bezüglich der Ausrottung der Juden ist diese Darstellung wohl mehr als nur beschönigend. Das Unheil brach nicht erst herein, als die Kirche zum Schweigen gebracht worden war – als ob die Kirche geredet hätte, wenn sie nur gekonnt hätte! Diese Interpretation ist eine zu banale Ausflucht. So wird in dieser ersten Erklärung der EKD, in welcher der Massenmord an den Juden erwähnt wird, einzig und allein der Staat dafür verantwortlich gemacht, ja, es wird der Eindruck erweckt, als hätte die Kirche dagegen Stellung bezogen, wenn sie die Möglichkeit dazu gehabt hätte[6].

Im Zusammenhang mit Treysa ist noch eine zweite Ausarbeitung anzuführen, in der das Schicksal der Juden im „Dritten Reich" erwähnt wurde. Bischof Wurm hatte im Juli 1945 für die Versammlung in Treysa einen Text vorbereitet, der dort zwar nicht beraten, aber später als „Wort an die Christenheit im Ausland" zusammen mit dem „Wort an die Gemeinden" und dem „Stuttgarter Schuldbekenntnis" vom 18./19. Oktober 1945 veröffentlicht

---

[4] EBD., S. 17; „Botschaft der Spandauer Synode" in: F. SÖHLMANN, Treysa, S. 137f.; vgl. auch A. SMITH-VON OSTEN, Treysa, S. 138f. – Berücksichtigt man diese Wurzel des „Wort(es) an die Gemeinden", so erscheint die Vermutung von W. GERLACH (Zeugen, S. 378), daß „Bischof Wurm, dessen Taten aus den letzten Kriegsjahren hier detailliert und deutlich genannt werden, bei einem solchen Abschnitt Pate gestanden hat", unwahrscheinlich. Es kann wohl kaum angenommen werden, daß die Spandauer Synode auf die Taten Wurms Bezug nahm.

[5] M. GRESCHAT, Schuld, S. 61.

[6] W. GERLACH (Zeugen, S. 377) greift wohl zu kurz, wenn er, bezogen auf die Ausführungen Niemöllers, aber im Duktus auf die gesamte Entwicklung zielend, feststellt: „Wer an dieser Stelle die ausdrückliche Nennung des begangenen oder zugelassenen Unrechts sowie der Schuld gegenüber den Juden schmerzlich oder kritisch vermißt, urteilt wohl etwas zu ungeduldig, denn für konkrete Erkenntnisse muß man fairerweise wohl auch der Kirche Zeit lassen". Daß der Massenmord an den Juden bei Niemöller nicht erwähnt wird und im „Wort an die Gemeinden" nur in der dargelegten Weise, zeigt auch deutlich etwas von der in der Kirche vorherrschenden Grundeinstellung gegenüber den Juden. Im übrigen ist nur schwer verständlich, weshalb der Kirche einzig in der „Judenfrage" gewissermaßen eine „Inkubationszeit" für die Schulderkenntnis zugestanden wird (vgl. auch R. M. HEYDENREICH, Erklärungen, S. 248).

wurde[7]. Mit dieser Vorlage wollte Wurm wohl der nicht nur von ihm empfundenen Notwendigkeit einer Erklärung nachkommen, durch welche die Beziehungen zur Ökumene wieder ermöglicht werden sollten. Wurm gestand in seiner Vorlage die Schuld der Deutschen am Ausbruch des Krieges ein, wies aber gleichzeitig den Siegermächten die Verantwortung dafür zu, daß sich der Nationalsozialismus in Deutschland überhaupt durchsetzen konnte. Die Kirche wurde von Wurm nur in der Rolle des Opfers gesehen. Wie auch im „Wort an die Gemeinden" wurde betont, daß es nicht möglich gewesen sei, ein öffentliches Wort des Protestes zu sagen; viele, die dies gewagt hätten, seien in Konzentrationslagern verschwunden. Unter anderem hieß es:

„Wir weigern uns nicht, die Schuld mitzutragen, die die führenden Männer in Staat und Partei auf unser Volk gehäuft haben!... Wir entschuldigen nichts von den Grausamkeiten und Ungerechtigkeiten, die von Parteistellen und auch manchen militärischen Kommandostellen an der Bevölkerung der besetzten Gebiete begangen worden sind. Wir haben ja manches davon im eigenen Lande zu erleiden gehabt. Wir verurteilen insbesondere die Geiselmorde und den Massenmord an den deutschen und polnischen Juden. *Wir Christen in Deutschland haben sehr darunter gelitten,* daß solche Dinge den deutschen Namen schändeten und die deutsche Ehre befleckten."[8]

Auch bei diesem Entwurf Wurms fällt auf, daß zwar die Greueltaten des „Dritten Reiches" benannt und unmißverständlich verurteilt werden, aber der Kirche daran keine Mitverantwortung zugemessen wird. Ob sie selbst nicht durch ihre Theologie und Predigt mit den Weg bereitet hatte, daß der Nationalsozialismus in Deutschland Fuß fassen konnte, erörterte Wurm nicht. Insbesondere scheint er sich nicht darüber im klaren gewesen zu sein, wie sehr der christliche Antijudaismus dem Rassenantisemitismus den Boden bereitet hatte. Dieses Wort wurde in der Ökumene als nicht ausreichend erachtet. Visser't Hooft schrieb an Dibelius Ende Juli 1945: „Die Äußerungen von Bischof Wurm... sind so ‚apologetisch' und machen es daher den anderen nicht leicht, nun auch ihrerseits ohne Pharisäertum ihre eigene andersartige Schuld am ganzen Geschehen zu bekennen."[9]

Im Vorfeld der ersten Ratstagung in Stuttgart, zu der auf den 18. und 19. Okober 1945 eingeladen worden war, wurde den Vertretern des deutschen Protestantismus immer deutlicher, daß ein eindeutiges Schuldbekenntnis nötig sei, um die Gemeinschaft der deutschen Kirchen mit der Ökumene

---

[7] M. Greschat, Schuld, S. 59, 62 (Anm. 3), 68 ff. Text auch in: KJ 1945–1948, S. 27 ff.; vgl. A. Boyens, Kirchenkampf 1939–1945, S. 263, 271; R. Gutteridge, Open thy mouth, S. 299 f. – Zum Zeitpunkt der Veröffentlichung des Wurm'schen Entwurfes vgl. S. Widmann, Einführung, S. 9 Anm. 12. – Die Kritik Schempps an diesen Ausführungen Wurms ist vernichtend (P. Schempp, Weg, S. 18 f.).

[8] KJ 1945–1948, S. 27 ff., Zitat S. 27 f.

[9] Zitiert nach A. Boyens, Kirchenkampf 1939–1945, S. 274.

wieder zu ermöglichen[10]. Interessant ist, daß Pfarrer Gottlieb Funcke aus Münster mit Zustimmung Friedrich von Bodelschwinghs den Entwurf eines Schuldbekenntnisses an Wurm sandte, in welchem die Greueltaten an den Juden einen herausgehobenen Platz einnahmen[11]. In eindeutiger Weise sprach Funcke von der deutschen Schuld: „Über die führenden Missetäter ist das längstverdiente Strafgericht hereingebrochen. Aber auch der letzte im deutschen Volk muß jetzt erkennen, daß unser Volk in seiner Gesamtheit schuldig geworden ist.“ Unmißverständlich führte der Autor die entscheidenden Punkte an: „Grausamkeiten gegen deutsche, polnische, russische und vor allem jüdische Menschen“ sowie die Konzentrationslager. Der Ausrede, man habe nichts gewußt, kommt Funcke zuvor, wenn er formulierte: „Aber bekannt war die unmenschliche Mißhandlung des deutschen Judentums. Indem wir sie duldeten, sind wir mehr oder minder mitschuldig geworden.“ Angesichts der Tatsache, daß die erschütternd geringen Reste des deutschen Judentums trotz des Erlebten wieder in Deutschland wohnen wollen, möchte Funcke erklären: „An den Greueln der vergangenen zwölf Jahre ist nichts mehr zu ändern; tieferschüttert haben wir nach dem Zusammenbruch des dritten Reiches gehört, daß Millionen europäischer Juden, nur weil sie Juden waren, unter Martern gemordet worden sind. Schon allein um *dieser* Tatsache willen trennt sich das deutsche Volk in seiner ungeheuren Mehrheit vom Frevel des Nationalsozialismus...“. Das deutsche Volk, so hieß es abschließend, erklärt, daß „Freiheit und Menschlichkeit, Gerechtigkeit und Güte in Zukunft wieder Deutschlands Leitsterne sein sollen. In diesem Geiste bietet es auch den heimkehrenden deutschen Juden die Hand zu neuer Lebensgemeinschaft.“

Für den Bereich des Staates war in diesem Entwurf eigentlich das Wesentliche gesagt. Auffallend ist besonders, daß keinerlei Relativierung der deutschen Schuld durch Verweis auf die Taten der anderen versucht wurde; auffallend ist ebenfalls, wie zentral die Schuld gegenüber den Juden die ganze Erklärung durchzog. Das Verhalten ihnen gegenüber stellte gewissermaßen die Bewährungsprobe dar: Im „Dritten Reich“ hatte man gesehen, wie sie mißhandelt wurden, und doch geschwiegen. Damit aber war jede Ausrede, nichts gewußt zu haben, verbaut. Jetzt, nach dem Ende der Schreckensherrschaft, gelte es einerseits, auch unter eigenen Opfern, Wiedergutmachung zu leisten, soweit dies überhaupt möglich sei. Andererseits aber müsse man den zurückgekehrten Juden die Hand zu einer neuen Lebensgemeinschaft geben. Aber: In dieser Ausarbeitung wird mit keinem Wort die Kirche erwähnt! So bleibt auch in diesem Fall festzuhalten, daß zwar die Schuld gegenüber den Juden in besonders eindrücklicher Weise herausgestellt, aber überhaupt keine Reflexion darüber angestellt wurde, was dies mit der Kirche und ihrer

10 Vgl. Ebd., S. 273 ff.; G. Besier/G. Sauter, Christen, S. 15 ff.
11 M. Greschat, Schuld, S. 58, Text S. 70 f.

Theologie zu tun haben könnte. Wichtig jedoch ist, daß Funcke durch diesen Entwurf Wurm unübersehbar auf die Schuld gegenüber den Juden aufmerksam gemacht hatte.

Überaus enttäuschend war es für viele in der „Judenfrage" Engagierte, daß dann in der „Stuttgarter Erklärung" vom 18./19. Oktober 1945 mit keinem Wort auf die Verbrechen an den Juden eingegangen, geschweige denn die Mitverantwortung der Kirche dafür thematisiert worden war. So schrieb beispielsweise Freudenberg an Asmussen, es „ist und bleibt ein Jammer, daß in dem entscheidenden Satz der Stuttgarter Erklärung das Wörtchen ‚Juden' fehlt und daß dieser Mangel auch später nicht ausgeglichen wurde"[12]. Der Schweizer Pfarrer Paul Vogt bemängelte, daß die „berühmte Stuttgarter Erklärung... auch mit keinem Wort die Schuld am jüdischen Volk berührt" habe[13]. Lassen sich Gründe für dieses Versäumnis anführen? In der „Stuttgarter Erklärung" wurde ganz dezidiert die Schuld der Christen und der Kirche angesprochen. Die Morde an den Juden blieben wohl nicht allein deshalb unerwähnt, weil in der Erklärung praktisch auf jegliche Konkretion verzichtet wurde oder weil in diesem Fall ein bestimmtes Gegenüber gefehlt hätte, sondern primär wohl deshalb, weil die überwiegende Mehrzahl der Kirchenvertreter einen Zusammenhang zwischen der Theologie und dem Handeln der Kirche und dem Massenmord an den Juden nicht sehen konnte. Die Bekennende Kirche hatte sich vor die „nichtarischen" Pfarrer und, soweit es in ihrem Vermögen stand, auch vor die „nichtarischen" Gemeindeglieder gestellt und hatte der eigenen Einschätzung nach alles Denkbare getan, um Hilfe zu leisten. Eine Verantwortung gegenüber den Juden sahen nur einzelne – und die waren in Stuttgart nicht anwesend. Daß die Verbrechen an den Juden nicht ausdrücklich erwähnt wurden, läßt sich auch ebensowenig mit einem Hinweis auf die Wendung „durch uns ist unendliches Leid über viele Völker und Länder gebracht worden"[14] beiseite schieben – die Juden galten in diesem Sinne nicht als Volk[15] – noch mit dem Argument, daß das Ausmaß der Greuel zu diesem Zeitpunkt nicht in seinem ganzen

[12] Brief Freudenbergs an Asmussen vom 19.12.1946 (AÖR GENF, 25 A Chrétiens d'origine juive I, 1er janvier 1946–31 mai 1947. Darin: Correspondence avec Kanzlei). – Maas äußerte sich einmal dahingehend, er bedauere es, „daß die offiziellen Kirchen und auch die bekennende (sic!) Kirche nicht doch noch einmal nachgeholt hat, was sie tatsächlich im Oktober 1945 versäumte" zitiert nach Brief Majer-Leonhards an Hartenstein vom 7.1.1948 (LKA STUTTGART, Akten Hilfsstelle, 9).

[13] Brief Vogts an Majer-Leonhard vom 3.2.1948 (EBD., Akten Hilfsstelle, 28). – Daß die Stuttgarter Erklärung „die Glaubwürdigkeit der Verkündigung der Kirche vor der Welt und insbesondere vor dem Judentum wiederhergestellt" habe, wie es Otto von Harling in seinem Beitrag „Kirche und Judentum" (KJ 1953, S. 301) herausstellte, ist wohl nur dadurch zu erklären, daß der Autor in die Stuttgarter Erklärung Konkretionen hineingelesen hat, die dort so gar nicht ausgeführt worden waren (vgl. unten S. 285 ff.).

[14] KJ 1945–1948, S. 26.

[15] Vgl. J. BECKMANN, Anfang, S. 117.

Umfang bekannt gewesen sei[16]. Der Zusammenhang zwischen der christlichen Theologie und dem Massenmord an den Juden mag einigen wenigen bewußt gewesen sein – erinnert sei nur an Dietrich Bonhoeffer –, die in Stuttgart versammelten Kirchenführer empfanden jedoch keine besondere Verantwortung der Kirche für diese Greueltaten[17].

In Stuttgart wurde lediglich in der Entgegnungsrede eines Vertreters der Ökumene die Ermordung der Juden erwähnt[18]. Bischof George Bell von Chichester[19] erklärte, nachdem er auf den Widerstand der Bekennenden Kirche im „Dritten Reich" eingegangen war und an den Tod von Dietrich Bonhoeffer erinnert hatte:

> „Ich sprach von Ihren Leiden in dem Kampf gegen den Nationalsozialismus, ich bin auch über die Verwüstungen, die durch den Krieg in Deutschland selbst hervorgerufen wurden, unterrichtet... Krieg ist eine furchtbare Geißel für alle, die daran teilnehmen – furchtbar in seinem Haß, furchtbar in seiner Verwüstung und seiner Sklaverei. Kein Mensch kann sich diesem Unmaß an Grausamkeit verschließen, welche den Juden, den Verschleppten und den politischen Personen, beinahe Millionen von Sklaven angetan wurde. Auch jetzt sind wir sehr erregt über die gegenwärtig erfolgenden Ausweisungen aus dem Osten..."[20]

Obgleich Bell das ganze Ausmaß des Grauens noch gar nicht vor Augen stand – er spricht von „beinahe Millionen von Sklaven" –, ist doch beachtenswert, daß er das Schicksal der Juden besonders hervorhob. Allerdings bleibt auch in seiner Äußerung unklar, inwieweit die Kirche über die allgemein menschliche Betroffenheit hinaus von diesem Grauen berührt ist.

Hans Asmussen setzte sich in seinem im Dezember 1945 veröffentlichten Kommentar zur „Stuttgarter Erklärung" unter anderem mit der von den Gegnern der Erklärung betriebenen Aufrechnung der deutschen Schuld mit der der Allierten auseinander:

> „Was bedeutet das Unrecht, das heute an unserem Volke getan wird, für das Bekenntnis unserer Schuld? Es bedeutet zunächst gar nichts. Es ändert an dem, was wir Deutschen in Polen, in Griechenland, in Holland an Bösem getan haben, nicht das geringste. Es deckt unsere Schuld an den Nichtariern in gar keiner Weise zu. Es

---

[16] Vgl. hierzu unten die Erwiderung Bells aber auch oben S. 266.

[17] Vgl. E. BETHGE, Erbe, S. 121.

[18] Bethge führt an, daß auch der Vertreter der Protestantischen Förderation Frankreichs, Pierre Maury, in seiner Erwiderungsrede an die „Opfer von Auschwitz" erinnert habe (EBD.). Leider nennt er seine Quelle nicht, so daß dieser Angabe nicht nachgegangen werden kann. In KJ 1945–1948, S. 25, und bei M. GRESCHAT, Schuld, S. 103f., ist die Rede Maurys in sehr unterschiedlichen Fassungen abgedruckt. In beiden Texten fehlen entsprechende Passagen. – Vgl. das Votum der Generalsynode der Niederländischen Kirchen vom 9. 3. 1946, in welchem ausdrücklich das „über das Volk Israel" gebrachte Leid genannt ist (M. GRESCHAT, Schuld, S. 306, auch in: KIRCHEN, S. 441–443).

[19] Vgl. oben S. 39.

[20] KJ 1945–1948, S. 24.

rechtfertigt unser Schweigen und unser Mitmachen in den bösen zwölf Jahren durchaus nicht."[21]

Die in der Öffentlichkeit oft gestellte Frage aufnehmend, wie die Kirchenvertreter „dazu kommen, auch für unser Volk eine Erklärung abzugeben", verwies Asmussen „darauf, wie im Stuttgarter Worte von der Schuld des Volkes gesprochen wird: Das Wort von Stuttgart spricht zunächst von dem Leid, welches wir anderen Völkern zugefügt haben". Dieses Leid hatte er zuvor schon dahingehend konkretisiert, daß er an die Vorgänge in Polen, Griechenland und Holland erinnerte und auf die Schuld gegenüber den „Nichtariern" verwies. Auffallend ist, daß nicht vom „Jüdischen Volk" geredet wurde, und daß die Verbrechen an diesen Menschen nicht in eine Reihe mit jenen an Polen, Griechen und Holländern gestellt wurden. Insofern wird bestätigt, daß mit der Wendung der Stuttgarter Erklärung „unendliches Leid über viele Völker" wohl in der Tat nicht unmittelbar an die Juden gedacht war. Indem Asmussen nicht den Begriff „Juden", sondern „Nichtarier" verwendete, zeigte sich, daß für ihn dieses Schuldeingeständnis keine spezifisch theologische Dimension hatte. Immerhin, das Verbrechen an den Juden wurde im Gegensatz zum Stuttgarter Wort bei Asmussen, wenn auch in dürren Worten, genannt. So wird im Kommentar zur „Stuttgarter Erklärung" von einer Schuld im Hinblick auf die „Nichtarier" gesprochen; diese wurde aber daran festgemacht, daß zwölf Jahre geschwiegen, ja mitgemacht wurde. Ein Versagen der Kirche und ihrer Theologie den Juden gegenüber lag nicht im Blickfeld des Autors.

In seiner Sitzung am 12. November 1945 beschäftigte sich der Rat der EKD mit einer von der Bremer Kirchenleitung empfohlenen Kollekte für den Wiederaufbau der Bremer Synagoge[22]. Das Protokoll des Diskussionsverlaufs gibt einen aufschlußreichen Einblick in die in diesem Kreise vorherrschende Sicht des Verhältnisses von Kirche und Israel und zeigt, wie wenig Verständnis und Sensibilität bei den leitenden Kirchenführern der EKD für diese Frage vorhanden war. Gustav Heinemann berichtete über den Beschluß der Bremer Kirchenleitung und verwies darauf, daß zu diesem Vorgang eine Denkschrift verfaßt worden sei. In dieser werde anerkannt, „daß die wirtschaftlichen Dinge der Juden geregelt werden" müßten, daß aber „die Aufgabe der Kirche an ihnen die Verkündigung des Evangeliums sei"[23]. Der

---

[21] M. Greschat, Schuld, S. 136, das folgende Zitat S. 137.

[22] Vgl. zu der Diskussion in Bremen unten S. 291 ff. und den kurzen Hinweis auf diesen Vorgang bei C. Vollnhals, Kirche zwischen Traditionsbewahrung, S. 135.

[23] Protokoll der Nachmittagssitzung vom 14. 12. 1945 (EZA Berlin, 2/62). – Diese Information Heinemanns stimmt so nicht ganz. Die vorläufige Bremer Kirchenleitung *forderte* die Gemeinden zu dieser Kollekte nicht auf, sondern sie *empfahl* diese (vgl. S. 294). Auch die Unterstützung notleidender Juden blieb nicht unhinterfragt: Niesel meinte, die Kirche habe „die Juden zu Christus zu rufen, nicht rein caritativ für sie (zu) sorgen" (zitiert nach: C. Vollnhals, Kirche zwischen Traditionsbewahrungn, S. 135). Heinrich Held äußerte sich dahingehend, daß

Verfasser vertrete die Meinung, daß der, der „zum Synagogenbau hilft, ... zur Verdammnis" helfe. Asmussen äußerte sich hinsichtlich der Hilfe für einzelne Juden zustimmend, bezeichnete es aber nicht als Aufgabe der evangelischen Kirche, „eine Kollekte für den Synagogenbau" zu sammeln. Wurm pflichtete Asmussen bei, betonte jedoch auch, daß es „ein Frevel" gewesen sei, „diese Gotteshäuser niederzubrennen". Die Frage nach der Motivation der Bremer Kirchenleitung für diesen Schritt sah Wurm im Toleranzgedanken, „aber das" – so seine Einschätzung – „ist nicht einwandfrei". Man erörterte, ob der Rat hier überhaupt eine Stellungnahme abgeben könne, zumal die Eingabe direkt an ihn und nicht zunächst an die Bremer Kirchenleitung gerichtet worden sei. Meiser sah es für das Beste an, sich nicht zu äußern, um keinen Unwillen zu stiften. Der Rat kam überein, ein Schreiben nach Bremen zu richten, und im Beschlußprotokoll ist festgehalten: „Der Bremer Kirchenleitung wird von der Tatsache einer Eingabe gegen die von der Bremer Kirche verfügte Kollekte zum Wiederaufbau der Synagoge Kenntnis gegeben. Der Rat hält es nicht für tunlich, wenn in einer evangelischen Kirche eine Kollekte für den Synagogenbau gesammelt wird."[23a]

Wie wenig die Mitglieder des Rates der EKD vom traditionellen Denken absehen konnten, wird in diesem Beschluß augenfällig. Das von Wurm in den Raum gestellte Bekenntnis zu einer gewissen Mitschuld an den Verbrechen der vergangenen Jahre öffnete nicht den Blick dafür, daß nun nach einem neuen Verhältnis von Kirche und Judentum gefragt werden müßte. Schon die finanzielle Unterstützung eines Synagogenbaus erschien als Verrat am Evangelium. Niemand kam auf den Gedanken, daß hier ganz einfach ein Stück Wiedergutmachung zu leisten, ein Zeichen der Solidarität aufzurichten sei. Daß die Zerstörung von Gotteshäusern ein Frevel ist, dem eindrucksvoll und öffentlich entgegengetreten werden muß, spielt bei den Überlegungen des Rates genausowenig eine Rolle, wie das Recht auf freie Religionsausübung, das der Kirche durch die Nationalsozialisten ja selbst beschnitten worden war. Man sah hier eine falsche Toleranz am Werk, sah im Judentum nur die überwundene Religion, deren notleidenden Gliedern man zwar helfen müsse, deren organisatorische Struktur von Seiten der Kirche aber nicht mit aufgebaut werden dürfe.

Aus den Protokollen der Sitzungen des Rates der EKD ist zu entnehmen, daß man sich in diesem Gremium am 22. März 1946 mit einer speziellen Stellungnahme zum Massenmord an den Juden beschäftigte. Es wurde beschlossen, daß der „Rat der EKD ... ein Wort an die Gemeinden zur Schuldfrage, zum Umfang der jetzt veröffentlichten Judenmorde und zur Methode

---

man keine Ursache habe, sich „der Juden besonders anzunehmen", da in „keinem Fall ... in Deutschland Elend unter den Juden" bestehe (Ebd.) Vgl. zur Stellungnahme Wurms dessen Predigt in Reutlingen am 17. 10. 1943 (G. Schäfer, Wurm, S. 144).

[23a] Beschlußprotokoll über die Sitzung des Rates am 13./14. 12. 1945, Punkt 17 (EZA Berlin, 2/62). – Der Brief an die Bremer Kirchenleitung war nicht aufzufinden.

der Entnazifizierung richten" werde[24]. Auf der folgenden Sitzung des Rates, die am 2. Mai in Treysa stattfand, wurde zwar die Entschließung zur Entnazifizierung angenommen, nicht aber das "im Entwurf vorgelegte Wort an die Gemeinden"[25]. Eigentlich wären gemäß der Protokollnotiz vom 22. März drei Voten des Rates – zur Schuld, zum Judenmord und zur Entnazifizierung – zu erwarten gewesen. Doch interessanterweise wurde die geplante Erklärung zur Judenvernichtung im Protokoll der Sitzung vom 2. Mai nicht mehr genannt. Dies mag damit zusammenhängen, daß im vorgelegten Entwurf eines Wortes an die Gemeinden zur Schuldfrage auf die Verbrechen an den Juden eingegangen wurde. Wie hatte nun dieser Entwurf gelautet? Wilhelm Niesel war vom Rat beauftragt worden, einen solchen auszuarbeiten. Gemeinsam mit Niemöller hatte er einen ebenfalls von ihm gefertigten Entwurf für ein „Wort an die Gemeinden", das der Bruderrat allerdings am 20. März 1946 nicht angenommen hatte, überarbeitet und den Ratsmitgliedern vorgelegt. Im Mittelpunkt dieses Entwurfs stand die Schuldfrage, und unmißverständlich wurde gesagt:

> „Als 1933 die Kommunisten verfolgt wurden, dachten wir nicht daran, daß da Jesus selber unsere Hilfe begehrte; sondern wir sprachen: ‚Ich kenne den Menschen nicht.' (Matth 26,72) Als 1938 die jüdischen Geschäfte zertrümmert, die Synagogen verbrannt und die Juden nach und nach verschleppt wurden, bis sie ganz verschwunden waren, bekümmerten wir uns wieder nicht um alle die furchtbare menschliche Not, die Jesus Christus vor uns ausbreitete. Wir Christen waren in unserem Volke nicht das Salz, das wir nach dem Willen unseres Herrn sein sollen. So konnte es dahin kommen, daß von uns Deutschen gegen sechs Millionen Juden und Judenchristen umgebracht wurden, Männer und Frauen, Greise und Kinder, von allem anderen zu schweigen, was wir anderen Völkern genommen haben an Menschenleben und anderen Gütern."[26]

Buße und Umkehr sei das dem Wort Gottes entsprechende Verhalten, und wer dies verweigere, „geht der Verheißung des Herrn verlustig". In sehr eindrücklicher Weise wurde in diesem Entwurf das Schicksal der Juden im „Dritten Reich" angesprochen. Beachtenswert ist, daß auch die Judenchristen ausdrücklich miteinbezogen wurden. Diese Tatsache, verbunden mit der von Niesel gewählten Formulierung, daß man sich nicht um die Not gekümmert habe, „die Jesus Christus vor uns ausbreitete", zeigt, daß dieser Entwurf sehr viel stärker nach theologischen Zusammenhängen suchte als die bisher dargestellten Verlautbarungen. Hinsichtlich der Juden mag damit noch nicht direkt die traditionelle Sicht der christlichen Theologie in Frage gestellt sein, wohl aber in Bezug auf die Judenchristen. Daß diese Menschen aus der Mitte der Kirche herausgerissen werden konnten, zeigt doch, daß die Ekkle-

---

[24] EZA Berlin, 4/020, Bd. 1; vgl. M. Greschat, Schuld, S. 270f.
[25] Vgl. Punkt 14 des Protokolls der Tagung in Treysa (EZA Berlin, 4/020, Bd. 1).
[26] M. Greschat, Schuld, S. 278.

siologie neu durchdacht werden mußte. Wo war die Hilfe, die die christliche Kirche diesen ihren Gliedern schuldig gewesen wäre? Mit diesen Überlegungen sollen nur Richtungen angedeutet werden, in die, ausgehend von diesem Entwurf, ein Weiterfragen hätte gehen können. Aber: Der Rat der EKD konnte sich nicht darauf verständigen, diesen Entwurf anzunehmen. Daß dies nicht allein mit einer veränderten Einstellung zu Schuldbekenntnissen zu tun hatte[27], sondern sehr wohl auch mit der „Judenfrage“ zusammenhängen könnte, legt der von Asmussen gefertigte Alternativentwurf eines Wortes in dieser Sache nahe, den er für die folgende Sitzung des Rates erarbeitete[28]. In dieser Vorlage fehlte jeder Bezug auf die Morde an den Juden! Allerdings wurde auch dieser Vorschlag nicht angenommen.

So blieben das „Wort an die Gemeinden“ und das „Wort an die Christenheit im Ausland“ von 1945 die einzigen Verlautbarungen des Rates der EKD, in denen die Morde an den Juden wenigstens erwähnt und verurteilt wurden. Lediglich die Kirchenkanzlei der EKD trat in den folgenden Jahren mit Äußerungen im Zusammenhang der „Judenfrage“, an die Öffentlichkeit[29]. Die Entwicklung im Jahre 1947 führte dann auch dazu, daß mit Otto von Harling ein Sachbearbeiter für den Bereich „Judentum“ eingesetzt wurde, der eine Versammlung nach Assenheim einberief, um die „Judenfrage“ zu beraten. Die Teilnehmer des Assenheimer Treffens verabschiedeten eine Erklärung, die bereits oben vorgestellt wurde[30]. Der Rat hatte auf seiner Sitzung vom 18. November 1947 sein Einverständnis erklärt, daß die „Kanzlei der EKD... ein Gespräch über die christlichen Nichtarier mit den an der Frage interessierten Kreisen“ veranstaltet[31]. Erst 1950 beschäftigte sich die Synode der EKD mit einer Erklärung zur Judenfrage, die unten zur Darstellung kommen soll.

b. Erklärungen der Landeskirchen

Eine der ersten allgemein zugänglich gewordenen Stellungnahmen zum Verhalten der Kirche gegenüber den Juden während des „Dritten Reiches“ gab der Bischof der Landeskirche Hannover, August Marahrens[32], ab. In einem Rückblick, den er Anfang August 1945 der Bekenntnisgemeinschaft

---

[27] So M. Greschat (Ebd., S. 270f.).

[28] Unterlagen der Sitzung vom 29. 11. 1946 (EZA Berlin, 4/020, Bd. 1).

[29] Vgl. unten S. 301 ff.; zu Aktivitäten der Kirchenkanzlei bezüglich der Auseinandersetzungen des Hilfswerks der EKD mit den Hilfsstellen für Rasseverfolgte vgl. oben S. 83, S. 88ff.

[30] Vgl. zur Versammlung und ihren Ergebnissen oben S. 198ff. Text der Assenheimer Erklärung in: Kirchen, S. 536f.

[31] EZA Berlin, 4/020, Bd. 1. – Man beachte die Einschränkung auf die christlichen „Nichtarier“!

[32] Vgl. Personenregister.

gab, und der wenig später in einem „Wochenbrief" allen Gemeinden bekannt wurde, führte Marahrens aus:

„Besonders schwer liegt mir auf – ich habe dies schon mehrmals gesagt – daß die Kirche im ersten Sturm der Verfolgung, der über die deutsche Judenschaft losbrach, nicht das lösende Wort fand. Wir mögen im Glauben noch so sehr von den Juden geschieden sein, es mag auch eine Reihe von ihnen schweres Unheil über unser Volk gebracht haben, sie durften aber nicht in unmenschlicher Weise angegriffen werden. War es die erste Überraschung über den hier drohenden verhängnisvollen Konflikt, was uns die Sprache verschlug, oder sahen wir die Hintergründe nicht klar genug? Hier wird jedenfalls deutlich, daß Schuld auf unserem Wege liegt und daß wir unseren Dienst nicht tun können, ohne aus der Vergebung zu leben. Auch an anderes könnte ich erinnern, an das, was in den Irrenanstalten geschah und hinter den Zäunen der Konzentrationslager oder gar der Vernichtungslager des Ostens."[33]

Wenn Eberhard Klügel, Bezug nehmend auf diese Erklärung, feststellt, der Landesbischof habe „ausgesprochen, daß er das Verhalten der Kirche gegenüber den Juden mit zu den Dingen rechne, in denen wir uns schuldig bekennen müßten"[34], so ist damit nur ein kleiner Teil dessen getroffen, was zu diesem Wort zu sagen ist. Beachtenswert ist zweifelsohne, daß Marahrens in dieser Situation überhaupt etwas zur Schuld an den Juden sagte. Aber die Wendungen lassen deutlich spüren, daß es dem Bischof nicht klar war, worin denn genau die Schuld der Kirche bestand. Wie hätte denn „das lösende Wort" aussehen sollen? Mit hilflosen Formulierungen suchte er seinem inneren Gefühl gerecht zu werden, etwas sagen zu müssen. Er blieb jedoch seinem antisemitischen Denken verhaftet, und seine Erklärungsversuche blieben nichtssagend und leer. So muß der Einschätzung, daß diese Erklärung von der noch längst nicht überwundenen „reservatio mentalis antisemitica"[35] des Bischofs bestimmt sei, zugestimmt werden. Charakteristisch dafür ist vor allem die neben dem Schuldeingeständnis lautwerdende Rechtfertigung des eigenen Handelns. Da eine Reihe der Juden schweres Unheil über das deutsche Volk gebracht habe, war ein Vorgehen gegen sie berechtigt, soweit es nicht unmenschlich war – dieser Schluß ist doch wohl aufgrund des zweiten oben zitierten Satzes zu ziehen. Ebenso zeichnet die Formulierung „im ersten Sturm der Verfolgung" ein falsches Bild der Situation im „Dritten Reich". Das Jahr 1933 wurde nicht als Zäsur erkannt, die völlig veränderte Lage der Juden nicht gesehen. Möglicherweise war die Kirche auf die Maßnahmen 1933 und vielleicht auch noch auf die von 1935 nicht vorbereitet, aber allein damit ist das Schweigen der Kirche nur unzureichend erklärt. Dies scheint Marahrens selbst bemerkt zu haben, wenn er zwei Erklärungsversuche nennt, wobei jedoch seiner Ansicht nach eher die „erste Überraschung"

---

[33] Zitiert nach: G. Besier, „Selbstreinigung", S. 190.
[34] E. Klügel, Landeskirche, S. 498.
[35] W. Gerlach, Zeugen, S. 376.

der Kirche die Sprache verschlug, als daß das Schweigen darauf zurückgeführt werden könnte, daß sie „die Hintergründe nicht klar genug" sah. Diese Priorität legt sich deshalb nahe, weil Marahrens ausdrücklich auf den „ersten Sturm" abhob, der verhinderte, daß die Kirche „das lösende Wort fand". Auch der Unterschied zwischen Täter und Opfer wird in diesen Worten Marahrens' verwischt. Dieser Rückblick ist noch stark von antijudaistischen, ja auch von antisemitischen Ansichten durchzogen und verhinderte damit, daß wirklich ein Neuanfang eröffnet wurde. Die Gründe für die Schuld der Kirche blieben offen, und Marahrens war noch spürbar dem Denken der Vergangenheit verhaftet. So konnte dieses Schuldbekenntnis nicht wirken; es bliebt ein Lippenbekenntnis.

Neben der „Botschaft der Spandauer Synode"[36] vom 31. Juli 1945 wurden im November 1945 noch in zwei Landeskirchen innerhalb von allgemeinen Erklärungen auf die Leiden der Juden Bezug genommen.

Im „Wort der außerordentlichen Landessynode der Evangelisch-lutherischen Kirche in Oldenburg an die Gemeinden" vom Oktober 1945 hieß es: „Wir haben es zugelassen, daß denen, die auch unsere Nächsten waren, politisch Mißliebigen und Juden, Gut und Brot genommen wurde, und haben wohl selbst daran teilgehabt"[37]. Als Gliederungsprinzip lagen dem ersten Teil dieses Wortes die zehn Gebote zugrunde. Interessanterweise findet sich nun dieses Zitat im Abschnitt über das siebte Gebot. Die Autoren nahmen damit vor allem den Umgang mit „politisch Mißliebigen und Juden" zwischen 1933 und 1938 in den Blick. Zug um Zug sei diesen Menschen „Gut und Brot genommen" worden – erinnert sei nur an die „Arisierung" jüdischer Geschäfte[38] –, und kaum jemand hätte dagegen Protest erhoben. Ja, viele „ordentliche" Staatsbürger, Kirchenmitglieder zumeist, hätten davon profitiert. Was in dieser Zeit geschehen sei, sei von den meisten Deutschen nicht nur bewußt wahrgenommen worden, sondern habe unter Beteiligung und mit Billigung einer sehr großen Zahl von Menschen stattgefunden. „Gut und Brot nehmen", der Verstoß gegen das siebte Gebot, sei nicht nur „zugelassen" worden, man habe daran auch selbst „teilgehabt". An diesem Punkt gab es keine Ausflüchte, hier war jeder betroffen, um dieses Versagen wußten alle, dieses Verbrechen war in Kauf genommen worden. Damit wurde in diesem Wort der oldenburgischen Landessynode in einmaliger Weise ein Bereich thematisiert, der zwar im Vergleich mit den Massenmorden als harmlos erscheint, doch sehr direkt jedem einzelnen Menschen sein persönliches Versagen vor Augen stellte. Befremdlich an dieser Erklärung war nun aber, daß im Abschnitt über das fünfte Gebot nicht direkt auf die systematische Ermordung der Juden eingegangen wurde. Es hieß dort: „Wir haben uns

---

36 Vgl. oben S. 263f.

37 KJ 1945–1948, S. 43.

38 Vgl. oben S. 20.

abgewendet, wenn unserem Nächsten an Leib und Leben und an seiner Freiheit Schaden und Leid geschah. Darum erhob sich in unserem Land Gewalttat und Mord." Dieser Abschnitt blieb im Gegensatz zu dem sehr konkret formulierten über das siebte Gebot unbestimmt und allgemein. Positiv ist für dieses Wort allerdings festzuhalten, daß den Menschen ihr Versagen gegenüber den Juden an einem Bereich aus ihrem unmittelbaren Umfeld nahegebracht wurde, andererseits aber ist zu fragen, weshalb der Massenmord an den jüdischen Mitbürgern nicht auch herausgestellt wurde. War den Autoren dieses Verbrechen zu weit weg, zu unpersönlich? Sahen sie für die Christen an diesem Punkt gar keine spezielle Schuld?

Zum Bußtag 1945, dem 21. November, richtete die Brandenburgische Bekenntnissynode ein Wort an die Gemeinden. In diesem wurde herausgestellt, daß die Christen vor Gott nach ihrer eigenen Schuld gefragt seien. Zu Gott schreie

„wider uns all das unschuldig vergossene Blut, all die Lästerung seines heiligen Namens und all die Unmenschlichkeiten, die in unserer Mitte geschehen, sonderlich an den Juden. Ob wir uns gleich – menschlich gesehen – an den Greueln, mit denen nun der Name unseres Volkes in aller Welt befleckt ist, unbeteiligt wissen, können wir uns vor Gott doch nicht aus dem großen Ring von Not und Schuld herausstellen!"[39]

Auch in der hier benutzten Wendung fällt auf, daß zwar das „unschuldig vergossene Blut" erwähnt wird, bezüglich der Juden aber das Versäumnis nur an dem unmenschlichen Umgang festgemacht wird. Die distanzierten Formulierungen machen es schwer, diesem Wort eine persönliche Betroffenheit abzuspüren. Dieser Eindruck wird durch die hilflosen, religiös aufgeladenen Wendungen unterstrichen. Interessant ist auch, daß in diesem Wort vorausgesetzt ist, daß sich die Christen an den genannten Greueln eigentlich „unbeteiligt wissen" und sich nur allgemein dem „Ring von Not und Schuld" zugehörig fühlen. Im übrigen wird das Leiden der Juden nicht speziell gewürdigt und nach dem Anteil der Kirche daran gefragt, sondern lediglich als ein – wenn auch gewichtiger – Spezialfall von Unmenschlichkeit angeführt.

Erst im Sommer 1946 gab es weitere Äußerungen von Synoden, in welchen auf das Schicksal der Juden eingegangen wurde. Im Gegensatz zur „Kundgebung der Landessynode der Evangelisch-Lutherischen Kirche in Bayern"[40], welcher zwar Jes 40,1 „Tröstet, tröstet mein Volk", vorangestellt war, in der aber mit keinem Wort auf die Leiden des Volkes eingegangen wurde, dem dieser Trost ursprünglich gegolten hatte, wurde im „Wort der Bekenntnissynode der Evangelischen Landeskirche Nassau-Hessen an die Gemeinden" vom Juli 1946 ausdrücklich gefragt: „Haben wir nicht um die Verfolgung und

---

[39] KJ 1945–1948, S. 129.
[40] Ebd., S. 47f.

Verschleppung der Juden gewußt?“[41] Ebenso unmißverständlich stellte man heraus, daß diesem „Unrecht gegenüber... nicht klar und entschieden genug die Gebote Gottes bezeugt“ wurden. Das Mitwissen und die daraus resultierende Mitschuld der Christen ist in dieser Erklärung also in unmißverständlicher Weise dargelegt, wenn auch der Völkermord an den Juden nicht speziell angeführt wurde.

Im Abschnitt „Unsere Schuld“ der „Kundgebung der Provinzialsynode der Evangelischen Kirche von Westfalen“, die am 19. Juli 1946 verabschiedet wurde, heißt es:

> „Wir bekennen, daß wir ... unsere eigene Sicherheit lieber gehabt (haben) als unseren Herrn Jesus Christus. Wir haben im Anfang allzu leichtgläubig einen Nationalsozialismus, der das Volk zum Götzen machte, nicht durchschaut. Wir haben dann gegen die Ausrottung der Juden und anderer Verfemter nicht laut genug unsere Stimme erhoben. Wir haben uns schließlich immer weniger gegen den Totalitätsanspruch aufgelehnt, so daß uns der Blick auf den lebendigen Herrn verdunkelt wurde.“[42]

Wurde in bisher angeführten Erklärungen der Völkermord an den Juden erwähnt, so zumeist unter gleichzeitiger Rechtfertigung der eigenen Haltung. Erstmals wurde in diesem Wort im Bereich der evangelischen Kirche die Mitschuld der Christen an der „Ausrottung der Juden“ ohne größere Abstriche herausgestellt. Allerdings schränkte das „nicht laut genug“ doch noch die Totalität ein, wenn man bedenkt, daß die Intensität des Einspruchs über Leben oder Tod mitentscheiden kann – aber: Schon ein leiser Widerspruch hat ja in jener Zeit zur Verhaftung, zum Tod führen können, und auch das muß mitbedacht werden. Nicht reflektiert wurden in dieser insgesamt sehr eindrücklichen Erklärung die Ursachen des Versagens der Christen gegenüber ihren jüdischen Mitbürgern.

Eine weitere Bezugnahme auf das Leiden der Juden im „Dritten Reich“ findet sich im „Wort an die Gemeinden der außerordentlichen Rheinischen Provinzialsynode vom 20. September 1946“. Dieses Wort folgt, wie die Oldenburger Erklärung, den zehn Geboten. Im Gegensatz zu dieser jedoch wird in der Erklärung der rheinischen Synode im Abschnitt zum siebten Gebot nicht auf die Schuld gegenüber den Juden eingegangen. Allerdings ist im Zusammenhang des fünften Gebotes zu lesen: „Wir sind lieblos gegen unseren Nächsten: Haben wir laut und vernehmlich genug gerufen, als Juden, Geisteskranke und Wehrlose ihren Henkern übergeben wurden?“[43] Durch die Frageform in dieser Formulierung wurde jede Einschränkung oder Selbstrechtfertigung umgangen. Die Drastik des Ausdrucks „ihren Henkern übergeben“ verbietet jedoch eigentlich jede positive Antwort. So

---

[41] Ebd., S. 45ff.
[42] Ebd., S. 51f.
[43] Ebd., S. 57.

wurde in diesem Wort unmißverständlich die Schuld der Christen gegenüber den Juden herausgestellt, ohne daß jedoch speziell die Verantwortung der Christen benannt worden wäre.

Zusammenfassend kann festgestellt werden, daß sich eine ganze Reihe von Synoden in ihren Erklärungen auch zum Schicksal der Juden im „Dritten Reich" geäußert haben[44]. Auffallend ist, daß nur in wenigen Verlautbarungen ausdrücklich der Völkermord an den Juden erwähnt wird. Darüber hinaus sind die meisten dieser Äußerungen von Selbstrechtfertigungsversuchen durchzogen. Speziell gegenüber den Juden wird kaum einmal dezidiert die Schuld der Christen herausgestellt, sondern auf diesen Bereich wird fast immer im Zusammenhang mit dem allgemeinen Versagen der Kirche gegenüber Außenseitern und Verfolgten eingegangen. Besonders bedrückend war der „Rückblick" von Marahrens, in welchem unverhohlen antisemitische Vorstellungen zutage traten. Vielleicht waren diese Verlautbarungen nicht der richtige Ort, um Ursachen für das Versagen der Kirche in dieser Frage zu reflektieren. Überraschend ist aber, daß eigentlich in keinem der Texte nach Gründen des Versagens gefragt wurde, die über allgemeine Aussagen wie „Wir haben nicht auf Gott geschaut" oder „Wir haben die Gebote nicht beachtet" hinausgingen. Innerhalb der evangelischen Kirche in Deutschland war man sich in den Jahren 1945 und 1946 nicht klar darüber, ob und inwieweit die Kirche durch ihre Predigt und Lehre Anteil an der Verfolgung und schließlichen Ermordung der Juden hatte. Man sah die Greuel, beklagte die Unmenschlichkeit des Umgangs mit diesen Menschen, verurteilte den Völkermord, aber man glaubte zumeist, die Kirche habe doch das in ihrer Macht Stehende getan, um anzuklagen und den Opfern zu helfen. Dem Staat, der Partei und den nationalsozialistischen Organisationen wurde die Hauptschuld am Holocaust zugerechnet, nach dem eigenen Anteil aber nur selten gefragt. Ein Werben darum, daß die Bevölkerung diese Schuld sehen und annehmen lernt, eine Hinführung dazu, wie von diesem Versagen gesprochen, wie es aufgearbeitet werden könnte, ist in den ersten Jahren nach dem Ende der Nazidiktatur in kirchlichen Erklärungen nicht zu finden. Teilweise ist eine tiefe Betroffenheit spürbar, doch ist zugleich eine Hilflosigkeit und Unsicherheit unübersehbar, wie denn das Schreckliche in Worte gefaßt werden könne. Vielleicht verschloß die konkrete Nähe des Grauens den Mund, vielleicht bedurfte es mehr Zeit zur Aneignung der Schuld – letztlich stand ja die eigene Geschichte mit auf dem Spiel –, doch wie lange sollte dieser Prozeß dauern? Wann konnte man erwarten, daß die – ehrliche – Hilflosigkeit überwunden und man in der Kirche zur Annahme des Geschehenen bereit sein würde?

---

[44] W. Gerlach (Zeugen, S. 380) nennt nur zwei Verlautbarungen für diese erste Phase von 1945 bis 1946.

c. Die Erklärung der „Kirchlich-theologischen Sozietät in Württemberg“ vom 9. April 1946

Eine erste ausführlichere Darlegung zur „Judenfrage“ nach dem Zusammenbruch des „Dritten Reiches“ gab die „Kirchlich-theologische Sozietät in Württemberg“ ab[45]. In ihrer „Erklärung“ vom 9. April 1946 suchte sie „die allgemeinen Sätze des Stuttgarter Schuld- und Neubeginn-Bekenntnisses des Rates der EKiD persönlich aufzunehmen... und konkrete Konsequenzen für die kirchliche, diakonische, berufliche, politische und gesellschaftliche Arbeit zu formulieren“[46]. Vor allem ging es den Mitgliedern der „Sozietät“ darum, „unsere *Schuld* als Prediger und Glieder der Gemeinde Christi“ herauszustellen[47].

Weshalb kam nun ausgerechnet von dieser kleinen württembergischen Gruppe die erste detaillierte Stellungnahme zum Verhältnis von Kirche und Judentum nach dem Ende der Naziherrschaft, und wer zeichnete für diese „Erklärung“ verantwortlich?

Daß den „Sozietätlern“ schon während des „Dritten Reiches“ das Los der jüdischen Mitbürger deutlich vor Augen stand, zeigt sich an zwei Punkten. Zum einen war eine ganze Reihe von ihnen beteiligt, als es galt, Juden, die aus Berlin geflohen waren, zu verstecken[48]. Als „Bombenflüchtlinge“ getarnt, wurden diese Menschen zumeist in Pfarrhäusern untergebracht und hatten aus Sicherheitsgründen mindestens alle zwei Wochen das Quartier zu wechseln. Teilweise gelang es, Familien auf diese Weise bis zum Ende des Krieges dem Zugriff von SS und Gestapo zu entziehen; teilweise wurden die Juden an die Schweizer Grenze durchgeschleust, um ihnen eine Flucht zu ermöglichen. Neben anderen Pfarrern beteiligten sich an dieser Versteckaktion auch die Sozietätsmitglieder Kurt Müller, Pfarrer der Reformierten Gemeinde in Stuttgart, Hermann Diem[49], Richard Gölz[50] sowie der aus dem Kirchendienst entlassene Paul Schempp[51]. Neben dieser sehr praktischen Hilfe beschäftigten sich Angehörige der Sozietät auch mit den theologischen Implikationen der „Judenfrage“. Der 1941 gefallene Harald Diem hatte schon 1938 in einem Memorandum unmißverständlich betont, daß „jeder Jude schon an und für sich ein Zeuge der Wahrhaftigkeit und Treue Gottes (ist), wieviel-

[45] Vgl. zur Sozietät W. NIEMÖLLER, Kirche, S. 211 ff.

[46] M. WIDMANN, Paul Schempp, S. 33.

[47] „Erklärung der kirchlich-theologischen Sozietät in Württemberg“ vom 9. 4. 1946; in: P. SCHEMPP, Weg, S. 25 ff. und KIRCHEN, S. 530–535.

[48] Vgl. zu dieser Aktion P. SAUER, Schicksale, S. 342 f., 437 ff., 440 ff.; M. KRAUKAUER, Lichter.

[49] Vgl. H. DIEM, Ja oder Nein, S. 131 ff.

[50] Gölz kam wegen seiner Beteiligung an dieser Fluchthilfe 1944 ins Konzentrationslager (G. SCHÄFER, Wurm, S. 131).

[51] M. WIDMANN, Gedenken, S. 366 ff.; vgl. auch Anm. 50.

mehr gilt das von denen unter ihnen, *die Christen geworden sind*!"[52] Er warnte eindrücklich davor, *„gesonderte judenchristliche Gemeinden"* zu bilden. Sein Bruder Hermann Diem verfaßte den sogenannten „Münchner Laienbrief", der zu Ostern 1943 Landesbischof Meiser übergeben wurde. Dieser unternahm jedoch nichts, mit dem vordergründigen Argument, der Brief sei anonym abgegeben worden[53]. In dieser Ausarbeitung wurde betont, die Kirche habe dem Staat gegenüber die „heilsgeschichtliche Bedeutung Israels zu bezeugen und jedem Versuch, die Judenfrage nach einem selbstgemachten politischen Evangelium zu ‚lösen', d.h. das Judentum zu vernichten, aufs äußerste zu widerstehen als einem Versuch, den Gott des 1. Gebotes zu bekämpfen". Die Kirche müsse bekennen, daß sie unlösbar mit Israel verknüpft sei, sie habe „gegen jede Verletzung der 10 Gebote durch die staatliche Obrigkeit ... *im Namen Gottes* ... „öffentlich" zu protestieren.

Auch für Paul Schempp, dem allgemein die Verfasserschaft der „Erklärung" von 1946 zugeschrieben wird[54] war die „Judenfrage" ein zentrales theologisches Anliegen, wie seine Ausarbeitung vom 29. Mai 1945 „Der Weg der Kirche"[55] zeigt, in der er immer wieder auf das begangene Unrecht an den Juden zu sprechen kommt und energisch Folgerungen für Theologie und Kirche anmahnt. Er schrieb: „Wie schlau hat man den Antisemitismus mindestens zur Hälfte biblisch gerechtfertigt und die bleibende Erwählung Israels und die jüdische Herkunft des Christus verschwiegen". Auch die Bekennende Kirche habe gesehen, „daß die christliche Freiheit, den Juden ein Jude zu sein, verboten war, sie wußte, daß das deutsche Volk den jüdischen Erwählungsglauben frevelhaft an sich gerissen hatte", wußte, daß das „Heil allein, ganz allein von dem Juden Jesus Christus kommt", und habe dennoch kläglich versagt. „Man tat so, als ob die Geschichte Israels von der List Jakobs bis zur Macht des Kaiphas kein Spiegelbild der christlichen Kirche aller Zeiten sei". Beachtenswerterweise führt Schempp bei seiner Analyse, was denn nun der Weg der Kirche sei, nahezu ausschließlich Beispiele aus dem Alten Testament an[56]. Verglichen mit der „Erklärung" von 1946 fällt auf, daß in dieser kleinen Schrift die „leidenschaftlich-persönlichen Schuldaussagen"[57] vorweggenommen sind.

Mit ihrer Erklärung wollte die Sozietät „über ihren kirchlichen Willen" Rechenschaft ablegen und „die Gemeinschaft am Leibe Jesu Christi in ihrer

---

[52] Zitiert nach W. NIEMÖLLER, Kirchen, S. 222.

[53] Text des „Laienbriefs" in: H. DIEM, sine vi – sed verbo, S. 108ff.; die folgenden Zitate S. 109f. – Zur Entstehung dieses Briefes und zu seinen Folgen vgl. H. DIEM, Ja oder Nein, S. 130; H. HERMELINK, Kirche, S. 653f.; K. MEIER, Kirchenkampf Bd. 3, S. 451f.

[54] S. WIDMANN, Einführung, S. 7 und M. Widmann in einem Brief an den Verfaser vom 2. 9. 1986.

[55] P. SCHEMPP, Weg, S. 11ff.; die folgenden Zitate S. 14f.

[56] Vgl. EBD., S. 21: David, S. 22: Daniel, S. 23: Jakob.

[57] Brief M. Widmanns an den Verfasser vom 2. 9. 1986.

kirchlichen und theologischen Arbeit und Verantwortung"[58] bezeugen. Im ersten Teil des vier Abschnitte umfassenden Textes wurde unter Bezugnahme auf die „Stuttgarter Erklärung" „insonderheit unsere *Schuld*[59] als Prediger und Glieder der Gemeinde Christi" durch die Nennung von konkreten Versäumnissen bekannt. „Wir sind mutlos und tatenlos zurückgewichen", so hieß es am Anfang dieses Abschnittes, „als die Glieder des Volkes Israel unter uns entehrt, beraubt, gepeinigt und getötet worden sind". Auch der Ausschluß der Judenchristen von den kirchlichen Ämtern, die „Verweigerung der Taufe von Juden", das Verbot der Judenmission, die Ausstellung der Ariernachweise, die „Vergötzung unseres Volkes und seiner Machthaber", „die Auflösung des Rechts", die „Selbstauslieferung der Christen einschließlich der Geistlichen an die Leib und Seele fordernde Diktatur eines irrenden Menschen", die „Massenermordung von Unschuldigen" und der „Überfall und die Ausbeutung der Nachbarländer" sei seitens der Kirche ohne Widerspruch geblieben:

> „Wir waren schwach im Glauben, träge in der Liebe und setzten nicht unsere Hoffnung allein auf die Gnade unseres allmächtigen Vaters... Wir bekennen unsere Schuld vor allen denen, die unschuldig leiden mußten, vor allen denen, die ungewarnt Gottes Gebote mit verkehrtem Willen zertreten haben und vor allen denen, die heute mehr als wir selbst die furchtbare Last aller Folgen des gemeinsamen Irrwegs zu tragen haben. Wir bitten Gott um Jesu willen um Gnade und Vergebung für uns, für unsere Gemeinden, für die Kirchen, für die besiegten Völker und für alle Menschen, und wir bitten alle unsere Mitchristen, an denen wir schuldig geworden sind, uns zu vergeben, damit wir alle zusammen fröhliche Zeugen der Gnade unseres Herrn vor aller Welt sein und bleiben mögen."

In dieser Erklärung war allen Überlegungen zu den nach der Nazidiktatur notwendigen Maßnahmen in der Kirche ein konkretes Schuldbekenntnis vorangestellt. Allein der Aufbau dieses Wortes macht schon deutlich, daß das Einverständnis über die Schuld der Kirche von der Sozietät als konstitutiv für jedes weitere Nachdenken über den Weg der Kirche angesehen wurde. Man wollte zunächst Konsens darüber herstellen, ob die eigene Einschätzung der Lage von den anderen Christen geteilt werden konnte. Die Übereinstimmung an diesem Punkt war nach den Irrwegen der Kirche während des „Dritten Reiches" eine unabdingbare Voraussetzung dafür, daß „wir *eines* Sinnes seien in der Kraft des Geistes und in der Zucht des Herrn". Nur durch diese Einheit war nach Ansicht der Sozietät eine beschönigende Sicht des Verhaltens der Kirche im „Dritten Reich" zu verhindern, ein wirklicher Neuaufbau der Kirche und eine am Evangelium ausgerichtete Arbeit in der Zukunft zu erwarten.

---

[58] P. SCHEMPP, Weg, S. 25.

[59] In dem mir vorliegenden Originalflugblatt (LKA STUTTGART, Nachlaß Sozietät) ist dieser Begriff im Gegensatz zum Nachdruck in P. SCHEMPP, Weg und KIRCHEN gesperrt hervorgehoben.

Im Gegensatz zur „Stuttgarter Erklärung“ wurde in diesem Wort der Sozietät auf jede – und sei es auch noch so kleine – Selbstrechtfertigung verzichtet. Keine Komparative sollten eine Ausflucht ermöglichen, nein „mutlos und tatenlos“ sei man zurückgewichen – ohne Wenn und Aber! Dieses Versagen, so wurde im ersten Abschnitt deutlich gemacht, zeigte sich im kirchlich-theologischen, aber auch im gesellschaftlich-politischen Bereich. Die Schuld gegenüber den Juden wurde in dieser „Erklärung“ an erster Stelle genannt; als sie „entehrt, beraubt, gepeinigt und getötet“ wurden, habe die Kirche geschwiegen. Interessanterweise wird dieses Versagen in der Sozietätserklärung nicht im Zusammenhang mit der Massenermordung anderer Unschuldiger angeführt – diese Verbrechen sind als letzte im Bereich der gesellschaftlich-politischen Verfehlungen genannt –, sondern betont am Anfang der Konkretion der speziellen kirchlich-theologischen Schuld. So wurde unterstrichen, daß dem Schweigen an dieser Stelle ein besonderes Gewicht zukommt. Auch die Schuld gegenüber den Judenchristen wurde herausgestellt und unmißverständlich deutlich gemacht, daß durch diese Haltung der Kirche „dem Dienst am Worte der frohen[60] Botschaft für alle Welt Abbruch“ getan wurde. Auch in scheinbaren Kleinigkeiten wie dem Ausstellen der Ariernachweise zeige sich etwas von der Schuldverflochtenheit der Kirche, da man dadurch dem „Rassedünkel Vorschub“ geleistet habe. Die Ursache für dieses Fehlverhalten wurde mit der ersten Barmer These von 1934 darin gesehen, daß nicht allein der Glaube an den, „der uns durch sein Sterben und Auferstehen frei gemacht hat“, das Leben der Christen bestimmte, sondern daß „Fleisch und Blut mehr geliebt“ wurden. Wurde hinsichtlich des Stuttgarter Schuldbekenntnisses oft kritisiert, Schuld könne man nur vor Gott bekennen, so wurde in diesem Wort der Sozietät ausdrücklich die Schuld vor denen bekannt, die unschuldig litten, die durch das Schweigen der Kirche an den Geboten Gottes schuldig wurden und auch vor „denen, die heute mehr als wir selbst die furchtbare Last aller Folgen des gemeinsamen Irrwegs zu tragen haben“. Mit dieser letzten Formulierung mag an die Heimatvertriebenen gedacht sein, sie trifft aber auch in besonderer Weise auf die Judenchristen und die überlebenden Juden zu; mit dieser Formulierung wurde das Klagen über die eigene Notlage, die nur zu leicht den Blick auf den Nächsten verstellte, dadurch relativiert, daß auf die weit größere Not anderer Menschen hingewiesen wurde.

Diese „Erklärung der Kirchlich-theologischen Sozietät in Württemberg“ drückte in einer für diese Zeit einmaligen Klarheit und Deutlichkeit die Schuld der Christen gegenüber Israel aus. Besonders beachtenswert ist einerseits, daß nicht nur die mangelnde Solidarität gegenüber den Judenchristen, sondern auch das Fehlverhalten gegenüber den Juden herausgestellt wurde.

---

60 Im Gegensatz zum Originalflugblatt (vgl. Anm. 59) ist in KIRCHEN, S. 531, dieser Begriff groß geschrieben.

Andererseits aber wurde dieser Sachverhalt nicht im Bereich der gesellschaftlich-politischen, sondern – ausdrücklich – im Zusammenhang der kirchlich-theologischen Schuld festgemacht. So findet sich in dieser Verlautbarung der Sozietät im Vergleich mit den bisher angeführten Worten eine nahezu prophetische Klarheit, obgleich in den folgenden Teilen nicht der Versuch unternommen wurde, auch speziell in der Frage „Israel“ notwendige Schritte anzudeuten. Hier wurde ohne Selbstrechtfertigung, ja im Gegenteil, unter besonderer Anklage der Pfarrer, das Versagen und die Schuld, die man sich während des „Dritten Reiches“ aufgeladen hatte, festgehalten und bei den anderen Christen darum geworben, in dieses Bekenntnis einzustimmen, um so eine gemeinsame Basis für einen fruchtbaren Neuanfang zu gewinnen.

Hinsichtlich der Wirkung dieser Erklärung muß leider gesagt werden, daß sie nur zu bald in Vergessenheit geriet. Dies mag vor allem mit dem „Wort des Bruderrates der Evangelischen Kirche in Deutschland zum politischen Weg unseres Volkes“, dem sogenannten „Darmstädter Wort“[61], zusammenhängen, das bald als die maßgebliche Konkretisierung der „Stuttgarter Erklärung“ angesehen wurde. Auf dieses Wort konzentrierte sich im folgenden die Diskussion, und es ist zu bedauern, daß die in der Sozietätserklärung sichtbar gewordene Sensibilität für die „Judenfrage“ im Wort des Bruderrates nicht zu finden war[62]. Die Sozietät ihrerseits versäumte es, diesen speziellen Punkt immer wieder mit dem nötigen Nachdruck in die Diskussion einzubringen[63].

2. *Erklärungen zum Verhältnis „Kirche – Judentum“ sowie zur Stellung der Judenchristen*

a. Das Schreiben von Landesbischof Wurm an die „Israelitische Religionsgemeinschaft“ in Stuttgart vom Juni 1945

Im Landeskirchlichen Archiv in Stuttgart befindet sich der überarbeitete Entwurf eines Schreibens, das Landesbischof Wurm einen Monat nach Kriegsende an die wiedergegründete „Israelitische Religionsgemeinschaft in Stuttgart“ senden wollte. Da dieses Dokument bislang völlig unbekannt ist, soll es im vollen Wortlaut wiedergegeben werden. Einfügungen von Ober-

[61] KJ 1945–1948, S. 220 ff.; vgl. auch M. Greschat, Schuld, S. 79 ff.

[62] Vgl. die Erklärung des Bruderrates zur „Judenfrage“ vom April 1948 oben S. 315 ff.

[63] Niemöller schrieb am 31.5. 1946 an ein Sozietätsmitglied über die „Erklärung“: „Ich glaube, daß sie eine erste Frucht einer rechten Besinnung unter dem Wort darstellt, die uns in der heutigen Wirrnis vor allem anderem Not tut“ (LKA Darmstadt, 62/3373). R. Gutteridge (Open thy mouth, S. 300) schreibt: „The small group of radical Confessing Christians in Württemberg, one of whose leaders was Hermann Diem, were it would appear, the first to apply the confession of guilt in the Stuttgart Declaration plainly and specifically to the treatment of the Jews“.

kirchenrat Wilhelm Pressel, dem Wurm diesen Text vorgelegt hatte, sind gekennzeichnet[64].

„Es ist mir ein herzliches Bedürfnis, die Israelitische Religionsgemeinschaft[a], zugleich im Namen der Ev(angelischen) Landeskirche, mit Psalm 126 zu grüßen, nachdem Ihnen[b] nach so viel Leiden und Tränen durch das Erbarmen Gottes wieder ein Neuanfang zur Sammlung und Bildung einer Gemeinde und zur Pflege Ihres Glaubens und Lebens geschenkt worden ist. Wir haben als christliche Kirche in allen den hinter uns liegenden Jahren[c] schwer getragen an den satanischen Maßnahmen, die von deutscher Seite zur Vernichtung des Judentums in Deutschland und Europa angewandt[d] wurden. Wir haben jene[e] entsetzlichen Vorkommnisse[f] *leider* nicht verhindern können[g]. *Wir haben* nur in einzelnen Fällen, bis in die letzte Zeit hinein, Ihren Glaubensgenossen helfen können. Meine, unmittelbar bei der Reichsregierung *seinerzeit* erhobenen *ernsten und nachdrücklichen* Vorstellungen gegen jene Politik der Unterdrückung und Ausrottung aus Gründen der Rasse und des Glaubens[h] sind, *wie so viele andere*, unbeantwortet geblieben und haben mit dazu beigetragen, mir und meiner Kirche die Ungnade des NS-Systems zuzuziehen.

In herzlicher Teilnahme an dem Schweren, das über Sie und Ihre Glaubensgenossen gekommen ist und das noch auf Ihnen liegt, grüßen wir Sie im Aufblick zu Gott dem Herrn mit dem Gebetswunsch: ‚Die mit Tränen säen, werden ernten mit Freuden. Sie gehen hin und weinen und tragen edlen Samen und kommen mit Freuden und bringen ihre Gaben.[j]'"

Nachdem die württembergische Landeskirche 1934 und 1935 für ihre traditionellen Bildungseinrichtungen, die evangelisch-theologischen Seminare und das Evangelische Stift in Tübingen, den „Arierparagraphen" eingeführt und in der Folgezeit ohne gesetzliche Grundlage fünf Pfarramtsbewerber „nichtarischer" Abstammung abgelehnt hatte, war vom Jahre 1942 an eine einschneidende Wende festzustellen: Innerhalb kurzer Zeit nahm die Landeskirche fünf in anderen Kirchen abgewiesene oder entlassene „nichtarische" Theologen in ihren Dienst[65]. Wie oben[66] schon aufgezeigt, protestierte Wurm mehrfach bei staatlichen Organen wegen der gegen die „Nichtarier ergriffenen Vernichtungsmaßnahmen"[67]; im Februar 1945 wandte er sich an den württembergischen Reichsstatthalter Wilhelm Murr, um seine Bedenken gegen die geplante „Ehetrennung der halbarischen Ehen" geltend zu machen[68].

---

[64] LKA Stuttgart, Altregistratur, 523 a. – Über die kursiv geschriebenen Einfügungen hinausgehende Veränderungen: a – Urfassung: „Gemeinde". b – „wieder" ursprünglich hier. c – „als christliche Kirche" zunächst hier. d – Urfassung: „getroffen". e – Urfassung: „das". f – Urfassung: „Leid". g – Urfassung: kein Punkt, sondern mit „und" zusammengefügter Satz, ohne „Wir haben". h – Urfassung: „des Glaubens und der Rasse". j – Hebräischer Urtext und Luther: „Garben".

[65] Vgl. S. Hermle/R. Lächele, Landeskirche.

[66] Vgl. oben S. 35 f.

[67] G. Schäfer, Wurm, S. 165.

[68] Ebd., S. 170 f. – Dieser Brief Wurms an Murr geht auf ein Gespräch Wurms mit Hartenstein

Von dieser Entwicklung her ist es nicht überraschend, daß sich Wurm unmittelbar, nachdem es wieder eine Jüdische Gemeinde in Stuttgart gab, an diese wandte, um dem Versagen der Kirche im „Dritten Reich" Ausdruck zu verleihen. Wurm suchte – auch im Wissen darum, daß er Vertretern der „Israelitischen Religionsgemeinschaft" schon bald würde gegenüberzustehen haben – auf diesem Weg einen ersten Kontakt, der eine persönliche Begegnung leichter werden ließ. Wie schwer dem württembergischen Landesbischof dieser Brief fiel, ist dem Stilbruch im ersten Satz zu entnehmen: Wurm redet zunächst die Organisationen an und fährt dann fort, die einzelnen Glieder anzusprechen. Die gemeinsame Leidenserfahrung diente Wurm als Brücke, an sie knüpfte er an: Man habe „schwer getragen an den satanischen Maßnahmen, die von deutscher Seite zur Vernichtung des Judentums in Deutschland und Europa angewandt wurden". Deutlich wird in diesen Formulierungen, daß Wurm um die ganze Tragweite der nationalsozialistischen Judenpolitik wußte. Zu einem ausdrücklichen Bekenntnis einer Mitschuld oder Mitverantwortung der Kirche an diesen schrecklichen Ereignissen konnte sich Wurm nicht erklären; die von ihm gewählte Wendung „schwer getragen" ist doch von einer gewissen Distanz gekennzeichnet. Wie schwer sich Wurm tat, das Geschehene in Worte zu fassen, zeigt auch der Ausdruck „satanische Maßnahmen", in dem das Ausgeliefertsein an eine entpersonalisierte Schicksalsmacht mitschwingt, auf die man nur zu leicht die Schuld abwälzen kann. Die in diesem Ausdruck sich spiegelnde Hilflosigkeit tritt in anderer Weise in der dezidierten Heraushebung einzelner Hilfsmaßnahmen[69] und der letztlich erfolglosen Protestbriefe Wurms zutage. Für die Kirche sei dieser Einsatz nicht folgenlos geblieben, sie sei beim „NS-System" in „Ungnade" gefallen. In dieser Passage schwingt stark eine Selbstrechtfertigung des eigenen Verhaltens mit, die durch die Einfügungen Pressels noch verstärkt wurde. Trotz der etwas steril wirkenden Wendung „In herzlicher Teilnahme an dem Schweren, das über Sie und Ihre Glaubensgenossen gekommen ist und das noch auf Ihnen liegt" ist diesem Brief eine tiefe, persönliche Betroffenheit nachzuspüren: „Wenn der HErr die Gefangenen Zions erlösen wird..". Die Unfähigkeit, das Unvorstellbare in Worte zu fassen, ist auch dem abschließenden Zitat aus Psalm 126,5f. zu entnehmen: „Die mit Tränen säen, werden ernten mit Freuden. Sie gehen hin und weinen und tragen edlen Samen und kommen mit Freuden und bringen ihre Gaben." Diese Verse könnten als oberflächliche Vertröstung verstanden werden, wirken zusammen mit der einleitenden Formulierung dieses Abschnittes wie ein Kondolenzbrief, doch sprechen aus diesen Worten eher Anteilnahme, Unsi-

zurück, in dem Hartenstein die zunehmend schwierige Situation der „Halbarier" vorgetragen hatte; vgl. Brief Hartensteins an Wurm vom 9. 2. 1945 (LKA Stuttgart, D 23, 2.8).

[69] Wurm zielte damit auf die Aktionen einzelner Pfarrer ab, die jüdische Flüchtlinge versteckt hielten (vgl. oben S. 278).

cherheit und Hilflosigkeit. Wurm wollte seine Bedrückung, wollte das von ihm empfundene Versagen der Kirche gegenüber den Juden zum Ausdruck bringen – daß dies mit Wendungen und Formulierungen getan wurde, denen das tastende Suchen nach angemessenen Worten noch anzumerken ist, kann nicht verwundern.

In diesem höchst beachtenswerten, nicht diplomatisch formulierten Brief wurde erstmals nach dem Ende der Nazidiktatur von offizieller kirchlicher Seite in Deutschland einer jüdischen Institution gegenüber ein Mittragen und Anteilnehmen an „Leiden und Tränen“ ausgesprochen. Daß dies nicht in aller Öffentlichkeit geschah, entspricht dem Stil damaliger Kirchenleitungen und bleibt doch bedauerlich[70].

b. Die Erklärung des „Evangelisch-lutherischen Zentralvereins für Mission unter Israel“ anläßlich der Wiederaufnahme seiner Arbeit am 24. Oktober 1945

Nachdem die Arbeit des „Evangelisch-lutherischen Zentralvereins für Mission unter Israel“ 1935 aufgrund staatlichen Drucks eingestellt wurde und auch das von diesem betriebene Institutum Judaicum Delitzschianum „zunächst nach Wien und dann nach Budapest verlegt werden und schließ-

---

[70] In Zusammenhang mit dieser Kontaktaufnahme ist sicher auch der Brief der Jüdischen Gemeinde an Hartenstein wegen der Fürsorge für „nichtarische“ Rasseverfolgte vom August 1945 zu sehen (vgl. oben S. 111f.). Der Kontakt zwischen Landeskirche und Israelitischer Kultusvereinigung beschränkte sich neben der oben auf S. 146ff. dargestellten Zusammenarbeit in der Betreuung ehemaliger Rasseverfolgter vor allem auf den Austausch von Neujahrsgrüßen. Den Gruß der Kultusvereinigung vom 31. 12. 1946 beantworte Wurm am 2. 2. 1947. Er schrieb: „Ihre freundlichen Wünsche zum Jahreswechsel erwidere ich von Herzen. Unser gemeinsamer Besitz, das Alte Testament ist mir in der verflossenen Kampfzeit, besonders in seinem prophetischen Teil noch mehr ans Herz gewachsen als vorher. Für die Gemeinde des Alten wie des Neuen Bundes gilt das Psalmwort über das ich beim Jahreswechsel gesprochen habe: Ich habe alles Dings ein Ende gesehen, aber dein Gebot währet“ (Ps 119,96) (vgl. oben S. 283, Anm. 64). Im Dezember 1947 schrieb Hartenstein an Wurm, er habe angeregt, „daß, nachdem im letzten Jahr die Israelitische Kultusvereinigung dem Herrn Landesbischof ihre Neujahrswünsche zuerst übersandt hat, für das Jahr 1948 die evangelische Seite die Initiative übernehme. Ich würde es für gut halten, wenn bei dieser Gelegenheit ein grundsätzliches Wort zur Judenfrage von unserer Seite gefunden werden könnte. Es ist mir“, so Hartenstein weiter, „immer wieder im Ausland begegnet, daß mir vorgeworfen wurde, die Evang(elische) Kirche habe nie ein Wort zu diesem Thema gesprochen. Halten Sie, Herr Landesbischof, ein solches Wort bei dieser Gelegenheit für erwünscht? Wer soll es entwerfen?“ Wurm vermerkte auf diesem Schreiben „Sitzung!“ (Ebd.). Entweder wurde dieses Thema nun aber nicht besprochen oder die Anregung Hartensteins abgelehnt, jedenfalls wurden zum Jahreswechsel 1947/48 wieder nur formale Grußbotschaften ausgetauscht. Am Rande sei noch vermerkt, daß in der württembergischen Kirchenleitung offenbar niemand auf den Gedanken kam, der Kultusvereinigung zum Jahreswechsel nach dem jüdischen Kalender Grüße zu senden.

lich nach London fliehen" mußte[71], regte Karl Heinrich Rengstorf[72] im Sommer 1945 die Wiederaufnahme der Arbeit des „Zentralvereins" an.

Neben Rengstorf waren bei der Wiedergründungssitzung in Eversen nur noch Pastor Ludwig Fündling[73] und der 79jährige Missionsdirektor i.R. Otto von Harling sen.[74] anwesend. Nachdem bei einer Bestandsaufnahme „über die Lage der Judenmission" festgehalten wurde, daß es in Deutschland nun „weder eine zahlenmäßig ins Gewicht fallende Judenschaft noch nennenswerte Kreise von Judenchristen" gebe, da das Judentum in Europa „zum größten Teile vernichtet" sei, und daß das Institutum Judaicum Delitzschianum seine Arbeit in London trotz der verschollenen Bibliothek weiterführe, erklärten sich die Versammelten als vorläufiges Direktorium des Zentralvereins[75]. Besonderen Wert wurde auf die Feststellung gelegt, daß die Arbeit des Zentralvereins nicht aufgegeben, sondern nur unterbrochen gewesen sei. Die Person von Harlings bilde eine „lebendige Brücke" zwischen einer „Vergangenheit mit einem großen Erbe" und einer Zukunft, „die besondere Aufgaben mit sich bringt".

Man kam überein, zunächst Kontakte mit ausländischen Stellen, vor allem mit dem Londoner „Delitzschianum" aufzunehmen sowie anzuregen, daß sich in jeder Landeskirche Zweigvereine bilden sollten, um eine möglichst unmittelbare Vermittlung der Ziele des Zentralvereins zu gewährleisten. Sodann trat man an „alle lutherischen Landes- und Freikirchen ... mit der Bitte" heran, „wieder die Kollekte des 10. Sonntag p(ost) Trin(itatis) dem Zentralverein zu bewilligen"[76]. Diese Bitte wurde in einem Anschreiben formuliert, in welchem nach der Mitteilung, daß sich der Zentralverein neu konstituiert habe, folgendes dargelegt wurde[77]:

---

[71] Protokoll der Wiedergründungssitzung des Evangelischen-lutherischen Zentralvereins vom 24. 10. 1945. (Geschäftsstelle des Zentralvereins, Hannover, Protokollbuch). – Der „Evangelisch-lutherische Zentralverein für Mission unter Israel" änderte 1985 seinen Namen in „Evangelisch-lutherischer Zentralverein für Zeugnis und Dienst unter Juden und Christen" (vgl. FüI Heft 4 vom Dezember 1985, S. 145f.).

[72] Rengstorf war nach Abschluß seines Studiums am 1. 5. 1926 Lehrvikar bei Missionsdirektor Otto von Harling beim Zentralverein in Leipzig gewesen und im Herbst 1933 Nachfolger von Harlings als deutsches Mitglied des „International Committee on the Christian Approach to the Jews" geworden, vgl. Arbeitsbericht, erstattet für die Zeit vom 1. 4. 1950 bis 31. 3. 1951 (Geschäftsstelle des Zentralvereins, Hannover, Ordner 07/1; Sonderdruck aus FüI zum Thema: „Otto von Harling 1866–1953" Heft 2/3 vom April 1973, S. 86); vgl. auch oben S. 205ff.

[73] Vgl. Personenregister.

[74] Vgl. oben S. 197.

[75] Vgl. oben Anm. 71.

[76] „10. Sonntag p. Trin." ist im Original unterstrichen.

[77] Abschrift dieses Briefes im Protokollbuch (vgl. oben Anm. 71 und LKA Stuttgart, Altregistratur, 153/I). a: ursprüngliche Fassung: „innere und äußere Lage". – Dieser Brief gelangte nicht in eine breitere Öffentlichkeit, da er ja an die Kirchenleitungen gerichtet war. Allerdings wurden die zitierten Teile beispielsweise auch in einem Anschreiben verwendet, das

„Die Unterzeichneten sind sich darüber klar, daß nach allem, was geschehen ist, eine unmittelbare evangelistische Tätigkeit unter den Juden seitens einer deutschen kirchlichen Stelle einstweilen nicht möglich ist. Umso wichtiger erscheint es ihnen, daß die deutschen lutherischen Kirchen wieder eine Stelle besitzen, die es als ihre besondere Aufgabe ansieht, das Verständnis für die Geschichte und für die gegenwärtige äußere und innere Lage[a] des Judentums zu wecken und zu fördern und dem Worte der Hl. Schrift zur Judenfrage und über Israels Bedeutung im Plane Gottes wieder Gehör und Geltung zu verschaffen. Hierin sehen die Unterzeichneten zugleich einen Beitrag, den die lutherische Kirche in Deutschland zur Wiedergutmachung des an Israel geschehenen Unrechtes zu leisten hat.

Eine derartige vorläufige Begrenzung der Aufgaben schließt nicht aus, daß, entsprechend dem Missionsbefehl unseres Herrn, auch von uns das Evangelium für Israel bereitzuhalten ist. Der Zentralverein wird darüber hinaus auch künftig alle Bestrebungen nach Kräften unterstützen, die der Verbreitung des Evangeliums unter den Juden dienen. Er wird auch in der Sammlung und Betreuung der verbliebenen lutherischen Judenchristen eine besondere Aufgabe sehen.“

Abschließend wurde um die Kollekte des 10. Sonntag nach Trinitatis gebeten und, „mit Rücksicht auf den stärkeren Geldbedarf“, für das Kirchenjahr 1945/46 darum, „daß auch am Karfreitag 1946 für den Zentralverein eine fakultative Kollekte eingesammelt wird“. An diesem Schreiben des Zentralvereins fällt auf, daß der Missionsgedanke vorerst zurückgestellt und als primäre Aufgabe die Aufklärungsarbeit innerhalb der Kirche über die „Judenfrage“ bezeichnet wurde. Daß mit dieser Gewichtsverschiebung keine grundsätzliche Absage an die Judenmission verbunden war, zeigt eindrücklich der zweite Abschnitt, in dem denen, die an der Verbreitung des Evangeliums unter Israel arbeiteten, Unterstützung zugesagt wurde. Von daher ergibt sich die Frage, weshalb dann überhaupt diese Verlagerung des Arbeitsschwerpunktes angesprochen wurde. Man war offenbar der Ansicht, daß man aufgrund der schrecklichen Ereignisse während des „Dritten Reiches“ jetzt als Deutsche keine Möglichkeit mehr habe, das Evangelium von der Liebe Gottes überzeugend unter den Juden weitersagen zu können. Somit scheint den Verantwortlichen deutlich gewesen zu sein, daß das Geschehene nicht ohne Auswirkungen auf das Handeln der deutschen Kirche bleiben könne. Einer Mission unter Israel wäre damit nicht allgemein eine Absage erteilt worden, aber eben einer Mission von deutscher Seite. Gründe hierfür wären einleuchtend, denn es ist doch tatsächlich zu fragen, wie man die „Gute Botschaft“ von Jesus Christus glaubwürdig weitersagen will als Angehöriger des Volkes, das zugelassen hat, daß die Juden ausgerottet werden sollten. Daß damit überhaupt nichts über die persönliche Integrität möglicher Missionsmitarbeiter ausgesagt wäre, versteht sich von selbst, man würde

---

Pastor Lic. Walter Holsten an die Superintendenten und Amtsbrüder der Hannoverschen Landeskirche richtete, um für den zu gründenden Zweigverein zu werben (PRIVATAKTEN BURMESTER).

nur der Tatsache Rechnung tragen, daß Juden sicherlich nach dem Erlittenen nur mit großen Vorbehalten einem Deutschen würden begegnen können.

Allerdings zeichnete sich sehr bald ab, daß vor allem Pragmatismus zu dieser Schwerpunktverschiebung geführt hatte. Dies wird durch einen Blick auf die weitere Arbeit des Zentralvereins deutlich. Am 11. Juni 1946 schrieb Rengstorf: „Im Herbst 1945 schien die eigentliche Schwierigkeit für die Wiederaufnahme der Arbeit in der fast völligen Vernichtung des Judentums in Europa durch das Dritte Reich zu liegen“[78]. Die Aufgaben seien deshalb dahingehend bestimmt worden, daß zunächst die „Weckung und Förderung des Verständnisses für die Geschichte und die gegenwärtige innere und äußere Lage des Judentums“ im Mittelpunkt stehen solle. „Inzwischen hat sich aber gezeigt, daß durch die allmähliche Rückkehr ausgewanderter Juden auch das missionarische Gespräch zwischen Christen und Juden wieder möglich wird.“ Ein weiteres Jahr später hieß es in einem Brief an die Vertrauensleute des Zentralvereins: Wir taten recht, „als wir im Jahre 1945 begannen, das 1935 zerstörte Werk wiederaufzubauen. Sogar ein Missionsfeld hat Gott uns, aller Erwartung zuwider, gegeben“[79]. Vor allem in München wurde die Missionsarbeit wieder intensiv betrieben. Zunächst nahm sich eine Schwester, ab Oktober 1950 ein Pfarrer der Missionsarbeit hauptberuflich an[80].

Die Notwendigkeit, innerhalb der Kirchen für die Geschichte und gegenwärtige Lage des Judentums Verständnis zu wecken „und dem Worte der Hl. Schrift zur Judenfrage und über Israels Bedeutung im Plane Gottes wieder Gehör und Geltung zu verschaffen“, wie es im Schreiben von 1945 als vordringliche Aufgabe des Zentralvereins festgehalten wurde, erscheint unbestreitbar, und daß hier in den Jahren zuvor ein Defizit bestand, ist damit festgehalten. In der Kirche wurde eine falsche Theologie, eine der Bibel nicht gemäße Sicht Israels vertreten. In dieser Aufklärungs- und Informationsarbeit sahen die Verfasser einen Beitrag „zur Wiedergutmachung des an Israel geschehenen Unrechtes“. Ehe kurz dargestellt werden soll, wie der Zentralverein konkret dieser Aufgabe nachkam, muß noch festgehalten werden, daß in diesem Schreiben mit keinem Wort ausdrücklich auf die grauenhaften Ereignisse im „Dritten Reich“ eingegangen wurde. Offensichtlich sahen die Verfasser keinen Zusammenhang zwischen der von ihnen abgelehnten Sicht Israels und dem Geschehenen. Es drängt sich der Eindruck auf, als ob hier

---

[78] Brief an den Evangelischen Missionstag, z. Hd. Prof. Schlunk, Tübingen (GESCHÄFTSSTELLE DES ZENTRALVEREINS, HANNOVER, Ordner 61/0).

[79] Brief vom 16. 8. 1947, unterzeichnet von Rengstorf (PRIVATAKTEN BURMESTER).

[80] Vgl. oben S. 160f. und die allerdings vertraulichen Jahresberichte des „Zentralvereins“, beispielsweise für den Zeitraum 1949/50 oder 1950/51 (GESCHÄFTSSTELLE DES ZENTRALVEREINS, HANNOVER, ORDNER 07/1). Auch in FüI wurde die Arbeit in München dargelegt, u. a. in den Heften 1 und 3, 1951 (mit einem beigelegten Flugblatt „Zuruf an alle Söhne und Töchter Israels“) und 4, 1951. In Heft 2 vom Juli 1952 wird berichtet, daß „sich ein jüdischer Mann um die Taufe (bewarb), die am Sonntag nach Ostern stattfinden konnte“.

nahtlos an die 1935 zwangsweise unterbrochene Arbeit wieder angeknüpft werden sollte, wobei die Mission der geringen Zahl von Juden wegen keine Rolle mehr spielen konnte. Dahinter verbirgt sich wohl das Selbstverständnis der Judenmissionsgesellschaften, eigentlich immer gegen jeden Antisemitismus gewesen zu sein und daher am allerwenigsten für das Geschehene verantwortlich gemacht werden zu können. Überlegungen, ob vielleicht die Missionstheologie überdacht werden müsse oder irgendwelche anderen weiterreichenden Konsequenzen zu ziehen seien, waren wohl nicht im Blickfeld der in Eversen Versammelten.

Daß diese Einstellung des Zentralvereins zur Mission und zur eigenen Verantwortung gegenüber dem Geschehenen auch in den folgenden Jahren im großen und ganzen unverändert blieb, unterstreicht das Geleitwort anläßlich des Wiedererscheinens des Mitteilungsblattes „Friede über Israel" überdeutlich. Es heißt dort:

> „Als im Dezember 1933 dieses Missionsblatt unter dem Druck der damaligen Staatsgewalt sein Erscheinen einstellen mußte, verabschiedete sich der Herausgeber... von den Freunden der Mission unter Israel mit den Worten: ‚Gottes Barmherzigkeit hat noch kein Ende und seine Verheißungen sind nicht gefallen, wenn auch unserm Wirken nach seinem Willen einstweilen ein Ende bereitet ist.'
>
> Indessen sind 17 Jahre vergangen. Während dieser Zeit kamen die schrecklichen Verfolgungen über die Juden, und die Arbeit der Mission unter Israel war in unserm Lande völlig lahmgelegt, die Kirche selbst schwer bedroht. Es erfüllt uns mit Dank, daß wir heute bestätigen dürfen: ‚Die Barmherzigkeit des Herrn hat noch kein Ende, sondern sie ist alle Morgen neu.' Wir dürfen erkennen, daß die Hoffnung, die in dem ‚einstweilen' ausgesprochen war, nicht enttäuscht wurde. Gott will dem Werk der Mission unter Israel bei uns einen Neuanfang schenken. Das wiedererscheinende ‚Friede über Israel' darf auch seinen Beitrag dazu leisten.
>
> ... Wir tragen die Hoffnung in uns, daß die Verkündigung der Friedensbotschaft unter Israel nicht allein diesem schwer heimgesuchten Volke die Heilung mancher bitter schmerzenden Wunde bringen kann, sondern daß die Erfüllung solchen Dienstes zugleich der christlichen Kirche helfen wird, gesund zu werden von mancher tiefsitzenden Krankheit, die sie befallen hat. Darum grüßen wir alle Freunde der Mission unter Israel mit dem zweifachen Wunsch (Ps 122,6):
>
> ‚Wünschet, Jerusalem Glück! Es möge wohl gehen denen, die dich lieben!'"[81]

Auch in diesem Beitrag zeigt sich nochmals eindrücklich, wie wenig die Verantwortlichen des Zentralvereins bedachten, ob denn das Geschehene nicht auch konkrete Auswirkungen für die Arbeit der Judenmission haben müsse. Die geäußerte Hoffnung, daß der Dienst der Judenmission „zugleich

[81] FüI, Heft 1 vom September 1950. – Hingewiesen sei an dieser Stelle nochmals auf das zweite Publikationsorgan des Zentralvereins. Es gelang nicht, die traditionsreiche Zeitschrift „Saat auf Hoffnung" auf Dauer neu zu begründen. Sie mußte ihr Erscheinen nach dem Jahrgang 1950, dem 73., wieder einstellen. Der gemeinsam mit dem „Institutum Judaicum Delitzschianum" gemachte Versuch scheiterte unter anderem an der zu geringen Abonnentenzahl (vgl. oben S. 208).

der Kirche helfen wird, gesund zu werden von mancher tiefsitzenden Krankheit“, wird angesichts der Arbeit der Judenmission auch schon vor 1933, die ja weitgehend ohne Folgen in der Kirche blieb, als oberflächlich und banal entlarvt. Im übrigen ist es befremdlich, daß der Massenmord an den Juden, die Bedrückung der Kirche und das Verbot der Judenmission ohne irgendwelche Gewichtung nebeneinander zu stehen kommen, lediglich um die Zeitspanne von 17 Jahren zu überbrücken. Danach ist dann vor allem vom Dank die Rede, vom Dank dafür, daß die Judenmission wieder arbeiten kann. Wie es zu den „schrecklichen Verfolgungen“ der Juden kommen konnte, ist den Verfassern keine Zeile wert; diese Frage tritt nicht in ihr Blickfeld. Deutlich wird, daß man meinte, dort wieder anknüpfen zu können, wo man zwangsweise 1933 aufhören mußte. So offenbart dieses Geleitwort in exemplarischer Weise, wie die schrecklichen Ereignisse während des „Dritten Reiches“ für die Missionstheologie zunächst folgenlos blieben.

An einem organisatorischen Punkt schien dem „vorläufigen“ Direktorium des Zentralvereins eine deutliche Konsequenz aus der Vergangenheit nun allerdings doch nötig zu sein. Man sah in der Tatsache, daß die Judenmissionsgesellschaften vor 1933 eher eine Randexistenz in der Kirche geführt hatten und nicht eingebunden waren in die allgemeine Missionsarbeit der Kirche, einen der Gründe dafür, daß es nicht gelungen war, die Anliegen der Judenmission, ihre Sicht Israels und ihre Einstellung zur „Judenfrage“ wirksam zu verbreiten. Man suchte daher Kontakt zum „Deutschen Missionsrat“, und Rengstorf nahm bereits im November 1945 an einer Sitzung dieses Gremiums teil. Er berichtete über die Wiedergründung des Zentralvereins und stellte heraus, daß dieser bei der Durchführung seiner Aufgaben „des Verständnisses und der Hilfe der deutschen Heidenmissionen nicht entraten“ könne[82]. Der Zentralverein erstrebe „daher auch rein äußerlich einen stärkeren organisatorischen Zusammenschluß mit ihnen, als er früher bestanden hat“. Vor 1933 sei „die Judenmission in Deutschland eine Winkelsache innerhalb der Kirche gewesen“, und es gelte nun, „diesen Zustand zu überwinden“. Das „vorläufige“ Direktorium beschloß auf seiner Sitzung am 1. März 1946, beim „Deutschen Evangelischen Missionstag“ einen Antrag

[82] Brief Rengstorfs an von Harling vom 17. 11. 1945 (Geschäftsstelle des Zentralvereins, Hannover, Ordner 07/3). – Wie schon bei früheren Versuchen des Zentralvereins, Mitglied im „Missionstag“ zu werden, gab es auch bei dieser Besprechung Einwendungen. Es wurde geäußert, „daß für die Judenmission nicht die Verbindung mit der Heidenmission, sondern mit der Inneren Mission das Gegebene wäre“. Rengstorf wies dieses Ansinnen zurück und erklärte, der Zentralverein habe schon vor 50 Jahren klar entschieden, „daß auf die Eigenständigkeit der Judenmission gegenüber den kirchlichen Behörden und gegenüber dem Pfarramt nicht verzichtet werden dürfe, um nicht ihren missionarischen Auftrag und Charakter zu verdunkeln, der sich von dem der Inneren Mission grundlegend unterscheide“. Man kam aber trotz der Widersprüche überein, daß der Zentralverein „einen begründeten Antrag auf Aufnahme unter Berücksichtigung der früher ergangenen negativen Entscheidung an den Deutschen Evangelischen Missionstag“ stellen möge (Ebd.).

auf Mitgliedschaft zu stellen, dem der Missionstag dahingehend entsprach, daß der Zentralverein als „außerordentliches Mitglied aufgenommen“ wurde[83].

c. Der Aufruf der Bremischen Evangelischen Kirche zum siebten Jahrestag der „Reichskristallnacht“

Im Protokoll des vorläufigen Kirchenausschusses der Bremischen Evangelischen Kirche wurde für die Sitzung am 12. Oktober 1945 als Punkt 7a festgehalten, daß der Ausschuß beschlossen habe, „sich an dem von dem Präsidenten des Senats erlassenen Aufruf zur Wiedergutmachung des Unrechts vom 10. November 1938... zu beteiligen“[84]. Der Notiz kann der Initiator dieses Beschlusses nicht entnommen werden, wohl aber, daß darüber hinaus angeregt wurde, in den Gottesdiensten am 11. November „dieses Ereignisses“ zu gedenken. Ferner wurde beschlossen, den Gemeinden solle „empfohlen werden, die Kollekte des Gottesdienstes... für das vorgesehene Sühneopfer zu bestimmen“. Als „Sühneopfer“ aber war in der Verlautbarung des Senatspräsidenten der Bevölkerung vorgeschlagen worden, „in echter, selbstgewählter Wiedergutmachung unseren jüdischen Mitbürgern ihr Gotteshaus und ihren Friedhof wieder“ aufzubauen![85]

[83] Protokoll der 2. Sitzung (1. 3. 1946) (Geschäftsstelle des Zentralvereins, Hannover, Protokollbuch); Brief des Vorsitzenden des „Missions-Rates“ an Rengstorf vom 10. 9. 1947 (Ebd; Ordner 61/0) – Schwierigkeiten ergaben sich, als der „Deutsche evangelische Ausschuß für Dienst an Israel“ seinerseits die Mitgliedschaft im Missionsrat beantragte (vgl. hierzu oben S. 208).

[84] LKA Bremen, B 132/6: auch alle folgenden Zitate entstammen diesem Protokoll. Vgl. zur Geschichte der Bremer Kirche im „Dritten Reich“ und zur Phase ihres Neubeginns: K. Meier, Kirchenkampf Bd. 3, S. 397–402; A. Meyer-Zollitsch, Nationalsozialismus.

[85] Zitiert nach Weser Kurier vom 7. 11. 1945. – Hingewiesen sei darauf, daß Grüber 1950 im Auftrag der Evangelischen Kirchenleitung in Berlin dem Vorstand der Jüdischen Gemeinde Berlin 5000 DM überreichte, die für den Wiederaufbau der Synagoge bestimmt waren (FRu Nr. 10/11 vom Januar 1951, S. 33).
Die in Bremen veröffentlichte Verlautbarung soll im vollen Wortlaut wiedergegeben werden, da sie für jene Zeit ein wohl einmaliges Zeugnis darstellt:
„An die bremische Bevölkerung
Am 9. November 1945 jährt sich zum siebenten Male der Tag, an dem überall in Deutschland SS und SA zwei Stunden nach Mitternacht, wohl vorbereitet, auf einen letzten Wink aus München zum nächtlichen Überfall auf die deutschen Juden antraten. Im tiefen Dunkel der Nacht begann damit der durch sechs und ein halbes Jahr währende Terror gewalttätiger und erbarmungsloser Verfolgung, Unterdrückung, Schändung und Vernichtung von Menschen, ein Frevel, der den deutschen Namen in der ganzen Welt verunehrt hat.

Schlimmer vielleicht und schmachvoller noch als diese erste Gewaltat, die ihre Krönung in der an den jüdischen Gotteshäusern verübten Brandstiftung und Zerstörung und in der Vernichtung jüdischer Grabstätten fand, war der Verrat am eigenen Volk, dem seine gewissenlosen „Führer“ in frechster Lüge die Schuld an dieser Gewalttat anzuhängen versuchten, indem sie den planvoll

Dieser Beschluß blieb jedoch nicht unwidersprochen. Auf der folgenden Sitzung am 19. Oktober trug der Vizepräsident des vorläufigen Kirchenausschusses, Rechtsanwalt Ferdinand Donandt, verschiedene Einwände vor. Leider blieb das von ihm verlesene Schreiben unauffindbar, so daß nicht nachvollzogen werden kann, weshalb er sich „gegen einen besonderen Bußtag wegen der Zerstörung der Synagogen... und der Verfolgung der Juden“ aussprach. Das Protokoll zeigt immerhin, daß nicht nur die Unterschrift unter die Erklärung des Senats umstritten war, sondern auch die Abhaltung von Gedenkgottesdiensten und die Kollekte für den Wiederaufbau der Synagoge. Die „lebhafte Erörterung“ ergab, daß an dem Beschluß festgehalten wurde. Zusätzlich wurde bestimmt, daß sich die „Theologen-Kommission... um die Abfassung des kirchlichen Aufrufes zu dem Tage bemühen“ solle. Eine Woche später wurde die Unterzeichnung des Aufrufes von Bürgermeister Wilhelm Kaisen „endgültig beschlossen“, die „Kollekte für den Wiederaufbau der zerstörten Synagoge“ den Kirchenvorständen – „die über ihre Abhaltung zu entscheiden haben“ – empfohlen.

Innerhalb der Pfarrerschaft hat dieser Entschluß eine lebhafte Diskussion angeregt und eine umfangreiche Stellungnahme des Bruderratsmitglieds Pfarrer Friedrich Denkhaus nach sich gezogen. Denkhaus sandte diese auch unmittelbar an den Rat der EKD und bat um Begutachtung[86]. Er betonte zunächst, daß am 10. November 1938 unzweifelhaft das „Recht gebrochen“ worden sei und daß alle „evangelischen Christen... als Glieder des deutschen Volkes mit an dieser... Schuld“ trügen. Im Hinblick auf ein auch von ihm als

---

inszenierten und von SS und SA befehlsgemäß durchgeführten Pogrom in einen spontanen Leidenschaftsexzeß der aus berechtigtem Vergeltungstrieb überkochenden Volksseele umfälschten.

Wir wissen, warum es auf keine Weise gelingen konnte, damals auch nur in bescheidenster Form eine Protestkundgebung zu veranstalten. Sollte nun die siebente Wiederkehr dieses Schrekkenstages nicht die rechte Gelegenheit bieten, dem Willen zu einer freiwilligen Sühneleistung sichtbaren Ausdruck zu geben! Können wir diesen Willen vor der Welt ehrlicher und wirksamer bekunden, als wenn wir nun in echter, selbstgewählter Wiedergutmachung unseren jüdischen Mitbürgern ihr Gotteshaus und ihren Friedhof wieder aufbauen! Sollte eine solche Opferhandlung, aus tiefster Verarmung freiwillig aufgebracht, nicht mehr aussagen, heilsamer wirken und eher eine Rückbesinnung auf Gerechtigkeit und Nächstenliebe fördern können, als alle Lippenbekenntnisse?

Weil ich es glaube, deshalb rufe ich hiermit unsere Bremer Bevölkerung zum 9. November 1945 zu einer Sammlung nach der altbewährten Art des Bremer Schoßes auf, in den jedermann ungenannt nach Maßgabe seiner Mittel und seiner Einsicht für die Gerechtigkeit solcher Wiedergutmachung sein Scherflein beisteuert und solange zur Beisteuer aufgefordert bleibt, bis der erforderliche Aufwand gedeckt ist.

Der Präsident des Senats Bürgermeister Kaisen ...

Evangelischer Kirchenausschuß Dr. Ahlers – Pastor Wilken“.

Es folgen fünf weitere Unterschriften: Handelskammer, Angestelltenkammer, Arbeiterkammer, Katholische Kirchenkanzlei, Bremer Volkshilfe.

[86] Die Stellungnahme Denkhaus' – mit dem Datum vom 21. 10. 1945 – findet sich im LKA Bremen, G 272.2/2; zur Reaktion des Rates vgl. oben S. 269f.

nötig angesehenes Wort der Buße hielt er fest, daß ein „erheblicher Unterschied ... zwischen der Pflicht des Bürgers, d.h. des Staates und der Pflicht der christlichen Kirche“ bestehe. Es sei danach zu fragen, was die evangelische Kirche „dazumal versäumt“ habe, wofür sie Buße tun müsse und welche Pflichten ihr als Kirche heute daraus erwachsen würden. Versäumt worden sei durch die „1938 staatshörige bremische Kirche“, „Sünde Sünde zu nennen“. Die Bekenntniskirche habe zwar versucht, „einen Damm zu bauen“, und viele Pastoren hätten dies mit Strafen zu bezahlen gehabt, aber ein offenes Wort sei nicht gesprochen worden, und das sei die Schuld, „welche sie offen bekennen und bereuen muß.“ Denkhaus erinnerte daran, daß speziell im Hinblick auf die Juden Sammlungen veranstaltet und trotz entsprechender Verbote Judenchristen zum Abendmahl zugelassen und Juden getauft worden seien. Dies könne und wolle aber „nicht das allgemeine Schweigen der Kirche entschuldigen.“ Die echte Buße bestehe für die evangelische Kirche heute darin, daß sie die „von Christus befohlene Pflicht tut... Sie hat das Wort vom Kreuz Christi zu verkündigen... (und) das Liebesgebot ihres Herrn zu befolgen.“ Es müsse der „deutschen Judenschaft von 1945... im Auftrage und in Vollmacht Christi gesagt werden: Alles Unglück und Leid... ist Gottes Gericht.“ Trotz ihres Versagens habe die Kirche das Recht, dies zu sagen, und es bestehe die Gefahr, durch Schweigen ein zweites Mal schuldig zu werden. Das Wort vom Kreuz enthülle neben dem Gericht auch noch die durch Jesus geoffenbarte Gnade. Dieses Heil müsse der „schuldig gewordene(n) und ins Gericht Gottes gekommene(n) Judenschaft“ angeboten werden. Dies sei die Aufgabe der Kirche. Daher könne der Staat nicht ein Wort der Kirche mitsprechen und umgekehrt. Versäume der vorläufige Kirchenausschuß dieses „Wort vom Kreuz“, so mache er sich „genauso schuldig vor Gott wie jene Regierung der Bremischen Evangelischen Kirche, welche 1938 durch ihr Schweigen schuldig wurde“.

Im zweiten Teil seiner Ausführungen nahm Denkhaus zur geplanten Kollekte für den Wiederaufbau der Synagoge Stellung. Bedenke man, daß in diesem Gebäude Gottesdienste stattfinden würden, in denen „Christus als der falsche Messias abgelehnt“ werde, so verstehe man, weshalb Luther die Synagogen „Schulen des Teufels genannt“ habe. Das für die Christen geltende Liebesgebot erstrecke sich auf Arme, Leidende, Kranke und Verfemte. Wo Juden heute noch Mangel litten, sei man zur Hilfe verpflichtet; eine solche Lage sei aber unter „den völlig veränderten Umständen kaum glaubhaft“. Die Verfemten seien jetzt die ehemaligen Parteigenossen der NSDAP, denen gelte es zu helfen. Im übrigen könne mit dem Liebesgebot eine „Sammlung für Synagogenbau... gewiß nie und nimmer“ begründet werden, denn wer „Christus verunehrt durch Aufrichtung von Stätten, da man ihn bekämpft und leugnet, ist gewiß nicht in Übereinstimmung mit seinem Liebesgebot.“ Wer helfe, Synagogen zu bauen, helfe „dem jüdischen Mitmenschen nicht zur Seligkeit, sondern zur Verdammnis“. Die zentrale Frage sei: „Sind wir Kirche Christi, d.h. Kirche, in welcher nur ein einziger Herr erkannt und anerkannt wird: Christus und sein Wort?“ Um eines „faulen Friedens willen“ dürften Schwierigkeiten nicht aus dem Weg geräumt werden, vielmehr gehe es darum, daß „das Panier aufgepflanzt werde, das uns heute als am Tage der Reformation vor Augen und im Herzen stehen soll...: ‚*Christus allein*!‘“

Am 2. November fand aufgrund dieses Schreibens im vorläufigen Kirchenausschuß zwar noch einmal eine Diskussion des Für und Wider statt, doch letztlich blieb das Gremium bei seiner Entscheidung.

Wie sah nun das Anschreiben an die Gemeinden aus, das nach der Intervention des Vizepräsidenten des Kirchenausschusses beschlossen worden war? Den Protokollen ist nicht zu entnehmen, wann und ob überhaupt dieses, an „die Herren verw(altenden) Bauherren bzw. Kirchenvorstände und Geistlichen der Brem(ischen) Evang(elischen) Kirche“ gerichtete Schreiben beraten wurde. Da dieses Dokument bislang nicht zugänglich war, soll es im vollen Wortlaut wiedergegeben werden:

„Am 10. November jährt sich zum ersten Mal nach dem Zusammenbruch der Tag, an dem vor 7 Jahren Brandstifter in die Synagogen drangen und eine Verfolgung der Juden einleiteten, die allen Geboten der Menschlichkeit Hohn sprach und den deutschen Namen vor der Welt befleckte. Es hat innerhalb der evangelischen Kirche nicht an Worten des Protestes gefehlt, die vom Evangelium her zu dem begangenen Verbrechen Stellung nahmen. Und auch Taten barmherziger Liebe an den Verfolgten sind geschehen. Aber auf das Ganze gesehen hat die Kirche geschwiegen.

Wir bitten die Herren Geistlichen, in angemessener Weise in den Gottesdiensten des 11. November jenes Tages zu gedenken. Und wir empfehlen, eine Kollekte für den Wiederaufbau der zerstörten Synagoge zu veranstalten.

Möchte uns allen das Gedenken an jenen 10. November zum Anlaß werden, Gott um die Kraft und den Mut zu bitten, alle Zeit uns aller von anderen Menschen Geächteten, Verfolgten und in ihrer Existenz Bedrohten anzunehmen und für sie einzutreten; zu einem erneuten Anlaß auch, die Judenfrage in das Licht des Evangeliums zu stellen.“[87]

[87] LKA Bremen, B 125/7. – Der Entschluß des Kirchenausschusses, dieses Schreiben an die Gemeinden hinausgehen zu lassen und die Erklärung des Senates zu unterschreiben, beschäftigte nicht nur den Rat der EKD (vgl. oben S. 269f.), sondern stand auch auf der Tagesordnung einer gemeinsamen Besprechung des Bremer Kirchenausschusses mit dem Evangelisch-lutherischen Oberkirchenrat von Oldenburg. Diese Unterredung ergab, daß man die EKD bitten wolle, eine „gutachterliche Äußerung zunächst zurückzustellen“, damit das in Aussicht genommene Gespräch zwischen dem Bremer Kirchenausschuß und Denkhaus, an dem auch der Oldenburger Bischof Stählin teilnehmen wollte, unbelastet stattfinden könne, vgl. Protokoll einer Besprechung vom 3. 12. 1945 (EZA Berlin, 2/126). Sollte es von daher zu erklären sein, daß sich kein Schreiben des Rates der EKD an die Bremer Kirchenleitung finden ließ? Im übrigen wurde festgehalten, daß bei beiden Kirchenleitungen „grundsätzliche Bedenken dagegen bestehen, daß Pfarrer unmittelbare Anfragen an die EKiD richten, ehe die Möglichkeiten der Erörterung im eigenen Kirchenbereich ausgeschöpft sind“ (Ebd.).

Dieses Schreiben des vorläufigen Kirchenausschusses der Bremischen Kirche ist für die ersten Jahre nach Kriegsende einzigartig. Erst im November 1947 äußerte sich dann mit dem Oldenburgischen Oberkirchenrat wieder eine Kirchenleitung offiziell zur „Judenfrage“. Angeregt war das Engagement des Kirchenausschusses wohl durch eine Anfrage des Senatspräsidenten, da der von ihm unterzeichnete Aufruf neben der evangelischen und der katholischen Kirche noch von vier weiteren gesellschaftlichen Gruppierungen mitgetragen wurde. Nachdem die Kirchenleitung einmal erkannt hatte, daß von ihr eine Reaktion auf die Verfolgung und Ermordung der Juden gefordert sei, ließ sie sich auch nicht mehr durch Einsprüche von ihrem Weg abbringen. Weder der Vizepräsident des Kirchenausschusses vermochte mit seinen Bedenken eine Änderung herbeizuführen, noch Pfarrer Denkhaus mit seiner ganz in der traditionellen Sicht des Verhältnisses von Kirche und Israel stehenden Stellungnahme.

Denkhaus stellte zwar sehr ausführlich die widerständigen Taten einzelner Pfarrer gegen die Anordnungen des nationalsozialstischen Staates und der deutschchristlichen Kirchenleitung heraus, aber er hielt ebenso klar die Schuld der Kirche fest, auch die der Bekennenden Kirche. Die Bremer Kirchenleitung argumentierte im ersten Absatz ihres Schreibens an die Gemeinden ähnlich: Es habe Worte des Protestes gegeben, aber „auf das Ganze gesehen hat die Kirche geschwiegen.“ Die Folgerungen allerdings, die Denkhaus für die Kirche aus dieser Schuld gezogen sehen wollte, unterschied sich doch völlig von denen der Kirchenleitung. Für Denkhaus war eine Erklärung gemeinsam mit dem Staat unmöglich, da der Kirche allein die Aufgabe zugewiesen sei, das „Wort vom Kreuz“ aufzurichten. Es gelte, den Juden alles „Unglück und Leid“ als Gericht Gottes vor Augen zu stellen und ihnen die Gnade Jesu Christi anzubieten. Er wollte also, daß die Kirche aktiv werde. Das Geschehene betreffe ihren Auftrag nicht: Den Juden müsse dieses Wort vom Kreuz gesagt, ihnen könne nun mit einer noch größeren Eindringlichkeit ihre Verfallenheit unter das Gericht deutlich gemacht werden. Daß bei dieser Argumentation Hitler zum Werkzeug Gottes wird und der Mord an sechs Millionen Menschen als Teil des Planes Gottes erscheint, um die Juden zum „wahren“ Glauben zu führen, kommt nicht in seinen Sinn. Eine Infragestellung der Theologie der Kirche vermochte er nicht zu sehen, eine Unsicherheit hinsichtlich der Einstellung gegenüber den Juden war in seiner Ausarbeitung nicht zu spüren. Ganz anders der Kirchenausschuß: In seiner Erklärung tritt zutage, daß die Kirche selbst gefordert ist. Es ist an ihr, in den Gottesdiensten der „Verfolgung der Juden“ zu gedenken, „die allen Geboten der Menschlichkeit Hohn sprach“. Wird in der kirchlichen – wie in der staatlichen – Erklärung nahegelegt, daß diese Verfolgungen erst mit der Zerstörung der Synagogen begonnen hätten, so zeigt diese Formulierung, wie wenig die Jahre 1933 bis 1938 als Zeit der stetigen Entrechtlichung der Juden gesehen wurden.

Doch Gedenkgottesdienste waren nicht alles, was die Bremer Kirchenleitung anregte: Der Buße sollte sichtbar Ausdruck verliehen werden durch eine Kollekte für den Wiederaufbau der zerstörten Synagoge. Es sollte also nicht nur zu einer Beteiligung an der vom Senatspräsidenten angeregten „freiwilligen Sühneleistung“ aufgerufen werden, sondern man sah es als der Sache angemessen an, wenn in den Kirchen durch eine Kollekte ein Zeichen aufgerichtet würde. Daß diese Empfehlung auch nach der maßlosen Kritik von Denkhaus beibehalten wurde, macht deutlich, wie wichtig gerade diese Sammlung dem Kirchenausschuß war. Die Darlegungen Denkhaus' offenbaren, daß er den Zusammenhang der beiden Testamente in ganz traditioneller Weise sah und sich dem Problem, inwieweit im Judentum und Christentum derselbe Gott verehrt wird, nicht stellte. Auch die Aussage, daß in „der Synagoge... offener Kampf... gegen Jesus Christus“ geführt werde, zeigt, wie wenig sich Denkhaus im jüdischen Gottesdienst auskannte. Auch hier sind seine Ausführungen ganz von der Vorstellung bestimmt, daß die Kirche Israel beerbt habe und auf Israel nun der Fluch Gottes liege.

Während bei Denkhaus alle Gedanken von einem steilen Gefälle zwischen Kirche und Israel bestimmt und seine Überlegungen über die gegenwärtigen und künftigen Aufgaben der Kirche einzig vom Missionsgedanken geleitet sind, geht die Erklärung der Kirchenleitung tiefer. In ihr ist festgehalten, daß das Gedenken an den 10. November mahnen soll, „uns aller von anderen Menschen Geächteten, Verfolgten und in ihrer Existenz Bedrohten anzunehmen und für sie einzutreten“. Neben diesem humanitären Appell aber wurde auch festgehalten, daß diese Ereignisse Anlaß für die Kirche seien, „die Judenfrage in das Licht des Evangeliums zu stellen.“ Mit dieser leider recht knappen Wendung kann doch wohl nur gemeint sein, daß es den Verfassern nötig erschien, neu nach dem Verhältnis von Kirche und Israel zu fragen und eben nicht die traditionellen Antworten nachzusprechen.

d. Exkurs: Die „Resolution über Antisemitismus und die Judenfrage“ des vorläufigen Ausschusses des Ökumenischen Rates der Kirchen vom Februar 1946

Wie oben angedeutet, initiierte die Flüchtlingskommission auf ihrer ersten Vollversammlung im Februar 1946 in London neben der erwähnten „Resolution über Christen jüdischer Herkunft“ auch eine Erklärung zum Antisemitismus und zur „Judenfrage“. Während der Entwurf zur Resolution über Christen jüdischer Abstammung keine Veränderungen erfuhr und vom vorläufigen Ausschuß des Ökumenischen Rates der Kirchen angenommen und verkündigt wurde, erfuhr die Vorlage für die zweite Erklärung eine völlige Umgestaltung. Dieses Wort, im Entwurf als „Entschließung zur Judenfrage“ bezeichnet, war eine fast einhundert Zeilen umfassende Ausarbeitung, die dann, völlig umgeschrieben, nur noch 30 Zeilen umfassend, veröffentlicht wurde. Ob diese Veränderungen noch durch die Kommission oder erst durch den vorläufigen Rat vorgenommen wurden, läßt sich nicht mit Sicherheit sagen, obgleich eine Bemerkung Freudenbergs eher an eine Überarbeitung schon in London denken läßt[88]. Der eigentlichen Erklärung war im Entwurf eine ausführliche Begründung vorangestellt, weshalb das Flüchtlingskomitee eine Resolution in dieser Sache für notwendig ansah. Man erkenne, so wurde eingangs in dieser Begründung betont, daß die „Judenfrage“ eine Frage Gottes an die Christen sei und daß von deren Beantwortung das Heil abhänge. Dann wurde festgestellt, „daß die Kirche Christi weithin versagt hat und schuldig geworden ist, indem sie es an brüderlicher Liebe gegenüber den Juden fehlen ließ und ihre Verfolgung immer wieder geduldet, ja sogar gefördert hat“. Es gelte Buße zu tun, die Not mitzutragen und sich „für die rasche Erhörung ihres Notschreis nach Heimat und Gerechtigkeit einzusetzen“. Die Bitte an den vorläufigen Rat, sich diese Erklärung zu eigen zu machen, wurde auch noch mit der Beobachtung begründet, „daß der gotteslästerliche Antisemitismus den Tod Hitlers und den Sturz seiner Gewaltherrschaft überlebt hat..., und daß durch dieses Gift die Grundlagen eines gerechten und dauerhaften Friedens schon in ihrer Wurzel bedroht werden“.

Der Entschließungsentwurf selbst umfaßte acht Punkte: Zunächst wurde vor Gott und den Menschen ein Schuldbekenntnis abgelegt, das man dreifach begründete. Man habe dem „Antisemitismus soviel Raum gelassen, immer wieder die Liebe Christi an den Juden verraten und durch falsches Reden oder falsches Schweigen, sowie durch Unterlassen praktischer Hilfe den Verfolgern der Juden ihr Handwerk erleichtert“. Dann wurde denjenigen gedankt, die den verfolgten Juden geholfen hätten; ihr Vorbild verpflichte „zu opferbereiter Liebe“. Im folgenden Abschnitt wurde der Ehrfurcht vor den sechs Millionen getöteten Juden Ausdruck verliehen und den Überlebenden, schweres Leid Tragenden, aufrichtige Verbundenheit zugesichert. Drittens wurde die Ursache in den Blick genommen: Antisemitismus jeder Art wurde als „unchristlich“ erklärt, da er „den Namen Gottes lästert“. Der Haß gegen die Juden solle in und außerhalb der Kirchen bekämpft werden. Auch müßten sich die Kirchen der Aufgabe stellen, „in ihrer Verkündigung die Frage Israel von der Bibel her immer neu in das Licht des Evangeliums von der rettenden Liebe Jesu Christi zu stellen“. In den nächsten Punkten wurden drei konkrete Folgerungen aus den vorhergehenden grundsätzlichen Überle-

[88] Vgl. dazu Minutes of the first Meeting of the Ecumenical Refugee Commission, London 5.–7. 2. 1946 (AÖR GENF, Interchurch Aid B 2. Darin: Ecumenical Refugee Commission 1946); A. FREUDENBERG, Tagung und Arbeitsprogramm, S. 147–150. Vgl vor allem auch unten S. 299, Anm. 90. – Es soll im folgenden jeweils von den deutschen Fassungen ausgegangen werden, da zumindest für die Erstfassung nur ein deutscher Entwurf vorliegt (vgl. AÖR GENF, 1946 WCC Provisional Committee, Box E 4. Darin: London Meeting). Deutscher Text jetzt vollständig in: S. HERMLE, Bruder, S. 55 f.

gungen aufgezeigt: Zum einen – so in Punkt 4 – müsse die Kirche den Judenchristen „uneingeschränkt Heimat bleiben und sie an allen Rechten und Pflichten eines christlichen Gemeindeglieds freudig teilnehmen lassen“. Es gelte, alles zu tun, um die schweren Wunden aus der Zeit der Verfolgung zu heilen. Die zweite Konsequenz liege im Hören des „uralten Schrei(s) nach Gerechtigkeit und Menschlichkeit, der aus dem gequälten Volk der Juden heute deutlicher denn je an das Ohr der Christen dringt“. Anerkannt wurde die Grundforderung, „daß der Mensch eine Heimat habe“; diese fehle Hunderttausenden von Juden, denen durch Verfolgung das Vertrauen zerstört wurde. Daß diese Menschen wieder eine wirkliche Heimat nach ihren Wünschen finden könnten, dafür solle sich die Kirche mit allen Mitteln einsetzen – durch Intervention bei Regierungen und Hilfen bei der Eingliederung in der neuen Heimat. Als dritte Forderung wurde die Unterstützung der christlichen wie jüdischen Hilfsorganisationen herausgestellt und schließlich im Punkt 8 das bisher Dargelegte in einen eschatologischen Horizont eingefügt: Die Christen müßten wissen, so wurde festgehalten, „daß die endgültige Lösung der Judenfrage in der Anerkennung Jesu Christi als Messias Israels beschlossen liegt“. Bis dahin solle man „nicht müde werden, durch die Verkündigung der Frohen Botschaft und durch sühnende hilfreiche Tat die rettende Liebe des Heilands aller Welt zu bekennen“.

Dieser Entwurf ist deshalb so beachtenswert, weil in ihm einige theologische Sachverhalte erstmals in einer Klarheit zutage traten, wie sie in anderen Erklärungen erst viele Jahre später zu finden waren. Zum einen wurde herausgestellt, daß „die sogenannte Judenfrage eine Frage Gottes an die Christen ist“ und nicht etwa eine Frage an die Juden[89]. Den Christen ist die Aufgabe gestellt, sich über ihr Verhältnis zu diesem von Gott erwählten Volk klar zu werden. An der Beantwortung dieser Frage hängt, so hieß es im Entwurf, „unser Heil“. Zum anderen wurde klar und deutlich gesehen und vor Gott und den Menschen bekannt, daß die Christen versagt hatten. Sie hatten sich nicht für diese Menschen eingesetzt, hatten nicht protestiert. Vor allem aber wurde herausgestellt, daß die Schuld nicht nur im aktuellen Versagen zu sehen war, sondern in einer theologischen Fehleinstellung gegenüber Israel. Die klare und unmißverständliche Aussage, daß „Antisemitismus jeder Art als unchristlich“ anzusehen sei, war in jener Zeit nahezu beispiellos. Von dieser Einsicht aus erschien es geboten, den Kirchen nahezulegen, in ihrer Verkündigung die Frage „Israel“ immer wieder zu durchdenken und falschen Auslegungen entgegenzutreten. Der Punkt 4 war eine Aufnahme der „Resolution über Christen jüdischer Herkunft“ und faßte das dort Ausgeführte nochmals zusammen. In der zweiten Konkretion, in der

[89] Vgl. hierzu die Stellung Bonhoeffers, für den „die ‚Judenfrage‘ viel weniger eine Juden- als eine Christenfrage“ war, so Bethge, bezugnehmend auf den Aufsatz Bonhoeffers „Die Kirche vor der Judenfrage“ aus dem Jahr 1933 (E. Bethge, Bonhoeffer und die Juden, S. 223).

das Heimatrecht der Juden herausgestellt wurde, klang immerhin an, daß die Juden einen Ort erhalten müßten, an dem sie neues Vertrauen schöpfen und Gerechtigkeit und Menschlichkeit erfahren könnten. Daß dies eigentlich nur in einem jüdischen Staat denkbar ist, wurde nicht gesagt, lag aber nahe. Die dritte Konkretion, die Aufforderung christliche und jüdische Hilfsorganisationen zu unterstützen, verstand sich bei der Größe der Not und der schon während des Krieges praktizierten Zusammenarbeit zwischen ÖRK und jüdischen Organisationen fast von selbst. Das im letzten Punkt zum Ausdruck gebrachte Wissen um die im Eschaton aufgehobenen Unterschiede zwischen Juden und Nichtjuden sollte Kraft geben zur Verkündigung der frohen Botschaft und zu tätiger Liebe. Nur: Wurde nicht das Judentum so als etwas Aufzuhebendes, eigentlich nicht Vollwertiges hingestellt? Wurde in diesen Formulierungen nicht zu einseitig die christliche als die gebende Seite, die jüdische dagegen allein als die empfangende verstanden? Kann denn „die rettende Liebe des Heilands", die den Juden Hunderte von Jahren eher als Zuchtrute begegnete, jetzt, nach diesen schrecklichen Verbrechen, wirklich in den Herzen der Menschen Wärme verbreiten? Auffallend ist die fast naive Wendung am Anfang des Entwurfs, „daß der gotteslästerliche Antisemitismus den Tod Hitlers... überlebt hat". Hier scheint die Vorstellung mitzuschwingen, als ob der Antisemitismus nach Hitler eigentlich gegenstandslos hätte werden müssen, daß durch das Ausmaß des Grauens gewissermaßen automatisch alle Menschen den Antisemitismus ablegen würden.

Wie gesagt, fand dieser Entwurf einer „Entschließung zur Judenfrage" in seiner Gesamtheit keinen Eingang in die Resolution des vorläufigen Ausschusses des Ökumenischen Rates der Kirchen[90]. Schon die Überschrift der endgültigen Fassung deutete einen anderen Schwerpunkt an. Sie lautete: „Resolution über Antisemitismus und die Judenfrage". In dieser Resolution wurde eingangs dem „tiefen Abscheu über die noch nie dagewesene Tragödie..., deren Opfer das jüdische Volk bei dem Versuche der Nazis, die europäische Judenheit auszurotten, geworden ist", Ausdruck verliehen[91]. Den Überlebenden wurde Mitgefühl zugesichert, denjenigen Christen gedankt, die gegen den Antisemitismus protestiert und die Opfer der Willkürmaßnahmen unterstützt hatten. Nach einem knappen Bekenntnis des Versagens der Kirchen wurde der Blick auf den Antisemitismus gelenkt; im Geiste

---

90 Ein englisch abgefaßter Vorentwurf der kurzen, später veröffentlichten Fassung trägt die Namensaufschrift „Simpson", wobei offen bleibt, ob dies der Autor oder lediglich der Vortragende war. Der englische Reverend William W. Simpson war Mitglied im Flüchtlingskommittee (AÖR GENF, 1946 WCC Provisional Committee Box E 4. Darin: London Meeting). Dieses Dokument stützt die Vermutung, daß die Kürzung schon in London durch die Flüchtlingskommission vorgenommen und dabei auch der ursprüngliche Punkt 4 zu einer selbständigen Resolution erweitert worden war.

91 Resolution über Antisemitismus und die Judenfrage, ÖKUMENISCHER PRESSE- und NACHRICHTENDIENST 13. Jgg., Nr. 9 vom Februar 1946. Jetzt abgedruckt in: KIRCHEN, S. 324f.

Christi, so hieß es, erscheine er als eine menschliche Haltung, die es zu überwinden gelte, zumal er heute wieder verstärkt zutage trete und nicht nur die jüdische, sondern auch die christliche Gemeinschaft bedrohe. Fünf Konkretionen schlossen sich an: Es gelte, gegen „den Antisemitismus als Gedanken und praktische Haltung zu zeugen, weil er Geist und Lehre unseres Herrn Jesus Christus verleugnet“. Die Nöte der wegen des Antisemitismus Entrechteten und Verfolgten gelte es zu lindern sowie sich für das Recht auf Heimat der zerstreuten Juden einzusetzen und durch Zusammenarbeit mit ihnen „Reibungsflächen im Bereiche persönlicher und kollektiver Beziehungen“ zu beseitigen. Zuletzt wurde noch der Notwendigkeit Ausdruck verliehen, das gegenseitige Verständnis zwischen Juden und Christen zu fördern, „um so gemeinsam Zeugnis abzulegen für die Pflicht guter Nachbarschaft zwischen allen Menschen, und für Gerechtigkeit, Wahrheit und Liebe, als Grundlage jeder wohlgeordneten menschlichen Gesellschaft“.

Sicher ist es nötig, Resolutionen knapp und prägnant zu formulieren, aber dies sollte nicht zu Lasten der Aussagekraft gehen. Dies aber ist hier geschehen! Zwar werden fast alle im Entwurf angesprochenen Themenbereiche aufgenommen, aber doch viel allgemeiner und weniger präzise. Zunächst sind zwei Veränderungen auffallend: Die im Entwurf vorgenommene Zuspitzung, daß nämlich die „Judenfrage“ eigentlich eine „Christenfrage“ sei, fehlt ganz. Damit hängt sicher zusammen, daß der Antisemitismus in der veröffentlichten Resolution im Gegensatz zum Entwurf als eine „menschliche Haltung“ bezeichnet wurde und nicht wie dort die spezielle Verantwortung der Theologie und Kirche aufgezeigt wurde. Konnte in der Vorlage von einem „Haß gegen die Juden in den Kirchen“ geredet werden, so finden sich solche Wendungen in der endgültigen Fassung nicht mehr. Es scheint fast so, als ob in der „Resolution“ der Antisemitismus als ein „weltliches“ Problem angesehen würde, zu dessen Überwindung die Kirche zwar einen Beitrag leisten kann, das sie in ihrer Theologie aber nicht direkt betrifft. Der Zusammenhang von antijudaistischen Aussagen, die es in der Kirche vom Neuen Testament über Äußerungen von Kirchenvätern und Martin Luthers bis hin zu den weit verbreiteten Ansichten eines Adolf Stoecker immer gab, und dem modernen rassischen Antisemitismus blieb in der Endfassung der „Resolution“ außerhalb des Blickfeldes. Das Versagen der Kirche war auf das Dulden der menschlichen Haltung des Antisemitismus bezogen; im Entwurf wurde dies viel weiter gefaßt: Die Kirche habe „durch falsches Reden oder falsches Schweigen, sowie durch Unterlassen praktischer Hilfe den Verfolgern der Juden ihr Handwerk erleichtert“. Weggefallen ist in der Endfassung zu Recht der Punkt 4 des Entwurfs, wurde dieser doch als spezielle „Resolution über Christen jüdischer Herkunft“ verbreitet. Die Hilfe bei der Suche nach einer neuen Heimat forderten beide Fassungen, wenngleich auch hier der Entwurf deutlicher sprach, da in ihm das Heimatrecht auf den „uralten Schrei nach Gerechtigkeit und Menschlichkeit“ zurückbezogen wurde. Heimat ist nach diesem Verständnis also nicht nur ein Platz, wo man eben wohnen möchte, sondern hat mit „einer Atmosphäre der Liebe und gegenseitigen Vertrauens“ sowie mit Gleichberechtigung zu tun. An eine so verstandene Heimat sind andere Maßstäbe anzulegen, als an „annehmbare Heimstätten“. Ob diese Änderung wohl deshalb vorgenommen wurde, weil die erste Fassung als Unterstützung zionistischer Anliegen hätte gelesen werden können? Durch den Wegfall des achten Punktes des Entwurfes fehlte bei der veröffentlichten Fassung eine theologische Einordnung. In ihr wurde lediglich allgemein von der Notwendigkeit gesprochen, die Bedingungen des Zusammenlebens zu verbessern, um so Beispiel für die „Pflicht guter Nachbarschaft zwischen allen Menschen“ zu geben. Die Beziehungen zwischen Christen und Juden sind in dieser Formulierung auf eine menschliche Haltung reduziert, und spezifische theologische Gesichtspunkte werden nicht einbezogen.

So spricht diese verabschiedete Resolution allgemein und unspezifisch vom Verhältnis Juden – Christen. Vor allem die theologischen Zuspitzungen des Entwurfs fehlen und nehmen der Resolution einiges an Aussagekraft[92]. Dennoch ist zu unterstreichen, daß in diesem Wort erstmals in aller Klarheit eine Mitverantwortung der Kirche an den schrecklichen Ereignissen des „Dritten Reiches“ festgehalten und den Kirchen nachdrücklich daraus resultierende Schritte vor Augen gestellt wurden.

Da diese Resolution durch die Veröffentlichung im Ökumenischen Presse- und Nachrichtendienst verbreitet wurde, lag sie wohl allen deutschen Landeskirchen vor und kann daher einen gewissen Maßstab abgeben für die Verlautbarungen deutscher Synoden, Kirchenleitungen und Organisationen.

e. Zwei Äußerungen seitens der Kirchenkanzlei der EKD vom November 1946 und Juni 1947

Um innerhalb der Mitgliedskirchen der EKD einen Nachrichtenaustausch zu ermöglichen, übermittelte die Kirchenkanzlei der EKD „den Herren Bischöfen, den Landeskirchenregierungen und den Landesbruderräten wichtige Nachrichten, deren Kenntnis für die Ausrichtung der Arbeit wertvoll erscheint“[93]. In der zweiten Folge dieser in hektographierter Form verbreiteten Nachrichten findet sich eine Notiz, die besonders interessant ist,

---

[92] In einem Brief an Vogt vom 7. 2. 1947 schrieb Freudenberg, daß man auf der Sitzung in London seines Erachtens „zu dieser Frage des Antisemitismus kümmerlich genug gestammelt“ habe (AÖR Genf, A Pfarrer P. Vogt, Schweizerisches Hilfswerk für die Bekennende Kirche. 1er janvier 1947–31 octobre 1948. Darin: Judenfrage und Antisemitismus); vgl. auch die Erklärung der ersten Vollversammlung des ÖRK zu diesem Themenbereich, in: Amsterdamer Ökumenisches Gespräch 1948, Bd. 5, S. 213–221; Kirchen, S. 325–329.

[93] Mit dieser Anrede erschien die „2. Folge der Nachrichten“ am 16. 11. 1945 (LKA Oldenburg, A LVI – 192 I).

da allein dieser Abschnitt in dem seit Januar 1946 erscheinenden „Verordnungs- und Nachrichtenblatt" wieder abgedruckt wurde. In der Nummer 1 dieses „Amtliche(n) Organ(s) der Evangelischen Kirche in Deutschland", in der neben wenigen aktuellen Mitteilungen der Wortlaut der „Stuttgarter Erklärung" und die in Stuttgart gehaltenen Reden veröffentlicht wurden, findet sich auch folgende bereits zwei Monate zuvor verbreitete Nachricht:

„Nichtarier

In dem namenlosen Elend, welches heute über Deutschland geht, erinnern wir uns des Unrechtes, das wegen der Nichtarier auf uns liegt. Aus der Ökumene erhalten wir folgende Nachricht: Nach in Genf vorliegenden Nachrichten beläuft sich die Zahl der in Europa ermordeten Juden auf 5700000. Allein in Auschwitz wurden vier Millionen vergast. Theresienstadt hat 160000 Juden gesehen, von denen 10000 gerettet werden konnten. Wenn wir heute sehr selten noch einem Juden begegnen, so wird es doch unsere besondere Pflicht sein, an jedem von ihnen wiedergutzumachen, was wir am ganzen Volke gesündigt haben. Das gilt auch angesichts des Eindrucks, daß hin und wieder Juden, die uns begegnen, sich Mühe geben, ihrer Verachtung für alles, was deutsch heißt, Ausdruck geben zu müssen. Daneben vergessen wir nicht, daß unser Bruder Propst Grüber und viele andere mit Einsatz ihres Lebens einst eingetreten sind für die Nichtarier. Die Kirche Jesu Christi steht in der Nachfolge ihres Herrn und ist darum die Priesterin, die das Leid und den Kummer beider Teile trägt."[94]

Diese Mitteilung wurde von den Verantwortlichen in der Kirchenkanzlei also für so wichtig gehalten, daß sie in das neugeschaffene amtliche Organ aufgenommen wurde. Dadurch aber wurde sie unmittelbar neben die „Stuttgarter Erklärung" gestellt. Dem Herausgeber, Hans Asmussen, lag offensichtlich daran, daß diese Nachricht Beachtung fand und gerade im Zusammenhang der „Stuttgarter Erklärung" noch einmal gelesen wurde.

Formal gesehen besteht diese Nachricht aus Einleitung und Schlußteil, die vom Herausgeber geschrieben, und einem mittleren Teil, in welchem eine Nachricht aus Genf aufgenommen wurde. Deutlich ist, daß dieser Mittelteil nur die Nachricht über die Zahl der ermordeten Juden umfaßt. Asmussen nahm demnach diese Mitteilung zum Anlaß, etwas zur Stellung der Kirche zum Judentum zu sagen und die von Genf verbreiteten Informationen über die Zahl der Opfer der nationalsozialistischen Rassepolitik an die Gliedkirchen der EKD weiterzugeben. Dies war nötig, da zu dieser Zeit noch keine verläßlichen Angaben über das Ausmaß der Greuel vorhanden waren[95].

Der einleitende Satz ist so ungeschickt formuliert, daß er dahingehend gedeutet werden könnte, daß auf den Deutschen Unrecht liege, das von den „Nichtariern" initiiert sei. Gemeint ist wohl, daß man sich daran erinnern solle, daß die Deutschen durch ihr Verhalten gegenüber den Juden Unrecht

---

[94] Verordnungs- und Nachrichtenblatt. Amtliches Organ der Evangelischen Kirche in Deutschland, Nr. 1 vom Januar 1946. Der Text ist, von einigen stilistischen Veränderungen abgesehen, identisch mit der in Anm. 93 genannten Fassung.

[95] Vgl. die Rede von Bischof Bell in Stuttgart, oben S. 268.

auf sich geladen haben. Wenn man diese skurrile Wendung nicht tiefenpsychologisch deuten will, so ist sie wohl nur mit einer oberflächlichen Redigierung zu erklären.

Aus dem dritten Teil geht hervor, daß Asmussen durch diese Mitteilung darauf hinweisen wollte, daß aus der Schuld der Deutschen eine besondere Verantwortung und Pflicht gegenüber den Juden erwuchs, auch – und dies wurde durch den Herausgeber nachdrücklich betont – wenn die Juden selbst sich ablehnend zu den Deutschen stellten. Wichtig schien Asmussen ferner zu sein, daß diese Nachricht nicht wegen des Elends in Deutschland relativiert und beiseite geschoben werde. Daher nahm er wohl bewußt die aktuelle Sitution auf und mahnte an, daß auch angesichts der eigenen Not das den „Nichtariern“ angetane Unrecht nicht vergessen werden dürfe. Zum Abschluß dieser kurzen Notiz wurde angeführt, daß auch im „Dritten Reich“ einige wenige Christen, allen voran Grüber, ihr Leben für die „Nichtarier“ eingesetzt hatten. Die abschließende Aussage, daß die „Priesterin“ Kirche „das Leid und den Kummer beider Teile“ trage, ist nur von der Theologie Asmussens her verständlich[96] und zeigt ansonsten etwas von der Hilflosigkeit, von den tastenden Versuchen, das Geschehene irgendwie in Worte zu fassen. Konkrete Schritte und Maßnahmen wurden nicht angedeutet.

Neben den bereits aufgeführten Maßnahmen der Kirchenkanzlei der EKD verdient noch ein Rundschreiben an die Landeskirchenregierungen vom 12. Juni 1947 Beachtung[97]. Obgleich dieses Schreiben nur einer begrenzten Öffentlichkeit zugänglich war, zeigt es doch, wie die Kirchenkanzlei im Zusammenhang mit der „Judenfrage“ an die Gliedkirchen herantrat. Außer der oben angeführten Nachricht waren bis Mitte 1947 nur sehr wenige Schreiben in dieser Sache abgegangen, wobei die Initiative zu diesen Schreiben stets von anderer Seite ausging: vom ÖRK, der „Svenska Israelsmissionen“, Stockholm[98], oder vom „Zentralverein“. Erst durch die Tagung in Assenheim ergriff die Kirchenkanzlei der EKD in der „Judenfrage“ selbst die Initiative[99]. Das Schreiben, auf das hier eingegangen werden soll, wurde vom „Evangelisch-lutherischen Zentralverein für Mission unter Israel“ angeregt. Verfaßt wurde es vom Sohn des Vorsitzenden des „Zentralvereins“, Otto von Harling jun.[100]. Dieser ließ den Brief jedoch unter dem Namen eines anderen

[96] Vgl. zum Begriff „Priesterin“ auch den zweiten Teil des Kommentars zur „Stuttgarter Erklärung“ von Asmussen, in: M. GRESCHAT, Schuld, S. 132ff., bes. S. 137ff. Von daher scheint Asmussen in der Tat selbst diese Nachricht redigiert, beziehungsweise geschrieben zu haben.

[97] LKA STUTTGART, Altregistratur, 153/I; vgl. oben S. 195ff.

[98] Die Svenska Israelsmissionen hatte eine Umfrage bei allen Landeskirchen wegen der Betreuung von Judenchristen angeregt, vgl. das Rundschreiben der EKD vom 5. 3. 1947 (EBD.); vgl. zu dieser Anfrage beispielsweise zu Kassel oben S. 166, zu Braunschweig oben S. 176.

[99] Vgl. zu Assenheim oben S. 198ff.

[100] Vgl. oben S. 197.

Mitarbeiters der Kirchenkanzlei hinausgehen, „um einen allzu familiären Charakter zu vermeiden“[101].

In diesem Schreiben wurde im ersten Abschnitt auf die Wiederaufnahme der Arbeit des „Zentralvereins für Mission unter Israel“ und die alte Tradition hingewiesen, daß am 10. Sonntag nach Trinitatis die Kollekte für die Judenmission gesammelt werde. Diese Übung solle nicht einschlafen, sondern „nach Möglichkeit auch in solchen Landeskirchen“ eingeführt werden, „in denen sie bisher noch nicht bestanden hat“. Weiter hieß es:

„Das Evangelium dieses Sonntages von der Weissagung Jesu über die Zerstörung Jerusalems bietet Veranlassung, dessen zu gedenken, daß Israel nicht nur unter dem Fluch, sondern auch unter der besonderen Verheißung Gottes steht, wie es Paulus Römer 11 eindringlich bezeugt. Man neigt allgemein dazu, nur den Fluch zu sehen, der in der bisherigen Geschichte des Judentums offenkundig ist, und die Verheißung darüber zu vergessen. Darum fällt es den Christen, auch soweit sie den Antisemitismus als solchen verwerfen, vielfach schwer, ihre Verpflichtung und Aufgabe gegenüber Israel zu erkennen und zu erfüllen. Die Christenheit hat daher in unserem Volk dem Gift des Antisemitismus nicht rechtzeitig und nicht nachdrücklich genug den bedingungslosen Glauben an die Verheißung Gottes und die Macht der Liebe entgegenzusetzen vermocht. Was dadurch versäumt worden ist, kann nicht mehr nachgeholt werden. Denn zahllose Juden, die zeitlebens mitten unter Christen gelebt haben, sind den furchtbarsten Verfolgungen zum Opfer gefallen, ohne jemals etwas davon erfahren zu haben, daß die Hoffnung Israels erfüllt ist in Jesus Christus. Unter diese Schuld müssen wir uns in aufrichtiger Buße beugen.

Buße bedeutet aber vor allem *Sinnesänderung*. Wir müssen lernen, dem Volk Israel mit Liebe zu begegnen, damit unser Zeugnis von der Erfüllung der Hoffnung Israels glaubhaft werde. Das wird uns vielleicht heute schwerer gemacht als je zuvor. Aber wir dürfen uns dadurch nicht beirren lassen. Die Wirkungsmöglichkeiten für eine Mission unter Israel scheinen heute in Deutschland überaus gering zu sein. Aber wo solche Möglichkeiten bestehen, dürfen sie nicht ungenutzt bleiben, und vor allem muß dafür gesorgt werden, daß auch die Mission unter Israel wirklich eine offene Tür zur Kirche Christi werde, durch die auch die Juden Zugang finden zu seiner Gemeinde, in die Gemeinschaft des Glaubens, der sich in der Liebe bewährt.

So hat die Judenmission heute mehr denn je nicht nur an Israel, sondern zugleich an unserem Volk eine große und schwere Aufgabe und bedarf der Förderung und Unterstützung in Gebet und Opfer.“[102]

Israel stehe „nicht nur unter dem Fluch, sondern auch unter der besonderen Verheißung Gottes“, daran wurde in diesem Anschreiben erinnert. Vor

[101] Privatakten Burmester. – In diesem Brief an die Vertrauensleute des Zentralvereins betonte von Harling ausdrücklich, daß er auf Anregung seines „Vaters ein Rundschreiben an sämtliche Landeskirchen verfaßt“ habe. Doch „habe (ich) es“, so hieß es weiter, „absichtlich nicht mit meiner Unterschrift hinausgehen lassen“. Im Briefkopf des Anschreibens an die „Landeskirchenregierungen“ sind noch die Initialen von Harlings zu lesen. Somit ist erkennbar, daß der Entwurf dieses Schreibens von ihm stammt.

[102] Vgl. oben S. 303, Anm. 97.

allem aber durchzog die fortdauernde Verpflichtung zur Mission diesen Rundbrief. Lediglich im Zusammenhang der Mission ging der Verfasser in einem Nebensatz auf die fatalen Folgen ein, die die Überbetonung des auf Israel liegenden Fluches in der christlichen Theologie hatte: Dem Antisemitismus konnte nicht rechtzeitig genug widersprochen werden, so daß „zahllose Juden ... den furchtbarsten Verfolgungen zum Opfer“ fielen, „ohne jemals etwas davon erfahren zu haben, daß die Hoffnung Israels erfüllt ist in Jesus Christus“. Dieser Schuld müsse man sich „in aufrichtiger Buße beugen“. Diese Analyse, daß mit der in der Theologie weitverbreiteten falschen Sicht Israels die schrecklichen Ereignisse des „Dritten Reiches“ unmittelbar etwas zu tun haben, ist für jene Zeit beachtlich, doch sind zwei gewichtige Einwände zu erheben: Einerseits wird davon geredet, daß dem Gift des Antisemitismus „nicht rechtzeitig und nicht nachdrücklich genug“ widersprochen wurde. In dieser Wendung schwingt mit, daß es warnende Stimmen gab, die aber eben nicht laut *genug* waren. So ist hier eine Selbstrechtfertigung zu spüren, ein Hinweis darauf, daß man in der deutschen Kirche den Ruf der Judenmission, die Verheißungen Gottes neben dem Fluch ernst zu nehmen, nicht hören wollte. Zum anderen wirkt in diesem Schreiben die kritisierte falsche Theologie unterschwellig fort: Der Fluch Gottes, unter dem Israel stehe, sei „in der bisherigen Geschichte des Judentums offenkundig“ gewesen. Ist von daher nicht verständlich, daß die Verheißungen gegenüber dem Fluch zurücktraten, und wird diese Sicht nicht durch eine solche Aussage befestigt? Legt diese Feststellung nicht nahe, daß die schrecklichen Leiden, welche den Juden zu allen Zeiten auferlegt waren, letztlich Gottes Werk waren? Heißt das nicht, daß der Massenmord an den Juden ganz unmittelbar als Folge dieses Fluches interpretiert werden könnte und ein Widerspruch der Christen demnach hätte folgenlos bleiben müssen? Diese Fragen machen deutlich, daß jede Einstellung gegenüber Israel, die von einem Fluch-Verheißungs-Schema ausgeht, notwendigerweise in Aporien enden muß. Fast zynisch mutet es an, wenn die Opfer beklagt werden, deren Tod aber vor allem unter dem Blickwinkel gesehen wird, daß sie niemals „etwas davon erfahren ... haben, daß die Hoffnung Israels erfüllt ist in Jesus Christus“. Dies ist nicht nur eine ungeschickte Formulierung, sie macht vielmehr überdeutlich, mit welchen Augen das Judentum vom Verfasser dieses Schreibens gesehen wurde: Allein die Mission gab die Folie ab, um das christlich-jüdische Verhältnis zu beschreiben; in der ausgelassenen Missionsgelegenheit lag die Ursache für die zu bekennende Schuld.

Auch die geforderte Buße wurde nicht nur um der Schuld willen für unabdingbar erachtet, sondern ebenso, um künftig wieder glaubhaft das „Zeugnis von der Erfüllung der Hoffnung Israels“ ausrichten zu können. Die in Deutschland nun geringen „Wirkungsmöglichkeiten für eine Mission unter Israel“ dürften „nicht ungenutzt bleiben“, so wurde weiter betont. In dem hier zum Ausdruck kommenden Programm wird an der Verpflichtung zur Mission ungebrochen festgehalten. Die einzige Konzession an die zurückliegenden Ereignisse bestand in der Erkenntnis, daß die Judenmission „heute mehr denn je nicht nur an Israel, sondern zugleich an unserem Volk eine große und schwere Aufgabe“ habe. Hiermit war das Anliegen des „Zentralvereins“, das in seiner Erklärung zur Wiederaufnahme der Arbeit vom Oktober 1945[103] zum Ausdruck gebracht wurde, aufgenommen. Allerdings war in jener Erklärung, aufgrund der Ereignisse unter der Naziherrschaft, die Mission im Vergleich mit der Aufklärungsarbeit innerhalb der Kirche fast suspendiert worden.

So wurde in diesem Rundbrief der Kirchenkanzlei der EKD das Verhältnis zwischen Kirche und Judentum ganz aus dem Blickwinkel der Judenmission gesehen: Vordringlichstes Ziel sei es, die Missionsarbeit in Deutschland wieder in Gang zu bringen! Mögliche Hindernisse müßten aus dem Weg geräumt werden. Neben der bisherigen Überbetonung des Fluches gelte es die Verheißung, die Gott seinem Volk gab, stark zu machen. Da der Massenmord die Mission unter „zahllose(n) Juden“ vereitelt habe, müsse diese Schuld bekannt werden. Die notwendige Buße habe zu einer Sinnesänderung zu führen, die ein glaubhaftes Zeugnis unter Israel erst wieder ermögliche. Doch – fast möchte man sagen: vor allem – bedarf die Judenmission der Unterstützung durch „Gebet und Opfer“. Diese Zweckgerichtetheit durchzieht das ganze Schreiben; alle Aussagen sind auf den einen Punkt zugespitzt, daß die Judenmission wieder aufgenommen werden muß. Immerhin, positiv bleibt zu vermerken, daß in diesem Schreiben ein so enger Zusammenhang zwischen einer falschen Theologie und der Ermöglichung der Morde an den Juden angedeutet wurde, wie bis dahin in kaum einem anderen Schreiben.

Hingewiesen sei hier noch auf die Gruß- und Einladungsschreiben zu den Studientagungen des „Deutschen evangelischen Ausschusses für Dienst an Israel“, die 1948 von Wurm und 1950 sowie 1951 von Dibelius in ihrer Eigenschaft als Ratsvorsitzende unterschrieben wurden und insofern auch als offizielle Äußerungen angesehen werden können[104].

f. „An die Pfarrer und Gemeinden in Berlin!“ – Ein Wort des Bruderrates der Bekennenden Kirche von Berlin

Ein sehr konkret redendes Schreiben über die Verpflichtung gegenüber den Judenchristen gab der Bruderrat der Bekennenden Kirche von Berlin am 2. September 1946 heraus. Man erinnerte „die Pfarrer und Gemeinden in Berlin“ an „Mat(thäus) 25,43 und 45: ‚Ich bin krank und gefangen gewesen und ihr habt mich nicht gesucht (sic!)... was ihr nicht getan habt einem unter

[103] Vgl. oben S. 285 ff.
[104] Vgl. oben S. 211, S. 226 f., S. 236.

diesen Geringsten, das habt ihr mir auch nicht getan.‘“[105] Mit diesem Bibelwort werde die evangelische Kirche und „namentlich auch die Bekennende Kirche“ an die Brüder und Schwestern verwiesen, „die um ihrer Rasse willen in Hunger, Krankheit und einen schrecklichen Tod getrieben wurden, und an unseren Unglauben und unsere Lieblosigkeit“. Unter diesem Wort gelte es Buße zu tun. Wir sollten überwältigt sein, so hieß es weiter, „daß Gott uns einige dieser verfolgten Brüder und Schwestern erhalten und wiedergegeben hat“, diese sollten „fröhlich in die Gemeinschaft unserer Gemeinden, Gottesdienste und Häuser“ aufgenommen werden. Aber, so stellte der Bruderrat fest, diese Aufgabe werde in vielen Gemeinden nicht erkannt, viele „unserer nichtarischen Brüder und Schwestern sind nach der Rückkehr aus ihrem Elend völlig einsam und isoliert“. Es könne nicht erwartet werden, daß sich diese Menschen selbst bemerkbar machten, auch mit einer bloßen Duldung in den Gottesdiensten sei es nicht getan, und vereinzelte Besuche genügten nicht. „Hier ist vielmehr die ganze Gemeinde zum Dienst beauftragt, und diesen Dienst kann sie niemandem, auch ihrem Pastor nicht, abgeben.“ Jeder Christ müsse „seinem Herrn auf dem Wege zu den Mühseligen und Beladenen nachfolgen“. Es bestehe eine große Gefahr darin, den Herrn nochmals vorbeigehen zu lassen. Das Wort schloß mit einer Bitte an alle Pfarrer und Gemeinden, zu verkündigen und zu erkennen, „was der Herr von uns fordert“, und „die Liebe dort üben, wo der Herr Christus unser Nächster sein will“. Wer nicht wisse, ob es in seiner Gemeinde „nichtarische“ Christen gebe, könne sich an die Evangelische Hilfsstelle wenden und von dort „unter Umständen die notwendigen Hinweise erhalten“.

Der Initiator und (Mit-)Verfasser dieses Wortes dürfte Heinrich Grüber gewesen sein, der in jener Zeit zu den Mitgliedern des Bruderrates gehörte[106]. Darauf weist neben dem Schlußabschnitt die Polemik gegen die Meinung hin, man könne erwarten, daß die ehemaligen Rasseverfolgten von sich aus den Weg zur kirchlichen Gemeinde nehmen würden. Genau dieses Argument nämlich machte Grüber gegenüber dem Zentralbüro des Evangelischen Hilfwerkes geltend, das die Ansicht vertrat, die Judenchristen sollten wie alle anderen Notleidenden behandelt werden[107].

Mit diesem Wort wurde ein sehr konkretes Ziel verfolgt: Die Pfarrer und Gemeinden sollten nachdrücklich auf ihre besondere Pflicht gegenüber den „nichtarischen“ Christen hingewiesen werden. Diese Erinnerung war für den Bruderrat um so dringlicher, als es seiner Ansicht nach den Anschein

---

[105] EZA Berlin, 83,2, jetzt abgedruckt in: Kirchen, S. 537f. (zitiert wird nach der Vorlage aus dem EZA, da die Fassung in Kirchen einige Fehler enthält).

[106] Weitere Mitglieder waren: Pfr. Dr. Eitel Friedrich von Rabenau (Vorsitzender), Propst Dr. Hans Böhm und Prof. Günther Harder (so Propst i. R. Dr. Wilhelm Dittmann in einem Brief vom 27. 5. 1986 an den Verfasser; vgl. auch W. Niemöller, Synode, S. 375). – Auch Dittmann benannte Grüber als wahrscheinlichen Verfasser dieses Wortes.

[107] Vgl. oben S. 70ff.

hatte, daß die christliche Gemeinde noch einmal in der Gefahr stand, Schuld auf sich zu laden. Im „Dritten Reich“ habe man aus Unglauben nicht gesehen, „daß der Heiland der Armen und Gefangenen bei diesen Verfolgten stand und auf uns wartete“, und aus Lieblosigkeit nicht erkannt, „daß wir durch unsere Zurückhaltung und unser Schweigen den Bruder Christus verloren“. Jetzt werde die Chance, die Gott in der Gestalt einiger überlebender „nichtarischer“ Christen gegeben habe, nicht genutzt. Der Bruderrat wies in seinem Anschreiben auf diese Probleme hin und suchte die Pfarrer und Gemeinden auf den richtigen Weg zu rufen, indem er sehr konkret das benannte, was jetzt nötig und angemessen sei: Einerseits müßten ekklesiologische Konsequenzen aus dem Versagen in der Nazidiktatur gezogen und die Judenchristen wieder voll in die Gemeinden aufgenommen werden. Andererseits sei ein diakonisches Engagement notwendig. Es gelte, gleichsam mit Jesus Christus zu den Menschen zu gehen, die sich in Not befänden. Vor allem, so wurde betont, könne dieser Dienst nicht abgetreten werden, sei diese Pflicht nicht stellvertretend für den einzelnen Christen wahrzunehmen. Durch den Hinweis auf die Verantwortung jedes einzelnen Christen suchte der Bruderrat einer sich abzeichnenden Verlagerung des Hilfsdienstes für die „nichtarischen“ Christen auf einige wenige Beauftragte, die aus eigenem Antrieb dort engagiert waren, zu begegnen.

Auffallend ist, daß in dieser Erklärung zwar das Leiden, ja der Mord an den rasseverfolgten Christen unmißverständlich genannt ist, die Mitschuld der christlichen Gemeinden daran deutlich gemacht und gewisse Konsequenzen für Kirche und Theologie angedeutet wurden, daß aber mit keiner Silbe auf die Verfolgung und Ermordung der Juden eingegangen wurde. Daß das Schicksal der Juden nicht im Blick des Bruderrates gewesen sein könnte, ist vom Engagement des „Büro Pfarrer Grüber“ gerade auch für verfolgte Juden auszuschließen. Daher kann dieses Fehlen nur so erklärt werden, daß man im Wissen um die vorbildliche Hilfe der Israelitischen Kultusgemeinden für ihre Glieder speziell auf die Verpflichtung der christlichen Gemeinden zur Fürsorge an ihren „nichtarischen“ Gliedern hinweisen wollte. Natürlich ist auch noch denkbar, daß das Schicksal der Juden nicht erwähnt wurde, weil die Bruderratsmitglieder an diesem Punkt keine spezielle Schuld der Kirche sahen. Ob diese während des „Dritten Reiches“ auch in Kreisen der Bekennenden Kirche zu findende Einstellung[108] jedoch auch noch 1946 so pointiert vertreten wurde, daß damit das Nichterwähnen der Juden erklärt werden kann, erscheint fraglich.

So bleibt festzuhalten, daß der Bruderrat der Bekennenden Kirche von Berlin mit diesem Wort versuchte, die Gemeinden auf ihre Verpflichtung gegenüber den Judenchristen hinzuweisen, sie zu tätiger Liebe aufzufordern und zu konkreten Schritten anzuleiten. Dieses Schreiben spricht aus der

---

108 Vgl. W. Gerlach, Zeugen, S. 352ff; oben S. 35ff.

Praxis für die Praxis und zielt weniger auf theologische Impulse. Insoweit bildet es eine Ergänzung zur „Erklärung“ der Kirchlich-theologischen Sozietät in Württemberg, in welcher vor allem theologische Zusammenhänge angesprochen waren. Welche praktischen Wirkungen vom Wort des Berliner Bruderrates ausgingen, war nicht zu erheben, es scheint jedoch weitgehend unbekannt geblieben zu sein[109].

g. Das „Anschreiben an die Pfarrämter wegen der Verpflichtung der Gemeinden gegenüber den Juden“ der Oldenburgischen Kirchenleitung vom Dezember 1947

Die Assenheimer Erklärung[110], die Anfang November durch die Kirchenkanzlei der EKD an die Kirchenleitungen versandt worden war, veranlaßte den Bischof der Oldenburgischen Landeskirche, Dr. Wilhelm Stählin[111], dem Oberkirchenrat am 14. November 1947 „den Entwurf eines Schreibens vorzulegen, das an die Pfarrämter zur Mitteilung in den Gemeindekirchenräten gehen sollte“[112]. Er bat die Kollegiumsmitglieder, zu seinem Entwurf Stellung zu nehmen. Da Oberkirchenrat Edo Osterloh[113] bei zwei Abschnitten der vier Punkte umfassenden Erklärung Bedenken anmeldete, wurde er gebeten, einen Gegenentwurf vorzulegen. Osterloh beschränkte sich darauf, die Formulierungen, die er „theologisch nicht für einwandfrei“[114] hielt, zu verbessern und im übrigen den Entwurf Stählins zu übernehmen, obgleich er zunächst auch den Aufbau insgesamt kritisiert hatte[115].

In der Einleitung des Entwurfs wurde auf die Tagung von Assenheim verwiesen, wo „von berufenen Männern[116] Beratungen über die Stellung der

---

[109] Freudenberg, dem dieses Wort nach Genf geschickt worden war, schrieb: Dieses Wort „ist fein und trifft ins Schwarze. Vivat sequentes. Hoffentlich gehört bald auch der Rat der EK in Deutschland dazu“ (Brief vom 18. 2. 1947 an Mochalski. LKA DARMSTADT, 36/88). Dittmann, selbst ein judenchristlicher Pfarrer, schrieb an den Verfasser (vgl. oben S. 307, Anm. 106), daß er dieses Wort nicht gekannt habe. Ähnliche Antworten erteilten auch andere angefragte Berliner Pastoren.

[110] Vgl. oben S. 198 ff.

[111] Vgl. Personenregister.

[112] Entwurf im LKA OLDENBURG, A L-3^{II}.

[113] Vgl. Personenregister.

[114] Handschriftliche Notiz Osterlohs auf dem Entwurf Stählins (LKA OLDENBURG, A L – 3^{II}); vgl. auch die Niederschrift über die Sitzung des Oberkirchenrates am 18. 11. 1947 (EBD., A III – 37^{II}).

[115] Handschriftliche Notiz auf dem Entwurf Stählins: „Ich habe Bedenken gegen den Aufbau Ost(erloh)“ (vgl. oben Anm. 112).

[116] W. GERLACH (Zeugen, S. 381) bezieht diese Wendung auf die Verfasser der Oldenburgischen Erklärung. Aus der Einleitung geht aber eindeutig hervor, daß damit die in Assenheim Versammelten gemeint sind. Da Gerlach die Assenheimer Versammlung wohl nicht kannte, konnte es zu dieser Verwechslung kommen.

Kirche zur Judenfrage[a] stattgefunden“ hätten[117]. Die dort verabschiedete Erklärung veranlasse die oldenburgische Kirchenleitung, „die Pfarrer und die Gemeinden auf die Verpflichtungen hinzuweisen, die der Kirche in diesem Betracht erwachsen“[118].

Vor allem im ersten Abschnitt der eigentlichen Erklärung kamen die Veränderungen Osterlohs zum Tragen. Der veröffentlichte Text stellt in dieser Passage eine aufgrund der Vorschläge Osterlohs überarbeitete Fassung des Stählinschen Entwurfes dar:

Fassung Stählis[119]	*Veränderungen Osterlohs*[120]
„Es ist die der christlichen Kirche von Anfang an verliehene und in der Hlg. Schrift bezeugte Erkenntnis,	
daß dem Volk Israel durch den Ratschluß Gottes ein besonderer Beruf in der Vorbereitung des vollen Heils verliehen war,[a]	„daß das Volk Israel durch den Ratschluß Gottes eine einzigartige Stellung in der Heilsgeschichte hat,
daß das Volk Israel durch die Verwerfung seines von Gott gesandten Messias unter einen besonderen Fluch gebeugt worden ist,	daß das Volk Israel durch die Verwerfung seines von Gott gesandten Messias für alle Völker ein Beispiel des göttlichen Gerichtes geworden ist,
daß der Missionsauftrag, den die Kirche von ihrem Herrn empfangen hat, auch eine besondere Verpflichtung gegenüber den Juden in sich schließt.“	daß ... ... sich schließt, die es erforderlich macht, die ‚Mission an Israel‘ als eine eigene Arbeit neben der ‚äußeren Mission‘ zu verstehen und zu üben.“

Ging es im ersten Abschnitt um das Verhältnis der Kirche zum Volk Israel, so nahm der zweite die Situation der Judenchristen in den Blick. Es wurde

---

[117] KJ 1945–1948, S. 222f.; jetzt in: KIRCHEN, S. 539f. – a: Im allerersten Entwurf Stählins, der schon von ihm selbst leicht überarbeitet worden war und in dieser überarbeiteten Fassung dem Oberkirchenrat vorlag, hatte der Text an dieser Stelle anders gelautet: „... Stellung der Kirche zu Tauffragen...“. In dieser Wendung schimmert noch durch, daß die „Judenfrage“ zumeist als eine Frage bezüglich der getauften Juden angesehen wurde (vgl. oben S. 309, Anm. 112).

[118] In der Urfassung Stählings, die dem vorgelegten Entwurf zu entnehmen ist, lautete dieser Abschnitt: „... die Pfarrer der Gemeinden auf Verpflichtungen...“. Es war zunächst also lediglich an eine Ermahnung der Pfarrer gedacht (EBD.).

[119] EBD. – a: In der Urfassung Stählins hatte diese Wendung so gelautet: „daß das Volk Israel durch den Ratschluß Gottes ein besonders Berufenes... war“.

[120] Vgl. oben S. 309, Anm. 112.

betont, daß dort, wo die Kirche den getauften Juden absprече, „Glieder des Gottesvolkes des Neuen Bundes“ zu sein, die „Bedeutung der Taufe geleugnet“ und „natürlichen und geschichtlichen Bedingungen eine größere Kraft ... als dem Handeln Gottes“ zugetraut werde[121]. Es sei zu bekennen, „daß in den vergangenen Jahren auch Christen sich mehr[122] von staatlichen Maßnahmen und Forderungen und von allgemeinen antisemitischen Stimmungen als von dieser christlichen Verpflichtung haben leiten lassen“[123]. Die Schuld könne, so wurde abschließend festgehalten, nicht dadurch getilgt werden, „daß einzelne Glieder der christlichen Kirche in vorbildlicher Treue sich der verfolgten und gefährdeten Mitchristen jüdischer Abstammung angenommen“ hätten.

Gegen Stählins Formulierungen des dritten Abschnittes, in dem auf das „Verhältnis zu den in unserer Mitte wohnenden Juden“ eingegangen wurde, hatte Osterloh wiederum Einwände erhoben. Er wollte die von Stählin angesprochenen „Dinge ... in umgekehrter Reihenfolge sagen“[124]. Aktuell, so wurde herausgestellt, sei im Hinblick auf dieses Verhältnis,

(Stählin)	*(Osterloh)*
„daß die Taufe und der christliche Glaube die zwischen uns bestehenden Unterschiede der Herkunft und der völkischen	„daß ...
Art in ihrer Bedeutung für das öffentliche und kulturelle Leben nicht aufhebt,	Art in ihrer letzten trennenden Bedeutung für die Gemeinschaft des Gottesdienstes und der Liebe aufheben,
daß aber diese Unterschiede in der Gemeinde Jesu Christi ihre letzte trennende Bedeutung verloren haben und daß es eine Gemeinschaft des Gebetes und der Liebe auch zwischen den Angehörigen verschiedener Rassen und Völker gibt.“	daß aber die Gemeinschaft, die wir als Glieder der Gemeinde Jesu Christi haben, die Bedeutung dieser Unterschiede für das öffentliche und kulturelle Leben nicht beseitigt.“[125]

---

[121] Ebd. – Dieser Abschnitt wurde von Osterloh unverändert in seinen Vorschlag übernommen.

[122] Urfassung Stählins: „mehr und mehr“.

[123] Urfassung Stählins: „... Verpflichtung her haben leiten lassen.“

[124] Handschriftliche Notiz Osterlohs auf dem Entwurf Stählins (vgl. oben S. 309, Anm. 112).

[125] Ursprünglich bei Osterloh: „daß aber die Gemeinschaft in der Gemeinde Jesu Christi nicht die Bedeutung der Unterschiede für das öffentliche und kulturelle Leben beseitigt“. Die oben zitierte Fassung geht auf eine Korrektur Stählins zurück (Ebd.).

Von kleinen Veränderungen abgesehen, akzeptierten Stählin und die Kirchenleitung die Vorschläge Osterlohs und übernahmen sie in die Endfassung.

Im letzten Abschnitt der Erklärung wurde entsprechend der fünften These von Assenheim darauf hingewiesen, daß am 10. Sonntag nach Trinitatis im Gottesdienst und in anderen Veranstaltungen auf den in der Heiligen Schrift bezeugten Weg Gottes mit Israel hingewiesen und die „daraus erwachsende Verpflichtung der christlichen Gemeinde aufgezeigt“[126] werden solle.

Daß in dieser Erklärung „eine Kirchenkampf-Lektion im Blick auf eine neue theologische Einstellung zum Volke Israel schlechterdings nicht“[127] erkannt und verstanden worden ist und im großen und ganzen noch in sehr traditionellen Wendungen und Vorstellungen geredet wurde[128], zeigt zum einen, wie stark das Rasse- und Volkstumsdenken noch immer prägend war und führt zum anderen exemplarisch vor Augen, wie schwer man sich in der Evangelischen Kirche Deutschlands nach dem Zusammenbruch des „Dritten Reiches“ tat, das eigene Versagen gerade in der „Judenfrage“ in seinem ganzen Umfang zu erkennen und zu benennen und daraus Folgerungen für eine Neubestimmung des Verhältnisses von Kirche und Israel zu ziehen.

Im ersten Abschnitt wurde die Bedeutung des Volkes Israel für die Kirche gemäß der lutherischen Tradition so beschrieben, daß dieses Volk zwar eine besondere Stellung in der Heilsgeschichte habe, durch die Verwerfung des Messias jedoch „ein Beispiel des göttlichen Gerichtes“ wurde. Stählin hatte in seinem Entwurf noch deutlicher formuliert, es sei „unter einen besonderen Fluch gebeugt worden“. Die Gefahr, die gerade in dieser Wendung lag, war der oldenburgischen Kirchenleitung nicht bewußt: Wenn Israel unter dem Gericht, dem Fluch Gottes steht, so konnte ja die versuchte Ausrottung der Juden als ein Teil des göttlichen Planes und Gerichts angesehen werden, so wie auch die Pogrome im Mittelalter oft verstanden wurden! Die von Osterloh vorgeschlagene Wendung „Beispiel des göttlichen Gerichts“ schlägt hier einen etwas anderen Ton an. Was Israel erlitt, ist „lediglich“ ein Beispiel für Gottes Gericht, das auch über Christen hereinbrechen kann, und kein immerwährender unabänderlicher Fluch, der allein auf dem jüdischen Volk liegt. Trotz dieser Abmilderung aber ist der oben skizzierte Vorbehalt weiter geltend zu machen. Befremdlich wirkt ebenso, daß in diesem Zusammenhang auch ungebrochen der Missionsauftrag der Kirche gegenüber den Juden betont werden konnte, ja, durch die Erweiterung Osterlohs wurde über den ersten Abschnitt der Assenheimer Erklärung hinaus eine stärkere Verselbständigung der Judenmission neben der allgemeinen Missionsarbeit der Kirche gefordert. Dies macht deutlich, wie unsensibel die Verfasser für die

---

[126] KJ 1945–1948, S. 222f.

[127] W. Gerlach, Zeugen, S. 381.

[128] R. Gutteridge, Open thy mouth, S. 301.

besondere Situation gerade des deutschen Volkes und der deutschen Kirchen gegenüber dem Judentum waren.

Auch das im zweiten Abschnitt ausgesprochene Schuldeingeständnis erscheint bei genauerem Hinsehen doch unbefriedigend. Positiv ist zunächst festzuhalten, daß eindeutig herausgestellt wurde, daß nicht nur irgendwelche „Nazis" oder gar allein die Partei und ihre Organisationen für die geschehenen Verbrechen verantwortlich zu machen seien, sondern daß diese nur in einer allgemein antisemitischen Stimmung möglich waren. Beachtenswert ist auch das Eingeständnis, daß die Kirche eine besondere Schuld hinsichtlich ihres Verhaltens gegenüber den Judenchristen auf sich geladen habe. Wegen der Leugnung der Bedeutung der Taufe sei die Kirche hier mit Schuld beladen. Die überwiegende Zahl der Christen habe den getauften Juden nicht die ihnen zustehende volle Kirchengliedschaft zugestanden und ihnen nicht im nötigen Umfang geholfen, als sie verfolgt wurden. Diese Zusammenhänge wurden mit aller Deutlichkeit benannt und auch die Ursachen herausgestellt: Man habe den „natürlichen und geschichtlichen Bedingungen eine größere Kraft" zugetraut „als dem Handeln Gottes"[129]. Hinsichtlich des Verhaltens der Christen gegenüber den Juden wurde kein Versagen zum Ausdruck gebracht. Daß in diesem Zusammenhang vielleicht auch das fünfte Gebot, das Gebot der Nächstenliebe oder die Weisung Jesu: „Was ihr getan habt einem unter diesen meinen geringsten Brüdern, das habt ihr mir getan" (Mt 25,40) zu bedenken gewesen wäre, kommt nicht ins Blickfeld der Verfasser. Auch die komparativische Formulierung, daß sich die Christen „mehr von... allgemeinen antisemitischen Stimmungen als von dieser christlichen Verpflichtung" leiten ließen, beinhaltet bereits die Möglichkeit einer Ausflucht. Die ursprünglich von Stählin vorgeschlagene Wendung „mehr und mehr" wäre vielleicht eindeutiger gewesen, da in ihr die zunehmende Verflochtenheit und damit verbundene Unfähigkeit, etwas gegen die Maßnahmen des Naziregimes zu sagen, zum Ausdruck gekommen wäre.

Im dritten Abschnitt wurde das Verhältnis zu den Juden einerseits im Raum der Kirche und andererseits im Bereich des öffentlichen und kulturellen Lebens bestimmt. Während Stählin in seinem Aufriß zuerst die trotz der Taufe weiterbestehenden Unterschiede zwischen Juden und Christen zum Ausdruck bringen wollte, legte Osterloh Wert darauf, an erster Stelle die durch die Taufe begründete volle „Gemeinschaft des Gottesdienstes und der Liebe" darzulegen. Osterloh wollte also zunächst die für die Kirche grundlegende theologische Aussage herausstellen, daß die getauften Juden volle Gemeinschaft in der Kirche haben. Unabhängig davon bleiben nun aber Unterschiede bestehen. Es war den Verfassern offenbar wichtig, diese explizit zu benennen: Es werden in beiden Versionen unreflektiert „Unterschiede der Herkunft und der völkischen Art" konstatiert. Gleichwertigkeit und

[129] Vgl. These I der Barmer Theologischen Erklärung (KJ 1933–1944, S. 71).

Gleichberechtigung zwischen Juden und Christen kann es also höchstens dann geben, wenn die Juden zur Kirche finden und auch dann nur im Bereich der Kirche und keinesfalls auch im „öffentliche(n) und kulturelle(n) Leben“. Damit zeigt sich, daß die Verantwortlichen weiterhin dem völkischen Denken und den Kategorien einer Schöpfungstheologie verhaftet blieben. Hier wurde nicht nur nazistische Terminologie benutzt, sondern man saß auch weiterhin der nazistischen Ideologie auf, als ob allein die Herkunft aus verschiedenen Völkern einen meß- und spürbaren Unterschied zwischen den Menschen bewirke. Im übrigen wurde auch völlig außer acht gelassen, daß die „in unserer Mitte wohnenden Juden“ fast ausnahmslos völlig in den deutschen Kulturkreis integriert waren.

Hinsichtlich des letzten Abschnitts fällt auf, daß zwar die Pfarrer daran erinnert wurden, im Gottesdienst am 10. Sonntag nach Trinitatis über den Weg Gottes mit Israel zu sprechen, daß aber die in der fünften These der Assenheimer Erklärung ebenso herausgestellte besondere Verpflichtung zur tätigen Nächstenliebe und zur seelsorgerlichen Betreuung der christlichen Rasseverfolgten nicht angesprochen wurde. Ebensowenig wurde die vielleicht wichtigste Aussage der Assenheimer Erklärung übernommen, daß nämlich der Antisemitismus eine „unchristliche Verirrung“ sei[130]. Die im Oldenburger Anschreiben festgehaltene „Verpflichtung der christlichen Gemeinde“ bleibt unkonkret; es kann vermutet werden, daß damit keine Hilfsmaßnahmen angeregt, sondern vor allem auf die Verpflichtung zur Mission hingewiesen werden sollte.

So ist diese „einzige kirchenamtliche Verlautbarung zur Judenfrage“[131] im großen und ganzen sehr enttäuschend. Zum einen blieb sie im theologischen Bereich den traditionellen Formulierungen und Ansichten verhaftet: Israel ist ein Beispiel des göttlichen Gerichts, dem nur die Taufe Rettung verheißen kann. Außerdem saß man noch nationalsozialistischen Phrasen auf, wenn von „völkischer Art“ gesprochen wurde. Auffallend ist ferner, daß die Verfasser offenbar meinten, die Kirche habe gegenüber den nichtchristlichen Rasseverfolgten keine Schuld auf sich geladen und es müsse daher das Verhältnis zwischen Kirche und Israel nicht bedacht werden. Von dieser Erklärung ging kein Impuls zu einer Neudurchdringung und Neubestimmung des Verhältnisses von Kirche und Israel aus! Ja, man kann einen zeitgenössischen Leser verstehen, der sich über „die etwas stark antisemitisch klingenden Anweisungen der Oldenburger Kirche“ erregte[132].

---

130 JUDAICA 4, 1948, S. 80; KIRCHEN, S. 537; vgl. oben S. 198ff.

131 KJ 1945–1948, S. 222.

132 Brief Lessers an Rengstorf vom 13. 3. 1948 (PRIVATAKTEN RENGSTORF, Ordner „Deutscher evangelischer Ausschuß für Dienst an Israel“).

h. „Ein Wort zur Judenfrage“ – Die Erklärung des Bruderrates der EKD vom April 1948

Die Vorgeschichte

Auf der 5. Sitzung des Bruderrates der EKD, die am 5. und 6. Dezember 1946 in Darmstadt stattfand, wurde unter dem Tagesordnungspunkt 4 die Aufgabe und Arbeit des Theologischen Ausschusses besprochen. Zur Vorbereitung der Konferenz der Landeskirchenleitungen, die Ende Januar 1947 in Treysa stattfinden sollte[133], besprach man die Frage, wie heute zu predigen sei. Nach der Verlesung eines Briefes Asmussens an die „Bischöfe und leitenden Amtsträger“[134] zu dieser Frage wandte Hans Joachim Iwand[135] ein, daß eine „Absolution gleichsam ‚durch den Rundfunk‘... unmöglich“ sei[136]. Das Wort der Vergebung würde so falsch gebraucht. Ein Wort müsse gesprochen werden, das „uns geduldig macht“. Darauf bemerkte Hermann Albert Hesse[137], „daß die Schuld an den Juden bisher kaum mit einem Wort berührt wurde“. Das deutsche Volke liege „unter der Schuld, 6,5 Millionen Juden ermordet zu haben“. Auch Fricke stellte heraus, daß die „bedeutendste Frage der Christenheit... die Judenfrage“ sei. Es gelte, von der „Stuttgarter Erklärung“ aus weiterzureden und dem Volk zu sagen: „Daß deine Bevölkerung aus dem Osten herausgetrieben wird und du in all dem heimgesucht wirst, das ist *gnädige* Heimsuchung. In Deutschland sind jetzt wieder 165 000 Ostjuden eingeströmt und hier entsteht die große Aufgabe. Wer dem Juden an das Leben geht, der tastet damit ein Volk an, das unter einer ganz bestimmten Führung Gottes steht.“

Im Fortgang der Diskussion wurde auf diese Frage nicht weiter eingegangen, aber Herbert Mochalski, der Geschäftsführer des Bruderrates, schrieb schon wenige Tage später an Freudenberg nach Genf, daß auf

> „der letzten Bruderratssitzung... Gelegenheit (war), die Frage Israel aufzuwerfen und ich hoffe sehr, daß wir sowohl über den Theologischen Ausschuß des Bruderrates zu einer theologischen Durcharbeitung der ganzen Frage, als auch im Bruderrat selbst zu einem Wort in dieser Frage kommen werden. Wenn uns dabei natürlich auch bewußt ist, daß hier schon unsererseits ein schuldhaftes Versäumnis vorliegt, das es schwer machen wird, jetzt noch glaubhaft zu sprechen. Aber das alles darf uns ja nicht hindern, die Frage wirklich ernsthaft in Angriff zu nehmen.“[138]

---

[133] Vgl. KJ 1945–1948, S. 80.
[134] M. Greschat, Schuld, S. 286 ff.
[135] Vgl. Personenregister.
[136] LKA Darmstadt, 36/3.
[137] Vgl. Personenregister.
[138] Brief Mochalskis an Freudenberg vom 19. 12. 1946 (LKA Darmstadt, 36/88 und AÖR Genf, A Bruderrat EKiD, Oberkirchenrat Oldenburg). – Freudenberg war von dieser Diskussion im Bruderrat zuvor schon von Fricke unterrichtet worden, denn er schrieb, ebenfalls am

Schon in der darauffolgenden Sitzung des Bruderrates wurde durch Hesse vorgeschlagen, den von Iwand vorgelegten Entwurf eines „Wortes der Kirche zur gegenwärtigen Lage des deutschen Volkes" um folgenden Absatz zu erweitern[139]:

„Das deutsche Volk erlebt heute an sich selbst, was es dem wehr- und schutzlosen Volk der Juden angetan hat. Das sollte uns gedenken lassen an alles[a], was wir daran gefehlt haben, es[b] sollte uns zur heiligen Mahnung werden, den Antisemitismus aus unseren[c] Herzen zu verbannen als die tiefste und giftigste Wurzel der Weltanschauung, die uns zum Gericht[d] geworden ist. Nur durch eine echte und vollständige innere Umkehr, die die Würde aller Menschen wieder achtet und jedem Rassenwahn und falschen Nationalismus absagt, kann der deutsche Name in der Welt[e] wieder zu Ehren gebracht werden[f].

Wir bitten alle Deutschen, mit uns um diese wahre Wiederherstellung der deuschen Ehre zu ringen."

Der verabschiedete Entwurf zu diesem Wort wurde nun aber nicht an die Öffentlichkeit gegeben, sondern „dem Rat der EKD mit der Bitte, der Rat möchte sich dieses Wort zu eigen machen, übergeben"[140].

Obgleich Mochalski noch im Februar 1947 Freudenberg mitgeteilt hatte, daß sich die Mitglieder des Bruderrates einig seien, so bald als möglich diese Frage zu besprechen[141] und Hesse auf der Bruderratssitzung vom 26./27. März 1947 den formellen Antrag stellte, die „Judenfrage" zu behan-

---

19. 12. 1946, an Asmussen und gab der Hoffnung Ausdruck, „daß sich doch bald ein rechtes Wort zu dieser schwerwiegenden Frage finden läßt" (vgl. oben S. 267, Anm. 12).

139 Entwurf mit handschriftlicher Notiz „Antisemitismus" am Rande. Hesse hatte laut Protokoll vorgeschlagen, „noch die Judenfrage in dem Entwurf zu erwähnen." (Protokoll der Sitzung vom 20. 1. 1947, LKA Darmstadt, 36/4). Dieser Entwurf enthält eine Reihe von handschriftlichen Veränderungen und Ergänzungen Mochalskis: a Einfügung: „an alles"; b ursprünglich: „und"; c ursprünglich: „unserem"; d in der Fassung, welche dann dem Rat zuging, wurde hier noch „Gottes" eingefügt. e „in der Welt" nachträglich in Ergänzung (siehe f) eingefügt; f „Nur durch eine..." bis „... Ehre zu ringen." ist eine Ergänzung des Entwurfs von Hesse, die erst während der Sitzung verfaßt wurde (vgl. zum ersten Satz dieser vorgeschlagenen Einfügung unten S. 323, Anm. 167). Auf demselben Blatt findet sich auch der Entwurf für eine kurze Passage zur Situation der Kriegsgefangenen und ihrer Familien, welche ebenso wie der Abschnitt über die „Judenfrage" in die später an die Ratsmitglieder versandte Fassung eingearbeitet wurde.

140 Bericht des Geschäftsführers der Bruderrates an die Mitglieder über die Sitzung vom 19./20. 1. 1947 (LKA Darmstadt, 36/4). – Laut M. Greschat (Schuld, S. 274) zogen die Bruderratsmitglieder diesen Entwurf im „Verlauf der Kirchenführertagung in Treysa" zurück. Die bei Greschat (Ebd., S. 295 ff.) wiedergegebene Fassung des Wortes zur „gegenwärtigen Lage des deutschen Volkes" entspricht möglicherweise nicht der vom Bruderrat verabschiedeten. Im Wurm-Nachlaß findet sich eine Entwurfsfassung, in der der Abschnitt über die „Judenfrage" neben einer weiteren kurzen Einfügung über die Kriegsgefangenen (vgl. oben Anm. 139) aufgenommen ist. Nach dem 4. Abschnitt – „Insbesondere müssen wir erklären ... neuen Auftrieb" – wurde diese Ergänzung versehen mit einem Überleitungssatz eingefügt (LKA Stuttgart, D 1, 224).

141 Brief vom 6. 2. 1947 (LKA Darmstadt, 36/88).

deln[142], verstrich noch fast ein Jahr, bis dieses Thema in Angriff genommen wurde. Zwischenzeitlich hatten die Beratungen über das „Darmstädter Wort"[143] die Kräfte des Bruderrates so in Anspruch genommen, daß das Thema „Kirche und Israel" immer wieder zurückgestellt wurde. Erst als im August 1947 dieses Wort verabschiedet war und Hermann Diem im Auftrag der Kirchlich-theologischen Arbeitsgemeinschaft für Deutschland Mochalski eine Entschließung dieses Gremiums zugesandt hatte, in der der Bruderrat aufgefordert wurde, eine Erklärung zur „Judenfrage" vorzubereiten[144], wurde der Faden wieder aufgenommen.

Auf der 12. Tagung des Bruderrates in Detmold am 15./16. Oktober 1947 kam man überein, daß nicht nur eine kurze Kanzelabkündigung zur Frage „Israel" erarbeitet werden sollte, da man „nicht nur rückblickend" zu dem Massenmord an den Juden, sondern auch zum gegenwärtig neu sich regenden Antisemitismus ein Wort sagen müsse[145]. Am 1. Dezember ging den Mitgliedern des Bruderrates die Einladung zur nächsten Sitzung zu. Auf diesem Treffen, das vom 7. bis 8. Januar 1948 in Kassel stattfinden sollte, war die lange aufgeschobene Aussprache über die „Frage Israel"[146] angesetzt. Dem Einladungsschreiben war umfangreiches Begleitmaterial[147] beigegeben.

---

142 Im Protokoll heißt es unter TOP 7: „Pfarrer Hesse bittet um das Thema ‚Verkündigung heute, Judenfrage'. Es wird jedoch bis zur nächsten Bruderratssitzung zurückgestellt" (LKA Darmstadt, 36/4).

143 Zum „Darmstädter Wort" vgl. H. Ludwig, Entstehung, S. 28–31 oder auch M. Greschat, Zeichen, S. 79 ff. – In der von den Mitgliedern des Bruderrats erstellten Auslegung dieses Wortes findet sich die beachtenswerte Charakterisierung des Antisemitismus als „aktives Gegenevangelium gegen die Lehre der Kirche" (J. Beckmann, Hoffnung, S. 88).

144 Die Entschließung der Kirchlich-theologischen Arbeitgemeinschaft für Deutschland, die auf der vom 21. bis 25. 7. 1947 in Bad Boll stattfindenden Jahrestagung verabschiedet wurde, lautete: „Wir haben als Gemeinde der deutschen evangelischen Christenheit zu der Blutschuld an den Juden geschwiegen, die unser deutsches Volk auf sich geladen hat. Der Bruderrat der Bekennenden Kirche wird gebeten, eine Erklärung dazu vorzubereiten und zur Behandlung der Judenfrage in der Verkündigung des Wortes Gottes Stellung zu nehmen" (LKA Darmstadt, 36/81).

145 Diese Übereinkunft findet sich nicht in den Protokollen der Detmolder Sitzung, sie ist jedoch einem Brief zu entnehmen, den Mochalski am 6. 11. 1947 an Fricke schrieb (LKA Darmstadt, 36/7); vgl. hierzu auch einen Brief von Harlings an Niemöller vom 8. 11. 1946 (LKA Stuttgart, D 1, 222).

146 Einladungsschreiben mit Material (Ebd.).

147 Folgende Beilagen wurden mit der Einladung versandt: a) Thesen von Hesse, „Die Judenfrage in der Verkündigung", deren ausgearbeitete Fassung 1948 unter demselben Titel veröffentlicht wurde; vgl. dazu unten S. 319, b) eine Ausarbeitung Freudenbergs, „Die ‚Judenchristen' in der christlichen Gemeinde", eine im Oktober 1946 erstellte Analyse der Lage der Judenchristen unter besonderer Berücksichtigung theologischer Implikationen und der diakonischen Hilfe für diese Menschen, c) die oben (S. 306 ff.) besprochene Verlautbarung des Bruderrates der Bekennenden Kirche von Berlin, d) ein Schreiben Grübers an den „Reichsbruderrat", in welchem auf die besondere Lage der ehemals rasseverfolgten Christen eingegangen wurde, e) die Thesen von Assenheim (vgl. oben S. 198 ff.).

Im Vorfeld der Kasseler Tagung verdient noch eine weitere Sache Beachtung: Otto von Harling, der in der Kirchenkanzlei der EKD für die „Judenfrage“ zuständige Referent[148], wandte sich Ende 1947 an Bischof Wurm und Martin Niemöller und gab seiner Besorgnis darüber Ausdruck, daß der Bruderrat „in irgendeiner Weise *zur Judenfrage* Stellung nehmen will“[149]. Seiner Ansicht nach könne „es zur Zeit mehr schaden als nützen..., wenn die Kirche zur Judenfrage in einem Wort nach Art der Stuttgarter Erklärung Stellung nehmen würde“. Es gehe, so die Ansicht von Harlings, „hier um zu umfassende und heikle Probleme, als daß man sie in einer so knappen und zugespitzten Form erörtern dürfte“. Interessanterweise meinte sich von Harling in seiner Ablehnung einer Erklärung auf Freudenberg berufen zu können, der doch gerade gegenüber dem Bruderrat immer wieder die Initiative für ein solches Wort ergriffen hatte[150]. Eine besondere Gefahr sah von Harling darin, daß sich bisher nur Spezialisten dieses Themas angenommen hätten und nun plötzlich „alle möglichen Leute das Wort zur Judenfrage ergreifen, die einfach nicht die nötige Erfahrung und das auf diesem Gebiet so besonders erforderliche Fingerspitzengefühl besitzen“. Eine „sehr vorsichtige und wohlüberlegte Erziehungsarbeit“ müsse geleistet werden, die am besten von „berufenen Sachkennern“ betrieben werden könne. Abschließend hielt von Harling fest, daß er sich an Niemöller gewandt habe, weil er in ihm einen Bundesgenossen sehe, um ein solches Wort zu verhindern. Eine Erklärung in dieser Sache würde die von ihm verfolgten Pläne zur Zeit „eher stören als fördern“. Dieser Ansicht seien auch Leute, „die von dieser Sache bestimmt etwas verstehen“.

Offensichtlich scheint sich von Harling nicht sicher gewesen zu sein, daß Niemöller diese Bedenken gegen ein Wort mit dem notwendigen Nachdruck einbringen werde, denn einen Monat später fragte er bei Mochalski an, ob er an der nächsten Sitzung des Bruderrates teilnehmen könne[151]. Der Assenheimer Arbeitskreis sei, so betonte von Harling, auf seine persönliche Initiative zustande gekommen, und im übrigen könne es für den Bruderrat wichtig sein, „über das Zustandekommen dieses Arbeitskreises und seine weiteren Pläne, die inzwischen durch einen offiziellen Beschluß des Rates der EKD autorisiert worden sind, Näheres zu erfahren“. Mochalski entsprach dem Wunsch von Harlings umgehend[152].

---

[148] Vgl. oben S. 197, S. 303 f.

[149] LKA Stuttgart, D 1, 222,1. – Dieses, wie auch die folgenden Zitate sind dem Brief an Niemöller entnommen.

[150] Es kann sich bei dieser Information von Harlings nur um eine mündliche Mitteilung Freudenbergs handeln, da weder in Briefen noch in sonstigen Notizen Vorbehalte dieser Art gefunden werden konnten.

[151] Brief vom 9. 12. 1946 (LKA Darmstadt, 36/7).

[152] Brief vom 11. 12. 1946 (Ebd.).

Überblickt man die Vorbereitungsphase, so fällt auf, wie schleppend diese Sache angegangen wurde. Obgleich Mochalski und wohl auch anderen Mitgliedern des Bruderrates unmittelbar nach der ersten Thematisierung der „Judenfrage" klar war, daß bereits zu diesem Zeitpunkt „ein schuldhaftes Versäumnis" vorlag[153], unternahm allein Hesse Anstrengungen, die Sache zu beschleunigen. Da die Beratungen dieses Themenbereiches immer wieder verschoben wurden, kann geschlossen werden, daß für die Mehrheit der Bruderratsmitglieder das Verhältnis von Kirche und Israel zwar ein wichtiges, aber kein vordringliches und brennendes Problem war. Deshalb konnte man ein Jahr verstreichen lassen, ehe man zu einer intensiven Beratung und Aufarbeitung dieser Frage schritt. Daß nicht, wie vorgeschlagen, im Rahmen eines anderen Wortes auf das Verhältnis von Kirche und Israel eingegangen wurde, scheint trotz der in jenem Entwurf gefundenen klaren und deutlichen Sprache angemessen zu sein, da um der Sache willen eine spezielle Verlautbarung erlassen werden sollte. Auch die Mitglieder des Bruderrats haben wohl so empfunden, da nicht – wie zunächst geplant – im Theologischen Ausschuß die inhaltliche Diskussion geführt und dann im Bruderrat selbst nur noch ein Wort beraten wurde, sondern der Bruderrat selbst sich diesem Thema stellte. Behinderungsversuche von Harlings wurden ignoriert, allerdings wurde ihm Gelegenheit gegeben, seine Ansicht mit in die Diskussion einzubringen.

Die Verhandlungen in Kassel am 7. Januar 1948

In seinem in das Thema einführenden Referat „Die Judenfrage in der Verkündigung heute" ging Hesse am Anfang auf die bisherige Stellung zur „Judenfrage" ein[154]: Sowohl die liberale Verständigung mit den Juden als auch der Antisemitismus seien Fehlwege, da nicht mit menschlichen Versuchen dem jüdischen Phänomen beizukommen sei, sondern Gott als der Fragende erkannt werden müsse: „Er allein kann und wird die Judenfrage lösen." Im zweiten Teil seiner Ausführungen, die mit „Die Judenfrage als Frage Gottes an uns, insbesondere nach Römer 9 bis 11" überschrieben waren, suchte Hesse zehn Anfragen zu formulieren, welche er im dritten Teil – „Unsere Antwort in der Verkündigung auf Gottes Judenfrage" – für die Verkündigung fruchtbar zu machen suchte. Ausgehend von den particulae exclusivae betonte Hesse, daß das „solus Christus" „in Bezug auf den homo Judaeus, den jüdischen Menschen, neu durchdacht werden" müsse. Unter Verweis auf das „sola scriptura" forderte er einerseits eine ausgiebige Benutzung des Alten Testaments und verwies andererseits darauf, daß das Alte

[153] LKA Darmstadt, 36/88.

[154] Dieses Referat erschien in der „Schriftenreihe der Bekennenden Kirche" als Heft 3, Stuttgart 1948. Die folgenden Zitate, im Original teilweise gesperrt gedruckt, finden sich dort auf den Seiten 10, 24, 29, 32, 33, 35, 36.

Testament zunächst Israel gelte und nicht vorschnell auf die Kirche übertragen werden dürfe. Weiter stellte der Referent heraus, daß die Gnade Gottes vornehmlich Israel erwählt habe; dies müsse uns von allem Synergismus wegrufen. Hinsichtlich des Schweigens der Bekennenden Kirche zur Judenverfolgung im „Dritten Reich" fragte der Referent, ob es nicht „Angst vor dem Wege des Leidens und Sterbens mit Christus", ob es nicht „Unglaube und Kurzglaube" gewesen sei, „der uns letztlich die langen Jahre hindurch den Mund verschloß". Die an Israel sichtbare Langmut Gottes mache deutlich, daß man sich von Spekulationen über Erwählung und Verwerfung abwenden müsse. Im siebten Punkt wurde herausgestellt, daß die „durch den heiligen Geist geschaffene Einheit von Judenchristen und Heidenchristen am Leibe Christi... von der Heidenchristenheit zumeist schmählich mißachtet und mißbraucht worden" sei[155]. Werde „die Kirche in ihrer Existenz ein einziger Akt der Judenmission", so betonte Hesse im Sinne Karl Barths, so sei dies „unvereinbar mit irgendeiner Form des Antisemitismus". Nötig sei „das Bekenntnis unserer Schuld und die metanoia... gegenüber den Juden". Im Hoffen auf den Triumph der Gnade Gottes über ganz Israel gelte es, nicht müde zu werden und zu erkennen, daß in „die zerfallende Völkerwelt, die unter den Juden als dem Ferment der Dekomposition leidet,... nun doch die Juden hineingestellt (sind) als das Prinzip der Komposition, der Einpflanzung der Völker in den Ölbaum der Verheißung, in Israel, in Christus"[156].

Interessanterweise bildeten diese doch sehr grundsätzlichen Darlegungen über „Israel" in der sich anschließenden Diskussion nur den Hintergrund. Vor allem wurde auf Äußerungen Frickes eingegangen, der in seinem Koreferat, nachdem er eindrücklich die Schuld der Kirchen gegenüber den Juden herausgestellt hatte, ausführte, daß die Buße der Kirche Ausdruck in ihrer Lehre und Verkündigung finden müsse. Die „Judenfrage" sei „neu erkannt als Christusfrage"[157]. „Israel nach dem Fleisch", so Fricke, „ist Träger der Verheißungen". Zusammenfassend schloß er:

„1. Wenn die Christenheit bisher zur Judenfrage geschwiegen hat, will das bedeuten, daß sie die Sprache noch nicht wiedergefunden hat, mit der sie gerade zu dieser

[155] Diese Behauptung ist eine Verallgemeinerung. Die volle Gemeinschaft von Juden- und Heidenchristen war bis ins 19. Jahrhundert hinein nicht in Frage gestellt.

[156] T. MOMMSEN schrieb in seiner Römischen Geschichte (Bd. 3, S. 507): „Auch in der alten Welt war das Judenthum ein wirksames Ferment des Kosmopolitismus und der nationalen Decomposition und insofern ein vorzugsweise berechtigtes Mitglied in dem caesarischen Staate, dessen Politie doch eigentlich nichts als Weltbürgerthum, dessen Volksthümlichkeit eigentlich nichts als Humanität war". – Das Schlagwort vom Judentum als einem „Ferment der Dekomposition" wurde in antisemitischen Kreisen aufgegriffen, so beispielsweise von T. FRITSCH in seinem „Handbuch der Judenfrage" (S. 521). Obgleich Hesse dieser Aussage die Rolle der Juden als „Prinzip der Komposition" gegenüberstellte, akzeptierte er durch seine Formulierung ungewollt doch diese antisemitische Sicht des Judentums.

[157] Protokoll der Bruderratssitzung vom 7./8. 1. 1948 in Kassel, S. 2f. (LKA DARMSTADT, 36/7).

Sache reden muß. Wir stehen beschämt und schuldbeladen da, müssen uns anklagen, daß wir die große Gelegenheit versäumt haben, daß wir den Juden die Macht der Liebe als unseren Brüdern schuldig geblieben sind. Indem wir dies bekennen, bekennen wir, daß wir nur noch unter den Armen des Gekreuzigten existieren können. 2. Mit großer Anerkennung und Dank sehen wir das Zeugnis außerhalb Deutschlands für Israel. 3. Verwerfung des Antisemitismus in jeder Gestalt, da er Angriff ist auf das wahre Israel Gottes. 4. Die Christenheit anerkennt, daß der Jude kein Heide ist. Sie weiß sich damit verpflichtet, ihm den König der Juden als den Christus zu bezeugen. 5. Jedes einzelne Gemeindeglied ist dazu aufgerufen, in brüderlicher und schwesterlicher Liebe den Juden zu begegnen."

In der folgenden ausführlichen Debatte wurde zum einen die Judenmission erörtert. Iwand und Hesse betonten, daß die Juden keine Heiden seien und daher die „Judenfrage" nicht durch die Mission gelöst werden könne; im übrigen sei eine theologische Begründung für die Judenmission nicht möglich. In Beiträgen von Niemöller und Diem wurde hingegen die Verpflichtung zur Judenmission herausgestellt. Niemöller unterstrich beispielsweise, daß da, wo ihm „der Jude" gegenüberstehe, er es ihm „ja doch sagen" müsse, „daß Jesus von Nazareth der Christus ist"[158].

Im Anschluß an die Aussage Frickes, die Juden seien die Brüder der Christen, nahm in der Diskussion jedoch die Frage den breitesten Raum ein, „ob der Menschenbruder, der ein Jude ist, darüber hinaus etwas besonderes ist", wie es Niemöller formulierte[159]. Im Neuen Testament stehe davon nichts, daher bestreite er „dieses positive Hinausdehnen unserer Verantwortung auf die Juden, die wir doch für die Menschen alle haben ... Der Rassehaß gegen die schwarzen Christen ist ebenso verwerflich. Ich kann", so Niemöller weiter, „diese qualitative Differenzierung der Juden nicht mitmachen." Auch in anderen Diskussionsbeiträgen wurde herausgestellt, daß man Bruder in Christo nur durch den Glauben an Jesus Christus werden könne. Von Wilhelm Schmidt wurde kritisiert, daß in den Vorträgen die „Linie der Distanz zum fleischlichen Israel nach Golgatha" nicht genügend bedacht sei und auch, so das Mitglied des Bruderrates Benjamin Locher, daß „der Gedanke des Juden als Gegner Jesu nicht mit dem gebührenden" Nachdruck herausgekommen sei[160]. Auch der Meinung, daß „das Heil wesenhaft mit den Juden verbunden" sei, wurde widersprochen: Es sei „ganz unmöglich, daß man in dieser Weise das Heil an die Juden" binde[161]. Wer zu diesem Ergebnis komme, habe Römer 9–11 falsch exegesiert und gefährde das „sola fide".

Diese Einwände erfuhren vielfältige Kritik. Fricke zeigte sich „erschüttert", daß „die verborgene Bruderschaft zu den Juden nicht anerkannt

[158] Ebd., S. 6; vgl. zu Iwand S. 3f., zu Hesse S. 10 und zu Diem S. 12.
[159] Ebd., Niemöller S. 8. Ähnlich Schlink und Middendorff.
[160] Ebd., S. 5 und S. 7.
[161] Ebd., Kreck, S. 9.

wird"[162]. Man müsse „die Juden um ihres geheimen Königs willen" lieben und man habe ihnen in diesem Sinne „die Bruderschaft zu bezeugen". Der Jude lebe „unter dem Zeichen der Treue Gottes und darum dürfen wir auch die Gemeinschaft zu ihm nicht aufgeben". Iwand stellte heraus, daß es für die Christen eine Anfechtung sei, „daß Gott seine Verheißungen (an Israel) erfüllen wird. Wo wir den lebendigen Gott von diesem Volk Israel trennen, geraten wir in die Gefahr, aus der Judenfrage eine zeitlose Frage zu machen."[163] Auch Joachim Beckmann unterstützte die Absicht, daß Israel kein Volk wie jedes andere sei, indem er auf das Bild des Ölbaumes in Römer 11 verwies: Die „Heiden sind ‚Wildling' (sic!)... Die Juden sind ein edler Ölbaum". Wie kein anderes Volk seien sie durch die Berufung Gottes entstanden[164]. Kurt Scharf wies darauf hin, daß für ihn die Tatsache, daß die Heiden immer summarisch genannt würden, Israel aber eine einzigartige Stellung einnähme, ein Indiz für die Sonderstellung Israels sei. Der Parallelisierung von Schwarzen und Juden durch Niemöller wurde heftig widersprochen: Es gehe doch darum, so Diem, ob nach Golgatha die „leibliche Abstammung von Abraham" noch etwas bedeute[165]. Festzuhalten sei, daß im Gegensatz zu allen anderen Völkern das „leibliche Israel... uns doch daran (erinnert), daß die Geschichte einen Abschluß hat, daß Christus wiederkommt". Locher betonte, daß der Jude deshalb etwas anderes sei als ein Schwarzer, weil „die Kirche aus dem Samen Abrahams kommt und Christus der Erstgeborene in diesem Volk ist". Hinsichtlich der Frage, wie das Heil mit den Juden verbunden sei, bemerkte Hesse, daß nach Johannes 4 der Herr dies ausdrücklich betont habe und daß Paulus den „Christus aus dem Stamme David's" predigte. Fricke zitierte Barth und verwies darauf, daß Israel „doch neben der Kirche das von Gott erwählte Volk" bleibe und seinem Dienst nicht entlaufen könne. Er könne nicht verstehen, „daß wir nicht sehen, daß Israel eine Sonderstellung durch die ganze Bibel einnimmt". Die Diskussion suchte Edmund Schlink zusammenzufassen, indem er als unbestritten festhielt: „1. Die Fleischwerdung des Wortes Gottes in Israel darf nicht umgedreht werden zu einer Wortwerdung Israels. 2. Daß die Heiden eingepfropft sind in Israel, daß die Glaubenden aus Juden und Heiden zusammengehören. 3. Daß über Israel die Verheißung steht."[166]

Obgleich verschiedene Bruderratsmitglieder darauf aufmerksam machten, wurde über die gegenwärtige Situation der Juden und über die Schuldfrage nicht gesprochen. Ein Einwand, man müsse sich mit der gleichen Intensität, mit der man sich der „Judenfrage" stelle, auch der gegenwärtigen Not der Flüchtlinge zuwenden, wurde mit dem Argument zurückgewiesen, daß es

162 Ebd., S. 11; das folgende Zitat S. 7.
163 Ebd., S. 4.
164 Ebd., S. 8.
165 Ebd., S. 9.
166 Ebd., S. 10f.

„etwas total anderes (ist), was wir den Juden angetan haben und was jetzt an uns geschieht"[167]. Interessanterweise fiel in der Diskussion aber auch eine Äußerung, die man im Bruderrat nicht erwartet hätte. Ein Mitglied erklärte: „Ich möchte zu der These von Fricke: Ablehnung des Antisemitismus in jeder Form, folgendes sagen: Wir können doch wohl nicht irgendwelche Maßnahmen eines Wirtsvolkes gegenüber den Juden verdammen. Sind denn nun alle Maßnahmen eines Staates gegen ein weiteres jüdisches Vordringen antisemitisch?"[168] Wortwahl und Zielrichtung dieser Äußerung sprechen für sich und brauchen nicht weiter kommentiert zu werden!

Wie es diese kontroverse Diskussion nicht anders erwarten ließ, war es natürlich auch umstritten, ob überhaupt ein Wort zur „Judenfrage" durch den Bruderrat verabschiedet werden sollte. Während sich Niemöller nur anfänglich gegen eine vorschnelle Festlegung auf die Ausarbeitung einer Erklärung aussprach und zunächst die zentralen Fragen diskutiert wissen wollte, wandte ein Mitglied des Bruderrates ein, daß ihm zunächst die Veröffentlichung des Referates von Hesse genügen würde. Auch Hermann Dietzfelbinger äußerte Bedenken, ob „ein solches Wort gesprochen werden kann und muß"[169]. Auf der Verkündigung liege ein Bann, und dieser drohe nur noch verstärkt zu werden, wenn ein „Wort der Buße ohne klare Belehrung" gesprochen würde. Es bestehe die Gefahr, daß man durch ein Wort „weiter verstocken und so an der Verstockung schuldig" werde. Iwand widersprach dieser Einschätzung und wies darauf hin, daß die „Rücksicht auf die Situation der Gemeinde ... der eigentliche Bann" sei. Dieser Bann könne nur beseitigt werden, wenn „in unser Leben das Wort in seiner ganzen Souveränität gestellt wird". Da die überwiegende Mehrheit der Bruderratsmitglieder sich bereits während der Diskussion für ein Wort ausgesprochen hatte, kam man überein, daß eine Kommission einen Entwurf ausarbeiten sollte. Die „jungen Brüder Locher, Schultz und Dietzfelbinger" sollten diese Aufgabe übernehmen[170].

Der von diesem Gremium erstellte Entwurf ist besonders beachtenswert, weil er einen Passus enthielt, in dem unmittelbar die Juden angeredet wurden[171]. Dieser vierte Abschnitt hatte folgendermaßen gelautet:

---

[167] Ebd., Niesel S. 8. – Daß die gegenwärtige Lage unmittelbar etwas mit dem Verhalten der Deutschen gegenüber den Juden zu tun habe, hatte schon Hesse in dem von ihm vorgelegten Entwurf für eine Einfügung in das von Iwand konzipierte „Wort der Kirche zur gegenwärtigen Lage des deutschen Volkes" vertreten (vgl. oben S. 316, Anm. 139). Peter Hoffmann (Ebd., S. 7) nahm diese Argumentation auf. Dieses Denken in den Kategorien eines platten „Tun-Ergehen-Zusammenhanges" mutet sehr fremd an.

[168] Ebd., S. 6.

[169] Ebd., S. 12.

[170] H. Diem (Ja oder Nein, S. 138f.) schreibt, er habe zusammen mit Dietzfelbinger diesen Entwurf erstellen sollen. Davon findet sich in den Protokollen nichts. Ein erster Vorschlag hatte auf „Lochner (sic!), Kreck und Schultz" gelautet (Protokoll S. 12, vgl. oben S. 320, Anm. 157).

[171] Im Protokoll findet sich hierüber kein Hinweis, wohl aber in einem Bericht Burmesters

„Wir möchten es nicht unterlassen, ein Wort an euch Juden zu richten:

Bewegt, in der Liebe Jesu Christi unseres Herrn, von der Sorge neues Unheil zu vermeiden und die Verhärtung der Herzen in unserm Volk und unter euch dem jüdischen Volke zu überwinden, bitten wir euch, ihr Juden: vergeßt es nicht, daß wir mit euch zusammen in der Heiligen Schrift Alten Testamentes unter dem gemeinsamen Wort des lebendigen Gottes und seiner Verheißung stehen dürfen. Wir dürfen es nicht versäumen, euch immer neu zu bezeugen, daß diese Verheißungen in Jesus Christus, dem Sohn des lebendigen Gottes, erfüllt sind, der uns von Gott als Heiland und Erlöser, als der echte Messias geschenkt ist. Zu ihm rufen wir euch, als die, denen die Verheißungen Gottes zuerst gegeben sind, weil wir wissen, daß euer Wesen und Leben erst in ihm zur wahren Entfaltung und Freiheit kommen darf. Er befreit uns und euch aus den gottlosen Bindungen dieser Welt, aus falscher Hoffnung und falscher Sicherheit. Er zerbricht die Mauern, die uns noch von einander trennen. Er vermag alles Mißtrauen und alle Bitterkeit der Herzen zu überwinden. In dem Trost seiner Vergebung allein vermögen wir zu leben in der Erinnerung an das, was euch durch uns geschah, und den Weg wieder zu einander zu finden, der noch verschüttet ist, in dem einer dem anderen Helfer und Diener wird.

Wir bitten euch: Helft uns und unserm Volk, die Wurzeln aller Feindschaft gegen euch auszurotten, indem ihr die Grenzen einhaltet, die die Voraussetzung jeglichen Zusammenlebens in dieser Welt sind. Tut von euch alle Bitterkeit gegen uns, damit wir einander wieder offenen Auges und befreiten Herzens begegnen können."[172]

Es ist deutlich, daß wegen dieses Abschnittes der Entwurf vom Bruderrat zur nochmaligen Bearbeitung zurückgestellt wurde. Während die anderen drei Teile des Entwurfes im folgenden mehr oder weniger nur stilistische Veränderungen gegenüber der ersten Fassung erfuhren, fehlte der vierte Teil in allen folgenden Vorlagen. In diesem Abschnitt wurde in einer Art und Weise geredet, die keinesfalls dem Diskussionsverlauf im Bruderrat entsprach. In ihm wurde nicht nur die Begegnung von Christen und Juden nahezu ausschließlich auf die Mission zugespitzt, wurden nicht nur die Juden an den Zusammenhang mit der Kirche erinnert – den letztere während des „Dritten Reiches" fast völlig aus den Augen verloren hatte –, in diesem Abschnitt wurde ihnen sogar die Verantwortung dafür aufgebürdet, daß der Antisemitismus so breiten Raum gewinnen konnte. Wenn nämlich den Juden vorgehalten wurde, sie müßten die Grenzen einhalten, so schwingt doch mit,

---

vom 15.1. 1948: „Ein Ausschuß wurde eingesetzt, um einen Entwurf vorzulegen. Dieser Ausschuß ist dann an der Arbeit gewesen, während der Abendstunden des Mittwoch und am Donnerstag bis zum späten Nachmittag. Er hat der Versammlung einen umfangreichen, drei engbeschriebene Schreibmaschinenseiten umfassenden Entwurf vorgelegt. Über diesen wurde dann beraten am Donnerstag Abend und eine nochmalige Überarbeitung für erforderlich erklärt" (PRIVATAKTEN RENGSTORF, Ordner: Deutscher evangelischer Ausschuß für Dienst an Israel. EKD, Evangelische Allianz, Dokumente, Korrespondenz mit Leuner. Darin: Reichsbruderrat zur Judenfrage). Im LKA DARMSTADT (62/3664) findet sich ein von M. NIEMÖLLER überarbeiteter Vorentwurf – allerdings schon ohne Teil IV.

172 Dieser Entwurf fand sich nur in den Privatakten Rengstorfs (EBD.) und in den Handakten Burmesters, der als Gast an der Bruderratssitzung in Kassel teilgenommen hatte.

daß diese in der Vergangenheit nicht beachtet wurden. Damit aber sind die Juden am Geschehenen mitschuldig. Es überrascht, wie gegenwärtig in diesem Abschnitt Parolen sind, die im „Dritten Reich" gegen die Juden vorgebracht wurden. Überaus befremdlich erscheint auch, wie direkt, ja fordernd gesagt werden konnte, die Juden möchten doch „alle Bitterkeit gegen uns" ablegen. In diesen imperativischen Wendungen zeigt sich ein fast zwanghafter Versuch, sofort wieder in „normale" Beziehungen zu den Juden einzutreten. Daß nach dieser Aussprache solche Formulierungen und Wendungen auftauchen konnten, ist eigentlich unverständlich. Sie geben nicht nur den Diskussionsstand in keiner Weise wieder, sie reden auch so überheblich und distanziert, daß deutlich ist, wie wenig Sensibilität bei den Verfassern für die besonderen Beziehungen zwischen Christentum und Judentum vorhanden war.

Stimmen zur Diskussion der „Judenfrage" auf der Bruderratssitzung und zur beabsichtigten Erklärung

Im Bericht des Geschäftsführers des Bruderrates an die Mitglieder dieses Gremiums über die Januarsitzung in Kassel wurde betont, daß „die Kirche bis heute noch kein Wort zur Judenfrage gefunden" habe[173]. Sie habe es „auch an der rechten biblischen Unterweisung ihrer Gemeinden fehlen (lassen) und trug so mit dazu bei, daß auch die Christen von der Welle des Antisemitismus ergriffen werden konnten". Der Bruderrat habe sich daher mit einem Wort zur „Judenfrage" beschäftigt, wobei allen Sitzungsteilnehmern klar gewesen sei, „daß ein Wort der Kirche zur Judenfrage anderes zu sagen hat, als ein aus humanitären oder philosemitischen Gründen gesprochenes Wort. Die Judenfrage", so Mochalski weiter, stelle „sich der Kirche nicht als eine politische oder eine Rassefrage, sondern als eine theologische Frage nach Israel".

Weit kritischer fiel der Bericht von Harlings aus. Unter dem Datum des 14. Januar schrieb er an Rengstorf, daß er „auf Schlimmes gefaßt war, aber dennoch" sei „der Eindruck der ganzen Erörterung vollkommen niederschmetternd" auf ihn gewesen[174]. Das Referat von Hesse, obwohl recht gut, sei „ganz und gar ein Erzeugnis des Barthianismus" gewesen, weshalb in der Diskussion das Volk Israel „völlig in den Bereich des ‚ganz anderen'" erhoben und „kaum noch irgendwelche Verbindung zu dem Judentum wie es heute wirklich ist" gesehen wurde. Von Harling attestierte den Bruderratsmitgliedern einen „gradezu erschütternde(n) Mangel von Kenntnis und Verständnis für das wirkliche Judentum". Wie erwartet, sei auch die Judenmission „als eine besondere Art von Antisemitismus" abgelehnt worden. Eine

---

[173] Bericht vom 12. 1. 1948 (LKA Darmstadt, 36/7).

[174] Brief von Harlings an Rengstorf vom 14. 1. 1948 (Privatakten Rengstorf, vgl. oben S. 324, Anm. 171).

Kommission sei nun, wie er „es befürchtet hatte", damit beauftragt worden, eine Erklärung auszuarbeiten. Als Konsequenz für die Judenmission schlug von Harling vor, daß ihre Notwendigkeit dargelegt werden müsse und dazu eine größere Tagung veranstaltet werden sollte[175].

Interessanterweise änderte sich der Ton von Harlings schlagartig, als ihm der von der Kommission überarbeitete Entwurf der Erklärung zugesandt worden war. Dieses Wort sei nach seiner „Überzeugung nun doch sehr gut gelungen"[176]. Es handle sich um keine „apodiktische Formulierung in schulmeisterlichem Tone, sondern um eine verhältnismäßig eingehende Erörterung von der Heiligen Schrift her". Mit dem Eindruck, den die Diskussion in Kassel hinterlassen habe, stimme dieser Entwurf nicht überein. Dies hänge wohl damit zusammen, „daß die ‚Prominenten', die in der Aussprache im Wesentlichen das Wort geführt hatten, sich dagegen gesträubt hatten, den Entwurf auszuarbeiten, sodaß man einige jüngere Teilnehmer der Sitzung damit beauftragt hat".

Dankbar schrieb von Harling an die Geschäftsstelle des Bruderrates, daß er sich erlauben wolle, seine „freudige Zustimmung zu diesem Wort zum Ausdruck zu bringen"[177]. Er habe große Bedenken gegen ein Wort gehabt und sei darin durch den Verlauf der Aussprache in Kassel zunächst bestärkt worden, doch sei er nun um so mehr erfreut, daß „ein so ausgezeichnetes Wort gelungen ist". Dieses Wort, so schloß von Harling, dürfte „nicht (mit) irgendeiner kirchlichen Stellungnahme zu irgendeiner Tagesfrage zu vergleichen sein, sondern geradezu kirchengeschichtliche Bedeutung haben".

Beachtenswert ist in diesem Zusammenhang auch noch ein Brief des württembergischen Landesbischofs Wurm an den Geschäftsführer des Bruderrates. Wurm, dem ein Entwurf des „Wortes zur Judenfrage" zugegangen war, bemerkte, daß seiner Ansicht nach die Linie von Römer 9–11 eingehalten sei, doch vermisse er, wie schon bei anderen Worten, „die Berücksichtigung konkreter geschichtlicher und in die Gegenwart hineinwirkende(r) Tatsachen, die bei einem Wort, das von schuldhaften Versäumnissen der Kirche redet, nicht außer Acht gelassen werden dürfen"[178]. Woran er dabei hinsichtlich der „Judenfrage" dachte, machte Wurm dadurch deutlich, daß er fragte: „Kann man in Deutschland ein Wort zur Judenfrage reden, ohne zu erwähnen, was das jüdische Literatentum am deutschen Volk gesündigt hat durch Verspotten des Heiligen seit den Tagen Heinrich Heines und was in manchen Gegenden das Bauerntum zu erleiden hatte durch jüdischen Wucher? Und wenn man nun gegen den heute sich regenden Antisemitismus vorgehen will, kann man verschweigen, daß es ein Unglück ist, wenn die Besatzungsmächte emigrierten Juden das Heft in die Hand gegeben haben,

[175] Vgl. oben S. 205, S. 209 ff.
[176] Brief von Harlings an Rengstorf vom 19. 1. 1948 (vgl. oben S. 324, Anm. 171).
[177] Brief vom 21. 1. 1948 (LKA DARMSTADT, 36/73).
[178] Brief Wurms an Mochalski vom 17. 1. 1948 (LKA STUTTGART, D 1, 222).

um ihre begreiflichen Rachegefühle abzureagieren?" Wolle man Seelsorge treiben, so müsse man „auf die konkreten Verhältnisse und Empfindungen dessen" eingehen, „den man aus inneren Nöten befreien" wolle. Wurm bat „dringend..., daß diesmal der Bruderrat seinen Entwurf auch dem Rat als solchem mit einem entsprechenden Antrag übergibt". Sonst entstehe „notwendig der Eindruck, daß der Bruderrat sich als eine Nebenregierung etabliert habe, die sich berechtigt fühlt, im Namen der Kirche zur Öffentlichkeit zu sprechen". Nur wenn der Rat kein Wort nach außen spräche, sollte der Bruderrat mit seinem Wort an die Öffentlichkeit treten. Abschließend wies Wurm darauf hin, daß der durch den Entwurf entstehende Eindruck, „als ob die Kirche im dritten Reich vollständig geschwiegen habe", nicht zutreffe. Er selbst habe gegen die Ausrottung der Juden beispielsweise am 20. Dezember 1943 protestiert[179].

Der formale Einwand Wurms, daß eigentlich der Rat für ein Wort an die Öffentlichkeit zuständig sei, mag zutreffen, zumal ein Wort des Rates der EKD zur Mitschuld der Kirchen an den schrecklichen Ereignissen im „Dritten Reich" und zum Verhältnis von Kirche und Judentum längst überfällig war. Den Äußerungen Wurms ist zu entnehmen, daß ihm daran lag, in einer Erklärung verständlich zu machen, wie der Antisemitismus entstehen konnte. Dieses berechtigte Anliegen vertrat er aber nun mit Argumenten, die noch eine große Nähe zu antisemitischen Denkweisen aufweisen. Aufgrund ähnlicher Überlegungen räumte Wurm auch 1938 dem nationalsozialistischen Staat das Recht ein, gegen die Juden vorzugehen![180] Vor allem schwingt in den Äußerungen Wurms ein stark apologetischer Unterton mit: Das „jüdische Literatentum", die „jüdischen Wucherer" haben durch ihr Verhalten die Reaktion der Deutschen selbst hervorgerufen. Deutlich wird, daß Wurm die antisemitischen Vorurteile, welche ihm von Stoecker her geläufig waren und die im Dritten Reich eine so unsägliche Rolle spielten, noch nicht überwunden hatte. Im Gegenteil: Die neuen antisemitischen „Argumente", daß den Juden auch nach 1945 „das Heft in die Hand gegeben" sei, wurden von ihm unkritisiert übernommen und gewissermaßen gegen ein Wort ins Feld geführt. Eine Erklärung des Rates der EKD zur „Judenfrage" wäre zu diesem Zeitpunkt begrüßenswert gewesen, doch es mag gut sein, daß sich der Rat nicht damit auseinandersetzte, da aufgrund dieser Äußerungen Wurms kein lösendes Wort zu erwarten gewesen wäre.

Das „Wort zur Judenfrage" vom 8. April 1948

Am Abend des 7. April wurde, so ist im Protokoll der 14. Bruderratssitzung festgehalten, „noch einmal das Wort zur Judenfrage Abschnitt für

---

179 Vgl. zu diesem Schreiben Wurms an Lammers G. SCHÄFER, Wurm, S. 170f.

180 Vgl. oben S. 24, Anm. 24.

Abschnitt gründlich durchgegangen, in einzelnen Sätzen umformuliert und endgültig verabschiedet. Schluß der Sitzung... 1 Uhr nachts“[181]. Wie sah nun dieses Wort aus?

In dem dreigliedrigen „Wort zur Judenfrage“[182] wurde im ersten Punkt etwas über die Motivation für diese Erklärung gesagt, im zweiten Abschnitt eine theologische Grundlegung vorgenommen und im letzten Teil wurden praktische Folgen für die Gemeinden und Pfarrer benannt. Mit diesem Aufbau war man einerseits einem Vorschlag gefolgt, den Friedrich Middendorf während der Debatte in Kassel gemacht hatte und andererseits dem Wunsch Dietzfelbingers nachgekommen, der nicht nur ein Bußwort, sondern auch eine Belehrung der Gemeinde für nötig angesehen hatte[183].

Im ersten Abschnitt wurde eingangs herausgestellt, daß der Bruderrat „in ernster gemeinsamer Arbeit unter dem Wort der Heiligen Schrift die brennende Frage über Judentum und christliche Gemeinde durchdacht“ habe. Man dürfe nicht länger schweigen, obgleich man nach dem Geschehenen mit Recht sagen könne, daß man „keine Vollmacht“ habe, jetzt zu reden. „Wir sind betrübt über das“, so hieß es weiter, „was in der Vergangenheit geschah, und darüber, daß wir kein gemeinsames Wort dazu gesagt haben.“ Es bestehe die Gefahr eines neuen Antisemitismus, da „uns vergolten wird, was wir an den Juden verschuldet haben“. Das Wort Gottes helfe in dieser Situation, „dem Juden recht zu begegnen“. Wegen der „Sorge um die Zukunft“ und der „Last der Vergangenheit“ rede man und bitte die „Pfarrer und Gemeinden,... mit uns diese Frage an Hand der Heiligen Schrift zu durchdenken“.

Der zweite Teil enthielt sechs theologische Aussagen, denen vorangestellt war, daß in der Bibel bezeugt sei, „daß Jesus von Nazareth ein Jude ist, ein Glied des... Volkes Israel“. Der Kirche sei es daher „verwehrt zu lehren, es sei gleichgültig[184], daß Jesus ein Glied des jüdischen Volkes sei“. Im ersten der sechs Punkte wurde festgehalten, daß „die Erwählung und Bestimmung

---

181 Protokoll der 14. Tagung, S. 13 (LKA Darmstadt, 36/7).

182 Dieses „Wort“ erschien zunächst als Nr. 12 in der Reihe „Flugblätter der Bekennenden Kirche“. Allgemein zugänglich ist es in: KJ 1945–1948, S. 224ff.; jetzt auch in: Kirchen, S. 540–544. Hinzuweisen ist auf den bei R.M. Heydenreich (Erklärungen, S. 251f.) abgedruckten Text, der wohl häufig herangezogen wird. Er enthält zu Beginn des 2. Abschnittes einen Fehler: Im offiziellen Text heißt es: „Damit ist es der Kirche verwehrt, zu lehren, *es sei gleichgültig*, daß Jesus ein Glied des jüdischen Volkes sei...“. Heydenreich hat folgende, diesem Text gerade widersprechende Fassung: „Damit ist es der Kirche verwehrt, zu lehren, daß Jesus ein Glied des jüdischen Volkes sei...“. Durch diese Formulierung ist natürlich auch die Interpretation Heydenreichs (Ebd., S. 249) nicht haltbar. Diesen Hinweis verdanke ich Prof. R. Rendtorff, Heidelberg. Die verderbte Textfassung findet sich schon in der von R.M. Heydenreich angegebenen Quelle, vgl. K. Kupisch, Das Volk der Geschichte (2. Aufl. 1960). Der Text wurde dort erstmals in die zweite Auflage aufgenommen, der Fehler wurde auch in der dritten nicht verbessert. Der Titel der ersten Auflage (1953) hatte noch „Volk ohne Geschichte“ (!) gelautet.

183 Protokoll der Bruderratssitzung von 7./8. 1. 1948 in Kassel, Middendorf S. 7 und Dietzfelbinger S. 12 (vgl. oben S. 320, Anm. 157).

184 Vgl. unten S. 356 die Darlegung Grundmanns.

Israels“ nach der Geburt des Sohnes Gottes „ihre Erfüllung gefunden“ habe. Durch die Kreuzigung des Messias, so wurde zweitens betont, habe Israel „seine Erwählung und Bestimmung verworfen“, doch sei zu bedenken, daß alle Menschen „an dem Kreuze Christi mitschuldig“ wurden. Die Erwählung Israels sei, so hieß es weiter, auf die Kirche aus allen Völkern übergegangen, deshalb sei es ihr verwehrt, „Judenchristen und Heidenchristen voneinader zu scheiden“. Allerdings warte „die Gemeinde... darauf, daß die irrenden Kinder Israels den ihnen von Gott vorbehaltenen Platz wieder einnehmen“. Trotz der Verwerfung lasse Gottes Treue Israel nicht los, da „Christus... auch für das Volk Israel gekreuzigt und auferstanden“ sei. „Die Kirche macht sich schuldig“, so wurde zum Abschluß des vierten Punktes unterstrichen, „wenn sie die Bezeugung dieser Langmut Gottes gegen Israel... unterläßt oder sich verbieten läßt“. Fünftens stellte man heraus, daß „Israel unter dem Gericht... die unaufhörliche Bestätigung der Wahrheit, Wirklichkeit des göttlichen Wortes und die stete Warnung Gottes an seine Gemeinde“ sei. Die „stumme Predigt des jüdischen Schicksals“ diene „uns zur Warnung“ und „den Juden zur Mahnung, ob sie sich nicht bekehren möchten zu dem, bei dem allein auch ihr Heil steht“. Der Kirche, so hieß es im letzten Punkt, sei es „verwehrt, die Judenfrage als ein rassisches oder völkisches Problem zu sehen und ihre Haltung gegenüber dem Volk Israel wie gegenüber dem einzelnen Juden von daher bestimmen zu lassen“. Da die führenden Christen mitmachten, als sich der Antisemitismus regte, sei eine „Kraft des Widerstandes“ gegen die „brutale Gewalt... nicht vorhanden“ gewesen. „In christlichen Kreisen entzog man sich der Verantwortung und rechtfertigte sich dafür mit dem über Israel verhängten Fluch.“ Als Zusammenfassung dieser theologischen Überlegungen des zweiten Abschnittes wurde festgehalten, daß „wir mit Scham und Trauer (erkennen), wie sehr wir uns an Israel verfehlt haben und wieviel wir ihm schuldig geblieben sind. Wir haben es unterlassen, als Kirche das rettende Zeugnis für Israel zu sein. Nun treffen uns die Gerichte Gottes,... auf daß wir uns in wahrhaftiger Buße als Kirche und als Volk unter die gewaltige Hand Gottes beugen.“

Im dritten Abschnitt wurden zunächst die „Gemeinden und Pfarrer“ und anschließend die Judenchristen konkret angesprochen. Die „Gemeinden und Pfarrer“ rief man dazu auf, sich des „besonderen Zusammenhanges mit Israel bewußt“ zu sein. Es gelte, sich vor dem Antisemitismus zu hüten, gegenüber Israel „das Zeugnis des Glaubens und die Zeichen“ der Liebe aufzurichten, den Einsamen nachzugehen und Unrecht gutzumachen. In der Begegnung mit Israel solle darauf geachtet werden, daß „die an Jesus Christus entstandene Trennung nicht“ verharmlost werde, aber man dürfe „in der Fürbitte für Israel nicht müde werden“ und müsse „auf die zeichenhafte Bedeutung seines Schicksals achten“. Die Judenchristen wurden gebeten, „nicht hängenzubleiben an dem, was Menschen“ ihnen „angetan haben, die mit derselben Taufe getauft... sind“. Das Schweigen und die mangelnde Liebe sowie die geringe

Hoffnung auf Wiederherstellung der brüderlichen Gemeinschaft führe die Judenchristen „wieder in eine besondere Einsamkeit und in großes Elend". „Gott aber ... wird sein Werk an euch und uns vollenden ... Darum bitten wir euch, aller durch uns geschehenen Zertrennung nicht mehr zu gedenken und um der Wahrhaftigkeit Gottes und um euerer Berufung willen unsere Gemeinschaft nicht zu meiden, uns nicht zu verlassen und nicht eigene Gemeinden zu bilden".

So kritisch dieses Wort weitgehend eingeschätzt wird – Eberhard Bethge schreibt beispielsweise, daß in diesem Wort „alle tradierten Antijudaismen (Enterbungs-, Substitutions-, Straf- bzw. Fluchtheorien und die Judenmission) wiedererscheinen, als sei nichts geschehen"[185] – so überzogen erscheint doch ein Urteil, das anhand dieses Wortes die Unausrottbarkeit eines „seit Jahrhunderten in der Kirche traditionelle(n) Judenhass(es)" herausstellt[186]. Ja, daß sich einzelne Mitglieder des Bruderrates nachträglich von diesem Wort distanzieren wollten, indem sie darauf hinweisen, wenn sie bei der entsprechenden Sitzung anwesend gewesen wären, „hätten sie dieses ‚Wort' zu verhindern gesucht"[187], macht es um so nötiger, zunächst einmal nach den positiven Ansätzen in dieser Erklärung zu fragen.

Mit diesem Wort wurde endlich „das Schweigen gebrochen"[188], mit welchem sich bislang Gremien auf EKD-Ebene weitgehend umgeben hatten. Man sei, so wurde im Wort des Bruderrates eingangs betont, „betrübt über das, was in der Vergangenheit geschah, und darüber, daß wir kein gemeinsames Wort dazu gesagt haben". Auch führende Christen seien dem Antisemitismus verfallen gewesen, so daß eine Widerstandskraft nicht vorhanden war. Im Gegenteil: Mit dem Hinweis auf den „über Israel verhängten Fluch" habe „man sich der Verantwortung" entzogen. Die Christen hätten „die Hand geboten zu all dem Unrecht und Leid, das unter uns an Israel geschah". Die Kirche habe „das rettende Zeugnis für Israel" unterlassen und sei durch

---

185 E. Bethge, Bonhoeffer und die Juden, S. 246, Anm. 27. – Bethge rechnet demnach die Judenmission zu den „traditionellen Antisemitismen"!

186 U. Bohn, Voraussetzungen, S. 159.

187 Beckmann berichtete, daß er und Iwand „im April 1948 an der Sitzung des Reichsbruderrates, auf welcher dieses ‚Wort' verfaßt und beschlossen worden ist, nicht haben teilnehmen können" (B. Klappert, Weg, S. 134, Anm. 205). Laut Anwesenheitslisten waren nun aber sowohl Beckmann als auch Iwand auf der ersten Sitzung in Kassel, auf der diese Erklärung vorbereitet wurde, anwesend. Iwand entschuldigte sich zwar für die Aprilsitzung, doch machte er keine Einwände gegen dieses Wort geltend, die der Geschäftsführer des Bruderrates gegebenenfalls erbeten hatte. Beckmann war laut Protokoll der Aprilsitzung die ganze Zeit anwesend; ja, er leitete die Beratungen. Im Rundschreiben an die Mitglieder des Bruderrates, das am 10. 4. 1948 versandt wurde, schrieb Mochalski: „Einwendungen grundsätzlicher Art oder gegen das Wort überhaupt waren von Mitgliedern des Bruderrates nicht erhoben worden" (LKA Darmstadt, 36/7).

188 P. von der Osten-Sacken, Katechismus, S. 287.

diesen Mangel an Liebe und Brüderlichkeit mitschuldig geworden. So unmißverständlich und präzise war die Mitverantwortung und Mitschuld der Kirche am Völkermord an den Juden bis dahin noch kaum zum Ausdruck gebracht worden. Auch fehlten in diesem Wort irgendwelche Ausflüchte oder Selbstrechtfertigungen. Es wurde der in der Kirche gepflegte christliche Antisemitismus konkret angesprochen und als zu überwindender Fehlweg gekennzeichnet. Auch daß die Kirche „für die Judenfrage durchweg keine anderen als die säkularen Gesichtspunkte" kannte und anwandte, wurde als „verhängnisvoller Irrtum" festgemacht. Weiter wurde nachdrücklich unterstrichen, daß die Einheit von Juden- und Heidenchristen nicht aufgegeben werden dürfe und daß die Kirche immer wieder daran zu erinnern sei, daß Jesus aus dem Volk Israel stamme. Vor allem aber wurde die Treue Gottes gegenüber Israel herausgestellt, die Fortdauer des Bundes Gottes mit Israel betont und angemahnt, daß dies im Verhalten der christlichen Gemeinde zum Ausdruck kommen müsse. Die „Glieder des Volkes Gottes" hätten sich ihres „besonderen Zusammenhanges mit Israel bewußt" zu werden. Es gelte, den Einsamen nachzugehen und „geschehenes Unrecht wieder gutzumachen".

Auch der in der theologischen Tradition eine große Rolle spielende Vorwurf, die Juden seien am Tode Jesu schuldig, wurde abgewiesen, indem darauf hingewiesen wurde, daß alle Menschen „an dem Kreuze Christi mitschuldig" seien. Diese Erkenntnis, die sich auch vielfach in Passionsliedern findet[189], steht eindeutig gegen die einlinige Sicht, die in der Tradition immer wieder vorgebracht wurde[190].

So läßt sich sagen, daß in dieser Erklärung „die Sprache eines erschütterten Herzens laut wird"[191] und daß hier ein „ernsthafte(r) Wille zur Umkehr"[192] zu spüren ist. An verschiedenen Stellen ist zu spüren, daß die Autoren noch unfähig sind, präzisere Wendungen zu finden und es ihnen nur schwer gelingt, über ein „Stammeln" hinauszukommen. Die von der theologischen und kirchlichen Tradition her bekannten Theologumena schlagen immer wieder durch; hinter den gewählten Formulierungen wird jedoch eine Unsicherheit deutlich, die aber noch nicht unmißverständlich ausgedrückt werden kann. Es scheint nötig zu sein, gerade an dieser Stelle darauf hinzuweisen, wie schwierig es ist, neue, der Tradition entgegenstehende Ansichten zu formulieren. Es bedarf immer einer bestimmten Zeit, um zu einer Sicherheit im Ausdruck eines neu gewonnenen Standpunktes zu kommen. Um so

---

189 Beispielsweise EVANGELISCHES KIRCHENGESANGBUCH, Lied 60,3: „Was ist doch wohl die Ursach solcher Plagen? Ach, meine Sünden haben dich geschlagen; ach mein Herr Jesus, ich hab dies verschuldet, was du erduldet!"

190 R. RENDTORFF (Scheitern, S. 144) erwähnt diese wichtige Relativierung der Schuldtheorie nicht, wie überhaupt jede positive Würdigung dieses Wortes fehlt. Vgl. jetzt R. RENDTORFF, Gott, S. 16–21.

191 R. M. HEYDENREICH, Erklärungen, S. 248.

192 R. PFISTERER, Schatten, S. 98.

wichtiger ist es, solche Versuche nicht einfach zu kritisieren, sondern die kleinen Schritte in eine andere Richtung zu würdigen. Dies macht nun aber nicht die Kritik überflüssig. Wenn hinsichtlich dieses Wortes des Bruderrates nur festgehalten wird, daß „aus einzelnen ungeschickten Formulierungen noch eine ziemliche Unsicherheit dieser Frage gegenüber spricht“, so ist das zu oberflächlich[193].

Festzuhalten ist, wie stark dieses Wort des Bruderrates, trotz aller Versuche, dem sensiblen Verhältnis zwischen Kirche und Israel gerecht zu werden, einer traditionellen Theologie und Sprache verhaftet bleibt. Es finden sich in der Tat nahezu alle „klassischen“ Antijudaismen: die Enterbungstheorie – „Indem Israel den Messias kreuzigte, hat es seine Erwählung und Bestimmung verworfen“ –, die Substitutionstheorie – die „Erwählung Israels ist... auf die Kirche... übergegangen“ – und die Straftheorie – „Israel unter dem Gericht...“. Der Bruderrat problematisiert nicht, wieweit die Ansicht, daß das ganze jüdische Volk für die Kreuzigung verantwortlich sei, mit den biblischen Berichten übereinstimmt, sondern führte nur die Mitverantwortung aller Menschen gegen diese Sicht ins Feld. Auch das Problem, ob die Erwählung Israels wirklich zu einem Ende gekommen und auf die Kirche übergegangen ist, wurde nicht bedacht. Ebenso wurde die Straftheorie nicht in Frage gestellt. Sollten die Worte Jesu: „Herr, vergib ihnen, denn sie wissen nicht, was sie tun“ (Lk 23,34) nicht „mehr gelten als der Ruf dieser verblendeten Schar“ von aufgestachelten Menschen?[194]

Zur Judenmission wird in dieser Erklärung nicht ausdrücklich Stellung genommen. So wurde festgehalten, daß sich die Kirche schuldig mache, „wenn sie die Bezeugung dieser Langmut Gottes gegen Israel... unterläßt oder sich verbieten läßt“, andererseits aber betonte man sehr stark die eschatologische Hoffnung, daß die Hinwendung zu Christus nach Golgatha „die Hoffnung für Israel“ sei und die Gemeinde darauf warte, „daß die irrenden Kinder Israels den ihnen von Gott vorbehaltenen Platz wieder einnehmen“. So wird kein Zweifel daran gelassen, daß Israel dereinst Jesus von Nazareth auch als seinen Messias annehmen wird; eigenartig unbestimmt blieb jedoch, ob die Kirche einen Auftrag dazu habe, bereits jetzt unter den Juden missionarisch tätig zu sein.

An einer Stelle zeigt es sich, daß die Wortwahl noch nicht frei von antisemitischen, im „Dritten Reich“ vielfach verbreiteten Anschauungen ist: Im Punkt 1 wurde davon gesprochen, daß sich das Judentum als „Träger oder Künder einer allgemeinen Menschheitsidee“ verstehe, oder gar als „Heiland der Welt“. Diese Sicht stellt eine grobe Verzerrung des jüdischen Selbstverständnisses dar, da das „Alte Testament... nichts von allgemeinen Ideen...,

---

[193] Ebd.

[194] Brief des Repräsentanten der Svenska Israelsmissionen in Frankreich an den Bruderrat vom 7. 7. 1948 (LKA Darmstadt, 36/77).

sondern nur von einer sehr speziellen Geschichte Gottes mit seinem Volk" weiß[195]. Auch die typologische Verwendung von „der Jude" zeigt, wie die antisemitischen Schablonen noch im Hintergrund stehen und wie schwer eine Lösung von ihnen fällt. Problematisch ist auch die in Punkt 1 gemachte Aussage, daß „die Erwählung und Bestimmung Israels ihre Erfüllung gefunden" habe, indem „Gottes Sohn als Jude geboren wurde". Ist es nicht so, daß Israel „auch noch weiter eine besondere Rolle im Plan Gottes zu spielen haben" wird[196]? Kaum nachvollziehbar ist es, daß der Begriff „betrübt" gewählt wurde, um die eigene Betroffenheit über das Geschehene zum Ausdruck zu bringen. „Betrübt" erscheint angesichts des Ausmaßes des Grauens als oberflächlich und völlig unzureichend. Allerdings wird dieser Eindruck dadurch etwas korrigiert, daß an anderer Stelle unmißverständlich herausgestellt wird, daß man „mit Scham und Trauer" erkenne, „wie sehr wir uns an Israel verfehlt haben und wieviel wir ihm schuldig geblieben sind".

Abschließend soll noch auf den gravierendsten Kritikpunkt eingegangen werden: In Punkt zwei wurde die Alleinschuld Israels am Tode Jesu zwar bestritten, die Punkte vier und fünf aber legen nahe, daß Israel allein die Folgen, das Gericht Gottes, zu tragen habe. Zu dieser gebrochenen Sicht, die deutlich macht, daß sich die Verfasser über die Konsequenzen einzelner von ihnen gemachter Aussagen noch nicht klar waren, paßt auch folgende Aussage: „Daß Gott nicht mit sich spotten läßt, ist die stumme Predigt des jüdischen Schicksals...". Diese Wendung legt es nahe „im Holocaust, bei allem Entsetzen, das" die Bruderratsmitglieder „gepackt haben mag, das Gericht Gottes über das jüdische Volk"[197] zu sehen. Auch der Satz in Punkt vier: „Daß Gottes Gericht (Israel) in der Verwerfung bis heute nachfolgt, ist Zeichen seiner Langmut" läßt fragen, was das für ein Gott ist, „der 6 Millionen durch einen grauenvollen, entwürdigenden Tod dafür büßen läßt, daß vor 2000 Jahren in dem gleichen Volk eine intrigante Regierung im Zusammenwirken mit dem von ihr verhetzten Großstadtpöbel einen Justizmord veranlaßte"[198]? Das Leid Israels, so legen es diese Formulierungen nahe, ist die Konsequenz seiner Verwerfung, oder noch drastischer ausgedrückt: Adolf Hitler wird bei dieser Prämisse letztlich zum Exekutor eines Gottesurteils! Solange also die Fluchtheorie weiterhin so zentral das Verhältnis von Kirche und Israel bestimmte, mußten die zaghaften Versuche, Neues zu formulieren, erdrückt werden. Es bedurfte einer grundsätzlichen Neubestimmung des Verhältnisses, um zu Bestimmungen zu gelangen, die frei von antisemitischen Implikationen waren. Immerhin wurde in diesem „Wort zur Judenfrage" ja ausdrücklich vermerkt, daß es „kein endgültiges Wort sein"

---

195 R. M. HEYDENREICH, Erklärungen, S. 250.

196 Vgl. oben Anm. 194.

197 Vgl. oben S. 331, Anm. 190.

198 Vgl. oben Anm. 195.

wolle, vielmehr wurden Pfarrer und Gemeinden gebeten, „mit uns diese Frage an Hand der Heiligen Schrift zu durchdenken“[199]. Mit diesem Vorbehalt sollte ein Impuls dazu gegeben werden, daß sich nicht nur Gruppen in der Kirche oder einzelne Christen mit der Frage “Israel“ beschäftigen, sondern daß es sich um eine Herausforderung an alle Christen handle[200].

Zusammenfassend kann festgehalten werden, daß in diesem „Wort“ ein erster Schritt getan wurde. Es ist eine Demonstration des guten Willens, ohne daß der Kern der Sache in den Blick genommen wurde. Das Versagen im ethischen Bereich wurde benannt, zu theologischen Hintergründen und Folgen drang man noch nicht durch. In einzelnen Wendungen deutet sich ein Umdenken und Einlenken an, ohne daß es konkreter gefaßt werden könnte und möglicherweise Konsequenzen deutlich würden. Diese Unsicherheit bewirkt, daß der Erklärung etwas Steriles, Abstraktes, ja Gekünsteltes anhaftet.Obgleich dadurch, daß die eigene Situation zu schnell in die Aussagen hineinvermittelt wurde und ein Zug von „Wehleidigkeit“ über die eigene Lage mitschwingt, erscheint bereits das Aussprechen dieses Wortes als ein Akt der Befreiung. Trotz der beachtlichen Ansätze konnte dieses „Wort zur Judenfrage“ des Bruderrates keinen wirksamen Impuls zur Neubestimmung des Verhältnisses von Kirche und Judentum geben.

i. Die „Erklärung“ zur „Judenfrage“ der Synode der Evangelisch-Lutherischen Landeskirche Sachsens vom April 1948

Als der Synodale Prof. Albrecht Oepke[201] am 17. April 1948 die von ihm initiierte „Erklärung“ zur „Judenfrage“ vor der sächsischen Synode erläuterte, lagen über zwei Monate intensiver Beratung über diese Kundgebung hinter ihm. Am 31. Januar[202] hatten Oepke, Vorsitzender des „Arbeitsaus-

---

[199] Auch die Sozietät hatte die Gemeinden aufgefordert, die vorgelegte „Erklärung“ zu prüfen und mitzubedenken (vgl. oben S. 278ff.).

[200] Es seien noch einige Reaktionen auf dieses „Wort zur Judenfrage“ angeführt: In der von der Bekennenden Kirche herausgegebenen Zeitschrift „Bekennende Kirche auf dem Weg“, unternahm ERICA KÜPPERS in einer vierteiligen Artikelserie unter der Überschrift „Widerstehet dem Antisemitismus!“ eine gründliche und informative Aufbereitung des im Wort des Bruderrates thematisierten Zusammenhangs. Die Artikel erschienen in den Ausgaben Juli bis Oktober des Jahrgangs 1948. Die einzelnen Teile hatten die Überschriften: „Wen trifft der Antisemitismus?“, „Die Juden das auserwählte Volk!?“, „Der Gott Israels und sein Gesetz“, „Aber der Talmud?!“, „Die Königsherrschaft Gottes.“, „Ist der Gott des A.T. ein Judengott?“, „Wir Christen und die Juden“, „Aber die Schuld der Juden?“ (wiederabgedruckt in: H. KALLENBACH, Juden, S. 66–107). Im Juni 1948 wandte sich der „Westdeutsche Jungmännerbund e.V.“ an den Bruderrat und teilte mit, daß man veranlaßt durch dieses Wort ein Rundschreiben in Sachen „Judenfrage“ an alle „Berufsarbeiter“ hinausgegeben und das Wort abgedruckt habe (LKA DARMSTADT, 36/73).

[201] Vgl. oben S. 248ff.

[202] Protokoll der Synodalsitzung vom 18.4.1948, in: GEDRUCKTES PROTOKOLL, S. 119.

schusses für Mission unter Israel“, und der Leipziger Pfarrernotbund in der Synode Anträge „auf Erlaß einer Kundgebung der Judenfrage“ eingebracht. Oepke hatte seinen „persönlichen Entwurf mit den Führern der verschiedenen Gruppen, die es ... in der Synode“ gab, beraten[203]. Als er sich Gewißheit darüber verschafft hatte, „daß eine Abstimmung positiv ausfallen würde“, wurde der Entwurf im Synodalausschuß für innere Fragen beraten und erfuhr mindestens fünf Überarbeitungen[204].

Nachdem der Schriftführer der Synode die „Kundgebung zur Judenfrage“ verlesen hatte und ein Antrag, dieses Wort in ein geplantes Wort an die Gemeinden einzuarbeiten, gescheitert war, nahm Oepke als Berichterstatter zu der vorgelegten Erklärung Stellung. Die Kirche, so führte er aus, müsse sich der Frage stellen, ob sie „zu dem, was geschehen ist, nichts zu sagen“ habe[205]. Es bestehe die Gefahr, daß sie sich „durch Schweigen in neue Schuld“ verstricke. Würde die Kirche aber schweigen, so könne der Eindruck entstehen, sie „habe zu dieser Sache nichts zu sagen, sie wolle dazu schweigen, oder sie sei vielleicht in ihren eigenen Reihen nicht einig darüber, daß etwas dazu gesagt werden muß“. Die Kirche, so folgerte Oepke, müsse reden, reden wegen der ungeheuerlichen Dinge, die geschehen seien und weil sie sich selber „irgendwie schuldig bekennen“ müsse. Bislang habe es kein Organ gegeben, das autorisiert gewesen sei, eine Erklärung abzugeben. Nachdem aber die Synode einberufen sei, „wäre längeres Schweigen nicht entschuldbar“.

Zum Wort selbst bemerkte der Berichterstatter, daß zunächst die Allgemeinschuld betont und dann die Schuld der Kirche herausgestellt sei. Speziell eingegangen werde in diesem Zusammenhang auf die „besonderen Verschuldungen der sächsischen Kirche“. Abschließend seien drei Forderungen für die Zukunft formuliert. Für den Arbeitsausschuß für Mission unter Israel sah Oepke zwei konkrete Aufgaben: Da es in Sachsen kaum noch Juden gebe, betrachte es der „Ausschuß“ als eine vordringliche Aufgabe, den Judenchristen beizustehen. Auch gelte es, „in jeder Ephorie einen Vertrauensmann für den Dienst an Israel (zu) bestellen“. Diese hätten auf den Pfarrerversamm-

---

[203] Ebd., S. 115.

[204] Offensichtlich blieb in den Akten des Landeskirchenamtes nur ein Vorentwurf vom 7. 4. 1948 erhalten, der von Oepke stammen dürfte. Es handelt sich wohl um die von ihm in seinem Bericht vor der Synode angeführte, sehr kurze Fassung, die dann nachträglich wieder erweitert wurde. Dieser Entwurf lautete: „Die Synode wolle beschließen: Wir verurteilen die im Dritten Reich gegen die Juden begangenen Grausamkeiten auf das tiefste. Wir klagen nicht nur die damaligen Machthaber an, sondern beklagen auch die Schuld des ganzen Volkes und unsere eigene, der Kirche Mitschuld an. Denn wir haben nicht genügend tapfer widerstanden. Wir bitten unsere jüdischen Mitbürger, vor allem aber Gott um Vergebung. Für die Zukunft schulden wir dem Judentum: 1. Gerechtigkeit ...“ Die Fortsetzung des Textes entspricht der unten darzustellenden Fassung (Brief des Evangelisch-Lutherischen Landeskirchenamtes Sachsen an den Verfasser vom 7. 3. 1985).

[205] Vgl. oben Anm. 202, S. 115.

lungen das Thema „Kirche und Israel“ einzubringen, damit im „Konfirmandenunterricht, in der Predigt, in Gemeindeabenden, in Bibelstunden usw.... die Judenfrage in die richtige Beleuchtung gerückt“ werde. Nur so könne der fanatische Antisemitismus überwunden und vernichtet werden.

Zur Verbreitung in der Öffentlichkeit führte Oepke anschließend aus, daß das Wort nicht als Kanzelabkündigung für den 10. Sonntag nach Trinitatis hinausgehen solle, da dies zu lange dauern würde und es für diesen Zweck auch zu umfangreich sei. Gedacht sei vielmehr daran, das Wort in der Kirchenzeitung „Sonntag“ abzudrucken. Seine Rede schloß der Berichterstatter damit, daß er auf den Wunsch des Inneren Ausschusses hinwies, der „Annahme dieses Wortes hier (in der Synode, S.H.) keine große Diskussion“ vorangehen zu lassen.

Der Synodalpräsident widersprach diesem Ansinnen und warnte davor, „derartig schwerwiegende Erklärungen hier a cappella anzunehmen“, sondern zwei Beratungen durchzuführen. Dieser Antrag wurde angenommen. Überraschenderweise ließ der Präsident dann aber nur eine Wortmeldung zu und verwies danach auf die zweite Beratung am folgenden Tag.

Vor dieser zweiten Lesung müssen gegenüber Oepke in persönlichen Gesprächen Bedenken gegen die Verabschiedung der vorgelegten Erklärung vorgebracht worden sein. Diese Bedenken bezogen „sich nicht auf den Inhalt und die Form des Wortes, sondern“, so Oepke in seiner Stellungnahme vor der Synode, es sei „nur die Frage entstanden, ob die Kirche in diesem Augenblick, wo sie vielleicht zu manch anderem notgedrungen schweigen muß, gerade dieses Wort sprechen soll“[206]. Man dürfe aber doch nicht zu dem einen Unrecht schweigen, weil man zu einem anderen nichts sagen könne. Da eine Predigtmeditation anders aussehen müsse – es wäre dann „auch zu reden von der Schuld des Judentums und vom Gericht Gottes über das jüdische Volk im Jahre 70 nach Christus“ –, schlug Oepke vor, die Erklärung „in der vorliegenden Form für den 10. Sonntag nach Trinitatis den Geistlichen zuzustellen, es dann aber mit einem ergänzenden Schreiben des LKAs (Landeskirchenamtes, S.H.) zu versehen“. Eine sich anbahnende Debatte über den Sinn von Schuldbekenntnissen überhaupt und ob vielleicht in dieser Erklärung nicht eine Erweiterung dahingehend vorgenommen werden sollte, daß man „jeder in ähnlicher Weise bedrohten Menschengruppe“ wie dem jüdischen Volk Gerechtigkeit schulde, unterband der Synodalvorsitzende. Er ließ umgehend darüber abstimmen, wer dafür sei, daß „das Wort... als Abkündigung für den 10. Sonntag nach Trinitatis“ verabschiedet werden sollte[207]. Der Antrag wurde einstimmig angenommen!

---

[206] Ebd., S. 120. – Nach Meinung des damaligen Synodalmitgliedes, Oberlandeskirchenrat i.R. Ulrich von Brück, war zum Beispiel „an Geschehnisse bei Kriegsende durch die Siegermächte“ gedacht, aber auch an „das Flüchtlingsproblem, die Landreform u.a. mehr“ (Brief von Brücks an den Verfasser vom 12. 12. 1984).

[207] Vgl oben S. 334, Anm. 202, S. 121.

Da in diesem Wort der sächsischen Synode in einer für jene Zeit einmaligen Weise die Schuld der Kirche benannt wurde, soll dieser Text im vollen Wortlaut vorgestellt werden[208]:

„Erklärung

Wir empfinden es als tief beschämend, daß der umfassendste und grausamste Versuch zur gewaltsamen Ausrottung des Judentums, den die Weltgeschichte kennt, im Namen des deutschen Volkes unternommen worden ist. Millionen Juden, Männer, Frauen und Kinder, ein Drittel des gesamten Volksbestandes, wurden von uns vernichtet. Es bedarf keines Wortes darüber, daß dies den christlichen Grundsätzen der Gerechtigkeit, Duldung und Nächstenliebe im tiefsten widerspricht. Es wäre aber zu billig, die Verantwortung dafür auf die damaligen Machthaber, an denen Gottes Gericht sich erfüllt hat, abzuschieben. Sofern der Rassenhaß unter uns gehegt oder doch ohne ernstlichen Widerstand geduldet worden ist, sind wir mitschuldig geworden.

Auch unsere sächsische Kirche hat zur Verfolgung der Juden, selbst der christlichen, beigetragen. Seit 1933 wurde durch die damalige Kirchenführung planmäßig der Weg beschritten, die Judenchristen aus der kirchlichen Gemeinschaft auszuschließen. Viele Pfarrer und Gemeinden haben dazu geschwiegen ja, manche haben sich an dieser Haltung sogar persönlich beteiligt. Wenn es auch an bewußt christlicher Gegenwirkung nicht gefehlt hat, so ist es doch durch den Bruch kirchlicher Gemeinschaft mit den Juden zur Verleugnung des Wesens der Kirche gekommen.

Indem wir uns unter diese Schuld beugen, bitten wir Gott um Vergebung der begangenen oder geduldeten Sünde am jüdischen Volk. Mögen auch unsere jüdischen Mitbürger und Mitchristen uns verzeihen!

Für die Zukunft schulden wir dem jüdischen Volk:

Gerechtigkeit, zu der wir unbedingt verpflichtet sind,

Barmherzigkeit, besonders den von der Hilfeleistung des Weltjudentums ausgeschlossenen Judenchristen gegenüber,

die frohe Botschaft von Jesus, der der Christus auch des jüdischen Volkes ist. Wir sind gewiß, daß, wo das Evangelium bußfertig und gläubig bezeugt wird, es seine Kraft auch jüdischen Herzen offenbaren wird.

Wir müssen diesen Aufgaben auch um *unseres* Volkes willen mehr Aufmerksamkeit und Treue zuwenden als bisher. Wir bitten Gott um Weisheit, Kraft und Liebe, sie zu erfüllen.“

Ohne Wenn und Aber wurde in diesem Wort der sächsischen Synode der Schuld des deutschen Volkes und der Kirche Ausdruck verliehen. „Millionen Juden … wurden von uns vernichtet“, so heißt es. Nicht allein die Machthaber sind für diese schrecklichen Taten verantwortlich zu machen, sondern alle, die keinen Widerspruch einlegten, obgleich diese Taten als gegen die Gebote Gottes stehend erkennbar waren. Durch diese klare Stellungnahme

---

[208] Ebd., S. 119; der jetzt in Kirchen, S. 544f., abgedruckte Text enthält gegenüber dem Wortlaut im Protokollband einige Varianten (im letzten Abschnitt ist beispielsweise „unseres“ nicht hervorgehoben und fehlt nach „Aufmerksamkeit“ die Wendung „und Treue“; ebenso R. Rendtorff, Gott, S. 27). Ich zitiere daher entsprechend der Urfassung.

war jede Ausflucht unmöglich gemacht: Es gibt keine Ausrede, keine Selbstrechtfertigung, kein Abschieben der Verantwortung! Aber nicht nur dieses allgemeine Versagen des Staates und der Kirche wurde angeprangert, sondern man führte auch die konkrete Schuld der sächsischen Kirche an. Sie trug nicht nur zur Verfolgung der Juden bei, sie schloß auch die Judenchristen planmäßig aus der Kirche aus und verleugnete so das Wesen der Kirche[209]. Unter diese unbestreitbare, mit aller Offenheit zu benennende Schuld kann man sich nur beugen, kann Gott um Vergebung der Sünde bitten und die „jüdischen Mitbürger und Mitchristen“ um Verzeihung. Man kann sich nur ganz unter die Schuld stellen, Ausflüchte gibt es nicht! Drei unterschiedlich konkrete Folgerungen für das künftige Verhalten gegenüber dem jüdischen Volk zeigen, daß es den Autoren deutlich war, daß diese Schuldeinsicht Folgen nach sich ziehen müsse. Mit dem Stichwort „Gerechtigkeit“ war wohl weniger der Gedanke an eine Wiedergutmachung verbunden als die Forderung, daß die Juden künftig den anderen Staatsbürgern gleichgestellt werden müßten. Mit dem Begriff „Barmherzigkeit“ war an die materielle Unterstützung der Überlebenden gedacht. Man habe sich besonders den Judenchristen zuzuwenden, da diese Menschen vom „Weltjudentum“ keine Unterstützung erhielten[210]. Zuletzt wurde die Verpflichtung zur Mission festgehalten. Die gewählte Formulierung läßt ein wenig die Unsicherheit der Verfasser spüren, ob das Evangelium den Juden überzeugend ausgerichtet werden kann, nach allem was das jüdische Volk durch „Christen“ zu erleiden hatte. Folgerungen sind aber nicht nur hinsichtlich des jüdischen Volkes geboten, sondern ebenso „um *unseres* Volkes willen“. Damit ist eine breitere Aufklärungs- und Informationsarbeit innerhalb der Pfarrerschaft und der Gemeinden über das Verhältnis von Kirche und Judentum im Blick. Dieser Aufgabe sah sich der „Arbeitsausschuß für Mission unter Israel“ verpflichtet[211]. Man wollte durch eine beharrliche und intensive Arbeit alles tun, um eine Wiederholung dieser schrecklichen Geschehnisse zu verhindern.

Kritisch bleibt anzumerken, daß in diesem Wort nicht der Versuch gemacht wurde, eine Erklärung dafür zu finden, weshalb man in der Kirche keinen Protest erhob, als die Gebote Gottes verletzt wurden. Die auch in der Theologie festzumachenden Ursachen blieben ungenannt, so daß in dieser Hinsicht keine Verpflichtung für die Zukunft formuliert werden konnte. Überhaupt sind die Folgerungen für die Zukunft recht knapp beschrieben. Hinsichtlich der Mission wurde nicht gefragt, inwieweit man nach dem Massenmord an den Juden noch genauso weiterarbeiten könne wie seit der Mitte des vorhergehenden Jahrhunderts. Der unverständliche Beschluß der

---

[209] Vgl. zur Situation der sogenannten „nichtarischen“ Pfarrer in der sächsischen Landeskirche H.-J. KANDLER, Kirche.

[210] Vgl. oben S. 53ff., S. 74, S. 146ff.

[211] Vgl. oben S. 250.

Synode, diese Kundgebung nicht sofort an die Presse zu geben, erklärt, weshalb dieses im Ganzen doch sehr eindrückliche Wort unbeachtet und ohne sichtbare Wirkungen blieb.

j. Die Worte des Landesbischofs der Evangelischen Landeskirche in Baden zum 10. Sonntag nach Trinitatis 1948 und 1949

Im kirchlichen Gesetzes- und Verordnungsblatt der Badischen Landeskirche vom 17. Juni 1948 wurde den Geistlichen ein Wort des Landesbischofs D. Julius Bender mitgeteilt, welches am 10. Sonntag nach Trinitatis in den Gottesdiensten verlesen werden sollte[212]. Die Kollekte dieses Sonntags, so stellte Bender heraus, sei wie überall in der EKD für die Judenmission bestimmt, da nach dem Missionsbefehl das Evangelium „auch zu dem Volk Israel hingetragen werden“ solle[213]. Bender führte weiter aus:

„Immer wieder ist im Lauf der Geschichte der Haß gegen dieses Volk aufgebrochen, und in den vergangenen Jahren hat sich unser eigenes Volk zu Haß und Untaten gegen die Glieder des jüdischen Volkes hinreißen lassen und ihnen Menschenwürde und Lebensrecht nicht nur abgesprochen, sondern auch faktisch genommen. Daß es dahin hat kommen können, belastet auch die Christen in unserem Volk, denn im Herzen eines Christen darf der Rassenhaß keinen Platz haben, ist doch Christus ebenso gut für das jüdische Volk wie für unser eigenes in den Tod gegangen und hat doch Gott nach seinem Ratschluß den großen Heilsdienst für die ganze Welt gerade mit dem Volk Israel begonnen und in der Sendung seines Sohnes zu diesem Volk hinausgeführt.

Während ringsum in der Welt der Haß gegen das jüdische Volk aufs neue sich zu regen droht, wollen wir als Christen uns vor aller hochmütigen, selbstgerechten Verachtung des jüdischen Volkes hüten und uns mit dem Apostel Paulus als Schuldner nicht nur gegenüber den Heidenvölkern, sondern auch gegenüber dem Volk Israel bekennen. Vor Gott gilt kein Ansehen der Person, sondern wer an den Namen des Herrn Jesu Christi glaubt, ist Ihm angenehm und ein Glied jener Gemeinde, die Ihm gehört. Daß diese selige Wahrheit nicht durch unser Verhalten gegenüber den Gliedern des jüdischen Volkes verdeckt werde, das ist unser aller Anteil an der Missionsaufgabe an Israel; daß die Verkündigung des Evangeliums unter den Juden geschehen kann, dazu erbitte ich eure Fürbitte und eure Gaben.“

Diese Abkündigung zum 10. Sonntag nach Trinitatis benützte Bender zu einem eindringlichen Plädoyer gegen den Antisemitismus[214]. Wozu dieser

---

212 Nicht auszuschließen ist, daß auch andere Landeskirchenleitungen ähnliche Verlautbarungen hinausgaben. Die Worte Benders sollen deshalb vorgestellt werden, da das Wort von 1949 auch in der überregionalen Presse ein großes Echo fand (vgl. unten S. 344, Anm. 225).

213 Gesetz- und Verordnungsblatt der Vereinigten Evangelisch-protestantischen Landeskirche Badens, Nr. 4 vom 17. 6. 1948, S. 21; auch LKA Karlsruhe, GA 3206, Az. 17/2.

214 Inwieweit dieses Wort des badischen Landesbischofs vom Wort des ÖRK (vgl. oben

Rassenhaß geführt habe, sei erst in den vergangenen Jahren an den Untaten des deutschen Volkes wieder zutage getreten: „Menschenwürde und Lebensrecht" seien dem jüdischen Volk nicht nur abgesprochen, „sondern auch faktisch genommen" worden. Christen belaste es, daß „es dahin hat kommen können", zumal im Herzen eines Christen für Rassenhaß kein Platz sein könne. Die Deutlichkeit dieser Formulierung wird lediglich durch den Begriff „belastet" gemindert, er wirkt zu distanziert, zu formelhaft, um ein tiefes Betroffensein zu vermitteln[215]. Die Christen hätten sich „vor aller hochmütigen, selbstgerechten Verachtung des jüdischen Volkes (zu) hüten". Christologisch, heilsgeschichtlich, anthropologisch und ekklesiologisch untermauerte Bender seinen Appell: Christus sei für das jüdische wie für das deutsche Volk in den Tod gegangen, Gott habe seinen „Heilsdienst für die ganze Welt gerade mit dem Volk Israel begonnen und in der Sendung seines Sohnes zu diesem Volk hinausgeführt", vor Gott gelte kein Ansehen der Person, sondern jeder Mensch, der an Christus glaube, sei „ein Glied jener Gemeinde, die Ihm gehört". Unmißverständlich wird von Bender in diesem Wort jedem Antisemitismus eine biblisch begründete Absage erteilt. Es kann kein Argument geben, das einen Haß gegen ein Volk rechtfertigen könnte! Bender schloß seine Ausführungen mit einem interessanten Gedanken: Das dem Evangelium gemäße Verhalten der Christen gegenüber Juden sei der Beitrag jedes einzelnen Christen an der Missionsaufgabe an Israel. Damit wies der Landesbischof, ganz im Sinne einer Verlesung im Gottesdienst, auf die Verantwortung eines jeden Gemeindeglieds hin. Judenmission ist nach diesem Verständnis nicht allein die Aufgabe von Spezialisten und ist kein Bereich, der mit dem persönlichen Verhalten nichts zu tun hätte, sondern hat Folgen für den Umgang eines jeden Christen mit Gliedern des jüdischen Volkes. Ja, das Verhalten der Christen kann die Verkündigung der Wahrheit Gottes verdecken, daher bedarf die eigentliche Missionsarbeit zunächst einer evangeliumsgemäßen Begegnung der Christen mit den Juden. Damit ist durch Bender der Überlegung Rechnung getragen, ob und wie denn nach den schrecklichen Ereignissen im „Dritten Reich" eine Missionsarbeit weitergehen könne. Daß die Schuldfrage nicht breiter thematisiert wurde, hängt zweifelsohne mit dem Charakter dieses Wortes zusammen. Da es im Gottesdienst verlesen werden sollte, war auf die Hörer Rücksicht zu nehmen. Plakative Wendungen hätten eine Distanzierung bewirkt, die von Bender gewählten luden hingegen zum Einstimmen, zum Mittragen und Mitmachen ein.

S. 296ff.) inspiriert wurde, läßt sich anhand der Akten nicht nachvollziehen. Der leidenschaftliche Appell gegen den Antisemitismus, die Warnung vor dem drohenden Wiederaufleben des Rassenhasses und der Hinweis, daß diese Einstellung dem Evangelium Jesu Christi widerspreche, machen einen Zusammenhang denkbar.

[215] Der Bruderrat hatte in ähnlichem Zusammenhang den Begriff „betrübt" verwendet (vgl. oben S. 328).

Kritisch bliebe noch anzumerken, daß im zweiten Abschnitt die Christen zwar aufgerufen werden, sich „vor aller hochmütigen, selbstgerechten Verachtung des jüdischen Volkes (zu) hüten" und nicht in den Haß miteinzustimmen, der sich „ringsum in der Welt... gegen das jüdische Volk aufs neue... zu regen droht", daß jedoch diese Aufforderung unzureichend ist. Wenn sich der Antisemitismus – nicht nur in der Welt, wie die Formulierung Benders nahelegt, sondern wohl auch in der Kirche – neu regt, kann es nicht genügen, sich von ihm frei zu halten, es wäre dann geboten, die Christen an ihre Verantwortung zu erinnern, aktiv gegen den Antisemitismus einzutreten. Angesichts dieser bedrohlichen Situation wäre ein Aufruf zu einem Engagement wohl angebracht und wichtig gewesen und dieser hätte nicht nur dem einzelnen Christen, sondern auch der Institution „Kirche" gelten müssen.

Ein Jahr später, im Juni 1949, wandte sich Kreisdekan Hermann Maas[216] an Bender, um ihm Probleme im Zusammenhang der Judenmission vorzutragen. In Württemberg habe sich ein Komitee des „Vereins der Freunde Israels"[217] gegründet, das mit der unmittelbaren Missionsarbeit unter Juden begonnen habe. Die Mitarbeiter besuchten die in Baden allerdings „nicht vorhandenen D-P-Lager"[218]. In der Badischen Landeskirche, so Maas weiter, gebe es bislang weder ein Komitee noch eine Missionsarbeit. Es müsse möglichst bald geklärt werden, wie es mit der Judenmissionsarbeit weitergehen solle und ob „der 10. Sonntag nach Trinitatis wiederum vorgesehen ist als Kollektentag für diese Arbeit". Maas schlug vor, allen Pfarrämtern eine kleine Schrift zu diesem Thema und die Entschließung der ersten Vollversammlung des ÖRK in Amsterdam zur „Judenfrage"[219] zukommen zu lassen. Bereits wenige Tage später übermittelte Bender Maas die Beratungsergebnisse des Oberkirchenrates: Man sei damit einverstanden, ein kleines Komitee einzurichten und die vorgeschlagenen Schriften zu versenden. Eine Kollekte für die Judenmission solle allerdings 1949 nicht erhoben werden, „nachdem schon die letztjährige keine zweckentsprechende Verwendung finden konnte"[220]. Maas seinerseits bedankte sich am 5. Juli für die „prompte" Erledigung seiner Fragen[221]. Es tue ihm sehr leid, daß keine Kollekte für die Judenmission erhoben werden könne. Gleichzeitig gab Maas zu bedenken, „ob nicht die beiden Schriften, die wir aussenden dürfen, doch womöglich auf den 10. nach Trinitatis, den uralten Tag für die Erinnerung der

[216] Vgl. oben S. 64ff., S. 155.
[217] Vgl. oben S. 151ff.
[218] Brief Maas' an Bender vom 25. 6. 1949 (LKA Karlsruhe, GA 3206, Az. 17/2).
[219] Amsterdamer Ökumenisches Gespräch 1948, Bd. 5; Kirchen, S. 325–329.
[220] Brief Benders an Maas vom 28. 6. 1949 (vgl. oben Anm. 218).
[221] Brief Maas' an Bender vom 5. 7. 1949 (Ebd.).

Gemeinde an ihre Pflicht gegenüber Israel“ versandt werden sollten. Weiter regte er bei Bender an, „ob es nicht möglich wäre, daß Du ein ganz kurzes Wort beilegtest, in dem die Pfarrer bestimmt werden, daß sie diese Schriften nun nicht einfach auf die Seite legen, sondern wenigstens für die Verkündigung in der Gemeinde sorgen. Damit wäre doch etwas getan.“

Diese Anregung nahm Bender auf und richtete am 5. August 1949 an sämtliche evangelischen Pfarrämter der Badischen Landeskirche ein Schreiben, in dem er eingangs die Bedeutung des 10. Sonntags nach Trinitatis herausstellte. An diesem Sonntag solle der Arbeit der Judenmission gedacht werden. Da diese im Bereich der süddeutschen Kirchen „nur in kleinem Umfang in den wenigen Lagern, in denen sich Juden befinden“, geschehe, könnten die Mittel dafür ohne eine besondere Kollekte aufgebracht werden[222]. Bender fuhr fort: „Es ist aber Pflicht der Kirche, nicht nur fürbittend der Missionsarbeit unter den Juden zu gedenken, sondern den Gemeinden vom Evangelium her zur rechten, christlichen Haltung gegenüber dem jüdischen Volk zu helfen. Die Tatsache, daß faktisch heute nur noch wenige Juden in Deutschland leben, enthebt uns nicht der Pflicht, unsere christlichen Gemeinden zur Überwindung tiefgewurzelter feindseliger Empfindungen gegenüber dem jüdischen Volk zu ermahnen“. Die Schändung jüdischer Friedhöfe sei ein Anzeichen dafür, daß der Rassenhaß gegen die Juden fortbestehe, „der in der Zeit des Dritten Reiches so schreckliche Auswirkungen gezeitigt hat“. Die Christen hätten Grund, so unterstrich Bender, sich „unter die Schuld zu beugen, die unser Volk den Juden gegenüber auf sich geladen hat. Wir können diese Schuld nicht selber wieder gutmachen; wir müssen und dürfen uns der vergebenden Gnade Gottes getrösten“. Wer dies tue, der werde „von aller Überheblichkeit gegenüber den Angehörigen der jüdischen Rasse (geheilt) und... befähigt, in jedem Juden Gottes Geschöpf zu ehren und in jedem Judenchristen den Bruder in Christo zu lieben“. Von „der Entscheidung der theologischen Fragen, die... die Existenz und Geschichte des jüdischen Volkes im besonderen aufgeben“, sei dies „alles ganz unabhängig“. Nachdem Bender auf die Schrift hingewiesen hatte, die seinem Anschreiben beilag[223], schloß er mit einem Gebet: „Gott helfe uns, daß wir dem Volke Israel, dessen Fleisch und Blut unser Herr angenommen hat, nicht zum Ärgernis auf dem Weg zum Heile, sondern glaubwürdige Zeugen der großen Barmherzigkeit werden. ER schenke uns auch die Freudigkeit und Weisheit, unsere Gemeinden in diesem Stück recht zu unterweisen.“

Zur „rechten, christlichen Haltung gegenüber dem jüdischen Volk“ wollte dieses Schreiben an die „Liebe(n) Amtsbrüder“ helfen. Wie schon in seinem Wort an die Gemeinde von 1948 verband der badische Landesbischof auch

---

[222] Judaica 5, 1949, S. 309f.; Kirchen, S. 545f.

[223] Offensichtlich wurde nur die Schrift von J.S. Conning, Besinnen sich die Juden auf Jesus?, versandt. Die Erklärung von Amsterdam wurde im Schreiben Benders nicht erwähnt.

hier die Judenmission sehr eng mit der Verantwortung der Kirche für einen evangeliumsgemäßen Umgang mit den Juden. Bender ging auch in diesem Fall ganz gezielt auf seinen Adressatenkreis ein. Er wies die Pfarrer auf ihre spezielle Verpflichtung dafür hin, die Gemeinden „zur Überwindung tiefgewurzelter feindseliger Empfindungen gegenüber dem jüdischen Volk“ zu ermahnen. Ihre Aufgabe sei es, die Christen „in diesem Stück recht zu unterweisen“. Die Frage, wie es zu diesem Rassenhaß kommen konnte, wurde von Bender nicht aufgeworfen. Allerdings betonte er unmißverständlich, daß da, wo die Barmherzigkeit Christi empfangen werde, „sich keine Feindschaft, auch nicht eine Feindschaft gegen das jüdische Volk halten“ könne. Offen bleibt, weshalb sich die Christen unter die Schuld zu beugen haben, „die unser Volk den Juden gegenüber auf sich geladen hat“. Schuld, so viel wird deutlich, wird nicht allein irgendwelchen Machthabern zugeschrieben, sondern alle Deutschen sind für die schrecklichen Geschehnisse, die Bender nicht näher benennt, mitverantwortlich. Dem badischen Bischof ist zuzustimmen, wenn er sagt, daß diese Schuld nicht wieder gutgemacht und deshalb allein der Gnade Gottes anbefohlen werden könne. Eine irgendwie geartete materielle Wiedergutmachung sei nicht denkbar, gefragt sei vielmehr Umkehr eines jeden Christen; Umkehr zu einem neuen Verhältnis zu den jüdischen Mitbürgern.

Es bleibt allerdings zu fragen, ob nicht ein engerer Zusammenhang zwischen dieser Schuldeinsicht und praktischen Folgen im Verhalten in der Gegenwart hergestellt werden müßte. Bender ging beispielsweise mit keinem Wort auf die besondere Notlage der Judenchristen ein und zog folglich auch keine Konsequenzen für eine gezielte Unterstützung dieses Personenkreises. In der Rechtfertigungslehre sah der badische Landesbischof die tiefere Ursache dafür, daß sich nicht allein Feindschaft, sondern schon jede Überheblichkeit gegenüber den Juden verbiete. Ob er in diesem Zusammenhang nur aus stilistischen Gründen von „jüdische(r) Rasse“ und „dem Juden“ sprach oder ob er in die nationalsozialistische Terminologie zurückfiel, kann nicht entschieden werden, es ist allemal eine problematische Formulierung. Beachtenswert jedoch, daß er in beiden Schreiben immer vom „jüdischen Volk“ redete und ansonsten die typologische Verwendung von „der Jude“ streng vermied. Mit dieser Sicht wollte Bender keine Entscheidung der theologischen Fragen um die Existenz des jüdischen Volkes verbunden wissen; er war der Ansicht, daß diese Haltung gegenüber dem jüdischen Volk die allein dem Evangelium entsprechende sei und daher von allen Pfarrern aufgenommen und in Predigt und Katechese den Gemeinden vermittelt werden müsse.

Die Mission unter Israel wurde von Bender nicht in Frage gestellt, aber in seiner Argumentation sind Ansätze für jene Position sichtbar, welche später bei der Diskussion um die Judenmission von den Vertretern des „Dialogs“ zunächst eingenommen worden war: Nur wenn die Juden als gleichberechtigte Partner angesehen und akzeptiert sind, kann Mission betrieben werden!

Diese Einstellung tritt auch im abschließenden Gebet zutage, in welchem zunächst herausgestellt wurde, daß die Christen Israel „nicht zum Ärgernis auf dem Weg zum Heile“ werden dürften. Dann erst wurde auf die glaubwürdige Zeugenschaft „der großen Barmherzigkeit“ verwiesen[224].

Herauszuheben ist, daß Bender in seinen beiden Schreiben wichtige Impulse für die Gemeindeglieder und die Pfarrer gab, Impulse zu einer neuen, vom Evangelium bestimmten Einstellung gegenüber den jüdischen Mitbürgern. Bender stellte dies eindringlich heraus: Er betonte, daß die Ablehnung des Rassenhasses, die Zurückweisung jeder Überheblichkeit gegenüber Mitgliedern des jüdischen Volkes unabhängig von theologischen Entscheidungen über das Problem „Israel“ gelte und jeder Mission vorangehen müsse. In diesem Sinne waren diese beiden Worte wichtige Stufen zu einer Klärung des Verhältnisses von Kirche und Judentum[225].

k. November 1949: Ein Einladungsschreiben zu einer Tagung der Evangelischen Akademie Tutzing zum Thema „Christentum und Judentum“

Hektische Geschäftigkeit kennzeichnete das unmittelbare Vorfeld der vom 1. bis 3. November projektierten Tagung „Christentum und Judentum“. Ja, drei Tage vor Beginn wurde gar ernsthaft erwogen, die Veranstaltung ausfallen zu lassen. Was war geschehen?

Auf der Vollsitzung des bayerischen Landeskirchenrates, die vom 25. bis 27. Oktober 1949 stattfand, äußerte Landesbischof Hans Meiser[226] sein Befremden über die in der folgenden Woche vorgesehene Tagung. Im Protokoll ist vermerkt: „Er beanstandet insbesondere, daß die Einladung unter seinem Namen ausgegangen ist, ohne daß er davon Kenntnis hatte“[227]. Es wurde

---

[224] Vgl. zu dieser Sicht die Amsterdamer Erklärung des ÖRK, wo es im Punkt 3 hieß: „Nur in dem Maße, in dem wir unseren jüdischen Nächsten den Beweis dafür geben, daß wir für sie das gleiche Recht und die gleiche Würde erstreben, die Gottes Wille für Seine Kinder sind, können wir ihnen in einer Weise begegnen, die es uns ermöglicht, mit ihnen das Beste zu teilen, das uns Gott in Christus gegeben hat“ (KIRCHEN, S. 327). Da Bender diesen engen Zusammenhang von glaubwürdiger Einstellung zu den Juden und Mission schon 1948 in seinem Wort an die Gemeinden vertrat, gut zwei Monate ehe die Erklärung des ÖRK abgegeben wurde, kann davon ausgegangen werden, daß kein direkter inhaltlicher Zusammenhang zwischen diesen Verlautbarungen besteht.

[225] Auch die Presse hatte ein Gespür für die Bedeutung der Erklärung des badischen Landesbischofs von 1949. Nicht nur die BADISCHE ZEITUNG, Freiburg, vom 23. 8. 1949, auch die STUTTGARTER NACHRICHTEN vom 25. 8. 1949 und die überregionale DIE WELT vom 20. 8. 1949 griffen das Schreiben Benders auf und wiesen vor allem auf die Verpflichtung zur Überwindung des Judenhasses hin. Diese Berichte zogen neben einigen antisemitischen Briefen eine Reihe konkreter Hilfsersuchen von ehemals wegen ihrer Rassezugehörigkeit verfolgten Christen nach sich (vgl. LKA KARLSRUHE, GA 3206).

[226] Vgl. oben S. 159.

[227] Protokoll der Sitzung des Landeskirchenrates; Auszug (LKA NÜRNBERG, Landeskirchenrat V 954 a).

beschlossen, dem Leiter der Akademie zu eröffnen, „daß keine Erklärungen des Landesbischofs von der Akademie abgegeben werden dürfen, die nicht vom Landesbischof persönlich unterzeichnet sind“. Die Programme der Tagungen seien künftig „vor Drucklegung und Hinausgabe vorzulegen“. Ferner wurde festgehalten, daß die geplante Veranstaltung „nicht auf der eigentlichen Linie der Akademie liege“, an die man sich aber solange zu halten habe, bis etwas anderes bestimmt werde.

Das Einladungsschreiben für diese Tagung der Akademie Tutzing wurde also mit der Unterschrift Meisers hinausgegeben, ohne daß der Text von Meiser verfaßt oder autorisiert worden war. Ob nun der Akademiedirektor, Pfarrer Gerhard Hildmann[228], in dessen Händen die gesamte Vorbereitung lag[229], für Meiser einen Entwurf ausgearbeitet hatte, der diesem nicht zur Kenntnis- und Stellungnahme vorgelegt worden war, oder aus welchen Gründen auch immer dieser unautorisierte Text verbreitet werden konnte, läßt sich den zugänglichen Akten nicht entnehmen. Jedenfalls ist davon auszugehen, daß die im Einladungsschreiben abgedruckte Erklärung nicht von Meiser, sondern wohl eher von Hildmann stammen dürfte.

In diesem Dokument wird eingangs herausgestellt, daß zwischen „den Juden und dem deutschen Volk ... Furchtbares vorgefallen“ sei[230]. Das deutsche Volk habe eine schwere Schuld „auf sich geladen, von der sich auch seine christlichen Glieder nicht freisprechen können“, da sie „jene schrecklichen Vorgänge (zwar) nicht gewollt“, aber auch „nichts Entscheidendes dagegen getan“ hätten. Es sei zu fragen, ob nicht „Reste jenes alten Wahnes zurückgeblieben“ seien, „aus dem sich Christen berufen glaubten, eine angebliche Verwerfung Israels durch Gott selbst vollziehen zu sollen“. Es gelte, „zwischen biblischer Wirklichkeit und Verfälschungen aus der Sphäre jener Leidenschaften“ zu unterscheiden. Man könne nicht wieder mit jüdischen Menschen zusammenleben, ohne von ihnen Notiz zu nehmen. Man dürfe auch „nicht zögern, ein Gespräch mit dem alten Bundesvolk zu beginnen“. Das Neue Testament gründe im Alten, und Gott habe die Geschichte der Christenheit am Anfang und am Ende mit dem jüdischen Volk verbunden, daher sei man „zu tiefem Respekt vor der Geschichte dieses Volkes und zu Gehorsam gegen Gottes Führung“ verpflichtet. Eine ernste Besinnung solle bei dieser Tagung versucht werden, und alle, die „das Drängende dieses Problems im Gewissen“ empfänden, seien eingeladen.

Obgleich in dieser Erklärung nicht konkret benannt wurde, was denn das „Furchtbare“ war, das zwischen „den Juden und dem deutschen Volk ... vorgefallen“ war, beeindruckt dieses Schreiben doch durch sein umfassendes

---

228 Vgl. Personenregister.

229 „Aktenvermerk. Betreff: Tagung ‚Christentum und Judentum‘ in Tutzing“ (vgl. oben Anm. 227).

230 Judaica 6, 1950, S. 76f.; SaH Heft 2/3, 1950, S. 131; Kirchen, S. 546f.

und tiefgründiges Eingehen auf die Schuld der Vergangenheit und die Verpflichtung für die Gegenwart und Zukunft. Schuld habe nicht nur das deutsche Volk, sondern auch die Christenheit auf sich geladen. Einwänden, die Christen hätten dies nicht gewollt, wurde dadurch begegnet, daß auf deren Schweigen und fehlende Aktivität verwiesen wurde: Auch dies mache schuldig! Außerdem habe es Christen gegeben, die aufgrund eines falschen *theologischen* Ansatzes an den schrecklichen Geschehnissen im „Dritten Reich“ beteiligt waren. Diese meinten, „eine angebliche Verwerfung Israels durch Gott selbst vollziehen zu sollen“. In dieser Wendung wurde nicht allein die Verwerfungstheorie in Frage gestellt und auf ihre möglichen Folgen hingewiesen, sondern auch jedem Ansinnen der Menschen, sich selbst an die Stelle Gottes setzen zu wollen, eine Absage erteilt. Die klare Scheidung zwischen Werk Gottes und Werk der Menschen wurde angemahnt. Deshalb müsse geprüft werden, so betonte der Autor dieses Wortes, was von der Bibel her verantwortet werden könne und was aufgrund von bösen Leidenschaften verfälscht worden sei. Speziell hingewiesen wurde noch darauf, daß sich diese Leidenschaften „gerne hinter religiösen Motiven verstecken“. Damit war nun aber nicht nur die Schuld benannt, sondern auch bereits eine wichtige Analyse vorgelegt, wie es zu diesem Versagen kommen konnte. Mit der Benennung möglicher Ursachen wurde zugleich angedeutet, was für die Erneuerung des christlich-jüdischen Verhältnisses zu bedenken sei.

Im folgenden Abschnitt dieses Textes wurden konkrete Schritte angesprochen, die nun getan werden könnten, ja müßten. Jeder habe in seinem persönlichen Bereich die Verpflichtung, auf seine jüdischen Mitbürger zuzugehen. Dieses Gespräch sei, und hier schwingt sicher auch die institutionelle Ebene mit, von der engen Bezogenheit von altem und neuem Gottesvolk her geboten. „Respekt vor der Geschichte dieses Volkes und… Gehorsam gegen Gottes Führung“ müsse diese Begegnung auszeichnen. Ein erster Schritt in diese Richtung, so sahen es die Verantwortlichen, sei die angezeigte Tagung. Man wolle mit Menschen, die „das Drängende dieses Problems im Gewissen“ empfänden, „eine ernste Besinnung“ halten.

Dieses Schreiben war keine allgemeine Erklärung, mit ihm wurde vielmehr gezielt zu einem Gespräch mit dem Judentum eingeladen. Dadurch erhielt das Gesagte und Geforderte eine konkrete Zuspitzung und ermöglichte Interessierten, sich in diese Begegnung hineinzubegeben. Im Vergleich mit allen bisher vorgestellten Worten war diesem Einladungsschreiben die größte Konkretion eigen. Dies gilt zum einen im Blick darauf, daß hinsichtlich der Schuld, der sich auch die Christen nicht entziehen können, Ursachen im Bereich der Theologie herausgestellt und die Notwendigkeit einer theologischen Prüfung angemahnt wurde, und zum anderen dadurch, daß Möglichkeiten für eine Neubegegnung mit dem Judentum eröffnet wurden. Es ist in diesem kurzen Text also neben dem gegenwärtig Gebotenen und Möglichen auch das für die Zukunft Verpflichtende herausgestellt. Die Tagung selbst, so viel wird unausgesprochen deutlich, konnte in diesem Zusammenhang nur ein erster Schritt sein. Interessanterweise wurde mit keinem Wort auf die Judenmission eingegangen, vielmehr wurde die Begegnung mit dem Judentum ganz im Sinne eines Dialogs gesehen.

Es soll noch kurz auf die weiteren Ereignisse im Vorfeld dieser Veranstaltung eingegangen werden, da sie Einblick in die Haltung der bayerischen Kirchenleitung zur Frage des christlich-jüdischen Verhältnisses geben:

Am 28. Oktober wurde der Leiter der Akademie „sofort zu Herrn Landesbischof bestellt"[231]. Hildmann wurde aus dem Urlaub auf den folgenden Tag zu einer Besprechung nach München gebeten. Eine zunächst geplante Absage der Tagung war inzwischen verworfen worden, doch wurden im „Auftrag der Haussitzung... sofort" eine Reihe von Pfarrern „zur Teilnahme an der Tagung telephonisch aufgefordert". Auch die Anwesenheit eines Vertreters des Landeskirchenrates wurde für unbedingt notwendig erachtet, „damit unter Umständen unglückliche Entgleisungen im Blick auf die Kirchenleitung vermieden werden können"[232]. In der auf Samstag, den 29. Oktober, anberaumten Besprechung zwischen Landesbischof, Hildmann und den sechs zur Teilnahme an der Tagung aufgeforderten Pfarrern kam man überein, „daß die Tagung mit aller Vorsicht durchzuführen" sei[233]. Es müsse „vermieden werden, auf etwaige Angriffe in scharfer Weise zu antworten. Jedoch müssen in solchem Fall auch sachliche Richtigstellungen erfolgen, damit dem Evangelium und der Kirche nichts vergeben wird. Unnötige Schuldbekenntnisse", so wurde weiter festgehalten, „sollen unterlassen werden". Weshalb man im Landeskirchenrat meinte, solche Vorsichtsmaßnahmen treffen zu müssen, ist den Akten nur bedingt zu entnehmen. Vor allem befürchtete man wohl kritische Angriffe auf die Kirche. Die Angst, man könne die Kirche für ihr Verhalten gegenüber den Juden und Judenchristen während der Herrschaft des Nationalsozialismus und danach an den Pranger stellen, mag Ursache für die massiven Aktivitäten gewesen sein. Auch „wegen zu erwartender politischer Schwierigkeiten"[234] dachte man an eine Absage der Veranstaltung, ohne daß diese näher beschrieben worden wären. Als die Tagung dann begann, waren unter den 43 Teilnehmern fünf Referenten, sechs vom Landeskirchenrat zur Teilnahme aufgeforderte Pfarrer, vier Vertreter der Judenmission und zwei weitere Geistliche. Nach dem Tagungsbe-

---

231 Vgl. oben S. 345, Anm. 229.

232 „Aktenvermerk. Betreff: Tagung ‚Christentum und Judentum' in Tutzing; hier: zusätzliche Teilnahme evang. Theologen" (vgl. oben S. 344, Anm. 227).

233 „Aktenvermerk. Betreff: Gemeinsame Besprechung über die Tagung ‚Christentum und Judentum' in Tutzing am 29. 10. (19)49, vormittags 10 Uhr" (Ebd.).

234 „Bericht über die Tagung ‚Christentum und Judentum' vom 1.–3. Nov(ember) 1949" (Archiv der Evangelischen Akademie Tutzing, 49/30).

richt kam es weder zu Angriffen auf die Kirche noch zu anderen Protesten oder scharfen Auseinandersetzungen[235].

1. Die „Erklärung der Synode der Evangelischen Kirche in Deutschland" zur Schuld an Israel, Berlin-Weißensee, 27. April 1950

Ereignisse und Anregungen im Vorfeld der Synode

Die Kirchenkanzlei der EKD hatte vielfache Anfragen und Anregungen hinsichtlich der „Judenfrage" zögernd und zurückhaltend aufgenommen[236]. Auch für den Rat der EKD war dieses Thema kein zentraler Beratungsgegenstand. Der bereits dargestellte Entwurf Niesels vom März 1946, in dem ausführlich auf den Massenmord an den Juden und die daraus resultierende spezielle Verantwortung der Kirche eingegangen worden war, wurde abgelehnt. Eine offensichtlich im Januar 1948 geplante Stellungnahme kam nicht zustande[237], und im folgenden begnügte sich der Rat, den „Deutschen evangelischen Ausschuß für Dienst an Israel" als Fachausschuß für die „Judenfrage" anzusehen und dessen Tagungen zunächst unter sein Protektorat zu stellen[238]. So ist es nicht verwunderlich, daß kein Impuls der Kirchenkanzlei oder des Rates zu den Beratungen über ein Wort zur Schuld an Israel auf der

---

235 Die Hauptreferate hielten Prof. Ernst Lichtenstein, München: „Die Judenfrage als Prüfstein", Landesrabbiner Dr. Aron Ohrenstein: „Die Messiashoffnung im jüdischen Glauben", Prof. Walter Zimmerli: Zürich, „Der Messiasglaube der Christen", Dr. Hugo Nothmann, Fürth: „Das Thorajudentum" (vgl. oben S. 230), Generalanwalt Dr. Philipp Auerbach, München: „Aus der Arbeit des Generalanwalts der rassisch und religiös Verfolgten" (vgl. oben S. 158f.), und Dr. Otto Freiherr von Taube, „Die Zukunft Israels in christlicher Schau." (vgl. oben S. 231). – „Als Teilnehmer waren auf der Tagung", so hieß es im offiziellen Tagungsbericht (vgl. Anm. 234), „ein Thora-Jude, mehrere Jüdinnen, mehrere Judenchristen, einige Halbjuden, einige Frauen, die mit Juden verheiratet waren und deren Männer im 3. Reich getötet wurden". Daneben Vertreter aus „den Reihen des ‚Evangeliumsdienstes unter Israel'" (vgl. oben S. 159ff. und S. 288f.). Auch die „christlich-jüdische Arbeitsgemeinschaft München war ziemlich stark vertreten". Daß auf dieser Tagung ein gutes und anregendes Gespräch möglich war, ist der Tatsache zu entnehmen, daß sich die Teilnehmer im Januar 1950 wieder trafen, „um gemeinsam zu beraten, wie es weiter gehen soll". Man wollte sich „Gedanken machen über konkrete Möglichkeiten, echte Beziehung zu Juden zu gewinnen und die große Frage der Judenchristen durchdenken" (Brief Hildmanns an „die evangelischen Teilnehmer der Tagung ‚Christentum und Judentum'", o. D. [vgl. oben S. 347, Anm. 234]).

236 Vgl. oben S. 195ff., S. 301ff.

237 Brief des Oberkirchenrats Stuttgart an Majer-Leonhard vom 26. 1. 1948: „Im übrigen wird ja voraussichtlich bald der Rat der EKD zum ganzen Problem Stellung nehmen" (LKA Stuttgart, Altregistratur, 153/I).

238 Vgl. oben S. 209ff. und besonders S. 210. – Die jeweiligen Ratsvorsitzenden Wurm und Dibelius luden zu den ersten Tagungen ein, und von Harling konnte 1950 im Auftrag der Kirchenkanzlei an die Landeskirchenleitungen schreiben, daß der Ausschuß „unter dem Protektorat des Rates der Evangelischen Kirche in Deutschland eine Studientagung über ‚Kirche und Judentum'" veranstalte (LKA Karlsruhe, GA 3206).

EKD-Synode in Berlin-Weißensee führte, sondern verschiedene andere Umstände dafür ausschlaggebend waren[239].

Entscheidend waren wohl zwei Sachverhalte: Zum einen baten die Teilnehmer der zweiten Studientagung des „Deutschen evangelischen Ausschusses für Dienst an Israel“ auf Anregung von Freudenberg die Synode, „bei ihren Erwägungen zur Frage ‚Was kann die Kirche für den Frieden tun?‘ auch die Judenfrage zu bedenken und dem in ihrer Entschließung Ausdruck zu geben. Das Schweigen in dieser uns von Gott gestellten Frage liegt weithin wie ein Bann auf den Christen in Deutschland“[240]. Der Vorsitzende des Ausschusses übermittelte diese Erklärung am 11. März 1950 dem Präses der EKD-Synode, dem damaligen Bundesinnenminister Dr. Gustav Heinemann[241]; wenig später wurde diese Nachricht in einschlägigen kirchlichen Zeitschriften verbreitet.

Als zweites auslösendes Moment sind die verschiedenen antisemitischen Ausschreitungen anzuführen, die im Vorfeld jener Synodaltagung zu verzeichnen waren. Im Prozeß gegen den Regisseur Veit Harlan, der unter anderem wegen seines im „Dritten Reich“ gedrehten antisemitischen Films „Jud Süß“ angeklagt war, hatte es antisemitische Tumulte gegeben[242] und ebenfalls im Monat April war es auf jüdischen Friedhöfen verschiedentlich zu Grabschändungen gekommen[243]. Bundeskanzler Konrad Adenauer sah sich veranlaßt, in einer schriftlichen Erklärung seinem Bedauern über diese Vorfälle Ausdruck zu geben. Er betonte, daß „wir als Deutsche und als Christen verpflichtet sind, das Unrecht, das an den Juden begangen worden ist, nach Kräften wieder gut zu machen und allen solchen Ausschreitungen mit Schärfe entgegen zu treten“[244].

Auch Heinemann ergriff als Präses der Synode der EKD im Nordwestdeutschen Rundfunk das Wort. Am 15. April erklärte er, daß er „diese Vorgänge schärfstens“ mißbillige[245]. An den Juden seien „solch ungeheure

---

239 Auf keiner der Ratssitzungen, die der Synode unmittelbar vorausgingen, wurde ein Wort zur Schuld an Israel angesprochen. Vgl. die Sitzungen vom 17./18. 1. 1950 in Halle, vom 7./8. 3. in Detmold und vom 18./19. 4. in Hannover (EZA Berlin, 4/020 Bd. 2).

240 SaH Heft 1, 1950, S. 52 f.; vgl. zur Erklärung der Teilnehmer der Studientagung oben S. 234.

241 Brief Rengstorfs an Heinemann vom 11. 3. 1950 (Privatakten Rengstorf, Ordner Deutscher evangelischer Ausschluß für Dienst an Israel. Sitzungen und Protokolle 9. Januar 1948 bis März 1956. Darin: Sitzungen des Deutschen evangelischen Ausschusses für Dienst an Israel in Ansbach 5. März [6. + 7.] 1952).

242 Vgl. oben S. 58 f.

243 Vgl. Ebd.

244 Zitiert nach: Berliner Allgemeine Wochenzeitung der Juden in Deuschland, Nr. 2 vom 21. 4. 1950; vgl. FAZ vom 17. 4. 1950.

245 Eine Abschrift dieser Erklärung Heinemanns lag wohl den Synodalen vor, die sich mit dem Wort zur Schuld an Israel befaßten, Niemöller hatte sein Exemplar mit der Aufschrift „Judenwort (Material)“ versehen (LKA Darmstadt, 62/3406). Die Erklärung Heinemanns wurde auch von der Berliner Allgemeinen Wochenzeitung der Juden in Deutschland

Untaten und Verbrechen begangen worden, daß wir allesamt wahrlich nur *einen* Anlaß hätten, nämlich uns der ganzen Tragweite dessen, was in unserem Namen geschah, vor Gott und den Menschen zutiefst bewußt zu werden und uns alle zur Umkehr rufen zu lassen“. Frieden könne es untereinander und mit anderen Nationen nicht geben, „wenn wir nicht alle von jeglichem Antisemitismus entschlossen abrücken“. Gott habe „Menschen vielerlei Art und Rasse“ geschaffen und, so fragte Heinemann, wer wolle „darüber mit ihm rechten“? Alle sollten sich der „großen Verantwortung bewußt“ werden, die man „gegenüber jedem Menschen“ habe, „der unter uns lebt“. Die öffentliche Verantwortung Tragenden bat er, „sich in dieser Verantwortung gegen den Antisemitismus zu bekennen“, die christlichen Gemeinden und Pfarrer rief er auf, in den Gottesdiensten Römer 11,18 zu bedenken: „Rühme dich nicht wider die Zweige, rühmst du dich aber wider sie, so sollst du wissen, daß du die Wurzel nicht trägst, sondern die Wurzel trägt dich“. In dieser Erklärung war die später in der Synodaldebatte wichtig werdende Ansicht angelegt, daß man zuerst Friede mit Israel schließen müsse, ehe mit den Mitmenschen und anderen Nationen Friede erreichbar sei.

Die Verhandlungen der Synode

Bischof Otto Dibelius[246] war es vorbehalten, in seiner Eröffnungspredigt auf die neue Schuld hinzuweisen, die das deutsche Volk durch die Schändungen jüdischer Friedhöfe auf sich lade. Die Christen sollten „aufs neue diejenigen sein, die stellvertretend mit ihrem Schuldbekenntnis in die Bresche treten“. Daneben regte Dibelius an, „unsere Gemeinden im Lande (zu) bitten, sich nun solcher Friedhöfe anzunehmen und sie unter ihren Schutz und unter ihre Pflege zu stellen, damit die Schuld gesühnt werde im ganzen deutschen Vaterland“[247]. Dibelius zielte also nicht auf ein Wort zur Schuld wegen des während der nationalsozialistischen Herrschaft begangenen Völkermordes an den Juden, sondern auf ein stellvertretendes Schuldeingeständnis – „es ist gewiß kein wirklicher Christ unter ihnen“ (den Friedhofsschändern, S.H.) – im Zusammenhang mit den antisemitischen Ausschreitungen im Frühjahr 1950.

(Nr. 2 vom 21. 4. 1950) in den wesentlichen Passagen abgedruckt. Der dort wiedergegebene Text ist nicht genau identisch mit der Vorlage für die Synode, die im LKA Darmstadt erhalten blieb. Ich zitiere nach der Darmstädter Fassung.

[246] Vgl. oben S. 226, bes. Anm. 79.

[247] Berlin-Weissensee, S. 14. Vgl. zur Anregung, die Pflege jüdischer Friedhöfe zu übernehmen, die Resolution des „Deutschen evangelischen Ausschusses für Dienst an Israel“, die in Kassel verabschiedet und an Dibelius gesandt worden war (SaH Heft 1, 1950, S. 52; vgl. oben S. 233 und unten S. 363f.).

Konkreter wurde Prof. Heinrich Vogel[248] in seinem Beitrag in der Synodalaussprache zu den Vorträgen zum Thema „Frieden“. Er wolle eine Sache „anmelden“, so führte er aus, von der er hoffe, daß sie „im Laufe der Synode... noch etwas konkreter“ ausgedrückt werden könne; es gehe ihm, „mit nackten, dürren Worten gesagt, (um) ein Schuldbekenntnis dieser Generalsynode der Evangelischen Kirche in Deutschland an der Schuld unseres Volkes gegenüber Israel“[249]. Gegen Dibelius machte Vogel deutlich, daß es niemanden gebe, der nicht seine eigene Schuld mitzubekennen habe. Nur Christus trete stellvertretend für die Schuld anderer ein. „Wir anderen haben alle wörtlich zu sagen: mea maxima culpa – unsere Schuld. Die Kirche inbesondere hat ihre Schuld zu bekennen mit dem deutschen Volk an Israel“, so fuhr Vogel fort, „diese Schuld, in der doch die Wurzel dieses ganzen Übels, dieser grauenhaften Entwicklung liegt“. Ob die Synode ein Wort zur Friedensfrage und „in dieser Sache“ spräche oder, was er als besser ansehe, eine besondere Erklärung zur Schuld gegenüber Israel ablege, müsse noch beraten werden. Dieser Anregung, sich mit der Schuld gegenüber Israel zu befassen, wurde im Verlauf der Debatte nicht widersprochen, zwei Synodale unterstützten sie ausdrücklich[250].

Beachtenswert ist, daß nicht der Präses der Synode einen Impuls zur Beschäftigung mit einem Wort gab – er war dazu ja durch die Teilnehmer der Kasseler Tagung des „Deutschen evangelischen Ausschusses für Dienst an Israel“ aufgefordert worden –, sondern daß diese Anregung von einem Mitglied der Synode selbst ausging. Allerdings kann angenommen werden, daß dieser Impuls Vogels nicht unvorbereitet erfolgte. Daß die Rede Heinemanns im Nordwestdeutschen Rundfunk vorlag und den Synodalmitgliedern, die sich an die Ausarbeitung einer Erklärung machten, zur Verfügung gestellt wurde, kann kein Zufall sein[251]. Inwieweit jedoch gezielte Absprachen getroffen worden waren, läßt sich nicht mehr erheben.

In der Abendsitzung des 26. April legte Vogel den Entwurf einer Erklärung vor, deren Text vom „Friedensausschuß (der Synode) einmütig gebilligt worden“ war[252]. In seinen Erläuterungen verwies Vogel darauf, daß am

---

[248] Vgl. unten S. 358.

[249] Berlin-Weissensee, S. 115f. Vgl. die Äußerungen Hanns Liljes, der in seinem Einleitungsvortrag zum Thema „Frieden“ betont hatte, daß es eine wichtige Hilfe zum Frieden sei, „wenn die Kirche da zu echter Vergebung und Versöhnung führen könne, wo der Rassenhaß tiefe und schwere Wunden geschlagen hat“. Es gehe nicht anders, „als daß Deutschland ein ernstes und aufrichtiges Wort der Buße in der Judenfrage spricht, statt einer neuen Verhärtung und Verstockung auf diesem Gebiete zu verfallen“ (Ebd., S. 102).

[250] Ebd., Niemöller S. 131; Stössinger S. 136.

[251] Vgl. oben S. 349, Anm. 245.

[252] Berlin-Weissensee, S. 319–345: Einbringung und erste Beratung; Mitglieder des Friedensausschusses: Ebd., S. 158. – Der schließlich verabschiedete Text findet sich auch im KJ 1950, S. 5f. Weshalb W. Gerlach (Zeugen, S. 384) die beiden letzten Abschnitte des Wortes wegläßt, wird nicht begründet. Passen sie vielleicht nicht in sein Konzept? Hingewiesen sei auf einen Text,

„vergangenen Sonntag (23. April, S. H.) hier auf dem jüdischen Friedhof in Weißensee die Einweihung des Denkmals für die Opfer jener furchtbaren Judenverfolgung“ stattgefunden habe[253]. Die Frage, was die Kirche für den Frieden tun könne, sei so eng „mit dieser Frage in Sachen der Schuld an Israel... verknüpft..., daß wir gut tun, wenn die Synode wirklich nicht nur das Friedenswort spricht, sondern auch dieses“. Äußerer Anlaß des „in der Beziehung Kirche–Israel“ gesprochenen Wortes seien die sich „in erschrekkendem Maße“ häufenden Symptome „eines neu sich meldenden Antisemitismus“. Das Ganze sei „von der Barmherzigkeit Gottes her geredet“, denn in der „Sünde an der Barmherzigkeit Gottes“ wurde die erbarmungslose „Vernichtung der Juden begangen“. Vermieden sei das, „was man mit dem Schlagwort ein Kollektivbekenntnis nennt, und wiederum das, was ein bloßes individualistisches Bekenntnis wäre“. Wer die Formulierungen höre, sei gerufen, „sie mitzusprechen, sie nachzusprechen“. Wie dieses Wort bei den Juden in der Welt wirke, liege nicht in unserer Hand, so Vogel, und deshalb habe man von daher die Entschließung nicht bestimmt sein lassen.

Der Entwurf selbst, dem ein Zitat aus Römer 11,32 vorangestellt war, umfaßte neun Punkte: Im ersten wurde zum Austausch gebracht, daß man „an den Herrn und Heiland, der als Mensch aus dem Volk Israel stammt“ glaube. Im zweiten Punkt bekannte man sich zu der aus Juden- und Heidenchristen zu einem Leib zusammengefügten Kirche. Im dritten Abschnitt – und dieser Punkt war in der folgenden Debatte genauso umstritten wie der vierte – unterstrich man, „daß Gottes Treue über dem von ihm erwählten Volk Israel auch nach der Kreuzigung Jesu Christi in Kraft bleibt“. Anschließend hieß es: „Wir bekennen uns zu der Schuld der Deutschen, die vor dem Gott der Barmherzigkeit durch den Massenmord an den Juden handeln (sic!) oder schweigend schuldig geworden sind“. Im fünften Abschnitt warnte man vor einer Aufrechnung der Schuld, im nächsten wurden alle Christen gebeten, „sich von jedem Antisemitismus loszusagen“. Sodann forderte man, sich den überlebenden Juden „nach allen Kräften anzunehmen“, jüdische Friedhöfe, „sofern sie unbetreut sind, zu pflegen und zu schützen“ und im letzten, dem neunten Abschnitt wurde gebetsartig formuliert, daß man den Herrn der Kirche bitte, „daß er den Tag der Vollendung heraufführe, an dem wir mit Israel den Sieg seines Erbarmens rühmen dürfen“.

---

der in der Zeitschrift „Judaica“ veröffentlicht wurde. Die dort wiedergegebene Fassung, eine Entschließung der „Synode der Bekennenden Kirche in Deutschland, die in Berlin tagte“, weist in Aufbau und Wortwahl eine große Nähe zum Wort der Synode auf. Was es mit dieser „Entschließung gegen den Antisemitismus“ auf sich hat, konnte bislang trotz intensiver Nachforschungen nicht erhoben werden (JUDAICA 6, 1950, S. 239).

253 Vgl. BERLINER ALLGEMEINE WOCHENZEITUNG DER JUDEN IN DEUTSCHLAND, Nr. 3 vom 28. 4. 1950. Grüber war bei dieser Enthüllung anwesend und „bekannte sich als einziger zur deutschen Schuld und geißelte, daß sich heute in Deutschland nur weniger Männer bereit fänden, die Schuld gegenüber dem jüdischen Volk einzugestehen: unvergebene Schuld könne nicht gesühnt werden.“ (EBD.).

In der anschließenden, am folgenden Tag fortgesetzten Debatte wurde eine Reihe von Änderungen vorgeschlagen, die vor allem in den Abschnitten drei, vier und neun mehr als nur stilistischer Art waren. Vorbehalte gegen Punkt drei brachten die Synodalen Julius Jensen[254], Prälat Hartenstein[255] und Prof. Walter Künneth[256] vor. Man könne nicht nur von der einen Seite sprechen, daß nämlich die Treue Gottes bestehen bleibe, sondern es sei zu fragen, ob „nicht auch etwas von dem Gericht gesagt werden (muß), das über Israel ergangen ist"? Über „Israel (stehe) noch eine antichristliche Wolke des Gerichts" und auch die „Zeit der Gottesgerichte" sei „einfach eine biblische Tatsache", die nicht verschwiegen werden dürfe[257]. Diese Einwände wurden in der überarbeiteten Fassung nicht berücksichtigt! Daß das Wort dennoch angenommen werden konnte, mag mit dem Hinweis Vogels zu erklären sein, daß es zu unterscheiden gelte zwischen einem aktuellen Bekenntnis, „zwischen dem im Akt zu dem andern gesprochenen Wort und einer lehrmäßigen Aussage", in welcher dann allen Aspekten Rechnung getragen werden müsse[258]. In der Endfassung war in diesem Abschnitt lediglich „Gottes Treue … in Kraft bleibt" durch „Gottes Verheißung … in Kraft geblieben ist" ersetzt. Durch den Begriff „Verheißung" wurde ein traditioneller theologischer Ausdruck aufgenommen und so noch pointierter der Verwerfungstheorie widersprochen. Vogel wies darauf hin, daß dadurch „einfach das Bekenntnis zu der heilsgeschichtlichen Tatsache als solcher" zum Ausdruck gebracht sei[259].

Im Zusammenhang des Abschnittes vier „Wir bekennen uns zu der Schuld der Deutschen …" führte Dr. Hans Meinzolt[260] aus, daß er „nicht in der Lage (sei), ein Schuldbekenntnis in diesem Sinne abzulegen[261]. Wenn ich Schuld zu bekennen habe, so bekenne ich diese Schuld vor dem, der allein sie vergeben kann; das ist Gott." Ein Schuldbekenntnis könne „nur abgegeben (werden) entweder dem Herrgott gegenüber … oder einem wirklichen Gericht gegenüber". Es bestehe „die Gefahr, daß aus einem solchen Schuldbekenntnis

---

254 Vgl. Personenregister.

255 Vgl. oben S. 110ff. u.ö.

256 Vgl. Personenregister.

257 Berlin-Weissensee: Jensen S. 323; Hartenstein S. 336; Künneth S. 341. – Lilje erklärte für die Kirchenkonferenz, daß an der „Verwerfungstheorie" festgehalten werden sollte (Ebd., S. 328f.).

258 Ebd., S. 323.

259 Ebd., S. 354. – Vgl. zum Begriff „Treue" das Wort des Bruderrates von 1948, wo es im 4. Punkt des 2. Abschnittes geheißen hatte: „Gottes Treue läßt Israel … nicht los" (vgl. Kirchen, S. 542). Auch K. Barth verwendete in einem Rundfunkvortrag vom 13. 12. 1949 über „Die Judenfrage und ihre christliche Beantwortung" in seinem Punkt 1 vorwiegend den Begriff „Treue" (BeKiW, Nr. 3 vom 15. 3. 1950). Der Vortrag erschien demnach im Informations- und Nachrichtenblatt des Bruderrates der Evangelischen Kirche in Deutschland unmittelbar vor Beginn der Synode! Vgl. auch: SaH Heft 2/3, 1950, S. 126ff.

260 Vgl. Personenregister.

261 Berlin-Weissensee, S. 330f.

schließlich auch so etwas wie ein Schuldanerkenntnis werden könnte, das dann... zu irgendwelchen, auch ins Materielle hineingehenden Folgerungen führen könnte“. Er könne deshalb, so Meinzolt, gewissensmäßig dem Abschnitt vier nicht zustimmen. Andere Redner führten in diesem Zusammenhang aus, daß hier ein „Generalurteil“ ausgesprochen werde und daß diese „ungeschützte Formulierung“ nicht beibehalten werden dürfe; vor allem aber könne man nicht die „Schuld der Deutschen“ bekennen, da man als Christ „keine Möglichkeit (habe), für einen andern, der mein Wort nicht hört, etwas zu sagen“[262]. Der überarbeitete Entwurf trug diesen Einwänden Rechnung. Er lautete: „Wir bekennen, daß wir durch Unterlassen und Schweigen vor dem Gott der Barmherzigkeit mitschuldig geworden sind an dem Frevel, der durch Menschen unseres Volkes an den Juden begangen worden ist“. Der Begriff „Massenmord“ war also durch „Frevel“ ersetzt worden. Ob dadurch nun aber umfassender geredet war, wie es Synodale gefordert hatten[263], mag dahingestellt bleiben. „Massenmord“ wäre jedenfalls sperriger und anstößiger und damit wohl auch treffender gewesen. Eine Abschwächung stellte auf jeden Fall die Wendung „Menschen unseres Volkes“ gegenüber „Schuld der Deutschen“ dar, und die Formulierung „mitschuldig geworden“ war im Vergleich zu „schuldig geworden“ ebenso eine Zurücknahme, da in ihr immer die Gefahr lag, den eigenen Anteil im Blick auf den anderen zu relativieren. Auf die Frage, ob durch die Veränderung von „handelnd oder schweigend“ in „Unterlassen und Schweigen“ eine Abmilderung oder Verschärfung vorgenommen wurde, soll später eingegangen werden. Allein: Dieser überarbeitete Entwurf ging den Kritikern immer noch zu weit. Meinzolt machte nochmals seine Bedenken geltend und schlug vor, „Wir bekennen“ durch „Wir beklagen“ zu ersetzen[264]. Niemöller hielt dem entgegen, daß schon seit zehn Jahren beklagt werde, dieser Ausdruck sei daher zu abgegriffen. Er regte an, „Wir sprechen es aus“ zu sagen. Sein Vorschlag wurde angenommen. Diese Änderung war übrigens die einzige im revidierten Entwurf.

Der siebte Punkt wurde in der überarbeiteten Fassung in den sechsten aufgenommen und um den Hinweis erweitert, daß man neben den Juden auch den „Judenchristen in brüderlichem Geist... begegnen“ solle. Darüber hinaus ersetzte man „in Wort und Tat“ durch „ernstlich“ und legte damit mehr Nachdruck in die Forderung, dem Antisemitismus zu widerstehen. Nach einem Hinweis, daß aufgelassene jüdische Friedhöfe vielleicht gar nicht mehr gepflegt werden sollen, ersetzte man in Punkt acht die Bitte an die Gemeinden, Friedhöfe „zu pflegen und zu schützen“ durch „in ihren Schutz zu nehmen“[265].

---

[262] EBD., Künneth S. 341; Schröter S. 343.
[263] EBD., von Dietze S. 338; Schröter S. 343.
[264] EBD., S. 356.
[265] EBD., Punkt sechs und sieben S. 338 und S. 322; Friedhöfe S. 330.

Dezidiert theologische Einwendungen wurden gegen die vorgeschlagene Fassung des letzten Punktes vorgebracht. Vor allem der badische Landesbischof Bender[266] und der Stuttgarter Prälat Hartenstein trugen ihre Bedenken vor. Bender wies darauf hin, daß seiner Ansicht nach vom „heimgekehrten“ oder noch besser vom „bekehrten“ Israel gesprochen werden müßte[267]. Dies entspräche der biblischen Wahrheit. Hartenstein hob „die feste Verheißung der Heiligen Schrift“ hervor, derzufolge Israel die „antichristliche Wolke des Gerichtes... durchstoßen und unter diesem Zorn zurückfinden wird zu seinem Messias“[268]. Er schlug daher vor zu formulieren, daß man Gott bitte, den Tag der Vollendung heraufzuführen, „an dem wir mit Israel Jesus Christus anbeten dürfen, der sich aller erbarmt“. Diese von Römer 9–11 geprägte Eschatologie wurde nicht weiter diskutiert, und in der Überarbeitung trug man beiden Anliegen Rechnung. Der letzte Abschnitt hieß in der Endfassung: „Wir bitten den Gott der Barmherzigkeit, daß er den Tag der Vollendung heraufführe, an dem wir mit dem geretteten Israel den Sieg Jesu Christi rühmen werden.“

Der Vorschlag Benders einer sehr kurzen Alternativfassung, in welcher allein die Schuld am Massenmord, also die Schuld gegenüber dem 5. Gebot zum Ausdruck gebracht worden war, wurde nach einer Entgegnung Hartensteins nicht weiter behandelt[269]. Dieser hatte ausgeführt, daß es nicht primär um das 5. Gebot, sondern „um den Angriff gegen ein Heiligtum Gottes, gegen das Mysterium Israels“ gehe. Man habe in der Kirche vergessen, „daß es mit Israel in der Heilsgeschichte etwas Besonderes ist“. Darum bat der Stuttgarter Prälat die Versammelten „herzlich, daß wir es herausnehmen aus der Frage der menschlichen Gerechtigkeit, der justitia civilis, dem Reden vom 5. Gebot, und hineinstellen in diese große geistliche Linie“, die im vorgelegten Entwurf eingeschlagen sei.

Hinzuweisen wäre noch auf eine tief beeindruckende Äußerung von Präses Dr. Lothar Kreyssig[270]. Er dankte dafür, daß in der Debatte niemand auf irgendwelche Verdienste hinwies, um sich selbst zu rechtfertigen. „Denn was vor Gott vielleicht hätte bestehen können, wäre wohl dies gewesen, daß in jedem Zug, der nach Osten fuhr, wo sie vergast werden sollten, ein Christ in der Nachfolge Jesu Christi mitgefahren wäre, weil es ihm innerlich keine Ruhe gelassen hätte und er von Gott überwunden worden wäre, dies zu tun“. Ihm habe Gott „einmal eine Tür gezeigt, durch die ich nur hätte hindurchzugehen brauchen, um dies tun zu können, mit ihnen nach Osten zu fahren“.

---

[266] Vgl. oben S. 339ff.

[267] BERLIN-WEISSENSEE, S. 322.

[268] EBD., S. 336.

[269] EBD., Bender S. 331; Hartenstein S. 335.

[270] EBD., 338f. – R. Gutteridge (Open thy mouth, S. 303) stellte zu diesen Beitrag fest: „The sense of German Christian guilt found its most heart-searching expression, when... Kreyssig declared: ...“.

Zunächst sei er freudig hindurchgeschritten, aber am anderen Morgen habe er „den Gehorsam verloren“ und er sei „ins Leben zurückgegangen, und der, um den es ging, ist nach Osten gefahren, und heute ist er tot und ich stehe hier“.

Das Wort zur Schuld an Israel – eine „Magna Charta für die Einstellung der deutschen evangelischen Kirche zum Judentum“[271]

Inwieweit dieses Wort als „Magna Charta“, oder, so ein anderes Urteil, als die „nach dem Stuttgarter Bekenntnis wohl... wichtigste Kundgebung der Kirche nach dem Kriege“[272] angesehen werden muß, wird in der folgenden Analyse nachzuprüfen sein.

Ein Blick auf die Gliederung dieses Wortes zeigt, daß es in sich stringent aufgebaut ist: Dem vorangestellten Bibelwort folgen in den drei ersten Abschnitten theologische Reflexionen, im vierten Punkt ist die spezielle Schuld der Kirche benannt, in den folgenden drei Teilen wird auf praktische Folgerungen hingewiesen, und im letzten Abschnitt ist ein eschatologischer Ausblick angefügt. Getragen ist das Wort von der Grundentscheidung, nicht allein das ethische Versagen der Kirche anzusprechen, sondern auch aufzudecken, inwieweit die Theologie für die Lähmung der Kirche in der „Judenfrage“ verantwortlich ist. Hartenstein hatte diese im Entwurf angelegte Richtung in der Synodaldebatte ja mit Vehemenz unterstützt.

In den ersten drei Abschnitten sind knapp und doch präzise die Punkte angesprochen, nach denen die Theologie besonders nach 1933 falsche Wege gegangen war: Daß Jesus als Mensch aus dem Volk Israel stammte, war während des „Dritten Reiches“ verschiedentlich von Theologen in Frage gestellt worden. Walter Grundmann versuchte beispielsweise nachzuweisen, daß Jesus kein Jude, sondern Galiläer gewesen sei[273]. Dieser biblisch unhaltbaren Aussage war bereits im Wort des Bruderrates von 1948 widersprochen worden, indem pointiert am Anfang der theologischen Überlegungen ausgeführt wurde, „daß Jesus ein Glied des jüdischen Volkes sei“[274].

Der bei Gerhard Kittel angelegten und seit 1939 von deutschchristlichen Kirchenleitungen vollzogenen Scheidung einer heiden- von einer judenchristlichen Kirche[275], wurde in Abschnitt zwei die Einheit der Kirche aus Juden- und Heidenchristen gegenübergestellt. Diese Aufspaltung des einen Leibes Christi war schon während des „Dritten Reiches“ energisch zurück-

---

271 R. M. HEYDENREICH, Erklärungen, S. 255.

272 KIZ Nr. 9/10 vom Mai 1950, S. 89.

273 W. GRUNDMANN, Jesus, S. 41 ff.; vgl. auch A. DINTER, 197 Thesen, S. 31. – A. Alt widerlegte das wichtigste Argument Grundmanns, daß nämlich in Galiläa kaum Juden gewohnt hätten, in seinem Beitrag „Galiläische Probleme“ (vgl. besonders S. 423 ff.).

274 KIRCHEN, S. 541.

275 G. KITTEL, Judenfrage; vgl. oben S. 33.

gewiesen worden. Nicht nur Bonhoeffer betonte in seiner Ausarbeitung „Die Kirche vor der Judenfrage“ unmißverständlich die Einheit der Kirche[276], sondern auch der Judenchrist Hans Ehrenberg führte in seinen „72 Leitsätze(n) zur judenchristlichen Frage“ aus, daß die „Entscheidung in der judenchristlichen Frage“ laute: „entweder Rottenkirche (ohne Judenchristen) oder wahre Kirche (Heiden- und Judenchristen, beide aus der Kindschaft Abrahams)“[277]. Auch dieser Sachverhalt war im Wort des Bruderrates von 1948 angesprochen worden[278].

Von besonderem Gewicht war nun allerdings der dritte Abschnitt im Wort der Synode. „Gottes Verheißung über... Israel (sei) auch nach der Kreuzigung Jesu Christi in Kraft geblieben“. Dieser Satz war neu, war ein Durchbruch zu einer neuen Sicht Israels! In fast allen Erklärungen nach 1945, in denen neben dem Versagen der Kirche im ethischen Bereich auch nach Zusammenhängen zwischen der kirchlichen Lehre und den schrecklichen Ereignissen gefragt worden war, gingen die Verfasser nahezu selbstverständlich davon aus, daß die Verheißung, die Israel ursprünglich gegolten hatte, auf die Kirche übergegangen sei[279]. Auch während der Naziherrschaft war diese Sicht nicht in Frage gestellt worden. Georg Merz konnte beispielsweise in seinen „theologischen Erörterungen des Ariergesetzes“ herausstellen, daß das „Volk Gottes... seit der Verwerfung Christi durch Israel die Kirche“ sei[280]. Diese Substitutionstheorie wurde von Karl Barth in seinem 1942 erschienenen Band II,2 der Kirchlichen Dogmatik zurückgewiesen, indem er Israel und Kirche als zwei Gestalten der „einen Gemeinde Gottes“ hinstellte[281]. Barths Sicht war unzweifelhaft von großem Einfluß auf die Verfasser der Erklärung von Berlin-Weißensee. Überraschen muß, daß sie trotz der Einwände von verschiedenen Seiten das bei Barth noch stark betonte göttliche Gericht über Israel nicht aufzunehmen bereit waren. Wie das Votum

---

276 D. BONHOEFFER, Gesammelte Schriften Bd. 2, S. 44ff. – Er führt aus: „Es ist aber in keinem Fall die erzwungene Ausweisung der der heidenchristlichen deutschstämmigen Gemeinde bereits zugehörenden heidenchristlichen Juden zulässig, ganz abgesehen von der Schwierigkeit des Nachweises, daß diese Juden keine Deutschen seien... Eine solche erzwungene Ausweisung würde – auch wenn sie rein korporativ-organisatorischen Charakter haben sollte – doch immer eine wirkliche Kirchenspaltung bedeuten, eben weil sie die rassische Einheit der Kirche zum Gesetz erheben würde, das als Voraussetzung für die Kirchengemeinschaft erfüllt sein müßte“ (S. 52).

277 H. EHRENBERG, 72 Leitsätze, S. 71, im Original gesperrt.

278 Vgl. Kirchen, S. 542; vgl. im Wort des Bruderrates Abschnitt 2, Punkt 3; K. BARTH, KD II,2, S. 218.

279 Vgl. die Erklärung des Bruderrats: „Indem Israel den Messias kreuzigte, hat es seine Erwählung und Bestimmung verworfen“ (KIRCHEN, S. 542). Im Wort der Oldenburger Kirchenleitung hieß es: „Es ist die der christlichen Kirche... bezeugte Erkenntnis,... daß das Volk Israel durch Verwerfung seines von Gott gesandten Messias... ein Beispiel des göttlichen Gerichtes geworden ist“ (KJ 1945–1948, S. 222f., KIRCHEN, S. 539).

280 In: ZZ 2, 1933, S. 530.

281 K. BARTH, KD II,2, § 34.

Vogels deutlich macht, wiesen sie diese Seite nicht prinzipiell zurück, doch meinten sie, daß in diesem besonderen Zusammenhang der Gerichtsgedanke nicht in den Vordergrund gerückt werden sollte[282]. So wurde in diesem dritten Punkt die Barthsche Theologie aufgenommen und zugleich, wenn vielleicht auch nur aus pragmatischen, der speziellen Situation entspringenden Gründen, dessen vorherrschende Tendenz, Israel als negative Folie zu sehen, überwunden. So uneingeschränkt wurde die Fortdauer der Verheißung Gottes über Israel in jener Zeit kaum einmal ausgedrückt! Insofern ist Joachim Beckmann zuzustimmen, der feststellte, diese Formulierung sei ein „entscheidender neuer Satz, der in einer kirchlichen Lehräußerung bisher so noch nicht vorgekommen ist“[283].

Die endgültige Fassung des Abschnitts vier greift wohl zu kurz. Daß die Kirche durch „Unterlassen und Schweigen... mitschuldig“ geworden sei, umfaßt lediglich einen Ausschnitt dessen, was im Zusammenhang des Verhaltens der Kirche im „Dritten Reich“ gegenüber den Juden festgehalten werden müßte. Kirchliche Organe hatten auch „handelnd“ – wie es im Entwurf noch geheißen hatte – an der Aussonderung und schließlichen Ermordung der Juden teilgehabt: Die Bekennende Kirche stellte sich nicht öffentlich und unmißverständlich auf die Seite der Juden; die von den Deutschen Christen bestimmten Kirchenleitungen erklärten 1939, daß der „christliche Glaube... der unüberbrückbare religiöse Gegensatz zum Judentum“ sei[284]. Nachdem bis 1935 die „nichtarischen“ Amtsträger aus dem Kirchendienst weitgehend entlassen waren,[285] wurden ab 1939 auch die „nichtarischen“ Gemeindeglieder aus der Kirchengemeinschaft ausgeschlossen[286]. Nicht vergessen werden darf, daß die Kirche „durch die Ausstellung zahlloser Nachweise der arischen Abstammung“[287], wie es die Sozietät in ihrer „Erklärung“ von 1946 schon zum Ausdruck gebracht hatte, aktiv – handelnd! – an der nationalsozialistischen Rassepolitik beteiligt war. Ja, durch diesen Dienst der Kirche war es überhaupt erst möglich gewesen, festzustellen, wer „Arier“ und wer „Jude“ war! Insoweit sind „Unterlassen und Schweigen“ unzureichende Ausdrücke, um dem Anteil der Kirche an den Ereignissen während der Naziherrschaft gerecht zu werden. Auch der Begriff „Frevel“ erscheint nicht eindeutig genug. Durch diesen Begriff wurde den Einwänden eines Synodalen Rechnung getragen, der darauf hingewiesen hatte, daß ihm „die Erwähnung des Massenmordes zu eng“ sei[288]. Die

[282] BERLIN-WEISSENSEE, S. 323.

[283] J. BECKMANN, Christenheit, S. 107.

[284] KJ 1933–1944, S. 286; vgl. zu dieser Fragestellung auch G. van NORDEN, Schuld, S. 301 ff.

[285] W. GERLACH, Zeugen, S. 205 ff.; vgl. auch die Studie S. HERMLE/R. LÄCHELE, Landeskirche, in der weitere Literatur zu diesem Komplex angeführt ist.

[286] Vgl. oben S. 33.

[287] Vgl. oben S. 278, Anm. 47.

[288] BERLIN-WEISSENSEE, S. 338.

Intention, die in diesem Votum zum Ausdruck kam, ist verständlich, denn eine unmittelbare Schuld oder Mitschuld an den Massenmorden wäre für ein Gemeindeglied nur sehr schwer einzusehen gewesen. Daß viele aber beteiligt waren „an Diffamierung und seelischer Quälerei", an Demütigungen und Ausgrenzungen, denen sich die Juden in den Jahren 1933 bis 1939 ausgesetzt sahen, war wohl eine schwerwiegende Tatsache. Dieser alle Menschen unmittelbar betreffende Sachverhalt wurde in dem Begriff „Frevel" angemessen aufgenommen. Daß jedoch die sperrige und anstößige Rede vom „Massenmord" ganz wegfiel, ist zu bedauern. In einer Kombination beider Aussagen wäre der enge Zusammenhang deutlich geworden, der zwischen der Brandmarkung der Juden als „Menschen 2. Klasse" und deren Vernichtung lag. Auch die Wendung „Menschen unseres Volkes" ist gegenüber der ersten Fassung, wo allgemein von den „Deutschen" die Rede war, eine vorsichtigere, zurücknehmendere Redeweise. Sie legt nahe, daß das, was geschehen ist, nicht alle Menschen in gleicher Weise treffe: Einzelne beteiligten sich aktiv an dem „Frevel", alle aber luden durch „Unterlassen und Schweigen" Mitschuld auf sich. Mit dieser Umformulierung hängt sicher zusammen, daß gegenüber dem Entwurf in der Endfassung nicht mehr von „Schuld", sondern nur noch von „Mitschuld" gesprochen wurde. Bethge stellt für den Abschnitt vier fest, daß seines Erachtens in diesen Wendungen „immer noch eine Sprache in Distanz gesprochen wird: ‚Unterlassen' und ‚Schweigen' sind nur ein Teil der notwendigen Analyse, und das ‚*mit*-schuldig' scheint mir ungenügend, wenn nicht gar unangemessen" zu sein[289]. Dieses Urteil, so sehr es aus gegenwärtiger Sicht verständlich erscheint, muß doch aus der Situation von 1950 relativiert werden. In jener Zeit waren die im Abschnitt vier benutzten Worte wohl ein Maximum dessen, was öffentlich gesagt werden konnte. Eine Erklärung dieser Art zielt auf die Zustimmung möglichst vieler Menschen. Sie muß also so gesprochen werden, daß nicht von vornherein durch bestimmte „Reizworte" eine spontane Ablehnung hervorgerufen wurde. Diese Gefahr hätte sicher bestanden, wenn analog zur „Stuttgarter Erklärung" ein öffentliches Schuldbekenntnis für alle Deutschen abgelegt worden wäre. Bedenken in dieser Richtung hatten einige Synodale empfunden und während der Aussprache vorgebracht[290]. Dadurch, daß in der Endfassung eine moderatere, wenn auch inhaltlich schwächere Redeweise gewählt wurde, konnte dieses Wort einstimmig angenommen werden.

In den Abschnitten fünf bis sieben waren praktische Konsequenzen angedeutet: Zunächst wurde vor jeder Aufrechnung von Schuld gewarnt. Die Neigung, über dem eigenen Schicksal das Leid und die Not, die während des „Dritten Reiches" über andere, vornehmlich die Juden gekommen waren, zu

---

[289] E. Bethge, Kirchenkampf, S. 236; vgl. zu diesem Abschnitt auch die Bemerkung von H. Arendt (Eichmann, S. 24).

[290] Berlin-Weissensee, S. 330f., 341, 343.

relativieren, ja sich selbst freizusprechen, war in jener Zeit sicher gegeben. Der klare und eindeutige Hinweis darauf, daß das Verbrechen an den Juden unvergleichbar bleibt und mit nichts aufgerechnet werden kann, verbot alle Ausflüchte und konzentrierte die Überlegungen auf die eigene Verantwortung. Beachtenswert ist in diesem Abschnitt auch, daß vom Gericht über die Deutschen geredet wurde. Diese Aussage wurde zwar auch im Wort des Bruderrates von 1948 gemacht, aber dort war im Gegensatz zum Wort der Synode von Berlin-Weißensee auch noch vom Gericht über Israel die Rede. Vom Gericht Gottes, so die eindeutige Formulierung, kann man nur in Beziehung auf das den Deutschen Widerfahrene sprechen, nicht aber hinsichtlich der Juden. So entging man der Gefahr, daß der „Frevel“ und der Massenmord an den Juden irgendwie als Wille Gottes interpretiert werden konnte. Man brachte lediglich zum Ausdruck, daß das, was die Deutschen nun erlebten, von den Versammelten als Gottes Wille empfunden wurde.

Die im Punkt sechs geäußerte Bitte an „alle Christen“, sich „von jedem Antisemitismus loszusagen“, nimmt – ohne allerdings die theologische Implikation mitzunennen – das Anliegen auf, das der ÖRK in seiner Erklärung vom Februar 1946 formuliert hatte: „Der V.A. (Vorläufige Ausschuß des ÖRK, S.H.) ruft... alle Christen in der Welt auf...: a) Gegen den Antisemitismus als Gedanken und praktische Haltung zu zeugen, weil er Geist und Lehre unseres Herrn Jesus Christus verleugnet“[291]. Es ist zu bemerken, daß dieser „Absatz... wahrscheinlich heute nicht mehr so formuliert werden (könnte), weil die sozialpsychologische Forschung zum Vorurteil im allgemeinen und zum Antisemitismus im besonderen erwiesen hat, daß man den Antisemitismus nicht ablegen kann wie ein Kleid, sondern daß ein langer Erziehungsweg mit dem Ziel der Heranbildung von Bewußtseinsinhalten beschritten werden muß, ehe überhaupt das Problembewußtsein für Wurzeln und Motive des Antisemitismus geweckt ist“[292]. Indem der siebte Punkt des Entwurfs in den Abschnitt sechs aufgenommen wurde, blieb der ursprünglich unmißverständliche Hinweis auf die Verpflichtung der Christen, „sich der Juden unter uns, die noch keine Existenz wiedergewonnen haben,... nach allen Kräften anzunehmen“, nur in der unklaren Formulierung „den Juden und Judenchristen in brüderlichem Geist zu begegnen“ erhalten.

---

[291] Zitiert nach: Ökumenischer Presse- und Nachrichtendienst 13.Jgg., Nr.9 vom Februar 1946; jetzt in: Kirchen, S. 325.

[292] W. Gerlach, Kreuz, S. 457 (vgl. mit: Ders., Zeugen, S. 384). – Wie stark der Antisemitismus in Deutschland noch verbreitet war – und ist –, zeigen beispielhaft die Ausschreitungen an der Jahreswende 1959/60. Auslöser einer Welle antisemitischer Ausschreitungen war die Schändung der Kölner Synagoge am 24./25. 12. 1959. Zwei Männer hatten nachts zunächst das Denkmal für die Opfer des Nationalsozialismus und später die Synagoge mit Hetzparolen wie „Deutsche wir fordern – Juden raus“ beschmiert. Zeitungsmeldungen (z.B. Schwäbische Donau Zeitung, Ulm vom 2. 1. und 11. 1. 1960) berichteten von einer großen Anzahl ähnlicher Schmierereien.

Wichtig war zweifelsohne, daß die Judenchristen in diesem Zusammenhang speziell genannt wurden; hatten sie doch im „Dritten Reich" wie die Juden zu leiden gehabt. Eine Begegnung „in brüderlichem Geist" jedoch war einerseits umfassender als nur der Hinweis auf die Notwendigkeit einer gezielten materiellen Hilfe, andererseits aber zu wenig konkret, um unmittelbar – neben einem angemessenen Verhalten – das Augenmerk auch auf ganz praktische Schritte zu lenken. Da aber in diesem Bereich auch noch 1950 viel im argen lag, wie in Kapitel 3 gezeigt wurde, wäre die im Entwurf vorgeschlagene Wendung treffender und verpflichtender gewesen.

Der siebte Punkt ging auf eine Anregung des „Deutschen evangelischen Ausschusses für Dienst an Israel" zurück, welche Dibelius aufgrund der aktuellen Ereignisse in seiner Eröffnungspredigt aufgegriffen hatte. Da nach 1945 von dem vielfältigen und blühenden Leben der Jüdischen Gemeinden in Deutschland kaum etwas übrig geblieben war und sich die wenigen überlebenden Juden zumeist in größeren Städten sammelten, blieben die zahlreichen jüdischen Friedhöfe in kleineren Gemeinden oder Dörfern ohne Betreuung. Da diese Friedhöfe Grabschändungen ausgesetzt waren und auch sonst zu verwahrlosen drohten, war dieser Aufruf an die christlichen Gemeinden angebracht. Er war mehr als nur ein äußeres Zeichen; in ihm kam mehr als nur Respekt vor den letzten Ruhestätten ehemaliger Mitmenschen zum Ausdruck. Durch ihre Verantwortung für die Friedhöfe wurden die Kirchengemeinden an die hier ehemals lebendigen Jüdischen Gemeinden erinnert und damit auch daran, wie es dazu kommen konnte, daß nun eben keine Jüdische Gemeinde mehr vorhanden war. Im übrigen brachte dieser Punkt auch die enge Zusammengehörigkeit und Verbundenheit der Kirche mit den Jüdischen Gemeinden zum Ausdruck. Welche Folgen dieser Aufruf zeitigte, soll unten dargestellt werden.

Der letzte Abschnitt war hinsichtlich seines theologischen Gehalts mit am stärksten verändert worden. War in der ersten Fassung im Blick auf „den Tag der Vollendung" noch davon die Rede, daß die Christen an ihm zusammen „mit Israel den Sieg seines (des Herrn der Kirche, S.H.) Erbarmens rühmen dürfen", so war dies in der Endfassung so formuliert, daß „wir mit dem geretteten Israel den Sieg Jesu Christi rühmen werden". Damit war der von jeder Missionsforderung freie Entwurf, in dem der Gedanke eines „gespaltenen Gottesvolkes"[293] anklang, der auf den Kirchentagen nach 1961 eine große Rolle spielen sollte, in Richtung der traditionellen Verhältnisbestimmung „Kirche-Israel" revidiert: Am Ende der Tage wird Israel erkennen, daß Jesus Christus auch sein Messias ist. Diese Sicht aber legt nahe, daß Israel in der Gegenwart Entscheidendes fehlt. Damit war eine Distanz, schärfer noch,

---

[293] Vgl. den programmatischen Titel der von H. GOLLWITZER/E. STERLING herausgegebenen Veröffentlichung der „Arbeitsgemeinschaft Juden und Christen beim Deutschen Evangelischen Kirchentag" von 1966: „Das gespaltene Gottesvolk".

ein Gefälle zwischen Kirche und Israel gegeben, das es schwer machte, zu einer gleichberechtigten Partnerschaft ohne Vorbehalte zu kommen. Am Ende dieser Erklärung steht also kein „Bekenntnis zu dem Juden und Christen gemeinsamen Gott und seinem Sieg“ – so war es im Entwurf angelegt – „sondern das Stichwort ‚Sieg Jesu Christi‘“[294]. Mit dieser Änderung war eine Chance vertan, einen für jene Zeit ganz ungewöhnlichen Impuls für das christlich-jüdische Verhältnis zu geben. Die gewählte Redeweise gab die traditionelle theologische Sicht wieder; mit der vorgeschlagenen dagegen wäre sicher eine rege Diskussion verbunden gewesen, was es denn für die Gegenwart bedeutet, daß sich am Ende der Tage Christen und Juden zu dem gemeinsamen Gott bekennen. Interessanterweise wurde die Judenmission im Wort der Synode nicht speziell genannt, wenn sie auch im letzten Abschnitt mitschwang. Eine noch deutlichere Infragestellung wäre in der ursprünglichen Wendung angelegt gewesen, welche nachdrücklicher zu einem Durchdenken der Frage herausgefordert hätte, ob denn vom Neuen Testament her die Judenmission wirklich so unabdingbar ist, wie es in der bisherigen Theologie vertreten worden war.

Trotz der kritischen Bemerkungen stellt dieses Wort der EKD-Synode nicht allein deshalb einen Einschnitt dar, weil in ihm erstmals das offizielle Vertretungsorgan der deutschen evangelischen Kirche zum Verhältnis zum Judentum Stellung bezog, sondern auch weil in dieser Erklärung Impulse für eine Neubestimmung der Beziehungen der Kirche zum Judentum angelegt waren. Mit aller Deutlichkeit wurde zum Ausdruck gebracht, daß auch durch Fehlentscheidungen der Kirche die schrecklichen Geschehnisse während der Naziherrschaft ermöglicht worden waren. Dieses „Schweigen und Unterlassen“, so wurde festgehalten, macht die Christen „mitschuldig“ an dem, was geschah. Dieser Mitschuld müsse man sich stellen! Man blieb aber nicht nur bei dieser Analyse, sondern machte deutlich, daß dies Auswirkungen auf die Theologie und Praxis der Kirche haben müsse. Zum einen stellte man heraus, daß die Verheißung Gottes über Israel auch nach der Kreuzigung Jesu in Kraft blieb. Damit war eine jahrhundertelange Sicht Israels in Frage gestellt, war ein Anstoß zu einem Durchdenken des Verhältnisses der Kirche zum Judentum gegeben. Zum anderen aber wurden konkrete Schritte angedeutet, wie sich das Verhalten der Christen gegenüber ihrer Schuld, dem Antisemitismus, den überlebenden Juden und Judenchristen sowie den jüdischen Friedhöfen gestalten sollte. In diesen Ausführungen waren wichtige, von jedem Gemeindeglied nachvollziehbare Schritte genannt und so ganz praktische Konsequenzen aufgezeigt.

---

[294] P. VON DER OSTEN-SACKEN, Katechismus, S. 287. – Osten-Sacken meint, daß die ursprünglich skizzierte Sicht „ja durchaus denkbar und theologisch legitim“ gewesen wäre. Inwieweit er damit allerdings dem Judentum nicht eine Trinitätslehre unterschiebt, wäre zu bedenken.

Mit Recht kann also gesagt werden, daß in diesem Synodalbeschluß wesentliche Impulse für eine Neugestaltung der christlich-jüdischen Beziehungen angelegt waren. Ob man das Wort als „Magna Charta für die Einstellung der deutschen evangelischen Kirchen zum Judentum"[295] bezeichnen kann, mag dahingestellt bleiben; in dieser Formulierung wurde jedenfalls die Besonderheit dieses Wortes zu treffen versucht. Im Gegensatz zur „Stuttgarter Erklärung" wurde das Wort der EKD-Synode nun aber in der Öffentlichkeit nicht breit diskutiert und blieb scheinbar ohne große Folgen. Oder doch nicht?

Praktische Folgen

An praktischen Auswirkungen des Wortes der Synode von Berlin-Weißensee ist vor allem hinsichtlich der Betreuung der jüdischen Friedhöfe Erfreuliches festzuhalten. Die Kirchenkanzlei der EKD richtete an die Leitungen der evangelischen Landeskirchen am 30. Mai 1950 ein Rundschreiben, in dem sie dazu aufforderte, daß „die Gemeinden nicht darauf warten" sollten, „ob sich irgendeine andere Stelle, sei es eine staatliche oder kommunale Verwaltungsbehörde oder eine jüdische oder säkulare Wohlfahrtsorganisation, der unbetreuten jüdischen Friedhöfe annimmt, sondern... die christlichen Gemeinden" sollten „mit dem guten Beispiel überall da vorangehen..., wo die örtlich zuständige Gemeinde nicht mehr besteht oder so klein geworden ist, daß sie der Aufgabe, ihre Friedhöfe zu betreuen, nicht mehr gewachsen ist"[296]. Hohe finanzielle Aufwendungen seien wohl zumeist nicht erforderlich, so hieß es in dem Schreiben weiter, da es durch „verhältnismäßig geringfügige freiwillige Arbeitsleistungen möglich" sei, „Ordnung und Sauberkeit auf den unbetreuten Friedhöfen zu schaffen und zerstörte Einfriedungen instand zu setzen, um ein Betreten durch Unbefugte und eine völlige Verwahrlosung zu verhindern". Am besten sei es, „geeigneten Persönlichkeiten den besonderen Auftrag und die entsprechenden Vollmachten zu erteilen", dann würde deutlich, „daß es hier nicht um bürokratische Verwaltungsmaßnahmen" gehe.

Aufschluß über erste Ergebnisse dieser Aktion gibt ein Brief der Kirchenkanzlei an den Zentralrat der Juden vom 28. August 1951, in dem aufgrund einer Umfrage unter den Landeskirchen festgehalten wurde, daß „von 715 vorhandenen jüdischen Friedhöfen 43 ganz oder teilweise in die Obhut von Kirchengemeinden genommen sind. Nach uns vorliegenden Berichten", so hieß es weiter, „soll die Mehrzahl der Friedhöfe von kommunalen Verwaltungsstellen betreut werden." Eine wenig später zusammengestellte Liste zeigt, daß in Bayern fünf, in Hannover dreizehn (geplant weitere sieben), in

---

[295] Vgl. R. M. Heydenreich, Erklärungen, S. 255.
[296] Zitiert nach O. von Harling, Kirche, S. 306.

Kurhessen ein, in Lippe drei (geplant weitere sechs bis neun), in Oldenburg zwei, in der Pfalz drei, in der Reformierten Kirche Nordwestdeutschlands zwei, im Rheinland dreizehn, in Westfalen sieben, in Schleswig-Holstein zwei, in Anhalt ein (geplant ein weiterer), in Pommern drei und in Thüringen zwei Friedhöfe von Kirchengemeinden allein oder in einigen Fällen auch zusammen mit den Kommunen betreut wurden[297].

Hingewiesen sei auf eine weitere Aktion, die zwar nicht in unmittelbarem Zusammenhang mit der Berliner Synode von 1950 steht, mit der aber das Anliegen, das in der Erklärung ausgesprochen war, in direkter Weise aufgenommen wurde: Ganz im Sinne seines eindrücklichen Statements während der Aussprache über die Erklärung regte Kreyssig – nahezu auf den Tag genau acht Jahre später – vor der in Berlin-Spandau tagenden Synode der EKD an, „die Völker, die Gewalt von uns erlitten haben (zu bitten), daß sie uns erlauben, mit unseren Händen und mit unseren Mitteln in ihrem Lande etwas Gutes zu tun, ein Dorf, eine Siedlung, eine Kirche, ein Krankenhaus oder was sie sonst Gemeinnütziges wollen, als Sühnezeichen zu errichten"[298]. Dieser Anregung war in der EKD-Synode eine überaus harte Auseinandersetzung um die Atombewaffnung der Bundeswehr und den Militärseelsorgevertrag vorausgegangen. Kreyssig betonte in seinem Votum, daß man seiner Meinung nach „noch immer keinen Frieden (habe), weil zuwenig Versöhnung geschieht." Die Deutschen hätten „unmeßbares Leiden der Menschheit verschuldet. Deutsche haben", so führte er weiter aus, „in frevlerischem Aufstand gegen Gott Millionen von Juden umgebracht"[299]. Deshalb

---

[297] Brief vom 28. 8. 1952 und Aktenstück mit dem Vermerk: „Anlage 2. Von Kirchengemeinden ganz oder teilweise betreute Friedhöfe" (PRIVATAKTEN RENGSTORF, Ordner: Deutscher Evangelischer Auschuß für Dienst an Israel. Wiedergutmachung, Ansbach 1952 [Betreuung jüdischer Friedhöfe]. Darin: Zentralrat der Juden, Betreuung jüdischer Friedhöfe). – In seinem Beitrag im Kirchlichen Jahrbuch (KJ 1953, S. 306) schrieb O. VON HARLING, daß „in etwa 70 Orten Maßnahmen zur Erhaltung und Betreuung jüdischer Friedhöfe von Kirchengemeinden getroffen" wurden. – Die Kirchenleitung der württembergischen Landeskirche unterrichtete die „Israelitische Kultusvereinigung Württemberg" fernmündlich vom Beschluß „der Evangelischen Synode sich um die jüdischen Friedhöfe in den Orten zu kümmern, in denen keine jüdischen Gemeinden mehr sind" (LKA STUTTGART, Altregistratur, 523 a). In ihrer Antwort vom 23. 6. 1950 drückte die „Kultusvereinigung" nicht nur einen „besonderen Dank" für die „Bereitwilligkeit" zu dieser Pflege aus, es wurde dem Oberkirchenrat auch mitgeteilt, daß es „in Württemberg, amerikanische und französische Zone, zusammen ca. 50 Friedhöfe" gebe. Es würde genügen, so hieß es weiter, „wenn die von Ihnen beauftragten Stellen uns alle 4 oder 8 Wochen über den Zustand des Friedhofs berichten würden" (EBD.). Als die Kirchenkanzlei der EKD am 4. 11. 1950 die Kirchenleitungen bat, einen Bericht „über die praktischen Auswirkungen des Wortes der Synode … zur Judenfrage hinsichtlich der jüdischen Friedhöfe" zu erstellen, antwortete der Stuttgarter Oberkirchenrat am 14. 11. 1950, daß man noch auf Hinweise der „Kultusvereinigung" warte, „welche Friedhöfe für die Betreuung durch evang. Kirchengemeinden in Betracht kommen" (EBD.).

[298] BERLIN 1958, S. 279.

[299] Vgl. zum Gebrauch des Begriffs „Frevel" die Erklärung der EKD-Synode von 1950 (KIRCHEN, S. 549).

gelte es, „Friedenszeichen" aufzurichten, eine „Versöhnungstat" zu wagen. In „Polen, Rußland und Israel" solle begonnen werden, weil man diesen Völkern „wohl am meisten wehgetan" habe. Mit dieser „Aktion Sühnezeichen Friedensdienste" war im Sinne der Erklärung von 1950 ein wichtiger Schritt zur praktischen Versöhnungsarbeit aufgezeigt, der über die in Abschnitt sechs des Wortes skizzierte Linie weit hinauswies[300].

[300] Vgl. zur Arbeit von „Aktion Sühnezeichen" in den ersten Jahren nach der Gründung A. Skriver, Aktion Sühnezeichen.

Kapitel 6

ERGEBNIS UND AUSBLICK

Es mag erstaunen, daß sich nach dem Ende der Naziherrschaft nur ganz wenige Persönlichkeiten innerhalb der Evangelischen Kirche in Deutschland um die im „Dritten Reich" wegen ihrer Rassezugehörigkeit verfolgten Christen kümmerten. Berücksichtigt man, was diese Menschen nicht nur durch staatliche Repressionen zu erleiden hatten, sondern wie auch von seiten der Kirche mit ihnen umgegangen worden war, wäre eigentlich eine breite Zustimmung zu gezielten Unterstützungsmaßnahmen zu erwarten gewesen. Die Rasseverfolgten, die der jüdischen Religion angehörten, wurden in vorbildlicher Weise durch jüdische Organisationen betreut, die schon während des Krieges planmäßig diese Hilfsaktionen vorbereitet hatten. Durch die Kirche wäre also lediglich die recht kleine Zahl von verfolgten Judenchristen zu versorgen gewesen. Vor allem das Zentralbüro des Hilfswerks der EKD und insbesondere dessen Leiter Eugen Gerstenmaier waren nicht bereit, vom Grundsatz abzuweichen, „Unterstützungen an Hilfsbedürftige... ohne Rücksicht auf die religiöse, politische oder rassische Einstellung oder Zugehörigkeit des Hilfsbedürftigen" auszuteilen[1]. Diese rigide Praxis ist einerseits verständlich; man wollte nach den schrecklichen Erfahrungen im „Dritten Reich" keine verschiedenen Klassen von Menschen schaffen, man wollte die Judenchristen nicht zu einer speziellen Gruppe innerhalb der Kirche abstempeln. Sicherlich spielten auch Verdrängungsmechanismen eine nicht zu unterschätzende Rolle. Hätte man den Judenchristen eine besondere Stellung eingeräumt, hätte man das Versagen ihnen gegenüber eingestanden. Die Freiheit dazu bestand wohl so kurz nach den Ereignissen selbst noch nicht. Trotz aller Einwände und Argumente der Vertreter der Hilfsstellen für Rasseverfolgte und der Flüchtlingskommission des Ökumenischen Rates der Kirchen waren die im Hilfswerk Verantwortlichen nicht bereit anzuerkennen, daß in diesem Fall eine materielle Hilfe weit größeres Gewicht gehabt hätte als bei anderen Bittstellern, die in einer vergleichbaren Notlage waren. Die christlichen Rasseverfolgten hatten schon zwölf Jahre unter einem enormen physischen und psychischen Druck gestanden, der unvergleichbar war. Eine großzügige Hilfe wäre in diesem Fall auch ein Beitrag zu einer Integration dieser im „Dritten Reich" von vielen Landeskirchen aus der Kirchengemeinschaft ausgeschlossenen Menschen gewesen. Interessanterweise schei-

[1] Brief Gerstenmaiers an Grüber vom 29. 4. 1946 (ADW, ZB 842).

nen die mit den Judenchristen gestellten Fragen heute so sehr in den Hintergrund getreten zu sein, daß die Rheinische Synode in ihrer Erklärung von 1980 meinte, darüber hinweggehen zu können: Auf die Judenchristen wird dort nicht eingegangen.

Da die Hilfsstellen auf sich selbst gestellt blieben, waren sie für alle Gaben dankbar, die ihnen aus dem Ausland zugingen. Daß sich darunter auch Spender befanden, die eigene Forderungen und Vorstellungen mit ihren Spenden durchsetzen wollten, zeigt das Beispiel der „First Hebrew Christian Synagogue". Diese Organisation versuchte die Judenchristen von den Landeskirchen abzubringen und in selbständigen Gemeinden zusammenzufassen. Einzelne Hilfsstellen erlagen für kurze Zeit den Verlockungen der Hilfspakete. Daß sich auf Dauer jedoch keine eigenständigen judenchristlichen Gemeinden bildeten, zeigt, daß die Verantwortlichen erkannten, daß hier nur mit anderen Vorzeichen das betrieben wurde, was die deutschchristlichen Kirchenleitungen während der Naziherrschaft zu erreichen suchten.

Ein anderes Problem stellte die Verquickung von Betreuungsarbeit und Mission dar. Fast alle Hilfsstellen lehnten es ab, ihre Arbeit in irgendeiner Weise direkt an missionarische Aktivitäten zu binden. Fritz Majer-Leonhard, der selbst eine Gemeinschaftsstunde eingeführt hatte, sah sich in Stuttgart verschiedentlich Angriffen ausgesetzt: seine Arbeit sei nicht geistlich fundiert. In München nutzte die „Arbeitsgemeinschaft für lutherische Judenmission" die Betreuungsarbeit, um Zugang zu Judenchristen und Juden zu bekommen. Als diese Brücke geschlagen war, wurde die diakonische Arbeit an die Innere Mission zurückgegeben. Diese Verbindung erscheint sehr problematisch, da die Unterstützung nicht um ihrer selbst, nicht vor allem um der notleidenden Menschen willen geschieht, sondern nur als Mittel zum Zweck eingesetzt wird.

Den Hilfsstellen für Rasseverfolgte gelang es kaum, die Kirchenleitungen auf die Lage der Judenchristen hinzuweisen, noch weniger waren sie in der Lage, eine theologische Aufarbeitung der „Judenfrage" zu initiieren. Der erfolgte Zusammenschluß der Hilfsstellen, dem eine solche Aufgabe mit zugefallen wäre, löste sich bald wieder auf. Allein dadurch, daß eine ganze Reihe von Hilfsstellenmitarbeitern auch im „Deutschen evangelischen Ausschuß für Dienst an Israel" aktiv waren, wurden die Fragen und Schwierigkeiten dieser Hilfseinrichtungen einem größeren Publikum bekannt.

Von einer theologischen Aufarbeitung der antijudaistischen Traditionen der Kirche war zunächst außerhalb der Universitäten und abgesehen von Akademietagungen wenig zu bemerken. In der kirchlichen Öffentlichkeit spielte das Thema keine große Rolle. Neben den Tagungen des „Deutschen evangelischen Ausschusses für Dienst an Israel" sind lediglich die Sondertreffen „Dienst an Israel" auf den Kirchentagen 1952 bis 1956 zu nennen. Nachdem diese Treffen nicht mehr weitergeführt wurden, ergriffen andere Personen die Initiative und boten auf dem Münchner Kirchentag 1959 wieder eine Veranstaltung zum Thema „Israel" an. Erst im Vorfeld des Berliner Kirchentages von 1961 konstituierte sich eine Gruppe, die bis heute besteht, und von der wichtige Impulse zur Aufarbeitung und Neubestimmung des christlich-jüdischen Verhältnisses ausgingen: die „Arbeitsgemeinschaft Christen und Juden beim Deutschen Evangelischen Kichentag".

Deutlich wurde, daß Assmussen, der Leiter der Kirchenkanzlei der EKD, nicht bereit war, in dieser Frage initiativ zu werden. Erst auf massiven Druck aus der Ökumene war er bereit, einen Mitarbeiter mit dem Bereich „Judenfrage" zu betrauen. Otto von Harling (jun.) nahm die ihm übertragene Aufgabe sehr ernst. Er plante, möglichst bald eine Tagung von „Sachkennern" zusammenzurufen. Um diese vorzubereiten, regte er das Treffen von Assenheim an, das eine erste Verlautbarung mit quasi offiziellem Charakter zur „Judenfrage" hervorbrachte. Dieses Wort zeigt eindrücklich die vom Referenten in der Kirchenkanzlei beschrittene Linie: Vor allem Persönlichkeiten aus dem Umfeld der Judenmissionsgesellschaften sollten an einem Gespräch beteiligt werden. Das vordringlichste Ziel war nicht etwa eine öffentliche Erklärung zur Schuld der Kirche gegenüber dem Judentum und zum Verhältnis von Kirche und Judentum, sondern die intensive Diskussion in Fachkreisen. Vor allem aber sollte der Judenmission ein fester und anerkannter Platz in der Kirche gesichert werden. Daß von Harling sofort bereit war, dieses Gespräch an eine Gruppe abzugeben, die sich ganz dem christlich-jüdischen Verhältnis widmen wollte und in der sich Persönlichkeiten zusammenfanden, die der Judenmission sehr verbunden waren, versteht sich nach dem Gesagten von selbst. Damit aber war die EKD nicht mehr unmittelbar mit diesen Fragen befaßt.

Karl Heinrich Rengstorf, Mitglied des „International Committee on the Christian Approach to the Jews", regte 1948 die Gründung eines deutschen Zweiges dieser Organisation an. Als Zweck dieses Zusammenschlusses wurde zunächst die Koordination der Arbeit der verschiedenen Judenmissionsgesellschaften angegeben. Doch diese Aufgabe stand nie im Mittelpunkt des „Deutschen evangelischen Ausschusses für Dienst an Israel". Im Zuge der von ihm veranstalteten Tagungen geriet dieser Zweck immer mehr aus den Augen, bis er schließlich keine Rolle mehr spielte. Im Zentrum der Arbeit standen die ab 1948 durchgeführten Studientagungen zur „Judenfrage". Im Rahmen dieser Veranstaltungen sprach 1948 erstmals in Deutschland nach den schrecklichen Ereignissen im „Dritten Reich" wieder ein Jude zu Christen: Leo Baeck erinnerte in seinem Beitrag an die gemeinsamen Wurzeln von Christentum und Judentum. Das direkte Gespräch zwischen Christen und Juden wieder in Gang gebracht zu haben, ist wohl der wichtigste Beitrag dieser Ausschußtagungen. Ab 1952 wurde das ganze Treffen dialogisch aufgebaut: Jeweils ein christlicher und ein jüdischer Referent beleuchteten einen Sachverhalt. Im Rahmen der Vorträge deuteten sich wichtige Entwicklungen im christlich-jüdischen Verhältnis an; so konnte Günther Harder

Israel und die Kirche als „zwei Seiten desselben Gottesvolkes" bezeichnen. Verpaßt wurde eine Chance, als eine enge Kooperation mit Katholiken ohne nähere Prüfung abgelehnt wurde. Bezeichnend für die Grundeinstellung der Verantwortlichen war es, daß die Schuldfrage und das Thema „Judenmission" auf den Tagungen nie in den Mittelpunkt gestellt wurden. Damit aber blieben wichtige Fragen offen, wurde die Stellung des „Ausschusses" zu diesen Bereichen nicht geklärt, so daß Rengstorf – der zugleich ja ein führender Mitarbeiter des „Evang.-Luth. Zentralvereins für Mission unter Israel" war – immer wieder vorgeworfen werden konnte, er betreibe eigentlich die Sache der Judenmission. Festzuhalten ist jedoch, daß auf diesen Treffen eindeutig die Form des Dialogs zwischen Christentum und Judentum vorherrschte. Man wollte voneinander lernen, einander besser verstehen und suchte dem Gesprächspartner die eigene Position zu verdeutlichen.

Erwähnenswert ist auch die zunehmende Öffnung der Tagungen. Zum einen wurden immer mehr Veranstaltungen angeboten, zu denen auch die Öffentlichkeit Zugang hatte, zum anderen gelang es durch die Einladung von Studenten, Interesse für die „Judenfrage" in diesem wichtigen Personenkreis zu wecken. Nachdem es nicht gelang die traditionsreiche Zeitschrift „Saat auf Hoffnung" wiederzubeleben, fiel es zunehmend schwer, die Referate und Ergebnisse der Tagungen publik zu machen. Damit mag es zusammenhängen, daß so wenig von dieser „Pionierarbeit" des „Deutschen evangelischen Ausschusses für Dienst an Israel" bekannt ist.

Neben Vermittlungstätigkeiten im Streit zwischen Hilfsstellen und Zentralbüro des Hilfswerks sind zwei Aktivitäten des „Ausschusses" hervorzuheben: Im Rahmen der Wiedergutmachungsverhandlungen suchte man mehrfach Kontakt zu Politikern, und auch im Bereich der Kirche wurden wichtige Impulse gesetzt, die allerdings in der Öffentlichkeit weitgehend unbekannt bleiben sollten und zumeist auch blieben. Aus dem Kreis der Teilnehmer der Studientagung 1950 ging an die Synode der EKD die Anregung, ein „Wort zur Judenfrage" zu verabschieden, und der „Ausschuß" selbst forderte die Kirchenleitungen auf, daß sich die christlichen Gemeinden der verlassenen jüdischen Friedhöfe annehmen sollten.

Es ist unbedingt notwendig, in diesem Zusammenhang an die Anregungen und Impulse des Mannes zu erinnern, ohne den wohl vieles eine ganz andere Entwicklung genommen hätte; ja es ist kaum übertrieben zu sagen, daß ohne ihn die „Judenfrage" in der deutschen evangelischen Kirche nicht einmal in dem Maß zum Thema geworden wäre, wie es tatsächlich geschah: Adolf Freudenberg[2]. Er stand als Generalsekretär der ökumenischen Flüchtlingskommission nicht nur mit großem Engagement für eine ausreichende Betreuung und angemessene Unterstützung der Judenchristen ein, er forderte

[2] Vgl. S. Hermle, Bruder.

von den deutschen Kirchen auch unmißverständlich eine theologische Aufarbeitung ihres Verhältnisses zum Judentum. Auf seinen Druck hin wurde in der Kirchenkanzlei der EKD ein Sachbearbeiter für die „Judenfrage" eingesetzt. Seine Anfragen regten auch den Bruderrat der EKD zu seinem „Wort zur Judenfrage" im Jahre 1948 an. Auch im Bereich einer größeren Öffentlichkeit suchte Freudenberg *sein* Thema einzubringen: Bereits auf der „Evangelischen Woche" 1949 wollte er eine Resolution verabschiedet sehen, in der die Schuld gegenüber den Juden in eindrücklicher Weise formuliert war. Als dies mißlang, setzte er sich mit großer Leidenschaft dafür ein, daß auf dem Kirchentag in Stuttgart in den verschiedenen Arbeitsgruppen auf das Verhältnis von Kirche und Judentum eingegangen werden sollte. Dieser Impuls wurde jedoch nicht aufgenommen. Mehr Erfolg hatte Freudenberg, als er ein spezielles Treffen, „Dienst an Israel", anregte. Diese Veranstaltungen im Rahmen des Kirchentages, die später durch den „Ausschuß" betreut wurden, gab es bis 1956. Ebenfalls maßgeblich beteiligt war Freudenberg dann bei der Gründung der „Arbeitsgemeinschaft Juden und Christen beim Deutschen Evangelischen Kirchentag" im Jahre 1961. Mit am wichtigsten aber war seine Initiative, die Synode der EKD selbst zu einer Verlautbarung zur „Judenfrage" anzuregen. Als der „Ausschuß" es ablehnte, sich dafür zu verwenden, gewann Freudenberg die Teilnehmer der Tagung, so daß von diesen eine Bitte an die Synode erging, sich der Frage „Kirche und Israel" zuzuwenden. Bedenkt man, daß Freudenberg auch an der Erklärung des Ökumenischen Rates beteiligt war, so erscheint es für die Zeit nach 1945 nicht übertrieben, in ihm die Schlüsselfigur für die Beschäftigung der Kirchen mit ihrem Verhältnis zum Judentum zu sehen, forderte er dies doch nicht allein von den deutschen, sondern von allen Kirchen der Ökumene.

Überblickt man die „Worte" und „Erklärungen" von Kirchenleitungen und kirchlichen Organisationen, so fällt zunächst einmal auf, wie wenig Bezug sie untereinander aufweisen. Es scheint so, als seien die Erklärungen kaum allgemein bekannt geworden, so daß man sich mit ihnen nicht auseinandersetzte. Die allgemeinen Erklärungen, in denen auch auf das Schicksal der Juden eingegangen wurde, zeichnen sich dadurch aus, daß vor allem der Völkermord thematisiert wurde. Die Verfasser scheinen von diesem unfaßlichen millionenfachen Mord so in Beschlag genommen, daß kaum einmal die Anfänge der Diskriminierung der jüdischen Mitbürger in den Blick genommen wurden. Ob damit allerdings ein tiefgreifendes Nachdenken angeregt wurde, bleibt zweifelhaft, war doch nur in Einzelfällen eine Billigung dieser Maßnahmen vorauszusetzen und eine Einflußmöglichkeit des einzelnen Menschen zu dem Zeitpunkt, als die Ausrottungsmaßnahmen begannen, kaum mehr möglich. Nur die württembergische „Sozietät" konnte formulieren, daß die Schuld schon damit begann, daß die Entehrung von Menschen zugelassen wurde, und die oldenburgische Kirchenleitung wies darauf hin, daß man es zugelassen habe, „daß denen, die auch unsere Nächsten waren, politisch Mißliebigen und Juden, Gut und Brot genommen wurde"[3]. Indem diese Dinge betont wurden, war jeder Christ nach seinem Verhalten gefragt, wurde jedem zugemutet, seine Einstellung kritisch zu überprüfen. Auffällig ist auch, daß teilweise die Schuld durch Hinweise auf das eigene Leiden relativiert wurde und daß kaum danach gefragt wurde, wie es dazu hatte kommen können. Eine spezielle Verantwortung der Kirche tritt nicht in das Blickfeld.

Die Verlautbarungen, in denen nur das Verhältnis von Kirche und Judentum thematisiert wurden, lassen sich in zwei Gruppen einteilen: Einzelne Worte wurden zu bestimmten Anlässen herausgegeben, so der Aufruf der Bremischen Evangelischen Kirche zum siebten Jahrestag der „Reichskristallnacht" 1945 oder die Schreiben des badischen Landesbischofs zum 10. Sonntag nach Trinitatis 1948 und 1949. Mit anderen sollte allgemein eine Standortbestimmung der Kirche gegenüber dem Judentum versucht werden. Wie schwierig es war, nicht in traditionellen Wendungen vom Judentum zu reden, es als unter einem Fluch stehend anzusehen, wird dadurch deutlich, daß nur in wenigen Erklärungen solche Formulierungen vermieden wurden. Auch die Mission unter Israel war nahezu selbstverständlich, es wurde nicht gefragt, ob diese nach den schrecklichen Ereignissen noch so weitergehen könne wie bisher. Hinzuweisen wäre in diesem Zusammenhang auf die Aussage von Bischof Bender, daß das evangeliumsgemäße Verhalten gegenüber den Mitmenschen der Anteil eines jeden Christen an der Mission sei. In den zumeist umfangreichen Erklärungen wurde die spezielle Verantwortung der Kirche kaum dezidiert herausgestellt. Lediglich die sächsische Synode und die Synode der EKD deuteten an, wie sehr die Kirche durch ihr Verhalten und ihre Theologie an den Verbrechen teilgehabt hatte. Zumeist wurde in den Worten ein Versagen der Christen und der Kirche im ethischen Bereich konstatiert; Rückfragen, wie die Kirche durch ihr Verhalten und ihre Lehre mit den Boden bereitete, auf dem diese Saat aufgehen konnte, waren in den ersten Jahren nach dem Kriegsende die große Ausnahme. Die vorherrschende Theologie konnte während der Anfangsjahre des „Dritten Reiches" offenbar keine Kriterien dafür liefern, daß in der Kirche eine größere Sensibilität erwuchs, als der Staat begann, die Juden als „Menschen 2. Klasse" zu brandmarken. Dieser Mangel wurde nach 1945 nur sehr zögernd erkannt.

Einen wesentlichen Einschnitt stellte das Wort der Synode der EKD dar. In ihm wurden nicht nur die falschen Wege in der Kirche angesprochen und die Mitschuld ausdrücklich formuliert, es wurden auch praktische Konsequenzen in den Blick genommen. Vor allem aber gewann der Punkt Bedeutung, in dem es hieß: „Wir glauben, daß Gottes Verheißung über dem von ihm erwählten Volk Israel auch nach der Kreuzigung Jesu Christi in Kraft

[3] KJ 1945–1948, S. 43.

geblieben ist"[4]. Damit war etwas ganz Neues zum Ausdruck gebracht, war die Substitutionstheorie zurückgewiesen und ein Weg zu einem neuen Verhältnis zum Judentum eröffnet.

Ohne daß direkte Bezüge zum Wort der Synode von 1950 hergestellt werden könnten, ist festzuhalten, daß in der theologischen Arbeit der „Arbeitsgemeinschaft Juden und Christen beim Deutschen Evangelischen Kirchentag" die Anliegen der Erklärung aufgenommen wurden. Vor allem die dort konstatierte Fortdauer der Verheißung Gottes über Israel wurde bedacht und Konsequenzen für alle Bereiche der Theologie aufgezeigt. Letztlich führten dann die von dieser Gruppe ausgehenden Anfragen und Anregungen dazu, daß die rheinische Landeskirche zunächst 1965 eine Studienkommission des Rates der EKD anregte, die nach siebenjähriger Arbeit die Studie „Christen und Juden" vorlegte[5], und dann, nach gründlicher Vorarbeit, am 11. Januar 1980 den vielbeachteten rheinischen „Synodalbeschluß zur Erneuerung des Verhältnisses von Christen und Juden" hervorbrachte[6]. Ausgelöst durch diese Erklärung der rheinischen Synode setzte eine intensive Diskussion über das christlich-jüdische Verhältnis ein. In allen Bereichen der Kirche, in Gemeindeveranstaltungen, in Pfarrerfortbildungen, auf Akademietagungen, auf den Kirchentagen und an den Universitäten wird seither ein lebendiger, intensiver Gedankenaustausch über die „Erneuerung des Verhältnisses von Christen und Juden" geführt.

---

[4] Berlin-Weissensee, S. 357.

[5] R. Rendtorff, Arbeitsbuch.

[6] Vgl. Zur Erneuerung; Kirchen, S. 594–596; B. Klappert/H. Starck, Umkehr, sowie die weitere, inzwischen fast unübersehbare Literatur zu diesem Synodalbeschluß bei T. Kriener, Bibliographie.

QUELLEN- UND LITERATURVERZEICHNIS

I. Unveröffentlichte Quellen

a. Archivalische Quellen

Archiv des Diakonischen Werkes der EKD, Berlin (ADW)

Bestand: Zentralbüro des Hilfswerks der EKD, Stuttgart

842 Nichtarier-Betreuung 1945–1952.

Evangelisches Zentralarchiv in Berlin (EZA Berlin)

Bestand 2: Kirchenkanzlei der EKD 1943–1968

62 Rat der EKD, Sitzungsniederschriften Dezember 1945–Dezember 1948.
126 Bremische Evangelische Kirche Bd. 1 März 1944–September 1944.

Bestand 4: Kirchenkanzlei der EKD – Berliner Stelle

020 Bd. 1 Protokolle der Ratssitzungen November 1945–Juli 1947.
020 Bd. 2 Protokolle der Ratssitzungen Mai 1949–September 1950.

Bestand 83: Bruderrat der Bekennenden Kirche von Berlin

2 Korrespondenz 1946–1947.

Archiv der Bremischen Evangelischen Kirche (LKA Bremen)

125/7 Rundschreiben des Vorläufigen Kirchenausschusses an die Bauherren, Kirchenvorstände und Pastoren 1945–1947.
B 132/6 Protokolle des vorläufigen Kirchenausschusses (VKA) 1945/46.
G 272.2/2 Standesangelegenheiten, hier: Bremischer Pfarrerverein 1945–1952.

Zentralarchiv der Evangelischen Kirche in Hessen und Nassau, Darmstadt (LKA Darmstadt)

Bestand 36: Akten des Reichsbruderrates

3 Tagungen des Reichsbruderrates der EKD Juli 1946–Januar 1947.
4 Tagungen des Reichsbruderrates des EKD Januar 1947–April 1947.
7 Tagungen des Reichsbruderrates der EKD November 1947–April 1948.

73	„Ein Wort zur Judenfrage" – Schriftwechsel und Stellungnahmen.
81	Christlich-jüdische Zusammenarbeit.
88	Ökumenische Arbeit Band 1: Schriftwechsel.

Bestand 62: Privatdienstliches Schriftgut Martin Niemöller

3373	Kirchlich-theologische Sozietät in Württemberg, Theologische Sozietät in Baden, Kirchlich-theologische Arbeitsgemeinschaft der Pfalz und Gesellschaft für evangelische Theologie – Sektion Süddeutschland.
3406	Synode der EKD vom 23.–27. IV. 1950 in Berlin-Weißensee.
3664	Reichsbruderrat der EKD Band 3.

Bibliothek des Ökumenischen Rates der Kirchen, Archiv, Genf (AÖR Genf)

Da die Bestände in Genf bislang unregistriert sind, werden die Dokumente so zitiert, daß zunächst Absender, Adressat und Datum des einzelnen Schriftstückes, dann die Bezeichnung der Ablagebox und endlich Titel der darin befindlichen Mappen oder Aktenbüschel angegeben werden. Alle Dokumente stammen aus den Beständen der Flüchtlingsabteilung.

Landeskirchliches Archiv Karlsruhe (LKA Karlsruhe)

Bestand: Generalia

GA 3206	„Die Judenfrage in Deutschland", 1919–1952.

Archiv des Diakonischen Werkes von Kurhessen-Waldeck, Kassel (ADW Kassel)

Bestand: Archiv des Diakonischen Werkes von Kurhessen-Waldeck e. V.

Schatulle 22 A II 17	Rassisch verfolgte Christen 6/1946–6/1949.

Landeskirchliches Archiv Kiel (LKA Kiel)

Bestand: Evangelisch-Lutherische Landeskirche Schleswig-Holstein – Landeskirchenamt

R 9/1752	Kirche und Juden. Band I (1945–1961).

Bundesarchiv Koblenz

Bestand: B 141 Bundesministerium der Justiz

541	„Entschädigungsangelegenheiten (Allgemeines)".

Archiv der Inneren Mission, München (AIM)

Judenmission 1939–1968

Archiv des Diakonischen Werkes der Evangelischen Kirche von Westfalen, Münster (ADWW)

16/11	Evangelisches Hilfswerk Westfalen – Betreuung der Judenchristen und jüdischen Wohlfahrt Westfalens 1946–1949.
18/1	Evangelisches Hilfswerk Westfalen – Rundschreiben 1946.
35.05.10	Evangelisches Hilfswerk Westfalen, Kindererholungsfürsorge – Sonderaktion Holland – Abstimmungen mit dem Zentralbüro und den Hauptbüros Rheinland und Hamburg 1948–1949.

Landeskirchliches Archiv Nürnberg (LKA Nürnberg)

Bestand: Landeskirchenrat (LKR)

V 954a	Politischer Club 1963–1964.
z. V. 954a	Stimmen aus dem Teilnehmerkreis 1949/50.

Landeskirchliches Archiv Oldenburg (LKA Oldenburg)

Bestand: Archiv des Oberkirchenrats 1849–1958

A III–37^{II}	Sitzungsbeschlüsse des Oberkirchenrates 1936–1947.
A L–3^{II}	Verhandlungen in Beziehung auf das Judentum 1939–1958.
A LVI–192^{I}	Evangelische Kirche in Deutschland.

Landeskirchliches Archiv Stuttgart (LKA Stuttgart)

Bestand: D 1: Nachlaß Landesbischof Wurm

222,1	Evangelische Kirche in Deutschland. Kirche und Judenfrage.
224,1	Reichsbruderrat 1945–1950.

Bestand: D 23: Nachlaß Hartenstein

29	Judenmission.
29,1	Judenmission und der Verein der Freunde Israels – Schriftwechsel.
29,2	„Israel im Heilsplan Gottes" – Tagung in Bad Boll 1952, mit Material.
77,1	Briefwechsel Majer-Leonhard.

Erlaß-Sammlung

Nachlaß Sozietät

Altregistratur

153	Judenmission, Armeniermission. Seelsorge an nichtarischen Christen.
523a	Israelitische Religionsgemeinschaft Hauptakten.
532	Hilfswerk der Evangelischen Kirchen, Reich Hauptakten.

Akten Hilfstelle für Rasseverfolgte

Ein Teil der Akten der „Hilfstelle für Rasseverfolgte Stuttgart" lagert bislang unregistriert im Landeskirchlichen Archiv Stuttgart im Bereich der Altregistratur; ein anderer Teil der Bestände ist noch nicht an das Archiv abgegeben und befindet sich im Büro der Hilfstelle für Rasseverfolgte in Stuttgart (Büchsenstr. 24–36).
Die aufgeführten 32 Aktenordner aus der Altregistratur umfassen die Jahre 1945–1953. Sie werden als „Akten der Hilfstelle" zitiert, die nachfolgende Zahl benennt den jeweiligen Aktenordner, in dem sich das verwendete Dokument findet.

1	A-Ba.
2	Be–Bo.
3	Br–Bz.
4	C–De.
5	Di–Ei.
6	El–Fo.
7	Fr–Ga.
8	Ge–Gutt.
9	Ha–Fei.
10	Hel–Hutt.
11	IJ.
12	Ka–Kl.
13	ab Kn.
14	La–Le.
15	Li–Lo.
16	Lu–Lux.
17	Ma.
18	Me–Mu.
19	N–Pe.
20	Pf–Qui.
21	Ra–Rei.
22	Rev–Sh.
23	Scha–Schn.
24	ab Schn.
25	Si–Sz.
26	St.
27	T–U.
28	V–Wa.
29	Wo–Z.
	Hilfswerk A–U.
	Hilfswerk V–T.

Archiv des Evangelischen Stifts in Tübingen

Nachlaß Gerhard Kittel.

Archiv der Evangelischen Akademie Tutzing

49/30 Christentum und Judentum.

b. Quellen aus Privatbesitz

Depositum Pastor Arnulf Baumann, Wolfsburg

Akten Karl Burmester (Privatakten Burmester).

Familie Freudenberg, Bad Vilbel-Heilsberg

Akten Pfarrer Dr. Adolf Freudenberg (Privatakten Freudenberg).

Prof. Dr. Karl Heinrich Rengstorf, Münster

Die umfangreichen Bestände im Besitz von Prof. Rengstorf sind nicht geordnet. Als Fundort wird zunächst der Ordner angegeben und dann mit „darin“ auf die jeweilige Mappe verwiesen, in welcher sich das verwendete Dokument befindet (Privatakten Rengstorf).

Evangelisch-Lutherischer Zentralverein für Zeugnis und Dienst unter Juden und Christen, Geschäftstelle Hannover

07/1
07/3
61/0
Protokollbuch.

c. Schriftliche und mündliche Informationen

Institutionen:

Archiv der Bremischen Evangelischen Kirche, Bremen
Archiv der Evangelischen Kirche der Pfalz, Speyer
Archiv der Evangelischen Kirche des Rheinlands, Düsseldorf
Archiv der Evangelisch-Lutherischen Landeskirche Sachsens, Dresden
Archiv der Nordelbischen Evangelisch-Lutherischen Kirche, Kiel
Archiv des Diakonischen Werkes der Evangelischen Kirche im Rheinland, Düsseldorf
Bayerisches Hauptstaatsarchiv, München
Bibliothek des Ökumenischen Rates der Kirchen, Genf
Church World Service – Jan van Hoogstraten –, New York
Deutsche Bibelgesellschaft, Stuttgart
Diakonisches Werk der Evangelisch-Lutherischen Kirche in Bayern, Nürnberg
Diakonisches Werk der Evangelisch-Lutherischen Kirche in Oldenburg, Oldenburg
Diakonisches Werk in Hessen und Nassau, Frankfurt

Evangelisch-methodistische Kirche, Distrikt Hamburg
Evangelische Gesellschaft, Stuttgart
Evangelische Hilfsstelle für ehemals Rasseverfolgte, Berlin
Evangelisches Dekanat Heidelberg, Heidelberg
Geschäftsstelle der regionalen Synode der Evangelischen Kirche in Berlin-Brandenburg (West), Berlin
The International Hebrew Christian Alliance, London
Israelitische Religionsgemeinschaft Württemberg, Stuttgart
Kanzlei der Synode der Evangelisch-Lutherischen Landeskirche in Sachsen, Dresden
Kirchenamt der Evangelischen Kirche in Deutschland, Hannover
Landeskirchenarchiv der Evanglisch-Lutherischen Kirche in Thüringen, Eisenach
Landeskirchliches Archiv der Evangelisch-Lutherischen Kirche in Bayern, Nürnberg
Landeskirchliches Archiv der Evangelisch-Lutherischen Landeskirche in Braunschweig, Braunschweig
Landeskirchliches Archiv der Evangelisch-Lutherischen Landeskirche Hannover, Hannover
Landesverband der jüdischen Gemeinden in Hessen, Frankfurt
The Methodist Church, London
The Messianic Testimony, Barking/GB
Missionsdienst für Christus in der Evangelisch-Lutherischen Kirche in Bayern, Stockdorf
National Council of the Churches of Christ in the USA, New York
Nordelbisches Kirchenarchiv, Kiel
Prälatur des Evangelischen Kirchenkreises Nordbaden, Mannheim
Rat der Stadt Dresden
Staatliche Pressestelle der Freien und Hansestadt Hamburg
Sekretariat des Deutschen Evangelischen Kirchentages, Fulda
Stiftung Kirche und Judentum, Basel
Stadtarchiv der Landeshauptstadt Stuttgart
Zentralsekretariat des Schweizerischen Evangelischen Kirchenbundes, Bern
Zentralarchiv der EKD, Berlin

Privatpersonen:

Dr. Lothar Ahne, Oldenburg
Pfarrer Siegfried Arndt, Leipzig
Joan Barkey, London
Pastor Arnulf Baumann, Wolfsburg
Pfarrerin Ulrike Berger, Berlin
Oberlandeskirchenrat Ulrich von Brück, Mühltal/Hessen
Prof. Jan van den Berg, Leiden
Dr. Ernst Bezzel, Nördlingen
Pastor Karl Burmester, Bad Harzburg
Käte Bone, Nürtingen
Pastor Wilhelm Detlefsen, Bremen
Marie Dilger, Wolfschlugen
Propst Wilhelm Dittmann, Berlin
Rabbi Herbert S. Eskin, Southfield/USA
Prof. Dietrich Goldschmidt, Berlin
Prof. Martin Greschat, Gießen
Pfarrer Wilhelm Grillenberger, Frankenhardt
Oberkirchenrat Otto von Harling, Pattensen
Direktor Göte Hedenquist, Uppsala
Konrad Hoffmann, Hamburg

Kirchenrat Leonhard Henninger (†), München
Prälat Joseph Koenen, Köln
Superintendent Gerhard Küttler, Oldenburg
Pfarrer Fritz Majer-Leonhard, Gerlingen
Dr. Friedebert Lorenz, Fulda
Erica Ludolph, Frankfurt
Dr. Hartmut Ludwig, Schöneiche/DDR
Prof. Wilhelm Niesel, Königstein
Marthel Orthmann, Wilhelmsdorf
Prof. Peter von der Osten-Sacken, Berlin
Pfarrer Ottheinrich Reichhold, Landau
Prof. Karl Heinrich Rengstorf, Münster
Reverend Harcourt Samuel, London
Pfarrerin Lydia Schäppi, Rüschlikon/Schweiz
Toni Schepeler, Kronberg
Hans Schepp, Bremen
Dozent Dr. Jens Holger Schjørring, Aarhus/Dänemark
Pfarrer Ernst Ludwig Schmidt, Schwabach
Nora Schüller, München
Bischof Philip L. Wahlberg, Austin/USA
Pastor Rudolf Weckerling, Berlin
Prof. Martin Wittenberg, Gräfenberg
Prof. Martin Wittmann, Weingarten

II. Veröffentlichte Quellen und Darstellungen

ADAM, Uwe Dietrich: Judenpolitik im Dritten Reich. Düsseldorf 1979.

ADENAUER, Konrad: Erinnerungen 1953–1955. Stuttgart 1966.

AHNE, Lothar: Kirche und Judentum. Bericht über die Studientagung in Ansbach vom 3. bis 7. März 1952. In: JK 13 (1952), S. 202–211.

ALLGEMEINE WOCHENZEITUNG DER JUDEN IN DEUTSCHLAND, Düsseldorf, 5f. (1950f.; ab 1973: ALLGEMEINE JÜDISCHE WOCHENZEITUNG, 1986).

ALT, Albrecht: Galiläische Probleme. In: DERS.: Kleine Schriften zur Geschichte des Volkes Israel Bd. 2. München ³1964, S. 363–435.

AMSTERDAMER ÖKUMENISCHES GESPRÄCH 1948 Bd. 5. Die Unordnung der Welt und Gottes Heilsplan. Die erste Vollversammlung des Ökumenischen Rates der Kirchen. Ökumenische Studien durchgeführt unter den Auspizien des Ökumenischen Rates der Kirchen und herausgegeben von der Studienkommission des Ökumenischen Rates in Genf. Tübingen/Stuttgart 1948.

AN DER STECHBAHN. Erlebnisse und Berichte in den Jahren der Verfolgung. Berlin 1951.

ANDRÉN, Greta: Ein Brief Christi. Wuppertal ²1977.

ANTISEMITISMUS NACH DEM HOLOCAUST, hg. von Alphons SILBERMANN und Julius SCHÖPS. Köln 1986.

ANTISEMITISMUS IN DER POLITISCHEN KULTUR SEIT 1945, hg. von Werner BERGMANN und Rainer ERB, Köln u. a. 1990.

ARING, Paul Gerhard: Christliche Judenmission. Ihre Geschichte und Problematik dargestellt und untersucht am Beispiel des evangelischen Rheinlandes (Forschungen zum jüdisch-christlichen Dialog Bd. 4). Neukirchen-Vluyn 1980.

Badische Zeitung, Freiburg, 4 (1949).

Barth, Karl: Die Kirchliche Dogmatik Bd. II,2. Zürich [6]1981.

Baumann, Arnulf: Nachruf auf eine Pionierleistung. Der Deutsche Evangelische Ausschuß für Dienst an Israel 1948–1982. In: FÜI 65 (1982), S. 119–121.

Beckmann, Joachim: Ein neuer Anfang? Einige Gedanken zur Nachgeschichte der Stuttgarter Schulderklärung von 1945. In: Greschat, M., Zeichen, S. 115–120.

–: Die Christenheit und Israel heute. In: Zur Erneuerung des Verhältnisses von Christen und Juden, S. 105–111.

–: Hoffnung für die Kirche in dieser Zeit. Beiträge zur kirchlichen Zeitgeschichte 1946–1974 (AKiZ B 10). Göttingen 1981.

Bekennende Kirche auf dem Weg. Informations- und Nachrichtenblatt des Bruderrates der Evangelischen Kirche in Deutschland 1 f. (1950 f.).

Bellers, Jürgen: Moralkommunikation und Kommunikationsmoral. Über Kommunikationslatenzen, Antisemitismus und politisches System. In: Antisemitismus in der politischen Kultur, S. 278 ff.

Bentley, James: Martin Niemöller. Eine Biographie. München 1985.

Berger, Ulrike: Der Ökumenische Rat und die Juden, (masch.) Berlin 1976.

Bergmann, Werner: Sind die Deutschen antisemitisch? Meinungsumfragen von 1946–1987 in der Bundesrepublik Deutschland. In: Antisemitismus in der politischen Kultur, S. 253 ff.

Berlin 1958. Bericht über die dritte Tagung der zweiten Synode der Evangelischen Kirche in Deutschland vom 26. bis 30. April 1958. Hg. im Auftrage des Rates von der Kirchenkanzlei der Evangelischen Kirche in Deutschland. Berlin (1958).

Berlin-Weissensee 1950. Bericht über die zweite Tagung der ersten Synode der Evangelischen Kirche in Deutschland vom 23.–27. April 1950. Hg. im Auftrage des Rates von der Kirchenkanzlei der Evangelischen Kirche in Deutschland. Hannover (1950).

Berliner Allgemeine Wochenzeitung der Juden in Deutschland 4 f. (1949 f.).

Besier, Gerhard: „Selbstreinigung“ unter britischer Besatzungsherrschaft. Die Evangelisch-lutherische Landeskirche Hannovers und ihr Landesbischof Marahrens 1945–1947 (Studien zur Kirchengeschichte Niedersachsens Bd. 27). Göttingen 1986.

Besier, Gerhard/Sauter, Gerhard: Wie Christen ihre Schuld bekennen. Die Stuttgarter Erklärung 1945. Göttingen 1985.

Bethge, Eberhard: Am gegebenen Ort. Aufsätze und Reden 1970–1979. München 1979.

–: Dietrich Bonhoeffer. Theologe, Christ, Zeitgenosse. Eine Biographie. München [4]1978.

–: Dietrich Bonhoeffer und die Juden. In: Kremers, H., Juden, S. 211–248.

–: Umstrittenes Erbe. In: Ders.: Ort, S. 103–116.

Blau, Bruno: Die Mischehe im Nazireich. In: Judaica 4 (1948), S. 46–57.

Bodemann, Y. Michael: Staat und Ethnizität: Der Aufbau der jüdischen Gemeinden im Kalten Krieg. In: Brumlik, M. u. a.: Jüdisches Leben, S. 49–69.

Bohn, Ursula: Die Voraussetzungen des christlich-jüdischen Glaubensgespräches. In: KiZ 17 (1962), S. 159–161.

Bonhoeffer, Dietrich: Gesammelte Schriften Bd. 2: Kirchenkampf und Finkenwalde. Resolutionen, Aufsätze, Rundbriefe 1933 bis 1943. Hg. von Eberhard Bethge. München [2]1965.

Bosch, Michael/Niess, Wolfgang (Hg.): Der Widerstand im deutschen Südwesten 1933–1945. Stuttgart 1984.

Boyens, Armin: Kirchenkampf und Ökumene 1933–1939. Darstellung und Dokumentation. München 1969.

–: Kirchenkampf und Ökumene 1939–1945. Darstellung und Dokumentation unter besonderer Berücksichtigung der Quellen des Ökumenischen Rates der Kirchen. München 1973.

–: Die Kirchenpolitik der amerikanischen Besatzungsmacht in Deutschland von 1944 bis 1946. In: Ders. u. a.: Kirchen in der Nachkriegszeit. Vier zeitgeschichtliche Beiträge (AKiZ B 8). Göttingen 1979, S. 7–99.

BRAUN, Hannelore/NICOLAISEN, Carsten (Bearb.): Verantwortung für die Kirche. Stenographische Aufzeichnungen und Mitschriften von Landesbischof Hans Meiser 1933–1955 Bd. 1: Sommer 1933 bis Sommer 1935 (AKiZ A 1). Göttingen 1985.

BROSZAT, Martin/HENKE, Klaus-Dietmar/WOLLER, Hans (Hg.): Von Stalingrad zur Währungsreform. Zur Sozialgeschichte des Umbruchs in Deutschland (Quellen und Darstellungen zur Zeitgeschichte Bd. 26). München 1989.

BRUMLIK, Micha/KIESEL, Doron/KUGELMANN, Cilly/SCHOEPS, Julius H. (Hg.): Jüdisches Leben in Deutschland seit 1945. Frankfurt 1988.

BÜTTNER, Ursula: Not nach der Befreiung. Die Situation der deutschen Juden in der britischen Besatzungszone 1945–1948. In: BÜTTNER, U., Unrechtsregime Bd. 2, S. 373–406.

–: (Hg.): Das Unrechtsregime. Internationale Forschung über den Nationalsozialismus. Bd. 1: Ideologie – Herrschaftssystem – Wirkung in Europa. Bd. 2: Verfolgung – Exil – Belasteter Neubeginn (Hamburger Beiträge zur Sozial- und Zeitgeschichte Bd. XXI und XXII). Festschrift für Werner Jochmann zum 65. Geburtstag. Hamburg 1986.

BUSCH, Eberhard: Juden und Christen im Schatten des Dritten Reiches. Ansätze zu einer Kritik des Antisemitismus in der Zeit der Bekennenden Kirche (TEH NS Nr. 205). München 1979.

CASALIS, Georg: Freund. In: JK 47 (1986), S. 132–134.

CONNING, John Stuart: Besinnen sich die Juden auf Jesus? Stuttgart 1949.

DAM, Hendrik George van: Die Juden in Deutschland nach 1945. In: JUDENTUM. Schicksal, Wesen und Gegenwart Bd. 2, hg. von Franz BÖHM und Walter DIRKS unter Mitarbeit von Walter GOTTSCHALK. Wiesbaden 1965, S. 888–916.

DARMSTÄDTER ECHO 3 (1948).

DEUTSCHER EVANGELISCHER KIRCHENTAG MÜNCHEN 1959 – Dokumente. Hg. im Auftrag des Präsidiums des Deutschen Evangelischen Kirchentags. Stuttgart 1959.

DEUTSCHES PFARRERBLATT 50–52 (1950–1952).

DIAMANT, Adolf: Geschändete jüdische Friedhöfe in Deutschland 1945–1980. Anlage zur Dokumentation: Jüdische Friedhöfe in Deutschland – eine Bestandsaufnahme. Frankfurt 1982.

DIEM, Hermann: Ja oder Nein. 50 Jahre Theologe in Kirche und Staat. Stuttgart/Berlin 1974.

–: Restauration oder Neuanfang in der Evangelischen Kirche? Stuttgart 1946.

–: sine vi – sed verbo. Aufsätze, Vorträge, Voten (Theologische Bücherei, Bd. 25). München 1965.

DINTER, Arthur: 197 Thesen zur Vollendung der Reformation. Die Wiederherstellung der reinen Heilandslehre. Leipzig 1926.

EHRENBERG, Hans: 72 Leitsätze zur judenchristlichen Frage. In: SCHMIDT, K. D., Bekenntnisse 1933, S. 66–73.

ERDMANN, Kurt Dietrich: Deutschland unter der Herrschaft des Nationalsozialismus 1933–1939 (Gebhardt Handbuch der deutschen Geschichte Bd. 20). München 1980.

–: Das Ende des Reiches und die Neubildung deutscher Staaten (Gebhardt Handbuch der deutschen Geschichte Bd. 22). München [4]1984.

ESCHENBURG, Theodor: Jahre der Besatzung 1945–1949 (BRACHER, Kurt Dietrich u. a. (Hg.): Geschichte der Bundesrepublik Deutschland Bd. 1). Stuttgart/Wiesbaden 1983.

EVANGELISCHE WELT. Informationsblatt für die Evangelische Kirche im Rheinland 4 f. (1951 f.).

FRANKFURTER ALLGEMEINE ZEITUNG 2 (1950).

FREIBURGER RUNDBRIEF. Beiträge zur Förderung der Freundschaft zwischen dem alten und dem neuen Gottesvolk im Geiste beider Testamente (bis 6/20, 1953: RUNDBRIEF ZUR FÖRDERUNG DER FREUNDSCHAFT zwischen dem alten und dem neuen Gottesvolk im Geiste der beiden Testamente) 1/1 ff. (1948/49 ff.).

FREUDENBERG, Adolf (Hg.): Befreie, die zum Tode geschleppt werden. Ökumene durch geschlossene Grenzen 1939–1945. München 1985.
–: Henry Carter zum Gedächtnis. In: JK 12 (1951), S. 394–396.
–: Vom Flüchtlingsdienst des Ökumenischen Rats der Kirchen in Genf. In: JUDAICA 2 (1946), S. 70–79.
–: Tagung und Arbeitsprogramm der ökumenischen Flüchtlingskommission. In: Judaica 2 (1946), S. 147–150.
DER FREUND ISRAELS. Mitteilungsblatt des „Vereins der Freunde Israels", Basel, 74 ff. (1947 ff.).
FRIEDE ÜBER ISRAEL. Zeitschrift für Kirche und Judentum, hg. im Auftrag des „Evangelisch-lutherischen Zentralvereins für Mission unter Israel", 33 ff. (1950 ff.).
FRITSCH, Theodor: Handbuch der Judenfrage. Die wichtigsten Tatsachen zur Beurteilung des jüdischen Volkes. Leipzig [47]1942.
FÜR ARBEIT UND BESINNUNG. Kirchlich-theologische Halbmonatsschrift für evangelische Geistliche 1 ff. (1947 ff.).

GANTHER, Heinz (Hg.): Die Juden in Deutschland 1951/52–5712. Ein Almanach. Frankfurt/München 1953.
GAUGER, Joachim: Chronik der Kirchenwirren 1. Teil 1932–1934 (Gotthard-Briefe 138–145). Elberfeld 1934.
–: Chronik der Kirchenwirren 2. Teil 1934 (Gotthard-Briefe 146–158). Elberfeld 1935.
GEDRUCKTES PROTOKOLL DER 16. SYNODE DER EVANGELISCH-LUTHERISCHEN LANDESKIRCHE SACHSENS.
GEIS, Robert Raphael/KRAUS, Hans-Joachim (Hg.): Versuche des Verstehens. Dokumente jüdisch-christlicher Begegnung aus den Jahren 1918–1933 (Theologische Bücherei Bd. 33). München 1966.
GERLACH, Wolfgang: Als die Zeugen schwiegen. Bekennende Kirche und die Juden (SKI Bd. 10). Berlin 1987.
–: Zwischen Kreuz und Davidstern. Bekennende Kirche in ihrer Stellung zum Judentum im Dritten Reich, Diss. ev. theol. Hamburg 1972.
GERSTENMAIER, Eugen: Hilfe für Deutschland (Forum Academicum). Frankfurt 1946.
–: Streit und Friede hat seine Zeit. Ein Lebensbericht. Frankfurt/Berlin 1981.
GESETZES- UND VERORDNUNGSBLATT FÜR DIE VEREINIGTE EVANGELISCH-PROTESTANTISCHE LANDESKIRCHE IN BADEN Nr. 4 vom 17. Juli 1948. Ausgegeben vom Evangelischen Oberkichenrat in Karlsruhe.
GOLDMANN, Erwin: Zwischen zwei Völkern – ein Rückblick. Erlebnisse und Erkenntnisse. Königswinter 1975.
GOLDSCHMIDT, Dietrich (Hg.): Robert Raphael Geis. Leiden an der Unerlöstheit der Welt. Briefe, Reden, Aufsätze. München 1984.
–: Zwanzig Jahre Arbeitsgemeinschaft „Juden und Christen". In: DEUTSCHER EVANGELISCHER KIRCHENTAG HAMBURG 1981. Dokumente. Stuttgart 1981, S. 608–617.
GOLDSCHMIDT, Dietrich/KRAUS, Hans-Joachim (Hg.): Der ungekündigte Bund. Neue Begegnung von Juden und christlicher Gemeinde. Stuttgart 1962.
GOLLWITZER, Helmut/STERLING, Eleonore (Hg.): Das gespaltene Gottesvolk. Stuttgart 1966.
GRENVILLE, John Ashley Soames: Die „Endlösung" und die „Judenmischlinge" im Dritten Reich. In: BÜTTNER, U.: Unrechtsregime Bd. 2, S. 91–121.
GRESCHAT, Martin (Hg.): Die Schuld der Kirche. Dokumente und Reflexionen zur Stuttgarter Schulderklärung vom 18./19. Oktober 1945 (Studienbücher zur kirchlichen Zeitgeschichte Bd. 4). München 1982.
–: (Hg.): Zwischen Widerspruch und Widerstand. Texte zur Denkschrift der Bekennenden Kirche an Hitler (1936). München 1987.
–: (Hg.): Im Zeichen der Schuld. 40 Jahre Stuttgarter Schuldbekenntnis. Eine Dokumentation mit einem Geleitwort von Wolfgang HUBER. Neukirchen-Vluyn 1985.

GRÜBER, Heinrich: Dona nobis pacem! Gesammelte Predigten und Aufsätze aus zwanzig Jahren (Bibliothek der CDU Bd. IX). Berlin 1956.
–: Erinnerungen aus sieben Jahrzehnten. Köln/Berlin 1968.
GRUNDMANN, Walter: Wer war Jesus von Nazareth? Weimar 1940.
GUTTERIDGE, Richard: Open thy mouth for the dumb! The German evangelical church and the jews 1879–1950. Oxford 1976.

HANDLIN, Otto: A continuing task. New York 1964.
HARDER, Günther: Christen vor dem Problem der Judenfrage. Evanglisch-jüdisches Gegenüber seit 1945. In: MARSCH, W.-D./THIEME, K., Christen, S. 251–269.
HARLING, Otto von: Kirche und Israel. In: KJ 1953, S. 285–335.
HERMLE, Siegfried: „Wo ist dein Bruder Israel?" Die Impulse Adolf Freudenbergs zur Neubestimmung des christlich-jüdischen Verhältnisses nach 1945. In: KuI 4 (1989), S. 42–59.
HERMLE, Siegfried/LÄCHELE, Rainer: Die Evangelische Landeskirche in Württemberg und der „Arierparagraph". In: HERMLE, S. u. a.: Im Dienst, S. 179–214.
HERMLE, Siegfried/LÄCHELE, Rainer/NUDING, Albrecht (Hg.): Im Dienst an Volk und Kirche! Theologiestudium im Nationalsozialismus. Erinnerungen, Darstellungen, Dokumente und Reflexionen zum Tübinger Stift 1930 bis 1950. Stuttgart 1988.
HERMELINK, Heinrich (Hg.): Kirche im Kampf. Dokumente des Widerstands und des Aufbaus in der Evangelischen Kirche Deutschlands von 1933 bis 1945. Tübingen/Stuttgart 1950.
HESSE, Hermann Albrecht: Die Judenfrage in der Verkündigung heute (Schriftenreihe der Bekennenden Kirche Heft 3). Stuttgart 1948.
HEUSS, Theodor: An und über Juden. Aus Schriften und Reden (1906–1963) zusammengestellt und herausgegeben von Hans LAMM. Düsseldorf und Wien, 1964.
HEYDENREICH, Renate Maria: Erklärungen aus der Evangelischen Kirche Deutschlands und der Ökumene zur Judenfrage 1932–1961. In: GOLDSCHMIDT, D./KRAUS, H.-J.: Bund, S. 183–283.
HINZ, Christoph: „Entdeckung der Juden als Brüder und Zeugen". Stationen und Fragestellungen im christlich-jüdischen Dialog seit 1945. In: ZdZ 38 (1984), S. 12–30.
HÖCHSTÄDTER, Walter: 50 Jahre CIMADE. In: DtPfBl 89 (1989), S. 338f.
HOFER, Walther (Hg.): Der Nationalsozialismus. Dokumente 1933–1945. Frankfurt/M., 1957.
HUBER, Wolfgang/TÖDT, Ilse (Hg.): Ethik im Ernstfall. Dietrich Bonhoeffers Stellung zu den Juden und ihre Aktualität. (Internationales Bonhoeffer-Forum Forschung und Praxis 4). München 1982.

JACOBSMEYER, Wolfgang: Jüdische Überlebende als „Displaced Persons". Untersuchung zur Besatzungspolitik in den deutschen Westzonen und zur Zuwanderung osteuropäischer Juden 1945–1948. In: GuG (1983), S. 421–452.
–: Vom Zwangsarbeiter zum heimatlosen Ausländer. Die Displaced Persons in Westdeutschland 1945–1951 (Kritische Studien zur Geschichtswissenschaft 65). Göttingen 1985.
JAHRBUCH DER ÖFFENTLICHEN MEINUNG 1947–1955, hg. Elisabeth NÖLLE und Erich Peter NEUMANN. Allensbach 21956.
JASPER, Gerhard: Vom Sinn der Wiedergutmachung an Israel. Gütersloh o.J.
–: Solidarität und Verantwortung in unserer Zeit. In: DtPfBl 52 (1952), S. 236–238.
–: Die Juden als Geiseln der Kulturwelt. In: DtPfBl 52 (1952), S. 510f. 537–539.
JENA, Kai von: Versöhnung mit Israel? Die deutsch-israelischen Verhandlungen bis zum Wiedergutmachungsabkommen von 1952. In: VZG 34 (1986), S. 457–480.
JUDAICA. Beiträge zum Verständnis des jüdischen Schicksals in Vergangenheit und Gegenwart, hg. im Auftrag des „Vereins der Freunde Israels", Basel, 1ff. (1945ff.).
DER JUDENPOGROM 1938. Von der „Reichskristallnacht" zum Völkermord, hg. von Walter H. PEHLE. Frankfurt 1988.
JUNGE KIRCHE, Halbmonatsschrift für reformatorisches Christentum 12f. 47 (1951f. 1986).

KAISER, Jochen-Christoph/GRESCHAT, Martin (Hg.): Der Holocaust und die Protestanten. Analysen einer Verstrickung. Frankfurt 1988.

KALLENBACH, Hans (Hg.): Die Juden und wir Christen (Kirche und Welt. Schriftenreihe der Evangelischen Akademie in Hessen und Nassau Heft 5). Frankfurt und Butzbach 1950.

KANDLER, Hans-Joachim: Kirche und Juden während des deutsch-christlichen Kirchenregiments in Sachsen 1933–1945. In: FÜI 67 (1984) Heft 4, S. 152–157 (Teil 1); 68 (1985) Heft 1, S. 17–25 (Teil 2).

KINDER, Christian: Neue Beiträge zur Geschichte der evangelischen Kirche in Schleswig-Holstein und im Reich 1924–1945. Flensburg 1964.

DIE KIRCHEN UND DAS JUDENTUM. Dokumente von 1945–1985, hg. von Rolf RENDTORFF und Hans Hermann HENRIX. München/Paderborn 1988.

KIRCHENBLATT FÜR DIE REFORMIERTE SCHWEIZ 103 (1947).

KIRCHLICHES JAHRBUCH 1933–1944. Hg. von Joachim BECKMANN. Gütersloh [2]1976.

KIRCHLICHES JAHRBUCH 1945–1948. Hg. von Joachim BECKMANN. Gütersloh 1950.

KIRCHLICHES JAHRBUCH 1950. Hg. von Joachim BECKMANN. Gütersloh 1951.

KIRCHLICHES JAHRBUCH 1953. Hg. von Joachim BECKMANN. Gütersloh 1954.

KITTEL, Gerhard: Die Judenfrage. Zweite, überarbeitete und durch 2 Beilagen vermehrte Ausgabe. Stuttgart 1933.

KLAPPERT, Bertold: Weg und Wende Dietrich Bonhoeffers in der Israelfrage – Bonhoeffer und die theologischen Grundentscheidungen des Rheinischen Synodalbeschlusses 1980. In: HUBER, W./TÖDT, I.: Ethik, S. 77–135.

KLAPPERT, Bertold/STARCK, Helmut, (Hg.): Umkehr und Erneuerung. Erläuterungen zum Synodalbeschluß der Rheinischen Landessynode 1980 „Zur Erneuerung des Verhältnisses von Christen und Juden". Neukirchen-Vluyn 1980.

KLÜGEL, Eberhard: Die lutherische Landeskirche Hannovers und ihr Bischof 1933–1945. Berlin und Hamburg 1964.

–: (Hg.): Die lutherische Landeskirche Hannovers und ihr Bischof 1933–1945. Dokumente. Berlin und Hamburg 1965.

KRAKAUER, Max: Lichter im Dunkel. Flucht und Rettung eines jüdischen Ehepaares im Dritten Reich. Stuttgart [8]1985.

KREMERS, Heinz (Hg.): Die Juden und Martin Luther – Martin Luther und die Juden. Geschichte, Wirkungsgeschichte, Herausforderung. Mit einem Geleitwort von Johannes RAU. Neukirchen-Vluyn 1985.

KRIENER, Tobias: Bibliographie zum Synodalbeschluß „Zur Erneuerung des Verhältnisses von Christen und Juden" und zu „Umkehr und Erneuerung" (Auswahl). In: Edna BROCKE/Jürgen SEIM (Hg.), Gottes Augapfel. Beiträge zur Erneuerung des Verhältnisses von Christen und Juden. Neukirchen-Vluyn 1986, S. 287–299.

KRIMM, Herbert: Beistand. Die Tätigkeit des Hilfswerks der Evangelischen Kirchen in Deutschland für Vertriebene und Flüchtlinge nach 1945. Darstellung und Dokumentation. Stuttgart 1974.

KUEPPERS, Erica: Widerstehet dem Antisemitismus. In: BeKiW 1 (1950), Heft 7, Sp. 7–16; Heft 8, Sp. 9–14; Heft 9, Sp. 17–23; Heft 10, Sp. 19–23 = H. KALLENBACH: Juden, S. 66–107.

KUESSNER, Dietrich: Geschichte der Braunschweigischen Landeskirche 1930–1947 im Überblick. Offleben 1981 (Auch: Jahrbuch der Gesellschaft für niedersächsische Kirchengeschichte Bd. 79, 1981).

–: Juden und Christen in der Braunschweiger Landeskirche in der ersten Hälfte unseres Jahrhunderts. In: FÜI 68 (1985), Heft 3, S. 107–116.

KUPISCH, Karl: Volk ohne Geschichte. Randbemerkungen zur Geschichte der Judenfrage. Berlin 1953.

–: Das Volk der Geschichte. Randbemerkungen zur Geschichte der Judenfrage. Zweite, stark veränderte Auflage des 1953 erschienenen Buches „Volk ohne Geschichte". Berlin 1960.

LANDESKIRCHLICHES AMTSBLATT DER BRAUNSCHWEIGISCHEN EVANGELISCH-LUTHERISCHEN LANDESKIRCHE, LXX. Jgg., Ausgabe vom 15. Februar 1957, S. 3.

LEXIKON DES JUDENTUMS, J. F. Oppenheimer (Chefredakteur). Gütersloh 1967.

LINDT, Andreas: Das Zeitalter des Totalitarismus. Politische Heilslehren und ökumenischer Aufbruch (Christentum und Gesellschaft Bd. 13). Stuttgart 1981.

LUDWIG, Hartmut: Die Entstehung des Darmstädter Wortes. Martin Niemöller zum 85. Geburtstag am 14. Januar 1977 gewidmet. In: Beiheft zu „Junge Kirche" Heft 8/9, 1977.

–: „Zur Geschichte des ‚Büros Pfarrer Grüber'". In: WIRTH, Günther (Hg.): Berliner Kirchengeschichte. Berlin 1987, S. 305–326.

LÜTH, Erich: Wir suchen Frieden mit Israel. In: NEUE ZEITUNG vom 31. 8. 1951.

MARGGRAF, Eckhart: Hermann Maas. Evangelischer Pfarrer und „stadtbekannter Judenfreund". In: BOSCH, M./NIESS, W.: Widerstand, S. 71–82.

MARSCH, Wolf-Dieter/THIEME, Karl (Hg.): Christen und Juden. Ihr Gegenüber vom Apostelkonzil bis heute. Mainz/Göttingen 1961.

MAURER, Wilhelm: Kirche und Synagoge. Motive und Formen der Auseinandersetzung der Kirche mit dem Judentum im Laufe der Geschichte (Franz Delitzsch-Vorlesungen 1951). Stuttgart 1953.

MEIER, Kurt: Der evangelische Kirchenkampf. Gesamtdarstellung in drei Bänden. Bd. 1 Der Kampf um die „Reichskirche". Halle 1976; Bd. 2 Gescheiterte Neuordnungsversuche im Zeichen staatlicher „Rechtshilfe". Halle 1976; Bd. 3 Im Zeichen des zweiten Weltkrieges. Halle 1984.

–: Kirche und Judentum. Die Haltung der evangelischen Kirche zur Judenpolitik des Dritten Reiches (Ergänzungsreihe der AGK Bd. 7). Göttingen 1968.

MERZ, Georg: Zur theologischen Erörterung des Ariergesetzes. In: ZZ 11 (1933), S. 529–535.

METZGER, Hartmut: Kristallnacht. Dokumente von gestern zum Gedenken heute. Stuttgart 1978.

MEYER-ZOLLITSCH, Almuth: Nationalsozialismus und evangelische Kirche in Bremen (Veröffentlichungen aus dem Staatsarchiv der Freien Hansestadt Bremen Bd. 51). Bremen 1985.

MITTEILUNGSBLATT DER NOTGEMEINSCHAFT DER DURCH DIE NÜRNBERGER GESETZE BETROFFENEN, Hamburg, 1 ff. (1948 ff.).

MOMMSEN, Theodor: Römische Geschichte Bd. 3: Von Sullas Tode bis zur Schlacht von Thapsus. Berlin 1856.

NEUE ZEITUNG, München/Berlin/Frankfurt, 2 (1951).

NIEMÖLLER, Gerhard (Hg.): Die erste Bekenntnissynode der Deutschen Evangelischen Kirche zu Bremen. II. Texte – Dokumente – Berichte (AGK Bd. 6). Göttingen 1959.

NIEMÖLLER, Wilhelm: Die Evangelische Kirche im Dritten Reich. Handbuch des Kirchenkampfes. Bielefeld 1956.

–: (Hg.): Die Synode zu Steglitz. Die dritte Bekenntnissynode der Evangelischen Kirche der Altpreußischen Union. Geschichte – Dokumente – Berichte (AGK Bd. 23). Göttingen 1970.

NOAKES, Jeremy: Wohin gehören die „Judenmischlinge"? Die Entstehung der ersten Durchführungsverordnungen zu den Nürnberger Gesetzen. In: BÜTTNER, U.: Unrechtsregime Bd. 2, S. 69–89.

NORDEN, Günther van: Schuld oder Mitschuld von Christen? Erwägungen zur siebten Bonner These. In: KREMERS, H.: Juden, S. 301–318.

NORDEN, Günther van/SCHOENBORN, Paul Gerhard/WITTMÜTZ, Volkmar (Hg.): Wir verwerfen die falsche Lehre. Arbeits- und Lesebuch zur Barmer Theologischen Erklärung und zum Kirchenkampf. Wuppertal-Barmen 1984.

NOWAK, Kurt: Das Stigma der Rasse. Nationalsozialistische Judenpolitik und die christlichen Nichtarier. In: KAISER, J.-C./GRESCHAT, M.: Holocaust, S. 73–99.

ÖKUMENISCHER PRESSE- UND NACHRICHTENDIENST 13 (1946).
OSTEN-SACKEN, Peter von der: Katechismus und Siddur. Aufbrüche mit Martin Luther und den Lehrern Israels (Veröffentlichungen aus dem Institut Kirche und Judentum Bd. 15). Berlin/ München 1984.

PFISTERER, Rudolf: Im Schatten des Kreuzes. Hamburg 1966.
PRATER, Georg (Hg.): Kämpfer wider Willen. Erinnerungen des Landesbischofs von Sachsen D. Hugo Hahn aus dem Kirchenkampf 1933–1945. Metzingen 1969.
PUGH, Craig: Rabbi, teach us! In: AIRMAN Bd. XXVI, Nr. 12 December 1982 (Kelly Air Force Base, Texas), S. 36–40.
PUFFERT, Heinrich: Die Bedeutung ökumenischer Flüchtlingshilfe für den Weg des Ökumenischen Rates der Kirchen Teil I: Versuch eines Rückblicks in die Anfangszeit ökumenischer Weltverantwortung. In: ÖR 36 (1987), S. 332–342.

REICHSGESETZBLATT, 1933 ff.
RENDTORFF, Rolf (Hg.): Arbeitsbuch Christen und Juden. Zur Studie des Rates der Evangelischen Kirche in Deutschland. Gütersloh ²1980.
–: Hat denn Gott sein Volk verstoßen? Die evangelische Kirche und das Judentum seit 1945. Ein Kommentar (Abhandlungen zum christlich-jüdischen Dialog Bd. 18). München 1989.
–: Das Scheitern des Christentums – Auschwitz als Glaubenskrise. In: ZdZ 36 (1982), S. 142–147.
RENDTORFF, Rolf/STEGEMANN, Ekkehard (Hg.): Auschwitz – Krise der christlichen Theologie. Eine Vortragsreihe (Abhandlungen zum christlich-jüdischen Dialog Bd. 10). München 1980.
RENGSTORF, Karl Heinrich: Christen und Juden in Nordwestdeutschland. In: JGNKG 76 (1978), S. 31–40.
–: Die eine Kirche aus Juden und Heiden. In: VIVA VOX EVANGELII. Festschrift für Landesbischof D. Hans Meiser. München 1951, S. 231–240.
–: Leo Baeck. In: SCHULTZ, Hans Jürgen (Hg.): Juden – Christen – Deutsche. Stuttgart/Freiburg 1961, S. 353–357.
REUTTER, Lutz–Eugen: Die Hilfstätigkeit katholischer Organisationen und kirchlicher Stellen für die im nationalsozialistischen Deutschland Verfolgten. Hamburg ²1970.
–: Katholische Kirche als Fluchthelfer im Dritten Reich. Die Betreuung von Auswanderern durch den St. Raphaels-Verein. Recklinghausen/Hamburg 1971.
RÖHM, Eberhard/THIERFELDER, Jörg: Evangelische Kirche zwischen Kreuz und Hakenkreuz. Bilder und Texte einer Ausstellung. Stuttgart ²1982.
ROSENBERG, Alfred: Der Mythus des 20. Jahrhunderts. Eine Wertung der seelisch-geistigen Gestaltenkämpfe unserer Zeit. München ¹¹1943.
RUDOLPH, Hartmut: Evangelische Kirche und Vertriebene 1945 bis 1972. Bd. 1: Kirchen ohne Land. Die Aufnahme von Pfarrern und Gemeindegliedern aus dem Osten im westlichen Nachkriegsdeutschland: Nothilfe – Seelsorge – kirchliche Eingliederung (AKiZ B 11). Göttingen 1984.
–: Evangelische Kirche und Vertriebene 1945 bis 1972. Bd. 2: Kirche in der neuen Heimat. Vertriebenenseelsorge – politische Diakonie – das Erbe der Ostkirchen (AKiZ B 12). Göttingen 1985.
DER RUF, München/Mannheim, 2 (1947).

SAAT AUF HOFFNUNG. Vierteljahresschrift für das Gespräch zwischen Christentum und Judentum 73 (1950).
SAGI, Nana: Wiedergutmachung für Israel. Die deutschen Zahlungen und Leistungen. Stuttgart 1981.
SAUER, Paul: Die Schicksale der jüdischen Bürger Baden-Württembergs während der nationalsozialistischen Verfolgungszeit 1933–1945. Stuttgart 1969.

SCHÄFER, Gerhard (Hg.) in Verbindung mit Richard FISCHER: Landesbischof D. Wurm und der nationalsozialistische Staat 1940–1945. Eine Dokumentation. Stuttgart 1968.

SCHÄPPI, Lydia: Erinnerung an Pfarrer Brunner. In: DER FREUND ISRAELS 143 (1980), S. 88f.

–: Christen, Juden und Judenchristen im heutigen Deutschland. In: JUDAICA 4 (1948), S. 123–142.

SCHATTEN UND LICHT. Nachrichten aus der Evangelischen Gesellschaft Stuttgart e.V., Heft 2 April–Juni 1985.

SCHEFFLER, Wolfgang: Judenverfolgung im Dritten Reich 1933–1945. Berlin 1960.

SCHEMPP, Paul: Der Weg der Kirche (29. Mai 1945). Dokumentation über einen unerledigten Streit. Hg.: Aktion Sühnezeichen/Friedensdienste u.a. Berlin 1985.

–: Gesammelte Aufsätze, hg. von Ernst BIZER (Theologische Bücherei Bd. 10). München 1960.

SCHIEDER, Theodor (Hg.): Handbuch der Europäischen Geschichte. Bd. 7/1 Europa im Zeitalter der Weltmächte. Stuttgart 1979.

SCHMIDT, Kurt Dietrich (Hg.): Die Bekenntnisse und grundsätzlichen Äußerungen zur Kirchenfrage des Jahres 1933. Göttingen 1934.

SCHNABEL, Thomas: Gertrud Luckner. Mitarbeiterin der Cartias in Freiburg. In: BOSCH, M./ NIESS, W.: Widerstand, S. 117–128.

SCHOLDER, Klaus: Die Kirchen und das Dritte Reich Bd. 1: Vorgeschichte und Zeit der Illusionen 1918–1934. Frankfurt/Berlin/Wien 1977.

SCHÜLLER, Nora: Die einen und die anderen. Aus dem Leben meines Mannes. Selbstdruck.

SCHWÄBISCHE DONAU ZEITUNG, Ulm, 15f. (1959f.)

SCHWARZ, Hans-Peter: Die Ära Adenauer. Gründerjahre der Republik 1949–1957 (BRACHER, Kurt Dietrich u.a. (Hg.): Geschichte der Bundesrepublik Deutschland Bd. 2). Stuttgart/ Wiesbaden 1981.

SCHWARZ, Walter: Rückerstattung nach den Gesetzen der Alliierten Mächte (Die Wiedergutmachung nationalsozialistischen Unrechts durch die Bundesrepublik Deutschland Bd. 1). München 1974.

SCHWEIKHART, Wilfried: Zwischen Dialog und Mission. Zur Geschichte und Theologie der christlich-jüdischen Beziehungen seit 1945 (Studien zu jüdischem Volk und christlicher Gemeinde Bd. 2). Berlin 1980.

SEEBASS, Gottfried: „Die Stuttgarter Schulderklärung von 1945. Entstehung und Bedeutung". In: EPD-DOKUMENTATION 46, 1985, S. 1–14.

„SEID FRÖHLICH IN HOFFNUNG". Der Sechste Deutsche Evangelische Kirchentag vom 7. bis 11. Juli 1954 in Leipzig. Hg. im Auftrag des Präsidiums des Deutschen Evangelischen Kirchentages, Stuttgart o.J. (masch. vervielf.).

SIEGELE-WENSCHKEWITZ, Leonore: Die Evangelisch-theologische Fakultät Tübingen in den Anfangsjahren des Dritten Reiches. II. Gerhard Kittel und die Judenfrage. In: ZThK. B 4 (1978), S. 53–80.

–: Mitverantwortung und Schuld der Christen am Holocaust. In: EvTh 42 (1982), S. 171–190.

–: Neutestamentliche Wissenschaft vor der Judenfrage. Gerhard Kittels theologische Arbeit im Wandel deutscher Geschichte (TEH NS Nr. 208). München 1980.

–: Nationalsozialismus und Kirchen. Religionspolitik von Partei und Staat bis 1935 (Tübinger Schriften zur Sozial- und Zeitgeschichte Bd. 5). Düsseldorf 1974.

SKRIVER, Ansgar: Aktion Sühnezeichen. Brücken über Blut und Asche. Stuttgart 1962.

SMITH-VON OSTEN, Annemarie: Von Treysa 1945 bis Eisenach 1948. Zur Geschichte der Grundordnung der Evangelischen Kirche in Deutschland (AKiZ B 9). Göttingen 1980.

SÖHLMANN, Fritz (Hg.): Treysa 1945. Die Konferenz der evangelischen Kirchenführer 27.–31. August 1945. Lüneburg 1946.

SPANDAUER SYNODE. Erste Synode der Bekennenden Kirche von Berlin nach dem Kriege 29. bis 31. Juli 1945. Beschlüsse und Ansprachen, hg. im Auftrag des Bruderrates der Bekennenden Kirche von Berlin von Propst Dr. BÖHM. Berlin o.J.

STERLING, Eleonore: Judenfreunde – Judenfeinde. Fragwürdiger Philosemitismus in der Bundesrepublik. In: DIE ZEIT Nr. 50 vom 10. 12. 1965, S. 30.

STERN, Frank: Entstehung, Bedeutung und Funktion des Philosemitismus in Westdeutschland nach 1945. In: ANTISEMITISMUS IN DER POLITISCHEN KULTUR, S. 180ff.

STÖHR, Martin: Gespräche nach Abels Ermordung. Die Anfänge des jüdischen-christlich Dialogs. In: BRUMLIK, M. u. a.: Jüdisches Leben, S. 197–229.

STRAUSS, Herbert A.: Der Holocaust als Epochenscheide der Antisemitismusgeschichte: historische Diskontinuitäten. In: ANTISEMITISMUS IN DER POLITISCHEN KULTUR, S. 38ff.

STUTTGARTER NACHRICHTEN 4 (1949).

DER TAG, Berlin, 1 (1948).

THAMER, Hans-Ulrich: Protestantismus und „Judenfrage" in der Geschichte des Dritten Reiches. In: KAISER, J.-C./GRESCHAT, M.: Holocaust, S. 216–240.

THOMÄ, Hedwig: Karl Hartenstein. Ein Leben in weltweitem Dienst (Unsere geistlichen Ahnen. Eine Reihe von Lebensbildern Heft 43). Stuttgart 1962.

TÖDT, Heinz Eduard: Judendiskriminierung 1933 – der Ernstfall für Bonhoeffers Ethik. In: HUBER, W./TÖDT, I.: Ethik, S. 139–183.

TREPLIN, Hans Gustav: Evangelische Kirche Frankfurt im 3. Reich. Verhalten des Evangelischen Vereins für Innere Mission gegenüber jüdischen Mitbürgern. In: WEG UND WAHRHEIT. Evangelisches Kirchenblatt für Hessen und Nassau 39, Ausgabe 18 vom 5. 5. 1985.

VERORDNUNGS- UND NACHRICHTENBLATT. Amtliches Organ der Evangelischen Kirche in Deutschland 1 (1946), hg. im Auftrag des Rates der Evangelischen Kirche in Deutschland durch die Kanzlei der EKD. Stuttgart 1946.

VOLLHALS, Clemens (Hg.): Die evangelische Kirche nach dem Zusammenbruch. Berichte ausländischer Beobachter aus dem Jahre 1945 (AKiZ A 3). Göttingen 1988.

–: Die Evangelische Kirche zwischen Traditionswahrung und Neuorientierung. In: BROSZAT, M. u. a.: Stalingrad, S. 113–168.

„WÄHLT DAS LEBEN!" Der Vierte Deutsche Evangelische Kirchentag vom 27. bis 31. August 1952 in Stuttgart. Hg. im Auftrag des Präsidiums des Deutschen Evangelischen Kirchentages. Stuttgart 1952 (masch. vervielf.).

WALK, Joseph (Hg.): Das Sonderrecht für die Juden im NS-Staat. Eine Sammlung der gesetzlichen Maßnahmen und Richtlinien – Inhalt und Bedeutung (Motive – Texte – Materialien Bd. 14). Heidelberg/Karlsruhe 1981.

WEIL, Frederick: The Imperfectly Mastered Past: Anti-Semitism in West Germany Since the Holocaust. In: NEW GERMAN CRITIQUE Nr. 20, Spring/Summer 1980 (Milwaukee, Wisconsin), S. 135–153.

DIE WELT, Hamburg, 4 (1949).

WENIGER, Heinz: Das jüdische Weltproblem. In: DER RUF Nr. 17 vom 1. 9. 1947, S. 5.

WESER KURIER, Bremen, 1 (1945).

WETZEL, Juliane: „Mir szeinen doh". München und Umgebung als Zuflucht von Überlebenden des Holocaust 1945–1948. In: BROSZAT, M. u. a.: Stalingrad, S. 327–364.

WIDER DAS VERGESSEN. Schicksale judenchristlicher Pfarrer in der Zeit von 1933–1945, hg. vom Evangelischen Pfarrhausarchiv. Eisenach (1988).

WIDMANN, Martin: Paul Schempp und die Sozietät. In: SCHEMPP, P.: Weg, S. 29–34.

–: Zum Gedenken an Paul Schempp (1900–1959). In: EvTh 42 (1982), S. 366–381.

WIDMANN, Sören: Einführung in Paul Schempps „Der Weg der Kirche". In: SCHEMPP, P.: Weg, S. 4–10.

WILLI, Thomas: Die Geschichte des Vereins der Freunde Israels in Basel. In: DER VEREIN DER FREUNDE ISRAELS 150 JAHRE. Schweizerische Evangelische Judenmission. Stiftung für Kirche und Judentum. Der Freund Israels 143 (1980), S. 10–75.

WIRTH, Wolfgang: Solidarität der Kirche mit Israel. Die theologische Neubestimmung des Verhältnisses der Kirche zum Judentum nach 1945 anhand der offiziellen Verlautbarungen. Frankfurt 1987.

WISCHNATH, Johannes Michael: Kirche in Aktion. Das Evangelische Hilfswerk 1945–1957 und sein Verhältnis zu Kirche und Innerer Mission (AKiZ B 14). Göttingen 1986.

WOLF, Ernst: Die Gegnerschaft gegen die Juden in protestantischer Sicht. In: BeKiWe 2 (1951), Heft 9, Sp. 15–20.

WOLFFSOHN, Michael: Die deutsch-israelischen Beziehungen. In: BRUMLIK, M. u. a.: Jüdisches Leben, S. 88–107.

WOLLASCH, Hans-Josef: Humanitäre Auslandshilfe für Deutschland nach dem Zweiten Weltkrieg. Darstellung und Dokumentation kirchlicher und nichtkirchlicher Hilfen. Freiburg/B. 1976.

ZEICHEN DER ZEIT 36. 38 (1982. 1984).

DIE ZEIT, Hamburg, 39 (1985).

DER ZEUGE. Organ der internationalen juden-christlichen Allianz 4 (1953).

ZUR ERNEUERUNG DES VERHÄLTNISSES VON CHRISTEN UND JUDEN. Handreichung Nr. 39 für Mitglieder der Landessynode, der Kreissynoden und der Presbyterien in der Evangelischen Kirche im Rheinland. Mülheim (Ruhr) (1980).

ZWISCHEN DEN ZEITEN 11 (1933).

ABKÜRZUNGEN

ACCR	American Christian Committee for Refugees
AG	Arbeitsgemeinschaft
AGK	Arbeiten zur Geschichte des Kirchenkampfes
ADW	Archiv des Diakonischen Werkes, Berlin
ADWW	Archiv des Diakonischen Werkes, Westfalen
AKiZ	Arbeiten zur kirchlichen Zeitgeschichte
Anm.	Anmerkungen
ao. Prof.	außerordentlicher Professor
AÖR Genf	Archiv des Ökumenischen Rates, Genf
ApU	Altpreußische Union
AT	Altes Testament
Bd.	Band
bes.	besonders
BeKiW	Bekennende Kirche auf dem Weg
BK	Bekennende Kirche
BRD	Bundesrepublik Deutschland
BVP	Bayerische Volkspartei
ca.	circa
CDU	Christlich Demokratische Union
Chron.	Chronik
CIMADE	Comité Inter-Mouvements Auprès Des Evacués
CSU	Christlich Soziale Union
CVJM	Christlicher Verein junger Männer
CWS	Church World Service
DC	Deutsche Christen
DCSV	Deutsche Christliche Studentenvereinigung
DDP	Deutsche Demokratische Partei
DDR	Deutsche Demokratische Republik
DEK	Deutsche Evangelische Kirche
Ders./ders.	Derselbe
Dies./dies.	Dieselbe
DNVP	Deutschnationale Volkspartei
Dt., dt.	deutsch
DtPfrBl	Deutsches Pfarrerblatt
„DP's“	„Displaced Persons“
Ebd., ebd.	Ebenda
EKD, EKiD	Evangelische Kirche in Deutschland
EKU	Evangelische Kirche der Union
EOK	Evangelischer Oberkirchenrat
epd	Evangelischer Pressedienst
ERC	Ecumenical Refugee Commission

ev., evang.	evangelisch
EvTh	Evangelische Theologie
EvW	Evangelische Welt
FAZ	Frankfurter Allgemeine Zeitung
FDP	Freie Demokratische Partei
FÜI	Friede über Israel
FRu	Freiburger Rundbrief
g	Gramm
geb.	geboren
Gen.	Genesis
gest.	gestorben
Gestapo	Geheime Staatspolizei
HEKS	Hilfswerk der Evangelischen Kirche der Schweiz
Hg., hg.	Herausgeber, herausgegeben
HJ	Hitlerjugend
IRO	Internationale Refugee Organisation
Jes.	Jesaja
Jgg.	Jahrgang
JGNKG	Jahrbuch der Gesellschaft für niedersächsische Kirchengeschichte
JK	Junge Kirche
Joint	American Joint Distribution Committee
Kap.	Kapitel
KD	Kirchliche Dogmatik
KiZ	Kirche in der Zeit
KJ	Kirchliches Jahrbuch für die evangelische Kirche in Deutschland
KPD	Kommunistische Partei Deutschlands
KuI	Kirche und Israel
KZ	Konzentrationslager
LDP	Liberaldemokratische Partei
LKA	Landeskirchliches Archiv
Luth., luth.	lutherisch
LWB	Lutherischer Weltbund
MdB	Mitglied des Bundestages
MdL	Mitglied des Landtages
MdR	Mitglied des Reichstages
Mt.	Matthäus
Nr.	Nummer
NSDAP	Nationalsozialistische Deutsche Arbeiterpartei
NT	Neues Testament
o. D.	ohne Datum
o. J.	ohne Jahr
o., ord. Prof.	ordentlicher Professor
OKR	Oberkirchenrat
ÖRK	Ökumenischer Rat der Kirchen
Pfr.	Pfarrer
preuss.	preußisch

Prof.	Professor
Ps.	Psalm
Rev.	Reverend
RGBl	Reichsgesetzblatt
RM	Reichsmark
Röm.	Römerbrief
R. P.	Racially Persecuted
S.	Seite
SaH	Staat auf Hoffnung
SD	Sicherheitsdienst
SED	Sozialistische Einheitspartei Deutschlands
SKI	Studien zu Kirche und Israel
Sp.	Spalte
SPD	Sozialdemokratische Partei Deutschlands
SS	Schutzstaffel
stellv.	stellvertretend
TEH	Theologische Existenz heute
Theol., theol.	theologisch
TOP	Tagesordnungspunkt
u.	und
ua.	und andere
UNRRA	United Nation Relief and Rehabilitation Administration
u. ö.	und öfter
v.	von
VELKD	Vereinigte Evangelisch-Lutherische Kirche Deutschlands
Vgl., vgl.	Vergleiche
VL	Vorläufige Leitung
VVN	Vereinigung der Verfolgten des Naziregimes
WCC	World Council of Churches
VZG	Vierteljahrshefte für Zeitgeschichte
ZB	Zentralbüro
ZdZ	Zeichen der Zeit
ZThK	Zeitschrift für Theologie und Kirche
ZThK.B	Zeitschrift für Theologie und Kirche, Beiheft
ZZ	Zwischen den Zeiten

PERSONENREGISTER/BIOGRAPHISCHE ANGABEN

ADENAUER, Konrad 47, 59, 62, 232, 349
geb. 5.1. 1876 Köln, gest. 19.4. 1967 Bad Honnef-Rhöndorf, Politiker (Zentrum/CDU); 1917–1933 und 1945 Oberbürgermeister von Köln, 1946 MdL Nordrhein-Westfalen, 1948/49 Präsident des Parlamentarischen Rates, 1949–1963 MdB, 1949–1963 Bundeskanzler.

AHLERS, Richard, Dr. iur. 292
geb. 21.12. 1884 Bremen, gest. 24.12. 1950 Bremen, Rechtsanwalt und Notar; 1945–46 Präsident des Vorläufigen Kirchenausschusses der Bremer Evangelischen Kirche, Gründungsmitglied der CDU.

AHNE, Eduard Johannes Lothar, Dr. theol. 258
geb. 2.2. 1914 Insterburg, Februar 1939 1. theologisches Examen beim Bruderrat der Ostpreussischen Bekenntnissynode, Februar 1941 2. theologisches Examen, bis 1946 „illegal" Pfarrer der BK, 1946 Pfarrer in Wilhelmshaven, 1952 Pfarrer im „Haus der helfenden Hände" in Beienrode, 1954 Pfarrer in Essen-Altenessen, 1964–1974 Friedrichsfehn-Petersfehn, landeskirchlicher Beauftragter für Kirche und Israel, 1974 Mitglied im Arbeitskreis „Juden und Christen beim Deutschen Evangelischen Kirchentag".

ALBERTZ, Martin, Lic. theol. 28
geb. 7.5. 1883 Halle/Saale, gest. 29.12. 1956 Berlin, 1908 Ordination und Hilfsprediger Posen, 1909 Studieninspektor Halle, Pfarrer in Stampen und Bohrau/Schlesien, 1921 Studiendirektor Predigerseminar Johannesstift Berlin-Spandau, 1923 Stettin-Krückenmühle, 1928 Oberpfarrer und Krankenhausseelsorger in Soldin/Brandenburg, 1931–1953 Pfarrer und Superintendent in Berlin-Spandau, 1945 Professor für reformierte Theologie Universität Berlin und für Neues Testament Kirchliche Hochschule Berlin. – 1935–1941 Mitglied des Berliner Bruderrates, nach Amtsenthebung Leiter des Theologischen Prüfungsamtes der Bekennenden Kirche Berlin-Brandenburg.

ALT, Albrecht, D. theol. 250, 356
geb. 20.9. 1883 Stübach, gest. 24.4. 1956 Leipzig, Prof. für Altes Testament; 1909–1912 in Greifswald, 1914 in Basel, 1921 in Halle, seit 1922 in Leipzig.

ALTHAUS, Georg 173, 177
geb. 22.4. 1898 Mamba/Ostafrika, gest. 5.3. 1974 Braunschweig, 1933–1957 Pfarrer in Timmerlah, 1935 Verhaftung wegen „hetzerischer Äußerungen" (A. sagte u.a. in einem Gebet „Gott beschütze das arme, gehetzte Volk der Juden"), Verurteilung zu sechs Monaten Gefängnis und 1936 Verweis durch das kirchliche Dienstgericht, 1947–1963 Pfarrer im Pfarramt für den Dienst an Israel und den Zigeunern, 1963 Ruhestand.

AMELUNXEN, Rudolf 45
geb. 30.6. 1888 Köln, gest. 22.4. 1969 Düsseldorf, Politiker (Zentrum/CDU); 1945 Oberpräsident von Westfalen, 1946/1947 Ministerpräsident von Nordrhein-Westfalen, 1950–1958 Justizminister.

ASMUSSEN, Hans, D. DD. 109, 195ff., 198f., 212, 267ff., 302f., 315, 368
geb. 21.8. 1898 Flensburg, gest. 30.12. 1968 Speyer, 1923 Ordination und Pfarrer Diakonissenanstalt Flensburg, 1925 Albersdorf, 1932 Altona, 1933 Amtsenthebung, 25.2. 1934 Ruhestandsversetzung, im Juni 1934 Leiter der theologischen Abteilung im Präsidium der Bekenntnissynode Bad Oeynhausen, Wintersemester 1935/36 Leiter und Dozent für Praktische Theologie und Neues Testament Kirchliche Hochschule der Bekennenden Kirche in Berlin und Elberfeld und 1936 Pfarrer in Berlin-Lichterfelde, 1941 Gefängnisstrafe, 1942 nominell „Privatsekretär" einer Bremer Rüstungsfabrik, Aushilfspfarrer im Dienst der württembergi-

schen Landeskirche, 1945 erster Präsident der Kirchenkanzlei der Evangelischen Kirche in Deutschland in Schwäbisch Gmünd, 1948–1955 Propst Kiel (Ruhestand).

AUERBACH, Philipp 384
geb. 8. 12. 1906 Hamburg, gest. 16. 8. 1952 München, Chemiker; 1933 Verhaftung, dann Emigration nach Belgien, 1940 Verhaftung, KZ Auschwitz, 1945 Oberregierungsrat im Regierungsbezirk Nordrhein-Westfalen, 1946 Staatskommissar für die politisch und rassisch Verfolgten in Bayern, Präsident des Landesverbandes der jüdischen Gemeinden in Bayern, 1950 Mitglied des Zentralrates der Juden in Deutschland.

AUERBACH, Walter 173ff., 195
geb. 23. 10. 1882 Altona, gest. 15. 7. 1954 Altona, 1911 Pastor in Schlichting, 1913 in Altenkrempe, 1935 auf Druck der Patronatsherren wegen seiner jüdischen Abstammung in vorzeitigen Ruhestand versetzt, 1941–1945 inoffiziell mit der Betreuung jüdischer Familien beauftragt, 1946 von der Kirchenleitung als Pastor i. R. offiziell mit der Betreuung von Judenchristen beauftragt.

BAECK, Leo, Dr. phil. 216, 222, 368
geb. 23. 5. 1873 Lissa, gest. 2. 11. 1956 London, Rabbiner; 1912 Rabbiner in Berlin, 1913 Dozent für Homiletik und Religionsgeschichte an der Hochschule für die Wissenschaft des Judentums in Berlin, seit 1933 Präsident der Reichsvertretung der Juden in Deutschland, 1943 nach Theresienstadt deportiert, seit 1945 in London, wirkte 1948 an der ersten Studientagung des „Deutschen evangelischen Ausschusses für Dienst an Israel" in Darmstadt mit.

BAKKER, Roelof 255f.
geb. 12. 6. 1902 Enschede (Niederlande), gest. 10. 8. 1977, 1930 Pastor der Gereformeerde Kerk, 1935–1970 Pastor in Rotterdam für die „Arbeit unter Juden"/„Verkündigung des Evangeliums unter Israel", Vorsitzender des „International Committee on the Christian Approach to the Jews".

BARDTKE, Hans, Lic. theol., D. 250
geb. 22. 9. 1906 Berlin-Neukölln, gest. 8. 3. 1975 Leipzig, 1932 Studieninspektor Studienseminar Eisenach, 1934 Pfarrer in Marktgölitz/Thüringen, 1948 Prof. für Altes Testament in Leipzig.

BARSTOW, Robbins Wolcott 73, 109, 130
geb. 18. 2. 1890 in Glastonbury (USA), gest. 17. 9. 1962, 1917 Pastor der Kongregationalistischen Kirche in Woodstock, Vermont/USA, Concord, New Hempshire und Madison, Wisconsin, 1930–1944 Präsident der Hartford Seminary Foundation, 1945–1950 Mitglied der Kommission des World Council Service und des Church World Service, Mitglied der ökumenischen Flüchtlingskommission, 1951–1958 Mitglied des geschäftsführenden Vorstandes des National Council of Churches.

BARTH, Karl, D. 78, 209, 320, 357
geb. 10. 5. 1886 Basel, gest. 10. 12. 1968 Basel, 1911 Pfarrer in Safenwil (Schweiz), 1921 o. Professor für Systematische Theologie in Göttingen, 1925 in Münster, 1930 in Bonn (1935 amtsenthoben), 1935–1962 in Basel, 1934 Mitglied des Reichsbruderrates.

BECKMANN, Joachim, D. Dr. phil. Lic. 322, 320, 358
geb. 18. 7. 1901 Wanne-Eickel, gest. 18. 1. 1987 Düsseldorf, 1926 Ordination und Vereinsgeistlicher der Inneren Mission Wiesbaden, 1928 Pfarrer in Soest, 1933–1948 in Düsseldorf, Februar 1934 vorübergehende Amtsenthebung, 1945 Mitglied der rheinischen Kirchenleitung und Dozent Kirchliche Hochschule Wuppertal, 1951 Professor ebd., 1958–1971 Präses der rheinischen Kirche, mehrmals Vorsitzender des Rates der Evangelischen Kirche der Union, 1961 Honorarprofessor für Kirchenkunde der Gegenwart in Bonn; – Juni 1933 Gründer der Rheinischen Pfarrerbruderschaft (die sich dem Pfarrernotbund anschloß), Mai 1934 Mitglied im Reichsbruderrat.

BELL, George K. A. 39, 68, 268
geb. 4. 2. 1883 Hayling Island, gest. 3. 10. 1958 Canterbury, 1924 Domdechant von Canterbury, 1929–1958 Bischof von Chichester, 1932–1936 Vorsitzender des Ökumenischen Rates für Praktisches Christentum, enge Kontakte zur Bekennenden Kirche, nach 1945 Mitglied der

BRIGANTI, Imperia 134 ff.
Mitarbeiterin des American Christian Committee for Refugees in Stuttgart.

BRÜCK, Ulrich von 172, 336
geb. 10. 3. 1914 Dresden, 1939–1950 Pfarrer in verschiedenen Gemeinden, vor allem in Dresden, 1950–1964 1. Vereinsgeistlicher der Inneren Mission und Leiter des Landeskirchlichen Amtes für Innere Mission, zugleich Bevollmächtigter für das Hilfswerk, Oberkirchenrat und außerordentliches Mitglied des Landeskirchenamtes Dresden, 1965–1980 Oberkirchenrat, seit 1968 Oberlandeskirchenrat im Landeskirchenamt, 1959 Bevollmächtigter der Evangelischen Landes- und Freikirchen in der DDR für „Brot für die Welt", 1950 Mitglied des Vorstandes des Central-Ausschusses für die Innere Mission, 1952–1957 Mitglied des Diakonischen Beirates der EKD, Mitglied des Diakonischen Rates und der Diakonischen Konferenz.

BRUNNER, Robert 78 ff., 154
geb. 26. 12. 1905 Winterthur (Schweiz), gest. 10. 3. 1971 Meilen/Zürich, Pfarrer in Rothenfels, Suhr und Basel, Baselstädtischer Kirchenrat, seit 1949 Direktor der Schweizer Evangelischen Judenmission, 1945 Gründung der Zeitschrift „Judaica".

BUBER, Martin, Dr. phil. 215, 237, 261
geb. 8. 2. 1878 Wien, gest. 13. 6. 1965 Jerusalem, 1923–1933 Lehrauftrag für jüdische Religionsphilosophie und später für Religionsgeschichte in Frankfurt/M., 1938–1951 Professor in Jerusalem, 1949–1953 Leiter des Instituts für Erwachsenenbildung.

BÜSING, W. 167
Geistlicher in London.

BURGSTAHLER, Theodor 105, 122, 151 ff., 199
geb. 7. 1. 1896 Karlsruhe-Durlach, gest. 25. 10. 1965 Ulm, 1929–1934 Pfarrer in Remda/Thüringen, 1934–1937 Mitarbeiter der Berliner Landeskirchlichen Judenmission, dazwischen 1935 im Auftrag des „Vereins der Freunde Israels", Basel, in Lodz, ab 1937 Mitarbeiter einer Versicherungsgesellschaft in Stuttgart, freier Evangelist, 1945–1948 freier Judenmissionar in Ulm, 1948–1952 Mitarbeiter des „Vereins der Freunde Israels" in Ulm, 1953–1961 Pfarrer im „Haus Gotteshilfe" in Berlin-Neukölln.

BURMESTER, Karl Hans Heinrich 323 f.
geb. 22. 2. 1904 Hamburg, 1931/32 Pfarrer in Hamburg-Kirchwerder, 1932–1969 in Hedeper, 1969 Ruhestand.

CARTER, Henry 96, 100, 109
geb. 1874 Plymouth (Großbritannien), gest. 19. 6. 1951, 1901 Ordination, Pfarrer in Bristol, London und Birmingham, 1911–1942 Sekretär des Temperance Department, nach 1945 Vorsitzender der ökumenischen Flüchtlingskommission.

CLAY, Lucius Dubignon 44, 58
geb. 23. 4. 1897 Mariette (USA), gest. 16. 4. 1978 Chatham (USA), General; seit 1945 Stellvertreter Eisenhowers, 1947–1949 Militärgouverneur in der amerikanischen Besatzungszone Deutschlands, 1948 Mitinitiator der Luftbrücke während der Berlinblockade, 1961/62 Berlinbeauftragter Präsident Kennedys.

COCKBURN, James Hutchinson, DD 70, 89
geb. 29. 10. 1882 Paisley, gest. 20. 6. 1973, 1918–1945 Pfarrer an der Dunblane Cathedral (Church of Scotland), 1931–1934 Dozent für Pastoraltheologie, St. Mary's College/St. Andrews, 1942–1944 Vizevorsitzender des Britischen Kirchenrates, 1944–1952 Chaplain to King George VI, 1945–1948 Direktor des Department of Reconstruction and Inter-Church Aid des ÖRK.

DENKHAUS, Friedrich 292 ff.
geb. 20. 8. 1902 Essen, gest. 21. 5. 1972 Bonn, 1927 Pastor in Velbert/Rheinland, 1932–1953 in Bremen, 1933 Mitglied des Pfarrernotbundes, 1934 des Landesbruderrates, 1953 Pastor in Bonn.

zeit mehrere Dienststrafverfahren, 1936–1938 Mitglied der Zweiten Vorläufigen Leitung der Deutschen Evangelischen Kirche, 1942–1944 Kriegsdienst, 1945 Mitglied in dem von der Militärregierung eingesetzten „Bürgerrat" der Stadt Frankfurt, 1945–1947 Mitglied der Vorläufigen Kirchenleitung Frankfurt a.M. und des Verbindungsausschusses der hessischen Teilkirchen, Verbindungsmann zur Militärregierung, 1947–1950 Mitglied der Kirchenleitung der Evangelischen Kirche in Hessen und Nassau, 1945–1954 Bevollmächtigter für das Evangelische Hilfswerk.

FROHWEIN, Gottfried, Dr. med. 199, 206
bis 1933 Praktischer Arzt in Thüngen/Unterfranken, 1934–1939 als Missionsarzt unter Juden in Wilna, 1945 Praktischer Arzt in Thüngen, seit 1946 Mitarbeit in der „Arbeitsgemeinschaft für Lutherische Judenmission" in Bayern, Auswanderung.

FUNCKE, Gottlieb 266
geb. 28. 8. 1881 in Bremen, gest. 12. 1. 1967 in Kassel-Wilhelmshöhe, 1907 Pfarrer in Bremen, 1909 Den Haag (Niederlande), 1917 Barmen-Wupperfeld, 1929 Porto Allegre (Brasilien) zugleich Propst der Synode Rio Grande do Sul, 1936 Münster, 1951 Ruhestand.

FÜNDLING, Ludwig 286
geb. 4. 7. 1893 Hannover, gest. 26. 5. 1973 Hannover, 1925 Pastor in Hüpede, 1932 Pastor in Wietzendorf.

GEILER, Karl 44
geb. 10. 8. 1878 Schönau, gest. 14. 9. 1953 Heidelberg, Jurist; 1921–1939 und seit 1947 Prof. in Heidelberg, 1945–1947 Ministerpräsident von Hessen, 1948 Rektor der Universität Heidelberg.

GERSTENMAIER, Eugen, Dr. theol. 70f., 75ff., 86, 88ff., 109, 172, 218, 366
geb. 25. 8. 1906 Kirchheim/Teck, gest. 13. 3. 1986 Oberwinter bei Bonn, 1921–1929 kaufmännischer Angestellter, 1936 theologischer Hilfsarbeiter im Kirchlichen Außenamt, 1937 Privatdozent, Entzug der Lehrerlaubnis, 1942 Konsistorialrat im Kirchenlichen Außenamt, 20. 7. 1944–14. 4. 1945 in Haft, 1945–1951 Leiter des Hilfswerks der EKD, 1945–1951 Mitglied des Wiederaufbau-Ausschusses des Hilfswerks, Vorsitzender des Evangelischen Siedlungswerks e.V., 1952–1957 Mitglied des Diakonischen Beirats der EKD, 1946 Vorsitzender des Zentralausschusses der Freien Wohlfahrtsverbände beim Länderrat, 1949–1969 Mitglied (CDU) und 1954–1961 Präsident des Deutschen Bundestages, 1950 Sonderbeauftragter der Bundesregierung „für die Internationalisierung des Flüchtlingsproblems".

GIESEN, Heinrich 261
geb. 1910, gest. 1972, Studentenpfarrer in Köln, 1950–1961 Generalsekretär des Deutschen Evangelischen Kirchentages in Fulda, 1961–1972 Direktor der Berliner Stadtmission.

GOEBBELS, Joseph 19
geb. 29. 10. 1897 in Rheydt, gest. 1. 5. 1945 in Berlin (Selbstmord), 1926 Gauleiter der NSDAP von Berlin-Brandenburg, 1928 MdR, 1929 Reichspropagandaleiter der NSDAP, 1933 Reichsminister für Volksaufklärung und Propaganda, Präsident der Reichskulturkammer, 1944 Generalbevollmächtigter für den totalen Kriegseinsatz.

GOLDMANN, Erwin, Dr. med. 31f.
geb. 10. 8. 1891 Stuttgart, gest. 2. 7. 1981 Stuttgart, Medizinstudium in Tübingen, Berlin und Würzburg, Teilnehmer am 1. Weltkrieg, Facharzt für Mund- und Kiefererkrankungen, 1925–1933 Ärztlicher Direktor, Entlassung aus „rassischen Gründen", 1933–1939 frei praktizierender Facharzt, 1939–1944 Gärtner, Mitarbeiter des SD, Beauftragter der Württembergischen Landeskirche für die „nichtarischen" Christen, 1944/45 Arbeitslager, 1945–1948 Internierungslager, von den Entnazifizierungskammern zunächst als „Hauptschuldiger", später als „Belasteter" eingestuft. 1949–1967 Praxis als Facharzt.

GOLLWITZER, Helmut, Dr. theol. D.D. 14, 261
geb. 29. 12. 1908 Pappenheim/Bayern, 1949 o. Prof. für Systematische Theologie in Bonn, 1957–1975 Freie Universität und Kirchl. Hochschule Berlin.

GÖLZ, Richard 278
geb. 5. 2. 1887 Stuttgart, gest. 3. 5. 1975 Milwaukee (USA), 1912 Pfarrer an der Diakonissen-

Pfarrer in Fehrbellin, 1936 Mitbegründer der Kirchlichen Hochschule Berlin und Dozent für Neues Testament ebd., 1934 Mitglied, ab 1941 Vorsitzender des brandenburgischen Bruderrates, seit 1945 wiederholt Rektor und gleichzeitig Leiter des Archivs für die Geschichte des Kirchenkampfes in Berlin, 1955 Professor ebd., 1972 Ruhestand. – 1950 Gründer des Arbeitsausschusses Dienst an Israel (seit 1965 Berliner Arbeitsgemeinschaft Christen und Juden), 1960 Gründer des Instituts Kirche und Judentum an der Kirchlichen Hochschule Berlin, 1961 Mitbegründer der Arbeitsgemeinschaft Christen und Juden beim Deutschen Evangelischen Kirchentag.

HARLAN, Veit 58f., 184, 232, 349

geb. 22. 9. 1899 Berlin, gest. 13. 4. 1964 Capri (Italien), Schauspieler und Regisseur; u. a.: 1940 Jud Süß, 1942 Der große König, 1944/45 Kolberg.

HARLING, Otto von (sen.), Dr. theol. 286

geb. 22. 12. 1866 Eversen, gest. 11. 2. 1953 Eversen, 1893 2. theologisches Examen, 1893 Judenmissionar in Galatz (Rumänien), 1903–1935 Leiter des Instituitum Judaicum Delitzschianum in Leipzig, 1903–1933 Herausgeber von „Friede über Israel", 1945 Neugründung des Evang.-Luth. Zentralvereins für Mission unter Israel, bis 1953 1. Vorsitzender.

HARLING, Otto von (jun.) 89, 197, 198ff., 202ff., 206, 209f., 213ff., 224ff., 233, 245f., 248, 272, 303f., 318f., 325f., 348, 368

geb. 4. 8. 1909 Leipzig, 1935–1948 Assessor am Oberlandesgericht Dresden, 1938–1945 Marineintendantur Kiel, 1945/46 arbeitslos, 1946–1949 Angestellter der Kirchenkanzlei der EKD, 1950–1975 Oberkirchenrat ebd., 1948 Geschäftsführer der Arbeitsgemeinschaft Christlicher Kirchen in Deutschland, 1953–1971 2. Vorsitzender des Evang.-Luth. Zentralvereins für Mission unter Israel, Schatzmeister des „Deutschen evangelischen Ausschusses für Dienst an Israel", 1963 Geschäftsführer der Kammer für öffentliche Verantwortung der EKD.

HARTENSTEIN, Karl, Dr. theol. D. 110ff., 118f., 122, 146, 153, 185, 283ff., 353, 355f.

geb. 25. 1. 1894 Cannstatt, gest. 1. 10. 1952 Stuttgart, 1923 Pfarrer in Urach, 1926 Direktor der Basler Mission, 1938 Bevollmächtigter der Basler Mission in Deutschland, 1941 Prälat des Sprengels Stuttgart, 1949–1952 Mitglied des Rates der EKD und stellvertretender Vorsitzender des Wiederaufbau-Ausschusses bzw. Hilfswerk-Ausschusses und des Verwaltungsrat des Hilfswerks der EKD, 1952 Mitglied des Diakonischen Beirats der EKD.

HEDENQUIST, Göte, D. 107, 231

geb. 29. 4. 1907 Norrköping (Schweden), 1925–1936 Studium, 1936 Ordination, 1936–1940 Pfarrer und Leiter der Svenska Israelsmissionen in Wien, 1940 Pfarrer in Norrköping, 1942 Pfarrer und Lehrer an der Ersta Diakonissenanstalt in Stockholm, 1946–1949 Sekretär im Weltkirchenrat (in Formation), Reconstruction Department and Service to Refugees, 1950–1960 Direktor im International Missionary Council, New York, Christian Jewish Relations, 1961–1974 Direktor der Svenska Israelsmissionen, Stockholm.

HEINEMANN, Gustav, Dr. iur. et rer. pol. 146, 269, 349f., 351

geb. 23. 7. 1899 Schwelm/Westfalen, gest. 7. 7. 1976 Essen, 1929 Anwaltspraxis in Essen, Justitiar der Rheinischen Stahlwerke Essen, nach Kriegsende Vorstandsmitglied und Leiter der Hauptverwaltung ebd., 1946–1949 Oberbürgermeister in Essen, 1947/48 zugleich Justizminister Nordrhein-Westfalen, 1949–1953 MdB, Innenminister der ersten Regierung Adenauer bis 1950 (zurückgetreten), seitdem wieder Rechtsanwalt und Notar, 1952 Austritt aus der CDU, 1953 Gründung der Gesamtdeutschen Partei, 1957 Mitglied der SPD, 1966–1969 Justizminister, 1969–1974 Bundespräsident, 1945–1967 Mitglied des Rates der EKD, 1949–1955 Präses der Synode der EKD, 1951 Mitbegründer der Notgemeinschaft für den Frieden Europas.

HELD, Heinrich, D. 181, 269

geb. 25. 9. 1897 St. Johann zu Saarbrücken, gest. 19. 9. 1957 Düsseldorf, 1930–1946 Pfarrer in Essen-Rüttenscheid, 1946–1948 Superintendent des Kirchenkreises Essen, 1946 Oberkirchenrat, 1948–1957 Präses der Evangelischen Kirche im Rheinland, 1945–1956 Bevollmächtigter für das Hilfswerk, 1951–1956 Mitglied des Verwaltungsrats des Hilfswerks der EKD,

1952–1956 Mitglied des Diakonischen Beirats der EKD, 1957 Mitglied des Diakonischen Rates.

Henninger, Leonhard 159
geb. 16. 3. 1909 Au, gest. 8. 9. 1985 München, 1935 Bezirksjugend- und Krankenhauspfarrer in München, 1938 Vereinsgeistlicher beim Verein für Innere Mission, 1945 Geschäftsführer des Vereins für Innere Mission in München, 1976 Ruhestand.

Henriod, Henry-Louis 68
geb. 2. 12. 1887 Neuchâtel, gest. 5. 5. 1970 Neuchâtel, 1920 Theologiestudium, geschäftsführender Generalsekretär der World Students Christian Federation, 1932 in Personalunion Generalsekretär des Weltbunds für Freundschaftsarbeit der Kirchen und der Bewegung für Praktisches Christentum, später bis 1951 Geschäftsführer des Ökumenischen Instituts Bossey bei Genf, nach 1945 Mitglied der ökumenischen Flüchtlingskommission.

Herntrich, Volkmar, Dr. theol. D. DD. 237
geb. 8. 12. 1908 Flensburg, gest. 14. 9. 1958 Nauen, 1932 Pfarrer und Privatdozent Kiel, 1934 Entzug der Lehrerlaubnis, 1934 Dozent Theologische Schule Bethel, 1940 Leiter des Burckhardthauses Berlin, seit 1943 zugleich Hauptpastor St. Katharinen Hamburg, 1946 im Nebenamt Leiter der Alsterdorfer Anstalten, 1947 Oberkirchenrat, 1949 Professor für Altes Testament Kirchliche Hochschule Hamburg, 1956–1958 hamburgischer Landesbischof.

Hesse, Hermann Albrecht, Lic. 209
geb. 22. 4. 1877 Weener/Ostfriesland, gest. 26. 7. 1957 Elberfeld, 1902 Ordination und Pfarrer in Duisburg-Meiderich, 1909 Bremen, 1916–1946 Elberfeld, 1929 zugleich Direktor des Reformierten Predigerseminars und Dozent an der Theologischen Schule ebd., April bis Juli 1933 Reformierter Bevollmächtigter des Deutschen Evangelischen Kirchenbunds (Kaplerausschuß), Mai 1934 Mitglied des Reichsbruderrats, 1934–1936 Moderator des Reformierten Bundes. – 1934 Teilnehmer der Bekenntnissynoden der Deutschen Evangelischen Kirche Barmen (Arbeitsausschuß), 1934 Berlin-Dahlem, 1935 Augsburg, 1936 Bad Oeynhausen.

Heuß, Theodor, Dr. rer. pol. Dr. phil. h. c. 60, 236, 252
geb. 31. 1. 1884 Brackenheim, gest. 12. 12. 1963 Stuttgart, Publizist und Politiker (DDP/FDP); 1924–1928 und 1930–1933 MdR, 1945–1946 Kultusminister von Württemberg-Baden, 1946 Mitbegründer der FDP, 1948 Prof. für Neuere Geschichte und Politische Wissenschaften an der Technischen Hochschule Stuttgart, MdL Württemberg-Baden, Mitglied des Parlamentarischen Rates, ab 1949 MdB, 1949–1959 Bundespräsident.

Heydrich, Reinhard 21
geb. 7. 3. 1904 Halle/Saale, gest. 4. 6. 1942 Prag (Attentat), 1933 Chef der bayerischen Politischen Polizei, 1934 Leiter des Geheimen Polizeiamtes in Berlin, 1936 Chef der Sicherheitspolizei und des SD, 1939 Leiter des Reichssicherheitshauptamtes (beauftragt mit der Gesamtplanung der „Endlösung der Judenfrage"), 1941 stellv. Reichsprotektor von Böhmen und Mähren.

Heyne, Bodo 168
geb. 16. 7. 1893 Essen, gest. 10. 6. 1980 Bremen, 1919 Hilfsprediger in Essen, 1920–1922 Pfarrverweser in Überruhr, Kr. Essen, Pfarrer in Dabringhausen, Kr. Lennep, 1922–1963 Leiter der Inneren Mission Bremen, 1932–1963 Vorsitzender der Evangelischen Konferenz für Gefährdetenfürsorge, 1950–1970 Vorsitzender der „Konferenz theologischer Berufsarbeiter der Inneren Mission", 1945 Bevollmächtigter für das Hilfswerk, zugleich Hauptgeschäftsführer, 1947–1966 Geschäftsführer des Evangelischen Jugendaufbaudienstes in Bremen, langjähriger Vorsitzender der Arbeitsgemeinschaft der Verbände der freien Wohlfahrtspflege in Bremen, 1954–1974 Vorsitzender der Vereinigung für Bremische Kirchengeschichte, Vorsitzender der Bremer Volkshilfe, 1957–1962 Mitglied der Diakonischen Konferenz.

Hildmann, Gerhard 345, 347
geb. 24. 7. 1907 Herrnsheim/Unterfranken, 1930 Ordination, 1933 Stadtvikar in Kempten, 1936–1948 Pfarrer in Buxach, dazwischen 1946–1948 Geschäftsführer Evangelischer Presseverband München, 1949–1968 Kirchenrat, Direktor der Evangelischen Akademie Tutzing.

HIMMLER, Heinrich 21
geb. 7. 10. 1900 München, gest. 23. 5. 1945 Lüneburg (Selbstmord), Diplomlandwirt; 1930 MdR der NSDAP, 1929 Reichsführer SS, 1943 Reichsinnenminister und Generalbevollmächtigter für die Reichsverwaltung.

HINDENBURG, Paul von Beneckendorff und von 17
geb. 2. 10. 1847 Posen, gest. 2. 8. 1934 Gut Neudeck/Westpreußen, 1914 Generalfeldmarschall, 1925–1934 Reichspräsident.

HITLER, Adolf, 17, 21, 35, 37, 42, 89, 333
geb. 20. 4. 1889 Braunau (Österreich), gest. 30. 4. 1945 Berlin (Selbstmord), 1920 Führer der NSDAP und 1933–1945 Reichskanzler.

HOEGNER, Wilhelm 44
geb. 23. 9. 1887 München, gest. 5. 3. 1980 München, Jurist und Politiker (SPD); 1924–1932 und 1946–1970 MdL in Bayern, 1930–1933 MdR, 1933–1945 Exil in Österreich und der Schweiz, 1945/46 Bayrischer Ministerpräsident, 1947 stellv. Ministerpräsident und Justizminister, 1948–1950 Generalstaatsanwalt, 1950–1954 Innenminister, 1954–1957 Ministerpräsident, 1957–1962 Fraktionsvorsitzender der SPD.

HOEGSBRØ, Halfdan 252
geb. 1894 in Kopenhagen, gest. 1976, 1917 Kandidat der Theologie und Sekretär für Kriegsgefangene in Deutschland, 1922–1941 Pfarrer, Hauptpfarrer und Propst in Abild bei Tondern und Sonderburg, 1942 Rektor des Pastoralkollegs, nach 1945 Mitglied der ökumenischen Flüchtlingskommission, 1950–1964 Bischof von Lolland und Falster.

HOFFMANN, Conrad, Dr. phil. 130, 132 f., 176, 197, 205, 216
Bakteriologe; Sekretär des CVJM; während des 1. Weltkriegs Betreuung deutscher Kriegsgefangener in England, 1920–1927 Mitarbeiter der „World's Student Christian Federation" in Europa, ab 1930 Direktor des innerhalb des Internationalen Missionsrates wirkenden „International Committee on the Christian Approach to the Jews".

HOFFMANN, Konrad 176, 184, 207, 218, 258
geb. 3. 4. 1904, Wirtschaftsberater; 1945 Initiator und seitdem Vorsitzender der „Notgemeinschaft der durch die Nürnberger Gesetze Betroffenen".

HOFFMANN, Peter 323
geb. 20. 6. 1907 Petersburg, gest. 19. 3. 1988 Hannover, 1934 Pastor in Reval und Reichenberg, 1938 Danzig-Wonneberg, 1947 Wirringen-Wehmingen, 1950 Vertreter Danzigs im Bruderrat der EKD, 1952 Hannover-Linden, 1975 Ruhestand.

HOLSTEN, Walter, Lic. theol. D. 239, 287
geb. 29. 3. 1908 Osnabrück, gest. 13. 3. 1982 Alzey/Hessen, 1932–1947 Pfarrer in verschiedenen hannoverschen Gemeinden, 1947 Prof. für Religions- und Missionsgeschichte in Mainz, 1973 Emeritierung.

HOPF, Friedrich Wilhelm D. D. 159
geb. 31. 5. 1910 Melsungen, gest. 19. 7. 1982 Hermannsburg, 1933 Ordination und Stadtvikar in Aschaffenburg, 1936 Pfarrer in Mühlhausen/Oberfranken, 1946 Wartestandsversetzung wegen seines Widerstands gegen den Anschluß der bayerischen Landeskirche an die Evangelische Kirche in Deutschland, 1946 Gründung der Arbeitsgemeinschaft für lutherische Judenmission in Bayern, 1951–1978 Pfarrer der Selbständigen Evangelischen Lutherischen Gemeinde Mühlhausen/Oberfranken, Leiter der Mission Evangelisch-Lutherischer Freikirchen (Bleckmar Mission) und Leiter des Missionsseminars Bleckmar Kr. Celle, 1979 Titel Missionsdirektor.

IWAND, Hans Joachim, D. theol. 315 f., 321 ff., 330
geb. 11. 6. 1899 Schreibendorf/Schlesien, gest. 2. 5. 1960 Bonn, 1924 Professor Herder-Institut Riga, 1935–1937 Direktor des Predigerseminars der ostpreußischen Bekenntnissynode Blöstau, 1936 Mitglied des Reichsbruderrats, Vorsitzender des ostpreußischen Bruderrats, 1937 Pfarrer in Dortmund, 1945 o. Professor für Systematische Theologie Göttingen, 1952 Bonn, Mitglied der Synode der EKD.

JACOBI, Gerhard, D. 27
geb. 25. 11. 1891 Bremen, gest. 12. 7. 1971 Oldenburg, 1921 Ordination, 1927 Domprediger in Magdeburg, 1930–1945 Pfarrer in Berlin, 1933–1939 Präses der Bekennenden Kirche Berlin, 1934 Mitglied des Reichsbruderrats, 1945 Superintendent Berlin-Charlottenburg, 1946 Generalsuperintendent Berlin/Sprengel I, 1954–1967 oldenburgischer Bischof.

JAN, Julius von 30
geb. 17. 4. 1897 Stuttgart, gest. 21. 9. 1964 Stuttgart, 1925 Pfarrer in Herrentierbach, 1928 in Brettach, 1935 in Oberlenningen, 1939–1945 in Ortenburg/Bayern, 1949 in Stuttgart-Zuffenhausen, 1958 Ruhestand.

JANNASCH, Wilhelm, D. Dr. theol. 199
geb. 8. 4. 1888 Gnadenfrei/Schlesien, gest. 6. 6. 1966 Frankfurt a. M., 1922 Hauptpastor Lübeck, 1934 zwangspensioniert, 1936 Mitglied der Zweiten Vorläufigen Leitung der Deutschen Evangelischen Kirche, 1937 Geschäftsführer des Pfarrernotbundes, 1945 Pfarrer in Berlin-Friedenau, Mitglied der Kirchenleitung, 1946–1956 o. Professor für Praktische Theologie Mainz.

JANSSEN, Karl, Lic. theol. 230
geb. 17. 4. 1912 Berlin, gest. 20. 5. 1984 Keitum, 1936 Pastor in Jena, 1937 Pastor in Kühlungsborn und Alfeld, 1938 in Buxtehude und Grasberg, 1938 in Hannover, 1951 Prof. an der Evang.-theol. Fakultät der Universität Münster, 1961 Vorsteher des Stephansstiftes Hannover und Pastor der Anstaltsgemeinde, 1974 Mitarbeit im Diakonischen Werk, 1977 Ruhestand.

JASPER, Gerhard 208, 257
geb. 30. 7. 1891 Georgsmarienhütte, gest. 23. 7. 1970, 1916 Sekretär der DCSV, 1919 Missionsinspektor des Sächsischen Haupt-Missionsvereins, Dresden, 1925 Direktor der Bibel- und Missionsschule Herrnhut, 1927–1959 Werbearbeiter der v. Bodelschwinghschen Anstalten sowie Missionsinspektor der Bethel-Mission.

JENSEN, Julius 353
geb. 18. 2. 1900 Messina, gest. 22. 10. 1984 Kiel, 1924 Hilfsprediger am Jugendgefängnis Hahnöfesand, 1925 in Eppendorf. 1925 Jugendpastor in Lübeck, 1932 Pfarrer in Travemünde, 1947–1955 Pfarrer in Lübeck und 1948–1955 Präses der Synode. 1928–1933 im Nebenamt Leiter des Jugend- und Wohlfahrtsamtes der Inneren Mission in Lübeck und Geschäftsführer des Lübecker Verbandes für Innere Mission, 1942–1955 dessen Vorsitzender, 1945–1955 zugleich Bevollmächtigter für das Hilfswerk, 1955–1968 Direktor und Pastor an den Alsterdorfer Anstalten, Hamburg.

JEPSEN, Alfred, Lic. theol. Dr. phil. D. 222
geb. 28. 3. 1900 Hamburg, 1925 Privatdozent für Altes Testament in Rostock, 1931 außerord. Prof., 1946 ord. Prof. und Direktor des Gustav-Dalmann-Instituts für biblische Landes- und Altertumskunde in Greifswald.

KAGAN, Maly 166, 206
geb. 1898, gest. 6. 5. 1963, 1916 Taufe, bis 1935 Diakonisse in einem Hospital, 1936–1943 als Mitarbeiterin der britischen Missionsgesellschaft „Hebrew Christian Testimony to Israel" in Berlin, ab 1938 in Beziehung zum „Büro Pfarrer Grüber", 1943–1944 Zusammenarbeit mit einer Diakonisse in einem Dorf im Osten Deutschlands, 1944 Flucht in den Westen, 1945–1953 in Frankfurt, Aufbau des „Christus Dienstes" (u. a. Betreuung von rasseverfolgten Christen), 1953–1963 Israel.

KAISEN, Wilhelm 44, 292
geb. 22. 5. 1887 Hamburg, gest. 19. 12. 1979 Bremen, Stukkateur, Journalist, Politiker (SPD); 1927–1933 bremischer Senator für Wohlfahrt, 1933–1945 mehrere Verhaftungen, Kleinlandwirt, 1945–1965 Senatspräsident und Bürgermeister von Bremen.

KAPLER, Hermann, D. Dr. iur. 24
geb. 2. 12. 1867 Oels/Schlesien, gest. 2. 5. 1941 Berlin, 1897 Eintritt Konsistorium Berlin, 1901 Konsistorialrat ebd., gleichzeitig juristischer Hilfsreferent Evangelischer Oberkirchenrat Berlin, 1904 Oberkonsistorialrat, 1919 weltlicher Vizepräsident, 1925 Präsident ebd. und

damit zugleich Präsident des Deutschen Evangelischen Kirchenausschusses, 30. Juni 1933 Ruhestand. – April–Juni 1933 Bevollmächtigter des Deutschen Evangelischen Kirchenbunds (Kaplerausschuß).

KEGEL, Martin, Dr. Lic. theol. 247
geb. 2. 3. 1884 Jessen, gest. 26. 9. 1959 Berlin, 1910/11 Studieninspektor in Wittenberg, 1911/12 Studienrat in Magdeburg, 1912 Pfarrer und Studienrat am Joachimsthalschen Gymnasium in Templin/Mark, 1929–1954 Konsistorialrat, später Oberkonsistorialrat im Evangelischen Konsistorium der Provinz Brandenburg, Leiter des Theologischen Prüfungsamtes, 2. Vorsitzender des „Deutschen evangelischen Ausschusses für Dienst an Israel".

KERLL, Hanns 35
geb. 11. 12. 1887 Fallersleben, gest. 14. 12. 1941 Paris, Justizbeamter im mittleren Dienst, März/April 1933 Reichskommissar für die preußische Justizverwaltung, 21. April 1933 bis 17. Juni 1934 preußischer Justizminister, dann Reichsminister ohne Geschäftsbereich, April 1935 Leiter des Zweckverbandes Reichsparteitage Nürnberg, 16. Juli 1935 Leiter der Reichsstelle für Raumordnung, Reichs- und Preußischer Minister für die kirchlichen Angelegenheiten.

KITTEL, Gerhard, D. 32, 98, 220, 356
geb. 23. 9. 1888 Breslau, gest. 11. 7. 1948 Tübingen, 1921 o. Professor für Neues Testament Greifswald, 1926 Tübingen, 1945 Amtsenthebung.

KLOPPENBURG, Heinz, Dr. theol. h. c. 82ff., 89, 104f., 107f., 168, 178
geb. 10. 5. 1903 Elsfleth/Wesermarsch in Oldenburg, gest. 18. 2. 1986 Bremen, 1919–1922 kaufmännische Lehre, dann Abitur und Studium, 1932 Ordination und Pfarrer in Wilhelmshaven-Heppens, 1937 Versetzung in den einstweiligen Ruhestand durch den deutschchristlichen Oberkirchenrat in Oldenburg und Verbot der Amtsausübung durch die Gestapo (Reichsredeverbot), 1940 Vakanzprediger in Wiefelstede, 1945–1953 als Oberkirchenrat hauptamtliches geistliches Mitglied des Oberkirchenrats Oldenburg, 1947–1950 Sekretär der Flüchtlingsabteilung des ÖRK, 1953 Religionslehrer in Dortmund, 1961–1973 Mitglied der Kommission für Internationale Angelegenheiten des ÖRK.

KOHLSCHMIDT, Walter Ernst Karl 173, 176
geb. 3. 9. 1901 Hofgeismar, gest. 24. 6. 1970 Hamburg, 1927 Ordination und Hilfsprediger in Stadtilm, 1928 Studium in den USA und Übernahme einer unierten Gemeinde im Staat Maryland (USA), 1930 Hilfsprediger in Menteroda/Thüringen, 1932 Pastor daselbst, 1937–1969 Pastor an der Christuskirche in Eimsbüttel; Betreuung von Judenchristen nach 1945.

KOPF, Hinrich 45
geb. 6. 5. 1893 Neuenkirchen/Hadeln, gest. 21. 12. 1961 Göttingen, Jurist und Politiker (SPD); 1945 Oberpräsident der Provinz Hannover, 1946–1955 und 1959–1961 Ministerpräsident von Niedersachsen, 1957–1959 Innenminister und stellvertretender Ministerpräsident.

KRECK, Walter, D. Lic. theol. 321f.
geb. 7. 6. 1908 Weidelbach/Dillkr., 1935 Leiter des Predigerseminars der Bekennenden Kirche in Frankfurt/M. und zugleich Pfarrer ebenda, 1940 Ausweisung aus Hessen, 1941 Pfarrer in Oberfischbach, 1946 Prof. Predigerseminar in Herborn, 1952 Prof. für Systematische Theologie in Bonn, 1965 Mainz, 1973 Emeritierung.

KREYSSIG, Lothar, Dr. iur. 355, 364
geb. 30. 10. 1898 Flöha/Sachsen, gest. 5. 7. 1986 Bergisch-Gladbach, 1928 Landgerichtsrat Chemnitz, 1937 auf eigenen Wunsch an das Amtsgericht Brandenburg versetzt, 1. 7. 1941 zwangspensioniert, 1945 Landgerichtsdirektor Potsdam, 1. 2. 1946 zum Konsistorialpräsidenten im Konsistorium Magdeburg berufen (auf Lebenszeit), 1947 ausgeschieden infolge Bestellung zum hauptamtlichen Präses der Provinzialsynode (1. 11. 1947–29. 2. 1964), 1952 (kommissarisch bis 30. 9. 1952) Leitung der Kirchenkanzlei der APU, 1952–1970 Präses der Synode der EKU, 1949–1961 Mitglied des Rates der EKD, in Sachsen Mitglied des Landesbruderrates und Präses der Landessynode, er gehörte dem brandenburgischen Provinzial-

konvents, 1945–1947 Oberlandeskirchenrat in Hannover, 1945–1973 Mitglied des Rates der EKD, 1945–1967 stellv. Ratsvorsitzender, 1947–1971 Landesbischof von Hannover, seit 1950 Abt zu Loccum, 1946–1957 Präsident des Central-Ausschusses für die Innere Mission, 1947–1970 Mitglied des Exekutivkomitees des LWB, 1952–1957 Präsident des LWB, seit 1948 Mitglied des Zentralkomitees, seit 1961 des Exekutivkomitees des ÖRK, 1968–1975 des Präsidiums des ÖRK, 1955–1969 Leitender Bischof der VELKD, bis 1966 Mitglied des Präsidiums der Konferenz Europäischer Kirchen.

LOCHER, Benjamin Gottfried 321 ff.
geb. 16.6. 1909 Elberfeld/Rheinland, ord. 11.4. 1937 Barmen, April–Juni 1933 Lehrvikar Gummersbach, 1933–April 1934 Lehrvikar London, Mai 1936 Hilfsprediger Oberhausen, 1937 Hilfsprediger bei der dt. Gemeinde der Nederduitsch Herv. Gemeinde in Amsterdam, 1937–1940 Studieninspektor am Reformierten Predigerseminar Elberfeld, 1945 Hilfsprediger, 1946 Pfr. ev.-reformierte Gemeinde Elberfeld, 1958 Landespfarrer, Direktor des Seminars für Kirchendienst Düsseldorf, ökumenischer Beauftragter der rheinischen Kirche, 1978 i. R., Mitglied der Synode der EKD, der Kammer für öffentliche Verantwortung, der Synode der EKU, des Rates der EKU, des Moderamens des Reformierten Bundes, Kirchenrat.

LOEBEN, Max von 172
geb. 10.8. 1879 Zittau, gest. 12.7. 1958 Dresden, Jurist.

LOEWENBERG, Harry 164
Mitarbeiter der Hilfsstelle für Rasseverfolgte in Frankfurt.

LORENZ, Friedebert 253
geb. 11.11. 1910 Wickendorf/Schlesien, Historiker; 1951 Studienleiter der Evangelischen Akademie Sachsen-Anhalt in Magdeburg, 1959–1977 Studienleiter des Deutschen Evangelischen Kirchentags in Fulda.

LUCKNER, Gertrud, Dr. 139, 157
geb. 26.9. 1900 Liverpool (England), Studium der Volkswirtschaft, 1938 Mitarbeiterin in der Zentrale des Deutschen Caritasverbandes in Freiburg, 1940 Fürsorge für Juden, 1943 Verhaftung, KZ Ravensbrück, 1948 Gründung des „Freiburger Rundbriefes", 1979 Ehrenbürgerin von Freiburg, 1980 Buber-Rosenzweig-Medaille.

LÜTH, Erich 62, 247
geb. 1.2. 1902 Hamburg, ab 1921 journalistische Ausbildung, 1928–29 Abgeordneter der Hamburger Bürgerschaft, 1929–31 Parteisekretär der DDP, 1931 Geschäftsführer eines Händlerverbandes, 1935 Leiter der Literarischen Abteilung der Pfaff A. G., 1943 Wehrmacht und Gefangenschaft, 1946–1953 und 1958–1964 Direktor der Staatlichen Pressestelle Hamburg, Vorsitzender des Deutschen Presseclubs, 1951 Initiator der Aktion „Friede mit Israel".

MAAS, Hermann, Dr. theol. h. c. 64 ff., 70, 88, 90, 93, 96, 146, 155, 199, 255 f., 261, 267, 341 f.
geb. 5.8. 1877 Gengenbach/Baden, gest. 27.9. 1970 Mainz-Weisenau, 1900 Ordination, 1915–1943 Pfarrer in Heidelberg, 1938 Mitbegründer der Kirchlichen Hilfsstelle für „Nichtarier" (sog. Büro Pfarrer Grüber), 1943 zwangspensioniert, 1944 zur Zwangsarbeit nach Frankreich deportiert, 1946 Kreisdekan Nordbaden, ab 1956 mit Titel Prälat, 1965 Ruhestand, 1967 Verleihung der Yad Vashem Medaille der 36 Gerechten unter den Völkern.

MAIER, Reinhold 44
geb. 16.10. 1889 Schorndorf, gest. 19.8. 1971 Stuttgart, Jurist und Politiker (DDP/FDP); 1924–1933 MdL in Württemberg, 1930–1932 württembergischer Wirtschaftsminister, 1932/33 MdR, 1945–1952 Ministerpräsident von Württemberg-Baden, 1952/53 von Baden-Württemberg, 1953–1959 MdB, 1957–1960 Bundesvorsitzender der FDP.

MAJER-LEONHARD, Fritz 12, 14, 52, 64 ff., 72, 74, 75 ff., 81, 83, 88, 90, 93, 96, 110 ff., 115 ff., 120 ff., 135 ff., 141 ff., 143 ff., 145 f., 147, 148 ff., 152 f., 161, 181, 185, 193, 253, 255, 367
geb. 11.3. 1915 Frankfurt, 1937 1. theologisches Examen, als „Mischling 1. Grades" konnte er kein Vikariat antreten, Wehrdienst, 1940 Arbeit in einem Stuttgarter Industriebetrieb, 1944 Lager Wolfenbüttel, 1945 Vikar in Stuttgart und beauftragt mit der Betreuung der „nichtarischen Christen", seither Leiter der „Hilfsstelle für Rasseverfolgte" bei der Evangelischen Gesellschaft Stuttgart, 1947 Pfarrer in Stuttgart-Feuerbach, 1964 Pfarrer bei der Evangeli-

nar Elberfeld, 1935 Dozent für Systematische Theologie Kirchliche Hochschule Berlin, 1934–1945 Mitglied des Rates der Evangelischen Kirche der altpreußischen Union, seit 1937 mehrmals Gestapohaft, seit 1945 Mitglied des Rates der Evangelischen Kirche in Deutschland, 1946–1968 Professor Kirchliche Hochschule Wuppertal, 1946–1973 Moderator des Reformierten Bundes, 1964–1970 Präsident des Reformierten Weltbundes.

NORTHAM, Frank 73
Leiter der Abteilung „Material Relief" der Wiederaufbauabteilung des ÖRK.

NOTHMANN, Hugo 230, 348
geb. 20. 1. 1898 Kattowitz, Studium der Theologie, Mathematik und Naturwissenschaften in Breslau, Marburg und Straßburg, 1914–1937 Schuldienst, 1937 aufgrund der Nürnberger Gesetze in den Ruhestand versetzt, 1942 KZ Theresienstadt, 1945 Lehrbeauftragter für spätjüdische Wissenschaft an der theologischen Fakultät der Universität Erlangen.

OEPKE, Alfred, Dr. theol. 248f., 260, 334ff.
geb. 10. 9. 1881 Arle, gest. 10. 12. 1955 Leipzig, 1909 Pfarrer in Völlen, 1914 Dozent am Missionspredigerseminar in Leipzig, 1922 Prof. für Neues Testament und hellenistische Religionsgeschichte in Leipzig, Mitglied der sächsischen Landessynode, Vorsitzender des Landeskirchlichen Ausschusses für Mission unter Israel der sächsischen Landeskirche.

OHRENSTEIN, Aron, Dr. 348
geb. 1909 Berlin, gest. 25. 5. 1986 München, Studium der Philosophie und jüdischen Theologie an der Jeschiwa (= Talmud-)Hochschule Breslau, 1934 Rabbiner in Berlin, 1938 Deportation nach Polen, Konzentrationslager und Flucht, 1945–1955 Oberrabbiner der Israelitischen Kultusgemeinde München, 1947–1955 Landesrabbiner des Landesverbandes der Israelitischen Kultusgemeinden in Bayern.

OPPENHEIMER 180
Mitarbeiter des ÖRK/Flüchtlingskommission.

OSTERLOH, Edo 309ff.
geb. 2. 4. 1909 Rotenhan/Oldenburg, gest. 26. 2. 1964 Kiel, 1934 Assistent Theologische Hochschule Bethel, 1935 Hilfsprediger in Wilhelmshaven-Rüstringen und Repetent der Bekennenden Kirche Berlin, 1937 Studentenpfarrer ebd., 1940 Kriegsdienst, 1941 Pfarrer in Holle/Oldenburg, 1945 Mitglied des Oberkirchenrats Oldenburg im Nebenamt, 1947 im Hauptamt, 1949 theologischer Referent in der Kirchenkanzlei der Evangelischen Kirche in Deutschland, 1953 Ministerialrat Bonn, schleswig-holsteinischer Kultusminister.

OSTERTAG, Benno, Dr. rer. pol. 120
geb. 13. 9. 1892 Göppingen, gest. 1956, 1921 Rechtsanwalt in Stuttgart, 30. 11. 1938 Entzug der Zulassung, Arbeit als „jüdischer Konsulent", 1945 Rechtsanwalt und Notar in Stuttgart, Vorsitzender der Israelitischen Kultusvereinigung in Württemberg, 1950 Mitglied des Zentralrates der Juden in Deutschland.

PECHEL, Rudolf 228
geb. 30. 10. 1882 Güstrow, gest. 28. 12. 1961 Zweisimmen (Schweiz), Publizist; 1942–1945 KZ Sachsenhausen und Ravensbrück.

PECHMANN, Wilhelm Freiherr von, D. 25
geb. 10. 6. 1859 Memmingen, gest. 10. 2. 1948 München, 1886 Hilfsarbeiter der Bayerischen Handelsbank, 1889 Mitglied des Vorstandes, 1901–1922 Mitglied und 1919–1922 Präsident der Bayerischen General- (Landes) Synode, 1919 Teilnehmer des Dresdner Kirchentages, 1921–1930 Präsident des Deutschen Evangelischen Kirchentages, 1929–1933 Mitglied des Deutschen Evangelischen Kirchenausschusses, 2. 4. 1934 Austritt aus der DEK, 1936 Mitglied der Bekennenden Kirche, 1937–1939 Aufsichtsrat der Bayerischen Vereinsbank, Mai 1946 Übertritt zur röm.-kathol. Kirche.

PELTZ, Jacob 131
geb. 1893 Rußland, gest. 12. 5. 1973, 1935 Generalsekretär der „International Hebrew Christian Alliance".

PESTALOZZI, Richard 78
geb. 10. 3. 1889 Zürich, gest. 2. 9. 1963 St. Gallen, 1913 Jugendsekretär beim CVJM Zürich,

beiterin in einem Volkshochschulheim, 1945–1972 Theologin bei der Stiftung für Kirche und Judentum (vormals: Verein der Freunde Israels, Basel).

SCHARF, Kurt 322
geb. 21. 10. 1902 Landsberg/Warthe, 1933–1946 Pfarrer in Sachsenhausen, 1945 Propst und geistlicher Leiter der Abteilung Brandenburg im Konsistorium Berlin-Brandenburg, 1961–1967 Vorsitzender des Rates der Evangelischen Kirche in Deutschland, 1966–1976 Bischof der Evangelischen Kirche in Berlin-Brandenburg.

SCHAUFFLER, Gerhard, Dr. rer. pol. 119, 159
geb. 23. 7. 1881 Tübingen, gest. 30. 3. 1962 Stuttgart, 1916 Konsistorialrat, 1921 Oberrat beim Evangelischen Konsistorium in Stuttgart, 1946 Mitglied des Finanzbeirats der EKD.

SCHEMPP, Paul, D. 265, 278 ff.
geb. 4. 1. 1900 Stuttgart, gest. 3. 6. 1959 Bonn, 1933 als Religionslehrer aus politischen Gründen entlassen, Pfarrer in Iptingen, 1939 Militärdienst, 1946 Pfarrer in Stuttgart, 1949 Studienrat ebd., 1958 o. Professor für Systematische und Praktische Theologie Bonn.

SCHEPELER, Berta 165
ab 1947 Mitarbeiterin der Hilfsstelle für Rasseverfolgte in Frankfurt.

SCHEPP-MERKEL, Auguste 168
geb. 23. 8. 1886 Bremen, gest. 31. 7. 1967 Bremen, 1919 Gründung der Vereinigung der Kriegshinterbliebenen, 2. Vorsitzende bis 1933, 1925–1933 Vorsitzende des Frauen-Stadtbundes Bremen, 1927–1933 Vorsitzende des Verbandes Norddeutscher Frauenvereine, 1930–1933 Mitglied der Bremischen Bürgerschaft, 1938–1964 Vorsitzende des Deutschen Evangelischen Frauenbundes.

SCHLINK, Edmund, D. theol. Dr. phil. D. DD. 321 f.
geb. 6. 3. 1903 Darmstadt, gest. 20. 5. 1984 Heidelberg, nach dem Studium der Philosophie, Psychologie und Naturwissenschaften bis 1927 Theologiestudium, 1931 Pfarrer in der Region Hessen-Nassau, 1934 Habilitation und Privatdozent in Gießen, aus politischen Gründen Entfernung aus dem Amt, 1935 Dozent an der Kirchlichen Hochschule Bethel, 1939 Visitator der Bekennenden Kirche in Hessen, Ausweisung, Pfarrverweser in Dortmund und Bielefeld, 1945 Direktor des Predigerseminars der westfälischen Kirche in Bielefeld, 1946–1971 Prof. für Systematische Theologie und 1957 Begründer und Direktor des Ökumenischen Instituts in Heidelberg.

SCHLUNK, Martin, D. theol. h. c. 288
geb. 6. 10. 1874 Calicut (Indien), gest. 13. 2. 1958 Tübingen, 1908 Inspektor, 1913 Direktor der Norddeutschen Missionsgesellschaft, 1927 Hanseatischer Missionsdirektor in Hamburg, 1928–1941 Prof. für Missionswissenschaften in Tübingen. 1924–1946 Vorsitzender des Deutschen Evangelischen Missionstages und des Missionsrates.

SCHMID, Carlo, Dr. iur. 45
geb. 3. 12. 1896 Perpignan (Frankreich), gest. 11. 12. 1979 Bonn, Jurist und Politiker (SPD); Privatdozent und Landgerichtsrat, ab 1940 Kriegsverwaltungsrat in Lille, 1946 Prof. für Völkerrecht in Tübingen, 1953–1968 für politische Wissenschaften in Frankfurt, 1946/47 Präsident des Staatssekretariats des Landes Württemberg-Hohenzollern, 1947/48 stellvertretender Staatspräsident, 1947–1950 Justizminister, 1948/49 Mitglied des Parlamentarischen Rates, 1949–1972 MdB, 1949–1966 und 1969–1972 Vizepräsident des Bundestages, 1966–1969 Bundesminister für Angelegenheiten des Bundesrates und der Länder.

SCHMIDT, Karl Ludwig, D. theol. h. c. 78, 216
geb. 5. 11. 1891 Frankfurt/M., gest. 10. 1. 1956 Basel, Prof. für Neues Testament in Basel.

SCHMIDT, Wilhelm Ferdinand, Dr. theol. D. theol. h. c. 321
geb. 7. 5. 1899 Merkendorf, gest. 2. 6. 1980 München, ord. 1924, 1927 Pfarrer Wechingen, 1933 München, 1936 theol. Hilfsreferent im Landeskirchenrat, 1942 kommissarische Vertretung des Dekanats Selb, 1945 Dekan Regensburg, 1946–1969 Oberkirchenrat.

SCHNECK, Wilhelm Karl 258
geb. 19. 9. 1901 Hagenau/Elsaß, gest. 12. 3. 1974 Bremen, 1924–1930 Studium der Theologie am Theologischen Seminar der Methodistenkirche in Frankfurt und an der Universität in

Berlin, Pastor in Berlin, Köslin, Hamburg und Bremen, 1946–1950 Schriftleitung des Sonntagsblattes der Evangelisch-methodistischen Kirche „Der Evangelist", 1968 Ruhestand.

Schröter, Waldemar, D. 354
geb. 3. 11. 1901 in Natho, gest. 22. 7. 1986 in Wolfenbüttel, 1927 Pfarrer in Rathmannsdorf, 1933 2. Pfarrer in Köthen, 1935 3. Pfarrer in Bernburg, 1948/49 zugleich Kreisoberpfarrer, 1949 zugleich Oberkirchenrat und Mitglied im Landeskirchenrat der Evangelischen Landeskirche Anhalts, 1949 2. Pfarrer in Dessau, 1950 zugleich Vorsitzender des Landeskirchenrates, Titel Oberkirchenrat, 1957 Titel Kirchenpräsident, 1960 Niederlegung aller Ämter, 1961 Pfarrer in Plötzin, 1967 Ruhestand, 1972 Übersiedlung in die Bundesrepublik, Bevollmächtigter für das Hilfswerk (Anhalt), 1950 Mitglied der Synode der EKD.

Schubert, Daniel 112, 118, 124, 154, 186
geb. 23. 10. 1886 Stuttgart, gest. 21. 5. 1975 Stuttgart, 1914 Pfarrer in Korntal, 1918–1931 und 1937–1952 Pfarrer bei der Evangelischen Gesellschaft in Stuttgart, 1931–1937 Pfarrer in Göppingen, 1952 Ruhestand.

Schüller, Nora 162
geb. 15. 11. 1905, 1948 Mitarbeiterin der Stadtmission in Nürnberg u. a. Schwerpunkt Betreuung der wegen der Nürnberger Gesetze rassisch verfolgten Christen, 1956–1960 Betreuerin der ehemals Rasseverfolgten evangelischer Konfession als Beauftragte der Inneren Mission in München.

Schultz, Gerhard, Lic. 323
geb. 4. 3. 1913, 1. 11. 1941 Ordination, 1941 Pfarrer in Köslin/Pommern, 1946 Referent der kirchlichen Erziehungskammer Berlin (Anstaltspfarrer der Gossner-Mission in Berlin-Friedenau), 1948 Leiter des Seminars für kirchlichen Dienst in Berlin, 1951 Dozent am lutherischen theologischen College in Ranchi (Indien), 1956 Leiter der evangelischen Akademie Oldenburg, 1960 Direktor der Evangelischen Akademie Friedewald; Mitglied des Bruderrates in Berlin.

Schulz, Fritz 250
geb. 2. 7. 1910 Dresden, gest. 2. 5. 1985 Callenberg, 1935–38 Vorbereitungsdienst, 1938 Hilfsdienst in der Evangelisch-Lutherischen Landeskirche Sachsens, 1941–1976 Pfarrer in Dresden, ab 1965 Beauftragung zum „Dienst an Israel" – Mitarbeiter des Landeskirchlichen Ausschusses für Mission unter Israel, Leipzig, 1976 Emeritierung.

Schweitzer, Albert, Dr. theol., phil. et med. 261
geb. 14. 1. 1875 Kayserberg/Elsaß, gest. 4. 9. 1965 Lambarene (Gabun), Arzt und Theologe; 1899 Hilfsprediger an St. Nicolai in Straßburg, 1902 Privatdozent für Neues Testament, 1913 Gründer und Leiter des Tropenhospitals Lambarene, 1951 Friedenspreis des Deutschen Buchhandels, 1952 Friedensnobelpreis.

Simpson, William Wynn 299
geb. 11. 7. 1907, gest. 29. 8. 1987 London, 1935–38 Pfarrer der Amhurst Park Methodist Church, London, 1938 Generalsekretär des Christian Council for Refugees, 1942–1974 Generalsekretär des Council of Christian and Jews, 1946–1948 Mitglied der ökumenischen Flüchtlingskommission.

Stähelin, Ernst, Dr. theol. et phil. 78
geb. 3. 10. 1889 Basel, gest. 11. 9. 1980 Basel, 1916 Privatdozent in Basel, 1924 außerord. Prof., 1927 o. Prof. für Religions- und Kirchengeschichte, 1961 Emeritierung.

Stählin, Wilhelm, Dr. phil. 294, 309 ff.
geb. 24. 9. 1883 Gunzenhausen, gest. 16. 12. 1975 Prien am Chiemsee, 1926–1945 o. Prof. für Praktische Theologie in Münster, 1945–1952 oldenburgischer Landesbischof, Mitbegründer der Michaelsbruderschaft.

Steltzer, Theodor 44
geb. 17. 12. 1885 Tittau/Holstein, gest. 27. 10. 1967, Politiker (CDU); Mitglied des Kreisauer Kreises, 1945 Mitbegründer der CDU in Schleswig-Holstein, 1945/46 Oberpräsident der Provinz, 1946/47 Ministerpräsident des Landes Schleswig-Holstein.

für Systematische Theologie an der Kirchlichen Hochschule Berlin und 1946–1973 an der Humboldt-Universität, Berlin, Mitglied der EKD-Synode.

VOGT, Paul, D 68, 77f., 144, 255f., 267, 301
geb. 23. 5. 1900 Stäfa (Schweiz), gest. 12. 3. 1984 Zizers (Schweiz), 1927 Pfarrer in Ellikon, 1929–1936 Pfarrer in Walzenhausen, 1933 Gründung des Evangelischen Sozialheims „Sonneblick" in Walzenhausen, 1936–1943 Pfarrer in Zürich-Seebach, 1937 Gründung des Schweizerischen evangelischen Hilfswerkes für die Bekennende Kirche in Deutschland, 1943–1947 Evangelischer Flüchtlingspfarrer der Schweiz, nach 1945 Mitglied der ökumenischen Flüchtlingskommission, 1947 Pfarrer in Grabs, 1951 Dekan des Pfarrkapitels Rheintal-Werdenberg-Sargans, 1952–1957 Präsident der Evangelischen Lehranstalt Schiers-Samedan, 1958–1965 Pfarrer in Degersheim.

VOLK, Hermann, Dr. phil. et theol. 239
geb. 27. 12. 1903 Steinheim, gest. 1. 7. 1988 Mainz, 1946 o. Prof. für Systematische Theologie in Münster, 1962 Bischof in Mainz, 1973 Kardinal, 1982 Ruhestand.

WEBER, Helmut 258
geb. 2. 10. 1911 Stuttgart, gest. 12. 9. 1973 Hamburg, 1935 Vikariat in Buchschlag und Gießen, 1936 Ordination, Hilfsprediger in Rodenbach, 1937 Pfarrverwalter in Wiesbaden-Dotzheim, 1939 Pastor an der (irisch-presbyterianischen) Jerusalemgemeinde in Hamburg und Vorsteher der Diakonissenanstalt Jerusalem, 1940–1946 Kriegsdienst und Gefangenschaft, 1962 Eingliederung der Jerusalemgemeinde in die Evang.-luth. Kirche im Hamburgischen Staat, 1971 Vorsitzender des Kaiserwerther Verbandes.

WEINBERG, Wilhelm, Dr. rer. pol. 237, 239
geb. 3. 4. 1901 Dolina/Ostgalizien, gest. in den USA, 1939 Rabbinerdiplom an der Hochschule für die Wissenschaft des Judentums in Berlin, 1949–1951 hessischer Landesrabbiner und Gemeinderabbiner in Frankfurt, 1951 Auswanderung in die USA.

WIENER, Alfred 228, 242, 262
geb. 16. 3. 1885 Potsdam, gest. 4. 2. 1964 London, Orientalist; 1919 Syndicus des Centralvereins deutscher Staatsbürger jüdischen Glaubens, 1933 Flucht nach Amsterdam, Gründung des Jewish Central Information Office (später: Wiener Library), 1939 Flucht nach London.

WILKEN, Gustav 292
geb. 11. 8. 1889 Altefähr/Rügen, gest. 14. 11. 1980 Bremen, 1922 ordiniert, Pastor in Büssow/Neumark, 1927–1959 Pastor an Unser Lieben Frauen in Bremen, 1933 Mitglied des Pfarrernotbundes, 1934 Mitglied des Landesbruderrates, 1945/46 Mitglied des Vorläufigen Kirchenausschusses der Bremer Evangelischen Kirche.

WITTENBERG, Martin, Dr. theol. 218f.
geb. 10. 12. 1911 Bochum, 1934 Dienst bei der Bekennenden Kirche Westfalen, 1937 BK Berlin-Brandenburg, 1938 Übergang in die Evang.-Luth. Kirche in Bayern, 1942 Pfarrer in Linden, 1943–1945 Kriegsteilnahme und Gefangenschaft, ab 1946 kommissarischer, ab 1947 hauptamtlicher Mitarbeiter am Evang.-Luth. Pastoralkolleg Neuendettelsau, ab 1947 nebenamtlicher Mitarbeiter, dann Prof. an der Augustana-Hochschule in Neuendettelsau, 1946–1973 Pfarrer an der Laurentius-Gemeinde in Neuendettelsau, ab 1. 9. 1973 Ruhestand in Gräfenberg.

WOHLEB, Leo 45
geb. 2. 9. 1888 Freiburg, gest. 12. 3. 1955 Frankfurt, Lehrer und Politiker (CDU); 1945 Mitbegründer der CDU, seit 1946 Ministerialdirektor im badischen Kultusministerium, 1947–1952 Staatspräsident von Baden.

WURM, Theophil, D. 24f., 30, 34f., 38, 70, 111, 185f., 211, 216, 264f, 267, 270, 282ff., 306, 318, 326f., 348
geb. 7. 12. 1868 Basel, gest. 28. 1. 1953 Stuttgart, 1891 Ordination, 1899 Pfarrer der Evangelischen Gesellschaft Stuttgart, 1913 Pfarrer in Ravensburg, 1920 Dekan Reutlingen, seit 1920 württembergischer Landtagsabgeordneter (DNVP), 1927 Prälat Heilbronn, 1929 württembergischer Kirchenpräsident, 1933–1949 Titel Landesbischof, 1945–1949 Vorsitzender des Rates der Evangelischen Kirche in Deutschland.

INSTITUTIONEN-, ORTS- UND SACHREGISTER